L'HISTOIRE DE FRANCE

RACONTÉE A MES PETITS-ENFANTS

PARIS. — IMP. SIMON RAÇON ET COMP., RUE D'ERFURTH, 1.

CHARLEMAGNE PRÉSIDANT L'ACADÉMIE DU PALAIS, P. 228

L'HISTOIRE DE FRANCE

DEPUIS LES TEMPS LES PLUS RECULÉS JUSQU'EN 1789

RACONTÉE A MES PETITS-ENFANTS

PAR M. GUIZOT

TOME PREMIER

ILLUSTRÉ DE 75 GRAVURES DESSINÉES SUR BOIS

PAR ALPH. DE NEUVILLE

PARIS
LIBRAIRIE HACHETTE ET Cie
BOULEVARD SAINT-GERMAIN, N° 79

1872

Droits de traduction et de reproduction réservés

LETTRE AUX ÉDITEURS

Vous avez entendu dire, messieurs, que, depuis plusieurs années, je me donne le paternel plaisir de raconter l'histoire de France à mes petits-enfants, et vous me demandez si je n'ai pas le dessein de publier ces études de famille sur la grande vie de notre patrie. Telle n'avait pas été d'abord ma pensée; c'était de mes petits-enfants, et d'eux seuls, que je me préoccupais. J'avais à cœur de leur faire vraiment comprendre notre histoire, et de les y intéresser en satisfaisant à la fois leur intelligence et leur imagination, en la leur montrant à la fois claire et vivante. Toute histoire, celle de la France surtout, est un vaste et long drame où les événements s'enchaînent selon des lois déterminées, et dont les acteurs jouent des rôles qu'ils n'ont pas reçus tout faits ni appris par cœur, et qui sont les résultats, non-seulement de leur situation native, mais de leur propre pensée et de leur propre volonté. Il y a, dans l'histoire des peuples, deux séries de causes à la fois essentiellement diverses et intimement unies, les causes naturelles qui président au cours général des événements, et les causes libres qui viennent y prendre place. Les hommes ne font pas toute l'histoire : elle a des lois qui lui viennent de plus haut;

mais les hommes sont, dans l'histoire, des êtres actifs et libres qui y produisent des résultats et y exercent une influence dont ils sont responsables. Les causes fatales et les causes libres, les lois déterminées des événements et les actes spontanés de la liberté humaine, c'est là l'histoire tout entière. C'est dans la reproduction fidèle de ces deux éléments que consistent la vérité et la moralité de ses récits.

Je n'ai jamais été plus frappé de ce double caractère de l'histoire qu'en la racontant à mes petits-enfants. Quand j'ai commencé avec eux ces leçons, ils y prenaient d'avance un vif intérêt, et ils m'écoutaient avec un bon vouloir sérieux; mais quand ils ne saisissaient pas bien le lien prolongé des événements, ou quand les personnages historiques ne devenaient pas, pour eux, des êtres réels et libres, dignes de sympathie ou de réprobation, quand le drame ne se développait pas devant eux clair et animé, je voyais leur attention inquiète ou languissante; ils avaient besoin à la fois de lumière et de vie; ils voulaient être éclairés et émus, instruits et amusés.

En même temps que la difficulté de satisfaire à ce double désir se faisait vivement sentir à moi, j'y découvrais plus de moyens et plus de chances de succès que je ne l'avais prévu d'abord pour faire comprendre à mes jeunes auditeurs l'histoire de France dans sa complication et sa grandeur. Quand Corneille a dit

. . . . . . aux âmes bien nées
La valeur n'attend pas le nombre des années,

il a dit vrai pour l'intelligence comme pour la valeur. Quand une fois ils sont bien éveillés et donnent vraiment leur attention, les jeunes esprits sont plus sérieux et plus capables qu'on ne le croit de tout comprendre. Pour bien expliquer à mes petits-enfants le lien des événements et l'influence des personnages historiques, j'ai été conduit quelquefois à des considérations très-générales et à des études de caractères assez approfondies. J'ai presque toujours été, en pareil cas, non-seulement bien compris, mais vivement goûté. J'en ai fait l'épreuve dans le tableau du règne et le portrait du caractère de Charlemagne; les deux grands desseins de ce grand homme, qui a réussi dans l'un et échoué dans l'autre, ont été, de la part de mes jeunes auditeurs, l'objet d'une attention très-soutenue et d'une compréhension très-nette. Les jeunes esprits ont plus de portée qu'on n'est enclin à le présumer, et peut-être les hommes feraient-ils bien quelquefois d'être aussi sérieux dans leur vie que les enfants le sont dans leurs études.

Pour atteindre le but que je me proposais, j'ai toujours pris soin de rattacher mes récits ou mes réflexions aux grands événements ou aux grands personnages de l'histoire. Quand on veut étudier et décrire scientifiquement un pays, on le parcourt dans toutes ses parties et en tout sens; on visite les plaines comme les montagnes, les villages comme les cités, les recoins obscurs comme les lieux célèbres; ainsi procèdent un géologue, un botaniste, un archéologue, un statisticien, un érudit. Mais quand on veut surtout connaître les principaux traits d'une contrée, ses contours fixes, ses formes générales, ses aspects spéciaux, ses grands chemins, on monte sur les hauteurs; on se place aux points d'où l'on saisit le mieux l'ensemble et la physionomie du pays. Ainsi il faut procéder dans l'histoire quand on ne veut ni la réduire au squelette d'un abrégé ni l'étendre aux longues dimensions d'un travail d'érudition. Les grands événements et les grands hommes sont les points fixes et les sommets de l'histoire; c'est de là qu'on peut la considérer dans son ensemble et la suivre dans ses grandes voies. En la racontant à mes petits-enfants, je me suis quelquefois attardé dans quelque anecdote particulière où je trouvais le moyen de mettre en vive lumière l'esprit dominant du temps ou les mœurs caractéristiques des populations; mais, sauf ces rares exceptions, c'est toujours dans les grands faits et les grands personnages historiques que je me suis établi pour en faire, dans mes récits, ce qu'ils ont été dans la réalité, le centre et le foyer de la vie de la France.

Je n'avais pris d'abord, en donnant ces leçons, que de courtes notes de dates et de noms propres. Quand on m'a donné lieu de croire qu'elles pouvaient avoir, pour d'autres enfants que les miens, et même, m'a-t-on dit, pour d'autres que des enfants, quelque utilité et quelque intérêt, j'ai entrepris de les rédiger telles que je les avais développées à mes jeunes auditeurs. Je vous enverrai, messieurs, quelques portions de ce travail, et si, en effet, il vous paraît opportun d'étendre le cercle auquel il a été d'abord destiné, je vous confierai très-volontiers le soin de sa publication.

Recevez, messieurs, l'assurance de mes sentiments les plus distingués,

GUIZOT.

Val-Richer, décembre 1869.

CHAPITRE PREMIER

LA GAULE

Vous habitez, mes enfants, un pays depuis longtemps civilisé et chrétien où, malgré bien des imperfections et bien des misères sociales, trente-huit millions d'hommes vivent en sûreté et en paix, sous des lois égales pour tous et efficacement maintenues. Vous avez raison d'avoir de grands désirs pour notre patrie, et de la vouloir de plus en plus libre, glorieuse et prospère; mais il faut être juste envers son propre temps et apprécier à toute leur valeur les biens déjà acquis et les progrès déjà accomplis. Si vous étiez tout à coup transportés de vingt ou trente siècles en arrière, au milieu de ce qui s'appelait alors la Gaule, vous n'y reconnaîtriez pas la France. Les mêmes montagnes s'y élevaient, les mêmes plaines s'y étendaient, les mêmes fleuves y coulaient; rien n'est changé dans la structure physique du pays; mais sa physionomie était bien différente: au lieu de nos champs bien cultivés et couverts de productions si variées, vous verriez des marais inabordables, de vastes forêts point exploitées, livrées aux hasards de la végétation primitive, peuplées de loups, d'ours, d'aurochs même, ou grands bœufs sauvages, et d'élans, animaux qui ne se rencontrent plus aujourd'hui que dans les froides régions du nord-est de l'Europe, comme la Lithuanie et la Courlande. D'immenses troupeaux de porcs erraient dans les campagnes, presque aussi féroces que des loups, dressés seulement à reconnaître le son du cor de leur gardien. Nos meilleurs fruits, nos meilleurs légumes étaient inconnus; ils ont été importés en Gaule, la plupart d'Asie, quelques-uns d'Afrique et des îles de la Méditerranée, d'autres, plus tard, d'un nouveau monde. Une température froide et âpre régnait sur cette terre. Les rivières gelaient presque tous les hivers, assez fort pour être traversées par les chariots. Et trois ou quatre siècles avant l'ère chrétienne, sur ce vaste territoire, entre l'Océan, les Pyrénées, la mer Méditerranée, les Alpes et le Rhin, à peine six ou sept millions d'hommes vivaient grossièrement, tantôt renfermés dans des maisons sombres et basses, les meilleures bâties en bois et en argile, couvertes en branchages ou en chaume, formées d'une seule pièce ronde, ouvertes au jour par la porte seulement, et confusément agglomérées derrière un rempart assez artistement construit en poutres, en terre et en pierres, qui entourait et protégeait ce qu'on appelait une ville.

Encore n'y avait-il guère de villes semblables que dans la portion la plus peuplée et la moins inculte de la Gaule, c'est-à-dire dans les régions du sud et de l'est, au pied des montagnes de l'Auvergne et des Cévennes, et le long des côtes de la Méditerranée. Au nord et à l'ouest, de chétifs villages, presque aussi mobiles que les hommes; et dans quelque îlot, au milieu des marais, ou dans quelque recoin bien enfoncé des bois, de vastes enclos, formés d'arbres abattus, où la population, au premier cri de guerre, courait se renfermer avec ses troupeaux et ses meubles.

Et le cri de guerre retentissait souvent. Des hommes grossiers et oisifs sont fort enclins à se quereller et à se combattre. La Gaule, d'ailleurs, n'était point occupée par une seule et même nation, attachée aux mêmes souvenirs et aux mêmes chefs. Des populations fort diverses d'origine, de langue, de mœurs, et venues à diverses époques, s'y disputaient incessamment le territoire. Au midi, des Ibères ou Aquitains, des Phéniciens et des Grecs. Au nord et au nord-ouest, des Kymris ou Belges. Partout ailleurs les Galls ou Celtes, la plus nombreuse de ces races, et qui ont eu l'honneur de donner au pays leur nom.

Lesquels y étaient venus les premiers? A quelle époque avait eu lieu ce premier établissement? On n'en sait rien. Les Grecs sont les seuls dont l'histoire raconte avec précision l'arrivée dans la Gaule méridionale. Les Phéniciens les y avaient précédés de plusieurs siècles, mais sans qu'on puisse en assigner exactement la date. On n'a que des renseignements aussi vagues sur l'époque de l'invasion des Kymris dans le nord de la Gaule. Quant aux Galls et aux Ibères, personne ne parle de leur première entrée dans ce pays, car on les y trouve au moment où le pays même apparaît pour la première fois dans l'histoire.

Les Ibères, que les écrivains romains appellent Aquitains, habitaient au pied des Pyrénées, dans le territoire compris entre les montagnes, la Garonne et l'Océan. Ils appartenaient à la race qui, sous ce même nom, avait peuplé l'Espagne. Par quelle voie étaient-ils venus dans la Gaule? C'est une question que nous ne saurions résoudre. On en rencontre beaucoup de semblables, mes enfants, à l'origine de tous les peuples; dans ces temps barbares, les hommes vivent et meurent sans laisser aucune trace durable de leurs actions et de leurs destinées: point de monuments, point d'écrits; à peine quelques traditions orales qui se perdent ou s'altèrent rapidement. C'est à mesure qu'ils s'éclairent et se civilisent que les hommes éprouvent le désir et inventent les moyens d'étendre leur mémoire bien au delà de leur vie. Alors commence l'histoire, née ainsi de sentiments très-beaux et très-utiles, la préoccupation de l'avenir et le besoin de la durée: sentiments qui attestent la supériorité de l'homme sur les autres créatures vivantes de notre terre, font pressentir l'immortalité de l'âme, et assurent les progrès de l'espèce humaine, en conservant, pour les générations à venir, ce qu'ont fait et appris les générations qui disparaissent.

Par quelque chemin et à quelque époque qu'ils fussent venus dans le sud-ouest de la Gaule, les Ibères y vivent encore, dans le département des Basses-Pyrénées, sous le nom de Basques : peuplade distincte de toutes celles qui l'environnent par ses traits, son costume, surtout par sa langue, qui ne ressemble à aucune des langues actuelles de l'Europe, contient beaucoup de mots qu'on retrouve dans les noms de fleuves, de montagnes, de villes de l'ancienne Espagne, et qui offre d'assez grandes analogies avec les idiomes, anciens et modernes, de quelques peuples de l'Afrique septentrionale.

Les Phéniciens n'ont point, comme les Ibères, laissé dans le midi de la

France des descendants distincts et bien avérés. Ils avaient commencé, environ mille cent ans avant la naissance de J. C., à y faire le commerce. Ils allaient y chercher des fourrures, l'or et l'argent qu'on tirait, soit du sable de certaines rivières, comme l'Ariége (en latin *Aurigera*), soit de quelques mines des Alpes, des Cévennes et des Pyrénées; ils apportaient en échange des étoffes teintes en pourpre, des colliers et des bagues de verre, surtout des armes et du vin : commerce semblable à celui que font aujourd'hui les peuples civilisés de l'Europe avec les tribus sauvages d'Afrique et d'Amérique. Pour étendre et assurer leurs expéditions commerciales, les Phéniciens fondèrent, sur plusieurs points de la Gaule, des colonies : on leur attribue la première origine de *Nemausus* (Nîmes), et d'*Alesia*, près de Semur. Mais, au bout de trois ou quatre siècles, ces colonies déclinèrent : le commerce des Phéniciens s'éloigna de la Gaule, et la seule trace importante qu'elle conserva de leur séjour fut une route qui, partant des Pyrénées orientales, longeait la Méditerranée gauloise, traversait les Alpes par le col de Tende, et unissait ainsi l'Espagne, la Gaule et l'Italie. Après la retraite des Phéniciens, cette route fut entretenue et réparée, d'abord par les Grecs de Marseille, ensuite par les Romains.

Comme négociants et comme colons, les Grecs furent, dans la Gaule, les successeurs des Phéniciens, et Marseille fut l'une des premières et la plus considérable de leurs colonies. Vers l'époque de la décadence des Phéniciens dans la Gaule, une peuplade grecque, les Rhodiens, avaient étendu fort loin leurs entreprises commerciales, et tenaient, selon l'expression des historiens anciens, l'empire de la mer. Leurs ancêtres avaient jadis succédé aux Phéniciens dans l'île de Rhodes; ils leur succédèrent également dans le midi de la Gaule, et fondèrent, à l'embouchure du Rhône, une colonie appelée *Rhodanousia* ou *Rhoda*, du même nom que celle qu'ils avaient déjà fondée sur la côte nord-est de l'Espagne, et qui est aujourd'hui la ville de Roses en Catalogne. Mais l'importance des Rhodiens sur la côte méridionale de la Gaule fut courte. Elle était déjà fort déchue l'an 600 avant J. C., lorsqu'un marchand grec, Euxène, venu de Phocée, ville ionienne de l'Asie Mineure, et cherchant fortune, aborda dans un golfe à l'est du Rhône. Les Ségobriges, tribu de la race des Galls, occupaient le pays voisin. Nann, leur chef, accueillit avec bienveillance les étrangers, et les emmena chez lui à un grand festin qu'il donnait pour marier sa fille, Gyptis, selon quelques historiens, Petta selon d'autres. Un usage, qui subsiste encore dans plusieurs cantons du pays basque, et même au centre de la France, dans le Morvan, district montagneux du département de la Nièvre, voulait que la jeune fille ne parût qu'à la fin du banquet, tenant à la main une coupe pleine, et que celui des convives à qui elle la présenterait devînt l'époux de son choix. Soit hasard, soit toute autre cause, disent les anciens récits, Gyptis s'arrêta en face d'Euxène et lui tendit la coupe. La surprise, et probablement l'humeur, furent grandes parmi les assistants gaulois; mais Nann, croyant reconnaître là un ordre de ses dieux, accepta le Phocéen pour gendre, et lui donna en dot le golfe où il avait pris terre, avec quelques cantons du territoire environnant. Euxène reconnaissant donna à sa femme le nom grec d'*Aristoxène*, c'est-à-dire la meilleure des hôtesses, renvoya à Phocée son vaisseau pour y recruter des colons, et jeta, en les attendant, au fond du golfe, sur une presqu'île creusée en forme de port, vers le midi, les fondements d'une ville qu'il appela Massalie, depuis Marseille.

A peine un an s'était écoulé qu'avec le vaisseau d'Euxène arrivèrent de Phocée plusieurs galères amenant des colons pleins d'espérance, et chargées de vivres, d'outils, d'armes, de graines, de plants de vigne et d'olivier, et en outre d'une statue de Diane que les colons étaient allés chercher dans le célèbre temple de cette déesse à Éphèse, et que sa prêtresse Aristarché accompagnait dans sa nouvelle patrie.

L'activité et la prospérité intérieure et extérieure de Marseille se développèrent rapidement. Elle portait son commerce partout où les Phéniciens et les Rhodiens avaient frayé la route, réparait leurs forts, s'appropriait leurs établissements, plaçait sur ses médailles, en signe de domination, la rose, emblème de Rhodes, à côté du lion de Marseille. Mais le chef gall qui avait protégé son berceau, Nann, mourut; son fils Coman partageait, contre les nouveaux venus, la jalousie des Ségobriges et des peuplades voisines. Il promit et résolut en effet de détruire la cité nouvelle. C'était le temps de la floraison de la vigne, époque de grande fête chez les Grecs ioniens, et Marseille ne s'occupait que des préparatifs de la fête. On décorait de rameaux et de fleurs les maisons et les places publiques. Point de gardes, point de travaux. L'occasion était favorable. Coman fit entrer dans la ville beaucoup d'hommes à lui, les uns ouvertement, comme pour prendre part aux fêtes, les autres cachés au fond des chariots qui, des environs, amenaient à Marseille des branches et des feuillages. Lui-même alla se mettre en embuscade dans un vallon voisin, avec sept mille hommes, dit-on, nombre probablement exagéré, attendant que, pendant la nuit, ses émissaires lui ouvrissent les portes. Mais, cette fois encore, une femme, proche parente du chef gall, fut la providence des Grecs, elle révéla le complot à un jeune homme de Marseille qu'elle aimait. Les portes furent aussitôt fermées, et les Ségobriges qui se trouvaient dans la ville furent massacrés. Puis, la nuit venue, les habitants en armes allèrent surprendre Coman dans l'embuscade où il attendait le moment de les surprendre lui-même. Il y périt avec tous ses soldats.

Échappés à ce danger, les Marseillais restaient cependant dans une situation difficile et inquiétante. Les peuplades d'alentour, coalisées contre eux, les attaquaient souvent et les menaçaient sans cesse. Mais pendant qu'ils luttaient contre ces embarras, un grand désastre, survenu aux mêmes lieux d'où ils étaient partis un demi-siècle auparavant, leur préparait un grand accroissement de forces et les plus sûrs défenseurs. L'an 542 avant J.-C., Phocée tomba sous les coups du roi des Perses, Cyrus, et ses habitants, livrant au vainqueur leurs rues et leurs maisons désertes, montèrent en masse sur leurs vaisseaux pour transporter ailleurs leur patrie. Une partie de cette nation flottante alla directement à Marseille ; d'autres s'arrêtèrent en Corse, dans le port d'Alalie, aussi une colonie phocéenne. Mais, au bout de cinq ans, ceux-là aussi, las de la vie de pirates et des guerres continuelles qu'ils avaient à soutenir contre les Carthaginois, quittèrent la Corse, et vinrent rejoindre en Gaule leurs compatriotes.

Marseille se trouva dès lors en état de faire face à ses ennemis. Elle étendit autour du golfe l'enceinte de ses murs et au loin ses entreprises. Elle fonda, sur la côte méridionale de la Gaule et sur la côte orientale de l'Espagne, des établissements permanents qui sont encore aujourd'hui des villes : à l'est du Rhône, le Port-d'Hercule, *Monœcus* (Monaco), *Nicæa* (Nice), *Antipolis* (Antibes) ; à l'ouest, *Heraclæa Cacabaria* (Saint-Gilles), *Agatha* (Agde), *Emporia* (Ampurias en Catalogne), etc., etc. Dans la vallée du Rhône, plusieurs villes des Galls ; *Cabellio* (Cavaillon), *Avenio* Avignon), *Arelate* (Arles), ressemblaient à des colonies grecques ; tant y était grand le nombre des voyageurs ou des négociants établis qui parlaient grec. A cette activité commerciale Marseille joignait l'activité intellectuelle et scientifique ; les grammairiens marseillais furent des premiers à reviser et à commenter les poëmes d'Homère ;

GYTIS S'ARRÊTA EN FACE D'EUNOME ET LUI TENDIT SA COUPE.

et de hardis voyageurs de Marseille, Euthymènes et Pythéas, parcoururent, l'un la côte occidentale d'Afrique au delà du détroit de Gibraltar, l'autre les côtes méridionales et occidentales de l'Europe, depuis l'embouchure du Tanaïs (le Don), dans la mer Noire, jusqu'aux parages et peut-être dans l'intérieur de la mer Baltique. Ils vivaient l'un et l'autre dans la seconde moitié du quatrième siècle avant J. C., et ils avaient écrit des *Périples*, ou récits de leurs voyages, qui par malheur sont presque entièrement perdus.

Mais, quelle que fût son intelligente activité, une seule ville, située à l'extrémité de la Gaule et peuplée d'étrangers, pouvait bien peu de chose sur un si vaste pays et ses habitants. A son origine, la civilisation est très-difficile et très-lente; il faut bien des siècles, de bien grands événements et de bien longs travaux pour dompter les premières mœurs d'un peuple, et lui faire échanger les plaisirs grossiers, mais oisifs et libres, de la vie barbare, contre les biens laborieux d'un état social régulier. A force de prudence, de persévérance et de courage, les négociants de Marseille et de ses colonies traversaient, sur deux ou trois grandes lignes, les forêts, les marais, les bruyères, les tribus sauvages de la Gaule, et y accomplissaient leurs échanges; mais ils ne pénétraient, à droite et à gauche, que bien peu avant dans les terres ; sur leur route même, les traces de leur passage disparaissaient vite; et dans les postes commerciaux qu'ils établissaient çà et là, ils étaient souvent bien plus occupés de se défendre que de propager leurs exemples. Au delà d'une bande de terre de largeur inégale, le long de la Méditerranée, et sauf l'espace peuplé vers le sud-ouest par les Ibères, les Galls et les Kymris occupaient tout le pays qui a reçu des premiers le nom de Gaule; les Galls au centre, au sud-est et à l'est, dans la région haute de notre sol, entre les Alpes, les Vosges, les montagnes d'Auvergne et les Cévennes; les Kymris au nord, au nord-ouest et à l'ouest, dans la région basse, depuis la limite occidentale des Galls jusqu'à l'Océan.

Les Galls et les Kymris étaient-ils originairement de même race, ou du moins de races étroitement apparentées? Étaient-ils compris les uns et les autres, dans l'antiquité, sous le nom de *Celtes?* Les Kymris, s'ils n'étaient pas de la race des Galls, appartenaient-ils à celle des Germains, ces conquérants définitifs de l'empire romain? Depuis bien longtemps, mes enfants, les savants discutent ces questions sans les résoudre : voici les seuls faits qui me paraissent clairs et certains.

Les anciens ont longtemps confusément appelé *Celtes* les peuples qui habitaient à l'occident et au nord de l'Europe, sans limites précises, et sans acception de langue ou d'origine. C'était là une dénomination géographique applicable à un immense territoire mal connu, plutôt qu'un vrai nom historique de nation et de race. Ainsi, dans les temps les plus reculés, les Gaulois, les Germains, les Bretons, les Ibères même, paraissent souvent confondus sous le nom de *Celtes*, de peuples de la Celtique.

On voit peu à peu ce nom devenir plus restreint et plus précis. Les Ibères d'Espagne s'en détachent les premiers; puis, les Germains. Dans le siècle qui précède l'ère chrétienne, les Gaulois, c'est-à-dire les peuples qui habitent la Gaule, sont seuls appelés *Celtes*. On commence même à reconnaître parmi eux des races diverses, et à distinguer les Ibères de Gaule ou Aquitains et les Kymris ou Belges des Galls, auxquels le nom de *Celtes* est réservé. Quelquefois même c'est à une confédération de certaines tribus galliques que ce nom s'applique spécialement.

Quoi qu'il en soit, les Galls paraissent avoir été les premiers habitants de l'Europe occidentale. Les plus anciens souvenirs historiques les y trouvent, non-seulement en Gaule, mais dans la Grande-Bretagne, l'Irlande et les petites îles voisines. En Gaule, après avoir dominé longtemps, leur race s'est mêlée à d'autres races pour former notre nation. Mais, dans ce mélange, de nombreuses traces de leur langue, de leurs monuments, de leurs mœurs, de leurs noms de personnes et de lieux, ont survécu et subsistent encore, surtout vers l'est et le sud-est de notre territoire, dans les usages locaux et les patois populaires. En Irlande, dans les montagnes d'Écosse, dans les îles Hébrides et l'île de Man, les Galls, *Gaels*, vivent encore sous leurs noms primitifs. La race et la langue gaéliques sont encore là, pures, sinon de toute altération, du moins de toute fusion absorbante.

Du septième au quatrième siècle avant J. C., une population nouvelle se répandit dans la Gaule, non d'un seul coup, mais par plusieurs invasions successives, dont les deux principales eurent lieu aux deux termes de cette époque. Elle se donnait elle-même le nom de *Kymris*, *Kimris*, dont les Romains ont fait celui de *Cimbres*, et qui rappelle celui des *Cimmerii*, *Cimmériens*, que les Grecs plaçaient sur la rive occidentale de la mer Noire et dans la péninsule cimmérienne, appelée encore aujourd'hui *Crimée*. Dans ces mouvements désordonnés et coup sur coup répétés, de populations vagabondes, il arrivait souvent que des tribus de races diverses se rencontraient, se rapprochaient, s'unissaient et finissaient par s'amalgamer sous un nom commun. Tous les peuples qui ont successivement envahi l'Europe, Galls, Kymris, Germains, appartenaient primitivement, en Asie d'où ils sont tous venus, à une souche commune; la diversité de leurs langues, de leurs traditions, de leurs mœurs, déjà grande à l'époque de leur apparition en Occident, était l'œuvre du temps et des circonstances diverses au milieu desquelles ils avaient vécu; mais il restait toujours entre eux des traces d'une affinité primitive qui permettait de soudains et fréquents mélanges, au milieu de leur orageuse dispersion.

Les Kymris, qui passèrent le Rhin et se jetèrent dans la Gaule septentrionale vers le milieu du quatrième siècle avant J. C., s'appelaient eux-mêmes *Bolg, Belg, Belges*, nom que leur donnent en effet les écrivains romains, et qui est resté celui de la contrée qu'ils envahirent d'abord. Ils descendirent vers le sud, jusqu'aux rives de la Seine et de la Marne. Là ils rencontrèrent les Kymris des invasions précédentes qui non-seulement s'étaient répandus dans le pays compris entre la Seine et la Loire, jusqu'au fond de la presqu'île limitée par ce dernier fleuve, mais avaient passé la mer et occupé une partie de la grande île située en face de la Gaule, refoulant les Galls, qui les y avaient précédés, en Irlande et dans la haute Écosse. Ce fut de l'une de ces tribus kymriques et de son chef, appelés *Pryd, Prydain, Brit, Britain*, que la Grande-Bretagne et la Bretagne française reçurent le nom qu'elles ont gardé.

Chacune de ces races, loin de former un seul peuple engagé dans la même destinée et soumis aux mêmes chefs, se divisait en peuplades à peu près indépendantes qui se rapprochaient ou se séparaient selon des circonstances changeantes, et qui poursuivaient, chacune pour son compte et à son gré, leurs aventures ou leurs fantaisies. Les Ibères-Aquitains comptaient vingt tribus; les Galls vingt-deux nations; les premiers Kymris, mêlés aux Galls entre la Loire et la Garonne, dix-sept; les Kymris Belges vingt-trois. Ces soixante-deux nations se subdivisaient en plusieurs centaines de tribus; et ces petites agglomérations se répartissaient entre des confédérations ou ligues rivales qui se disputaient la suprématie dans telle ou telle partie du territoire. Trois grandes ligues existaient parmi les Galls : celle des Arvernes, formée des peuplades établies dans la contrée qui a reçu d'elles le nom d'*Auvergne;* celle des Æduens, en Bourgogne, qui avait pour centre *Bibracte* (Autun); celle des Séquanes, en Franche-Comté, dont le centre était *Vesontio* (Besançon). Parmi les Kymris de l'Ouest, la ligue armorique ralliait les tribus de la Bretagne et de la basse Normandie. De ces alliances destinées à grouper des forces éparses naissaient des passions ou des intérêts nouveaux, qui devenaient autant de nouvelles causes de discorde et d'hostilité. Et, dans ces diverses agglomérations, le gouvernement était partout à peu près aussi irrégulier, aussi impuissant à maintenir l'ordre et à fonder un état durable. Kymris, Galls ou Ibères étaient à peu près également ignorants, imprévoyants, livrés à la mobilité de leurs idées, à l'emportement de leurs passions, avides de guerre, d'oisiveté, de pillage, de festins, de plaisirs grossiers et féroces. Les uns et les autres se faisaient gloire de suspendre au poitrail de leurs chevaux, de clouer à la porte de leurs maisons les têtes de leurs ennemis. Les uns et les autres immolaient à leurs dieux des victimes humaines, brûlaient ou tuaient à coups de flèches leurs prisonniers, garrottés à des arbres ; ils prenaient plaisir à se placer sur la tête, autour des bras, à dessiner sur leur corps nu des ornements bizarres qui leur donnaient un aspect farouche. Le goût effréné du vin et des liqueurs fortes était général parmi eux : les marchands d'Italie, et surtout de Marseille, en portaient dans toute la Gaule ; de distance en distance étaient établis des entrepôts où les Gaulois affluaient, venant vendre pour une cruche de vin leurs fourrures, leurs grains, leurs bestiaux, leurs esclaves ; « aisément, dit un historien ancien, pour la liqueur on avait l'échanson. » Ce sont là, mes enfants, les caractères essentiels de la barbarie, tels qu'ils se sont manifestés et qu'ils se retrouvent encore sur plusieurs points de notre globe, chez les peuples placés à ce degré dans l'échelle de la civilisation. Ils existaient presque également chez les races diverses de l'ancienne Gaule, et elles se ressemblaient bien plus par là qu'elles ne différaient d'ailleurs par quelques-unes de leurs coutumes, de leurs traditions ou de leurs idées.

Aussi n'aperçoit-on point entre elles ces démarcations permanentes, ces antipathies radicales, cette impossibilité de s'unir qu'on observe entre des peuples dont l'état primitif et moral est réellement très-divers. En Asie, en Afrique, en Amérique, les Anglais, les Hollandais, les Espagnols, les Français ont été, sont encore en contact fréquent avec les naturels du pays, Hindous, Malais, Nègres, Indiens ; et malgré ce contact, les races sont demeurées profondément séparées les unes des autres. Dans l'ancienne Gaule, non-seulement les Galls, les Kymris, les Ibères vivaient souvent en alliance et presque en intimité, mais ils se mêlaient et cohabitaient sans peine sur le même territoire. Ainsi on rencontre au milieu des Ibères, vers l'embouchure de la Garonne, une tribu gallique, les *Bituriges Vivisques*, venue des environs de Bourges, où résidait le gros de la nation ; elle avait été poussée jusque-là par l'une des premières invasions des Kymris, et s'y était paisiblement fixée ; *Burdigala*, depuis Bordeaux, était le chef-lieu de cette tribu, et déjà un entrepôt commercial entre la Méditerranée et l'Océan. Un peu plus loin, vers le sud, une tribu kymrique, les *Boïes*, vivait isolée de sa race, dans les landes des Ibères, exploitant la résine des pins qui croissaient sur ce territoire. Au sud-est, dans la contrée située entre la Garonne, les Pyrénées orientales, les Cévennes et le Rhône, deux grandes tribus de Kymris-Belges, les *Bolg*, *Volg*, *Volk*, *Volces Arécomiques* et *Tectosages*, vinrent s'établir vers la fin du quatrième siècle avant J. C., au milieu des peuplades ibères et galliques ; et rien n'indique qu'une fois établis, les nouveaux venus aient plus mal vécu avec leurs voisins qu'avant leur arrivée ceux-ci ne vivaient entre eux.

Évidemment il y avait entre toutes ces peuplades, quelle que fût la diversité de leur origine, une assez grande similitude d'état social et de mœurs pour que le rapprochement ne fût ni très-difficile ni très-long à accomplir.

En revanche, et par une conséquence naturelle, il était précaire et souvent de courte durée : ibériennes, galliques ou kymriques, ces peuplades se déplaçaient fréquemment, par nécessité ou par goût, pour se soustraire aux attaques d'un voisin plus fort, pour se transporter dans de nouveaux pâturages, à la suite de quelque dissension intérieure, ou bien aussi pour le seul plaisir de guerroyer, de courir les aventures, pour échapper à l'ennui d'une vie monotone. Depuis les temps les plus reculés jusqu'au premier siècle avant l'ère chrétienne, la Gaule paraît en proie à ce mouvement continuel et désordonné des populations ; elles changent de résidence, de voisinage, disparaissent sur un point, reparaissent ailleurs, se croisent, se fuient, s'absorbent réciproquement. Et le mouvement ne se renfermait pas dans l'intérieur de la Gaule : les Gaulois de toute race allaient, en bandes quelquefois très-nombreuses, chercher au loin du butin et un établissement. L'Espagne, l'Italie, la Germanie, la Grèce, l'Asie Mineure, l'Afrique, ont été le théâtre de ces expéditions gauloises qui ont amené de longues guerres, de grands bouleversements de peuples, et quelquefois la formation de nations nouvelles. Il faut, mes enfants, que je vous fasse un peu connaître cette histoire extérieure de nos ancêtres gaulois, qui méritent bien que nous les suivions un moment dans leurs courses lointaines. Puis, nous reviendrons sur le sol même de notre patrie, pour ne plus nous occuper que de ce qui s'est passé dans ses limites.

CHAPITRE II

LES GAULOIS HORS DE LA GAULE

Environ trois cents ans avant J. C., de nombreuses bandes de Gaulois passèrent les Alpes et pénétrèrent jusqu'au centre de l'Étrurie, aujourd'hui la Toscane. Les Étrusques, alors en guerre avec Rome, leur proposèrent de s'enrôler à leur service, tout armés, tout équipés, comme ils étaient venus, moyennant une solde : « Si vous avez besoin de nos bras contre vos ennemis les Romains, répondirent les Gaulois, les voilà, mais à une condition ; donnez-nous des terres ! »

Un siècle après, d'autres bandes gauloises, descendues pareillement en Italie, avaient commencé à bâtir des maisons et à labourer des champs, le long de la mer Adriatique, sur le territoire où fut depuis la ville d'Aquilée. Le sénat romain donna ordre qu'on s'opposât à leur établissement et qu'on les sommât de livrer leurs instruments de labour, même leurs armes. Hors d'état de résister, les Gaulois envoyèrent à Rome des députés. Introduits dans le sénat : « Une trop grande multitude dans la Gaule, dirent-ils, le manque de terres et la disette nous ont forcés de passer les Alpes pour chercher un séjour. Nous avons vu des lieux incultes et inhabités. Nous nous y sommes établis sans faire tort à personne... Nous ne demandons que des terres. Nous y vivrons en paix sous les lois de la république. »

Encore un siècle plus tard, ou à peu près, des Kymris gaulois, mêlés à des Teutons ou Germains, disaient aussi au sénat romain : « Donnez-nous un peu de terre pour solde, et servez-vous, comme il vous plaira, de nos bras et de nos armes. »

Le manque de place et de moyens de subsistance, telle est, en effet, la principale cause qui, à toutes les époques, a poussé les peuples barbares, et en particulier les Gaulois, hors de leur patrie. Il faut un espace immense à des hordes oisives, qui vivent surtout des produits de leur chasse et de leurs troupeaux; et quand les forêts ou les pâturages ne suffisent plus aux familles devenues trop nombreuses, un essaim sort de la ruche et va chercher à vivre ailleurs.

Les Gaulois ont émigré en tous sens. Pour aller chercher, comme ils disaient, des vivres et des terres, ils ont marché du nord au sud, de l'ouest à l'est; ils ont passé tantôt le Rhin, tantôt les Alpes, tantôt les Pyrénées. Plus de quinze siècles avant J. C., ils s'étaient déjà précipités en Espagne, sans doute après bien des combats avec les Ibères établis entre les Pyrénées et la Garonne. Ils pénétrèrent au nord-ouest jusqu'à la pointe septentrionale de la Péninsule, dans la province qui reçut d'eux et porte encore le nom de *Galice;* au sud-ouest, jusqu'à la pointe méridionale, entre le fleuve Anas (aujourd'hui la Guadiana) et l'Océan, où ils fondèrent une petite *Celtique;* au centre enfin, et vers le sud, de la Castille à l'Andalousie, où l'amalgame des deux races amena la création d'un nouveau peuple qui prit place dans l'histoire sous le nom de Celtibères. Et douze siècles après ces événements, vers l'an 220 avant J. C., on retrouve la peuplade gauloise, qui s'était fixée dans le sud du Portugal, défendant avec énergie son indépendance contre les colonies carthaginoises voisines. Indortès, son chef, vaincu et pris, fut battu de verges et mis en croix, à la vue de son armée, après avoir eu les yeux arrachés par ordre d'Amilcar-Barcas, général carthaginois; mais un esclave gaulois se chargea de le venger en assassinant, quelques années après, dans une partie de chasse, Asdrubal, gendre d'Amilcar, et qui lui avait succédé dans le commandement. L'esclave aussi fut mis à la torture; mais, indomptable dans sa haine, il expira en insultant aux Africains.

Peu après l'invasion gauloise en Espagne, et peut-être en vertu du même mouvement, dans la première moitié du quatorzième siècle avant J. C., une autre grande horde de Gaulois, qui s'appelaient les *Ambra*, *Ambra*, *Ambrons*, c'est-à-dire les vaillants, passa les Alpes, occupa l'Italie septentrionale, descendit même jusqu'au bord du Tibre, et fit prendre le nom d'*Ambrie*, *Ombrie*, à la contrée où elle fonda sa domination. S'il fallait en croire les anciens récits, cette domination aurait été glorieuse et florissante, car l'Ombrie comptait, dit-on, 358 villes; mais le mensonge, dit un proverbe d'Orient, s'assoit auprès du berceau des peuples. A une époque bien postérieure, dans le second siècle avant J. C., quinze villes de la Ligurie contenaient en tout, nous apprend l'historien romain Tite Live, 20,000 âmes de population. Vous voyez par là, mes enfants, ce que devaient être, même en admettant leur existence, les 358 villes de l'Ombrie.

Quoi qu'il en soit, au bout de deux ou trois siècles, cette colonie gauloise tomba sous la force supérieure des Étrusques, autres envahisseurs venus de l'Europe orientale, peut-être du nord de la Grèce, et qui fondèrent en Italie un grand empire. Les Ombres ou Ambrons furent expulsés ou subjugués. Cependant quelques-unes de leurs peuplades, gardant leur nom et leurs mœurs, restèrent dans les montagnes de la haute Italie, où de nouvelles et plus célèbres invasions gauloises devaient les retrouver plus tard.

Celles dont je viens de vous parler, mes enfants, sont si anciennes et si obscures qu'on marque leur place dans l'histoire sans pouvoir dire comment elles l'ont remplie. C'est seulement avec le sixième siècle avant notre ère que commencent les expéditions vraiment historiques des Gaulois hors de la Gaule, celles dont on peut suivre le cours et apprécier les effets.

Vers l'an 587 avant J. C., presque au moment où les Phocéens venaient de fonder Marseille, deux grandes hordes gauloises s'ébranlèrent à la fois et passèrent, l'une le Rhin, l'autre les Alpes, se dirigeant, l'une en Germanie, l'autre en Italie.

Les premiers suivirent le cours du Danube et s'établirent en Illyrie, sur la rive droite de ce fleuve. Je dis trop en disant qu'ils s'y établirent; la plupart d'entre eux continuèrent d'errer et de guerroyer, tantôt s'amalgamant avec les peuplades qu'ils rencontraient, tantôt les chassant ou les exterminant, et sans cesse poussés eux-mêmes par de nouvelles bandes venues aussi de la Gaule. Ainsi marchant et se répandant de l'ouest à l'est, laissant çà et là sur leur route, le long des fleuves et dans les vallées des Alpes, des tribus qui se fixaient et commençaient des peuples, les Gaulois étaient arrivés, vers l'an 340 avant J. C., sur les confins de la Macédoine, au moment où Alexandre, fils de Philippe, déjà célèbre, se portait sur le même point pour réprimer les ravages de tribus voisines, peut-être des Gaulois eux-mêmes. Soit curiosité, soit désir d'entrer en relation avec Alexandre, quelques Gaulois se rendirent dans son camp ; il les traita bien, les fit asseoir à sa table, prit plaisir à étaler devant eux sa magnificence, et tout en buvant : « Quelle est la chose que vous craignez le plus? leur fit-il demander par son interprète. — Rien, répondirent les Gaulois, si ce n'est que le ciel tombe sur nous ; mais nous estimons par-dessus tout l'amitié d'un homme comme toi. — Les Celtes sont fiers, » dit Alexandre à ses Macédoniens ; et il leur promit son amitié.

Alexandre mort, les Gaulois entrèrent, par bandes soldées, en Europe et en Asie, au service de ses généraux devenus rois. Toujours avides, féroces et emportés, ils étaient presque aussi dangereux comme auxiliaires que comme voisins. Antigone, roi de Macédoine, devait donner, à la bande qu'il avait enrôlée, une pièce d'or par tête. Ils amenèrent leurs femmes et leurs enfants, et, la campagne finie, ils réclamèrent la solde pour leur suite comme pour eux-mêmes : « Une pièce d'or nous a été promise par tête de Gaulois, disaient-ils ; ceux-là aussi sont des Gaulois. »

Bientôt ils se lassèrent de guerroyer pour le compte d'autrui ; leur puissance s'était accrue ; des hordes nouvelles et nombreuses leur arrivèrent vers l'an 284 avant J. C. Ils avaient devant eux la Thrace, la Macédoine, la Thessalie, la Grèce, riches, déchirées et affaiblies par les discordes civiles. Ils y entrèrent par plusieurs points, dévastant, pillant, chargeant le butin sur leurs chariots, et faisant de leurs prisonniers deux parts, les uns offerts en sacrifice à leurs dieux, les autres garrottés à des arbres et livrés aux *gais* et aux *matars*, ou javelots et piques des vainqueurs.

Comme tous les barbares, par plaisir et par calcul, à la férocité ils joignaient l'insulte. Leur Brenn ou chef le plus célèbre, que les Latins et les Grecs appellent Brennus, traînait à sa suite des prisonniers macédoniens, petits, chétifs, la tête rasée ; et les montrant à côté des guerriers gaulois, grands, robustes, les cheveux longs, parés de chaînes d'or : « Voilà ce que nous sommes, disait-il, et voilà ce que sont nos ennemis. »

Ptolémée le Foudre, roi de Macédoine, reçut avec hauteur leur premier message qui lui demandait une rançon de ses États, s'il voulait conserver la paix : « Dites à ceux qui vous envoient, répondit-il aux députés gaulois, qu'ils déposent sur-le-champ leurs armes et me livrent leurs chefs. Je verrai alors quelle paix il me convient de leur accorder. » Au retour des députés, les Gaulois se mirent à rire : « Il verra bientôt si c'était dans notre intérêt ou dans le sien que nous lui proposions la paix. » Dans la première bataille, en effet, ni la fameuse phalange macédonienne, ni l'éléphant sur lequel il était monté, ne purent sauver le roi Ptolémée ; la phalange fut rompue, l'éléphant criblé de javelots, le roi lui-même pris, tué, et sa tête promenée au bout d'une pique sur le champ de bataille.

La Macédoine était consternée ; on s'enfuyait des campagnes ; on fermait les portes des villes : « Le peuple, dit un historien, maudissait l'imprudence du roi Ptolémée, et invoquait les noms de Philippe et d'Alexandre, dieux protecteurs de la patrie. »

Trois ans après, une autre incursion plus redoutable vint fondre sur la Thessalie et la Grèce. Elle était, selon le dire, à coup sûr très-exagéré, des historiens anciens, forte de plus de 200,000 hommes, et commandée par ce Brenn fameux, féroce et moqueur dont je vous parlais tout à l'heure. Il se proposait de frapper un coup qui devait à la fois enrichir les Gaulois et jeter les Grecs dans la stupeur. Il voulait piller le temple de Delphes, le lieu le plus révéré de toute la Grèce, où affluaient depuis des siècles toutes sortes d'offrandes, et où sans doute étaient déposés des trésors immenses. Telle était, dans l'opinion du temps, la sainteté de ce lieu que, sur le bruit de ce projet de profanation, plusieurs Grecs essayèrent d'en détourner le Brenn gaulois lui-même, en le frappant de craintes superstitieuses ; mais il leur répondit : « Les dieux n'ont aucun besoin de richesses ; ce sont eux qui les distribuent aux hommes. »

La Grèce entière s'émut. Les nations du Péloponnèse fermèrent l'isthme de Corinthe par une muraille. Hors de l'isthme, les Béotiens, les Phocidiens, les Locriens, les Mégariens, les Étoliens se coalisèrent sous le commandement des Athéniens ; et, comme avaient fait leurs ancêtres, il y avait à peine deux cents ans, contre Xerxès et les Perses, ils se portèrent en toute hâte au défilé des Thermopyles pour arrêter là les nouveaux barbares.

Ils les arrêtèrent en effet plusieurs jours ; et au lieu de trois cents héros, comme jadis Léonidas et ses Spartiates, quarante Grecs seulement, dit-on, succombèrent dans le premier combat; parmi eux était un jeune Athénien, Cydias, dont le bouclier fut suspendu dans le temple de Jupiter libérateur, à Athènes, avec cette inscription :

> CE BOUCLIER, CONSACRÉ A JUPITER, EST
> CELUI D'UN VAILLANT MORTEL,
> DE CYDIAS. IL PLEURE ENCORE SON
> JEUNE MAITRE. POUR LA PREMIÈRE FOIS
> IL EN CHARGEAIT SON BRAS GAUCHE
> QUAND LE REDOUTABLE MARS ÉCRASA
> LES GAULOIS.

Mais bientôt, comme aussi au temps des Perses, des traîtres guidèrent le Brenn et ses Gaulois à travers les sentiers de la montagne; les Thermopyles furent tournés; l'armée grecque ne se sauva qu'à l'aide des galères athéniennes; et dès le soir du même jour, les barbares parurent en vue de Delphes.

Le Brenn voulait les conduire sur-le-champ à l'assaut. Il leur montrait, pour les y exciter, les statues, les vases, les chars, les monuments de tout genre, chargés d'or, qui ornaient les avenues de la ville et du temple : « C'est de l'or pur, de l'or massif, » faisait-il dire et répandre de toutes parts. Mais l'avidité même qu'il provoquait tourna contre son dessein; les Gaulois se débandèrent pour piller. Il fallut remettre l'assaut au lendemain. La nuit se passa en courses déréglées et en orgies.

Les Grecs, au contraire, se préparaient avec ardeur au combat. Leur exaltation était extrême. Ces barbares à demi nus, grossiers, féroces, ignorants, impies, leur faisaient horreur. Ils massacraient et dévastaient stupidement. Ils laissaient leurs morts dans les champs, sans sépulture. Ils engageaient les batailles sans consulter aucun prêtre, aucun devin. C'était à la fois leurs biens, leurs familles, leur vie, l'honneur de leur patrie et le sanctuaire de leur religion que les Grecs avaient à défendre, et ils pouvaient compter sur la protection des dieux; l'oracle d'Apollon avait répondu : « Moi et les vierges blanches nous pourvoirons à cette affaire. » Le peuple entourait le temple; les prêtres soutenaient et animaient le peuple. Pendant la nuit, de petits corps d'Étoliens, d'Amphiscéens, de Phocidiens, arrivèrent successivement,

Quatre mille hommes étaient réunis dans Delphes, lorsque les bandes gauloises, le matin, commencèrent à gravir la pente étroite et raide qui conduisait à la ville. Les Grecs firent pleuvoir d'en haut un déluge de pierres et de traits. Les Gaulois reculèrent, puis revinrent. Les assiégés se replièrent dans les premières rues de la ville, laissant libre l'avenue du temple. Les barbares s'y précipitèrent. Déjà ils pillaient les oratoires d'alentour ; le temps était sombre : un orage éclata ; le tonnerre, la pluie, la grêle tombaient et retentissaient. Prompts à se saisir de cet incident, les prêtres et les devins sortirent du temple, revêtus de leurs habits sacrés, les cheveux épars, les yeux ardents, annonçant à grands cris la venue du dieu : « Il est ici ! Nous l'avons vu s'élancer à travers la voûte du temple qui s'est ouverte sous ses pieds ; deux vierges armées l'accompagnent ; elles sont sorties des temples de Diane et de Minerve. Nous les avons vues. Nous avons entendu le sifflement de leurs arcs et le bruit de leurs armes. » A ces cris, au fracas de l'orage, les Grecs s'élancent ; les Gaulois s'épouvantent et se précipitent le long de la colline. Les Grecs les poursuivent, les pressent. Le bruit de nouvelles apparitions se répand : trois héros, Hypérochus, Laodocus, Pyrrhus, fils d'Achille, sont sortis de leurs tombeaux voisins du temple ; ils frappent les Gaulois de leurs lances. La déroute fut rapide et générale ; les barbares coururent se renfermer dans leur camp ; leur camp fut attaqué, le lendemain matin, par les Grecs descendus de la ville et par d'autres accourus des campagnes. Le Brenn et les guerriers d'élite qui l'entouraient résistèrent vaillamment, mais vaincus d'avance. Le Brenn fut blessé ; ses compagnons l'emportèrent. L'armée barbare s'enfuit tout le jour. La nuit suivante, saisie d'un nouvel accès de terreur, elle s'enfuit encore ; et quatre jours après avoir passé les Thermopyles, des bandes éparses, formant à peine le tiers de celles qui avaient marché sur Delphes, rejoignirent le corps d'armée qui était resté en arrière, à quelques lieues de cette ville, dans les plaines qu'arrose le Céphise. Le Brenn convoqua ses compagnons : « Tuez tous les blessés et moi-même, leur dit-il ; brûlez vos chariots ; prenez Cichor pour roi, et partez en toute hâte. » Puis il demanda du vin, s'enivra et se poignarda.

Cichor fit en effet égorger les blessés, traversa en fuyant et en combattant la Thessalie et la Macédoine ; et de retour aux lieux d'où ils étaient partis, les Gaulois se dispersèrent ; quelques-uns pour se fixer au pied d'une montagne voisine, sous le commandement d'un chef nommé *Bathanat*, *Baedhannat*, c'est-à-dire *fils de sanglier;* d'autres pour se remettre en marche vers leur patrie; la plupart pour recommencer la même vie de courses et d'aventures.

Ils en changèrent le théâtre. La Grèce, la Macédoine, la Thrace étaient épuisées par le pillage et se formaient à la résistance. Vers l'an 278 avant J. C., les Gaulois traversèrent l'Hellespont et passèrent dans l'Asie Mineure. Là, tantôt à la solde des rois de Bithynie, de Pergame, de Cappadoce, de Syrie, ou des villes libres et commerçantes qui luttaient contre les rois, tantôt guerroyant pour leur propre compte, ils errèrent plus de trente ans, divisés en trois grandes hordes qui se répartissaient entre elles les territoires, les parcouraient en les pillant dans la belle saison, se retranchaient l'hiver dans leur camp de chariots ou dans quelque place d'armes, vendaient leurs services au plus offrant, changeaient de patron selon leur intérêt ou leur humeur, et par leur bravoure sauvage faisaient la terreur de ces populations efféminées et le sort de ces petits États.

A la fin, princes et peuples se lassèrent. Antiochus, roi de Syrie, attaqua l'une des trois bandes gauloises, celle des Tectosages, la vainquit et la cantonna dans un district de la haute Phrygie. Plus tard, vers l'an 241 avant J. C., Eumène, souverain de Pergame, et Attale son successeur poussèrent et resserrèrent pareillement les deux autres bandes, les Tolistoboïes et les Trocmes, dans la même région. Les victoires d'Attale sur les Gaulois excitèrent un véritable enthousiasme. On le célébra comme un envoyé de Jupiter. Il prit le titre de *Roi*, que ses prédécesseurs n'avaient pas encore porté. Il fit peindre avec faste ses batailles; et, pour triompher à la fois en Europe et en Asie, il envoya l'un de ces tableaux à Athènes, où on le voyait encore trois siècles après, suspendu au mur de la citadelle.

Contraintes de se fixer, les hordes gauloises devinrent un peuple, les Galates, et la contrée qu'elles occupaient s'appela la Galatie. Elles y vécurent environ cinquante ans, séparées de la population indigène, Grecs et Phrygiens, qu'elles tenaient dans une condition presque servile, conservant leurs mœurs guerrières et barbares, reprenant quelquefois leurs habitudes de bandes soldées, et redevenant l'appui ou l'effroi des États voisins. Mais, au commencement du second siècle avant notre ère, les Romains étaient entrés en Asie, à la poursuite de leur grand ennemi, Annibal. Ils venaient de battre, près de Magnésie, le roi de Syrie, Antiochus. Ils avaient rencontré dans son armée des hommes de haute taille, aux cheveux blonds ou peints en rouge, à demi nus, marchant au combat avec de grands cris, et terribles au premier choc. Ils reconnurent les Gaulois, et résolurent de les détruire ou de les soumettre. Le consul Cn. Manlius en eut la charge et l'honneur. Attaquées dans leurs retraites du mont Olympe et du mont Magaba, l'an 189 avant J. C., les trois bandes gauloises, après une résistance énergique mais courte, furent vaincues, subjuguées, et perdant dès lors toute importance nationale, elles s'amalgamèrent peu à peu avec les populations asiatiques qui les entouraient. On les voit reparaître encore de temps en temps avec leurs mœurs et leurs passions primitives. Rome les ménageait ; Mithridate les eut pour alliés dans sa longue lutte contre les Romains. Il entretenait auprès de lui une garde galate ; et lorsque, voulant mourir, il ne put y réussir par le poison, ce fut au chef de cette garde, au Gaulois Bituit, qu'il demanda de le percer de son épée. C'est le dernier fait historique auquel le nom gaulois se trouve associé en Asie.

Néanmoins l'amalgame des Gaulois de Galatie avec les indigènes demeura toujours très-imparfait, car, vers la fin du quatrième siècle de l'ère chrétienne, ils parlaient, non point grec, comme ceux-ci, mais leur langue nationale, celle des Kymris-Belges, et saint Jérôme atteste qu'elle différait très-peu de celle qu'on parlait en Belgique même, dans le pays de Trèves.

Les Romains avaient de bonnes raisons, mes enfants, pour porter sur les Gaulois, dès qu'ils les rencontraient, un regard attentif, et pour les redouter particulièrement. Au moment où ils se décidèrent à les poursuivre dans les montagnes de l'Asie Mineure, ils touchaient à peine au terme d'une lutte acharnée soutenue contre eux, depuis 400 ans, en Italie même : « lutte où il s'agit pour Rome, dit Salluste, non de la gloire, mais de la vie. » Je vous disais tout à l'heure qu'au commencement du sixième siècle avant notre ère, pendant que, sous leur chef Sigovèse, les bandes gauloises dont je viens de vous raconter l'histoire passaient le Rhin et entraient en Germanie, d'autres bandes, commandées par Bellovèse, traversaient les Alpes et se précipitaient en Italie. De l'an 587 à l'an 521 avant J. C., cinq expéditions gauloises formées de tribus galliques, kymriques et liguriennes, suivirent la même route, et envahirent successivement les deux rives du Pô, *le fleuve sans fond*, comme elles l'appelaient. Les Étrusques, qui avaient jadis, vous vous en souvenez, conquis eux-mêmes cette contrée sur un peuple d'origine gauloise, les Ombriens ou Ambrons, ne purent résister à ces nouveaux conquérants, aidés peut-être par les débris de l'ancienne population. Les villes bien bâties, les campagnes défrichées, les ports et les canaux creusés, presque tous ces travaux de la civilisation étrusque déjà grande disparurent sous les pas de ces hordes barbares qui ne savaient que détruire, et dont l'une donnait à son chef le nom de l'*Ouragan* (*Elitorius, Ele-Dov*). A peine cinq villes étrusques, Mantoue et Ravenne entre autres, échappèrent au désastre. Les Gaulois fondèrent aussi des villes, *Mediolanum* (Milan), *Brixia* (Brescia), Vérone, *Bononia* (Bologne), *Sena-Gallica* (Sinigaglia), etc. Mais ce ne furent longtemps que des camps retranchés, des places d'armes où la population ne se renfermait qu'en cas de nécessité : « Elle errait habituellement dans les campagnes, dit le plus exact et le plus clairvoyant des historiens anciens, Polybe, dormant sur l'herbe ou sur la paille, ne se nourrissant que de viande, ne s'occupant que de la guerre et d'un peu de culture, et n'estimant comme richesse que les troupeaux et l'or, seuls biens qu'on puisse emporter à son gré et à tout événement. »

Pendant près de trente ans, les Gaulois parcoururent ainsi, non-seulement la haute Italie, qu'ils occupaient presque seuls, mais toute la côte orientale et jusqu'à la pointe de la Péninsule, ne rencontrant, le long de la mer Adriatique et dans les riches et molles cités de la Grande-Grèce, Sybaris, Tarente, Crotone, Locres, aucun ennemi capable de leur résister. Mais l'an 591 avant J. C., se trouvant trop resserrée dans son territoire, une forte bande de Gaulois passa l'Apennin et vint demander aux Étrusques de la cité de Clusium de lui céder une partie de leurs terres. Pour toute réponse, Clusium ferma ses portes. Les Gaulois dressèrent leur camp autour de ses murs. Clusium demanda du secours à Rome, avec qui, malgré la rivalité des deux nations étrusque et romaine, elle avait eu naguère de bons rapports. Les Romains promirent d'abord leur médiation auprès des Gaulois, ensuite leur appui ; et ainsi furent amenés en face l'un de l'autre ces deux peuples destinés à une lutte de quatre siècles, qui ne devait finir que par le complet asservissement de la Gaule.

C'est à l'histoire romaine, mes enfants, qu'appartiennent surtout les détails de cette lutte; ils ne nous ont été transmis que par les historiens de Rome, et c'est aux Romains qu'en définitive est resté le champ de bataille, c'est-à-dire l'Italie. Je ne vous en ferai connaître que la marche générale et les incidents les plus caractéristiques.

Quatre périodes distinctes se laissent reconnaître dans cette histoire et marquent chacune une phase différente dans le cours des événements, et pour ainsi dire un acte du drame.

Pendant la première période, qui a duré quarante-deux ans, de l'an 391 à l'an 349 avant J. C., les Gaulois firent à Rome une guerre offensive et de conquête. Non qu'ils en eussent formé d'abord le dessein ; ils répondirent au contraire lorsque les Romains intervinrent comme médiateurs entre eux et Clusium : « Nous ne demandons que des terres ; nous en manquons ; les Clusiens en possèdent plus qu'ils n'en cultivent. Les Romains nous sont peu connus. Nous les croyons un peuple brave, puisque les Étrusques se sont mis sous leur protection. Restez spectateurs de notre querelle : nous la viderons en votre présence, afin que vous puissiez redire chez vous combien les Gaulois l'emportent en vaillance sur les autres hommes. »

Mais quand ils se virent repoussés dans leurs prétentions et traités par les Romains avec un dédain outrageant, les Gaulois laissèrent là le siége de Clusium et se mirent en marche sur Rome, ne s'arrêtant point pour piller et proclamant partout sur leur route : « Nous allons à Rome ; nous ne faisons la guerre qu'aux Romains ; » et lorsqu'ils rencontrèrent l'armée romaine, le 16 juillet de l'an 390 avant J. C., au confluent de l'Allia et du Tibre, à une demi-journée de Rome, ils entonnèrent brusquement leur chant de guerre et se précipitèrent sur leurs ennemis.

Vous savez, mes enfants, qu'ils gagnèrent la bataille, qu'ils entrèrent dans Rome et n'y trouvèrent que quelques vieillards qui, ne pouvant ou ne voulant pas quitter leur maison, étaient restés assis dans le vestibule, sur leur siége orné d'ivoire, un bâton d'ivoire à la main, et parés des insignes des charges publiques qu'ils avaient remplies. Tout le peuple romain avait fui et errait dans les campagnes ou cherchait un refuge chez les peuples voisins. Le sénat seulement et mille guerriers s'étaient renfermés dans le Capitole, citadelle qui dominait la ville. Les Gaulois les y tinrent assiégés pendant sept mois. Les aventures de ce siége célèbre vous sont connues. Les historiens romains les ont un peu embellies. Non qu'ils aient trop bien parlé des Romains eux-mêmes, qui montrèrent, dans ce désastre de leur patrie, un courage, une persévérance et une espérance admirables. Pontius Cominius, qui traversa le camp gaulois, passa le Tibre à la nage et escalada pendant la nuit les rochers du Capitole, pour aller porter au sénat des nouvelles; M. Manlius qui, le premier et quelques moments seul, repoussa, du haut des murs de la citadelle, les Gaulois près d'y pénétrer; M. Furius Camillus, banni de Rome l'année précédente et vivant réfugié dans la ville d'Ardée, qui se remit soudain en campagne pour sa patrie, rallia les Romains fugitifs et harcela incessamment les Gaulois, ce sont là de vrais héros, qui ont mérité leur gloire. A Dieu ne plaise que je cherche à les diminuer dans votre estime! Les belles actions sont si belles et souvent leurs auteurs en reçoivent si peu la récompense, qu'au moins faut-il tenir pour sacré l'honneur qui s'attache à leur nom. Les historiens romains n'ont fait que justice en célébrant les sauveurs de Rome. Mais la mémoire de ceux-ci n'aurait rien perdu à ce que toute vérité fût connue, et les prétentions de la vanité nationale n'ont pas droit aux mêmes égards que les services de la vertu. Or, il est certain que Camille ne remporta point sur les Gaulois des succès aussi décisifs et que la délivrance de Rome fut bien moins complète que ne le donnent à croire les récits romains. Le 15 février de l'an 389 avant J. C., les Gaulois, il est vrai, vendirent aux Romains leur retraite; et ils essuyèrent, en se retirant, quelques échecs où ils perdirent une partie de leur butin. Mais vingt-trois ans après, on les retrouve dans le Latium parcourant en tous sens la campagne de Rome sans que les Romains osent sortir de leurs murs pour les combattre. C'est seulement au bout de cinq ans, l'an 361 avant J. C., que, la ville même se voyant de nouveau menacée, les légions marchent à la rencontre de l'ennemi; «Surpris de cette audace des Romains,» dit Polybe, les Gaulois se retirèrent, mais seulement à quelques lieues de Rome, dans les environs de Tibur; et de là, pendant douze ans, ils infestèrent le territoire romain, reprenant chaque année la campagne, souvent aux portes de la ville, repoussés, mais jamais plus loin que Tibur et ses collines. Rome faisait cependant de grands efforts. Toute guerre avec les Gaulois était d'avance déclarée *tumulte*, c'est-à-dire levée en masse des citoyens, sans aucune exemption, même pour les vieillards et les prêtres. Un trésor, spécialement consacré aux guerres gauloises, était déposé dans le Capitole, et les malédictions religieuses les plus terribles pesaient sur la tête de quiconque oserait y toucher, pour quelque nécessité que ce fût. C'est à cette époque que les traditions romaines placent ces aventures merveilleuses, ces actes héroïques mêlés de fables, qui se rencontrent chez tant de peuples, soit dans leur premier âge, soit dans leurs jours

ILS N'Y TROUVÈRENT QUE QUELQUES VIEILLARDS ASSIS SUR LEUR SIÈGE D'IVOIRE.

de grand péril. L'an 361 avant J. C., Titus Manlius, le fils de celui qui avait sauvé le Capitole de l'attaque nocturne des Gaulois, et douze ans plus tard, M. Valerius, jeune tribun militaire, sont, vous vous le rappelez, les deux héros romains qui vainquirent en combat singulier les deux géants gaulois qui bravaient Rome avec arrogance. La reconnaissance envers eux fut populaire et de longue durée, car deux siècles après (l'an 167 avant J. C.), la tête du Gaulois tirant la langue figurait encore à Rome au-dessus d'une boutique de changeur, sur une enseigne circulaire appelée *A l'écu du Kymri* (*Ad scutum Cimbricum*).

Après dix-sept ans de séjour dans le Latium, les Gaulois se retirèrent enfin et retournèrent dans leur patrie adoptive, dans ces belles vallées du Pô qui portaient déjà le nom de *Gaule cisalpine*. Ils commençaient à se dégoûter de la vie errante. Leur population croissait, leurs villes s'étendaient, leurs champs étaient mieux cultivés, et leurs mœurs moins barbares. Pendant cinquante ans, presque aucune trace d'hostilité, ou même de contact, ne paraît entre eux et les Romains. Mais, au commencement du troisième siècle avant notre ère, la coalition des Samnites et des Étrusques contre Rome était près d'éclater; ils pressèrent vivement les Gaulois d'y entrer et les y décidèrent aisément. Alors commença la seconde période de la lutte des deux peuples. Rome avait repris haleine et grandi bien plus rapidement que ses rivaux. Au lieu de se renfermer, comme naguère, dans ses murs, elle forma soudain trois armées, prit l'offensive sur les coalisés, et porta la guerre sur leur territoire. Les Étrusques coururent à la défense de leurs foyers. Les deux consuls, Fabius et Decius, attaquèrent aussitôt, au pied de l'Apennin, près de Sentinum (aujourd'hui *Sentina*), les Samnites et les Gaulois. La bataille allait commencer; une biche, poursuivie par un loup descendu des montagnes, passa en fuyant entre les deux armées; elle se jeta du côté des Gaulois, qui la tuèrent; le loup tourna vers les Romains qui le laissèrent passer : « Camarades, s'écria un soldat, la fuite et la mort sont de ce côté où vous voyez étendue par terre la biche de Diane; le loup appartient à Mars; il est sans blessure, il nous rappelle notre père et notre fondateur; nous vaincrons comme lui. » Cependant la bataille allait mal pour les Romains; déjà plusieurs légions fuyaient; le consul Décius s'efforçait en vain de les rallier. La mémoire de son père frappa sa pensée. C'était la croyance de Rome qu'au milieu d'un combat malheureux, si le général se dévouait aux dieux infernaux, « la terreur et la fuite » passaient aussitôt dans les rangs ennemis. « Que tardé-je? dit Décius au grand pontife à qui il avait ordonné de le suivre et de demeurer à côté de lui dans le combat; il a été donné à notre race de mourir pour conjurer les désastres publics. » Il s'arrêta, plaça sous ses pieds un javelot, et, la tête couverte d'un pan de sa robe, le menton appuyé sur sa main droite, il répéta, après le pontife, ces paroles consacrées :

« Janus, Jupiter, Mars notre père, Quirinus, Bellone, Lares... dieux en la puissance de qui nous sommes, nous et nos ennemis, dieux Mânes, je vous adore; je vous prie, je vous conjure de donner force et victoire au peuple romain, aux enfants de Quirinus, et d'envoyer le trouble, la terreur et la mort sur les ennemis du peuple romain, des enfants de Quirinus. Et, par ces paroles, pour la république des enfants de Quirinus, pour l'armée, pour les légions, pour les alliés du peuple romain, je dévoue aux dieux Mânes et à la terre les légions et les alliés de ses ennemis, et moi-même! »

Remontant à cheval, Décius se lança au milieu des Gaulois, où il tomba bientôt percé de coups; mais les Romains reprirent courage et remportèrent la victoire; car l'héroïsme et la piété, mes enfants, sont puissants sur le cœur des hommes, et, au moment où ils les admirent, ils deviennent capables de les imiter.

Pendant cette seconde période, Rome fut plus d'une fois en danger. L'an 283 avant J.-C., les Gaulois détruisirent, près d'Arétium (Arezzo), une de ses armées et s'avancèrent jusqu'à la frontière romaine, disant : « C'est à Rome que nous marchons; les Gaulois savent comment on la prend. » Soixante et douze ans après, les Gaulois cisalpins jurèrent qu'ils ne quitteraient pas leurs baudriers avant d'être montés au Capitole, et ils parvinrent jusqu'à trois journées de Rome. A chaque apparition de ce redoutable ennemi, l'alarme était grande dans la République. Le sénat levait toutes ses forces, convoquait tous ses alliés. Le peuple demandait que l'on consultât les livres Sibyllins, livres sacrés vendus, disait-on, au roi Tarquin l'Ancien par la sibylle Amalthée, et qui contenaient le secret des destinées de la République. On les ouvrit, en effet, l'an 228 avant J.-C., et on y lut avec terreur que deux fois les Gaulois prendraient possession du sol de Rome. D'après le conseil des prêtres, on creusa dans la ville, au milieu du marché aux bœufs, une grande fosse où deux Gaulois, un homme et une femme, furent enterrés vivants, car ainsi ils prenaient possession du sol de

Rome, l'oracle était satisfait et le malheur détourné. Treize ans après, au moment du désastre de Cannes, la même atrocité eut lieu encore une fois, à la même place et par le même motif. Et par un contraste étrange, en commettant cet acte barbare, « qui n'était point d'usage romain, » dit Tite Live, on en ressentait une secrète horreur, car, pour apaiser les mânes des victimes, on institua un sacrifice qui se célébrait chaque année sur leur fosse, au mois de novembre.

Malgré le péril quelquefois pressant, malgré les terreurs populaires, Rome, durant tout le cours de cette période, de l'an 299 à l'an 258 avant J.-C., conserva sur les Gaulois un ascendant progressif. Elle les écarta toujours de son territoire, dévasta plusieurs fois le leur, sur les deux rives du Pô, appelées l'une Gaule transpadane, l'autre Gaule cispadane, et gagna la plupart des grandes batailles qu'elle eut à livrer. Enfin, l'an 283 avant J.-C., le propréteur Drusus, après avoir ravagé la contrée des Gaulois Sénons, en rapporta des lingots et des bijoux livrés jadis, dit-on, à leurs ancêtres pour acheter leur retraite. On proclama solennellement que la rançon du Capitole était rentrée dans ses murs, et soixante ans après, le consul M. A. Marcellus, ayant défait, à Clastidium, une nombreuse armée de Gaulois et tué de sa main leur général Virdumar, eut l'honneur de consacrer au temple de Jupiter les troisièmes dépouilles opimes obtenues depuis la fondation de Rome, et de monter au Capitole, portant lui-même l'armure de Virdumar, car il avait fait tailler un grand tronc de chêne autour duquel il avait ajusté le casque, la tunique et la cuirasse du roi barbare.

La guerre n'était pas la seule arme de Rome contre ses ennemis. Outre l'habileté de ses généraux et la discipline de ses légions, elle avait la sagesse de son sénat. Les Gaulois ne manquaient ni d'intelligence ni de ruse; mais trop libres pour marcher docilement sous un maître, et trop barbares pour se gouverner eux-mêmes, emportés par l'intérêt ou la passion du moment, ils ne savaient pas agir longtemps ni de concert, ni dans le même dessein. La prévoyance et l'esprit de suite étaient au contraire les vertus familières du sénat romain. Dès qu'il eut pénétré dans la Gaule cisalpine, il travailla à s'y assurer une influence permanente, soit en semant la division parmi les peuplades gauloises qui l'habitaient, soit en y fondant des colonies romaines. L'an 283 avant J.-C., plusieurs familles romaines arrivèrent, enseignes déployées et sous la conduite de trois triumvirs ou commissaires, sur un territoire du nord-est, au bord de l'Adriatique. Les triumvirs firent creuser une fosse ronde et y déposèrent des fruits et une poignée de terre apportés du sol romain ; puis, attelant à une charrue, dont le soc était de cuivre, un taureau blanc et une génisse blanche, ils marquèrent par un sillon une grande enceinte. Les autres suivaient, rejetant dans l'intérieur de la ligne les mottes soulevées par la charrue. L'enceinte terminée, le taureau et la génisse furent sacrifiés en pompe. C'était une colonie romaine qui se fondait à Séna, sur l'emplacement même du principal bourg des Gaulois Sénons vaincus et expulsés. Quinze ans après, une autre colonie fut fondée à Ariminum (Rimini), sur la frontière des Gaulois Boïes. Cinquante ans plus tard encore, deux autres sur les deux rives du Pô, Crémone et Placentia (Plaisance). Rome avait là, au milieu de ses ennemis, des garnisons, des dépôts d'armes et de vivres, des moyens de surveillance et de correspondance. De là partaient tantôt les troupes, tantôt les intrigues qui allaient porter parmi les Gaulois la crainte ou la désunion.

Vers la fin du troisième siècle avant notre ère, soit par la guerre, soit par la politique, le triomphe de Rome, dans la Gaule cisalpine, semblait près de s'accomplir quand la nouvelle arriva que le plus redoutable ennemi des Romains, Annibal, méditant de passer d'Afrique en Italie par l'Espagne et la Gaule, travaillait déjà, par ses émissaires, à s'assurer, pour son entreprise, le concours des Gaulois Transalpins et Cisalpins. Le sénat ordonna aux envoyés qu'il avait en ce moment à Carthage de traverser la Gaule en revenant et d'y chercher des alliés contre Annibal. Les envoyés s'arrêtèrent chez les peuplades gallo-ibériennes qui habitaient au pied des Pyrénées orientales. Là, au milieu des guerriers assemblés en armes, ils les engagèrent, au nom du peuple romain grand et puissant, à ne pas souffrir que les Carthaginois passassent sur leur territoire. Un rire tumultueux s'éleva, tant la demande parut étrange : « Vous voulez que nous attirions sur nous la guerre pour la détourner de l'Italie, et que nous livrions nos champs au pillage pour sauver les vôtres ! Nous n'avons aucun sujet de nous plaindre des Carthaginois ni de nous louer des Romains, ni de prendre les armes pour les Romains et contre les Carthaginois. Nous entendons dire au contraire que le peuple romain chasse de leurs terres, en Italie, des hommes de notre nation, leur impose des tributs et leur fait subir d'autres outrages. » Les envoyés de Rome quittèrent la Gaule sans alliés.

Annibal, de son côté, n'y trouva pas toute la faveur et tout l'empressement qu'il s'était promis. Entre les Pyrénées et les Alpes plusieurs peuplades s'unirent à lui ; plusieurs autres se montrèrent froides ou même hostiles. Dans le passage des Alpes, les tribus montagnardes le harcelèrent incessamment. Enfin, dans la Gaule cisalpine même, la division et l'hésitation furent grandes. Rome avait su inspirer confiance à ses partisans et crainte à ses ennemis. Annibal fut souvent obligé de recourir à la force contre les Gaulois même dont il recherchait l'alliance, et de dévaster leurs terres pour les pousser aux armes. Même l'alliance conclue et jusque dans le camp carthaginois, les Gaulois, tantôt hésitaient encore, tantôt se soulevaient contre Annibal, l'accusaient du ravage de leur pays et refusaient de lui obéir.

Cependant les joies de la victoire et du pillage rendirent enfin à la haine naturelle des Gaulois cisalpins contre Rome son libre cours. Après les journées du Tésin et de la Trébie, Annibal n'eut point de soldats plus ardents ni plus dévoués. Il perdit à la bataille du lac de Trasimène 1,500 hommes, presque tous Gaulois ; à celle de Cannes, il en avait 30,000, les deux tiers de son armée ; et, au moment de l'action, ils jetèrent bas leur tunique et leur saie à carreaux de diverses couleurs (petit manteau semblable aux plaids des Gaëls ou montagnards écossais), et combattirent nus de la ceinture en haut, selon leur usage quand ils voulaient absolument vaincre ou mourir. Sur 5,500 hommes, que coûta à Annibal la victoire de Cannes, 4,000 étaient Gaulois. L'ébranlement était général dans la Gaule cisalpine, la passion à son comble : des bandes nouvelles accouraient sans cesse recruter l'armée du Carthaginois qui, à force de patience et de génie, mit Rome à deux doigts de sa perte avec l'appui presque des seuls barbares qu'il était venu chercher à ses portes, et qu'au premier moment il avait trouvés si intimidés et si incertains.

Quand le jour des revers arriva, quand Rome eut recouvré son ascendant, les Gaulois furent fidèles à Annibal, et lorsque enfin il fut contraint de repasser en Afrique, soit désespoir, soit attachement, les bandes gauloises l'y suivirent. L'an 200 av. J.-C., à la célèbre bataille de Zama, qui prononça définitivement entre Carthage et Rome, elles formaient encore le tiers de l'armée carthaginoise, et elles s'y montrèrent, dit Tite Live, « enflammées de cette haine native contre les Romains qui est propre à leur race. »

Ce fut là, mes enfants, la troisième période de la lutte des Gaulois contre les Romains en Italie. Rome, bien instruite, par cette guerre terrible, du danger dont la menaçaient toujours les Gaulois cisalpins, prit la résolution, non plus de les contenir, mais de les soumettre et de conquérir leur territoire. Elle employa trente ans (de l'an 200 à l'an 170 avant J.-C.) à l'exécution de ce dessein, procédant par la guerre, par la fondation de colonies romaines, par les dissensions semées entre les peuplades gauloises. En vain les deux principales, les Boïes et les Insubres, essayèrent de soulever et de rallier toutes les autres; quelques-unes hésitèrent; d'autres refusèrent absolument et restèrent neutres. La résistance fut acharnée. Les Gaulois, chassés de leurs champs, de leurs villes, s'établissaient, comme leurs ancêtres, dans les forêts, et n'en sortaient que pour se précipiter avec fureur sur les Romains. Et alors, si l'action était indécise, si quelques légions chancelaient, les centurions romains jetaient leurs enseignes au milieu des ennemis, et les légionnaires s'élançaient à tout risque pour aller les reprendre. Dans les villes enlevées aux Gaulois. à Parme, à Bologne, des colonies romaines venaient à l'instant s'établir. De jour en jour Rome avançait. Enfin, l'an 190 avant J.-C., les débris des cent douze tribus qui avaient formé la nation des Boïes, ne pouvant plus résister et ne voulant pas se soumettre, se levèrent en masse et sortirent d'Italie.

Le sénat, avec sa sagesse accoutumée, multiplia sur le territoire conquis les colonies romaines, traita modérément les tribus soumises, et donna à la Gaule cisalpine le nom de *Province gauloise cisalpine ou citérieure,* qu'elle échangea plus tard contre celui de *Gallia togata* ou *Gaule romaine;* puis, déclarant que la nature elle-même avait placé les Alpes entre la Gaule et l'Italie comme une barrière insurmontable, le sénat prononça : « Malheur à quiconque tenterait de la franchir ! »

CHAPITRE III

LES ROMAINS DANS LA GAULE

Ce fut Rome elle-même qui franchit bientôt cette barrière des Alpes qu'elle avait proclamée naturelle et insurmontable. A peine maîtresse de la Gaule cisalpine, elle entra en querelle avec les tribus qui occupaient les passages des montagnes. Sur une frontière incertaine, entre deux voisins, l'un ambitieux, l'autre barbare, les prétextes, les motifs même ne manquent jamais. Probablement les montagnards gaulois ne s'abstenaient guère de descendre, eux et leurs troupeaux, sur le territoire devenu romain. Les Romains à leur tour pénétraient dans les villages des montagnards, enlevaient les troupeaux et les hommes, et les vendaient dans les marchés publics, à Crémone, à Placentia, dans toutes leurs colonies.

Les Gaulois des Alpes demandèrent du secours aux Gaulois transalpins, à un chef puissant, nommé Cincibil, dont le patronage s'étendait dans les montagnes. La terreur du nom romain les avait traversées. Cincibil envoya à Rome des députés, son frère à leur tête, chargés d'exposer les griefs des montagnards, de se plaindre surtout du consul Cassius, qui avait enlevé et vendu plusieurs milliers de Gaulois. Sans rien accorder, le sénat fut doux. Cassius était absent; il fallait l'attendre; en attendant, on traita bien les Gaulois; Cincibil et son frère reçurent des présents, deux colliers d'or, cinq vases d'argent, deux chevaux caparaçonnés, des habits romains pour toute leur suite. Mais rien ne changea.

Une autre occasion plus grande et plus décisive s'offrit aux Romains. Marseille était leur alliée. Rivale de Carthage, et ayant les Gaulois toujours à ses portes, Marseille, sur terre et sur mer, avait besoin de Rome. Aussi prétendait-elle, avec Rome, à la plus ancienne et intime amitié. Son fondateur, le Phocéen Euxène, était allé à Rome, disait-on, et avait conclu un traité avec Tarquin l'Ancien. Elle avait pris le deuil lors de l'incendie de Rome par les Gaulois, et ordonné une collecte publique pour contribuer à la rançon du Capitole. Rome ne contestait point ces prétendus souvenirs. L'amitié de Marseille lui servit beaucoup. Dans tout le cours de sa lutte avec Carthage, et naguère encore, au passage d'Annibal à travers la Gaule, Rome en avait reçu les meilleurs offices. Elle accorda aux Marseillais une place parmi les sénateurs, dans les fêtes de la république, et l'exemption de tout droit de commerce dans ses ports. Vers le milieu du deuxième siècle avant J.-C., Marseille était en guerre avec quelques tribus gauloises, ses voisines, dont elle convoitait le territoire. Deux de ses colonies, Nice et Antibes, étaient menacées. Elle invoqua le secours de Rome. Des députés romains arrivèrent pour juger la querelle. Les Gaulois refusèrent d'obéir à leurs sommations et les insultèrent. Les députés revinrent avec une armée, battirent les tribus indociles et donnèrent leurs terres aux Marseillais. Le même fait se renouvela plusieurs fois, avec le même résultat. Dans l'espace de trente ans, presque toutes les tribus situées entre le Rhône et le Var, dans la contrée qui a formé depuis la Provence, furent domptées et refoulées dans les montagnes, avec défense d'approcher à plus de mille pas de la côte en général, et à plus de quinze cents des lieux de débarquement.

Les Romains ne s'en tinrent pas là. Ce n'était pas pour Marseille seule qu'ils voulaient conquérir. L'an 123 avant J.-C., à quelques lieues au nord de la cité grecque, auprès d'une petite rivière, le *Cœnus*, aujourd'hui l'Arc, le consul C. Sextius Calvinus avait remarqué, en guerroyant, des eaux thermales abondantes, dans un site agréable, au milieu de collines couvertes de forêts. Il y fit construire une enceinte, des aqueducs, des bains, des maisons, une ville enfin à laquelle il donna son nom, *Aquæ Sextiæ*, aujourd'hui Aix, la première fondation romaine dans la Gaule transalpine.

Comme dans la Gaule cisalpine, avec les colonies vinrent les intrigues romaines et les dissensions exploitées et fomentées parmi les Gaulois ; en ceci, Marseille secondait Rome puissamment. Elle entretenait, dans toutes les tribus voisines, des intelligences et l'esprit de faction. Après ses victoires, le consul C. Sextius, assis sur son tribunal, vendait à l'enchère ses prisonniers ; l'un d'eux s'approchant de lui : « J'ai toujours aimé et servi les Romains ; et souvent, à cause de cela, j'ai encouru, de la part de mes compatriotes, beaucoup d'outrages et de périls. » Le consul le fit mettre en liberté, lui et sa famille, et lui permit même de désigner, parmi les captifs, ceux à qui il voudrait assurer le même bienfait. A sa demande, il en délivra neuf cents. Cet homme s'appelait Craton, nom grec qui indique ses rapports avec Marseille ou quelqu'une de ses colonies.

Les Gaulois venaient eux-mêmes au-devant des pièges romains. Deux de leurs confédérations, les Æduens, dont je vous ai déjà parlé, et les Allobroges, établis entre les Alpes, l'Isère et le Rhône, se faisaient la guerre. Une troisième confédération, la plus puissante de la Gaule à cette époque, les Arvernes, rivaux des Æduens, protégeait les Allobroges. Les Æduens, chez qui les Marseillais venaient faire le commerce, sollicitèrent par leur entremise l'assistance de Rome. Le traité fut aisément conclu. Les Æduens obtinrent des Romains le titre d'*amis*, et d'*alliés ;* les Romains reçurent des Æduens celui de *frères*, qui désignait chez les Gaulois un lien sacré. Le consul Domitius ordonna aussitôt aux Allobroges de respecter le territoire des alliés de Rome. Les Allobroges se levèrent en armes et réclamèrent le secours des Arvernes. Même chez ceux-ci, au centre de la Gaule, Rome était fort redoutée ; on n'entrait plus en guerre avec elle qu'en hésitant. Bituit, roi des Arvernes, voulut essayer d'un accommodement. C'était un chef puissant et riche. Son père, Luern, donnait dans ses montagnes des festins magnifiques. Il faisait enclore un terrain de douze stades carrés, et remplir de vin, d'hydromel et de bière des citernes creusées dans l'enceinte. Tous les Arvernes accouraient à ses fêtes. Bituit étala aux yeux des Romains son faste barbare. Une nombreuse escorte, superbement vêtue, entourait son ambassadeur, conduisant des bandes d'énormes dogues de chasse, et précédée d'un barde, ou poëte, qui chantait, sa *rotte* ou harpe en main, la gloire de Bituit et celle de la nation des Arvernes. Le consul reçut et renvoya l'ambassade avec dédain. La guerre éclata. Confiants et pressés comme tous les barbares, les Allobroges attaquèrent seuls, sans attendre les Arvernes. Ils furent battus au confluent du Rhône et de la Sorgue, un peu au-dessus d'Avignon. L'année suivante, 121 avant J.-C., les Arvernes à leur tour descendirent de leurs montagnes et passèrent le Rhône avec toutes leurs tribus, diversement armées et vêtues, et rangées chacune autour de son chef. Dans sa vanité barbare, Bituit marchait à la guerre avec le même faste qu'il avait étalé en vain pour avoir la paix. Il était monté sur un char brillant d'argent, revêtu d'une saie aux couleurs éclatantes, et faisait conduire par ses hommes une meute de combat. A la vue des légions romaines peu nombreuses, couvertes de fer, en rangs serrés et qui occupaient peu d'espace, il s'écria avec mépris : « Ce n'est pas un repas de mes chiens. »

Les Arvernes furent battus comme les Allobroges; les chiens de Bituit lui furent de peu de secours contre les éléphants dont Rome avait emprunté l'usage à l'Asie, et qui jetèrent l'épouvante parmi les Gaulois. Les historiens romains disent que l'armée arverne était de 200,000 hommes et que 120,000 furent tués : chiffres absurdes, mes enfants, comme la plupart de ceux que rapportent les anciens récits. Nous savons aujourd'hui, grâce aux moyens de la civilisation moderne qui met toutes choses au grand jour et les mesure toutes avec précaution, que les nations les plus peuplées et les plus puissantes parviennent seules, encore avec bien de la peine et du temps, à mettre en mouvement des armées de 200,000 hommes, et qu'il n'y a point de bataille, si meurtrière qu'elle soit, qui coûte la vie à 120,000 combattants.

Rome traita les Arvernes avec ménagement; mais les Allobroges perdirent leur existence nationale. Le sénat les déclara sujets du peuple romain ; tout le pays compris entre les Alpes, le Rhône, depuis son entrée dans le lac de Genève jusqu'à son embouchure, et la Méditerranée, fut érigé en province romaine consulaire, ce qui voulait dire que tous les ans un consul devait s'y rendre avec son armée. Dans les trois années suivantes, en effet, les consuls reculèrent les limites de la nouvelle province, sur la rive droite du Rhône, jusqu'à la frontière des Pyrénées vers le sud. L'an 115 avant J.-C., une colonie de citoyens romains fut conduite à Narbonne, ville déjà importante, malgré les objections de quelques sénateurs qui ne voulaient pas, disent les historiens, exposer ainsi des citoyens romains « aux flots de la barbarie. » C'était la seconde colonie qui allât s'établir hors de l'Italie ; la première avait été portée sur les ruines de Carthage.

La conquête ainsi accomplie, et pour en rendre la possession sûre et facile, le sénat ordonna l'occupation des passages des Alpes qui ouvraient la Gaule à l'Italie. Ils ne communiquaient jusque-là avec la Gaule que le long de la Méditerranée, par un sentier étroit et difficile qui est devenu de nos jours la belle route dite de la Corniche. Les tribus des montagnes défendirent avec désespoir leur indépendance ; quand celle des Stœnes, qui occupait le col des Alpes maritimes, se vit hors d'état de conserver la sienne, les hommes égorgèrent leurs femmes et leurs enfants, mirent le feu à leurs maisons et se précipitèrent dans les flammes. Mais le sénat poursuivit imperturbablement son dessein. Tous les grands défilés des Alpes tombèrent en son pouvoir. L'ancienne route phénicienne, restaurée par le consul Domitius, porta désormais son nom (*Via Domitia*), et moins de soixante ans après que la Gaule cisalpine avait été réduite en province romaine, Rome possédait, dans la Gaule transalpine, une seconde province où elle envoyait et établissait sans obstacles ses armées et ses citoyens.

Mais la Providence ne permet guère, mes enfants, que les hommes, même au milieu de leurs prospérités, oublient longtemps combien elles sont précaires, et quand il lui plaît de le leur rappeler, ce n'est point par des paroles, comme les Perses à leur roi, mais par des événements redoutables qu'elle donne ses avertissements. Au moment où Rome se croyait affranchie des invasions gauloises, et près de s'en venger par ses conquêtes, une invasion nouvelle, plus vaste et plus barbare, vint fondre en même temps sur Rome et sur la Gaule, et les livrer ensemble aux mêmes maux et aux mêmes périls.

L'an 113 avant J.-C., un immense rassemblement de barbares parut au nord de la mer Adriatique, sur la rive droite du Danube, ravageant le Norique et menaçant l'Italie. Deux nations y dominaient : les Kymris ou Cimbres et les Teutons, nom national des Germains. Elles venaient de loin, vers le nord, de la péninsule cimbrique, aujourd'hui la presqu'île du Jutland, et des contrées voisines de la Baltique, qui forment aujourd'hui les duchés de Holstein et de Schleswig. Un violent tremblement de terre, un terrible débordement de la mer les avaient, disaient-elles, chassées de leurs demeures. Ces contrées offrent en effet des traces de tels événements. Les Cimbres et les Teutons erraient déjà depuis quelque temps en Germanie.

Le consul Papirius Carbon, envoyé en toute hâte pour couvrir la frontière, leur ordonna, au nom du peuple romain, de se retirer. Les barbares répondirent modestement « que leur intention n'était pas de s'établir en Norique, et que, si les Romains avaient des droits sur ce pays, ils porteraient leurs armes ailleurs. » Le consul, à qui la fierté avait réussi, crut pouvoir aussi user, envers ces barbares, de perfidie ; il leur offrit des guides pour sortir du Norique. Ces guides les égarèrent. Le consul les attaqua à l'improviste, pendant la nuit, et fut battu.

Cependant les barbares, encore timides, n'entrèrent point en Italie ; ils errèrent trois ans le long du Danube, jusqu'aux montagnes de la Macédoine et de la Thrace. Puis, revenant sur leurs pas et marchant vers l'est, ils inondèrent les vallées des Alpes helvétiques, aujourd'hui la Suisse, grossis d'autres tribus, galliques ou germaines, qui aimaient mieux s'associer au pillage que le subir. Les Ambrons, entre autres, peuplade gauloise réfugiée en Helvétie depuis l'expulsion des Ombriens d'Italie par les Étrusques, se joignirent aux Cimbres et aux Teutons ; et l'an 110 avant J.-C., tous ensemble entrèrent dans la Gaule, d'abord en Belgique, puis, toujours errant et ravageant dans la Gaule centrale, ils arrivèrent enfin sur le Rhône, aux frontières de la province romaine.

Là, le nom de Rome les arrêta encore ; ils lui firent de nouveau demander des terres et offrir leurs services : « Rome, leur répondit M. Silanus, commandant de la province, n'a ni terres à vous donner ni services à attendre de vous. » Il les attaqua dans leur camp et fut battu.

Trois consuls, L. Cassius, C. Servilius Cépion et Cn. Manlius, essuyèrent successivement le même sort. La présomption vint aux barbares avec la victoire. Les chefs se réunirent et délibérèrent s'ils ne passeraient pas immédiatement en Italie pour exterminer ou réduire en esclavage les Romains, pour qu'on parlât kymri à Rome. Scaurus, prisonnier, était dans la tente, chargé de fers, pendant leur délibération. Ils l'interrogèrent sur les forces de son pays : « Ne passez pas les Alpes, n'allez pas en Italie, leur dit-il ; les Romains sont invincibles. » Saisi de courroux, le chef des Kymris, Boïorix, se jeta sur le Romain et le perça de son épée.

Pourtant le conseil de Scaurus fut suivi. Les barbares n'osèrent encore se décider à envahir l'Italie ; ils parcoururent librement la province romaine, tantôt repoussés, tantôt recrutés par les peuplades qui l'habitaient. Les Volces Tectosages, Kymris d'origine et maltraités par Rome, se joignirent à eux. Puis, tout à coup, tandis que les Teutons et les Ambrons restaient en Gaule, les Kymris passèrent en Espagne, sans motif apparent peut-être, comme un torrent débordé divise et répand en tous sens ses eaux.

Le trouble, à Rome, était extrême : jamais tant ni de si farouches barbares n'avaient menacé la république; jamais tant ni de si grandes armées romaines n'avaient été vaincues coup sur coup. Un seul homme, disait-on, pouvait écarter le péril et rendre à Rome son ascendant : Marius, de basse origine, mais déjà illustre, estimé du sénat pour son génie du commandement et ses victoires, puissant auprès du peuple qui voyait en lui l'un des siens et l'admirait sans lui porter envie ; aimé et craint des soldats pour sa bravoure, sa discipline inflexible, son empressement à partager leurs travaux et leurs dangers ; grave et rude, point lettré, point éloquent, point riche, peu propre à briller dans les assemblées publiques, mais fort et rusé dans l'action ; vraiment fait pour dominer la multitude énergique et grossière soit des camps, soit des villes, tantôt en partageant ses passions, tantôt en lui donnant le spectacle des mérites et quelquefois des vertus qu'elle estime et dont elle a besoin.

Il était consul en Afrique, où il mettait fin à la guerre de Jugurtha. On le nomma consul une seconde fois, sans intervalle et quoique absent, contre toutes les lois de la république. A peine de retour, en descendant du Capitole où il venait de triompher pour avoir vaincu et pris Jugurtha, il partit pour la Gaule.

A son arrivée, au lieu d'aller, comme ses prédécesseurs, attaquer aussitôt les barbares, il ne s'occupa que de former et d'aguerrir ses soldats, les soumettant à des marches fréquentes, à toutes sortes d'exercices militaires, à des travaux longs et rudes. Pour assurer ses approvisionnements, il leur fit creuser, vers les bouches du Rhône, un large canal qui s'embranchait dans le fleuve un peu au-dessus d'Arles, et qui, à son entrée dans la mer, offrait aux vaisseaux un bon refuge. Ce canal, qui subsista longtemps sous le nom de *Fossæ Marianæ* (*Fossés de Marius*), est comblé aujourd'hui ; mais, à son extrémité méridionale, le village de *Foz* en conserve encore le souvenir. Dressés à ce régime sévère, les soldats acquirent une telle réputation de sobriété et d'assiduité laborieuse qu'on les appelait proverbialement *les mulets de Marius*.

Il prenait soin de leur disposition morale comme de leur aptitude physique, et s'appliquait à exalter leur imagination aussi bien qu'à endurcir leur corps. Dans ce camp, au milieu de ces travaux où il les tenait étroitement enfermés, de fréquents sacrifices, un soin scrupuleux de consulter les oracles entretenaient une superstition ardente. Une prophétesse syrienne, nommée Marthe, qu'avait envoyée à Marius sa femme Julia, tante de Jules César, vivait auprès de lui et l'accompagnait aux cérémonies sacrées, dans les marches, traitée avec respect et en grand crédit sur l'esprit des soldats.

Deux années s'écoulèrent de la sorte sans que Marius voulût rien entreprendre contre les barbares. Le pays de plus en plus dévasté, les incendies, la famine, le désespoir et les plaintes des habitants de la province, rien ne le troubla dans sa résolution, et la confiance qu'il inspirait à Rome et dans son camp n'en fut point ébranlée ; il fut deux fois réélu consul, la première encore absent, la seconde dans un voyage qu'il fit à Rome pour diriger lui-même son parti.

Ce fut à Rome, l'an 102 avant J. C., qu'il apprit que les Kymris, las de l'Espagne, avaient repassé les Pyrénées, s'étaient réunis à leurs anciens compagnons, et que de concert ils avaient enfin résolu d'envahir l'Italie, les Kymris par le nord, en reprenant la route de l'Helvétie et du Norique, les Teutons et les Ambrons par le sud, en traversant les Alpes maritimes. Ils devaient se rejoindre sur les bords du Pô, et de là marcher ensemble sur Rome.

A ces nouvelles, Marius repassa sur-le-champ dans la Gaule, et, sans s'inquiéter des Kymris qui s'étaient en effet mis en marche vers le nord-est, il plaça son camp de manière à couvrir en même temps les deux voies romaines qui se croisaient à Arles, et par l'une desquelles les Ambro-Teutons devaient nécessairement passer pour entrer par le midi en Italie.

Ils parurent bientôt « en nombre immense, disent les historiens, avec leur aspect hideux et leurs cris sauvages, » rangeant leurs chariots et plantant leurs tentes devant le camp romain. Ils adressaient à Marius et à ses soldats des outrages et des défis continuels. Les Romains, irrités, voulaient sortir de leur camp ; Marius les retenait : « Il ne s'agit pas ici, disait-il avec son bon sens simple et impérieux, de gagner des triomphes et des trophées ; il s'agit d'écarter cet ouragan de guerre et de sauver l'Italie. » Un chef teuton vint un jour jusqu'aux portes du camp le provoquer lui-même au combat. Marius lui fit dire que, s'il était las de vivre, il n'avait qu'à s'aller pendre. Le barbare insistait : Marius lui envoya un gladiateur.

Cependant il faisait monter ses soldats, à tour de rôle, sur les remparts du camp pour les familiariser avec les cris, l'aspect, les armes,

LES FEMMES DÉFENDIRENT AVEC UN ACHARNEMENT INDOMPTABLE LES CHARIOTS
OU ELLES ÉTAIENT RESTÉES.

les mouvements des barbares. Le plus éminent de ses officiers, le jeune Sertorius, qui entendait et parlait bien la langue gallique, pénétrait, sous un déguisement gaulois, dans le camp des Ambrons, et instruisait Marius de ce qui s'y passait.

Enfin les barbares impatientés, après avoir tenté vainement de forcer le camp romain, levèrent le leur et se mirent en marche vers les Alpes. Pendant six jours, dit-on, leurs bandes défilèrent sous les remparts des Romains, leur criant : « N'avez-vous rien à mander à vos femmes? Nous serons bientôt auprès d'elles. »

Marius aussi leva son camp et les suivit. Ils s'arrêtèrent, les uns et les autres, près d'Aix, sur les bords du Cœnus, les barbares dans la vallée, Marius sur une colline qui la dominait. L'ardeur des Romains était au comble ; il faisait chaud ; on manquait d'eau sur la colline ; les soldats s'en plaignaient : « Vous êtes des hommes, dit Marius en montrant au bas la rivière ; voilà de l'eau à acheter avec du sang. — Que ne nous mènes-tu donc promptement contre eux, s'écria un soldat, pendant que nous avons encore du sang dans les veines ! — Il faut d'abord fortifier notre camp, » répondit doucement Marius.

Les soldats obéirent ; mais l'heure de la bataille était venue, et Marius le savait bien. Elle s'engagea sur les bords du Cœnus, entre quelques Ambrons qui se baignaient et quelques esclaves romains descendus pour puiser de l'eau. Quand toute la horde des Ambrons s'avança au combat, poussant son cri de guerre : *Ambra! Ambra!* un corps de Gaulois auxiliaires des Romains, et le premier en ligne, les entendit avec grande surprise ; c'était là aussi son nom et son cri de guerre ; il y avait des tribus d'Ambrons dans les Alpes soumises à Rome comme dans les Alpes helvétiques ; et les mots *Ambra! Ambra!* retentirent des deux parts dans le combat.

Il dura deux jours, le premier contre les Ambrons, le second contre les Teutons. Les uns et les autres furent vaincus, malgré leur bravoure sauvage et la bravoure égale de leurs femmes, qui défendirent avec un acharnement indomptable les chariots où elles étaient restées presque seules, gardant leurs enfants et le butin. Après les femmes, il fallut exterminer aussi les chiens qui défendaient les corps de leurs maîtres. Ici encore, mes enfants, les chiffres des historiens sont absurdes, quoique divers ; les plus pompeux portent le nombre des barbares tués à 200,000, et celui des prisonniers à 80,000 ; les plus modestes s'arrêtent à 100,000. Quoi qu'il en soit, le carnage fut grand, car le champ de bataille, où tous ces cadavres restèrent sans sépulture, pourrissant au soleil et à la pluie, en prit le nom de *Campi putridi*, *Champs de la putréfaction*, nom qui se retrouve encore aujourd'hui dans celui de *Pourrières*, village voisin.

Quant au butin, l'armée romaine, d'une voix unanime, en fit don à Marius; mais lui, se souvenant peut-être de ce qu'avaient fait naguère les barbares après la défaite des consuls Manlius et Cépion, voulut que tout fût brûlé en l'honneur des dieux. Il fit préparer un grand sacrifice. Les soldats couronnés de branches de laurier étaient rangés autour du bûcher; leur général, élevant une torche enflammée, allait de sa main mettre le feu lorsque soudain, sur le lieu même, soit dessein, soit hasard, arriva de Rome la nouvelle que Marius venait d'être élu consul pour la cinquième fois; au milieu des acclamations de son armée, et le front ceint d'une nouvelle couronne, il approcha lui-même la flamme et acheva le sacrifice.

Si nous voyagions en Provence, mes enfants, dans les environs d'Aix, nous rencontrerions peut-être quelque paysan qui, en nous montrant le sommet d'une colline où, selon toute apparence, Marius offrit, il y a 1940 ans, ce glorieux sacrifice, nous dirait dans le patois de son pays : « *Aqui és lou déloubré dé la Vittoria* : Là est le temple de la Victoire. » Là fut construit en effet, non loin d'une pyramide élevée en l'honneur de Marius, un petit temple consacré à la Victoire. Tous les ans, au mois de mai, la population y venait célébrer une fête et allumer un feu de joie auquel répondaient d'autres feux sur les coteaux environnants. Quand la Gaule devint chrétienne, ni le monument, ni la fête ne périrent; une sainte prit la place de la déesse et le temple de la Victoire devint l'église de Sainte-Victoire. Il en reste encore aujourd'hui des ruines ; la procession religieuse qui avait succédé à la fête païenne n'a cessé qu'il y a cinquante ans, à la première explosion de notre Révolution ; et le vague souvenir d'un grand événement national se mêle encore, dans les traditions populaires, aux légendes de la sainte.

Les Ambrons et les Teutons vaincus, restaient les Kymris qui, selon leur convention, avaient repassé les Alpes helvétiques, et étaient entrés en Italie par le nord-est, en traversant l'Adige. Marius marcha contre eux au mois de juillet de l'année suivante, 104 avant J. C. Ignorant ce qui s'était passé en Gaule et toujours préoccupés du désir d'un établissement, ils lui envoyèrent encore des députés : « Donne-nous, lui dirent-ils, des terres et des villes pour nous et pour nos frères. — Quels frères ? leur demanda Marius — Les Teutons. » Les Romains qui entouraient

Marius se mirent à rire : « Laissez là vos frères, dit Marius ; ils ont de la terre, et ils l'ont pour toujours : ils l'ont reçue de nous. » Les Kymris, comprenant l'ironie, éclatèrent en menaces, disant à Marius qu'il en serait puni, par eux d'abord, puis par les Teutons quand ils arriveraient : « Ils sont ici, reprit Marius ; il ne convient pas que vous vous en alliez sans avoir embrassé vos frères ; » et il fit venir Teutobod, roi des Teutons, et d'autres chefs prisonniers. Les envoyés rapportèrent dans leur camp ces tristes nouvelles, et trois jours après, le 30 juillet, une grande bataille eut lieu entre les Kymris et les Romains dans le champ Raudius, vaste plaine près de Verceil.

Je ne vous en dirai pas les détails, mes enfants ; elle ressembla beaucoup à celle d'Aix ; d'ailleurs, livrée en Italie, par les seuls Romains, elle n'appartient guère à l'histoire de notre Gaule. Je ne vous en parle que pour vous faire connaître l'issue de cette fameuse invasion barbare dont la Gaule fut le principal théâtre. Elle avait un moment menacé l'existence de la république romaine. Les victoires de Marius arrêtèrent le torrent, mais n'en tarirent pas la source ; le grand mouvement qui poussait d'Asie en Europe, et de l'Europe orientale dans l'Europe occidentale, des masses de populations errantes, suivit son cours, amenant incessamment sur les frontières romaines de nouveaux venus et de nouveaux périls. Un plus grand homme que Marius, Jules César, comprit que, pour résister efficacement à ces nuées d'assaillants barbares, il fallait conquérir et rendre romain le pays sur lequel ils se précipitaient. La conquête de la Gaule fut l'accomplissement de cette pensée et le pas décisif vers la transformation de la république romaine en empire romain.

CHAPITRE IV

LA GAULE CONQUISE PAR JULES CÉSAR

Des historiens, anciens et modernes, ont attribué au sénat romain, depuis l'établissement de la province romaine dans le midi de la Gaule, le dessein longuement prémédité de conquérir la Gaule tout entière. D'autres ont dit que, lorsque Jules César, en l'an de Rome 696, se fit nommer proconsul en Gaule, son but unique était de se former là une armée dévouée à sa personne et dont il pût se servir pour satisfaire son ambition et devenir le maître de Rome. Ne croyez guère, mes enfants, à ces plans lointains et précis, conçus et arrêtés longtemps d'avance, soit par un sénat, soit par un homme ; la prévoyance et la préméditation raisonnée ne tiennent pas tant de place dans la vie des gouvernements et des peuples. Ce sont des événements inattendus, des situations inévitables, les nécessités impérieuses de chaque époque qui décident le plus souvent de la conduite des plus grands pouvoirs et des plus habiles politiques. C'est après coup, lorsque le cours des faits et de leurs conséquences s'est pleinement développé, que, dans leurs tranquilles méditations, des publicistes et des historiens savants les attribuent à des plans systématiques et aux calculs personnels des principaux acteurs. Il y a beaucoup moins de longue combinaison que d'improvisation inspirée par les circonstances dans les résolutions et la conduite des chefs politiques, rois, sénats, ou grands hommes. Depuis que la discorde et la corruption avaient fait de la république romaine une sanglante et tyrannique anarchie, le sénat romain ne méditait plus de grands desseins, et ses membres ne se préoccupaient plus que d'échapper aux proscriptions ou de s'en venger. Quand César se fit donner pour cinq ans le gouvernement des Gaules, c'est que, ne voulant être ni un dictateur sanguinaire comme Sylla, ni un chef d'apparat comme Pompée, il allait chercher au loin, pour sa gloire et sa fortune propre, dans une guerre d'intérêt romain, des moyens et des chances de succès que ne lui fournissait pas, dans Rome même, la lutte acharnée et monotone des factions.

Malgré les victoires de Marius et la destruction ou la dispersion des Teutons et des Cimbres, la Gaule entière restait gravement troublée et menacée. Au nord-est, dans la Belgique, quelques bandes d'autres Teutons, qu'on commençait à appeler *Germains* [1], avaient passé sur la rive gauche du Rhin et s'y établissaient ou y erraient à l'aventure. Dans la Gaule orientale et centrale, dans les vallées du Jura et de l'Auvergne, sur les rives de la Saône, de l'Allier et du Doubs, les deux grandes confédérations gauloises, celle des Æduens et celle des Arvernes, se disputaient la prépondérance et se faisaient la guerre, recherchant le secours, l'une des Romains, l'autre des Germains. Au pied des Alpes gauloises, la petite nation des Allobroges, tombée en proie aux dissensions civiles, avait livré à Rome son indépendance. Même dans la Gaule méridionale et occidentale, les populations de l'Aquitaine se soulevaient, inquiétaient la province romaine, et rendaient nécessaire, des deux côtés des Pyrénées, l'intervention des légions de Rome. Partout, des flots de populations barbares pesaient sur la Gaule, portaient le trouble là même où elles ne pénétraient pas encore, et faisaient pressentir une perturbation générale.

Le péril éclata bientôt sur des lieux spéciaux et sous des noms propres qui sont restés historiques. Dans sa guerre avec la confédération des

---

[1] Hommes de guerre.

Æduens, celle des Arvernes appela à son aide le Germain Arioviste, chef d'une confédération de tribus qui, sous le nom de *Suèves*, erraient sur la rive droite du Rhin, toujours prêtes à passer le fleuve. Arioviste, suivi de 15,000 guerriers, s'empressa de répondre à cet appel. Les Æduens furent vaincus. Arioviste s'établit chez les imprudents Gaulois qui l'avaient appelé. De nombreuses bandes de Suèves vinrent le rejoindre ; deux ou trois ans après sa victoire, il avait déjà autour de lui, dit-on, 120,000 guerriers. Il s'était approprié un tiers du territoire de ses alliés gaulois, et il en demandait impérieusement un autre tiers pour satisfaire 25,000 autres de ses anciens compagnons germains qui demandaient à partager son butin et sa nouvelle patrie. Un des principaux Æduens, nommé Divitiac, alla invoquer le secours du peuple romain, protecteur de sa confédération. Admis devant le sénat, on l'invita à s'asseoir ; il s'y refusa modestement, et debout, appuyé sur son bouclier, il exposa les souffrances et les demandes de sa patrie. On lui fit de bienveillantes promesses qui demeurèrent d'abord sans effet. Il resta à Rome, solliciteur persévérant et en relation avec plusieurs Romains considérables, notamment avec Cicéron, qui dit de lui : « J'ai connu l'Æduen Divitiac qui déclarait posséder la science de la nature que les Grecs appellent *physiologie*, et il prédisait l'avenir, soit par les augures, soit par ses propres conjectures. » Le sénat romain, indécis et indolent comme tous les pouvoirs en déclin, hésitait à s'engager, pour les Æduens, dans une guerre contre les envahisseurs d'un coin du territoire gaulois. Tout en accueillant bien Divitiac, on entra en négociation avec Arioviste lui-même ; on lui donna de beaux présents et le titre de *roi*, même celui d'*ami* ; on ne lui demandait que de vivre tranquillement dans son récent établissement, et de ne pas prêter son appui aux nouvelles invasions qu'on pressentait dans la Gaule, et qui devenaient trop graves pour qu'on ne prît pas la résolution de les repousser.

Un peuple de race gallique, les Helvètes, qui habitait la Suisse actuelle où son ancien nom reste encore à côté du nom moderne, se voyait incessamment menacé, ravagé, envahi par les tribus germaniques qui se pressaient sur ses frontières. Après quelques années de perplexité et de discorde intérieure, la nation helvétique entière se décida à abandonner son territoire, et à aller chercher en Gaule, vers l'occident, dit-on, sur les rives de l'Océan, un établissement plus tranquille. Informés de ce dessein, le sénat romain et César, alors consul, résolurent de protéger la province romaine et leurs alliés gaulois, les Æduens, contre ce débordement de voisins vagabonds. Les Helvètes n'en persistèrent pas moins dans leur projet; au printemps de l'an de Rome 696 (l'an 58 avant J.-C.), ils incendièrent, dans le pays qu'ils allaient quitter, douze villes, quatre cents villages, toutes leurs maisons, chargèrent sur leurs chariots des vivres pour trois mois, et se donnèrent rendez-vous à la pointe méridionale du lac de Genève. Ils s'y trouvèrent réunis, dit César, au nombre total de 368,000 émigrants, parmi lesquels 92,000 hommes armés. La Suisse, qu'ils abandonnaient, compte maintenant 2,500,000 habitants. Mais quand les Helvètes voulurent entrer dans la Gaule, ils y trouvèrent César qui, après s'être fait nommer proconsul pour cinq ans, était soudainement arrivé à Genève, et se préparait à leur interdire le passage. Ils lui envoyèrent des députés, ne demandant, disaient-ils, qu'à traverser la province romaine sans y causer le moindre dommage. César savait gagner du temps aussi bien que n'en point perdre; il n'était pas prêt; il ajourna les Helvètes à une seconde conférence. Dans l'intervalle, il employa ses légionnaires, aussi bons ouvriers que vaillants soldats, à élever, sur la rive gauche du Rhône, un mur haut de 16 pieds et long de 10,000 pas, qui rendait le passage du fleuve très-difficile, et, au retour des envoyés helvètes, il leur interdit formellement la route qu'ils s'étaient proposé de suivre. Ils essayèrent d'en prendre une autre et de traverser, non plus le Rhône mais la Saône, pour marcher de là vers la Gaule occidentale. Mais pendant qu'ils se disposaient à exécuter leur mouvement, César, qui n'avait eu jusque-là à sa disposition que quatre légions, retourna en Italie, en ramena cinq légions nouvelles, et arriva sur la rive gauche de la Saône au moment où l'arrière-garde des Helvètes s'embarquait pour rejoindre le gros de la bande qui avait déjà planté son camp sur la rive droite. César détruisit cette arrière-garde, passa à son tour le fleuve avec ses légions, poursuivit sans relâche les émigrants, les atteignit à diverses reprises, tantôt les attaquant ou repoussant leurs attaques, tantôt recevant et écoutant leurs envoyés sans jamais consentir à traiter avec eux, et avant la fin de cette même année, il les avait si complétement battus, exterminés, dispersés et refoulés que, sur 368,000 Helvètes qui étaient entrés en Gaule, 110,000 seulement échappèrent aux Romains, et parvinrent, en fuyant, à rentrer dans leur patrie.

Æduens, Séquanes ou Arvernes, tous les Gaulois intéressés dans la lutte ainsi terminée s'empressèrent à féliciter César de sa victoire; mais s'ils étaient délivrés de l'invasion des Helvètes, un autre fléau pesait sur eux ; Arioviste et les Germains établis sur leur territoire les opprimaient cruellement, et chaque jour de nouvelles bandes venaient aggraver le mal et le péril. Ils conjurèrent César de les protéger aussi contre ces essaims de barbares : « En peu d'années, lui disaient-ils, tous les Germains auront passé le Rhin et tous les Gaulois seront chassés de la Gaule, car le sol de la Germanie ne peut se comparer à celui de la Gaule, non plus que la façon de vivre dans les deux pays. Si César et le peuple romain refusent de nous secourir, il ne nous reste plus qu'à abandonner notre terre, comme l'ont voulu faire les Helvètes, et à aller chercher, loin des Germains, d'autres demeures. » Touché de cet appel si prompt à la puissance de son nom et de sa gloire, César accueillit le vœu des Gaulois ; mais il voulut tenter la négociation avant la guerre ; il fit proposer à Arioviste une entrevue « où ils pourraient traiter ensemble d'affaires importantes pour tous les deux. » Arioviste répondit que « s'il avait lui-même besoin de César, il irait le trouver ; si César avait affaire à lui, c'était à César de venir. » César lui fit porter alors par des messagers ses demandes expresses : « Qu'il n'appelât plus des bords du Rhin de nouvelles troupes d'hommes, et qu'il cessât de tourmenter les Æduens et de leur faire la guerre, à eux et à leurs alliés. Sinon, César ne manquerait pas de venger leurs injures. » Arioviste répondit « qu'il avait vaincu les Æduens ; le peuple romain avait coutume de traiter les vaincus selon son propre gré et non d'après les conseils d'autrui ; il avait, lui, le même droit. César lui disait qu'il vengerait les injures des Æduens ; personne ne s'était jamais attaqué impunément à lui ; si César voulait le tenter, qu'il vînt ; il apprendrait ce que pouvait la bravoure des Germains encore invaincus, exercés aux armes, et qui, depuis quatorze ans, n'avaient pas couché sous un toit. » Au moment où il recevait cette réponse, César venait d'apprendre que de nouvelles bandes de Suèves étaient campées sur la rive droite du Rhin, prêtes à le passer, et qu'Arioviste se dirigeait avec toutes ses forces contre *Vesontio*[1], la principale ville des Séquanes. César se mit sur-le-champ en marche, occupa *Vesontio*, y établit une forte garnison, et se disposa à en sortir avec ses légions pour aller prévenir l'attaque d'Arioviste. On vint lui dire qu'un assez grand trouble se manifestait dans les troupes romaines, que beaucoup de soldats et même d'officiers paraissaient in-

[1] Besançon.

quiets de la lutte contre les Germains, de leur férocité, des vastes forêts qu'il faudrait traverser pour les atteindre, de la difficulté des routes et du transport des vivres ; on craignait l'ébranlement des courages, peut-être de nombreuses désertions. César convoqua un grand conseil de guerre, y appela les principaux officiers de ses légions, se plaignit vivement de leurs alarmes, leur rappela leur succès récent contre les Helvètes, se moqua des bruits qu'on répandait sur les Germains et des inquiétudes qu'on voulait lui inspirer à lui-même sur la fidélité et l'obéissance de ses soldats : « Une armée, dit-il, ne désobéit qu'à un chef qui la conduit mal et à qui la fortune manque, ou qu'on trouve coupable de cupidité et de malversation. Ma vie entière prouve mon intégrité et la guerre contre les Helvètes mon heureuse fortune. J'ordonnerai sur-le-champ le départ que je voulais différer. Je lèverai le camp la nuit prochaine, à la quatrième veille ; je veux voir le plus tôt possible si c'est l'honneur et le devoir, ou la crainte qui l'emportent dans vos rangs. Si on refuse de me suivre, je partirai avec la seule dixième légion dont je ne doute pas ; elle sera ma cohorte prétorienne. »

Les acclamations des troupes, officiers et soldats, répondirent aux reproches et à l'espérance du général ; toute hésitation disparut ; César partit avec son armée ; il fit un assez long détour pour lui épargner la traversée d'épaisses forêts, et, après sept jours de marche, il arriva à peu de distance du camp d'Arioviste. En apprenant que César était déjà si près, le Germain lui envoya des messagers chargés de lui proposer l'entrevue naguère demandée et à laquelle rien ne s'opposait plus, puisque César lui-même était venu sur les lieux. L'entrevue eut lieu, en effet, avec des précautions mutuelles de sûreté et de dignité guerrière. César reproduisit toutes les demandes qu'il avait adressées à Arioviste, qui maintint à son tour ses refus : « Que lui voulait-on ? Pourquoi venait-on sur ses terres ? Cette partie de la Gaule était sa *province*, comme l'autre était la *province romaine*. Si César ne se retirait pas et n'emmenait pas ses troupes, il le tiendrait, non plus pour ami, mais pour ennemi. Il savait que, s'il tuait César, il se rendrait agréable à beaucoup de nobles et de chefs du peuple romain ; il l'avait appris de leurs propres envoyés. Mais si César se retirait et lui laissait, à lui Arioviste, la libre possession de la Gaule, il le payerait largement de retour, et ferait pour César, sans travail ni péril pour lui, toutes les guerres qu'il voudrait. »

CAVALIER GAULOIS
(Ce dessin a été exécuté par M. A. de Neuville d'après la statue de M. Frémiet.)

Pendant cet entretien, César sourit probablement plus d'une fois de la hardiesse et de la finesse du barbare. Quelques cavaliers de l'escorte d'Arioviste commencèrent à caracoler vers les Romains et à leur lancer des pierres et des traits. César défendit aux siens de riposter et rompit la conférence. Le surlendemain, Arioviste lui fit proposer de la reprendre. César s'y refusa; il était décidé à vider la querelle. Plusieurs jours de suite, il fit sortir ses légions de leur camp, et offrit la bataille à Arioviste qui se tenait enfermé dans le sien. César prit le parti de donner l'assaut au camp germain. A son approche, les Germains sortirent enfin de leurs retranchements, rangés par peuplades et passant devant les chariots pleins de leurs femmes qui les conjuraient en pleurant de ne pas les livrer en esclavage aux Romains. La lutte fut acharnée et non sans quelques moments de trouble et d'échec partiel pour les Romains; mais le génie de César et la forte discipline des légions l'emportèrent. La déroute des Germains fut complète; ils s'enfuirent vers le Rhin, qui n'était qu'à quelques lieues du champ de bataille. Arioviste était au nombre des fuyards; il trouva une barque au bord du fleuve et repassa en Germanie, où il mourut peu après, « à la grande douleur des Germains, » dit César. Les bandes suèves, qui attendaient sur la rive droite l'issue de la lutte, se renfoncèrent dans leur territoire. L'invasion des Germains était arrêtée comme l'émigration des Helvètes. César n'avait plus qu'à conquérir la Gaule.

Je ne sais s'il en avait, dès le premier moment, arrêté le complet dessein; mais dès qu'il l'entreprit sérieusement, il en éprouva toutes les difficultés. L'expulsion des émigrants helvètes et des envahisseurs germains laissait les Romains et les Gaulois seuls en présence; les Romains furent dès lors, aux yeux des Gaulois, les étrangers, les conquérants et les oppresseurs. Leurs actes aggravaient de jour en jour les sentiments que suscitait cette situation; ils ne dévastaient pas le pays comme les Germains; ils ne s'appropriaient pas telle ou telle portion de terres; mais ils entendaient être partout les maîtres : ils imposaient aux populations de lourdes charges; ils écartaient les chefs naturels qui leur étaient contraires, et portaient ou maintenaient par force au pouvoir ceux-là seuls qui les servaient. Outre l'empire de Rome, César établissait partout sa propre influence; tour à tour clément ou dur, caressant ou menaçant, il recherchait et se faisait à tout prix des partisans parmi les Gaulois comme dans son armée, n'accordant sa faveur qu'à ceux dont le dévouement lui était assuré. A l'antipathie nationale pour l'étranger se joignaient aussi les intrigues et les rivalités personnelles des vaincus autour du vainqueur. Des conspirations se tramèrent, des insurrections éclatèrent bientôt sur presque tous les points de la Gaule, au sein même des peuplades les plus dominées par les Romains. Chaque mouvement de ce genre était, pour César, une provocation, une tentation et presque une nécessité à la conquête. Il les accepta et en profita avec cette promptitude dans la résolution, cette hardiesse et cette adresse dans l'action, et avec la froide indifférence dans l'emploi des moyens qui étaient les traits caractéristiques de son génie. Pendant neuf ans, de l'an de Rome 696 à l'an 705, et dans huit campagnes successives, il porta ses troupes, ses lieutenants, sa personne, et tantôt la guerre ou la négociation, la séduction, la discorde ou la destruction, chez les diverses nations et confédérations de la Gaule, celtiques, kymriques, germaniques, ibères ou de races mêlées, au nord et à l'est, dans la Belgique, entre la Seine et le Rhin; à l'occident, dans l'Armorique, sur les rives de l'Océan; au sud-ouest, dans l'Aquitaine; au centre, chez les peuplades établies entre la Seine, la Loire et la Saône. Presque toujours il était vainqueur, et alors, tantôt il poussait la victoire jusqu'à ses plus cruelles conséquences, tantôt il l'arrêtait à propos pour ne pas la compromettre. Quand il essuyait des revers, il les supportait sans trouble et les réparait avec une habileté et un courage inépuisables. Plus d'une fois, pour relever le cœur ébranlé de ses troupes, il paya témérairement de sa personne; dans l'une de ces occasions, après la levée du siége de Gergovie, il fut sur le point d'être pris par des cavaliers arvernes, et il laissa entre leurs mains son épée. Plus tard, quand la guerre fut terminée, on la retrouva dans un temple où les Gaulois l'avaient suspendue; les soldats de César voulaient l'en arracher et la lui rendre : « Laissez-la, dit-il; elle est sacrée. » Soit dans la bonne, soit dans la mauvaise fortune, triomphateur à Rome ou prisonnier entre les mains des pirates de la Méditerranée, il excellait à frapper l'imagination des hommes et à grandir à leurs yeux.

Il ne se borna pas à vaincre et à soumettre les Gaulois dans la Gaule; sa pensée portait toujours plus loin que ses actions, et il savait faire sentir sa puissance là même où il n'essayait pas de l'établir. Il passa deux fois le Rhin pour refouler les Germains au delà de leur fleuve et faire pénétrer jusque dans leurs forêts la crainte du nom romain[1]. Il

---

[1] L'an de Rome 699 et 700.

équipa deux flottes, fit deux débarquements dans la Grande-Bretagne [1], battit à plusieurs reprises les Bretons et leur principal chef Caswallon, et posa, au delà de la Manche, les premiers jalons de la conquête romaine. Il devenait ainsi de plus en plus célèbre et redouté, soit dans la Gaule, dont il s'éloignait quelquefois momentanément pour aller en Italie prendre soin de son avenir politique, soit dans les contrées lointaines où il ne faisait qu'apparaître.

Mais les plus grands esprits sont loin de prévoir toutes les conséquences de leurs actes et tous les périls que leur préparent leurs succès. César n'était, par nature, ni violent ni cruel; mais il ne se préoccupait ni de la justice ni de l'humanité, et le succès de ses entreprises, n'importe par quels moyens et à quel prix, était la loi de sa conduite. Il savait user, au besoin, de la modération et de la clémence; mais quand il avait à dompter une résistance opiniâtre, ou quand un long et difficile effort l'avait irrité, il employait, sans hésiter, des rigueurs atroces ou des promesses perfides. Dans sa première campagne en Belgique [2], deux peuplades, les Nerviens et les Aduatiques, avaient vaillamment lutté, par moments avec succès, contre les légions romaines; les Nerviens étaient vaincus et presque anéantis; leurs derniers débris, réfugiés au milieu de leurs marais, envoyèrent des députés à César pour faire leur soumission: « De six cents sénateurs, lui dirent-ils, il n'en reste que trois, et de soixante mille hommes en état de porter les armes, à peine en est-il échappé cinq cents. » César les accueillit avec douceur, leur rendit leurs terres, et interdit à leurs voisins de leur faire aucun mal. Les Aduatiques au contraire se défendirent jusqu'à la dernière extrémité; après en avoir tué quatre mille, César fit vendre à l'encan tous ceux qui restaient, et cinquante-six mille personnes humaines, selon son propre dire, passèrent esclaves entre les mains des acheteurs. Quelques années plus tard, une autre peuplade belge, les Éburons, établis entre la Meuse et le Rhin, s'était soulevée et infligeait aux légions romaines de grandes pertes. César les mit hors de toute loi militaire et humaine, et fit inviter toutes les peuplades voisines, toutes les bandes errantes à venir piller et détruire « cette race scélérate, » promettant, à quiconque y concourrait, l'amitié du peuple romain. Un peu plus tard encore, des insurgés du centre de la Gaule s'étaient concen-

---

[1] L'an de Rome 699 et 700.
[2] L'an de Rome 697 et l'an 57 avant Jésus-Christ.

trés dans une place du sud-ouest, dite *Uxellodunum*[1]; après une longue résistance, ils furent contraints de se rendre; César fit couper les mains à tous les combattants et les envoya ainsi mutilés vivre et errer dans la Gaule, en spectacle à tout le pays soumis ou encore à soumettre. Les rigueurs administratives n'étaient pas moindres que les rigueurs militaires; il fallait à César beaucoup d'argent, non-seulement pour entretenir et satisfaire ses troupes en Gaule, mais pour fournir en Italie aux énormes dépenses qu'il y faisait, soit pour enrichir ses partisans, soit pour s'assurer la faveur du peuple romain. C'était avec le produit des impôts et des pillages de la Gaule qu'il faisait reconstruire à Rome la basilique du Forum dont l'emplacement, étendu jusqu'au temple de la Liberté, était évalué, dit-on, à plus de vingt millions cinq cent mille francs de notre monnaie. Cicéron se chargeait de la direction de ces travaux : « Nous ferons là, écrivait-il à son ami Atticus, la plus glorieuse chose du monde. » Caton était moins satisfait; trois ans auparavant, des dépêches de César avaient annoncé au sénat ses victoires sur les insurgés belges et germains; les sénateurs avaient voté que des actions de grâces seraient rendues aux dieux; mais Caton s'était écrié : « Des actions de grâces! Votez plutôt des expiations! Suppliez les dieux de ne pas faire peser sur nos armées le crime d'un général coupable. Livrez, livrez César aux Germains, afin que l'étranger sache que Rome ne commande point le parjure, et qu'elle en repousse le fruit avec horreur! »

César avait tous les dons, tous les moyens de succès et d'empire que peut posséder un homme : grand politique et grand guerrier, aussi actif et aussi plein de ressources dans les intrigues du Forum que dans les combinaisons ou les surprises du champ de bataille, aussi habile à plaire qu'à intimider, il avait un double orgueil qui lui donnait en lui-même une double confiance, l'orgueil du grand seigneur et l'orgueil du grand homme; il se plaisait à dire : « Ma tante Julie, par le côté maternel, est issue des rois; par le côté paternel, elle descend des dieux immortels; ma race réunit, au caractère sacré des rois qui sont les plus puissants parmi les hommes, la majesté révérée des dieux qui tiennent les rois eux-mêmes sous leur puissance. » Ainsi, par naissance comme par nature, César se sentait appelé à dominer; et en même temps il comprenait parfaitement la décadence du patriciat romain et

---

[1] Maintenant, dit-on, le Puy d'Issola, dans le département du Lot, entre Vayrac et Martel.

la nécessité d'être populaire pour devenir le maître. Ce fut avec ce double instinct qu'il entreprit la conquête des Gaules, comme le plus sûr moyen de faire la conquête du pouvoir dans Rome. Mais, soit par ses propres vices, soit par les difficultés de la situation, il y eut, dans sa conduite et dans son œuvre en Gaule, trop de violence et d'oppression, trop d'iniquité et d'indifférence cruelle pour que, même dans ce temps, au milieu de la dureté romaine, de la corruption païenne et de la barbarie gauloise ou germaine, tant de mal moral et matériel n'amenât pas une réaction redoutable. Quand on est fort et habile, on peut compter longtemps sur l'imprévoyance, les peurs, les faiblesses et les discordes des hommes, individus ou peuples; pourtant il arrive qu'on en abuse. Après six ans de lutte, César était vainqueur; il avait eu successivement affaire aux diverses populations de la Gaule; il les avait toutes parcourues et soumises, soit par ses propres forces, soit grâce à leurs rivalités. En l'an de Rome 702, il apprit tout à coup en Italie, où il était allé pour ses affaires romaines, que la plupart des nations gauloises, réunies sous un chef jusque-là inconnu, se soulevaient d'un commun élan et recommençaient la guerre.

Les mêmes périls et les mêmes revers, les mêmes souffrances et les mêmes colères avaient suscité parmi les Gaulois, sans distinction de race et de nom, un sentiment qui leur avait été jusque-là à peu près étranger, le sentiment de la nationalité gauloise et la passion de l'indépendance, non plus locale, mais nationale. Ce sentiment se manifesta d'abord parmi le peuple et sous des chefs obscurs; une bande de paysans carnutes[1] se porta sur la ville de Genabum[2], en souleva les habitants, massacra les marchands italiens et un chevalier romain, C. Fusius Cita, que César y avait chargé d'acheter des grains. En moins de vingt-quatre heures, le signal de l'insurrection contre Rome fut porté à travers les campagnes, jusque chez les Arvernes où, depuis quelque temps déjà, la conspiration attendait et préparait l'insurrection. Là vivait un jeune Gaulois dont le nom personnel est resté inconnu et que l'histoire a appelé Vercingétorix, c'est-à-dire grand chef de cent têtes, chef général. Il était d'une ancienne et puissante famille arverne, fils d'un père mis à mort dans sa cité pour avoir tenté de se faire roi. César le connaissait et avait pris quelque soin pour se l'attacher; il ne

---

[1] Le pays Chartrain
[2] Gien.

paraît pas que le patricien arverne eût absolument repoussé cette amitié ; mais quand l'espoir de l'indépendance nationale s'éleva, Vercingétorix s'en fit le représentant et le chef ; il descendit de sa montagne avec ses clients rustiques et s'empara de Gergovie, la capitale de sa nation. De là ses messagers se répandirent dans le centre, le nord-ouest et l'ouest de la Gaule ; la plupart des peuplades et des cités de ces régions se prononcèrent dès le premier moment pour l'insurrection ; le même sentiment fermentait chez quelques autres plus compromises avec Rome, et qui n'attendaient qu'un souffle de succès pour éclater. Vercingétorix fut investi sur-le-champ du commandement suprême, et il en usa avec toute la passion du patriotisme et du pouvoir ; il ordonnait le soulèvement, exigeait des otages, fixait les contingents de troupes, imposait des taxes, punissait rigoureusement les traîtres, les lâches et les indifférents, et frappait ceux qui se refusaient à l'appel de la patrie commune des mêmes peines, des mêmes mutilations que César infligeait à ceux qui résistaient obstinément au joug romain.

A la nouvelle de ce grand mouvement, César quitta sur-le-champ l'Italie et retourna en Gaule. Il avait une qualité rare, même chez les plus grands hommes : il restait de sang-froid au milieu des alarmes les plus chaudes ; la nécessité ne l'entraînait jamais à la précipitation, et il se préparait tranquillement à la lutte, comme toujours sûr qu'il arriverait à temps pour la soutenir. Toujours rapide, jamais pressé, son activité et sa patience étaient également admirables et efficaces. Parti d'Italie au commencement de l'an de Rome 702, il passa deux mois à parcourir en Gaule la province romaine et ses environs, à visiter les points menacés par l'insurrection, les passages par où il pourrait l'atteindre, à rassembler ses troupes, à raffermir ses alliés chancelants, et ce fut seulement dans les premiers jours de mars qu'il se porta avec toute son armée à Agendicum [1], au centre du soulèvement, et qu'il partit de là pour pousser vivement la guerre. En moins de trois mois, il avait semé la dévastation dans le pays insurgé ; il en avait attaqué et pris les principales villes, Vellaunodunum, Genabum, Noviodunum, Avaricum [2], livrant partout les campagnes et les cités, les terres et les hommes à la colère des soldats romains, irrités d'avoir encore à vaincre des ennemis tant de fois vaincus. Pour porter un coup décisif, il pénétra enfin au

---

[1] Sens.
[2] Triguères, Gien, Sancerre et Bourges.

cœur du pays des Arvernes et mit le siége devant Gergovie, leur capitale et la patrie de Vercingétorix.

Ni la fermeté, ni l'habileté du chef gaulois n'étaient au-dessous d'une telle lutte. Il comprit dès le début qu'il ne pouvait se mesurer en bataille rangée avec César et les légions romaines; il s'appliqua à réunir une cavalerie assez nombreuse pour inquiéter les Romains dans leurs mouvements, attaquer leurs détachements épars, porter rapidement partout ses ordres et entretenir chez les diverses peuplades la fermentation avec l'espérance. Son plan de campagne, ses instructions répétées, ses instances passionnées auprès des confédérés étaient d'éviter toute action générale, de prévenir par leurs propres dévastations celles des Romains, de détruire partout, à leur approche, les récoltes, les sources, les ponts, les arbres, les habitations; il voulait que César ne trouvât devant lui que des ruines et des nuées de guerriers acharnés à le poursuivre sans se laisser atteindre. Il réussit souvent à obtenir des peuples ces douloureux sacrifices à l'intérêt du salut commun; les Bituriges[1] incendièrent en un jour vingt de leurs villes ou villages. Vercingétorix les conjura d'incendier aussi Avaricum[2], leur capitale; ils s'y refusèrent, et la prise d'Avaricum, quoique vaillamment contestée, justifia l'insistance de Vercingétorix, car elle fut pour César un important succès et pour les Gaulois un grave échec; de 40,000 combattants enfermés, dit-on, dans la place, à peine 800 échappèrent au massacre et réussirent à aller rejoindre Vercingétorix, qui avait erré tout alentour sans pouvoir prêter aux assiégés un concours efficace. Il n'avait pas seulement à lutter contre les Romains; il était aux prises, dans son propre monde, avec des rivaux, des méfiants, des impatients, des découragés; on l'accusait de vouloir surtout rester le maître; on le soupçonnait même de conserver sous main, pour ménager son avenir, quelque relation avec César; d'autres lui demandaient d'attaquer de front l'ennemi et d'en venir promptement à une issue décisive de la guerre. On a beau avoir été populairement appelé pour accomplir une œuvre grande et difficile; on n'est pas impunément le plus prévoyant, le plus habile et le plus compromis comme le plus dévoué; Vercingétorix portait le poids de sa supériorité et de son influence, en attendant qu'il en portât la peine et qu'il payât de sa vie son patriotisme et sa gloire.

---

[1] Les habitants du pays de Bourges.
[2] Bourges.

Il touchait au meilleur moment de son entreprise et de sa destinée : malgré ses revers, malgré la présence et l'activité de César, l'insurrection s'étendait et se fortifiait ; au nord, à l'ouest, au sud-ouest, sur les rives du Rhin, de la Seine, de la Loire, l'idée de la nationalité gauloise et l'espoir de l'indépendance se développaient chez des peuples éloignés du centre du mouvement, et attiraient à Vercingétorix des sympathies déclarées ou des renforts efficaces. Un fait plus grave éclata au centre même ; les plus anciens alliés et clients des Romains dans la Gaule, les Éduens, divisés entre eux et touchés aussi de l'instinct national, finirent, après bien des hésitations, par s'associer au soulèvement. César, quelque soin qu'il en prît, ne réussit pas à prévenir ni à étouffer cette défection ; elle menaçait de devenir contagieuse et de détacher de Rome des peuplades voisines et encore fidèles. Engagé au siége de Gergovie, César rencontrait dans la place une résistance obstinée ; Vercingétorix, campé sur les hauteurs qui entouraient sa patrie, entravait partout, attaquait quelquefois et menaçait incessamment les Romains. Entraînée un jour dans un assaut imprudent, la huitième légion fut repoussée et perdit quarante-six de ses plus braves centurions. César se décida à lever le siége et à porter la lutte dans des positions et auprès de populations plus sûres. C'était le premier échec qu'il essuyât dans la Gaule, la première ville gauloise dont il ne pût s'emparer, le premier mouvement de retraite qu'il opérât devant les insurgés gaulois et leur chef.

Vercingétorix ne put ni ne voulut contenir sa joie ; le jour lui sembla venu et l'occasion excellente pour tenter un coup décisif ; il avait, dit-on, sous ses ordres 80,000 hommes, la plupart ses compatriotes arvernes, et une nombreuse cavalerie fournie par les diverses peuplades ses alliées. Il suivit tous les mouvements de César dans sa retraite vers la Saône, et arrivé à Longeau, non loin de Langres, près d'une petite rivière dite la Vingeanne, il s'arrêta, posa son camp à quinze kilomètres des Romains et, réunissant les chefs de sa cavalerie : « Voici, leur dit-il, le moment de vaincre ; les Romains s'enfuient dans leur province et abandonnent la Gaule ; c'est assez pour la liberté d'aujourd'hui, mais trop peu pour la paix et le repos de l'avenir ; ils reviendront avec de plus grandes forces et la guerre sera sans fin. Attaquons-les dans les embarras de leur marche ; si leurs fantassins veulent porter secours à leur cavalerie, ils ne pourront poursuivre leur route ; si, comme j'en ai la confiance, ils abandonnent leurs bagages pour pourvoir à leur sûreté, ils perdront et l'honneur et toutes les ressources dont ils ont besoin. Aucun des cavaliers ennemis n'osera s'avancer hors de leurs lignes. Pour vous encourager et vous soutenir, je ferai sortir du camp et mettre en bataille toutes nos troupes, et elles frapperont l'ennemi de crainte. » Les cavaliers gaulois s'écrièrent qu'il fallait se lier tous par le plus saint des serments et jurer qu'aucun d'eux ne rentrerait sous son toit et ne reverrait sa femme, ses enfants, ses parents s'il n'avait traversé deux fois les rangs de l'ennemi. Tous prêtèrent en effet ce serment et se préparèrent à l'attaque.

Vercingétorix ne savait pas que le prévoyant César avait appelé et réuni à ses légions un grand nombre de cavaliers venus des tribus germaines errantes sur les rives du Rhin, et avec lesquelles il avait eu soin d'entretenir des relations amicales. Non-seulement il leur avait promis la solde, le pillage et des terres, mais, ne trouvant pas leurs chevaux bien dressés, il avait pris ceux des officiers de ses troupes, même ceux des chevaliers romains et des vétérans, et les avait distribués à ses auxiliaires barbares. L'action s'engagea d'abord entre les deux cavaleries : une partie de celle des Gaulois s'était postée sur la route que suivait l'armée romaine pour lui barrer le passage ; mais pendant que sur ce point le combat devenait de plus en plus acharné, les cavaliers germains au service de César gagnèrent une hauteur voisine, en chassèrent les cavaliers gaulois qui l'occupaient et les poursuivirent jusqu'à la rivière auprès de laquelle se tenait Vercingétorix avec son infanterie. Le désordre se mit dans cette infanterie inopinément attaquée. César lança contre elle ses légions. L'alarme et la déroute devinrent générales parmi les Gaulois. Vercingétorix eut grand'peine à les rallier, et il ne les rallia que pour ordonner la retraite qu'ils demandaient à grands cris ; levant précipitamment son camp, il se porta sur Alesia[1], ville voisine et capitale des Mandubiens, peuplade cliente des Æduens. César se mit immédiatement à la poursuite des Gaulois, leur tua, dit-il, 3,000 hommes, leur fit des prisonniers importants, et campa avec ses légions devant Alesia le surlendemain même du jour où Vercingétorix, avec son armée fugitive, avait occupé la place ainsi que les collines environnantes et travaillait à s'y retrancher, probablement sans se rendre encore bien compte de ce qu'il ferait pour continuer la lutte.

---

[1] Semur, dans l'Auxois.

César prit sur-le-champ une résolution inattendue et prudemment hardie. Il avait là toute l'insurrection gauloise, chef et soldats, réunie au dedans ou sous les murs d'une ville de médiocre étendue. Il entreprit de l'y enfermer et de la détruire sur place, au lieu d'avoir à la poursuivre partout sans être jamais sûr de l'atteindre. Il disposait de onze légions fortes d'environ 50,000 hommes, et de 5 ou 6,000 hommes de cavalerie, dont 2,000 Germains. Il les établit autour d'Alesia et du camp gaulois, fit creuser une enceinte de fossés profonds, les uns pleins d'eau, les autres hérissés de palissades et de piéges, et il y ajouta, de distance en distance, vingt-trois petits forts occupés ou surveillés jour et nuit par des détachements. De là résultait une ligne d'investissement de seize kilomètres. Sur les derrières du camp romain et pour résister aux attaques du dehors, César fit creuser des retranchements analogues qui formaient une ligne de circonvallation de vingt et un kilomètres. Les troupes furent pourvues de vivres et de fourrages pour trente jours. Vercingétorix fit plusieurs sorties pour empêcher ou pour détruire ces travaux ; elles furent repoussées et n'eurent d'autre résultat que d'obliger son armée à se replier plus étroitement dans la place même. Quatre-vingt mille insurgés gaulois étaient là comme en prison sous la garde de cinquante mille soldats romains.

Vercingétorix était de ceux qui persévèrent et agissent dans les jours de détresse comme dans la jeunesse de leurs espérances. Avant que les ouvrages des Romains fussent terminés, il réunit ses cavaliers et leur ordonna de sortir promptement d'Alesia et de se rendre chacun dans son pays pour appeler aux armes toute la population. Il fut obéi ; les cavaliers gaulois passèrent de nuit par les intervalles que laissait l'investissement encore incomplet des Romains, et se dispersèrent chez leurs diverses peuplades. Presque partout l'irritation et l'ardeur furent extrêmes ; une assemblée de délégués réunis à Bibracte (Autun) fixa le contingent que devrait fournir chaque nation, et un point fut désigné où devraient se réunir tous ces contingents pour se porter ensemble vers Alesia et attaquer les assiégeants. Le total des contingents ainsi ordonnés à quarante-trois peuplades gauloises s'élevait, selon César, à 283,000 hommes, et 240,000 hommes accoururent, dit-on, en effet au lieu déterminé. Je vous ai déjà dit, mes enfants, que je me méfiais de ces nombres énormes ; j'ai vécu dans le temps des plus grandes guerres européennes ; j'ai entendu les plus habiles généraux réduire à leur force réelle les plus grandes armées ; je trouve dans l'*Histoire du*

Consulat et de l'Empire de M. Thiers qu'à la bataille d'Austerlitz, le 2 décembre 1805, Napoléon n'avait que de 65 à 70,000 hommes, et les Autrichiens avec les Russes 90,000. A Leipzig, la plus grande des batailles modernes, quand toutes les forces françaises d'une part, autrichiennes, prussiennes, russes et suédoises de l'autre, furent en présence le 18 octobre 1813, elles formaient en tout environ 500,000 hommes. Comment croire qu'il y a dix-neuf siècles la Gaule, si faiblement peuplée et si peu organisée, ait envoyé soudainement 240,000 hommes au secours de 80,000 autres Gaulois assiégés dans la petite ville d'Alesia par 50 ou 60,000 Romains? Quoi qu'il en soit de ces chiffres, ce qui est certain, c'est qu'au premier moment l'élan national répondit à l'appel de Vercingétorix, et que les assiégeants d'Alesia, César et ses légions, se virent tout à coup assiégés eux-mêmes dans leurs retranchements par une nuée de Gaulois accourus à la défense de leurs compatriotes. La lutte fut ardente, mais courte; chaque fois que la nouvelle armée gauloise attaquait le camp romain, Vercingétorix et les Gaulois d'Alesia sortaient de la place et joignaient leurs attaques à celles de leurs alliés. César et ses légions, de leur côté, tantôt repoussaient ces doubles attaques, tantôt prenaient eux-mêmes l'initiative et assaillaient à la fois les assiégés d'Alesia et les auxiliaires que la Gaule leur avait envoyés. La passion était grande des deux parts; l'orgueil romain était aux prises avec le patriotisme gaulois. En quatre ou cinq jours, la forte organisation, la vaillance disciplinée des légions romaines et le génie de César l'emportèrent; battus et massacrés à outrance, les Gaulois nouveaux venus se dispersèrent; Vercingétorix et les assiégés d'Alesia furent refoulés dans ses murs, sans espoir d'en plus sortir. Nous avons deux récits des derniers moments de la grande insurrection gauloise et de son chef : l'un, de César lui-même, est simple, froid et dur, comme son auteur; l'autre, de deux historiens postérieurs, point hommes d'État ni de guerre, Plutarque et Dion Cassius, est plus détaillé et plus orné, soit d'après des traditions populaires, soit par l'imagination des écrivains. Je les mets l'un et l'autre sous vos yeux. « Le lendemain de la défaite, dit César, Vercingétorix convoque l'assemblée; il établit qu'il n'a pas entrepris la guerre pour ses propres intérêts, mais pour la liberté commune. Puisqu'il faut céder à la fortune, il s'offre à l'une ou l'autre résolution, soit à satisfaire les Romains par sa mort, soit à leur être livré vivant. On envoie à ce sujet des députés à César. César ordonne qu'on lui remette les armes et qu'on lui amène les chefs. Il s'assied sur son tribunal, au devant de son camp. Les chefs sont amenés ; Vercingétorix est livré ; les armes sont jetées aux pieds de César. A l'exception des Æduens et des Arvernes, que César se réserva pour tâcher de regagner ces peuples, il fit distribuer les autres prisonniers, par tête, à son armée, comme butin de guerre. »

Le récit de Dion Cassius est beaucoup plus varié et plus dramatique. « Après la défaite, dit-il, Vercingétorix, qui n'avait été ni pris, ni blessé, pouvait fuir ; mais, espérant que l'amitié qui l'avait uni autrefois à César lui ferait obtenir grâce, il se rendit auprès du Romain sans avoir fait demander la paix par un héraut, et parut soudainement en sa présence, au moment où César siégeait dans son tribunal ; l'apparition du chef gaulois inspira quelque effroi, car il était d'une haute stature et il avait un aspect fort imposant sous les armes. Il se fit un profond silence. Vercingétorix tomba aux genoux de César, et le supplia en lui pressant les mains, sans proférer une parole. Cette scène inspira la pitié des assistants, par le souvenir de l'ancienne fortune de Vercingétorix comparée à son malheur présent. César au contraire lui fit un crime des souvenirs sur lesquels il avait compté pour son salut ; il mit la lutte récente en opposition avec l'amitié que Vercingétorix rappelait, et par là il fit ressortir plus vivement l'odieux de sa conduite. Ainsi, loin d'être touché de son infortune en ce moment, il le jeta sur-le-champ dans les fers, et le fit mettre plus tard à mort, après en avoir orné son triomphe. »

Un autre historien, contemporain de Plutarque, Florus, attribue à Vercingétorix suppliant et jetant ses armes aux pieds de César ces paroles : « Toi, le plus vaillant des hommes, tu as vaincu un vaillant. » Je n'ajoute aucune foi à ce compliment de rhéteur ; mais je ne repousse pas également le mélange de fierté et de faiblesse que prête à Vercingétorix le récit de Dion Cassius. Ce ne serait pas le seul exemple d'un héros cherchant encore quelque chance de salut dans la plus extrême défaite, et s'abaissant pour conserver à tout prix une vie où la fortune peut toujours reprendre place. Quoi qu'il en soit, Vercingétorix vaincu, traîné, après dix ans de prison, au triomphe de César, et mis à mort aussitôt après, reste dans l'histoire un glorieux patriote, et César y apparaît, dans cette occasion, comme un vainqueur irrité qui prit un brutal plaisir à écraser, avec un cruel dédain, l'ennemi qu'il avait eu tant de peine à vaincre.

Alesia prise et Vercingétorix prisonnier, la Gaule était domptée. César

VERCINGÉTORIX SE LIVRE EN PERSONNE A CÉSAR.

eut encore l'année suivante (l'an de Rome 705) une campagne à faire pour soumettre quelques peuplades qui essayaient de maintenir leur indépendance locale. Encore un an après, des tentatives d'insurrection eurent lieu en Belgique et vers les embouchures de la Loire; elles furent aisément réprimées; elles n'avaient aucun caractère national et redoutable; César et ses lieutenants se contentaient volontiers d'une soumission apparente, et, l'an de Rome 705, les légions romaines, occupées depuis neuf ans à conquérir la Gaule, purent en sortir pour aller, en Italie et en Orient, se livrer à la guerre civile.

VERCINGÉTORIX
d'après la statue de M. Millet.

CHAPITRE V

LA GAULE SOUS LA DOMINATION ROMAINE

Depuis la conquête de la Gaule par César jusqu'à l'établissement des Francs en Gaule par Clovis, la Gaule resta pendant plus de cinq siècles sous la domination romaine, d'abord de l'empire romain païen, ensuite de l'empire romain chrétien. Dans son état primitif d'indépendance, elle avait lutté dix ans contre les meilleures armées et le plus grand homme de Rome; après cinq siècles de domination romaine, elle n'opposa aucune résistance à l'invasion des barbares, Germains, Goths, Alains, Bourguignons, Francs, qui détruisirent pièce à pièce l'empire romain. Cet affaissement, je pourrais dire cet anéantissement d'une population si indépendante, si active et si vaillante à son apparition dans l'histoire, c'est là, mes enfants, le fait caractéristique de cette longue époque. J'ai à cœur de vous le faire bien connaître et comprendre.

La Gaule a vécu, pendant ces cinq siècles, sous des régimes et des maîtres très-divers. Je les résume dans cinq noms qui correspondent à des gouvernements très-inégaux en mérites et en vices, en biens et en maux pour leur époque : 1° les Césars, de Jules César à Néron (de l'an 49 avant à l'an 68 après J.-C.); 2° les Flaviens, de Vespasien à Domitien (de l'an 69 à l'an 95 après J.-C.); 3° les Antonins, de Nerva à Marc Aurèle (de l'an 96 à l'an 180 après J.-C.); 4° l'anarchie impériale, ou les 39 empereurs et les 31 tyrans, de Commode à Carin et Numérien (de l'an de J.-C. 180 à l'an 284); 5° Dioclétien (de l'an de J.-C. 284 à l'an 305). A travers tous ces régimes, et malgré leurs très-différents résultats pour leurs sujets contemporains, le fait que je viens d'indiquer comme le caractère général et définitif de cette longue époque, la décadence morale et sociale de la Gaule comme de l'empire romain tout entier, n'a pas cessé de persister et de se développer.

En quittant la Gaule conquise pour aller devenir le maître dans Rome, César ne négligea rien pour assurer sa conquête et la faire servir à l'établissement de son empire. Il forma, de tous les pays gaulois qu'il avait soumis, une province spéciale qui reçut le nom de *Gallia comata* (Gaule chevelue), tandis que l'ancienne province romaine s'appelait *Gallia togata* (Gaule à la toge). César fit entrer dans ses troupes une multitude de Gaulois, Belges, Arvernes, Aquitains, dont il avait éprouvé la bravoure. Il forma même presque uniquement de Gaulois une légion spéciale dite *l'Alouette*, parce qu'elle portait sur ses casques une alouette aux ailes étendues, symbole de la vigilance. Il donnait en même temps, dans la Gaule chevelue, aux villes et aux familles qui se prononçaient pour lui, toutes sortes de faveurs, les droits de cité romaine, les titres d'alliés, de clients, d'amis, et jusqu'au surnom de *Julia*, signe du plus puissant patronage romain. Il avait, dans l'ancienne province romaine, de redoutables ennemis, surtout la ville de Marseille, qui se déclara contre lui et pour Pompée. César fit assiéger Marseille par l'un de ses lieutenants, s'en empara, se fit livrer ses vaisseaux, son trésor, et y laissa une garnison de deux légions. Il établit à Narbonne, à Arles, à *Biterræ* (Béziers) trois colonies de vétérans légionnaires dévoués à sa cause, et près d'*Antipolis* (Antibes) une colonie maritime dite *Forum Julii*, aujourd'hui Fréjus, dont il voulait faire une rivale de Marseille. Il fallait beaucoup d'argent pour faire face aux dépenses d'un tel patronage et pour satisfaire les troupes, anciennes et nouvelles, du conquérant de la Gaule et de Rome. Il y avait à Rome un vieux trésor fondé plus de quatre siècles auparavant par le dictateur Camille lorsqu'il avait délivré Rome des Gaulois, trésor réservé aux frais des guerres gauloises, et conservé avec un religieux respect comme un argent sacré. Au milieu des discordes et des désordres de Rome, personne n'y avait touché. Revenu de la Gaule, César monta un jour au Capitole avec des soldats, et trouvant fermée, dans le temple de Saturne, la porte du lieu où le trésor gaulois était déposé, il ordonna qu'elle fût forcée. Le tribun du peuple L. Metellus s'y opposa vivement, conjurant César de ne pas attirer sur la république la peine d'un tel sacrilége : « La République n'a rien à craindre, dit César ; je l'ai déliée de ses serments en soumettant la Gaule. Il n'y a plus de Gaulois. » Il fit enfoncer la porte, et le trésor fut enlevé et distribué aux troupes, Gaulois et Romains. Quoi qu'en dît César, il y avait encore des Gaulois, car en même temps qu'il distribuait à ceux dont il avait fait ses soldats l'argent réservé pour les combattre, il imposait à la Gaule chevelue, sous le nom de *stipendium* (solde militaire), un impôt de quarante millions de sesterces (8,200,000 francs), somme considérable pour un pays dévasté qui, selon Plutarque, ne contenait pas alors plus de trois millions d'habitants, et presque égale à celle des impôts payés par le reste des provinces romaines.

Après César, Auguste, resté seul maître du monde romain, prit, en Gaule comme partout, le rôle de pacificateur, réparateur, conservateur, organisateur, en ayant soin, sous des formes modestes, de rester toujours le maître. Il divisa les provinces en impériales et sénatoriales, se réservant l'entier gouvernement des premières et laissant les secondes sous l'autorité du sénat. La Gaule chevelue, tout ce qu'avait conquis César, fut province impériale. Auguste la divisa en trois provinces, la Lyonnaise, la Belgique et l'Aquitaine. Il y reconnut soixante nations ou cités distinctes qui continuèrent à gouverner elles-mêmes leurs affaires propres, selon leurs traditions et leurs mœurs, en se conformant aux lois générales de l'empire et sous la surveillance de gouverneurs impériaux chargés de maintenir partout, selon l'expression de Pline le Jeune, « la majesté de la paix romaine. » *Lugdunum*, Lyon, jusque-là peu importante et obscure, devint la grande ville, la cité favorite, le séjour ordinaire des empereurs, quand ils visitaient la Gaule. Après avoir tenu à Narbonne[1] une assemblée des représentants des diverses nations gauloises, Auguste vint plusieurs fois à Lyon, et y séjourna même, à ce qu'il paraît, assez longtemps, sans doute pour sur-

[1] L'an 27 avant J.-C.

veiller de là et mettre en activité le nouveau régime de la Gaule. Après le départ d'Auguste, son fils adoptif Drusus, qui venait de remplir, en Belgique et sur le Rhin, une mission à la fois militaire et administrative, convoqua à Lyon les délégués des soixante *cités* gauloises, pour assister[1] à l'inauguration d'un magnifique monument élevé, au confluent du Rhône et de la Saône, en l'honneur de Rome et d'Auguste comme divinités tutélaires de la Gaule. Au milieu d'une vaste enceinte était placé un grand autel de marbre blanc sur lequel furent gravés les noms des soixante cités chevelues. La statue colossale des Gaules et les soixante statues des cités gauloises peuplaient l'enceinte. Deux colonnes de granit, de vingt-cinq pieds de haut, s'élevaient auprès de l'autel, surmontées de deux Victoires colossales en marbre blanc, hautes de dix pieds. Des fêtes solennelles, des jeux gymnastiques, des exercices oratoires et littéraires accompagnèrent l'inauguration; et pendant la cérémonie, on apprit, aux acclamations populaires, qu'un fils de Drusus venait de naître à Lyon même, dans le palais de l'empereur où sa mère Antonia, fille de Marc Antoine et d'Octavie sœur d'Auguste, séjournait depuis quelques mois. Ce fils devait être un jour l'empereur Claude.

L'activité administrative d'Auguste ne se bornait pas à des érections de monuments et à des fêtes; il s'appliqua à développer dans la Gaule les éléments matériels de civilisation et d'ordre social. Son conseiller le plus intime et le plus habile, Agrippa, établi à Lyon comme gouverneur des Gaules, fit ouvrir quatre grandes routes partant d'une borne milliaire placée au milieu du *forum* lyonnais, et se dirigeant, l'une par le centre jusqu'à Saintes et à l'Océan, l'autre vers le sud jusqu'à Narbonne et les Pyrénées, la troisième vers le nord-ouest et la Manche par Amiens et Boulogne, la quatrième vers le nord-est et le Rhin. Agrippa fonda plusieurs colonies considérables, entre autres Cologne, qui porta son nom; il admit sur le territoire gaulois des bandes germaines qui demandaient à s'y établir. Grâce à la sécurité publique, des Romains devinrent propriétaires dans les provinces gauloises et y introduisirent les cultures italiennes. Les chefs gaulois de leur côté commencèrent à cultiver des terres devenues leur propriété personnelle. Des villes se bâtissaient ou s'agrandissaient et s'entouraient de remparts à l'abri desquels la population venait se grouper. Le plus savant et le plus exact observateur de la nature et de la société romaine, Pline l'Ancien, atteste que, sous

---

[1] L'an 12 ou 10 avant J.-C.

Auguste, l'agriculture et l'industrie gauloises étaient en grand progrès.

Mais à côté de ce travail de civilisation et d'organisation, Auguste et les agents romains poursuivaient un travail d'un effet tout contraire. Ils s'appliquaient à extirper de la Gaule l'esprit de nationalité, d'indépendance et de liberté ; ils mettaient tous leurs soins à effacer partout les souvenirs et les sentiments gaulois. Les villes gauloises perdaient leur ancien nom et recevaient des noms romains : *Augustonemetum*, *Augusta*, *Augustodunum*, prenaient la place de Gergovie, de *Noviodunum*, de Bibracte. La religion nationale gauloise, le druidisme, était attaquée comme la patrie gauloise, dans le même dessein et par les mêmes moyens ; tantôt Auguste interdisait ce culte aux Gaulois devenus citoyens romains, comme contraire aux croyances romaines ; tantôt on unissait dans les mêmes temples et sur les mêmes autels, comme pour les unir dans la même indifférence, le paganisme romain et le druidisme gaulois ; les noms romains et les noms gaulois s'appliquaient à la même personnification religieuse de tel ou tel fait, de telle ou telle idée ; *Mars* et *Camul* étaient également le dieu de la guerre ; *Belen* et *Apollon* le dieu de la lumière et de la médecine, *Diane* et *Arduinna* la déesse de la chasse. Partout, soit qu'il s'agit de la patrie terrestre ou de la foi religieuse, l'ancien ressort moral gaulois était brisé ou condamné à se rouiller, et aucun ressort moral nouveau n'était admis à le remplacer ; c'était partout l'autorité romaine et impériale qui se substituait à l'activité libre et nationale des Gaulois.

Il ne faut pas croire, mes enfants, que cette hostilité du pouvoir pour les sentiments moraux et cette absence de liberté ne compromissent pas gravement les intérêts matériels de la population gauloise ; quelles que soient sa vaste organisation et son activité, l'administration publique, quand elle n'est pas surveillée et contenue par la liberté et la moralité publique, tombe bientôt dans des abus monstrueux qu'elle ignore elle-même ou qu'elle tolère sciemment. Les exemples de ce mal inhérent au despotisme abondent même sous le pouvoir intelligent et vigilant d'Auguste. Je n'en citerai qu'un. Il avait nommé procurateur, c'est-à-dire intendant des finances dans la Gaule chevelue, un Gaulois d'abord esclave, puis affranchi de Jules César, et qui avait pris le nom romain de Licinius. Cet homme se livra, dans son administration, aux extorsions les plus effrontées. Les impôts se percevaient par mois ; profitant du changement de nom que la flatterie avait fait subir aux deux mois de *juillet* et d'*août* consacrés à Jules César et à Auguste, il fit son année de quatorze mois afin d'en tirer quatorze contributions au lieu de douze ; « décembre, disait-il, est bien, comme son nom l'indique, le dixième mois de l'année, » et il y ajoutait, en l'honneur de l'empereur, deux autres mois qu'il appelait onzième et douzième. Dans l'un des voyages qu'Auguste fit en Gaule, de vives plaintes s'élevèrent contre Licinius ; ses rapines furent dénoncées à l'empereur. Auguste n'osait le soutenir et semblait près de se décider à en faire justice; Licinius le conduisit dans le lieu où étaient déposés les trésors qu'il avait ainsi extorqués. « Seigneur, lui dit-il, voilà ce que j'ai amassé pour toi et pour le peuple romain, de peur que les Gaulois, possesseurs de tant d'or, ne s'en servissent contre vous; je l'ai conservé pour toi et je te le remets[1]. » Auguste prit le trésor et Licinius resta impuni. Qu'il s'agisse d'abus financiers ou d'autres actes, le pouvoir absolu ne résiste guère à de telles tentations.

Vous entendrez dire, mes enfants, vous lirez un jour dans les écrits de quelques philosophes et savants modernes, que le despotisme conquérant de l'empire romain a été un progrès nécessaire et salutaire, et qu'il a fait l'unité et l'affranchissement du genre humain. N'en croyez rien : il y a du bien et du mal mêlés dans tous les événements et tous les régimes de ce monde, et le bien surgit quelquefois à côté ou à la suite du mal ; mais ce n'est jamais du mal même que sort le bien ; l'iniquité et la tyrannie n'ont jamais produit de bonnes conséquences. Tenez pour certain que, là où elles dominent, là où le droit moral et la liberté personnelle des hommes sont opprimés par la force matérielle, barbare ou savante, il n'en résulte que des maux prolongés et de déplorables obstacles au retour du droit et de la force morale qui, grâce à Dieu, ne sauraient jamais être abolis dans la nature et dans l'histoire humaine. La despotique administration impériale a maintenu longtemps l'empire romain, non sans éclat; mais elle a corrompu, énervé, appauvri les populations romaines, et elle les a laissées, après cinq siècles, incapables de se défendre autant que de se gouverner.

Tibère continua dans la Gaule, moins activement et avec moins de soin de l'administration provinciale, la politique pacifique et modérée d'Auguste. Il eut à étouffer dans la Belgique, et même dans la province lyonnaise, deux insurrections suscitées par les ressentiments de l'esprit

---

[1] Amédée Thierry, *Histoire des Gaulois*, t. III, p. 295. — Clerjon, *Histoire de Lyon*, t. I, p. 178-180.

national et druidique. Il les réprima efficacement, sans vengeances violentes. Il fit un voyage en Gaule, prit des mesures, toujours insuffisantes, pour défendre la frontière du Rhin contre les incursions sans cesse répétées des Germains, et se hâta de rentrer en Italie pour y reprendre le cours de ses méfiances, de ses perfidies et de ses cruautés contre la fierté républicaine et la dignité morale de quelques débris du sénat romain. L'indigne fils de Germanicus, Caligula, lui succéda. Après quelques jours d'hypocrisie impériale et de crédules espérances populaires, ce fut un fou déchaîné à la place d'un tyran profond et sournois. Caligula s'occupa beaucoup de la Gaule, pour la piller et donner là un libre champ à ses folies tour à tour odieuses ou ridicules. Dans une courte et vaine campagne sur les bords du Rhin, il avait fait trop peu de prisonniers germains pour suffire à la pompe d'un triomphe; il prit des Gaulois, les plus grands qu'il put trouver, de *taille triomphale*, disait-il; il leur donna des vêtements germains, les força à apprendre quelques mots teutoniques et les envoya attendre en prison, à Rome, son retour et son ovation. Lyon, où il séjourna quelque temps, fut le théâtre de ses extorsions et de ses plus étranges caprices. Il jouait un jour aux dés avec quelques-uns de ses courtisans; il perdait; il se leva, se fit apporter le registre des taxes de la province, marqua pour la mort et la confiscation quelques-uns des plus imposés, et dit à ses compagnons : « Vous autres, vous jouez pour quelques drachmes; moi, je viens, d'un seul coup, d'en gagner cent cinquante millions. » Sur le bruit d'un complot tramé contre lui en Italie par quelques nobles romains, il fit venir et vendre à Lyon, en place publique, leurs meubles, leurs joyaux, leurs esclaves. La vente réussit; il l'étendit au vieux mobilier de ses propres palais d'Italie : « Je veux meubler les Gaulois, disait-il; c'est une marque d'amitié que je dois aux braves alliés du peuple romain. » Il faisait lui-même, dans ces enchères, le métier de vendeur et de commissaire-priseur, racontant l'origine des divers objets pour en faire monter le prix : « Ceci appartenait à Germanicus mon père; voici qui me vient d'Agrippa; ce vase est égyptien; il servait à Antoine; Auguste le conquit à la bataille d'Actium. » Aux ventes impériales succédèrent les jeux littéraires; les vaincus devaient payer les frais des prix et célébrer en vers ou en prose l'éloge des vainqueurs; si leurs compositions étaient jugées mauvaises, ils étaient tenus de les effacer avec une éponge ou même avec leur langue, à moins qu'ils n'aimassent mieux recevoir des coups de férule ou être plongés dans le Rhône. Un jour que Caligula, déguisé en Jupiter, siégeait sur son tribunal et rendait des oracles au milieu de la place publique, un homme du peuple restait immobile devant lui et arrêtait sur lui des regards ébahis : « Qu'est-ce que je te parais ? lui demanda l'empereur flatté sans doute de cette attention populaire.—Tu me parais une grande extravagance, » lui dit le Gaulois. Ce fut là, au bout d'à peu près quatre ans, le cri universel, et contre un empereur fou le monde romain n'avait alors d'autre ressource que l'assassinat. Le capitaine des gardes de Caligula en délivra Rome et les provinces.

Je ne rencontre, pendant tout son séjour en Gaule, qu'un acte sensé et utile ; il fit construire un phare pour éclairer le passage entre la Gaule et la Grande-Bretagne. On en a, dit-on, retrouvé quelques traces.

Vous savez déjà, mes enfants, que son successeur Claude, frère du grand Germanicus et mari de sa propre nièce la seconde Agrippine, était né à Lyon, au moment même où son père Drusus y célébrait l'érection de l'autel d'Auguste. Pendant tout son règne, il témoigna à sa ville natale la bienveillance la plus active, et le but constant comme le principal résultat de cette bienveillance fut de rendre la ville de Lyon de plus en plus romaine en y effaçant tous les caractères et tous les souvenirs gaulois. Elle fut dotée des droits, des monuments et des noms romains les plus importants ou les plus fastueux ; elle devint la colonie par excellence, la grande ville municipale des Gaules, la ville claudienne ; mais elle perdit ce qui lui restait de son ancien régime municipal, c'est-à-dire de son indépendance administrative et commerciale. Elle ne fut pas seule, dans la Gaule, à éprouver la bienveillance de Claude. Cet empereur méprisé depuis son enfance, que sa mère Antonia appelait « une ombre d'homme, point achevé et seulement ébauché par la nature, » et de qui son grand-oncle Auguste disait : « Nous flotterons toujours incertains de savoir s'il est, ou non, capable des charges publiques, » Claude, le plus faible en effet des Césars, de corps, d'esprit et de caractère, a été pourtant celui qui entrevoyait quelquefois les idées les plus élevées, les sentiments les plus équitables, et qui s'appliquait le plus sincèrement à les faire passer dans ses actes. Il entreprit d'assurer à tous les hommes libres de la Gaule chevelue les mêmes droits, les mêmes privilèges romains dont jouissaient les habitants de Lyon, entre autres celui d'entrer à Rome dans le sénat et d'occuper les grandes charges publiques. Il en fit au sénat la proposition formelle et parvint, non sans peine, à l'y faire adopter. Le discours qu'il prononça à cette occasion nous a été en grande partie conservé, non-seulement dans le résumé qu'en a donné Tacite, mais dans une inscription gravée sur une table de bronze qui se brisa en plusieurs fragments lors de la destruction de l'édifice où elle était placée; les deux principaux de ces fragments furent retrouvés à Lyon en 1528, et ils sont maintenant déposés dans le musée lapidaire de cette ville. Ils constatent l'acte politique le plus équitable, je dirais volontiers le plus libéral qui soit émané des premiers empereurs romains : « Claude s'était mis en tête, dit Sénèque, de voir tous les Grecs, Gaulois, Espagnols, Bretons, revêtus de la toge. » Mais en même temps il prenait grand soin de propager partout la langue latine, et de lui faire prendre la place des divers idiomes nationaux. Un citoyen romain, originaire de l'Asie Mineure et député à Rome par ses compatriotes, ne put répondre en latin aux demandes de l'empereur; Claude lui retira son privilége : « On n'est pas citoyen de Rome, lui dit-il, quand on ignore la langue de Rome. »

Claude ne fut ni libéral ni humain envers une portion notable de la population gauloise, les druides. Pendant son séjour en Gaule, il les proscrivit et les poursuivit sans relâche, interdisant, sous peine de mort, leur culte et tout signe extérieur de leurs cérémonies. Il les repoussa et continua de les poursuivre jusque dans la Grande-Bretagne, où il fit, en l'an 45 de J.-C., une expédition militaire, à peu près la seule de son règne, sauf la lutte continuelle de ses lieutenants sur le Rhin contre les Germains. C'était évidemment dans la corporation des druides, et sous l'influence des croyances et des traditions religieuses, que se conservaient et se défendaient encore le vieil esprit gaulois, la passion de l'indépendance nationale et la haine du joug romain.

Autant Claude avait été populaire dans la Gaule, autant Néron, son fils adoptif et son successeur, y devint bientôt odieux. Rien n'indique qu'il y soit jamais venu, soit pour des soins de gouvernement, soit pour y obtenir l'un de ces accès de faveur momentanée que suscitent toujours dans la foule la présence et l'éclat du pouvoir. C'était vers la Grèce et l'Orient que se portaient les goûts et les voyages de Néron, musicien, poëte et acteur impérial. L. Verus, l'un des commandants militaires dans la Belgique, avait conçu le projet d'un canal pour unir la Moselle à la Saône et ainsi la Méditerranée à l'Océan, une intrigue de province et de palais en empêcha l'exécution, et au lieu de travaux publics utiles à la Gaule, Néron y fit faire un nouveau recensement de la population, qu'il avait besoin de pressurer pour satisfaire à ses extravagantes fêtes. Ce fut sous son règne, vous le savez, mes enfants, qu'un violent incendie consuma une grande partie de Rome et de ses monuments ; la plupart des historiens accusent Néron d'en avoir été lui-même l'auteur ; il y assista du moins avec une indifférence cynique, comme amusé d'un si grand spectacle et se plaisant à le comparer à l'incendie de Troie. Il fit plus : il en profita pour se construire librement ce magnifique palais qu'on appela le *Palais d'or*, et dont il dit, quand il le vit achevé : « Je vais enfin être logé comme il convient à un homme. » Cinq ans avant l'incendie de Rome, Lyon avait été la proie d'un fléau semblable, et Sénèque écrivit à son ami Lucilius : « *Lugdunum*, qu'on montrait dans la Gaule avec admiration, se cherche et ne se trouve plus ; il n'y a eu qu'une nuit entre une ville immense et sa disparition ; elle a péri en moins de temps que je n'en mets à te le raconter. » Néron fit don à Lyon de quatre millions de sesterces[1] pour aider à sa reconstruction, ce qui lui valut, de la part de la ville, une reconnaissance qui se manifesta, dit-on, quand sa chute devint imminente. Ce fut pourtant le gouverneur de la province lyonnaise, un Gaulois de Vienne, J. Vindex, qui se fit le promoteur de l'insurrection à laquelle Néron succomba, et qui lui donna Galba pour successeur.

Néron mort, il n'y avait plus de Césars, point de successeur naturellement désigné pour l'empire ; la puissance du nom de *César* s'était usée dans les crimes, les folies et l'incapacité de ses descendants. Ce fut alors que l'on commença à chercher partout des empereurs, et que l'ambition de le devenir se répandit parmi les hommes considérables du monde romain. Dans les dix-huit mois qui suivirent la mort de Néron, trois prétendants, Galba, Othon et Vitellius, coururent cette redoutable chance. Galba était un vieux et respectable sénateur romain qui disait avec sincérité : « Si l'immense corps de l'empire pouvait rester debout et en équilibre sans un chef, j'étais digne que la république commençât par moi. » Othon et Vitellius étaient deux épicuriens, tous deux indolents et corrompus, l'un élégamment, l'autre grossièrement. Galba fut porté à l'empire par les provinces lyonnaise et narbonnaise ; Vitellius par les légions cantonnées dans la province belgique, tant la Gaule tenait déjà de place dans l'empire romain et influait sur ses destinées. Ils échouèrent et périrent tous les trois en dix-huit mois ; et,

---

[1] 820,000 francs.

pour faire un empereur, on alla chercher, en Orient, où il commandait, un général de petite famille italienne, Vespasien [1], qui s'était distingué dans sa carrière militaire, et qui, proclamé d'abord à Alexandrie, en Judée et à Antioche, n'arriva à Rome que plusieurs mois après, et mit sur le trône, pour vingt-six ans, la famille des Flaviens.

Ni Vespasien ni Titus et Domitien, ses fils, ne vinrent en Gaule comme leurs prédécesseurs; Domitien seul y fit une courte apparition. Les provinces orientales de l'empire et les guerres sur la frontière du Danube, vers laquelle commençaient alors à se porter les invasions des Germains, absorbaient la pensée des nouveaux empereurs. La Gaule fut loin cependant de rester, à cette époque, docile et tranquille. A la vacance de l'empire, après Néron et au milieu des prétendants divers, l'autorité du nom romain et la pression du pouvoir impérial s'affaiblirent promptement; les souvenirs et les désirs d'indépendance se réveillèrent. Dans la Belgique, les peuplades germaines qui avaient été admises à s'établir sur la rive gauche du Rhin étaient très-imparfaitement soumises et conservaient, avec les peuplades indépendantes de la rive droite, des relations intimes. Les huit légions romaines cantonnées dans cette province étaient elles-mêmes fort altérées; beaucoup de barbares y avaient été introduits et y servaient vaillamment, mais avec indifférence et toujours prêts à changer de maître et de patrie. Ni les symptômes ni bientôt les occasions ne manquèrent à ce nouvel état des esprits et des faits: au centre même de la Gaule, entre la Loire et l'Allier, un paysan, qui a gardé dans l'histoire son nom gaulois, Maric, forma une bande et parcourut la campagne en proclamant l'indépendance nationale. Il fut arrêté par les autorités locales et livré à Vitellius, qui le fit livrer aux bêtes. Mais, dans la partie septentrionale de la Belgique, vers les embouchures du Rhin, où vivait la peuplade batave, un homme considérable parmi ses compatriotes et au service des Romains, chez qui il avait reçu le nom de Claudius Civilis, prit d'abord sourdement, puis ouvertement, le parti de l'insurrection. Il avait à se venger de Néron, qui avait fait décapiter son frère, Julius Paulus, et l'avait fait mettre lui-même en prison, d'où Galba l'avait fait sortir. Il fit vœu de ne plus couper ses cheveux qu'il ne se fût vengé; il était borgne et s'en faisait gloire, disant qu'Annibal et Sertorius l'étaient aussi et qu'il n'aspirait qu'à leur ressembler. Il se prononça d'abord pour Vitellius

---

[1] Titus Flavius Vespasianus, originaire de Rieti, dans le duché de Spolète

contre Othon, puis pour Vespasien contre Vitellius, puis pour la complète indépendance de sa nation contre Vespasien. Il eut bientôt, parmi les Germains des deux rives du Rhin et les Gaulois eux-mêmes, des alliés secrets ou déclarés. Un jeune Gaulois du pays de Langres, Julius Sabinus, se joignit à lui : celui-là se vantait que, pendant la grande guerre des Gaulois, sa bisaïeule avait plu à Jules César, et qu'il lui devait son nom. On venait d'apprendre en Gaule le nouvel incendie du Capitole dans les troubles de Rome à la mort de Néron. Les druides sortirent des retraites où ils se cachaient depuis la proscription de Claude, et reparurent dans les villes et dans les campagnes, annonçant « que l'empire romain était fini, que l'empire gaulois commençait et que le jour était venu où la possession des choses humaines devait passer aux nations transalpines. » Les insurgés se levèrent au nom de l'*empire gaulois*, et Julius Sabinus prit le titre de *César*. La guerre s'engagea. Le trouble, l'hésitation, la désertion même pénétrèrent dans les colonies et jusque dans les légions romaines. Plusieurs villes, même Trèves et Cologne, se soumirent ou tombèrent entre les mains des insurgés. Plusieurs légions séduites, ou entraînées, ou intimidées, passèrent dans leurs rangs, les unes tristement, les autres en massacrant leurs chefs. On comprit à Rome que l'insurrection était grave. Petilius Cerealis, officier renommé pour ses campagnes sur le Rhin, fut envoyé en Belgique avec sept légions nouvelles. Il savait négocier et persuader aussi bien que combattre. La lutte fut vive, mais courte. Presque toutes les villes et les légions qui avaient failli rentrèrent sous la discipline romaine. Civilis, à demi vaincu, demanda lui-même à se soumettre. Il aurait pu, disait-on déjà alors du Batave, inonder le pays et submerger les armées romaines. Vespasien n'était pas enclin à pousser les choses et les hommes à bout. Civilis obtint l'autorisation de se retirer et d'aller vivre en paix dans les marais de sa patrie. Les chefs gaulois, les promoteurs de l'empire gaulois, furent seuls rigoureusement poursuivis et châtiés. Il y en avait un surtout, Julius Sabinus, le prétendant à la descendance de Jules César, qu'on avait à cœur d'atteindre. Après la ruine de ses espérances, il se réfugia dans des souterrains qui dépendaient de l'une de ses maisons de campagne ; deux affranchis dévoués en connaissaient seuls l'entrée ; ils mirent le feu aux bâtiments et répandirent le bruit que Sabinus s'était empoisonné et que son cadavre avait été la proie des flammes. Il avait pour femme une jeune Gauloise, Éponine, que ce bruit jeta dans un violent désespoir. Il la fit informer, par

ÉPONINE ET SABINUS.

l'un de ses affranchis, du lieu de sa retraite, en lui demandant de persister dans sa désolation et son deuil pour confirmer le bruit déjà accrédité. « Elle joua bien, selon l'expression de Plutarque, la tragédie de son malheur. » Elle alla voir son mari la nuit dans son asile et en sortit le jour; elle finit par n'en vouloir plus sortir. Au bout de sept mois, entendant vanter la douceur de Vespasien, elle alla à Rome emmenant son mari déguisé en esclave, la tête rasée et dans un accoutrement qui le rendait méconnaissable. Les amis qui étaient dans leur confidence leur conseillèrent de ne pas courir encore la chance de la clémence impériale et de regagner leur secret asile. Ils y vécurent neuf ans pendant lesquels, « ne plus ne moins que la lionne dedans sa caverne, dit Plutarque, Éponine accoucha de deux petits jumeaux qu'elle nourrit elle-même de sa mamelle. » Ils furent enfin découverts et conduits à Rome devant Vespasien : « César, lui dit Éponine en lui montrant ses enfants, je les ai conçus et allaités dans un tombeau, afin que nous fussions plusieurs à te supplier. » Mais Vespasien n'était clément que par prudence, non par nature et grandeur d'âme; il envoya Sabinus au supplice; Éponine demanda à mourir avec son mari : « Fais-moi cette grâce, César, car j'ai vécu plus heureuse sous terre et dans les ténèbres que toi dans l'éclat de ton empire. » Vespasien accomplit son désir en l'envoyant aussi au supplice; et Plutarque, leur contemporain, exprimait sans doute le sentiment public quand il terminait son récit en disant : « Il ne fut, dans tout le règne de cet empereur, nul acte si cruel ni si pitoyable à voir, et il en a été depuis puni, car toute sa postérité a été en peu de temps entièrement éteinte. »

Les Césars et les Flaviens eurent en effet le même sort; les deux races commencèrent et finirent pareillement, l'une par Auguste et Néron, l'autre par Vespasien et Domitien, d'abord un despote habile et indifférent, capable de cruauté comme de modération; puis, un tyran atroce et détesté. Et toutes deux s'éteignirent sans descendants.

Le monde romain eut alors une bonne fortune rare. Deux ans avant d'être assassiné par quelques-uns de ses serviteurs qu'il était près de faire mettre à mort, Domitien s'était méfié d'un vieux et honorable sénateur, Cocceius Nerva, déjà deux fois consul, et il l'avait exilé d'abord à Tarente, puis en Gaule, lui préparant probablement un pire sort. Ce fut à cet honnête proscrit que s'adressèrent les conspirateurs qui venaient de se défaire de Domitien et qui avaient à faire un empereur. Nerva accepta, non sans hésitation; il avait soixante-quatre ans; il avait assisté à la mort violente de six empereurs, et son grand-père, jurisconsulte célèbre et longtemps ami de Tibère, s'était tué, dit-on, désolé de l'inique et cruel gouvernement de son ami. Le court règne de Nerva fut sage, juste et humain, mais triste, non pour les peuples, mais pour lui-même. Il maintint la paix et l'ordre, rappela les exilés, repoussa les délateurs, rétablit le respect des lois et des mœurs, se refusa aux vengeances, aux spoliations, aux iniquités intéressées que lui demandaient tantôt ceux qui l'avaient fait empereur, tantôt les soldats prétoriens et la populace de Rome, qui regrettaient Domitien comme ils avaient regretté Néron. Mais Nerva ne réussit à empêcher dans Rome ni les violences populaires ni les meurtres suscités par l'avidité ou la haine. Insulté lui-même dans son pouvoir et menacé dans sa vie, il prit une résolution que je trouve exprimée et expliquée par un savant et modeste historien du siècle dernier, Lenain de Tillemont, avec tant de justesse et de précision, que je prends plaisir, mes enfants, à vous citer ses propres paroles : « Voyant, dit-il, que l'on méprisait sa vieillesse, et que l'empire avait besoin d'une personne qui eût autant de force d'esprit que de corps, comme Nerva était exempt de cet aveuglement qui fait qu'on ne connait et qu'on ne mesure point ses forces, et de cette ambition de dominer qui règne souvent sur ceux-là même qui sont le plus près de la mort, il se résolut à associer quelqu'un à la puissance souveraine, et fit voir quelle était sa sagesse par le choix qu'il fit de Trajan [1]. » Par ce choix, en effet, Nerva commença et inaugura la plus belle époque de l'empire romain, l'époque que les contemporains qualifièrent de *siècle d'or*, et que l'histoire a appelée le *siècle des Antonins*. Je désire, mes enfants, que vous connaissiez bien le vrai caractère de cette époque à laquelle appartiennent les deux plus grands événements de l'histoire, la fin de la société ancienne et païenne et la naissance de la société chrétienne et moderne.

Cinq souverains éminents, Nerva, Trajan, Hadrien, Antonin le Pieux et Marc Aurèle, ont gouverné pendant ce siècle [2] l'empire romain. Je viens de vous dire ce qu'était Nerva ; il ne s'était pas trompé en adoptant Trajan pour successeur. Comme Nerva, étranger par son origine à l'ancienne Rome, né en Espagne, près de Séville, Trajan avait fait, par la guerre et en Orient, ses premiers pas dans la fortune et la renommée.

---

[1] *Histoire des empereurs et des autres princes qui ont régné durant les six premiers siècles de l'Église*, par Lenain de Tillemont, t. II, p. 59.

[2] De l'an de J.-C. 96 à l'an 180.

C'était essentiellement un militaire, un militaire moral et modeste, ami de la justice et du bien public, entreprenant avec grandeur pour l'État qu'il gouvernait, simple et contenu pour son propre compte, respectueux envers l'ordre civil et ses lois, laborieux et d'intentions équitables dans l'administration des provinces, sans système ni prétention philosophique, actif et hardi avec honnêteté et bon sens. Il défendit vaillamment l'empire contre les Germains sur les rives du Danube, lui acquit la province de la Dacie, et plus occupé de l'Orient que de l'Occident, il fit en Asie des conquêtes dont son successeur Hadrien s'empressa, sagement, je crois, d'abandonner une partie. Adopté par Trajan, et Espagnol comme lui, Hadrien lui était supérieur par l'esprit et très-inférieur moralement ; ambitieux, vaniteux, inventif, remuant, sceptique dans sa pensée, cynique dans ses mœurs, plein de vues et de prétentions politiques, philosophiques, littéraires, il passa les vingt et une années de son règne à voyager dans l'empire, en Asie, en Afrique, en Grèce, en Espagne, en Gaule, dans la Grande-Bretagne, ouvrant des routes, élevant des remparts, des monuments, fondant des écoles savantes et des musées, propageant dans les provinces comme à Rome le mouvement législatif, administratif, intellectuel, plutôt pour son propre plaisir et sa propre gloire, que dans des desseins patriotiques et sociaux. A la fin de cette active carrière, malade et se sentant près de mourir, il fit l'acte le plus vertueux de sa vie ; il avait éprouvé dans de grandes fonctions la sagesse clairvoyante et tranquille du Gaulois Titus Antonin, originaire de Nîmes ; il l'avait vu un jour arrivant au sénat et soutenant avec respect son vieux père[1] chancelant ; il l'adopta pour son successeur. Antonin *le Pieux* fut, comme homme civil, ce que Trajan avait été comme homme de guerre, moral et modeste, juste et économe, soigneux du bien public, doux envers les personnes, plein de respect pour les lois et les droits, attentif à justifier ses actes devant le sénat et à en informer les populations par des édits soigneusement affichés, plus préoccupé de ne faire tort ni mal à personne que de s'illustrer par des faits brillants ou populaires. « Il surpasse tous les hommes en bonté, » disaient ses contemporains, et il fit à l'empire le plus beau des présents ; il lui donna Marc Aurèle pour souverain.

On a dit que Marc Aurèle fut la philosophie sur le trône. Je n'ai garde de contester ni d'atténuer cet éloge ; j'y ajouterai bien plutôt en

---

[1] Ou son beau-père, selon Aurelius Victor.

disant que Marc Aurèle fut la conscience sur le trône. C'est son grand et original caractère qu'il gouverna l'empire romain et se gouverna lui-même avec une constante sollicitude morale, incessamment préoccupé de réaliser l'idéal de vertu personnelle et de justice sociale qu'il avait conçu et auquel il aspirait. Sa conception de la vertu et de la justice était incomplète, fausse même dans certains cas, et il a plus d'une fois, entre autres dans sa persécution des chrétiens, commis des actes très-contraires à la loi morale qu'il voulait respecter envers tous les hommes; mais son respect pour la loi morale était profond, et sa volonté d'y conformer ses actes sérieuse et sincère. Je prendrai çà et là quelques phrases dans ce recueil de ses pensées intimes qu'il a intitulé *A moi-même*, et qui est en effet le plus scrupuleux portrait qu'un homme ait laissé de lui-même et de son travail sur lui-même :

« Il y a, dit-il, une parenté entre tous les êtres doués de raison. Le monde est comme une cité supérieure au sein de laquelle les autres cités ne sont que des familles... J'avais conçu l'idée d'un gouvernement fondé sur des lois générales et égales... Prends garde de ne te point *Césariser*, car c'est ce qui n'arrive que trop. Conserve-toi simple, bon, inaltéré, digne, sérieux, ami de la justice, pieux, bienveillant, courageux pour tous les devoirs... Respecte les dieux, sauve les hommes. La vie est courte; il n'y a qu'un fruit possible de notre existence terrestre, l'intention sainte et des actions utiles au bien commun... Mon âme, couvre-toi de honte! Ta vie est presque passée, et tu n'as pas encore appris à bien vivre. » Parmi les hommes qui ont régné dans un grand État, je ne connais que Marc Aurèle et saint Louis qui se soient ainsi passionnément inquiétés de l'état moral de leur âme et de la conduite morale de leur vie. L'esprit de Marc Aurèle était supérieur à celui de saint Louis; mais saint Louis était chrétien, et son idéal moral était plus pur, plus complet, plus satisfaisant et plus fortifiant pour l'âme que l'idéal philosophique de Marc Aurèle. Aussi saint Louis était-il serein et confiant dans son sort et dans celui du genre humain, tandis que Marc Aurèle restait inquiet et triste; triste pour lui-même et aussi pour l'humanité en général, pour son pays et pour son temps : « O mon âme, s'écriait-il, pourquoi te troubles-tu et pourquoi suis-je ainsi tourmenté? »

Nous touchons ici, mes enfants, au fait que je vous ai déjà fait pressentir, et qui caractérise l'état moral et social du monde romain à cette époque. On se tromperait grandement si l'on prenait les cinq empereurs dont je viens de vous parler, Nerva, Trajan, Hadrien, Antonin le Pieux et Marc Aurèle, pour les représentants de la société au milieu de laquelle ils vivaient, et comme donnant, à un certain degré, la mesure de ses lumières, de sa moralité, de sa prospérité, de sa disposition et de sa condition générale. Ces cinq princes n'étaient pas seulement des hommes d'élite, supérieurs par l'esprit et le caractère à la plupart de leurs contemporains ; ils étaient des hommes presque isolés dans leur temps ; en eux se résumait ce que l'antiquité grecque et romaine avait acquis de lumières et de vertu, de sagesse pratique et de moralité philosophique ; ils étaient les héritiers et les survivants des grands esprits et des grands politiques d'Athènes et de Rome, de l'Aréopage et du Sénat. Ils n'étaient point en harmonie intellectuelle et morale avec la société qu'ils gouvernaient, et leur action sur elle ne servait guère qu'à la préserver partiellement et momentanément des maux auxquels la livraient ses propres vices et à ralentir sa décadence. Quand ils étaient réfléchis et modestes, comme Marc Aurèle, ils étaient tristes et enclins au découragement, car ils avaient un secret sentiment de la vanité de leurs efforts.

Leur tristesse ne les trompait pas : malgré leurs honnêtes desseins et de brillantes apparences, la dégradation matérielle aussi bien que morale de la société romaine allait toujours croissant. Les guerres, le luxe, les dilapidations et les désordres de l'empire élevaient toujours ses dépenses fort au-dessus de ses revenus. La rude avarice de Vespasien et la sage économie d'Antonin le Pieux étaient loin de suffire à rétablir le niveau ; l'aggravation des impôts était continuelle ; la population, surtout la population agricole, diminuait de plus en plus, en Italie même, au centre de l'État. Ce mal inquiétait les empereurs quand ils n'étaient pas des fous aveugles ou forcenés ; Claude, Vespasien, Nerva, Trajan s'appliquèrent à y porter remède ; Auguste lui-même leur en avait déjà donné l'exemple. Ils établissaient en Italie des colonies de vétérans auxquels ils assignaient des terres ; ils en donnaient aux citoyens romains indigents ; ils attiraient, par le titre de sénateur, les citoyens riches des provinces, et quand ils les avaient installés en Italie comme propriétaires, ils ne leur permettaient plus d'en sortir sans autorisation. Trajan ordonna que tout candidat aux magistratures romaines fût tenu de constituer en terres italiques le tiers de sa fortune, « afin, dit Pline le Jeune, que ceux qui recherchaient les honneurs publics regardassent Rome et l'Italie, non comme une auberge où l'on s'arrête en voyageant, mais comme leur patrie. » Et Pline l'Ancien, remontant en observateur philosophe à la source du mal, dit dans son style solennel : « Autrefois les généraux cultivaient leurs champs de leurs propres mains ; la terre, il est permis de le croire, s'ouvrait avec complaisance sous une charrue couronnée de lauriers et conduite par des mains triomphantes, soit que ces grands hommes donnassent à la culture le même soin qu'à la guerre, et qu'ils ensemençassent la terre avec la même attention qu'ils disposaient un camp ; soit aussi que tout fructifie mieux sous des mains honnêtes, parce que tout se fait avec une exactitude plus scrupuleuse... Aujourd'hui ces mêmes champs sont livrés à des esclaves enchaînés, à des malfaiteurs condamnés au travail et dont le front est flétri. La terre n'est pas sourde à nos vœux ; nous lui donnons le nom de mère ; nous appelons culte les soins qui lui sont rendus ;... mais pouvons-nous être surpris qu'elle ne paye pas des esclaves comme elle récompensait des généraux ? »

Quelle ne devait pas être la décadence de la population et de l'agriculture dans les provinces quand il fallait, pour les défendre en Italie même, de tels efforts qui réussissaient si peu ?

Pline avait reconnu la plaie fatale de l'empire romain dans les campagnes comme dans les villes, l'esclavage ou le demi-esclavage. La propriété foncière était surchargée d'impôts, assujettie à des conditions qui la frappaient d'une sorte de servitude, et cultivée par une population servile aux mains de qui elle devenait presque stérile. Les grands propriétaires étaient ainsi dégoûtés, et les petits propriétaires ruinés ou réduits à une condition de plus en plus abaissée. Ajoutez à ce régime dans l'ordre civil l'absence complète de liberté et de vie dans l'ordre politique : point d'élections, point de discussion, point de responsabilité publique, les caractères énervés par l'oisiveté et le silence, ou brisés par le pouvoir absolu, ou corrompus par les intrigues de palais ou d'armée. Faites un pas de plus ; portez vos regards sur l'ordre moral : point de croyances religieuses ; il ne restait du paganisme que des fêtes ou des superstitions frivoles ou honteuses. La philosophie grecque et l'ancienne vie romaine avaient suscité, dans les rangs élevés de la société, des stoïciens et des jurisconsultes, les uns, derniers défenseurs de la morale et de la dignité humaine, les autres, derniers serviteurs éclairés de la société civile. Mais ni les doctrines des stoïciens, ni la science et l'habileté logique des jurisconsultes n'étaient des flambeaux et des guides à la portée et à l'usage des populations ; elles restaient livrées aux vices et aux misères de la servitude ou des troubles publics, et ballottées entre les stériles ennuis de l'ignorance et les corruptions de la vie d'aventure. Toutes les causes de décadence se déployaient, à cette époque, dans la société romaine ; aucun des principes conservateurs ou régénérateurs de la vie nationale n'y était en force et en crédit.

Après la mort de Marc Aurèle, la décadence éclata et se développa presque sans interruption pendant un siècle, dans un fait visible et palpable, la désorganisation et les chutes répétées du gouvernement lui-même. A la série des empereurs donnés au monde romain, depuis Auguste jusqu'à Marc Aurèle, par l'hérédité ou par l'adoption, succéda ce que j'appellerai l'anarchie impériale ; dans le cours de cent trente-deux ans, trente-neuf souverains passèrent sur le trône avec le titre d'*Empereurs* (*Augustes*), et trente et un prétendants, que l'histoire a appelés des *tyrans*, en approchèrent, sans autre cause que les ardeurs de l'ambition et les hasards de la force, soutenue, tantôt, dans telle ou telle province de l'empire, par quelques légions ou quelque soulèvement local, tantôt, et le plus souvent en Italie même, par les gardes prétoriennes qui disposaient du nom de Rome et de l'ombre du sénat. Il y eut des empereurs italiens, africains, espagnols, gaulois, bretons, illyriens, asiatiques, et dans le nombre il se rencontra quelques hommes d'un mérite éminent dans la guerre ou dans la politique, quelques-uns même d'une vertu rare et patriotique, Pertinax, Septime Sévère, Alexandre Sévère, Dèce, Claude le Gothique, Aurélien, Tacite, Probus. Ils s'efforcèrent, les uns de défendre l'empire contre les barbares, de jour en jour plus agressifs, les autres de rétablir au dedans quelque ordre et de rendre aux lois quelque force. Ils échouèrent tous et périrent presque tous violemment, gardiens passagers d'un édifice qui s'écroulait de toutes parts, toujours sous le grand nom d'empire romain. La Gaule eut sa part dans cette série d'empereurs et de tyrans éphémères ; l'un des plus méchants et des plus fous, quoique issu de l'un des plus vaillants et des plus capables, Caracalla, fils de Septime Sévère, était né à Lyon, quatre ans après la mort de Marc Aurèle. Cent ans plus tard, Narbonne donna, pour deux ans, au monde romain trois empereurs, Carus et ses deux fils, Carin et Numérien. Parmi les trente et un tyrans qui ne s'élevèrent pas jusqu'au rang d'*Augustes*, six étaient gaulois ; et les deux derniers, Amandus et Ælianus, furent, en l'an 285, les chefs de cette grande insurrection de paysans, esclaves ou colons demi-esclaves, qui, sous le nom de *Bagaudes*[1], se répandirent dans le nord de la Gaule, entre le Rhin et la Loire, pillant et dévastant partout, après avoir subi eux-mêmes les pillages et les dévastations des agents fiscaux et des soldats de l'empire. Un témoin contemporain, Lactance, décrit ainsi les causes de ce soulèvement populaire : « Telle était devenue l'énormité des impôts que les forces manquaient aux laboureurs ; les champs devenaient déserts, et les cultures se changeaient en forêts. Les agents du fisc mesuraient les champs par mottes de terre ; on comptait les arbres, les pieds de vigne. On inscrivait les bêtes ; on enregistrait les hommes. Point d'excuse pour la vieillesse ou la maladie ; on apportait les malades, les infirmes ; on estimait l'âge de chacun ; on ajoutait des années aux enfants ; on en ôtait aux vieillards. Cependant les animaux diminuaient, les hommes mouraient, et l'on n'en payait pas moins pour les morts. »

On dit que, pour échauffer la confiance et le zèle de leurs bandes, les deux chefs des Bagaudes firent frapper des médailles, et que l'une présente la tête d'Amandus « empereur, César, Auguste, pieux et heureux, » avec ce mot au revers : *Espérance*.

Quand les maux publics sont arrivés à un tel excès, et que cependant le jour de l'entière disparition du régime qui les cause n'est pas encore venu, il surgit presque toujours un pouvoir nouveau qui, au nom de la nécessité, porte quelque remède à un état intolérable. Ainsi il arriva dans l'empire romain, peu avant la fin du troisième siècle de l'ère chrétienne. Une légion cantonnée à Tongres, en Belgique, comptait dans ses rangs un Dalmate, nommé Dioclétien, encore peu avancé en grade, mais déjà très-estimé de ses compagnons pour son intelligence et sa bravoure. Il logeait chez une femme druidesse, dit-on, et en possession de prophétiser. Comme il réglait un jour avec elle son compte, elle se plaignit de son excessive économie : « Tu es trop avare, Dioclétien, » lui dit-elle ; il lui répondit en riant : « Je serai prodigue quand je serai empereur. — Ne ris pas, reprit-elle ; tu seras empereur quand tu auras tué un sanglier (*aper*). » Le propos courut parmi les compagnons d'armes de Dioclétien. Il fit son chemin dans l'armée, toujours habilement

---

[1] Selon Ducange, le mot *Bagaudes*, la *Bagaudie*, signifiait une bande, une troupe errante d'insurgés des campagnes et des forêts.

et vaillamment, et plusieurs fois, dans ses diverses garnisons et ses fréquentes chasses, il eut occasion de tuer des sangliers ; il n'en devint pas aussitôt empereur, et plusieurs de ses contemporains, Aurélien, Tacite, Probus, Carus, Numérien, firent fortune avant lui : « Je tue les sangliers, disait-il à ses amis ; un autre les mange. » Le dernier de ces empereurs éphémères, Numérien, avait pour beau-père et pour compagnon assidu un préfet du prétoire, nommé Arrius Aper. Dans une campagne en Mésopotamie, Numérien fut assassiné ; la voix de l'armée en accusait Aper ; les légions se réunirent pour délibérer sur la mort de Numérien et lui choisir un successeur. Aper fut amené devant la réunion et gardé par des soldats. Préparée par de zélés amis, la candidature de Dioclétien trouva grande faveur ; aux premiers mots qu'il prononça d'une tribune élevée devant les troupes, des cris : « Dioclétien Auguste ! » s'élevèrent de toutes parts ; d'autres voix le sommèrent de s'expliquer sur les meurtriers de Numérien ; Dioclétien tira son épée, attesta sous serment qu'il était innocent de la mort de l'empereur, mais qu'il connaissait le coupable et saurait le punir. Descendant soudain de la tribune, il marcha sur le préfet du prétoire, et, lui disant : « Aper, console-toi, tu ne mourras pas d'une main vulgaire : *Æneæ magni dextra cadis ;* » il le frappa à mort : « J'ai tué le sanglier fatal, » dit-il le soir à ses confidents ; et peu après, malgré les efforts de quelques rivaux, il était empereur.

« Rien n'est plus difficile que de gouverner, » lui avaient souvent entendu dire ses compagnons d'armes au milieu de tant de chutes impériales. Empereur à son tour, Dioclétien garda ce profond sentiment de la difficulté du gouvernement, et il entreprit, sinon heureusement, du moins habilement, de la surmonter. Convaincu que l'empire était trop vaste, et qu'un seul homme ne pouvait suffire pour combattre les deux fléaux qui le détruisaient, sur les frontières la guerre contre les barbares, au dedans l'anarchie, il divisa le monde romain en deux parts, donna l'Occident à l'un de ses compagnons, Maximien, soldat grossier, mais vaillant, et il se réserva l'Orient. A l'anarchie intérieure il opposa une générale et despotique organisation administrative, une vaste hiérarchie d'agents civils et militaires, partout présents, partout les maîtres et dépendants de l'empereur seul. Par sa supériorité incontestable et acceptée, Dioclétien restait l'âme de ces deux corps. Au bout de huit ans, il reconnut que les deux empires étaient encore trop vastes, et aux deux *Augustes* il ajouta deux Césars, Galère et Constance

Chlore, qui, sauf une subordination plus nominale que réelle envers les deux empereurs, eurent, chacun dans son État, le pouvoir impérial avec le même régime administratif. Dans ce partage du monde romain, la Gaule eut la bonne part; elle eut pour maître Constance Chlore, naguère gouverneur de Dalmatie, guerrier éprouvé, mais juste, doux et enclin à porter dans l'exercice du pouvoir absolu beaucoup de modération et d'équité. Il avait un fils, Constantin, âgé, à cette époque, de dix-huit ans, et qu'il élevait avec soin pour le gouvernement autant que pour la guerre. Ce régime du monde romain ainsi divisé entre quatre maîtres dura treize ans, encore pleins de guerres et d'agitations intérieures, mais sans victoires et avec un peu moins d'anarchie. Malgré cette apparence de succès et de durée, le pouvoir absolu ne suffisait point à sa tâche : las de son fardeau et dégoûté de l'imperfection de son œuvre, Dioclétien abdiqua, l'an 305 de J.-C., et aucun événement, aucune sollicitation de ses anciens compagnons de guerre et d'empire ne parvinrent à le faire sortir de sa retraite, dans son pays natal, de Salone en Dalmatie : « Si vous pouviez voir les légumes cultivés de mes mains, dit-il à Maximien et à Galère, vous ne feriez pas une telle tentative. » Il avait décidé ou plutôt entraîné son premier collègue, Maximien, à abdiquer comme lui ; Galère en Orient et Constance Chlore en Occident étaient restés seuls empereurs. Après la retraite de Dioclétien, les ambitions, les rivalités, les intrigues ne tardèrent pas à éclater ; Maximien reparut sur la scène impériale pour en disparaître bientôt (en 310), y laissant à sa place son fils Maxence. Constance Chlore était mort en 306, et son fils Constantin avait été aussitôt proclamé César et Auguste par son armée. Galère mourut en 311, et Constantin resta aux prises, en Occident, avec Maxence, en Orient avec Maximin Licinius, derniers collègues que Dioclétien et Galère s'étaient donnés. Le 29 octobre 312, après avoir gagné, contre Maxence, plusieurs batailles en Italie, à Milan, à Brescia, à Vérone, Constantin le poursuivit et le battit devant Rome, sur les bords du Tibre, à l'entrée du pont Milvius, et le fils de Maximien, noyé dans le Tibre, laissa au fils de Constance Chlore l'empire d'Occident, auquel l'empire d'Orient devait s'ajouter, peu d'années après, par la défaite et la mort de Licinius. Plus clairvoyant et plus heureux qu'aucun de ses prédécesseurs, Constantin avait compris son temps et ouvert les yeux à la nouvelle lumière qui se levait sur le monde. Loin de persécuter les chrétiens, comme le faisaient Dioclétien et Galère, il les avait protégés, accueillis, écoutés; vers lui se tournaient toutes leurs espérances, il avait même, dit-on, dans sa dernière bataille contre Maxence, déployé le drapeau chrétien, la croix, avec cette inscription : *Hoc signo vinces*. Je ne sais quel était vraiment alors l'état de son âme et jusqu'à quel point y avaient pénétré les premières lueurs de la foi chrétienne; ce qui est certain, c'est qu'il fut, parmi les maîtres du monde romain, le premier à en sentir et à en accepter la puissance. Avec lui, le paganisme tomba du trône et le christianisme y monta. A lui s'arrête la décadence de la société romaine et s'ouvre l'ère de la société moderne.

CHAPITRE VI

ÉTABLISSEMENT DU CHRISTIANISME DANS LA GAULE

Quand le christianisme commença à pénétrer dans la Gaule, il y trouva deux religions très-différentes entre elles et infiniment plus différentes de la religion chrétienne, le druidisme et le paganisme, hostiles l'un à l'autre, mais d'une hostilité politique et étrangère aux questions vraiment religieuses que le christianisme venait soulever.

Considéré comme une religion, le druidisme était un mélange confus dans lequel les notions instinctives du genre humain sur l'origine et la destinée du monde et de l'homme s'alliaient aux rêveries orientales de la métempsycose, cette prétendue transmigration successive des âmes immortelles dans des êtres divers. Cette confusion se compliquait de traditions empruntées aux mythologies de l'Orient et du Nord, des restes obscurs d'un culte symbolique rendu aux forces matérielles de la nature, et de pratiques barbares telles que les sacrifices humains en l'honneur des dieux ou des morts. Les peuples auxquels manquent le développement savant du langage et l'art de l'écriture n'arrivent pas à des croyances religieuses systématiques et fécondes. Rien n'indique que, depuis l'époque où les Gaulois apparaissent dans l'histoire jusqu'à celle où ils entrent en lutte avec Rome conquérante, l'influence religieuse du druidisme eût fait faire aux mœurs et à la civilisation gauloises aucun notable progrès. Une croyance générale et énergique, quoique vague et incohérente, à l'immortalité des âmes, en était le plus noble caractère. Mais à ces rudiments religieux à la fois grossiers et mystiques, se joignaient, dans le druidisme, deux faits considérables : les druides formaient une véritable corporation ecclésiastique qui avait, dans la société gauloise, des attributions déterminées, des mœurs spéciales, une existence à la fois distincte et nationale; et dans les guerres contre Rome, cette corporation devint le représentant le plus fidèle et le défenseur le plus persévérant de l'indépendance et de la nationalité gauloises. Les druides étaient bien plus un clergé que le druidisme n'était une religion; mais ils étaient un clergé organisé et patriote. Ce fut surtout à ce titre qu'ils exercèrent dans la Gaule une influence qui subsistait encore, surtout dans la Gaule du nord-ouest, à l'époque où le christianisme arrivait dans les provinces gauloises du midi et du centre.

Le paganisme gréco-romain était, à cette époque, bien plus puissant dans la Gaule que le druidisme, et pourtant il y était bien plus froid et plus dépourvu de toute vie religieuse. Il était la religion des conquérants et de l'État, et investi, à ce titre, d'une force réelle; hors de celle-là, il n'avait que la force des habitudes et des superstitions populaires. Comme croyance religieuse, le paganisme latin était profondément vain, indifférent et disposé à laisser vivre toutes les religions dans l'État, pourvu qu'elles fussent indifférentes à leur tour, du moins envers lui, et qu'elles ne vinssent pas agiter l'État, soit en n'obéissant pas à ses maîtres, soit en attaquant ses vieux dieux morts et ensevelis sous leurs autels encore debout.

Telles étaient les deux religions avec lesquelles, en Gaule, le christianisme naissant avait à lutter. Comparé à elles, il était, selon les apparences, bien petit et bien faible; mais il était pourvu des armes les plus efficaces pour les combattre et pour les vaincre, car il avait précisément les forces morales qui leur manquaient. Au lieu d'être, comme le druidisme, une religion exclusivement nationale et hostile à tout étranger, le christianisme proclamait une religion universelle, exempte de toute partialité locale et nationale, s'adressant à tous les hommes au

LES DERNIERS DRUIDES

nom du même Dieu et offrant à tous le même salut. C'est l'un des faits les plus étranges et les plus significatifs de l'histoire que la religion la plus universellement *humaine*, la plus étrangère à toute autre considération que celle du droit et du bien du genre humain tout entier, qu'une telle religion, dis-je, soit sortie du sein de la religion la plus exclusive, la plus rigoureusement et obstinément nationale qui ait paru dans le monde, le judaïsme. Tel a été pourtant le berceau du christianisme, et cet immense contraste entre l'essence de la religion chrétienne et son origine terrestre a été certainement l'un de ses plus puissants attraits et de ses plus efficaces moyens de succès.

Contre le paganisme, le christianisme était armé de forces morales non moins grandes. En face des traditions mythologiques et des allégories poétiques ou philosophiques du paganisme apparaissait une religion vraiment religieuse, uniquement préoccupée des rapports de l'homme avec Dieu et de son avenir éternel. A l'indifférence païenne de l'empire romain, les chrétiens opposaient la profonde conviction de leur foi, et non-seulement leur fermeté à la défendre contre tous les pouvoirs et tous les périls, mais leur ardeur passionnée à la répandre, sans autre motif que le besoin d'en faire partager à leurs semblables les bienfaits et les espérances. Ils affrontaient, ils acceptaient le martyre, tantôt pour rester eux-mêmes chrétiens, tantôt pour faire autour d'eux d'autres chrétiens; la propagande était pour eux un devoir presque aussi impérieux que la fidélité. Et ce n'était pas en souvenir de mythologies vieilles et usées, c'était au nom de faits et de personnages récents, pour obéir aux lois émanées du Dieu unique et universel, pour accomplir et poursuivre l'histoire contemporaine et surhumaine de Jésus-Christ, Fils de Dieu et de l'homme, que les chrétiens des deux premiers siècles travaillaient à convertir à leur foi le monde romain. Marc Aurèle s'étonnait avec mépris de ce qu'il appelait l'opiniâtreté des chrétiens; il ne savait pas à quelle source ces héros obscurs puisaient une force supérieure à la sienne, quoiqu'il fût à la fois un empereur et un sage.

On ne saurait assigner avec précision l'époque des premiers pas et des premiers travaux du christianisme dans la Gaule: ce ne fut point d'Italie ni dans la langue et par des écrivains latins, mais d'Orient et par les Grecs qu'il y vint d'abord et qu'il commença à s'y répandre. Marseille et les diverses colonies grecques, originaires de l'Asie Mineure et établies sur les rives de la Méditerranée ou le long du Rhône, furent la voie que suivirent et les lieux où portèrent leur enseignement les premiers missionnaires chrétiens ; les lettres des apôtres et les écrits des deux premières générations de leurs disciples sont, à cet égard, des preuves évidentes et permanentes. Dans l'occident de l'empire, spécialement en Italie, les chrétiens, à leur première apparition, furent confondus avec les Juifs et compris sous le même nom : « L'empereur Claude, dit Suétone, chassa de Rome[1] les Juifs qui, sous l'impulsion de Chrestus, s'agitaient incessamment. » Après la destruction de Jérusalem par Titus[2], les Juifs, chrétiens ou non chrétiens, se dispersèrent dans l'empire; mais les chrétiens ne tardèrent pas à se signaler par leur ardeur religieuse et à entrer partout en scène sous leur propre et vrai nom ; Lyon devint le principal foyer de la prédication et de l'association chrétienne dans la Gaule. Dès la première moitié du deuxième siècle, une congrégation chrétienne y existait, organisée en Église et déjà assez importante pour être, avec les Églises chrétiennes d'Orient et d'Occident, en correspondance intime et fréquente; c'est une tradition généralement admise que le premier évêque de Lyon, saint Pothin, lui fut envoyé d'Orient par l'évêque de Smyrne, saint Polycarpe, disciple lui-même de saint Jean. Ce qui est certain, c'est que l'Église chrétienne de Lyon donna à la Gaule ses premiers martyrs, parmi lesquels fut compris l'évêque saint Pothin.

Ce fut sous le plus philosophe et le plus consciencieux des empereurs, Marc Aurèle, que s'accomplit pour la première fois, dans la Gaule, contre le christianisme naissant, cet acte de tyrannie et de barbarie qui devait se renouveler si souvent, et pendant tant de siècles, au sein du christianisme lui-même. Dans les provinces orientales de l'empire et en Italie, les chrétiens avaient déjà été plusieurs fois persécutés, tantôt avec une cruauté froide, tantôt avec un peu d'hésitation et d'embarras. Néron les avait fait brûler dans les rues de Rome en les accusant de l'incendie qu'il avait lui-même allumé, et, peu de mois avant sa chute, saint Pierre et saint Paul avaient subi à Rome le martyre. Domitien avait poursuivi et mis à mort les chrétiens jusque dans sa propre famille et quoique revêtus des honneurs du consulat. L'honnête Trajan, consulté par Pline le Jeune sur la conduite qu'il devait tenir en Bithynie envers les chrétiens, lui avait répondu : « Il n'est pas possible d'établir, dans cette sorte d'affaires, une règle certaine et générale ; il ne

---

[1] L'an 52 de l'ère chrétienne.
[2] L'an 71.

faut pas faire de recherches contre eux ni recevoir de dénonciations sans signature ; s'ils sont accusés et convaincus, il faut les punir. » Pour qu'ils fussent punis, il suffisait qu'ils fussent convaincus d'être chrétiens, et ce fut Trajan lui-même qui condamna saint Ignace, évêque d'Antioche, à être mené à Rome et livré aux bêtes, par ce seul motif qu'il était hautement chrétien. Marc Aurèle, non-seulement en vertu de sa conscience philosophique, mais à raison d'un incident de son histoire, semblait devoir être plus éloigné que tout autre de persécuter les chrétiens. Pendant l'une de ses campagnes sur le Danube, en l'an 174 de J.-C., son armée souffrait cruellement de la fatigue et de la soif ; au moment où elle était près de s'engager dans une grande bataille contre les barbares, une pluie abondante survint qui rafraîchit les soldats romains et les remit en train de vaincre. Il y avait, dans l'armée romaine, une légion, la douzième, dite *la Mélitine* ou *la Foudroyante*, qui comptait beaucoup de soldats chrétiens. Ils rendirent grâce de la pluie et de la victoire au Dieu unique et tout-puissant qui avait exaucé leurs prières, tandis que les païens en faisaient honneur à Jupiter pluvieux et foudroyant. Ce bruit chrétien se répandit et s'accrédita dans l'empire, à ce point qu'on attribua à Marc Aurèle une lettre dans laquelle, sans doute à raison de cet incident, il interdisait les poursuites contre les chrétiens. Tertullien, témoin contemporain, parle de cette lettre avec pleine confiance, et les écrivains chrétiens du siècle suivant n'hésitaient pas à la regarder comme authentique. Aujourd'hui, un examen sérieux du prétendu texte qui en est resté ne permet pas de lui reconnaître ce caractère. Quoi qu'il en soit, les poursuites contre les chrétiens ne furent point interdites, car ce fut en l'an 177, c'est-à-dire trois ans seulement après la victoire de Marc Aurèle sur les Germains, qu'eut lieu en Gaule, sans doute d'après ses ordres, la persécution qui fit à Lyon les premiers martyrs gaulois. Ce fut la quatrième, ou, selon d'autres, la cinquième des grandes persécutions impériales contre les chrétiens.

La plupart des récits de martyres ont été écrits longtemps après l'événement, et sont devenus des légendes chargées de détails souvent puérils ou dénués de preuves. Les martyrs de Lyon au deuxième siècle ont, pour ainsi dire, écrit eux-mêmes leur histoire ; ce sont leurs compagnons, les témoins oculaires de leurs souffrances et de leur vertu, qui les ont racontées dans une longue lettre adressée à leurs amis de l'Asie Mineure, et écrite avec une sympathie passionnée et une pieuse prolixité, mais qui porte les caractères de la véracité. Je tiens, mes enfants, à mettre sous vos yeux ce document qui nous a été conservé presque en entier dans l'*Histoire ecclésiastique* d'Eusèbe, évêque de Césarée au troisième siècle, et qui vous fera connaître, mieux que toutes les réflexions modernes, l'état des faits et des âmes au milieu des persécutions impériales, et la puissance de foi, de dévouement et de courage que les premiers chrétiens ont opposée aux plus cruelles épreuves.

« Les serviteurs de Christ, qui habitent à Vienne et à Lyon en Gaule, aux frères établis en Asie et en Phrygie qui ont la même foi que nous et la même espérance de la rédemption, soient paix, grâce et gloire de par Dieu le père et Jésus-Christ Notre-Seigneur !

« Nul ne pourrait vous exprimer en parlant ni vous exposer pleinement en écrivant la gravité de nos misères, la fureur et la rage des gentils contre les saints, et tout ce qu'ont souffert les bienheureux martyrs. Notre ennemi se rue sur nous avec toute l'impétuosité de ses forces, et il nous donne déjà le pressentiment et le commencement de toute la licence avec laquelle il veut nous attaquer. Il n'a rien négligé pour dresser contre nous ses agents, et il les exerce par une sorte de travail préalable contre les serviteurs de Dieu. Non-seulement nous sommes chassés des édifices publics, des bains, du forum ; il est interdit à tous les nôtres de paraître publiquement dans un lieu quelconque.

« La grâce de Dieu a lutté pour nous contre le diable ; en même temps qu'elle a soutenu les faibles, elle a opposé au démon, comme autant de colonnes, des hommes forts et vaillants, en état d'attirer sur eux-mêmes toutes ses attaques. Ils ont eu à supporter toutes sortes d'opprobres ; ils ont considéré comme peu de chose ce que les autres trouvent dur et funeste, et ils n'ont pensé qu'à aller à Christ, prouvant par leur exemple que les souffrances de ce monde ne méritent pas d'être mises en balance avec la gloire qui doit se manifester en nous. Ils ont souffert d'abord tous les outrages que pouvait accumuler sur eux le peuple, les clameurs populaires, les coups, les vols, les spoliations, les pierres lancées sur eux, l'emprisonnement, tout ce que la fureur de la multitude peut inventer contre des ennemis détestés. Amenés ensuite au forum par le tribun militaire et les magistrats de la cité, ils ont été interrogés devant tout le peuple, et jetés en prison jusqu'à l'arrivée du gouverneur. Celui-ci, dès que les nôtres ont paru devant lui, s'est livré contre eux à toute sorte de violences. Alors s'est avancé l'un de nos frères, Vettius Epagathus, plein de charité envers Dieu et son prochain, et qui menait une vie pure et sévère, tellement que, bien que jeune, on le tenait pour égal au vieux Zacharie ;... il n'a pu souffrir qu'on portât contre nous un jugement si injuste, et saisi d'indignation il a demandé qu'il lui fût permis de défendre ses frères et de prouver qu'il n'y avait en nous rien d'irréligieux ni d'impie. Les assistants autour du tribunal, parmi lesquels il était connu et célèbre, se sont récriés contre lui, et le gouverneur lui-même, irrité d'une demande si juste, s'est borné à lui adresser cette question : « Es-tu chrétien ? » Il s'est alors déclaré chrétien à haute voix, et il a été rangé au nombre des martyrs...

« On a commencé ensuite à examiner et à classer les autres. Les premiers, fermes et bien préparés, ont fait de tout cœur la solennelle confession de leur foi. D'autres, mal préparés et peu affermis, ont montré qu'ils n'étaient pas de force à soutenir un tel combat. Environ dix d'entre eux sont tombés, ce qui nous a causé une peine et un deuil incroyables. Leur exemple a brisé le courage de quelques autres qui, n'étant pas encore emprisonnés bien qu'ils eussent déjà beaucoup à souffrir, se tenaient auprès des martyrs et ne s'éloignaient pas de leurs yeux. Nous avons tous alors été pénétrés de crainte quant à l'issue de l'épreuve : non que nous eussions grand'peur des tortures qu'on infligeait, mais parce que, pressentant le résultat d'après le degré de courage des prévenus, nous redoutions bien des chutes. On arrêtait tous les jours ceux de nos frères qui étaient dignes de remplacer les faibles ; tellement que tous les meilleurs des deux Églises, ceux qui les avaient fondées par leurs soins et leur zèle, se trouvèrent pris et détenus. On arrêta aussi quelques-uns de nos esclaves, car le gouverneur avait ordonné qu'ils fussent tous mandés en public ; et ceux-là, redoutant les tortures qu'ils voyaient subir aux saints et excités par les soldats, nous accusèrent mensongèrement d'actes odieux, tels que les repas de Thyeste, les incestes d'Œdipe, et autres crimes qu'il n'est pas permis de dire ni même de penser, et dont nous ne pouvons nous résigner à croire que des hommes se soient jamais rendus coupables. Ces bruits une fois répandus parmi le peuple, les personnes mêmes qui jusquelà, peut-être pour des raisons de parenté, s'étaient montrées modérées envers nous, ont éclaté en amère indignation contre les nôtres. Ainsi a été accompli ce qui avait été prédit par le Seigneur : « Le temps vient « que quiconque vous fera mourir croira rendre service à Dieu[1]. » De-

---

[1] *Évangile selon saint Jean*, chap. XVI, vers. 2.

puis ce jour, les saints martyrs ont souffert des tortures qu'aucune parole ne saurait exprimer.

« La fureur de la multitude, du gouverneur et des soldats s'est surtout exercée contre Sanctus, diacre à Vienne, contre Maturus encore néophyte mais déjà vaillant champion de Christ, contre Attale aussi, né à Pergame, mais qui a toujours été une des colonnes de notre Église, contre Blandine enfin, en qui Christ a fait voir que les personnes qui paraissent viles et méprisées des hommes sont précisément celles que Dieu tient en plus grand honneur à cause de l'excellent amour qu'elles lui portent et qui se manifeste dans leur ferme vertu, non dans de vaines apparences. Nous tous, et même la maîtresse ici-bas de Blandine, qui combattait vaillamment avec les autres martyrs, nous redoutions que cette pauvre esclave, faible de corps, ne fût pas en état de confesser librement sa foi; mais elle fut soutenue par une telle vigueur d'âme, que les bourreaux qui, du matin au soir, lui firent subir toute sorte de tortures, échouèrent dans leurs efforts et se déclarèrent vaincus, ne sachant plus quel supplice lui infliger, et s'étonnant qu'elle vécût encore, son corps transpercé et fracassé par tant de tourments dont un seul eût dû suffire pour la tuer. Mais cette bienheureuse, à l'instar d'un vaillant athlète, reprenait courage et force en confessant sa foi; tout sentiment de ses douleurs disparaissait, et le calme lui revenait à ces seules paroles : « Je suis chrétienne, et il ne se fait rien de « mal parmi nous. »

« Quant à Sanctus, les bourreaux espéraient qu'au milieu des tortures qu'ils lui infligeaient, les plus atroces que pussent inventer les hommes, ils lui entendraient dire quelque chose d'inconvenant et d'illicite; mais il leur résista si fermement que, sans jamais dire son nom, ni celui de sa nation ou de sa cité, ni s'il était esclave ou libre, il répondait uniquement, en langue romaine, à toutes leurs questions : « Je « suis chrétien. » C'était là, pour lui, son nom, sa patrie, sa condition, tout son être, et jamais les gentils ne purent lui arracher une autre parole. La fureur du gouverneur et des bourreaux en redoubla contre lui; et ne sachant plus comment le torturer, ils appliquèrent sur ses membres les plus délicats des lames de fer rouge. Ses membres brûlaient; mais lui, debout et inébranlable, persistait dans sa profession de foi, comme si des eaux vives sorties du sein de Christ se répandaient sur lui et le réconfortaient... Quelques jours après, ces impies recommencèrent à torturer le martyr, croyant que, s'ils lui infligeaient sur ses plaies enflammées les mêmes douleurs, ils triompheraient de lui qui semblait ne pouvoir supporter seulement le contact de leurs mains; ils espéraient aussi que le spectacle de ce vivant torturé effrayerait ses compagnons. Mais, contre l'attente générale, le corps de Sanctus, relevé tout à coup, se tint debout et ferme au milieu de ces tourments répétés, et il recouvra son ancienne apparence et l'usage de ses membres, comme si, par la grâce divine, ce second déchirement de sa chair l'avait guéri au lieu de le supplicier...

« Quand les tyrans eurent ainsi usé et épuisé leurs tortures contre la fermeté des martyrs que soutenait Christ, le diable inventa d'autres machines; on les jeta dans le lieu le plus obscur et le plus insupportable de la prison ; on leur tira et resserra les pieds jusqu'à la plus extrême extension des nerfs; les geôliers, comme excités par le démon, s'appliquaient à les tourmenter de toutes les façons, à tel point que plusieurs d'entre eux, pour qui Dieu voulut cette fin de leur vie, moururent suffoqués dans la prison. D'autres, qui avaient été torturés de telle sorte qu'on ne croyait pas possible qu'ils vécussent plus longtemps, dépourvus de tout remède et de tout secours des hommes, mais soutenus néanmoins par la grâce de Dieu, restèrent sains et forts de corps comme d'âme, et ils consolaient et ranimaient leurs frères...

« Le bienheureux Pothin, qui administrait alors l'épiscopat de Lyon, plus que nonagénaire et si faible de corps qu'il pouvait à peine respirer, fut porté lui-même devant le tribunal, tellement usé par la vieillesse et la maladie qu'il semblait près de s'éteindre; mais il retenait encore son âme pour qu'elle servît au triomphe de Christ. Porté par les soldats devant le tribunal, où l'accompagnèrent tous les magistrats de la cité et toute la populace qui le poursuivait de ses clameurs, il rendit, comme s'il eût été le Christ lui-même, le plus éclatant témoignage. A la question du gouverneur qui lui demanda ce qu'était le Dieu des chrétiens, il répondit : « Si tu en es digne, tu le connaîtras. » Il fut aussitôt enlevé sans aucun respect humain, et accablé de coups ; ceux qui se trouvaient le plus près de lui l'assaillaient outrageusement des pieds et des poings, sans le moindre égard pour son âge ; ceux qui étaient plus loin lui jetaient tout ce qui leur tombait sous la main ; ils se seraient tous crus coupables du plus grand délit s'ils ne s'étaient appliqués, chacun pour son compte, à l'insulter brutalement ; ils croyaient venger l'injure de leurs dieux. Pothin respirant à peine fut rejeté dans la prison, et deux jours après, il rendit l'âme.

« Alors éclatèrent une singulière dispensation de Dieu et l'immense miséricorde de Jésus-Christ : exemple rare entre frères, mais en accord avec la pensée et la justice du Seigneur. Tous ceux qui, dès la première arrestation, avaient renié leur foi, furent mis eux-mêmes en prison, et livrés aux mêmes souffrances que les autres martyrs, car leur reniement ne leur servit de rien. Ceux qui avaient fait profession d'être ce qu'ils étaient réellement, c'est-à-dire chrétiens, étaient emprisonnés sans qu'on les accusât d'aucun autre crime. Les premiers, au contraire, étaient détenus comme des homicides et des scélérats, souffrant ainsi un double supplice. Les uns se reposaient dans la digne joie du martyre, l'espoir de la béatitude promise, l'amour de Christ et l'esprit de Dieu le père. Les autres étaient en proie aux reproches de leur conscience. Il était facile de les distinguer les uns des autres à leur aspect. Les uns marchaient avec hilarité, portant sur leur visage une majesté mêlée de douceur, et leurs liens mêmes semblaient pour eux un ornement, comme les broderies qui parent une épouse... Les autres, les yeux baissés, l'air humilié et abject, étaient l'objet du mépris des gentils eux-mêmes, qui les regardaient comme des lâches qui avaient perdu le nom glorieux et salutaire de chrétiens. Aussi ceux qui assistaient à ce double spectacle en étaient singulièrement raffermis, et si l'un d'entre eux venait à être arrêté, il confessait sa foi sans retard ni hésitation...

« Les choses venues à ce point, différents genres de mort furent infligés aux martyrs, et ils eurent à offrir à Dieu une couronne formée de diverses fleurs. Il était juste que les plus vaillants champions, ceux qui avaient soutenu un assaut redoublé et remporté une insigne victoire, reçussent une brillante couronne d'immortalité. Le néophyte Maturus et le diacre Sanctus avec Blandine et Attale furent donc conduits dans l'amphithéâtre et livrés aux bêtes, en spectacle à l'inhumanité des gentils... Maturus et Sanctus subirent là tous les genres de tourments, comme s'ils n'avaient encore rien souffert ; ou plutôt, comme des athlètes qui ont déjà vaincu plusieurs fois et qui combattent pour la couronne suprême, ils bravèrent les coups dont on les flagellait, les morsures des bêtes qui les traînaient çà et là, et tout ce que commandait par ses clameurs une multitude insensée, d'autant plus furieuse que par aucun moyen elle ne parvenait à vaincre la fermeté des martyrs, ni à arracher de Sanctus aucune autre parole que celle que, dès le premier jour, il avait prononcée : « Je suis chrétien. » Après ce terrible combat, comme leur vie se prolongeait encore, ils furent enfin égorgés, donnés ainsi ce jour-là seuls en spectacle au monde, au lieu de la variété qui se rencontrait dans les combats de gladiateurs. Blandine à son tour, attachée à un poteau, fut livrée aux bêtes ; on la voyait comme suspendue à une sorte de croix, invoquant Dieu avec une ferveur confiante, et les frères qui assistaient à ce combat croyaient retrouver, dans la personne d'une sœur, celui-là même qui avait été crucifié pour leur salut... Comme aucune bête ne toucha au corps de Blandine, elle fut détachée du poteau, ramenée en prison et réservée pour un autre combat... Attale, dont le peuple réclamait violemment le supplice, comme d'un homme célèbre, s'avança prêt à tout braver, en homme qui se confie dans les souvenirs de sa vie, car il s'était courageusement exercé à la discipline et il avait toujours rendu, parmi nous, témoignage à la vérité. On le promena tout autour de l'amphithéâtre, précédé d'un tableau portant cette inscription en langue latine : « Celui-ci est Attale « le chrétien. » Le peuple le poursuivait des plus violentes clameurs ; mais le gouverneur, ayant appris qu'il était citoyen romain, le fit ramener en prison avec les autres. Ayant ensuite écrit à César, il attendit sa décision sur tous ceux qui étaient ainsi détenus.

« Ce retard ne fut point inutile ni infructueux, car alors brilla l'immense miséricorde de Christ. Ceux des frères qui n'étaient plus que des membres morts de l'Église furent rappelés à la vie par les soins et les secours des vivants ; les martyrs firent grâce à ceux qui avaient renié, et la joie fut grande dans l'Église à la fois vierge et mère, car elle retrouva vivants ceux qu'elle avait rejetés comme morts. Ainsi ressuscités et fortifiés par la bonté de Dieu qui ne veut pas la mort du pécheur, mais l'invite bien plutôt au repentir, ils se présentèrent devant le tribunal pour être interrogés de nouveau par le gouverneur. César avait répondu que ceux qui se confesseraient chrétiens devaient être frappés du glaive, et ceux qui renieraient renvoyés sains et saufs. Vint le jour du grand marché, où se réunit une nombreuse foule venue de toute nation et de toute province. Le gouverneur fit amener devant son tribunal les bienheureux martyrs, les exposant devant le peuple avec une pompe théâtrale. Il les interrogea de nouveau ; ceux qui furent reconnus citoyens romains eurent la tête tranchée, les autres furent livrés aux bêtes.

« Une grande gloire revint à Christ par ceux qui avaient d'abord renié leur foi et qui maintenant la confessèrent contre l'attente des gentils. Ceux qui, interrogés à part, se déclarèrent chrétiens furent ajoutés au nombre des martyrs. Ceux en qui ne reparurent aucun vestige de foi, ni aucun sentiment de crainte de Dieu, restèrent en dehors de l'Église. Quand on traita de ceux qui lui furent réunis, un certain Alexandre, Phrygien de nation, médecin de profession, qui habitait depuis plusieurs années en Gaule, homme bien connu de tous pour son amour de Dieu et sa libre prédication de la foi, se tenait dans la salle du tribunal, exhortant par ses signes tous ceux qui la remplissaient à confesser leur foi, comme s'il eût été chargé de les accoucher. La multitude, irritée de voir que ceux qui avaient d'abord renié revenaient à proclamer leur croyance, commença à se récrier contre Alexandre, qu'elle accusa de cette conversion. Le gouverneur lui demanda aussitôt ce qu'il était, et sur sa réponse : « Je suis chrétien, » il le condamna aux bêtes. Le lendemain, Alexandre fut ramené avec Attale, que le gouverneur, pour plaire au peuple, avait de nouveau livré aux bêtes. Après avoir souffert tous deux, dans l'amphithéâtre, tous les tourments qu'on put inventer, ils furent frappés du glaive. Alexandre ne proféra pas une plainte, pas une parole ; il avait l'air de s'entretenir intérieurement avec Dieu. Attale, placé sur un siège de fer et pendant que le feu consumait son corps, dit en latin au peuple : « Voilà ce que vous faites ; c'est en réalité dévorer des hommes ; nous, nous ne dévorons point des hommes, et nous ne faisons absolument rien de mal. » On lui demanda quel était le nom de Dieu : « Dieu n'est pas comme nous autres mortels, dit-il ; il n'a point de nom. »

« Après tous ces martyrs, le dernier jour des spectacles, Blandine fut ramenée avec un jeune adolescent, Ponticus, âgé d'environ quinze ans. Ils avaient été amenés tous les jours auparavant, pour qu'ils vissent les tourments de leurs compagnons. Sommés de jurer par les autels des gentils, ils restèrent fermes dans leur foi, ne tenant nul compte de ces prétendus dieux, et telle fut contre eux la fureur de la multitude, qu'elle n'eut aucune pitié pour l'âge de l'enfant, ni aucun respect pour le sexe de la femme. On les accabla de tortures ; on les promena à travers tous les genres de supplices ; on n'obtint point ce qu'on voulait. Soutenu par les exhortations de sa sœur, que voyaient et entendaient les gentils, Ponticus, après avoir tout enduré généreusement, rendit l'âme. Blandine, la dernière de tous, comme une noble mère qui a enflammé le courage de ses fils pour le combat, et les a envoyés vainqueurs à leur roi, repassa par toutes les tortures qu'ils avaient souffertes, pressée d'aller les rejoindre et triomphante à chaque pas vers la mort. Enfin, après qu'elle eut subi les flammes, les griffes des bêtes, les aspersions poignantes, on l'enveloppa dans un filet et on la jeta devant un taureau qui la lança en l'air de ses cornes ; elle ne sentait déjà plus ce qui lui arrivait, et paraissait tout entière absorbée dans l'attente des biens que Christ lui réservait. On l'égorgea enfin comme une victime. Les gentils eux-mêmes avouaient qu'il n'y avait jamais eu une femme qui eût tant et si longuement souffert.

« Leur fureur et leur cruauté envers les saints n'en furent point apaisées ; ils inventèrent une autre manière de sévir contre eux ; ils jetèrent aux chiens les corps de ceux qui étaient morts suffoqués dans la prison, et ils veillaient jour et nuit pour empêcher qu'aucun de nos frères vint les ensevelir. Quant à ce qui restait des corps à moitié déchirés ou consumés des martyrs, ils les laissèrent exposés sous la garde des soldats, venant les regarder avec insulte et disant : « Où est leur Dieu ? Que leur a servi cette religion à laquelle ils ont sacrifié leur vie ? » Nous étions accablés de douleur de ne pouvoir ensevelir ces pauvres cadavres ; ni les ténèbres de la nuit, ni l'or, ni les supplications ne nous y firent réussir. Après avoir été ainsi exposés pendant six jours en plein air, livrés à toute sorte d'outrages, les corps des martyrs furent enfin brûlés, réduits en cendre et jetés çà et là par les impies dans les flots du Rhône, pour qu'il n'en restât absolument rien sur la terre. Ils agissaient comme s'ils eussent été plus puissants que Dieu, et qu'ils pussent enlever à nos frères la résurrection : « C'est, disaient-ils, dans cette espérance que ces gens-là nous apportent une religion nouvelle et étrangère, qu'ils méprisent les plus douloureux tourments et vont avec joie au-devant de la mort; voyons s'ils ressusciteront, si leur Dieu viendra à leur secours et s'il pourra les arracher de nos mains. »

Ce n'est pas sans un douloureux effort que, même après dix-huit siècles, on se résigne à assister, en pensée, à de tels spectacles. On a peine à croire qu'entre des hommes du même temps et de la même ville tant de férocité se puisse déployer aux prises avec tant de courage, et que la barbarie ait sa passion contre la passion de la vertu. C'est pourtant là l'histoire, mes enfants, et il faut la connaître telle qu'elle s'est réellement passée : d'abord, pour savoir la vérité ; ensuite, pour apprécier la vertu tout ce qu'elle vaut, d'après tout ce qu'elle coûte d'efforts et de sacrifices ; aussi, pour apprendre quels obstacles sont à surmonter, quelles luttes à soutenir et quelles souffrances à endurer quand il s'agit d'accomplir de grandes réformes morales et sociales. Marc Aurèle était, à coup sûr, un souverain vertueux, et qui avait à cœur d'être juste et humain ; mais c'était un souverain absolu, c'est-à-dire exclusivement nourri de ses propres idées, très-mal instruit des faits sur lesquels il avait à décider, et point averti par la liberté publique des erreurs de sa pensée, ni des résultats pratiques de ses volontés. Il ordonna la persécution des chrétiens sans savoir ce qu'étaient les chrétiens, ni ce que serait la persécution, et ce philosophe consciencieux déchaîna à Lyon, contre les plus consciencieux de ses sujets, la docilité empressée de ses agents et les passions atroces de la multitude.

La persécution des chrétiens ne s'arrêta ni à Lyon, ni à Marc Aurèle ; elle devint, durant le troisième siècle, la pratique habituelle des empereurs dans toutes les parties de l'empire : de l'an 202 à l'an 312 de J.-C., sous les règnes de Septime Sévère, Maximin Ier, Dèce, Valérien, Aurélien, Dioclétien, Maximien et Galère, on compte six grandes persécutions générales, sans parler de quelques autres plus bornées ou plus légères. Les empereurs Alexandre Sévère, Philippe l'Arabe et Constance Chlore, firent à peu près seuls exception à ce cruel régime ; et presque toujours, partout où il était ordonné, la multitude païenne, brutale ou fanatiquement superstitieuse, joignait aux rigueurs impériales ses atroces et cyniques fureurs.

Mais le zèle chrétien surpassa en persévérance et en efficacité les persécutions païennes. A saint Pothin martyr succéda, comme évêque à Lyon, saint Irénée, le plus docte, le plus judicieux et le plus illustre des premiers chefs de l'Église dans la Gaule. Originaire de l'Asie Mineure, peut-être de Smyrne, il était venu en Gaule on ne sait pas précisément à quelle époque, et il s'était établi, comme simple prêtre, dans le diocèse de Lyon, où il ne tarda pas à exercer une grande influence, soit sur les lieux mêmes, soit par les diverses missions qui lui furent confiées, entre autres à Rome, dit-on, auprès du pape saint Éleuthère. Évêque de Lyon, de l'an 177 à l'an 202, il employa ces vingt-cinq années à propager en Gaule la foi chrétienne et à défendre, par ses écrits, la doctrine chrétienne contre les dissensions qu'elle avait déjà subies en Orient, et qui commençaient à pénétrer en Occident. En 202, dans la persécution de l'empereur Septime Sévère, saint Irénée couronna par le martyre son active et puissante vie. Ce fut à son épiscopat que commença ce que je me permettrai d'appeler l'essaim de missionnaires chrétiens qui, vers la fin du deuxième et pendant le troisième siècle, se répandirent dans toute la Gaule, prêchant la foi chrétienne et fondant des églises. Les uns partirent de Lyon, sous l'impulsion de saint Irénée ; les autres de Rome, spécialement sous le pontificat du pape saint Fabien, martyr lui-même en 249 ; saint Félix et saint Fortunat à Valence, saint Ferréol à Besançon, saint Marcel à Châlon-sur-Saône, saint Bénigne à Dijon, saint Trophime à Arles, saint Paul à Narbonne, saint Saturnin à Toulouse, saint Martial à Limoges, saint Andéol et saint Privat dans les Cévennes, saint Austremoine à Clermont-Ferrand, saint Gatien à Tours, saint Denis à Paris, et tant d'autres dont les noms ne sont plus guère connus que dans les histoires érudites ou sur les lieux mêmes où ils ont prêché, lutté et vaincu, souvent au prix de leur vie. Tels ont été les fondateurs de la foi et de l'Église chrétienne en France ; au commencement du quatrième siècle, leur œuvre était, sinon accomplie, du moins victorieuse ; et lorsque, en 312, Constantin se déclara chrétien, il constata le fait de la conquête du monde romain, de la Gaule en particulier, par le christianisme. Probablement la majorité des habitants n'était pas encore chrétienne ; mais c'était évidemment aux chrétiens qu'appartenaient l'ascendant et l'avenir. Des deux grands éléments qui devaient concourir, sur les ruines de la société romaine, à la formation de la société moderne, l'élément moral, la religion chrétienne, avait déjà pris possession des âmes ; le territoire dévasté attendait les peuples nouveaux connus dans l'histoire sous le nom général de Germains et que les Romains appelaient les barbares.

CHAPITRE VII

LES GERMAINS DANS LA GAULE. — LES FRANCS ET CLOVIS

Vers l'an 241 ou 242 de J.-C., la sixième légion romaine, commandée par Aurélien, alors tribun militaire et trente ans plus tard empereur, venait de faire une campagne sur le Rhin pour repousser de la Gaule les Germains, et se préparait à aller en Orient pour faire la guerre aux Perses; les soldats chantaient :

> Nous avons tué mille Francs et mille
> Sarmates ; il nous faut mille, mille,
> mille Perses.

C'était là, à ce qu'il paraît, un refrain alors populaire, car, dans les jours de fête militaire, à Rome et dans la Gaule, les enfants chantaient en dansant :

> Nous en avons décapité mille, mille, mille,
> mille ;
> Un seul homme en a décapité mille, mille, mille,
> mille, mille :
> Qu'il vive mille, mille ans, celui qui en
> a tué mille, mille !
> Personne n'a autant de vin qu'il a
> versé de sang.

Aurélien, le héros de ces chansons, était en effet très-disposé à verser le sang; car, à l'approche d'une nouvelle guerre, il écrivit au sénat :

« Je m'étonne, Pères saints, que vous ayez tant hésité à ouvrir les livres sibyllins, comme si vous délibériez dans une assemblée de chrétiens, non dans le temple de tous les dieux... Qu'on interroge les livres sacrés, qu'on célèbre les cérémonies qui doivent être accomplies. Loin de les refuser, je vous offre avec empressement, pour y satisfaire, toutes les dépenses, *des captifs de toute nation*, des victimes royales. Il n'y a point de honte à vaincre avec l'aide des dieux ; c'est ainsi que nos ancêtres ont commencé et fini beaucoup de guerres. »

Les sacrifices humains n'étaient donc pas encore étrangers aux fêtes païennes, et le sang de plus d'un captif franc a peut-être coulé alors dans le temple de tous les dieux.

C'est la première fois que le nom des *Francs* apparaît dans l'histoire ; il désignait, non pas un peuple spécial et unique, mais une confédération de peuplades germaniques, établies ou errantes sur la rive droite du Rhin, depuis le Mayn jusqu'à l'Océan. Le nombre et les noms des tribus engagées dans cette confédération sont incertains : une carte de l'empire romain, dressée, à ce qu'il paraît, à la fin du quatrième siècle[1], sous le règne de l'empereur Honorius, porte, sur un large territoire de la rive droite du Rhin, le mot *Francia* et cette énumération : « Les Chauques, les Ampsuaires, les Chérusques, les Chamaves, qui sont dits aussi les Francs ; » à ces tribus, divers chroniqueurs en ajoutent plusieurs autres, « les Attuaires, les Bructères, les Cattes, les Sicambres. » Quels que fussent les noms particuliers de ces peuplades, elles étaient toutes de race germanique, s'appelaient toutes les *Francs*, c'est-à-dire « les hommes libres, » et faisaient, tantôt séparément, tantôt en commun, de continuelles incursions dans la Gaule, surtout dans la Belgique et dans les portions septentrionales de la Lyonnaise, tantôt pillant et ravageant, tantôt occupant de force ou demandant aux empereurs romains des terres pour s'y établir. Depuis le milieu du troisième jusqu'au commencement du cinquième siècle, l'histoire de l'empire d'Occident offre une série presque non interrompue de ces invasions des Francs et des rapports divers qui s'établissaient entre

---

[1] Cette carte, dite *tabula Peutingeri*, a été trouvée dans les manuscrits anciens recueillis par Conrad Peutinger, savant philologue allemand au quinzième siècle.

eux et le gouvernement impérial. Tantôt des tribus se fixaient sur le sol romain, se soumettaient aux empereurs, entraient dans leurs armées et combattaient pour eux, même contre leurs anciens compatriotes germains. Tantôt des individus isolés, tels ou tels guerriers de race germanique, se mettaient au service impérial et y devenaient des hommes importants ; dès le milieu du troisième siècle, l'empereur Valérien, en donnant à Aurélien un commandement, lui écrit : « Tu auras avec toi Hartmund, Haldegast, Hildmund, Cariovisc. » Des tribus franques s'alliaient plus ou moins passagèrement avec le gouvernement impérial en conservant leur indépendance ; d'autres poursuivaient, à travers l'empire, leur vie de courses et d'aventures. De l'an 260 à 268, sous le règne de Gallien, une bande de Francs se jeta sur la Gaule, la parcourut du nord-est au sud-ouest, pillant et dévastant sur son passage ; puis elle passa d'Aquitaine en Espagne, prit et brûla Tarragone, s'empara de quelques bateaux et alla se perdre en Afrique après avoir erré douze ans au gré de ses fantaisies. Quelque précaire et éphémère que fût leur pouvoir, de vaillants empereurs ne manquèrent pas pour défendre l'empire, en particulier la Gaule, contre ces ennemis, éphémères eux-mêmes mais toujours renaissants ; Dèce, Valérien, Gallien, Claude le Gothique, Aurélien, Probus soutinrent bravement ces assauts répétés des bandes germaines. Quelquefois ils se flattaient de les avoir définitivement vaincues, et le vieil orgueil romain se déployait alors dans sa patriotique confiance. Vers l'an 278, l'empereur Probus, après plusieurs victoires remportées en Gaule sur les Francs, écrivait au sénat :

« Je rends grâces aux dieux immortels, Pères conscrits, de ce qu'ils ont confirmé vos jugements à mon égard. La Germanie est soumise dans toute son étendue ; neuf rois de diverses nations sont venus se jeter à mes pieds, ou plutôt aux vôtres, en suppliants et le front dans la poussière. Déjà tous ces barbares labourent pour vous, ensemencent pour vous et combattent pour vous contre des nations plus reculées. Décrétez donc des prières, selon votre coutume, car nous avons tué quatre cent mille ennemis ; on nous a offert seize mille hommes tout armés, et nous avons arraché des mains de l'ennemi les soixante-dix villes les plus importantes. Les Gaules enfin sont entièrement délivrées. Les couronnes que m'ont offertes toutes les cités de la Gaule, je les ai dédiées, Pères conscrits, à votre clémence ; vous, consacrez-les, de vos mains, à Jupiter très-bon, très-grand, et aux autres dieux et déesses immortels. Tout le butin est repris ; bien plus, nous avons fait de nouvelles prises plus considérables que n'avaient été d'abord nos pertes ; les champs de la Gaule sont labourés par les bœufs des barbares, et les attelages germains tendent leurs cols esclaves à nos cultivateurs ; diverses nations élèvent des bestiaux pour notre consommation et des chevaux pour remonter notre cavalerie ; nos magasins sont remplis du blé des barbares : en un mot, nous laissons seulement le sol aux vaincus ; tous leurs autres biens sont à nous. Nous avions d'abord jugé nécessaire, Pères conscrits, de nommer un nouveau gouverneur de la Germanie ; mais nous avons différé cette mesure jusqu'au jour où notre ambition sera plus complétement satisfaite, ce qui arrivera, ce nous semble, quand il aura plu à la divine Providence de féconder et d'accroître les forces de nos armées. »

Probus avait raison de souhaiter que « la divine Providence vînt accroître les forces des armées romaines, » car, même après ses victoires probablement fort exagérées, elles ne suffisaient pas à leur tâche, et les vaincus ne tardaient pas à recommencer la guerre. Il avait dispersé, sur le territoire de l'empire, la plupart des prisonniers qu'il avait faits ; une bande de Francs, transportés et établis comme une colonie militaire sur la rive européenne de la mer Noire, ne put se résoudre à y rester ; ils s'emparèrent de quelques bâtiments, traversèrent la Propontide, l'Hellespont, l'Archipel ; ravagèrent les côtes de la Grèce, de l'Asie Mineure, de l'Afrique, pillèrent Syracuse, parcoururent toute la Méditerranée, entrèrent dans l'Océan par le détroit de Gibraltar, et, remontant le long des côtes de la Gaule, ils arrivèrent enfin aux embouchures du Rhin, où ils retrouvèrent leur patrie, les vignes que Probus vainqueur avait été le premier à y faire planter, et probablement aussi leur goût pour les aventures et le pillage.

Dès l'ouverture du cinquième siècle, de l'an 406 à l'an 409, ce ne fut plus par des incursions limitées à certains points et quelquefois efficacement réprimées que les Germains infestèrent les provinces romaines : un véritable déluge de nations diverses, poussées d'Asie en Europe, les unes sur les autres, par des guerres et des migrations en masse, inonda l'empire et donna le signal décisif de sa chute. Saint Jérôme n'exagérait point quand il écrivait à Agéruchia : « Des nations innombrables et très-féroces ont occupé toutes les Gaules ; le Quade, le Vandale, le Sarmate, les Alains, les Gépides, les Hérules, les Saxons, les Bourguignons, les Allemands, les Pannoniens et même les Assyriens

LES HUNS

ont dévasté tout ce qui est entre les Alpes et les Pyrénées, l'Océan et le Rhin. Déplorable sort de la république! Mayence, autrefois noble cité, a été prise et détruite; des milliers d'hommes ont été massacrés dans l'église. Worms a succombé après un long siége. Les habitants de Reims, ville puissante, ceux d'Amiens, d'Arras, de Térouanne, à l'extrémité de la Gaule, de Tournai, de Spire, de Strasbourg, ont été transportés en Germanie. Tout est ravagé dans l'Aquitaine, la Novempopulanie, la Lyonnaise et la Narbonnaise; sauf quelques-unes, les villes sont dépeuplées; le glaive les poursuit au dehors, la faim au dedans. Je ne puis parler sans larmes de Toulouse; si elle n'est pas ruinée à ce point, c'est aux mérites de son saint évêque Exupère qu'elle le doit. »

Alors s'engagea dans tout l'empire romain, en Orient comme en Occident, en Asie et en Afrique comme en Europe, la dernière grande lutte des armées romaines contre les nations barbares. Je dis des *armées*, car il n'y avait, à vrai dire, plus de nation romaine, et bien rarement des empereurs romains un peu capables de gouverner et de combattre; la longue durée du despotisme et de la servitude avait également énervé le pouvoir et le peuple; tout dépendait des soldats et de leurs généraux. Ce fut dans la Gaule que la lutte fut le plus acharnée et le plus promptement décisive, et la confusion y fut aussi grande que l'acharnement; des peuplades barbares servaient, des chefs barbares commandaient dans les armées romaines : Stilicon était Goth; Arbogast et Mellobaude étaient Francs, Ricimer était Suève. Les généraux romains, Boniface, Aétius, Ægidius, Syagrius, tantôt combattaient les barbares, tantôt négociaient avec tels ou tels d'entre eux, soit pour les attirer dans leurs rangs contre d'autres barbares, soit pour s'en servir au profit de leur ambition personnelle, car les généraux romains aussi, sous les noms de patrice, de consul, de proconsul, aspiraient et arrivaient à une sorte d'indépendance politique et concouraient au démembrement de l'empire tout en le défendant. Dès l'an 412 de J.-C., deux nations germaines, les Visigoths et les Bourguignons, prirent définitivement pied dans la Gaule et y fondèrent de nouveaux royaumes, les Visigoths, sous leurs rois Ataulph et Wallia, dans l'Aquitaine et la Narbonnaise, les Bourguignons, sous leurs rois Gundichaire et Gundioch, dans la Lyonnaise, depuis la pointe méridionale de l'Alsace jusqu'en Provence, le long des deux rives de la Saône et de la rive gauche du Rhône, et aussi en Suisse. En 451, l'arrivée en Gaule des Huns et de leur roi

Attila, déjà célèbres, roi et nation, par leurs mœurs sauvages, leur vaillance féroce et leurs succès contre l'empire d'Orient, compliquèrent gravement la situation. L'intérêt commun de la résistance contre les plus barbares des barbares, la renommée et l'activité d'Aétius rallièrent, pour un moment, les anciens et les nouveaux maîtres de la Gaule; Romains, Gaulois, Visigoths, Bourguignons, Francs, Alains, Saxons, Bretons formèrent l'armée qu'Aétius conduisit contre celle d'Attila, qui avait aussi dans ses rangs des Goths, des Bourguignons, des Gépides, des Alains, des Francs d'outre-Rhin recueillis et engagés sur sa route. C'était le chaos et le choc des barbares de tout nom et de toute race se disputant pêle-mêle les débris de l'empire romain disloqué et dissous. Attila était déjà arrivé devant Orléans et en faisait le siége. L'évêque, saint Agnan, soutint quelque temps le courage des assiégés en leur promettant le secours d'Aétius et de ses alliés. Le secours tardait : l'évêque envoya un message à Aétius : « Si tu n'arrives pas aujourd'hui même, mon fils, il sera trop tard. » Aétius n'arrivait pas : les habitants d'Orléans se décidèrent à se rendre; les portes de la ville s'ouvrirent, les Huns entrèrent; le pillage commença sans grand désordre : « des chariots en station recevaient le butin enlevé des maisons, et les captifs, rangés par groupes, étaient tirés au sort entre les chefs vainqueurs. » Tout à coup un cri retentit dans les rues; c'était Aétius, Théodoric et Thorismund, son fils, qui arrivaient, avec les aigles des légions romaines et les étendards des Visigoths. Le combat s'engagea entre eux et les Huns, d'abord sur les rives de la Loire, puis dans les rues de la ville; le peuple d'Orléans se joignit à ses libérateurs; le péril devenait grand pour les Huns; Attila ordonna la retraite : c'était le 14 juin 451, et ce jour a été longtemps célébré dans l'église d'Orléans comme l'époque d'une délivrance signalée. Les Huns se retirèrent vers la Champagne, qu'ils avaient déjà traversée à leur venue dans la Gaule; ils étaient devant Troyes; l'évêque, saint Loup, se rendit au camp d'Attila et le supplia d'épargner une ville sans défense, car elle n'avait ni murs ni soldats. « Soit! lui répondit Attila, mais tu viendras avec moi et tu verras le Rhin; je te promets de te renvoyer alors. » Prudent et superstitieux, le barbare voulait garder le saint homme en otage. Les Huns arrivèrent dans les plaines voisines de Châlons-sur-Marne; Aétius et tous ses alliés les avaient suivis; Attila reconnut que la bataille était inévitable et s'arrêta en prenant position pour la livrer. L'historien goth Jornandès dit qu'il consulta ses prêtres et qu'ils lui répondirent que les Huns seraient vaincus, mais que *le général des ennemis* périrait dans le combat. Attila vit dans ce présage la mort d'Aétius, l'ennemi qu'il redoutait le plus, et la lutte s'engagea. Je ne trouve nulle part l'indication précise du jour. « Ce fut, dit Jornandès, une bataille atroce, multiple, affreuse, acharnée, telle que l'antiquité n'en raconte aucune semblable. » Les historiens varient dans leurs exagérations sur le nombre des combattants et des morts : selon les uns trois cent mille hommes, selon les autres cent soixante-deux mille restèrent sur le champ de bataille. Le roi des Visigoths, Théodoric, y fut tué. Quelques chroniqueurs nomment Mérovée comme le roi des Francs établis en Belgique auprès de Tongres et qui faisaient partie de l'armée d'Aétius. Ils lui attribuent même une attaque brillante engagée l'avant-veille de la bataille contre les Gépides, alliés des Huns, et dans laquelle quatre-vingt-dix mille hommes étaient tombés selon les uns, quinze mille seulement, disent les autres. Les nombres sont imaginaires et le fait reste incertain. Quoi qu'il en soit, la bataille de Châlons chassa les Huns de la Gaule, et fut en Gaule la dernière victoire remportée encore au nom de l'empire romain, mais en réalité au profit des nations germaines qui l'avaient déjà conquis. Vingt-quatre ans après, le nom même de l'empire romain disparaissait avec Augustule, le dernier des empereurs d'Occident.

Trente ans après la bataille de Châlons, les Francs établis dans la Gaule n'étaient pas encore réunis en corps de nation ; plusieurs tribus de ce nom, indépendantes les unes des autres, s'étaient fixées entre le Rhin et la Somme ; il y en avait aux environs de Cologne, de Calais, de Cambrai, même au delà de la Seine et jusqu'au Mans, sur les confins des Bretons. C'est là une des causes de la confusion qui règne dans les anciennes chroniques sur les chefs ou rois de ces tribus, leur nom, leur époque, l'étendue et l'emplacement de leurs possessions. Pharamond, Clodion, Mérovée, Childéric ne sauraient être considérés comme des rois de France et placés en tête de son histoire. Si on les rencontre dans quelques faits historiques, des légendes fabuleuses ou des traditions chimériques y sont mêlées : Priam apparaît comme l'un des prédécesseurs de Pharamond ; Clodion, qui passe pour avoir le premier, porté et transmis aux rois francs le titre de *chevelus*, est présenté comme le fils tantôt de Pharamond, tantôt d'un autre chef nommé Théodemer ; des aventures romanesques, entachées de méprises géographiques, ornent la vie de Childéric. Tout ce qu'on peut affirmer, c'est que, de l'an 450 à l'an 480, les deux principales tribus franques étaient celles des Francs Saliens et des Francs Ripuaires, établies, la dernière dans l'est de la Belgique, sur les rives de la Moselle et du Rhin, la première vers l'ouest, entre la Meuse, l'Océan et la Somme. Mérovée, dont le nom se perpétua dans sa race, était l'un des principaux chefs des Francs Saliens, et son fils Childéric, qui résidait à Tournai, où son tombeau a été retrouvé en 1655, fut le père de Clovis, qui lui succéda en 481 et avec lequel commencent réellement le royaume et l'histoire de France

Clovis avait quinze ou seize ans lorsqu'il devint roi des Francs Saliens de Tournai. Cinq ans après, sa passion dominante, l'ambition, se manifesta avec le mélange de hardiesse et de ruse barbare qui devait caractériser sa vie entière. Il avait deux voisins : l'un, ennemi des Francs, le patrice romain Syagrius, resté maître à Soissons après la mort de son père Ægidius, et que Grégoire de Tours appelle « roi des Romains ; » l'autre, un chef franc salien comme Clovis, et son parent, Ragnacaire, établi à Cambrai. Clovis décida Ragnacaire à entrer, de concert avec lui, en campagne contre Syagrius. Ils le battirent. Syagrius expulsé se réfugia dans la Gaule méridionale, chez Alaric, roi des Visigoths. Clovis, non content de prendre possession de Soissons et soigneux de prévenir tout fâcheux retour, fit demander à Alaric de lui renvoyer Syagrius, le menaçant de la guerre s'il s'y refusait. Le Goth, moins belliqueux que le Franc, livra Syagrius aux envoyés de Clovis, qui le fit aussitôt tuer en secret, s'établit à Soissons, et entreprit de là, dans le pays entre l'Aisne et la Loire, des expéditions de pillage et de conquête qui accrurent rapidement ses domaines, sa richesse, et portèrent au loin son nom comme son ambition. Les Francs qui l'accompagnaient ne tardèrent pas à sentir aussi l'accroissement de son pouvoir; comme lui, ils étaient païens, et les trésors des églises chrétiennes comptaient pour beaucoup dans le butin qu'ils avaient à se partager. Dans l'une de leurs expéditions, ils avaient pris, dans l'église de Reims, entre autres objets, un vase « d'une grandeur et d'une beauté merveilleuses. » L'évêque de Reims, saint Remi, n'était pas tout à fait étranger à Clovis; quelques années auparavant, quand il avait appris que le fils de Childéric était devenu roi des Francs de Tournai, il lui avait écrit pour le féliciter : « On nous annonce que tu as pris la conduite des affaires; il n'est pas étonnant que tu commences à être ce que tes pères ont toujours été ; » et tout en prenant soin de se mettre en bons rapports avec le jeune chef païen, l'évêque ajoutait à ces félicitations de pieux conseils chrétiens, sans qu'aucune tentative de conversion se mêlât à ses exhortations morales. Informé de l'enlèvement du beau vase, saint Remi envoya à Clovis un messager, le priant de lui rendre, sinon tous les ornements de son église, au moins celui-là. « Suis-nous jusqu'à Soissons, dit Clovis au messager ; c'est là que doit être partagé tout ce que nous avons pris ; quand le sort m'aura donné ce vase, je ferai ce que demande l'évêque. » Quand on fut arrivé à Soissons, tout le butin ayant été placé au milieu de la troupe, le roi dit : « Vaillants guerriers, je vous prie de ne pas me refuser, en dehors de ma part, ce vase-ci. » C'était le vase en question. A ces paroles du roi, ceux des assistants qui étaient d'un esprit sain répondirent : « Glorieux roi, toutes les choses que nous voyons ici sont à toi, et nous-mêmes nous sommes soumis à ton commandement. Fais donc ce qui te plaît, car nul ne peut résister à ton pouvoir. » Quand ils eurent ainsi parlé, un Franc léger, jaloux et vain, dit à haute voix en frappant le vase de sa hache d'armes : « Tu n'auras de tout cela que ce que te donnera vraiment le sort. » A ces mots, tous furent stupéfaits ; mais le roi prit en douce patience cette injure, et, recevant le vase, il le rendit au messager ecclésiastique, gardant au fond de son cœur sa blessure. Au bout d'un an, il ordonna à toute sa troupe de se réunir tout équipée au champ de Mars pour y montrer l'éclat de ses armes. Après avoir passé en revue tous les autres guerriers, il arriva à celui qui avait frappé le vase. « Personne, lui dit-il, n'a apporté ici des armes aussi mal tenues que les tiennes ; ni ta lance, ni ton épée, ni ta hache ne sont en état de servir. » Et lui arrachant sa hache, il la jeta à terre. L'homme se baissa un peu pour la reprendre, et aussitôt le roi, élevant des deux mains sa propre hache, la lui enfonça dans la tête. « Ainsi, dit-il, as-tu fait au vase de Soissons ! » Celui-là mort, il ordonna à tous les autres de se retirer, et se fit, par cette action, grandement redouter. »

Un acte hardi et inattendu frappe toujours les hommes ; avec ses guerriers francs comme avec ses ennemis romains ou goths, Clovis avait les instincts tour à tour patients et brutaux du commandement : il savait supporter un déplaisir et exercer à propos sa vengeance.

Tout en poursuivant dans la Belgique orientale, sur les rives de la Meuse, ses courses de guerre et de pillage, le désir vint à Clovis de se marier. Il avait entendu parler d'une jeune fille, comme lui de race germanique royale, Clotilde, nièce de Gondebaud, alors roi des Bourguignons. On la disait belle, sage et bien instruite, mais sa situation était triste et périlleuse; les ambitions et les haines fraternelles avaient ravagé sa famille; son père Chilpéric et ses deux frères avaient été mis à mort par son oncle Gondebaud, qui avait fait jeter et noyer dans le Rhône sa mère Agrippine, une pierre au cou. Deux sœurs avaient seules survécu à ce massacre; l'aînée, Chrona, s'était faite religieuse; la seconde, Clotilde, vivait à peu près exilée à Genève, adonnée aux œuvres de piété et de charité. Le principal historien de cette époque, Grégoire de Tours, témoin presque contemporain, car il fut élu évêque soixante-deux ans après la mort de Clovis, dit simplement: «Clovis envoya sur-le-champ des députés à Gondebaud pour demander Clotilde en mariage. Gondebaud, n'osant refuser, la remit entre les mains des envoyés, qui la conduisirent promptement au roi. Clovis, l'ayant vue, fut transporté de joie et l'épousa.» Mais à ce court récit, d'autres chroniqueurs, entre autres Frédégaire, commentateur et continuateur de Grégoire de Tours, ont ajouté des détails qui méritent d'être reproduits, d'abord comme peinture de mœurs, aussi pour l'intelligence de l'histoire. «Comme il n'était pas permis de voir Clotilde, dit Frédégaire, Clovis chargea un certain Romain, nommé Aurélien, d'employer tout son esprit pour parvenir jusqu'à elle. Aurélien se rendit seul sur les lieux, vêtu de misérables habits et portant sa besace sur le dos, comme un mendiant. Pour qu'on prît confiance en lui, il emporta l'anneau de Clovis. Arrivé à Genève, Clotilde le reçut charitablement comme un pèlerin; et pendant qu'elle lui lavait les pieds, Aurélien, se penchant vers elle, lui dit tout bas: «Madame, j'ai de grandes choses à t'annoncer si tu daignes me donner permission de te les dire en secret.» Elle, y consentant, lui dit: «Parle. — Le roi des Francs, Clovis, m'a envoyé vers toi; si c'est la volonté de Dieu, il veut t'élever à son haut rang en t'épousant; pour que tu en sois sûre, il t'adresse cet anneau.» Elle reçut l'anneau avec grande joie et dit à Aurélien: «Prends en récompense de ta peine ces cent sous d'or et cet anneau qui est le mien. Retourne promptement à ton seigneur; s'il veut m'unir à lui par le mariage, qu'il envoie sans tarder des messagers pour me demander à mon oncle Gondebaud, et que les messagers qui viendront me chercher m'emmènent en hâte, dès qu'ils en auront obtenu la permission; s'ils ne se hâtent, je crains qu'un certain sage, Aridius, ne revienne de Constantinople, et s'il arrive auparavant, son conseil fera évanouir toute cette affaire.» Aurélien

CLOVIS LUI ENFONÇA SA HACHE DANS LA TÊTE. « AINSI, DIT-IL, AS-TU FAIT AU VASE DE SOISSONS. »

retourna chez lui dans le même déguisement sous lequel il était venu. En approchant du territoire d'Orléans et non loin de sa maison, il avait pris pour compagnon de sa route un certain pauvre mendiant, et comme il s'endormit accablé de fatigue et se croyant en sûreté, son compagnon lui vola sa besace avec les cent sous d'or qu'elle contenait. En s'éveillant, Aurélien fut fort attristé, courut rapidement chez lui, et envoya ses serviteurs chercher partout le mendiant qui avait emporté sa besace ; ils le trouvèrent et l'amenèrent à Aurélien qui, après l'avoir pendant trois jours fortement battu, lui permit de s'en aller. Il raconta ensuite à Clovis ce qui s'était passé et ce que suggérait Clotilde. Clovis, content du succès et de l'avis de Clotilde, envoya aussitôt à Gondebaud des députés pour lui demander sa nièce en mariage. Gondebaud, n'osant refuser et se flattant de lier amitié avec Clovis, promit qu'il la donnerait. Alors les députés ayant offert le sou et denier, selon l'usage des Francs, fiancèrent Clotilde au nom de Clovis, et demandèrent qu'elle leur fût remise pour le mariage. Sans aucun retard, le conseil fut réuni à Châlons, et la noce préparée. Arrivés en toute hâte, les Francs reçurent Clotilde des mains de Gondebaud, la firent monter dans une voiture couverte, et l'emmenèrent à Clovis avec beaucoup de trésors. Clotilde, qui avait déjà appris qu'Aridius était près de revenir de l'empire, dit aux seigneurs francs : « Si vous voulez me présenter à votre seigneur, faites-moi sortir de cette voiture, mettez-moi à cheval et éloignez-vous d'ici aussi vite que vous le pourrez ; jamais, dans cette voiture, je n'arriverai en présence de votre seigneur. »

« Aridius revint en effet très-rapidement de Marseille, et, en le voyant, Gondebaud lui dit : « Tu sais que nous avons fait amitié avec les Francs, et que j'ai donné ma nièce pour femme à Clovis. — Ceci n'est pas un lien d'amitié, lui répondit Aridius, mais un commencement de querelles perpétuelles ; tu aurais dû te souvenir, mon seigneur, que tu as égorgé le père de Clotilde, ton frère Chilpéric, que tu as fait noyer sa mère avec une pierre au cou, qu'après avoir fait couper la tête à ses frères, tu les as fait jeter dans un puits. Si Clotilde devient puissante, elle vengera l'injure de ses parents. Envoie sur-le-champ une troupe à sa poursuite et qu'on te la ramène. Il te sera plus facile de supporter le courroux d'une personne que d'être perpétuellement en querelle, toi et les tiens, avec les Francs. » Gondebaud envoya, en effet, aussitôt une forte troupe à la poursuite de Clotilde, afin qu'on la ramenât avec la voiture et tous les trésors ; mais Clotilde, en approchant de Villers, où l'attendait Clovis, sur le territoire de Troyes, et avant d'avoir dépassé la frontière bourguignonne, pressa ceux qui la conduisaient de se jeter à droite et à gauche, dans un espace de douze lieues, sur le pays dont elle sortait, pour y piller et incendier; et quand cela eut été fait avec la permission de Clovis, Clotilde s'écria : « Je te rends grâces, ô Dieu tout-puissant, de ce que je vois commencer la vengeance de mes parents et de mes frères ! »

La plupart des érudits ont regardé ce récit de Frédégaire comme une fable romanesque, et n'ont pas voulu lui donner place dans l'histoire. L'un des plus savants et de mes plus intimes confrères dans l'Académie des inscriptions, M. Fauriel, en porte à peu près le même jugement, et pourtant il ajoute : « De qui qu'elles soient l'ouvrage, les fables dont il s'agit sont historiques en ce sens qu'elles se rapportent à des faits réels dont elles sont une expression poétique, un développement romanesque, imaginé dans la vue de populariser les rois francs parmi les sujets gallo-romains. » Je ne saurais admettre que le désir de populariser les rois francs soit une explication suffisante et vraisemblable de ces récits des chroniqueurs gallo-romains, ni qu'il n'y ait là « qu'une expression poétique, un développement romanesque » des faits réels brièvement indiqués par Grégoire de Tours; ces récits ont une origine plus sérieuse et contiennent plus de vérité que n'en font présumer quelques-unes des anecdotes et des paroles qui s'y mêlent. Dans l'état des esprits et des partis en Gaule, à la fin du cinquième siècle, le mariage de Clovis avec Clotilde était, pour le public du temps, pour les barbares et pour les Gallo-Romains, une grande affaire. Clovis et les Francs étaient encore païens; Gondebaud et les Bourguignons étaient chrétiens, mais ariens; Clotilde était chrétienne catholique. A qui, des catholiques ou des ariens, s'allierait Clovis? Qui épouserait Clotilde : un arien, un païen, ou un catholique? A coup sûr, les évêques, les prêtres, tout le clergé gallo-romain, en grande majorité catholiques, désiraient de voir Clovis, ce jeune et audacieux chef franc, prendre pour femme une catholique plutôt qu'une arienne ou une païenne, et ils espéraient convertir le païen Clovis au christianisme bien plutôt qu'un arien à l'orthodoxie. La question entre l'orthodoxie catholique et l'arianisme était, à cette époque, une question vitale pour le christianisme tout entier, et saint Athanase ne se trompait pas quand il y attachait une suprême importance. Je présume que le clergé catholique, l'évêque de Reims ou celui de Langres, n'étaient pas étrangers à ces éloges répétés qui attirèrent sur la princesse bourguignonne la pensée du roi franc, et l'idée de ce mariage une fois mise en circulation, les catholiques, prêtres ou laïques, s'employèrent certainement à y pousser, tandis que les ariens bourguignons s'efforçaient de l'empêcher. Il y avait là, entre des influences contraires, religieuses et nationales, une lutte très-animée. On ne saurait donc s'étonner des obstacles que ce mariage rencontra, des complications qui s'y mêlèrent, et des moyens indirects employés des deux parts pour le faire réussir ou échouer. Le récit de Frédégaire n'est que le tableau de cette lutte et de ses incidents, un peu amplifiés ou altérés par l'imagination ou la crédulité de l'époque ; mais les traits essentiels de ce tableau, le déguisement d'Aurélien, l'empressement de Clotilde, la prudente mémoire d'Aridius, les alternatives de peur et de violence de Gondebaud, la passion vindicative de Clotilde quand elle est une fois hors de péril, il n'y a, dans tout cela, rien de contraire aux mœurs du temps ni à la situation des acteurs. J'ajoute qu'Aurélien et Aridius sont des personnages réels, qui se rencontrent d'ailleurs dans l'histoire, et dont le rôle, à l'occasion du mariage de Clotilde, est d'accord avec les autres traces qui restent de leur vie.

Les conséquences de ce mariage ne tardèrent pas à justifier l'importance que, de part et d'autre, on y avait attachée. Clotilde eut un fils ; elle avait à cœur qu'il fût baptisé et elle pressait son mari d'y consentir. « Les dieux que vous honorez, lui disait-elle, ne sont rien, ne peuvent rien, ni pour eux-mêmes, ni pour les autres ; ils sont faits de pierre ou de bois, ou de quelque métal. » Clovis résistait. « C'est par l'ordre de nos dieux que toutes choses sont créées et produites ; il est clair que votre Dieu ne peut rien ; on ne prouve même pas qu'il soit de la race des dieux. » Clotilde l'emporta ; elle fit baptiser son fils solennellement, espérant que l'éclat de la cérémonie porterait à la foi le père que ses paroles et ses prières n'avaient pu toucher. L'enfant mourut aussitôt : Clovis le reprocha vivement à la reine : « Si l'enfant avait été consacré à mes dieux, il vivrait ; il a été baptisé au nom de votre Dieu ; il n'a pu vivre. » Clotilde défendait Dieu et priait. Elle eut un second fils qui fut baptisé aussi et tomba malade. « Il n'en peut être autrement de celui-ci que de son frère, disait Clovis ; baptisé au nom de votre Christ, il va mourir. » L'enfant guérit et vécut. Clovis s'apaisa et fut un peu moins incrédule à Christ. Un événement survint, qui le frappa plus encore que la maladie ou la guérison de ses enfants. En 496, les Allemands, confédération germanique comme les Francs, et qui, depuis longtemps, assaillaient aussi l'empire romain sur les rives du Rhin ou les frontières de la Suisse, passèrent le fleuve et envahirent les établissements des Francs sur la rive gauche. Clovis vint au secours de ses confédérés et attaqua les Allemands à Tolbiac, près de Cologne. Il avait avec lui Aurélien, son messager à Clotilde, qu'il avait fait duc de Melun, et qui commandait les milices de Sens. La bataille tournait mal; les Francs étaient ébranlés, Clovis très-inquiet. Avant de partir, il avait, selon Frédégaire, promis à sa femme que, s'il était victorieux, il se ferait chrétien. D'autres chroniqueurs disent que ce fut son confident Aurélien qui, voyant la bataille compromise, dit à Clovis : « Mon seigneur roi, crois seulement au seigneur du ciel que prêche la reine Clotilde, ma maîtresse. » Clovis ému s'écria : « Jésus-Christ, toi que ma reine Clotilde dit le Fils du Dieu vivant, j'ai invoqué mes dieux et ils se sont retirés de moi ; je crois qu'ils n'ont point de pouvoir puisqu'ils ne secourent pas ceux qui les implorent. C'est toi, vrai Dieu et Seigneur, que j'invoque ; si tu me donnes la victoire sur ces ennemis, si je trouve en toi la puissance qu'annoncent de toi les peuples, je croirai en toi et je me ferai baptiser en ton nom. » La chance tourna ; les Francs reprirent confiance et courage ; les Allemands vaincus et voyant leur roi tué se rendirent à Clovis, disant : « Cesse, de grâce, de faire périr encore plus de nos gens ; nous sommes à toi. »

Quand Clovis fut de retour, Clotilde, craignant qu'il n'oubliât sa victoire et sa promesse, « manda en secret, dit Grégoire de Tours, saint Remi, évêque de Reims, et le pria de faire pénétrer dans le cœur du roi la parole du salut. » Saint Remi était un chrétien fervent et un évêque habile. « Je t'écouterai volontiers, très-saint père, lui dit Clovis ; mais il reste une difficulté : c'est que le peuple qui me suit ne veut pas abandonner ses dieux ; je vais les réunir et je leur parlerai selon ta parole. » Le roi trouva le peuple plus docile ou mieux préparé qu'il ne le disait à l'évêque ; avant même qu'il eût parlé, la plupart des assistants s'écrièrent : « Nous abjurons les dieux mortels ; nous sommes prêts à suivre le Dieu immortel que prêche Remi. » Environ trois mille guerriers francs cependant persistèrent à vouloir rester païens, et, abandonnant Clovis, ils se retirèrent chez le roi franc de Cambrai, Ragnacaire, qui ne devait pas tarder à payer cher cette acquisition.

Dès que saint Remi fut informé de ces bonnes dispositions du roi et du peuple, il fixa au jour de Noël de cette année 496 la cérémonie du baptême de ces grands néophytes. J'en emprunte la description à l'historien de l'Église de Reims, Frodoard, né à la fin du neuvième siècle, et qui en avait recueilli les traits essentiels dans la *Vie de saint Remi*, écrite, peu avant cette époque, par son célèbre successeur à Reims, l'archevêque Hincmar. « L'évêque, dit-il, alla trouver le roi dès le matin dans sa chambre à coucher, afin que, le prenant dégagé de tous les soins du siècle, il pût lui communiquer plus librement les mystères de la parole sainte. Les gens de la chambre du roi le reçoivent avec grand respect, et le roi lui-même accourt et vient au-devant de lui. Ensuite ils passent ensemble dans un oratoire consacré au bienheureux saint Pierre, prince des apôtres, et attenant à l'appartement du roi. Quand l'évêque, le roi et la reine eurent pris place sur les siéges qu'on leur avait préparés, et qu'on eut admis quelques clercs et aussi quelques amis et domestiques du roi, le vénérable évêque commença les salutaires instructions... Cependant on prépare le chemin depuis le palais du roi jusqu'au baptistère ; on suspend des voiles, des tapis précieux ; on tend les maisons de chaque côté des rues ; on couvre le baptistère de baume et de toutes sortes de parfums. Le cortége part du palais ; le clergé ouvre la marche avec les saints évangiles, la croix et les bannières, chantant des hymnes et des cantiques spirituels ; vient ensuite l'évêque conduisant le roi par la main ; enfin la reine, puis le peuple. Chemin faisant, on dit que le roi demanda à l'évêque si c'était là le royaume qu'il lui avait promis : « Non, répondit le prélat ; mais c'est l'entrée de la route qui y conduit... » Au moment où le roi s'inclina sur la fontaine de vie : « Baisse la tête avec humilité, Sicambre, s'écria l'éloquent évêque ; adore ce que tu as brûlé ; brûle ce que tu as adoré. » Les deux sœurs du roi, Alboflède et Lantéchilde, reçurent aussi le baptême, et en même temps trois mille hommes de l'armée des Francs, outre un grand nombre de femmes et d'enfants[1]. »

Quand on sut que Clovis avait été baptisé par saint Remi et avec quel éclat, la satisfaction fut grande parmi les catholiques ; le principal prélat bourguignon, Avitus, évêque de Vienne, écrivit au roi franc : « Votre foi est notre victoire ; en choisissant pour vous, vous avez prononcé pour tous ; la divine providence vous a donné pour arbitre à notre siècle. La Grèce peut se vanter d'avoir un souverain de notre loi ; mais elle n'est plus seule en possession de ce don précieux ; le reste

---

[1] *Histoire de l'Église de Reims*, par Frodoard, p. 43.

du monde a aussi sa lumière. » Le pape Anastase s'empressa d'exprimer à Clovis sa joie. « L'Église, notre mère commune, lui écrivit-il, se félicite d'avoir enfanté à Dieu un si grand roi. Continue, glorieux et illustre fils, à réjouir le cœur de cette tendre mère ; sois une colonne de fer pour la soutenir, et à son tour elle te donnera la victoire sur tous tes ennemis. »

Clovis n'était pas homme à négliger de faire tourner sa popularité catholique au profit de son ambition. En même temps qu'il recevait ces témoignages du bon vouloir des chefs de l'Église, il apprenait que Gondebaud, inquiet sans doute de la conversion de son puissant voisin, venait de faire, dans une conférence tenue à Lyon, une tentative vaine pour réconcilier, dans son royaume, les catholiques avec les ariens. Clovis jugea le moment favorable pour ses projets d'agrandissement aux dépens du roi bourguignon ; il fomenta les dissensions qui existaient entre Gondebaud et son frère Godegisile, s'assura la complicité de ce dernier, et entra brusquement en Bourgogne avec son armée. Trahi et battu dès la première rencontre à Dijon, Gondebaud s'enfuit vers le midi de son royaume et alla s'enfermer dans Avignon. Clovis le poursuivit et l'y assiégea. Gondebaud très-alarmé demanda conseil à son confident romain Aridius qui lui avait prédit naguère ce que lui attirerait le mariage de sa nièce Clotilde. « De toutes parts, lui dit le roi, je suis entouré de périls et je ne sais que faire ; voilà que ces barbares sont venus sur nous pour nous égorger et détruire tout ce pays. — Pour ne pas périr, lui répondit Aridius, il faut que tu apaises la férocité de cet homme. Maintenant, si cela te plaît, je feindrai de te fuir et de passer à lui. Dès que je serai près de lui, je ferai en sorte qu'il ne ruine ni toi, ni ce pays. Aie soin seulement de faire ce qu'il te demandera par mon conseil, jusqu'à ce que le Seigneur, dans sa bonté, daigne faire triompher ta cause. — Je ferai tout ce que tu auras mandé, » dit Gondebaud. Aridius quitta donc Gondebaud et se rendit auprès de Clovis en lui disant : « Roi très-pieux, je suis ton humble serviteur ; j'abandonne ce misérable Gondebaud et je viens à ta puissance. Si ta bonté daigne jeter un regard sur moi, vous trouverez en moi, toi et tes descendants, un serviteur intègre et fidèle. » Clovis le reçut très-bien et le retint près de lui, car Aridius était agréable dans ses entretiens, sage dans ses conseils, juste dans ses jugements et fidèle dans ce qu'on commettait à ses soins. Comme le siége durait, Aridius dit à Clovis : « O roi, si la gloire de ta grandeur voulait bien accueillir quelques paroles de ma faiblesse, quoique tu n'aies pas besoin de conseils, je te les soumettrais en toute fidélité, et ils pourraient t'être utiles, soit à toi, soit aux villes par lesquelles tu te proposes de passer. Pourquoi retiens-tu ici ton armée quand ton ennemi se tient dans un lieu très-fortifié ? Tu dévastes les champs, tu saccages les blés, tu coupes les vignes, tu abats les oliviers, tu détruis toutes les récoltes du pays, et pourtant tu ne parviens pas à détruire ton adversaire. Envoie-lui plutôt des députés et impose-lui un tribut à te payer chaque année ; le pays sera ménagé et tu domineras à jamais celui qui te devra tribut. S'il refuse, tu feras alors ce qui te plaira. » Clovis trouva le conseil bon, ordonna à son armée de rentrer dans son pays, envoya des députés à Gondebaud et lui enjoignit d'avoir à lui payer tous les ans un tribut déterminé. Gondebaud paya pour le présent et promit de payer exactement à l'avenir. La paix parut faite entre les deux barbares.

Content de sa campagne contre les Bourguignons, Clovis se maintint en bons rapports avec Gondebaud désormais tributaire modeste, et porta sur les Visigoths d'Aquitaine et leur roi Alaric II ses vues de conquête. Il avait là les mêmes prétextes d'attaque et les mêmes moyens de succès. Alaric et ses Visigoths étaient ariens ; entre eux et les évêques de la Gaule méridionale, presque tous catholiques orthodoxes, la malveillance et la méfiance étaient permanentes. Alaric essaya de se les concilier ; en 506, un concile se réunit à Agde ; les trente-quatre évêques de l'Aquitaine s'y rendirent en personne ou par leurs délégués ; le roi protesta qu'il n'avait nul dessein de persécuter les catholiques ; les évêques, à l'ouverture du concile, firent des prières pour le roi ; mais Alaric n'oubliait pas qu'aussitôt après la conversion de Clovis, Volusien, évêque de Tours, avait conspiré en faveur du roi franc, et les évêques d'Aquitaine regardaient Volusien comme un martyr, car il avait été, sans jugement, déposé de son siége et emmené prisonnier, d'abord à Toulouse, puis en Espagne, où bientôt il avait été mis à mort. En vain le glorieux chef de la race des Goths, Théodoric le Grand, roi d'Italie, beau-père d'Alaric et beau-frère de Clovis, s'était efforcé de prévenir entre les deux rois toute explosion ; en 498, sans doute à la sollicitation de son beau-père, Alaric avait écrit à Clovis : « Si mon frère y consentait, j'aurais, suivant mon désir et par la grâce de Dieu, une entrevue avec lui. » L'entrevue eut lieu en effet, dans une petite île sur la Loire, dite l'île d'Or ou de Saint-Jean, près d'Amboise. « Les deux rois, dit Grégoire de Tours, s'entretinrent, mangèrent et burent ensemble, et se séparèrent en se promettant amitié. » Les situations et les passions mutuelles effacèrent bientôt les promesses ; en 505, Clovis fut gravement malade ; les évêques d'Aquitaine témoignèrent pour lui un ardent intérêt ; l'un d'entre eux, Quintien, évêque de Rodez, poursuivi à cette occasion par les Visigoths, fut forcé de se réfugier à Clermont, en Auvergne. Clovis ne contint plus ses desseins ; en 507, il rassembla ses principaux chefs. « Je souffre avec grand déplaisir, leur dit-il, que ces ariens tiennent une partie des Gaules ; marchons avec l'aide de Dieu ; chassons-les de cette terre qui est très-bonne, et mettons-la en notre puissance. » Les Francs approuvèrent leur roi, et l'armée se mit en marche, se dirigeant sur Poitiers où se trouvait alors Alaric. « Comme une partie des troupes traversait le territoire de Tours, dit Grégoire un peu plus tard son évêque, Clovis défendit, par respect pour saint Martin, de prendre dans ce pays autre chose que de l'herbe et de l'eau ; un homme de l'armée, ayant trouvé du foin qui appartenait à un pauvre homme, dit : « Ceci est de l'herbe ; nous ne violons pas les ordres du roi si nous le prenons, » et malgré la résistance du pauvre, il lui enleva son foin. Instruit de ce fait, Clovis, à l'instant même, tua le soldat d'un coup d'épée, disant : « Où sera donc l'espoir de la victoire si nous offensons saint Martin ? » Alaric s'était préparé à la lutte ; les deux armées se rencontrèrent dans la plaine de Vouillé, sur les bords de la petite rivière du Clain, à quelques lieues de Poitiers. La bataille fut très-chaude. « Les Goths, dit Grégoire de Tours, se battaient à coups de traits ; les Francs se jetaient sur eux l'épée au poing. Clovis joignit et tua de sa main, dans la mêlée, le roi Alaric ; au moment où il le frappait, deux Goths, arrivant sur Clovis tout à coup, l'atteignirent des deux côtés avec leurs piques ; mais il échappa à la mort, grâce à sa cuirasse et à la légèreté de son cheval. » Vaincus et sans roi, les Goths se retirèrent en grand désordre ; Clovis, poursuivant sa marche, arriva sans obstacle à Bordeaux, où il s'établit avec ses Francs pour l'hiver ; la saison de la guerre revenue, il marcha sur la capitale des Visigoths, Toulouse, qu'il occupa aussi sans résistance et où il saisit une partie du trésor des rois visigoths. Il en sortit pour aller mettre le siége devant Carcassonne, dont les Romains avaient fait la place forte de la Septimanie.

Là devaient s'arrêter sa course et ses conquêtes. Après la bataille de Vouillé, il avait envoyé son fils aîné Théodéric avec un corps d'armée, chargé de traverser la Gaule centrale de l'ouest à l'est pour aller rejoindre les Bourguignons de Gondebaud qui avait promis son concours, et attaquer avec eux les Visigoths sur les rives du Rhône et dans la Narbonnaise. Le jeune Franc exécuta hardiment les ordres de son père ; mais l'intervention du roi d'Italie, Théodoric le Grand, empêcha le succès de cette opération ; il envoya en Gaule une armée au secours de son gendre Alaric. Les Francs et les Bourguignons réunis échouèrent dans leurs attaques contre les Visigoths des provinces orientales. Clovis ne voulut pas compromettre par son obstination les conquêtes déjà faites ; il leva le siège de Carcassonne, retourna d'abord à Toulouse, puis à Bordeaux, prit Angoulême, la seule ville importante qui lui manquât encore dans l'Aquitaine ; et se tenant avec raison pour assuré que les Visigoths qui, même avec les secours venus d'Italie, avaient grand'peine à défendre ce qui leur restait de la Gaule méridionale, ne viendraient pas lui disputer ce qu'il en avait conquis, il s'arrêta à Tours et y séjourna quelque temps pour jouir, sur les lieux mêmes, de sa victoire et établir son pouvoir dans ses nouvelles possessions.

Il paraît que même les Bretons de l'Armorique firent alors auprès de lui, par l'entremise de l'évêque de Rennes, Mélanius, sinon un acte de soumission, du moins une démarche de subordination et de déférence.

Clovis eut là aussi une satisfaction d'amour-propre à laquelle les barbares vainqueurs attachaient toujours un grand prix : l'empereur d'Orient, Anastase, avec lequel il avait déjà eu quelques relations, lui envoya à Tours une ambassade solennelle qui lui porta les titres et les honneurs de patrice et de consul. « Clovis, dit Grégoire de Tours, revêtit la tunique de pourpre et la chlamyde, et ceignit le diadème ; puis, montant à cheval, il répandit, de sa propre main et avec une grande bonté, de l'or et de l'argent pour le peuple, sur le chemin qui est entre la porte de la cour de la basilique de Saint-Martin et l'église de la ville. Depuis ce jour, il fut dit consul et Auguste. Il quitta la ville de Tours et se rendit à Paris, où il fixa le siége de son royaume. »

Paris était bien le centre politique de ses États, le point intermédiaire entre les premières résidences en Gaule de sa race et de lui-même et ses nouvelles conquêtes gauloises. Mais il lui manquait quelques-unes des possessions les plus voisines et, pour lui, les plus naturelles ; à l'est, au nord, au sud-ouest de Paris étaient fixées des tribus franques indépendantes et gouvernées par des chefs appelés rois. Dès qu'il eut établi sa résidence à Paris, ce fut l'idée fixe de Clovis de les soumettre à son empire ; il avait vaincu les Bourguignons et les Visigoths ; il lui restait à vaincre et à rallier tous les Francs. Le barbare se déploya dans cette entreprise nouvelle avec ses violences et ses ruses, ses cruautés et ses perfidies. Il commença par la plus puissante de ces tribus, celle des Francs Ripuaires ; il fit dire sous main à Cloderic, fils de Sigebert, leur roi : « Ton père est devenu vieux et sa blessure le fait boiter d'un pied ; s'il mourait, son royaume te reviendrait de droit avec notre amitié. » Cloderic fit assassiner son père endormi sous sa tente, et envoya des messagers à Clovis pour lui dire : « Mon père est mort, et j'ai en mon pouvoir son royaume et ses trésors. Envoie-moi quelques-uns des tiens ; je leur remettrai volontiers ce qui, dans ces trésors, pourra te convenir. » Les envoyés de Clovis arrivèrent, et comme ils examinaient en détail les trésors de Sigebert, Cloderic leur dit : « C'est dans ce petit coffre que mon père avait coutume d'entasser ses pièces d'or. — Plonge, lui dirent-ils, ta main jusqu'au fond pour que rien ne t'échappe. » Cloderic se baissa ; un des envoyés leva sa hache et lui brisa le crâne. Clovis vint à Cologne et convoqua les Francs du canton. « Apprenez, leur dit-il, ce qui est arrivé ; comme je naviguais sur le fleuve de l'Escaut, Cloderic, fils de mon parent, tourmentait son père en lui disant que je voulais le tuer. Comme Sigebert fuyait à travers la forêt de Buchaw, son fils a envoyé lui-même des brigands qui se sont jetés sur lui et l'ont tué. Cloderic aussi est mort, ayant été frappé, je ne sais par qui, pendant qu'il ouvrait les trésors de son père. Je suis entièrement étranger à tout cela, et je ne puis verser le sang de mes parents, car c'est un crime. Mais puisqu'il en est arrivé ainsi, je vous donne un conseil que vous adopterez s'il vous convient ; tournez-vous vers moi pour vivre sous ma protection. » Les assistants l'élevèrent sur un grand bouclier et le reconnurent pour roi.

Après Sigebert et les Francs Ripuaires vinrent les Francs de Térouanne et Chararic leur roi. Celui-ci avait refusé, vingt ans auparavant, de marcher avec Clovis contre le Romain Syagrius ; Clovis ne l'avait pas oublié ; il l'attaqua, le fit prisonnier avec son fils, et les fit tondre tous deux en enjoignant que Chararic fût ordonné prêtre et son fils diacre. Chararic se plaignait. « Ces branches, lui dit son fils, ont été coupées sur un arbre vert et ne sont pas entièrement desséchées ; bientôt elles repousseront. Plaise à Dieu que celui qui a fait tout cela meure aussi promptement! » Clovis trouva ces paroles menaçantes, leur fit trancher la tête à tous deux, et prit possession de leur État. Le roi des Francs de Cambrai, Ragnacaire, fut le troisième attaqué. Il avait servi Clovis contre Syagrius; mais Clovis n'en tint compte; Ragnacaire vaincu se préparait à fuir lorsqu'il fut saisi par ses propres soldats, qui lui lièrent les mains derrière le dos et l'amenèrent à Clovis ainsi que son frère Riquier. « Pourquoi as-tu déshonoré notre race en te laissant enchaîner? lui dit Clovis; il valait mieux mourir; » et il lui fendit la tête d'un coup de sa hache; puis se tournant vers Riquier : « Si tu avais secouru ton frère, il n'aurait certainement pas été enchaîné; » et il l'abattit également à ses pieds. Rignomer, le roi des Francs du Mans, eut le même sort, non pas de la main de Clovis, par son ordre seulement. Clovis resta seul roi des Francs; tous les chefs des tribus indépendantes avaient disparu.

On dit qu'un jour, après tous ces meurtres, Clovis, entouré de ses serviteurs affidés, s'écria : « Malheur à moi qui suis resté comme un voyageur parmi des étrangers, et qui n'ai plus de parents qui puissent, en cas d'adversité, me prêter leur appui! » Les plus effrontés se plaisent à témoigner de prétendues tristesses à la suite des crimes qu'ils ne peuvent pas désavouer.

Je ne sais s'il s'éleva jamais dans l'âme de Clovis quelque scrupule ou quelque regret pour tant d'actes de férocité et de perfidie, ni s'il regardait comme une expiation suffisante la faveur qu'il témoignait aux églises et à leurs évêques, les dons qu'il leur prodiguait, les absolutions qu'il leur demandait; dans les temps de barbarie et de foi mêlées, il y a d'étranges crédulités en fait de marchés avec la justice divine. On lit dans la Vie de saint Éleuthère, évêque de Tournai, la patrie natale de Clovis, qu'à l'une des époques où la conscience du roi franc devait être le plus chargée, il se présenta un jour à l'église. « Seigneur roi, lui dit l'évêque, je sais pourquoi tu viens à moi. — Je n'ai rien de particulier à te dire, lui répondit Clovis. — Ne parle pas ainsi, ô roi, reprit l'évêque; tu as péché et tu n'oses l'avouer. » Le roi fut ému et finit par avouer qu'en effet il avait gravement péché et qu'il avait besoin d'un grand pardon. Saint Éleuthère se mit en prière; Clovis revint le lendemain, et l'évêque lui remit un écrit où était tracé d'une main divine, lui dit-il, « le pardon accordé à des fautes royales qu'il n'était pas permis de révéler. » Clovis reçut cette absolution et combla l'église de Tournai de ses dons.

En 511, l'année même de sa mort, le dernier acte de sa vie fut la convocation à Orléans d'un concile où se rendirent trente évêques des diverses parties de son royaume et où furent adoptés trente et un canons qui, tout en accordant à l'Église de grands priviléges et des moyens d'influence souvent favorables à l'humanité et au respect des droits individuels, liaient intimement l'Église à l'État, et donnaient à la royauté, même sur les affaires ecclésiastiques, un grand pouvoir. Les évêques, en se retirant, envoyèrent ces canons à Clovis en le priant de les revêtir de son adhésion, ce qu'il fit. Peu de mois après, le 27 novembre 511, Clovis mourut à Paris, et fut enseveli dans l'église de Saint-Pierre et Saint-Paul, aujourd'hui Sainte-Geneviève, bâtie par sa femme la reine Clotilde, qui lui survécut.

J'ai tenu, mes enfants, à vous faire bien connaître ce grand barbare qui, à travers tant de vices et de crimes, a fait, je devrais plutôt dire qu'il a commencé deux grandes choses qui ont déjà duré quatorze siècles et durent encore, la monarchie française et la France chrétienne. Ce sont de tels hommes et de tels faits qui ont droit à être étudiés de près et mis en lumière par l'histoire. Nous n'en verrons plus de semblables pendant deux siècles, sous les descendants de Clovis, les Mérovingiens ; nous ne rencontrerons là que ces personnages que la mort rejette dans l'insignifiance, quel qu'ait été leur rang dans le monde, et de qui Virgile dit à Dante :

> Non ragioniam' di lor, ma guarda e passa[1].
>
> Ne nous arrêtons pas à parler d'eux ; regarde et passe.

[1] L'*Inferno*, de Dante, chant III.

CHAPITRE VIII

LES MÉROVINGIENS

A son origine et à son terme, la race des Mérovingiens est médiocre et obscure. Ses plus reculés ancêtres, Mérovée, de qui elle reçut son nom, et Clodion, le premier, dit-on, des rois chevelus, titre caractéristique des rois Francs, sont à peine des personnages historiques, et c'est sous la qualification de *rois fainéants* que les derniers Mérovingiens ont place dans l'histoire. Clovis seul, au milieu de ses vices et de ses crimes, a été assez grand et a fait d'assez grandes choses pour rester vivant à travers les siècles; la plupart de ses successeurs n'appartiennent qu'à la généalogie ou à la chronologie. Dans un moment d'abandon et de fatigue, l'empereur Napoléon disait : « Que de peine à prendre pour avoir une demi-page dans l'histoire universelle ! » Des histoires beaucoup plus limitées et plus modestes que l'histoire universelle ont, non-seulement le droit, mais le devoir de ne remettre en lumière que les hommes qui l'ont mérité par l'éminence de leurs talents ou l'importance des résultats de leur passage; il faut être rare pour avoir droit de n'être pas laissé dans l'oubli. Sauf deux ou trois noms un peu moins insignifiants ou moins odieux que les autres, les rois Mérovingiens ne méritent que d'être oubliés.

De l'an 511 à l'an 752 de J.-C., c'est-à-dire de la mort de Clovis à l'avénement des Carlovingiens, la dynastie des Mérovingiens a duré deux cent quarante et un ans. Pendant ce temps, vingt-huit rois Mérovingiens ont régné, ce qui réduit à huit ans et cinq mois la durée moyenne des règnes. Courte durée comparativement à celle de la plupart des dynasties royales. Cinq de ces rois, Clotaire Ier, Clotaire II, Dagobert Ier, Thierry IV et Childéric III ont seuls, à divers intervalles, réuni sous leur pouvoir tous les États possédés par Clovis ou par ses successeurs. Les autres rois de cette race n'ont régné que sur des royaumes spéciaux, formés en vertu de divers partages à la mort de leur commun possesseur. De l'an 511 à l'an 638, cinq de ces partages ont eu lieu. En 511, après la mort du grand Clovis, ses États furent divisés entre ses quatre fils; Théodoric, ou Thierry Ier, fut roi de Metz; Clodomir, roi d'Orléans; Childebert, roi de Paris; Clotaire Ier, roi de Soissons. A chacune de ces capitales étaient attachées des circonscriptions déterminées. En 558, à la suite de divers incidents naturels ou violemment amenés, Clotaire Ier finit par posséder seul, pendant trois ans, tous les États de son père. A sa mort, en 561, ils furent de nouveau partagés entre ses quatre fils; Charibert fut roi de Paris, Gontran, roi d'Orléans et de Bourgogne, Sigebert Ier, roi de Metz, Chilpéric, roi de Soissons. En 567, Charibert, roi de Paris, étant mort sans enfants, un nouveau partage ne laissa plus subsister que trois royaumes, l'Austrasie, la Neustrie et la Bourgogne. L'Austrasie, royaume de l'Est, s'étendait sur les deux rives du Rhin, et comprenait, à côté de villes et de contrées romaines, des populations restées germaniques. La Neustrie, royaume de l'Ouest, était essentiellement gallo-romaine, quoiqu'elle comprît au nord l'ancien territoire des Francs Saliens, sur les bords de l'Escaut. La Bourgogne était l'ancien royaume des Bourguignons, agrandi, au nord, de quelques comtés. Paris, la résidence de Clovis, était réservé et indivis entre les trois rois, comme une sorte de ville neutre où ils ne pouvaient entrer que de leur consentement commun. En 613, de nouveaux incidents de famille mirent Clotaire II, fils de Chilpéric, et jusque-là roi de Soissons, en possession des trois royaumes; il les conserva réunis jusqu'en 628 et les transmit ainsi à son fils Dagobert Ier, qui en resta possesseur jusqu'en 638. A sa mort, nouvelle division des États francs, non plus en trois, mais en deux royaumes, l'Austrasie d'une part, la Neustrie et la Bourgogne de l'autre. Ce fut là la dislocation définitive du grand État franc jusqu'à ses deux derniers rois mérovingiens, Thierry IV et Childéric III, rois de nom seulement, tirés du cloître comme des fantômes du tombeau, pour jouer sur la scène un rôle immobile; depuis longtemps déjà, le pouvoir réel était aux mains de la vaillante famille austrasienne qui devait donner aux États de Clovis une dynastie nouvelle et un plus grand roi que Clovis.

La Gaule méridionale, c'est-à-dire l'Aquitaine, la Vasconie, la Narbonaise, dite la Septimanie, et les deux rives du Rhône près de ses embouchures, n'étaient pas comprises dans ces partages des États francs; chacun des copartageants s'attribuait, au sud de la Garonne et sur les côtes de la Méditerranée, dans cette belle région de l'ancienne Gaule romaine, tel ou tel district, telle ou telle ville, comme des héritiers se réservent chacun tel ou tel beau meuble, tel ou tel bijou précieux d'une riche succession qu'ils se partagent. La situation particulière de ces provinces éloignées des propres établissements des Francs contribua beaucoup à l'indépendance que la Gaule méridionale, surtout l'Aquitaine, travailla constamment et réussit partiellement à reconquérir, au milieu de l'extension et des orageuses destinées de la monarchie franque.

Vous comprenez aisément, mes enfants, combien ces partages répétés d'une grande succession si souvent rouverte, ces États changeant incessamment de limites et de maîtres, devaient ajouter d'anarchie à l'anarchie déjà si profonde du monde romain et du monde barbare jetés pêle-mêle l'un dans l'autre, et en proie, le monde romain à la désorganisation d'une mort lente, le monde barbare à la fermentation d'une vie nouvelle qui travaillait à se développer dans des conditions sociales tout autres que celles de sa vie primitive. Quelques historiens ont dit que, malgré ces continuels démembrements du grand État franc, une véritable unité avait toujours subsisté dans la monarchie franque, et présidé au sort de ses peuples. C'est être singulièrement facile à contenter en fait d'unité politique et d'accord international; entre ces divers États provenus d'un fonds commun et répartis entre les divers membres d'une même famille, les rivalités, les inimitiés, les machinations hostiles, les violences, les atrocités, les luttes, les guerres devinrent promptement aussi fréquentes, aussi sanglantes, aussi acharnées qu'elles ont jamais pu l'être entre les États et les souverains les plus étrangers les uns aux autres. Je n'en citerai en détail qu'un exemple qui ne se fit pas longtemps attendre. En 524, treize ans à peine après la mort de Clovis et le partage de ses États entre ses quatre fils, le second de ses fils, Clodomir, roi d'Orléans, fut tué dans une guerre contre les Bourguignons, laissant trois fils, héritiers naturels de son royaume, sauf à le partager aussi entre eux. La reine Clotilde, leur grand'mère, les gardait auprès d'elle à Paris. « Leur oncle Childebert (roi de Paris), voyant que sa mère portait toute son affection sur les fils de Clodomir, en conçut de l'envie ; et, craignant que par la faveur de la reine ils n'eussent part au royaume, il envoya dire secrètement à son frère Clotaire (roi de Soissons) : « Notre mère retient auprès d'elle les fils de notre frère, et veut leur donner le royaume paternel. Il est nécessaire que tu viennes promptement à Paris, et que nous délibérions ensemble sur ce que nous devons faire d'eux ; seront-ils rasés et réduits à la condition commune, ou faudra-t-il les tuer et partager également entre nous le royaume de notre frère ? » Clotaire, comblé de joie par ces paroles, vint à Paris ; Childebert avait déjà répandu dans le peuple que les deux rois se réunissaient afin d'élever au trône ces jeunes enfants. Les deux rois firent donc dire à la reine qui habitait alors la même ville : « Envoie-nous les enfants pour que nous les élevions au trône. » Clotilde, remplie de joie et ignorant leur artifice, fit boire et manger les enfants, et les envoya en leur disant : « Je croirai n'avoir pas perdu mon fils si je vous vois lui succéder dans son royaume. » Les jeunes princes furent arrêtés aussitôt, éloignés de leurs serviteurs et de leurs gouverneurs, et l'on garda séparément les serviteurs d'un côté et les enfants de l'autre. Alors Childebert et Clotaire envoyèrent à la reine leur confident Arcadius (l'un des sénateurs arvernes) avec des ciseaux et une épée nue. Quand il fut près de Clotilde, il lui montra ce qu'il portait et lui dit : « Très-glorieuse reine, tes fils, nos maîtres, désirent connaître ta volonté à l'égard de ces enfants ; veux-tu qu'ils vivent avec les cheveux coupés ou qu'ils soient égorgés ? » Clotilde, épouvantée par ce message et transportée d'indignation, surtout lorsqu'elle vit l'épée nue et les ciseaux, répondit au hasard, dans la douleur qui l'accablait et sans savoir ce qu'elle allait dire : « J'aime mieux, s'ils ne sont pas élevés au trône, les savoir morts que tondus. » Mais Arcadius, s'inquiétant peu de son désespoir et de ce qu'elle pourrait décider avec plus de réflexion par la suite, revint promptement dire aux deux rois : « Achevez votre ouvrage, car la reine, favorable à vos projets, veut que vous les accomplissiez. » Aussitôt Clotaire prend le plus âgé par le bras, le jette contre terre et le tue impitoyablement, en lui enfonçant un couteau dans l'aisselle. Aux cris poussés par cet enfant, son frère se jette aux pieds de Childebert et, prenant ses genoux, il lui dit en pleurant : « Secours-moi, mon bon père, que je ne périsse pas comme mon frère. » Childebert, le visage couvert de larmes, dit à Clotaire : « Mon cher frère, je te demande grâce pour sa vie ; je te donnerai tout ce que tu voudras pour prix de son âme ; je t'en prie, ne le tue pas. » Alors Clotaire, d'un air furieux et menaçant : « Ou repousse-le, s'écrie-t-il, ou tu vas mourir à sa place ; toi, l'instigateur de toute cette affaire, es-tu donc si prompt à manquer de foi ? » A ces mots, Childebert repoussa l'enfant vers Clotaire qui le prit ; lui enfonça, comme à son frère, un couteau dans le côté et le tua. Ils firent périr ensuite les esclaves et les gouverneurs de ces enfants. Après ces meurtres, Clotaire monta à cheval et s'éloigna, s'inquiétant peu de la mort de ses neveux. Childebert se retira dans les faubourgs de la ville. La reine Clotilde fit placer les corps des deux enfants dans un cercueil et les suivit, avec un grand appareil de chants et un deuil immense, jusqu'à la basilique de Saint-Pierre [1] où elle les fit enterrer ensemble. L'un avait dix ans et l'autre sept. Le troisième, nommé Clodoald [2], ne put être pris et fut sauvé par des hommes courageux. Celui-ci, méprisant un royaume terrestre, se consacra au Seigneur, se coupa lui-même les cheveux et se fit clerc ; il se voua tout entier aux bonnes œuvres et mourut prêtre. Les deux rois partagèrent par égales portions le royaume de Clodomir [3]. »

L'histoire des peuples et des siècles les plus barbares n'offre, à coup sûr, dans une même famille, aucun exemple d'une usurpation plus perfidement et plus atrocement exécutée. Le père des deux jeunes princes ainsi détrônés et égorgés par leurs oncles, le roi Clodomir, s'était montré, durant son règne, presque aussi indifférent et cruel ; en 523, dans une guerre que, de concert avec ses frères Childebert et Clotaire, il avait faite à Sigismond, roi de Bourgogne, il avait fait prisonniers ce roi, sa femme et ses fils, et les tenait enfermés à Orléans. La guerre recommença avec les Bourguignons l'année suivante. « Clo-

[1] Aujourd'hui Sainte-Geneviève.
[2] Il mourut vers l'an 560, après avoir fondé, près de Paris, un monastère appelé de son nom *Saint-Cloud*.
[3] Grégoire de Tours, *Histoire des Francs*, liv. III, ch. xviii.

domir résolut, dit Grégoire de Tours, de faire mourir Sigismond ; le bienheureux Avit, abbé de Saint-Mesmin de Micy[1], prêtre fameux dans ce temps-là, lui dit à cette occasion : « Si, tournant tes regards vers Dieu, tu changes de dessein, et si tu ne souffres pas qu'on tue ces gens-là, Dieu sera avec toi et tu obtiendras la victoire ; mais si tu les tues, tu seras livré toi-même aux mains de tes ennemis, et tu subiras leur sort ; il arrivera à toi, à ta femme et à tes fils, ce que tu auras fait à Sigismond, à sa femme et à ses enfants. » Mais Clodomir, sans tenir compte de cet avis : « Ce serait, dit-il, une grande sottise de laisser un ennemi chez moi quand je marche contre un autre ; pendant que les uns m'attaqueraient par derrière et l'autre de front, je me trouverais jeté entre deux armées ; la victoire sera plus sûre et plus facile si je sépare l'un de l'autre : le premier une fois mort, il sera aisé de se défaire aussi du second. » Il fit donc mourir Sigismond avec sa femme et ses fils, ordonna de les jeter dans un puits du village de Coulmier, dépendant du territoire d'Orléans, et partit pour la Bourgogne. Après un premier succès, Clodomir tomba dans un piège, au milieu de ses ennemis qui lui coupèrent la tête, la fixèrent au bout d'une pique et l'élevèrent en l'air. La victoire resta cependant aux Francs ; mais, un an à peine écoulé, la reine Guntheuque, veuve de Clodomir, était devenue la femme de son frère Clotaire, et ses deux fils aînés, Théobald et Gonthaire, étaient tombés sous le couteau de leur oncle.

Même dans les temps les plus grossiers et les plus durs l'âme humaine ne perd jamais complètement ses instincts de justice et d'humanité ; les évêques et les prêtres n'étaient pas seuls à se récrier contre tant d'atrocités ; les barbares eux-mêmes n'en restaient pas toujours spectateurs indifférents, et les chefs s'en armaient quelquefois pour exciter la colère et l'ardeur guerrière de leurs compagnons. « Vers l'an 528, le fils aîné de Clovis, Théoderic, roi de Metz, voulait faire, sur la rive droite du Rhin, une grande campagne contre les Thuringiens, ses voisins ; il convoqua les Francs. « Rappelez-vous, leur dit-il, que jadis les Thuringiens se sont rués violemment sur nos parents et leur ont fait beaucoup de mal. Nos pères, vous le savez, leur donnèrent des otages pour obtenir la paix ; mais les Thuringiens firent périr ces otages par divers genres de mort et, se précipitant encore sur nos parents, ils leur enlevèrent tout ce qu'ils avaient. Après avoir pendu, par les nerfs

---

[1] Abbaye située à deux lieues environ d'Orléans.

« Oh repousse-le, s'écria-t-il, ou tu vas mourir à sa place. »

de la cuisse, des enfants aux branches d'arbres, ils firent périr d'une mort cruelle plus de deux cents jeunes filles en les attachant par les bras au cou de chevaux qui, forcés à coups d'aiguillons acérés de tirer chacun d'un côté différent, déchiraient ces malheureuses en morceaux ; ils en étendirent d'autres sur les ornières des chemins, les clouèrent en terre avec des pieux, firent passer sur elles des chariots chargés, et les livrèrent ainsi, les os brisés, en pâture aux oiseaux et aux chiens. Aujourd'hui même Hermanfroi manque à ce qu'il m'a promis et refuse absolument de remplir ses engagements ; le bon droit est pour nous ; marchons contre eux avec l'aide de Dieu. » Alors les Francs, indignés de tant d'atrocités, demandèrent tous ensemble et d'une commune voix à marcher en Thuringe... La victoire les en rendit maîtres et ils réduisirent ce pays dans leur domination... Pendant que les rois francs étaient encore là, Théoderic voulut tuer son frère Clotaire. Ayant aposté des hommes armés, il le fit venir comme pour traiter secrètement de quelque affaire. Puis, ayant disposé, dans une partie de sa maison, une tente d'un mur à l'autre, il plaça ses hommes armés derrière ; mais, comme la tente était trop courte, elle laissait voir leurs pieds. Clotaire, ayant eu connaissance du piége, entra dans la maison en armes et bien accompagné. Théoderic comprit alors qu'il était découvert, inventa une fable et parla de choses et d'autres. Enfin, ne sachant comment faire oublier sa trahison, il fit présent à Clotaire d'un grand plat en argent. Clotaire lui dit adieu, le remercia et s'en retourna chez lui. Mais Théoderic se plaignit aussitôt aux siens d'avoir sacrifié sans utilité son plat d'argent, et il dit à son fils Théodebert : « Va trouver ton oncle, et prie-le de consentir à te céder le présent que je lui ai fait. » Théodebert y alla et obtint ce qu'il demandait. Théoderic excellait dans ces sortes de ruses[1]. »

Ces rois mérovingiens étaient aussi avides et aussi licencieux que cruels. Non-seulement le pillage était presque toujours, pour eux, le but et le résultat de la guerre, ils pillaient au sein de la paix, dans leurs propres États, tantôt selon les pratiques romaines, par l'aggravation des impôts et les manœuvres du fisc, tantôt, selon les mœurs barbares, par de brusques coups de main dans les lieux et chez les personnes qu'ils savaient riches. Il leur arrivait souvent de piller une église dont l'évêque les avait irrités par ses remontrances, soit pour

---

[1] Grégoire de Tours, liv. III, ch. VII.

enrichir leur trésor personnel, soit pour offrir peu après des dons à une autre église dont ils recherchaient la faveur. Quand quelque grande circonstance de famille se présentait, ils se complaisaient dans une grossière magnificence à laquelle ils pourvoyaient aux dépens des populations de leurs domaines ou des grands officiers de leur cour, qui ne manquaient pas de se dédommager, grâce au désordre public, des sacrifices qui leur étaient imposés. A la fin du sixième siècle, le roi de Neustrie Chilpéric avait promis sa fille Rigonthe en mariage au prince Recared, fils de Leuvigild, roi des Visigoths d'Espagne: « Une grande députation de Goths vint chercher à Paris la princesse franque. Le roi Chilpéric ordonna de prendre plusieurs familles dans les domaines du fisc et de les placer sur des chariots. Comme un grand nombre pleuraient et ne voulaient pas partir, il les fit retenir en prison pour pouvoir plus facilement les forcer de partir avec sa fille. On dit que plusieurs, dans leur désespoir, mirent fin à leur vie par la corde, craignant d'être enlevés à leurs parents. En effet, on séparait le fils du père, la mère de la fille; tous partaient avec de profonds gémissements et des malédictions, et dans Paris régnait une désolation comparable à celle de l'Égypte. Plusieurs même, d'une meilleure naissance, contraints de partir, firent des testaments où ils abandonnaient leurs biens aux églises, et ils demandèrent qu'aussitôt que la jeune fille serait entrée en Espagne, on ouvrît leurs testaments, comme s'ils étaient déjà dans le tombeau... Quand le roi Chilpéric remit sa fille aux ambassadeurs des Goths, il leur donna de grands trésors. La mère (la reine Frédégonde) y ajouta une si grande quantité d'or, d'argent et de vêtements précieux, que le roi, à cette vue, pensa qu'il ne lui restait plus rien. La reine, s'apercevant de son émotion, se tourna vers les Francs et leur dit : « Ne croyez pas, guerriers, qu'il y ait là rien des trésors des rois précédents. Tout ce que vous voyez est pris dans mes propres biens, parce que mon très-glorieux roi m'a fait beaucoup de largesses. J'y ai ajouté des fruits de mon travail personnel, et une grande partie provient des revenus que j'ai tirés, soit en nature, soit en argent, des maisons qui m'ont été concédées. Vous-mêmes, vous m'avez enrichie de vos présents, et vous en voyez là une partie ; mais il ne s'y trouve rien qui vienne des trésors publics. » Le roi abusé crut à ses paroles. Telle était la multitude des objets en or et en argent et autres choses précieuses, que cinquante chariots en étaient chargés. Les Francs, de leur côté, offrirent beaucoup de présents ; les uns donnèrent de l'or, d'autres de l'argent, quelques-uns des chevaux, la plupart des vêtements. Enfin la jeune fille fit ses adieux, après bien des larmes et des baisers. Comme elle franchissait la porte, un essieu de sa voiture se brisa, et tous crièrent *malheur!* ce qui fut interprété par quelques-uns comme un présage. Elle s'éloigna de Paris, et à huit milles de cette ville elle fit dresser ses tentes. Dans la nuit, cinquante hommes se levèrent, et ayant pris cent des meilleurs chevaux, autant de freins d'or et deux grands plats d'argent, ils s'enfuirent et se retirèrent auprès du roi Childebert. Pendant toute la route, quiconque pouvait s'échapper s'enfuyait avec tout ce qu'il avait pu ravir. On exigea aussi, de toutes les villes que traversait le cortége, de grands préparatifs pour subvenir à sa dépense, car le roi défendit que le fisc y contribuât en rien; tous les frais étaient supportés par les pauvres imposés extraordinairement[1].

Après les magnificences tyranniques survenaient les douleurs imprévues, et après les violences les remords. Le plus jeune fils du roi Chilpéric, nommé Dagobert, tomba malade. « Il était un peu mieux quand son frère aîné Chlodebert fut attaqué du même mal. Sa mère Frédégonde, le voyant en danger de mort et saisie d'un repentir tardif, dit au roi : « Longtemps la miséricorde divine a supporté nos mau-
« vaises actions; elle nous a avertis par des fièvres et d'autres maux,
« et nous ne nous sommes point amendés. Maintenant nous perdons
« nos fils; maintenant les larmes des pauvres, les lamentations des
« veuves, les soupirs des orphelins les font périr et ne nous laissent
« plus l'espoir d'amasser pour personne. Nous thésaurisons sans sa-
« voir pour qui. Nos trésors, tout remplis de rapines et de malédictions,
« vont demeurer sans possesseurs. Nos celliers ne regorgent-ils pas de
« vin? nos greniers, de froment? Nos coffres n'étaient-ils pas combles
« d'or, d'argent, de pierres précieuses, de colliers et d'autres orne-
« ments impériaux? Et ce que nous avions de plus beau, nous le per-
« dons! Eh bien, si tu veux, viens, brûlons tous ces registres iniques;
« que notre fisc se contente de ce qui suffisait à ton père le roi Clo-
« taire. » Ayant ainsi parlé et se frappant la poitrine, la reine fit apporter les rôles que Marc lui avait apportés de chacune des cités qui lui appartenaient; elle les jeta au feu, et, se retournant vers le roi :
« Quoi! tu hésites? Fais comme moi; si nous perdons nos chers en-

---

[1] Grégoire de Tours, liv. VI, ch. XLV.

« fants, du moins échappons à la peine éternelle. » Alors le roi, pénétré de componction, livra au feu tous les registres, et, après qu'ils furent brûlés, il envoya des gens pour empêcher la levée de ces impôts. Ensuite leur plus jeune enfant mourut, consumé de langueur. Accablés de douleur, ils l'amenèrent de leur maison de Braine à Paris, et le firent ensevelir dans la basilique de Saint-Denis. Quant à Chlodobert, ils le placèrent sur un brancard, le portèrent à la basilique de Saint-Médard de Soissons et, l'exposant devant le tombeau du saint, ils firent des vœux pour sa santé ; mais au milieu de la nuit, affaibli et épuisé, il rendit l'âme. Ils l'ensevelirent dans la basilique des saints martyrs Crépin et Crépinien. Puis le roi Chilpéric fit de grandes largesses aux églises, aux monastères et aux pauvres [1]. »

Je doute que la douleur maternelle de Frédégonde fût aussi pieuse et aussi sévèrement morale que l'a peinte Grégoire de Tours ; mais elle était, à coup sûr, ardemment sincère : l'imprévoyance dans les actions et la violence dans les passions sont les caractères des mœurs barbares ; l'intérêt ou l'impression du moment y dominent et font oublier toute loi morale comme tout sage calcul. Ce double caractère se retrouve dans l'extrême licence de la vie privée des rois mérovingiens ; en devenant chrétiens, non-seulement ils ne s'imposèrent aucune des règles chrétiennes dans les relations conjugales, mais la plupart d'entre eux ne renoncèrent point à la polygamie, et, tout en la réprouvant, plus d'un saint évêque fut obligé de la tolérer. « Le roi Clotaire Ier avait pour épouse Ingonde et l'aimait uniquement, lorsqu'elle lui fit cette demande : « Mon seigneur a fait de sa servante ce qu'il a voulu ; main« tenant, pour mettre le comble à ses faveurs, que mon seigneur roi « daigne écouter ce que sa servante lui demande. Je vous prie de « vouloir bien chercher, pour ma sœur Arégonde votre esclave, un « homme capable et riche, de telle sorte que j'en sois plutôt élevée « qu'abaissée, et que je puisse vous servir encore plus fidèlement. » A ces mots Clotaire, d'un naturel déjà trop enclin à la volupté, se prit d'amour pour Arégonde, se rendit dans la *villa* où elle résidait et se l'attacha en mariage. Quand elle fut unie à lui, il retourna près d'Ingonde et lui dit : « J'ai travaillé à te procurer cette faveur que tu m'as « si doucement demandée, et, en cherchant un homme riche et sage « qui méritât d'être uni à ta sœur, je n'ai trouvé rien de mieux que

---

[1] Grégoire de Tours, liv. V, ch. xxxv.

« moi-même ; sache donc que je l'ai prise pour épouse. Je ne crois pas
« que cela te déplaise. — Ce qui paraît bon aux yeux de mon maître,
« qu'il le fasse, répondit Ingonde ; seulement que ta servante vive
« toujours dans la grâce du roi. » Clotaire Ier, comme on l'a déjà vu,
eut quatre fils : le premier, Charibert, roi de Paris, avait pour femme
Ingoberge, « qui avait à son service deux jeunes personnes, filles d'un
pauvre artisan ; l'une, nommée Marcovièfe, portant l'habit religieux ;
l'autre s'appelait Méroflède : le roi les aimait extrêmement. Elles étaient
filles, comme nous l'avons dit, d'un ouvrier en laine. Ingoberge,
jalouse de l'affection que leur portait le roi, fit travailler le père dans
son intérieur, espérant que le roi, en le voyant dans cette condition,
prendrait ses filles en dégoût, et, tandis que cet homme était à l'ouvrage, elle fit appeler le roi. Charibert, imaginant qu'il allait voir
quelque chose de nouveau, vit de loin l'ouvrier travaillant sur les
laines du palais ; il délaissa Ingoberge et prit (pour femme) Méroflède.
Il eut aussi (pour femme) une autre jeune fille nommée Theudechilde,
dont le père était berger, c'est-à-dire gardeur de brebis, et il en eut,
dit-on, un fils qui, au sortir du sein de sa mère, fut porté de suite au
tombeau. » Charibert épousa ensuite Marcovièfe, sœur de Méroflède.
Pour ce motif, ils furent tous deux excommuniés par l'évêque de Paris,
saint Germain.

Le quatrième fils de Clotaire Ier, Chilpéric, roi de Soissons, « quoiqu'il eût déjà plusieurs femmes, dit Grégoire de Tours, demanda en
mariage Galsuinthe, fille aînée du roi d'Espagne Athanagild. Arrivée à
Soissons, elle lui fut unie en mariage ; elle en recevait même de grandes marques d'amour, car elle avait apporté avec elle de grands trésors.
Mais l'amour de Frédégonde, une des premières femmes de Chilpéric,
occasionna entre eux de violents débats. Comme Galsuinthe se plaignait au roi d'être continuellement outragée et de ne pas partager
avec lui la dignité de son rang, elle lui demanda, pour prix des trésors
qu'elle avait apportés et qu'elle lui abandonnait, de la renvoyer libre
dans son pays. Chilpéric, dissimulant par artifice, l'apaisa avec des
paroles caressantes ; puis il la fit étrangler par un esclave, et on la
trouva morte dans son lit. Quand il eut pleuré sa mort, il épousa Frédégonde, après un intervalle de peu de jours[1]. »

Au milieu de telles passions et de telles mœurs, la trahison, le meur-

---

[1] Grégoire de Tours, liv. IV, ch. XXVI, XXVIII.

tre, le poison étaient les procédés familiers de l'ambition, de l'avidité, de la haine, de la vengeance, de la peur. Huit des rois ou des héritiers royaux mérovingiens moururent brutalement égorgés ou sournoisement assassinés. Je ne parle pas des innombrables crimes de ce genre commis autour d'eux et restés impunis, sauf par des crimes pareils. Justice est due cependant aux plus mauvais temps et aux plus mauvais gouvernements : tout en partageant plusieurs des vices de leur siècle et de leur race, surtout l'extrême licence des mœurs, trois des successeurs de Clovis, Théodebert, roi d'Austrasie (de l'an 534 à 548), Gontran, roi de Bourgogne (de 561 à 593), et Dagobert Ier, qui réunit sous son pouvoir toute la monarchie franque (de 622 à 638), furent moins violents, moins cruels, moins iniques et moins grossièrement ignorants ou aveugles que la plupart des rois mérovingiens. « Théodebert, dit Grégoire de Tours, affermi dans son royaume, se montra plein de grandeur et de bonté ; il gouverna avec justice, honorant les évêques, faisant du bien aux églises, secourant les pauvres, et distribuant à beaucoup de monde de nombreux bienfaits d'une main très-charitable et très-libérale. Il remit généreusement aux églises d'Auvergne tout le tribut qu'elles payaient à son fisc [1]. » Le roi de Bourgogne Gontran, malgré beaucoup d'actes choquants et inconséquents, tantôt de violence, tantôt de faiblesse, manifesta, dans un règne de trente-trois ans, un penchant vers la modération et la paix en contraste avec les prétentions sans mesure et les emportements déréglés des autres rois francs ses contemporains, notamment du roi Chilpéric son frère. Le traité que Gontran conclut, le 28 novembre 587, à Andelot près de Langres, avec son jeune neveu Childebert, roi de Metz, et la reine Brunehaut sa mère, contient des dispositions ou, pour parler plus exactement, des paroles où respire un désir sincère, quoique timide, de rendre justice à tous, de faire cesser les querelles et les spoliations vindicatives ou rétroactives qui troublaient incessamment la société gallo-franque, et de fonder la paix entre les deux rois sur leur respect mutuel des droits de leurs fidèles. « Il est établi, dit ce traité, que tout ce que les rois ont donné aux églises ou à leurs fidèles, ou ce qu'avec l'aide de Dieu ils voudront encore leur donner légitimement, sera irrévocablement acquis ; comme aussi que nul des fidèles, dans l'un et l'autre royaume, n'aura à souffrir de préjudice pour tout ce qui lui

---

[1] Liv. III, ch. xxv.

appartient, soit par la loi, soit en vertu d'un jugement, mais qu'il lui sera permis de reprendre et de posséder les choses à lui dues... Et comme les susdits rois se sont liés, au nom de Dieu, d'une affection pure et sincère, il a été convenu qu'en aucun temps le passage dans l'un des deux royaumes ne serait refusé aux *Leudes* (aux fidèles) de l'autre royaume qui voudront le parcourir pour affaires publiques ou particulières. Il est également convenu qu'aucun des deux rois ne sollicitera les Leudes de l'autre et ne les recevra s'ils se présentent à lui ; si, par hasard, quelqu'un de ces Leudes croit devoir, par suite de quelque faute, se retirer chez l'autre roi, il sera excusé suivant la nature de sa faute, et rendu. Il a plu aussi d'ajouter au présent traité que, si quelqu'une des parties vient à le transgresser, sous quelque prétexte et en quelque temps que ce soit, elle en perdra tous les avantages tant actuels que promis, lesquels profiteront à celle qui aura fidèlement observé les susdites conventions, laquelle sera en tous points relevée des obligations de son serment[1]. »

On peut douter qu'entre Gontran et Childebert les promesses de ce traité aient toujours été scrupuleusement accomplies ; mais elles portent un caractère d'intention sérieuse et sincère étranger aux relations habituelles des autres rois mérovingiens.

Je viens de nommer, pour la première fois, deux femmes, deux reines, Frédégonde et Brunehaut, qui, à l'époque mérovingienne, ont joué un grand rôle dans notre histoire. Elles étaient d'origine et de condition très-diverses, et, après des destinées longtemps analogues, leur fin fut très-différente. Fille de pauvres paysans des environs de Montdidier en Picardie, Frédégonde entra jeune parmi les suivantes de la reine Audovère, première femme du roi Chilpéric. Elle était belle, adroite, ambitieuse, hardie ; elle attira les regards et bientôt la passion du roi. Elle poursuivit avec une ardeur sans scrupule sa fortune inespérée. La reine Audovère était son premier obstacle et fut sa première victime ; sous prétexte d'une parenté spirituelle qui rendait illégal son mariage avec Chilpéric, elle fut répudiée et reléguée dans un monastère. Le jour de Frédégonde n'était pas encore venu ; Chilpéric épousa Galsuinthe, fille du roi visigoth Athanagild, dont la fille cadette Brunehaut venait d'épouser le frère de Chilpéric, Sigebert, roi d'Austrasie. J'ai déjà dit que bientôt Galsuinthe fut trouvée étranglée dans son

---

[1] Grégoire de Tours, liv. IX, ch. xx.

lit, et que Chilpéric épousa Frédégonde. Une haine acharnée s'alluma dès lors entre elle et Brunehaut qui avait à venger sa sœur. Une guerre sans cesse renaissante s'ensuivit entre les rois d'Austrasie et de Neustrie. Sigebert battit Chilpéric ; mais, en 575, au milieu de sa victoire, il fut soudain assassiné dans sa tente par deux émissaires de Frédégonde. Son armée se débanda, et sa veuve Brunehaut tomba au pouvoir de Chilpéric. Le droit d'asile de la cathédrale de Paris lui sauva la vie ; elle fut envoyée à Rouen. Là se trouvait en ce moment, chargé d'une mission de son père, Mérovée, fils de Chilpéric et de la reine répudiée Audovère ; il vit Brunehaut belle, attrayante et malheureuse ; il en devint épris et l'épousa secrètement ; l'évêque de Rouen, Prétextat, eut l'imprudent courage de consacrer leur union. Frédégonde saisit avidement cette occasion de poursuivre sa rivale et de perdre son beau-fils, héritier du trône de Chilpéric. Les Austrasiens, qui avaient gardé l'enfant Childebert, fils de leur roi assassiné, réclamèrent avec menaces leur reine Brunehaut ; elle leur fut rendue ; mais Frédégonde ne lâcha pas son autre proie, Mérovée. D'abord prisonnier, puis tonsuré et enfermé dans un monastère, puis fugitif et poussé sous main à tenter un soulèvement contre son père, il fut si épouvanté de son péril, qu'il se fit frapper à mort par un serviteur fidèle, pour ne pas tomber aux mains de son ennemie. Un autre fils, Clovis, restait à Chilpéric, issu comme Mérovée de la reine Audovère. Accusé d'avoir, par des maléfices, amené la mort des trois enfants que perdit à cette époque Frédégonde, Clovis fut, à son tour, emprisonné et bientôt poignardé. Sa mère Audovère fut étranglée dans son couvent. Frédégonde cherchait, dans des morts utiles à ses enfants, quelque atroce consolation à ses douleurs de mère. C'était encore trop peu de crimes. En 584, le roi Chilpéric, revenant de la chasse et descendant de cheval, fut frappé de deux coups mortels par un homme qui s'enfuit rapidement, et un cri retentit tout à l'entour : « Trahison ! Ce sont là les coups de l'Austrasien Childebert contre notre seigneur roi ! » Le soin de faire pousser un tel cri en révélait la fausseté ; c'était un coup de Frédégonde elle-même, inquiète que Chilpéric ne découvrît les relations coupables qu'elle entretenait avec un officier de sa maison, Landry, qui devint plus tard maire du palais de Neustrie. Chilpéric laissait un fils âgé de quelques mois, Clotaire, dont sa mère Frédégonde devint la tutrice souveraine. Elle employa, tantôt à le défendre contre ses ennemis, tantôt à le compromettre par ses complots, ses haines et ses attentats, les treize dernières années de sa vie. Vrai type d'une femme de nature forte, rusée et perverse dans un temps barbare, partie de bas et montée très-haut sans que son âme s'élevât avec son rang, audacieuse et perfide, habile tour à tour dans le mensonge et dans l'effronterie, atroce par calcul ou par vengeance, adonnée à tous les genres de passion, et ne se refusant, pour les satisfaire, aucun genre de crime. Pourtant elle mourut tranquillement à Paris, en 597 ou 598, puissante et redoutée, et laissant sur le trône de Neustrie son fils Clotaire II qui devait, quinze ans plus tard, devenir seul roi de tous les États francs.

Brunehaut n'avait eu besoin d'aucun crime pour devenir reine, et malgré ceux qu'elle commit, malgré les emportements et les désordres moraux de sa longue vie, elle porta, dans la passion et dans le pouvoir, un caractère de franchise courageuse et de grandeur intellectuelle qui la place bien au-dessus de sa sauvage rivale. Frédégonde était une parvenue, de race et de mœurs barbares, étrangère à toute autre idée et à tout autre dessein qu'à ses intérêts et à ses succès personnels; elle fut brutalement égoïste dans ses passions naturelles comme dans l'exercice d'un pouvoir conquis et maintenu à force d'artifices et d'attentats. Brunehaut était une princesse de cette race des rois goths qui, dans la Gaule méridionale et l'Espagne, avaient compris et admiré la civilisation romaine, et s'étaient appliqués à en faire passer les débris dans le nouvel édifice de leurs États. Transplantée chez les Francs d'Austrasie, les moins romains des barbares, elle y conserva les idées et les goûts des Visigoths d'Espagne, devenus presque des Gallo-Romains; elle tenait fortement à l'exercice efficace de l'autorité royale; elle portait un sérieux intérêt aux travaux publics, aux routes, aux ponts, aux monuments, aux progrès de la civilisation matérielle; les voies romaines prirent bientôt et gardèrent longtemps en Austrasie le nom de *chaussées de Brunehaut;* on montrait, dans une forêt près de Bourges, un château de Brunehaut, une tour de Brunehaut à Étampes, la pierre de Brunehaut près de Tournay, le fort de Brunehaut près de Cahors. Dans les domaines royaux et partout où elle allait, elle faisait aux pauvres d'abondantes charités, et bien des siècles après sa mort, le peuple de ces contrées parlait encore de *l'aumône de Brunehaut.* Elle aimait et protégeait les lettrés, rares et médiocres alors, mais seuls préoccupés de rechercher et de donner quelques jouissances intellectuelles, et à leur tour ils se plaisaient à célébrer son nom et ses mérites. Le plus renommé de tous dans ce siècle, Fortunat, évêque de Poitiers, dédia presque toutes ses petites poésies à deux reines, l'une, Brunehaut, plongée dans les luttes et les plaisirs du monde, l'autre, sainte Radegonde, jadis femme de Clotaire I⁰ʳ, et qui s'était hâtée de fuir le trône pour aller s'enfermer, à Poitiers, dans le monastère qu'elle y avait fondé. En revanche, Brunehaut était détestée de la plupart des chefs austrasiens, de ces *Leudes* propriétaires et guerriers dont elle combattait sans cesse la forte et turbulente indépendance. Elle soutenait contre eux, avec un courage indomptable, les officiers royaux, les serviteurs du palais, ses agents et souvent ses favoris. L'un de ceux-ci, Lupus, Romain d'origine, duc de Champagne « était continuellement insulté et pillé par ses ennemis, surtout par Ursion Bertfried. Enfin ceux-ci, étant convenus de le tuer, marchèrent contre lui avec une armée. A cette vue, la reine Brunehaut, compatissant aux maux d'un de ses fidèles persécuté injustement, s'arma d'un courage viril et se jeta parmi les bataillons ennemis en s'écriant : « Arrêtez, guerriers; gardez-vous de cette méchante action ; ne poursuivez pas un innocent ; ne livrez pas, à cause d'un seul homme, un combat qui désolera le pays! — Retire-toi, femme, lui dit Ursion; qu'il te suffise d'avoir régné sous ton mari; maintenant c'est ton fils qui règne, et son royaume est sous notre protection, non pas sous la tienne. Retire-toi, si tu ne veux pas que les pieds de nos chevaux t'écrasent comme la poussière du sol! » — Après que la querelle eut duré longtemps sur ce ton, la reine, par son adresse, obtint enfin que le combat n'eût pas lieu[1]. » Ce ne fut là, pour Brunehaut, qu'un succès momentané, et les dernières paroles du chef Ursion contenaient un triste présage du sort qui l'attendait; enivrée de pouvoir, d'orgueil, de haine et de vengeance, elle entra plus violemment de jour en jour en lutte, non-seulement avec les chefs laïques austrasiens, mais avec quelques-uns des principaux évêques d'Austrasie et de Bourgogne, entre autres avec saint Didier, évêque de Vienne, qui, à son instigation, fut brutalement assassiné, et avec le grand missionnaire irlandais, saint Colomban, qui se refusa à sanctionner par ses bénédictions les fruits des désordres de la famille royale. En 614, après trente-neuf ans de guerres, de complots, de meurtres, de vicissitudes politiques et personnelles, depuis la mort de son mari Sigebert I⁰ʳ et sous les règnes de son fils Théodebert et de ses petits-fils Théodebert II et Thierry II, la reine Brunehaut, âgée

---

[1] Grégoire de Tours, liv. VI, ch. IV.

de quatre-vingts ans, tomba au pouvoir de son mortel ennemi Clotaire II, le fils de Frédégonde, devenu seul roi des Francs. Après l'avoir grossièrement insultée, il la fit promener devant toute l'armée, assise sur un chameau, et ordonna ensuite qu'elle fût attachée par les cheveux, un pied et un bras, à la queue d'un cheval indompté qui l'emporta et la mit en pièces, dans sa course et par ses ruades, sous les yeux des féroces spectateurs.

Après le supplice de Brunehaut et la mort de Clotaire II, l'histoire des Francs devient un peu moins sombre et moins sanglante. Non que les meurtres et les grands désordres royaux ou populaires disparaissent tout à fait; le successeur de Clotaire II, le petit-fils de Chilpéric et de Frédégonde, le roi Dagobert Ier, ne se fit faute, quand un intérêt pressant l'y portait, de commettre un acte inique et barbare; après avoir consenti à laisser à son frère cadet, Charibert, le royaume d'Aquitaine, il le reprit violemment en 631, à la mort de Charibert, en se saisissant de ses trésors et en faisant ou laissant égorger son jeune neveu Chilpéric, héritier légitime de son père. Vers la même époque, Dagobert avait fait donner asile chez les Bavarois, ses sujets d'outre-Rhin, à neuf mille Bulgares chassés avec leurs femmes et leurs enfants de la Pannonie; ne sachant ensuite où placer ni comment nourrir ces réfugiés, il donna ordre de les massacrer tous en une nuit, et à peine sept cents d'entre eux réussirent à s'enfuir. Les mœurs privées de Dagobert n'étaient pas plus scrupuleuses que ses actes publics : « Adonné à la luxure comme le roi Salomon, dit son historien Frédégaire, il avait trois reines et une multitude de concubines. » Épris du luxe et de la pompe, il se plaisait à imiter les magnificences de la cour impériale de Constantinople, et tantôt il s'emparait, pour y suffire, des biens de quelques-uns de ses leudes ou de quelques églises, tantôt il donnait à son église favorite, l'abbaye de Saint-Denis, « tant de pierreries, d'objets précieux et de domaines en divers lieux, que tout le monde, dit Frédégaire, en était dans l'admiration. » Mais, en dépit de ces excès et de ces scandales, Dagobert fut le roi le plus sagement actif, le moins cruel dans ses passions, le plus prudent dans ses entreprises, le plus capable d'un gouvernement un peu régulier et efficace, qu'ait fourni, depuis Clovis, la race mérovingienne. Il eut, en montant sur le trône, cet immense avantage que les trois États francs, l'Austrasie, la Neustrie et la Bourgogne, furent réunis sous son pouvoir; à la mort de son frère Charibert, il y ajouta l'Aquitaine. L'unité de la vaste monarchie franque fut ainsi rétablie, et Dagobert la maintint par sa modération au dedans et au dehors. Il était brave et faisait, au besoin, la guerre; mais il ne s'y laissait entraîner ni par ses propres passions, ni par le goût effréné de ses fidèles pour les aventures et les pillages. Il trouvait à cet égard, dans l'histoire de ses prédécesseurs, de salutaires avertissements. C'était bien souvent les Francs eux-mêmes, les leudes royaux, qui jetaient leurs rois dans les guerres civiles ou étrangères. « En 530, deux des fils de Clovis, Childebert et Clotaire, se disposaient à attaquer la Bourgogne et son roi Godomar. Ils demandèrent du secours à leur frère Théoderic, qui refusa de se joindre à eux. Cependant les Francs qui formaient son parti lui dirent : « Si tu refuses d'aller en Bourgogne avec tes frères, nous te quittons et nous aimons mieux les suivre. » Mais Théoderic, pensant que les Arvernes lui avaient été infidèles, dit aux Francs : « Suivez-moi, et je vous conduirai dans un pays où vous prendrez de l'or et de l'argent autant que vous en pouvez désirer, et d'où vous enlèverez des troupeaux, des esclaves, des vêtements en abondance. » Les Francs, séduits par ces paroles, promirent de faire tout ce qu'il voudrait. Théoderic entra en Auvergne avec son armée, dévasta et ruina la province.

En 555, Clotaire Ier avait fait une expédition contre les Saxons; ils lui demandèrent la paix; les guerriers francs s'y refusèrent. « Cessez, je vous prie, d'en vouloir à ces hommes, leur dit Clotaire; ils parlent bien; n'allons pas les attaquer, de peur d'attirer sur nous la colère de Dieu. » Mais les Francs ne l'écoutèrent pas; les Saxons vinrent encore offrir des vêtements, des troupeaux, même toutes leurs richesses, en disant : « Prenez tout cela avec la moitié de notre pays; laissez-nous seulement nos femmes et nos petits enfants; mais qu'il n'y ait point de guerre entre nous. » Les Francs rejetèrent encore tout accommodement. « Cessez, je vous en conjure, leur dit le roi Clotaire; nous n'avons pas pour nous le bon droit; si vous voulez absolument aller à une guerre où vous trouveriez votre perte, pour moi, je ne vous suivrai pas. » Alors les Francs, irrités contre le roi Clotaire, se jettent sur lui, déchirent sa tente en l'accablant de reproches, et l'en arrachent de force, décidés à le tuer s'il tardait à marcher avec eux. Clotaire partit avec eux malgré lui. Mais, quand le combat fut engagé, ils furent taillés en pièces par leurs adversaires, et des deux côtés il périt tant de monde, qu'on n'aurait pu ni évaluer ni compter le nombre des morts. Alors Clotaire confus demanda la paix aux Saxons, disant que ce n'était pas de sa

SUPPLICE DE BRUNEHAUT

volonté qu'il les avait attaqués, et, l'ayant obtenue, il revint dans ses États[1]. »

Le roi Dagobert ne subit point ce joug de ses leudes. Soit par sa propre activité, soit en s'entourant de conseillers sages et influents, tels que Pepin de Landen, maire du palais d'Austrasie, saint Arnoul, évêque de Metz, saint Éloi, évêque de Noyon, saint Ouen, évêque de Rouen, il s'appliqua et réussit à s'assurer, dans l'exercice de son pouvoir, une assez large mesure d'indépendance et de popularité. Au début de son règne, il fit, en Austrasie et en Bourgogne, une sorte d'inspection administrative et judiciaire, s'arrêtant dans les principales villes, écoutant les réclamations, réprimant, quelquefois avec une rigueur arbitraire mais approuvée du peuple, les violences et les désordres des grands. A Langres, à Dijon, à Saint-Jean-de-Losne, à Châlon-sur-Saône, à Auxerre, à Autun, à Sens, « il rendit la justice, dit Frédégaire, aux pauvres comme aux riches, sans aucuns frais, sans acception des personnes, dormant peu, mangeant sobrement, attentif à faire en sorte que tous se retirassent de sa présence pleins de joie et d'admiration. » Il ne se borna pas à cette pratique familière de l'autorité royale ; quelques-uns de ses prédécesseurs, entre autres Childebert Ier, Clotaire Ier et Clotaire II, avaient fait faire, en latin et par des clercs, des rédactions plus ou moins complètes des lois ou coutumes traditionnelles de quelques-uns des peuples germaniques établis sur le sol romain, notamment des lois des Francs Saliens et des Francs Ripuaires ; Dagobert fit continuer ces premiers travaux législatifs des nouvelles nations naissantes ; ce fut, à ce qu'il paraît, sous son règne que furent rédigées les lois des Allemands et des Bavarois. Il avait aussi quelque goût des arts, et la pieuse habileté de saint Éloi et de saint Ouen pour l'orfévrerie et la sculpture appliquées au service religieux ou à la décoration des églises reçut de lui l'appui de la faveur et de la munificence royale. Dagobert ne fut ni un grand guerrier, ni un grand législateur, et rien n'autorise à reconnaître en lui un grand esprit ou un grand caractère; sa vie privée fut scandaleuse et des exactions en attristèrent la fin. Pourtant son autorité se maintint dans ses États, sa réputation s'étendit au loin, et le nom de *grand roi Dagobert* lui resta dans la mémoire populaire. A tout prendre, il fut, après Clovis, le plus distingué des rois francs et le dernier vraiment roi de la race des Mérovingiens.

---

[1] Grégoire de Tours, liv. III, ch. xi et xii; liv. IV, ch. xiv.

Après lui, de l'an 638 à l'an 752, douze princes de cette race, un Sigebert, deux Clovis, deux Childéric, un Clotaire, deux Dagobert, un Childebert, un Chilpéric, deux Théoderic ou Thierry, portèrent en Neustrie, en Austrasie, en Bourgogne, ou dans les trois royaumes réunis, le nom de rois, sans mériter dans l'histoire aucune autre place que celle de leur nom. De grands événements grondaient autour de l'État franc, et dans le sein même de cet État se formait une nouvelle race de rois plus capables de porter, selon l'esprit et les besoins de leur temps, le fardeau du pouvoir.

CHAPITRE IX

LES MAIRES DU PALAIS
LES PÉPINS ET LE CHANGEMENT DE DYNASTIE

Il y a une certaine mesure de bon sens, d'activité intelligente et d'efficacité pratique que les sociétés même les moins civilisées et les moins exigeantes ont absolument besoin de trouver dans leur gouvernement. Quand cette part nécessaire d'habileté et d'influence politique manque décidément dans les hommes qui ont le nom et la charge officielle du pouvoir, les sociétés cherchent ailleurs les qualités et les résultats dont elles ne sauraient se passer. Les Mérovingiens fainéants mirent les Francs, Neustriens et Austrasiens, dans cette impérieuse nécessité : les derniers rois issus de Clovis s'acquittaient trop mal ou ne s'acquittaient pas du tout de leur tâche ; les *maires du palais* furent naturellement appelés à les suppléer et à assurer aux populations plus d'intelligence et d'énergie dans l'exercice du pouvoir. L'origine et le caractère primitif de ces remplaçants de la royauté furent divers selon les circonstances : tantôt, conformément à leur nom, les maires du palais prirent en effet naissance dans le palais des rois francs, parmi les leudes chargés, sous le titre d'*antrustions*[1], du gouvernement intérieur des affaires et de la maison royales, ou parmi les chefs supérieurs de leur armée ; tantôt au contraire ce fut pour résister aux violences et aux usurpations des rois que les leudes, propriétaires ou guerriers, choisirent eux-mêmes un chef capable de défendre leurs intérêts et leurs droits contre la tyrannie ou l'incapacité royale. Aussi rencontre-t-on, dans ce temps, des maires du palais d'origine et de mission politiques très-diverses, les uns nommés par les rois pour soutenir la royauté contre les leudes, les autres élus par les leudes contre les rois. Ce fut surtout entre les maires du palais neustriens et les austrasiens qu'éclata cette différence ; l'esprit gallo-romain était plus puissant en Neustrie et l'esprit germanique en Austrasie ; la plupart des maires neustriens soutinrent les intérêts de la royauté, et les austrasiens ceux de l'aristocratie propriétaire et guerrière. Leurs luttes remplirent les dernières années de la race mérovingienne ; mais une cause bien plus générale et plus puissante que ces diversités et ces conflits au sein même des États francs détermina la chute définitive de cette race et l'avénement d'une autre dynastie au pouvoir suprême. Lorsque, en 687, la bataille livrée à Testry, sur les bords de la Somme, donna à Pepin d'Héristal, duc et maire du palais d'Austrasie, la victoire sur Bertaire, maire du palais de Neustrie, il s'agissait de bien autre chose que de la rivalité des deux États francs et de leurs chefs.

En entrant et en se fixant sur la rive gauche du Rhin et dans la Gaule, les Francs n'avaient pas abandonné la rive droite et la Germanie ; là aussi ils restaient établis et sans cesse aux prises avec leurs voisins de race germanique, les Thuringiens, les Bavarois, la confédération des Allemands, les Frisons, les Saxons, peuples quelquefois vaincus et soumis en apparence, mais toujours prêts à se soulever, soit pour ressaisir leur indépendance, soit encore sous l'impulsion du grand mouvement qui, au troisième siècle, avait déterminé l'invasion générale des barbares dans l'empire romain. Après la défaite des Huns à Châlons et la fondation des royaumes visigoth, bourguignon et franc dans la Gaule, ce mouvement avait été, sinon arrêté, du moins ralenti et momentanément suspendu ; il reprit, au sixième siècle, un élan nouveau ; de nouvelles nations, les Avares, les Tartares, les Bulgares, les Slaves,

---

[1] Fidèles investis de la confiance du roi : *in truste regia*.

les Lombards se poussèrent mutuellement d'Asie en Europe, de l'Europe orientale dans l'Europe occidentale, du nord au sud, en Italie et dans la Gaule. Chassés par les Tartares Ouigours de la Pannonie et du Norique (maintenant l'Autriche), les Lombards se jetèrent d'abord sur l'Italie, passèrent bientôt les Alpes, et pénétrèrent en Bourgogne et en Provence, jusqu'aux portes d'Avignon. Sur le Rhin et le long du Jura, les Francs avaient à lutter, pour leur propre compte, contre les nouveaux venus; ils furent de plus appelés en Italie par les empereurs d'Orient, qui avaient besoin de leur secours contre les Lombards. Partout la résistance aux invasions des barbares devint le rôle national des Francs, et ils se proclamaient avec orgueil les défenseurs de cet Occident dont naguère ils avaient été les vainqueurs.

Quand les Mérovingiens ne furent décidément que des rois fainéants, quand Ebroin, le dernier grand maire du palais de Neustrie, eut été assassiné (en l'an 681) et l'armée des Neustriens détruite à la bataille de Testry (en 687), l'ascendant au sein de toute la Gaule franque passa aux Francs d'Austrasie, déjà voués par leur position géographique à la défense de leur nation dans son nouvel établissement. Une famille s'était élevée parmi eux, puissante par ses grands domaines, par ses services politiques et militaires, et déjà aussi par le prestige de l'hérédité du nom et du pouvoir. Elle avait eu pour premier chef connu dans l'histoire Pepin de Landen, dit *le Vieux*, l'un des adversaires de la reine Brunehaut si odieuse aux Austrasiens, puis l'un des conseillers intimes et maire du palais d'Austrasie sous Dagobert Ier et son fils Sigebert II; il mourut en 639, laissant à sa famille une influence déjà grande. Son fils Grimoald lui succéda comme maire du palais, sans gloire; mais son petit-fils par sa fille Béga, Pepin d'Héristal, fut pendant vingt-sept ans, non-seulement de fait comme maire du palais, mais visiblement et sous le titre de *duc*, le vrai souverain de l'Austrasie et de tout l'État franc. Il ne prit cependant point le titre de roi, et quatre descendants de Clovis, Thierry III, Clovis III, Childebert III et Dagobert III, continuèrent de porter ce nom en Neustrie et en Bourgogne, sous l'influence prépondérante de Pepin d'Héristal. Il fit, pendant sa longue domination, trois choses considérables. Il lutta sans relâche pour maintenir ou ramener sous l'empire des Francs les nations germaniques de la rive droite du Rhin, les Frisons, les Saxons, les Thuringiens, les Bavarois, les Allemands, et pour faire ainsi de l'État franc une digue contre le nouveau flot de populations barbares qui se pressaient vers l'Occident.

Il ranima en Austrasie l'esprit national et quelque vie politique en recommençant à réunir ces anciens champs de Mars des Francs tombés en désuétude sous les derniers Mérovingiens. Enfin, et ce fut peut-être son plus original mérite, il comprit de quelle importance était, pour le royaume franc, la conversion au christianisme des peuples germaniques d'outre-Rhin, et il seconda de tout son pouvoir le zèle des papes et des missionnaires, irlandais, anglo-saxons, gallo-romains, adonnés à cette grande œuvre. Les deux apôtres de la Frise, saint Willfried et saint Willibrod, ce dernier surtout, eurent avec Pepin d'Héristal des relations intimes et reçurent de lui un efficace appui. Plus de vingt évêchés, entre autres ceux d'Utrecht, de Mayence, de Ratisbonne, de Worms, de Spire, furent fondés à cette époque ; et l'un de ces ardents pionniers de la civilisation chrétienne, l'évêque irlandais saint Livin, martyrisé en 656 près de Gand, dont il est resté le patron, écrivait en vers à son ami Florbert, un peu avant son martyre : « J'ai vu un soleil sans rayons, des jours sans lumière et des nuits sans repos. Autour de moi s'ameute un peuple impie et qui demande mon sang. O peuple, quel mal t'ai-je fait ? C'est la paix que je t'apporte ; pourquoi me déclarer la guerre ? Mais ta barbarie fera mon triomphe et me donnera la palme du martyre. Je sais en qui je me confie, et mon espoir ne sera pas trompé. Tandis que j'écris ces vers, le conducteur fatigué de l'âne qui m'apporte les provisions accoutumées m'arrive ; il m'apporte ce qui fait les délices des champs, le lait, le beurre, les œufs ; les fromages pressent les joncs des paniers trop étroits. Que tardes-tu, bon messager ? presse le pas ; rassemble tes richesses, toi, si pauvre ce matin. Pour moi je ne suis plus ce que je fus, et j'ai perdu le don des vers joyeux. Comment pourrais-je être autrement quand j'assiste à de telles cruautés ? »

Il est difficile de décrire, avec une émotion plus pieuse, plus gracieuse et plus triste, une plus sainte et plus rude vie.

Après tant de fermes et glorieux actes d'autorité publique, Pepin d'Héristal fit en mourant, le 16 décembre 714, un acte de faiblesse domestique : il avait deux femmes, Plectrude et Alpaïde ; il avait répudié la première pour épouser la seconde, et l'Église, considérant ce second mariage comme illégitime, l'avait constamment pressé de reprendre Plectrude. Il avait d'elle un fils, Grimoald, qui fut assassiné en venant rejoindre son père, malade près de Liège. Ce fils laissait un enfant, Théodoald, âgé seulement de six ans. Ce fut cet enfant que, soit par une aveugle complaisance de grand-père, soit par l'influence de sa femme Plectrude, Pepin désigna pour lui succéder, au détriment des deux fils qu'il avait d'Alpaïde, Charles et Childebrand. Charles, âgé alors de vingt-cinq ans, avait déjà un renom de capacité et de vaillance. Pepin mort, sa veuve Plectrude se hâta de faire arrêter et emprisonner à Cologne ce fils de sa rivale Alpaïde ; mais quelques mois après, en 715, les Austrasiens, soulevés contre Plectrude, tirèrent Charles de prison et le mirent à leur tête en le proclamant duc d'Austrasie. Il était destiné à devenir Charles Martel.

Il s'occupa d'abord d'étendre et d'assurer sur tous les Francs son propre pouvoir. A la mort de Pepin d'Héristal, les Neustriens, irrités de la longue domination des Austrasiens, s'étaient donné l'un d'entre eux, Ragenfried, pour maire du palais, et avaient placé à côté de lui un roi mérovingien fainéant, Chilpéric II, qu'ils avaient tiré d'un monastère. A la tête des Austrasiens, Charles battit deux fois, d'abord près de Cambrai, puis près de Soissons, le roi et le maire du palais neustriens, les poursuivit jusqu'à Paris, revint à Cologne, se fit accepter par son ancienne ennemie la reine Plectrude, et resté modeste dans son ambition triomphante, il prit, lui aussi, parmi les Mérovingiens survivants, un roi fainéant, qu'il installa sous le nom de Clotaire IV, et il devint lui-même, avec le simple titre de duc d'Austrasie, maître de l'État franc.

Tranquille sur la rive gauche du Rhin, Charles porta sur ses voisins de la rive droite, les Frisons et les Saxons, ses regards et ses coups. Après avoir essuyé, dans une première rencontre, un assez grave échec, il prit sur eux, de 715 à 718, une ample revanche, réprima leurs tentatives d'invasion sur le territoire franc en les poursuivant sur le leur, leur imposa un tribut, et engagea fortement, contre les Saxons surtout, cette lutte d'abord défensive, bientôt agressive de la part des Francs, qui devait tenir, dans la vie et dans la gloire sanglante de son petit-fils Charlemagne, une si grande place.

Dans sa guerre contre les Neustriens, à la bataille de Soissons en 719, Charles avait rencontré dans leurs rangs Eudes ou Eudon, duc d'Aquitaine et de Vasconie, c'est-à-dire de cette belle portion de la Gaule méridionale située entre les Pyrénées, l'Océan, la Garonne et le Rhône, qui depuis longtemps s'efforçait de secouer la domination des barbares, Visigoths ou Francs. A la mort de Pepin d'Héristal, les Neustriens avaient attiré dans leur alliance, pour leur guerre contre les Austrasiens, le duc Eudes, auquel ils donnaient, à ce qu'il paraît, le titre de roi. Après leur défaite commune à Soissons, le prince aquitain se retira précipitamment dans son pays, emmenant avec lui le roi fainéant des Neustriens, Chilpéric II. Charles le poursuivit jusqu'à la Loire, et lui fit dire, quelques mois après, qu'il entrerait en amitié avec lui s'il voulait lui livrer Chilpéric et ses trésors; sinon, il envahirait et ravagerait l'Aquitaine. Eudes livra Chilpéric et ses trésors. Content d'avoir entre les mains ce fantôme mérovingien, Charles le traita généreusement, le maintint à son rang royal, et à sa mort survenue peu après, il le remplaça par un autre fantôme de la même race, Théodoric ou Thierry IV, qu'il tira de l'abbaye de Chelles, fondée par la reine sainte Bathilde, femme de Clovis II, et qui porta dix-sept ans le titre de roi, pendant que Charles Martel gouvernait glorieusement et peut-être sauvait l'État franc.

Quand il contracta alliance avec le duc d'Aquitaine, Charles Martel ne savait pas contre quels ennemis et quels périls il aurait bientôt à lutter.

Dans les premières années du huitième siècle, moins de cent ans après la mort de Mahomet, les Arabes musulmans, après avoir conquis la Syrie, la Mésopotamie, l'Égypte et l'Afrique septentrionale, avaient passé en Europe, envahi l'Espagne, renversé le royaume des Visigoths, repoussé les restes de la nation et son chef Pélage au nord de la Péninsule, dans les Asturies et la Galice, et poussé même au-delà des Pyrénées, dans l'ancienne Narbonaise, dite alors la Septimanie, leurs incursions indéfinies. Ces fougueux conquérants n'étaient pas alors, selon les évaluations les plus probables, plus de cinquante mille; mais ils avaient à la fois la passion religieuse et la passion guerrière; c'étaient des fanatiques de déisme et de gloire. « Le guerrier arabe en campagne n'était dispensé d'aucun des devoirs essentiels de l'islamisme; il était tenu de prier au moins une fois le jour, le matin en se levant, à la pointe de l'aube. Le général de l'armée en était le prêtre; c'était lui qui, à la tête des rangs, donnait le signal de la prière, en proférait les paroles, rappelait aux soldats les préceptes du Coran, et leur commandait l'oubli des querelles personnelles. » Un jour, au moment de livrer une bataille décisive, Moussa-ben-Nossair, premier gouverneur de l'Afrique musulmane, priait, selon l'usage, à la tête des troupes; il omit l'invocation du nom du khalife, formalité respectueuse de rigueur en cette occasion. L'un de ses officiers, persuadé que c'était, de la part de Moussa, une distraction, s'empressa de l'en avertir. « Sache, lui dit Moussa, que nous sommes dans un lieu et dans un moment où nul autre nom ne doit être invoqué que le nom du Dieu très-haut. » Moussa fut, à ce qu'il paraît, le premier chef arabe qui franchit les Pyrénées et se promena en pillant dans la Narbonaise. Les Arabes n'avaient sur la Gaule que des notions très-confuses; ils l'appelaient *Frandjas* et donnaient indistinctement à tous ses habitants le nom de *Frandj*. Le khalife Abdelmelek, ayant rappelé Moussa, le questionna sur les divers peuples auxquels il avait eu affaire. « Et de ces *Frandj*, lui dit-il, qu'as-tu à m'apprendre? — C'est, répondit Moussa, un peuple très-nombreux et abondamment pourvu de tout, brave et impétueux à l'attaque, mais lâche et timide dans les revers. — Et comment s'est passée la guerre entre eux et toi? ajouta Abdelmelek; t'a-t-elle été favorable ou contraire? — Contraire! non, par Dieu et par le Prophète; jamais mon armée n'a été vaincue; jamais bataillon de mon armée n'a été battu, et jamais les Musulmans n'ont hésité à me suivre quand je les ai menés quarante contre quatre-vingts[1]! »

En 719, sous la conduite d'El-Haur-ben-Abdel-Rhaman, chef vaillant et habile, disent les écrivains arabes, mais avide, dur et cruel, les Arabes poursuivirent leurs incursions dans la Gaule méridionale, prirent Narbonne, en dispersèrent les habitants, se répandirent en pillant jusque sur les bords de la Garonne, et vinrent mettre le siége devant Toulouse. Le duc d'Aquitaine, Eudes, se trouvait à Bordeaux; il convoqua en hâte les milices de ses villes, toutes les populations des Pyrénées à la Loire, et accourut au secours de sa capitale. Les Arabes, commandés par un nouveau chef, El-Samah, plus populaire parmi eux qu'El-Haur, l'attendirent sous les murs de la ville, décidés à lui livrer bataille. « Ne craignez rien de la multitude que voici, dit El-Samah à ses guerriers; si Dieu est avec nous, qui sera contre nous? » Eudes avait pris aussi grand soin d'enflammer le pieux courage des Aquitains; il répandit dans ses troupes le bruit qu'il avait reçu naguère en présent, du pape Grégoire II, trois éponges qui avaient servi à nettoyer la table à laquelle les souverains pontifes avaient coutume de donner la communion; il les fit découper en petits brins qu'il fit distribuer à tous ceux des combattants qui en souhaitaient, et là-dessus il fit sonner la charge. La victoire des Aquitains fut complète; l'armée arabe fut taillée en pièces; El-Samah fut tué, et avec lui, selon les récits des vainqueurs,

---

[1] Fauriel, *Histoire de la Gaule méridionale sous les conquérants germains*, t. III, p. 48, 67.

375,000 de ses soldats. Les témoignages et les calculs les plus vraisemblables ne portent pas au delà de 50 à 70,000 hommes en état de combattre le nombre des Arabes entrés huit ou dix ans auparavant en Espagne, tel même qu'il avait dû s'accroître par les émigrations venues d'Afrique, et sans doute El-Samah n'avait pas pu en amener en Aquitaine plus de 40 à 45,000. Quoi qu'il en soit, la défaite des Arabes devant Toulouse fut si grave que, quatre ou cinq siècles après, le meilleur de leurs historiens, Ibn-Hayan, en parlait encore comme de l'objet d'une commémoration solennelle, et affirmait que l'armée arabe y avait péri tout entière, sans qu'il s'en échappât un seul homme. Le point de la voie romaine, entre Carcassonne et Toulouse, où la bataille fut livrée, fut jonché de morts et resta indiqué, dans les chroniques arabes, sous le nom de *chaussée des Martyrs*.

Mais les Arabes d'Espagne étaient alors dans cet état social encore mal assis et dans cet élan de jeunesse passionnée où les aventures hardies excitent et attirent les peuples plus que leurs échecs ne les découragent. El-Samah, en passant les Pyrénées pour aller piller et conquérir dans le pays des Frandj, avait laissé pour son lieutenant dans la péninsule ibérique Anbessa-ben-Sohim, l'un des chefs les plus habiles, les plus pieux, les plus équitables et les plus humains, disent les chroniques arabes, qu'ait produits en Europe l'islamisme. Instruit de la mort d'El-Samah devant Toulouse, il résolut de reprendre son entreprise et de venger sa défaite. En 725, il entra en Gaule avec une forte armée, prit Carcassonne, soumit, par l'assaut ou par des traités, les principales villes de la Septimanie, et porta même, pour la première fois, au delà du Rhône, en Provence, les armes des Arabes. Au bruit de cette nouvelle invasion, le duc Eudes accourut d'Aquitaine, recueillant sur sa route les milices du pays, et après avoir attendu quelque temps l'occasion favorable, il livra aux Arabes, en Provence, une bataille d'abord incertaine, mais que les chrétiens gagnèrent enfin, sans autre résultat qu'Anbessa mortellement blessé et sa retraite sur la rive droite du Rhône, où il mourut avant d'avoir pu repasser lui-même les Pyrénées, mais en laissant les Arabes maîtres de la Septimanie, où ils s'établirent fortement, prenant Narbonne pour capitale et pour point d'appui de leurs entreprises futures.

La lutte était décidément engagée, du Rhône à la Garonne et à l'Océan, entre la Gaule méridionale chrétienne et l'Espagne musulmane. Le duc Eudes voyait avec une anxiété profonde ses ennemis établis en

Septimanie et toujours sur le point d'envahir et de dévaster l'Aquitaine. Il fut informé que le khalife Hecham venait de nommer gouverneur général de l'Espagne Abdel-Rhaman (l'Abdérame des chroniques chrétiennes), regardé comme le plus vaillant des Arabes espagnols, et que ce chef faisait de grands préparatifs pour reprendre le cours de leurs invasions. Un autre péril pesait en même temps sur le duc Eudes; son voisin du nord, le duc souverain des Francs, Charles, vainqueur au delà du Rhin des Frisons et des Saxons, portait des regards pleins de regret vers ces belles contrées de la Gaule méridionale que jadis Clovis avait conquises sur les Visigoths, et qui s'étaient peu à peu séparées de l'empire franc. Soit à bon droit, soit par artifice, Charles accusa le duc Eudes de ne pas observer fidèlement le traité de paix qu'ils avaient conclu en 720, et sur ce prétexte, il passa la Loire et porta deux fois dans la même année, en 731, l'alarme et le pillage dans les possessions du duc d'Aquitaine sur la rive gauche de ce fleuve. Eudes vint, non sans quelque succès, au secours de ses domaines; mais il fut bientôt rappelé vers les Pyrénées par les nouvelles qu'il reçut des mouvements d'Abdel-Rhaman, et par l'espoir qu'il avait conçu de trouver, en Espagne même et sous la domination des Arabes, un allié contre leurs invasions dans ses États. Le commandement militaire de la frontière espagnole des Pyrénées et des forces musulmanes qui y étaient campées avait été confié à Othman-ben-Abi-Nessâ, chef de renom, mais point Arabe d'origine ni de cœur, quoique musulman; il appartenait à la race des Berbères, que les Romains appelaient les Maures, peuple du nord-ouest de l'Afrique que les Arabes avaient vaincu et soumis, mais qui subissait impatiemment leur joug. La plupart des soldats d'Abi-Nessâ étaient aussi Berbères et dévoués à leurs chefs. Ambitieux et audacieux, Abi-Nessâ conçut le projet de s'emparer du gouvernement de la Péninsule, ou du moins de se rendre maître indépendant des contrées qu'il gouvernait; il entra en négociation avec le duc d'Aquitaine pour s'assurer son appui. Malgré leur dissentiment religieux, leurs intérêts étaient trop semblables pour qu'il ne leur fût pas facile de s'entendre; l'alliance secrète fut bientôt conclue et consacrée par un précieux gage; le duc Eudes avait une fille d'une rare beauté nommée Lampagie; il la donna pour femme à Abi-Nessâ, qui en devint, disent les chroniques, éperdument amoureux.

Mais pendant que, confiant dans cette alliance, Eudes se mettait en route vers la Loire pour protéger ses possessions contre une nouvelle attaque du duc des Francs, le gouverneur général de l'Espagne, Abdel-Rhaman, instruit du complot d'Abi-Nessâ, arrivait avec de grandes forces au pied des Pyrénées pour y étouffer la rébellion. La répression fut facile. « A l'approche d'Abdel-Rhaman, disent les chroniqueurs, Abi-Nessâ courut s'enfermer à Livia[1], se flattant de soutenir un siége dans cette place et d'y pouvoir attendre les secours de son beau-père Eudes ; mais l'avant-garde d'Abdel-Rhaman le suivit de si près et avec tant de fougue, qu'elle ne lui laissa pas le loisir de faire les moindres apprêts de défense. Abi-Nessâ eut à peine le temps de s'enfuir de la ville et de gagner les montagnes voisines avec quelques serviteurs et sa bien-aimée Lampagie. Il avait déjà pénétré dans une gorge écartée et déserte, où il lui semblait qu'il ne courait plus de risque d'être découvert. Il s'arrêta donc pour se délasser et apaiser la soif qui les tourmentait, sa belle compagne et lui, à côté d'une cascade qui s'élançait d'une haute masse de rochers sur une fraîche et verte pelouse. Ils se livraient au charme de se croire sauvés, lorsque tout à coup ils entendent un grand bruit de pas et de voix ; ils prêtent l'oreille et portent les yeux du côté d'où vient le bruit ; ils aperçoivent un détachement de soldats armés, un de ceux qui les cherchaient. Leurs serviteurs prennent la fuite ; Lampagie trop lasse ne peut les suivre, ni Abi-Nessâ abandonner Lampagie. En un clin d'œil ils sont entourés d'ennemis. Le chroniqueur Isidore de Béja dit que, pour ne pas tomber vivant dans leurs mains, Abi-Nessâ se précipita du haut en bas sur des rochers ; un historien arabe raconte qu'il mit l'épée à la main et se fit tuer de vingt coups de lance en combattant pour la défense de celle qu'il aimait. On lui coupa la tête, qui fut aussitôt portée à Abdel-Rhaman, auquel on conduisit prisonnière la malheureuse fille d'Eudes ; Abdel-Rhaman la trouva si belle, qu'il crut devoir l'envoyer à Damas, au chef des croyants, n'estimant nul autre mortel digne d'elle[2]. »

Tranquille sur l'intérieur de l'Espagne, Abdel-Rhaman rassembla les forces qu'il avait préparées pour son expédition, marcha vers les Pyrénées par Pampelune, franchit le sommet devenu si célèbre sous le nom de *Port de Roncevaux*, et déboucha par un seul défilé et en une seule colonne, disent les chroniqueurs, dans la Vasconie gauloise, plus étendue que ne l'est maintenant la Biscaye française. M. Fauriel, après une

---

[1] Ancienne capitale de la Cerdagne, sur les ruines de laquelle a été bâtie Puycerda
[2] Fauriel, *Histoire de la Gaule méridionale sous la domination des conquérants germains*, t. III, p. 115.

étude scrupuleuse, selon son usage, évalue l'armée d'Abdel-Rhaman, soit en aventuriers musulmans accourus de toutes parts, soit en Arabes d'Espagne, à 65 ou 70,000 combattants. Le duc Eudes s'efforça vaillamment de l'arrêter dans sa marche et de la refouler vers les montagnes ; mais épuisé, même par quelques petits succès, et toujours forcé de reculer de combat en combat jusqu'aux approches de Bordeaux, il passa la Garonne et s'arrêta sur la rive droite du fleuve pour couvrir la ville. Abdel-Rhaman, qui l'avait suivi de près, passa aussi le fleuve de vive force, et là fut livrée une grande bataille où les Aquitains furent défaits avec une perte immense. « Dieu seul, dit Isidore de Béja, sait le nombre de ceux qui y périrent. » La bataille gagnée, Abdel-Rhaman prit Bordeaux d'assaut et le livra à son armée ; à en croire les historiens des vainqueurs, le pillage dépassa tout ce qu'on avait pu présumer de la richesse des vaincus. « Le moindre soldat, disent-ils, eut, pour sa part, force topazes, hyacinthes, émeraudes, sans parler de l'or, un peu vulgaire en pareil cas. » Ce qui paraît certain, c'est qu'au sortir de Bordeaux les Arabes étaient tellement chargés de butin que leur marche en devint moins rapide et moins libre qu'auparavant.

Dans ce désastre, les Francs et leur duc étaient évidemment le seul appui auquel Eudes pût avoir recours ; il se rendit en toute hâte auprès de Charles et l'invoqua contre l'ennemi commun qui, après avoir écrasé les Aquitains, atteindrait bientôt les Francs et leur ferait subir à leur tour ses ravages et ses outrages. Charles n'avait pas besoin d'être sollicité : il fit jurer au duc d'Aquitaine de reconnaître sa souveraineté et de lui rester désormais fidèle ; puis, convoquant tous ses guerriers, Francs, Bourguignons, Gallo-Romains, Germains d'outre-Rhin, il se mit en route vers la Loire. Il était temps ; les Arabes s'étaient répandus dans tout le pays entre la Garonne et la Loire ; ils avaient même passé ce dernier fleuve et pénétré en Bourgogne jusqu'à Autun et à Sens, ravageant les campagnes, les villes, les monastères, et massacrant ou dispersant les populations. Abdel-Rhaman avait entendu parler de la ville de Tours et de sa riche abbaye dont les trésors surpassaient, disait-on, ceux de toute autre ville et de toute autre abbaye de la Gaule ; ardent à s'en emparer, il rappela vers ce point ses forces éparses ; arrivé devant Poitiers, il en trouva les portes fermées et les habitants bien résolus à se défendre ; après un vain essai d'assaut, il continua sa marche vers Tours. Il était déjà sous les murs de la place, lorsqu'il apprit que les Francs avançaient rapidement et en masses nombreuses ; il se replia vers Poitiers, recueillant les troupes qui lui revenaient de toutes parts, et embarrassé de l'immense butin qu'elles traînaient à leur suite. Il eut un moment, disent quelques historiens arabes, l'idée de donner à ses soldats l'ordre d'abandonner ce butin, de le brûler, de ne garder que leurs armes et de ne penser qu'au combat ; il n'en fit rien et, pour attendre les Francs, il établit son camp entre la Vienne et le Clain, près de Poitiers, non loin du lieu où, deux cent vingt-cinq ans auparavant, Clovis avait vaincu les Visigoths, et selon d'autres, plus près de Tours, à Miré, dans une plaine dite encore *les Landes de Charlemagne*. Les Francs arrivèrent. On était au mois de septembre ou d'octobre 732 ; les deux armées passèrent une semaine l'une en face de l'autre, tantôt renfermées dans leur camp, tantôt se déployant sans s'attaquer. A coup sûr, ni les Francs ni les Arabes, ni Charles ni Abdel-Rhaman eux-mêmes ne se rendaient compte, comme nous le faisons aujourd'hui, de la gravité de la lutte qu'ils étaient sur le point d'engager ; c'était la lutte de l'Orient et de l'Occident, du Midi et du Nord, de l'Asie et de l'Europe, de l'Évangile et du Coran, et nous disons maintenant, en considérant l'ensemble des événements, des peuples et des siècles, que la civilisation du monde en dépendait. Les générations qui passent sur la terre ne voient pas de si loin ni de si haut les chances et les conséquences de leurs actes ; les Francs et les Arabes, chefs et soldats, ne se regardaient pas, il y a bientôt douze siècles, comme appelés à décider, près de Poitiers, d'un tel avenir ; mais ils avaient un vague instinct de la grandeur de leur rôle et ils s'observaient mutuellement avec cette curiosité sérieuse qui précède une rencontre redoutable entre de vaillants guerriers. Enfin, au lever du septième ou du huitième jour, Abdel-Rhaman, à la tête de sa cavalerie, ordonna une attaque générale ; les Francs le reçurent en rangs serrés, étonnant leurs ennemis par leur grande taille, leurs fortes armures et leur immobilité menaçante. « Ils étaient là, dit Isidore de Béja, comme des murs solides ou des remparts de glace. » Pendant le combat, un corps de Francs pénétra dans le camp ennemi, soit pour le piller, soit pour prendre à dos les Arabes ; les cavaliers d'Abdel-Rhaman quittèrent aussitôt l'attaque générale, et revinrent en arrière pour défendre soit leur camp, soit le butin qui y était déposé. Le désordre se mit parmi eux et bientôt dans toute leur armée ; la bataille devint une mêlée confuse, où la haute stature et les fortes armes des Francs avaient l'avan-

LES ARABES AVAIENT DÉBARQUÉ EN SILENCE PENDANT LA NUIT.

tage. Un grand nombre d'Arabes et Abdel-Rhaman lui-même furent tués ; aux approches de la nuit, les armées se replièrent l'une et l'autre dans leur camp. Le lendemain, à l'aube du jour, les Francs sortirent du leur pour recommencer le combat. Devant eux, point de mouvement, point de bruit, point d'Arabes hors de leurs tentes et se rassemblant à leurs rangs. Quelques Francs furent envoyés, entrèrent dans le camp ennemi et pénétrèrent dans les tentes ; elles étaient désertes. « Les Arabes avaient décampé en silence pendant la nuit, abandonnant le gros de leur butin, et s'avouant vaincus par cette retraite précipitée plus qu'ils ne l'avaient été dans le combat. »

Prévoyant l'effet que produirait leur défaite dans les pays que naguère ils avaient traversés en vainqueurs, ils ne s'arrêtèrent nulle part, et se hâtèrent de rentrer en Septimanie, dans Narbonne, leur place forte où ils pourraient attendre les secours qui leur viendraient d'Espagne. De son côté, après avoir, comme vassal, prêté serment de fidélité à Charles, que j'appellerai désormais *Charles Martel*, nom glorieux qu'il conquit par le grand coup dont il frappa les Arabes, le duc Eudes rentra dans ses États d'Aquitaine et de Vasconie, et s'appliqua à y rétablir la sécurité et son pouvoir. Quant à Charles Martel, infatigable après comme avant la victoire, il ne tenait pas son œuvre dans la Gaule méridionale pour accomplie ; il voulait ressaisir et reconstituer pleinement l'État franc ; il entreprit immédiatement d'y rattacher la Provence et les portions de l'ancien royaume de Bourgogne situées entre les Alpes et le Rhône, à partir de Lyon ; sa première campagne dans ce but, en 735, fut heureuse ; il reprit possession de Lyon, de Vienne, de Valence, ne s'arrêta qu'à la Durance, et chargea des leudes de son choix de gouverner ces provinces en y réprimant au dedans les tentatives d'indépendance, au dehors les incursions des Arabes de la Septimanie. Ces deux périls se manifestèrent bientôt ; le gouvernement des leudes de Charles Martel fut dur à des populations accoutumées depuis quelque temps à disposer d'elles-mêmes, et à leurs chefs locaux ainsi dépouillés de leur influence. Mauronte, patrice d'Arles, était le plus puissant et le plus hardi de ces chefs ; il avait à cœur l'indépendance de son pays et son propre pouvoir beaucoup plus que la grandeur franque ; peu soucieux sans doute de l'intérêt religieux, il entra en négociation avec Youssouf-ben-Abdel-Rhaman, gouverneur de Narbonne, et appela les Musulmans en Provence. Youssouf s'empressa de répondre à cet appel, et de 734 à 736, les

Arabes conquirent et occupèrent militairement la rive gauche du Rhône, d'Arles à Lyon. Mais en 737 Charles Martel revint, rentra à Lyon, à Avignon, et, passant le Rhône, il marcha rapidement sur Narbonne pour chasser les Arabes de la Septimanie. Il les battit presque en vue de leur capitale; mais après quelques tentatives d'assaut, ne parvenant pas à s'en emparer, il retourna en Provence en dévastant sur sa route plusieurs villes de la Septimanie, Agde, Maguelonne et Nîmes où il essaya, mais en vain, de détruire par le feu les célèbres arènes romaines, comme on fait sauter une forteresse ennemie. Un soulèvement des Saxons le rappela vers la Gaule septentrionale, et à peine était-il parti de Provence, que l'insurrection nationale et l'invasion arabe y recommencèrent. Charles Martel patienta tant que les Saxons lui résistèrent; mais libre de leur côté en 739, il rassembla une forte armée, fit le long du Rhône une troisième campagne, reprit Avignon, passa la Durance, poussa jusqu'à la mer, prit Marseille, puis Arles, et chassa décidément les Arabes de Provence. Quelques bandes musulmanes tentèrent de s'établir dans les environs de Saint-Tropez, sur les hauteurs escarpées et parmi les forêts des Alpes; mais Charles Martel les fit poursuivre jusque dans ces retraites sauvages, et toute la Gaule méridionale, sur la rive gauche du Rhône, fut incorporée à l'État franc, que j'appellerai désormais la France.

Les revenus ordinaires de Charles Martel ne pouvaient évidemment suffire à tant d'expéditions et de guerres; il avait besoin d'attirer ou de retenir par de riches présents, surtout par des dons de terres, les guerriers, anciens ou nouveaux leudes, qui faisaient sa force; il mit la main sur un grand nombre de domaines des églises, qu'il donna, à titre de bénéfices, en usufruit souvent converti en propriété, et sous le nom de *précaires*, aux chefs qui le servaient. Ce n'était pas là un fait nouveau : les rois mérovingiens et les maires du palais avaient plus d'une fois porté ainsi atteinte à la propriété ecclésiastique; mais Charles Martel poussa cette pratique beaucoup plus loin que n'avaient fait ses prédécesseurs. Il fit plus, il donna quelquefois à ses guerriers les charges et les dignités ecclésiastiques; son fidèle Milon reçut de lui les archevêchés de Reims et de Trèves, et son neveu Hugues ceux de Paris, de Rouen et de Bayeux avec les abbayes de Fontenelle et de Jumiéges. L'Église se récria de toute sa force contre de telles violations de sa mission et de son intérêt, de ses devoirs et de ses droits; elle s'en prenait si spécialement à Charles Martel que, plus d'un siècle après sa mort, en 858, les évêques de France, s'adressant sur ce sujet à Louis le Germanique, lui écrivaient : « Saint Euchère, évêque d'Orléans, qui repose maintenant dans le monastère de Saint-Trudon, étant en oraison, fut ravi dans la vie éternelle ; et là, entre autres choses que lui montra le Seigneur, il vit le prince Charles livré aux tourments des damnés dans les plus basses régions de l'enfer. Saint Euchère, demandant à l'ange son guide quelle en était la cause, l'ange lui répondit que c'était par le jugement des saints dont il avait dérobé les biens, et qui, au jour du jugement dernier, siégeront avec Dieu pour juger les hommes. »

En usant ainsi, aux dépens de l'Église et dans un intérêt politique, de la force matérielle, Charles Martel était loin de méconnaître sa puissance morale et le besoin qu'il avait de son appui en même temps qu'il encourait ses anathèmes. Non content de défendre la chrétienté contre l'islamisme, il la servait contre le paganisme en prêtant aux missionnaires chrétiens en Germanie et dans le nord-est de l'Europe, entre autres à saint Willibrod et à saint Boniface, le plus efficace appui. En 724, il adressa, à toutes les autorités religieuses et politiques que pouvait atteindre son influence, non-seulement aux évêques, « mais aux ducs, aux comtes, à leurs vicaires, à nos palatins, à tous nos agents, à nos envoyés, à nos amis, cette lettre circulaire : « Sachez que l'homme apostolique, notre père en Christ, Boniface évêque, est venu à nous et nous a dit que nous devrions le prendre sous notre sauvegarde et notre protection. Nous vous faisons connaître que nous le faisons très-volontiers. C'est pourquoi nous avons jugé à propos de le lui confirmer de notre propre main, afin que, dans quelque lieu qu'il aille, il y soit en paix et en sûreté au nom de notre affection et sous notre sauvegarde ; de telle sorte qu'il puisse partout rendre, faire et recevoir justice. Et s'il vient à se trouver dans quelque rencontre ou nécessité qui ne puisse être définie par la loi, qu'il reste en paix et en sûreté jusqu'à ce qu'il soit venu en notre présence, lui et tous ceux qui espéreront en lui et se réclameront de lui. Que personne n'ose lui être contraire ni lui porter dommage, et qu'il demeure en tout temps tranquille et en sûreté sous notre sauvegarde et protection. Et pour que cela soit regardé comme certain, nous avons souscrit ces lettres de notre propre main et les avons scellées de notre anneau. »

Ce n'était point là évidemment des paroles vagues et banales, données pour satisfaire un solliciteur et sans se préoccuper de leurs résultats; c'était des recommandations pressantes et des injonctions précises, les plus propres à assurer le succès du protégé au nom du protecteur. Aussi saint Boniface écrivait-il, peu après, du fond de la Germanie : « Sans le patronage du prince des Francs, sans son ordre et la crainte de son pouvoir, je ne pourrais ni diriger le peuple, ni défendre les prêtres, les diacres, les moines ou les servantes de Dieu, ni interdire, dans ce pays, les rites des païens et leur culte sacrilége des idoles. »

En même temps qu'il protégeait les missionnaires chrétiens lancés au milieu de la Germanie païenne, Charles Martel se montrait aussi prêt à protéger, mais avec autant de prudence que de bon vouloir, le chef de l'Église chrétienne. En 741, le pape Grégoire III lui envoya deux nonces, les premiers venus en France avec ce caractère, pour lui demander son secours contre les Lombards, ses voisins, qui menaçaient d'assiéger Rome. Ces messagers portaient à Charles Martel « tant de présents que nul n'en avait jamais vu ni ouï parler de si grands, » entre autres les clefs du tombeau de saint Pierre, avec une lettre dans laquelle le pape conjurait Charles de ne pas ajouter foi aux intentions ni aux paroles de Luitprandt, roi des Lombards, et de prêter effectivement à l'Église romaine un appui que, depuis quelque temps, elle attendait en vain des Francs et de leur chef. « Qu'ils viennent, nous dit-on, écrivait avec douleur le pape, ce Charles auprès de qui vous avez cherché refuge, et les armées des Francs ; qu'ils vous soutiennent, s'ils le peuvent, et qu'ils vous arrachent à nos mains. » Charles Martel était en effet en bons rapports avec Luitprandt, qui lui était venu en aide dans ses expéditions en Provence contre les Arabes. Il reçut les nonces du pape avec une vive satisfaction et les plus éclatants témoignages de respect ; il leur promit, non pas de faire la guerre aux Lombards, mais d'employer son influence auprès du roi Luitprandt pour qu'il cessât de menacer Rome. Il envoya à son tour au pape deux messagers considérables, Sigebert, abbé de Saint-Denis, et Grimon, abbé de Corbie, chargés de lui offrir de riches présents et de s'employer en effet auprès du roi des Lombards pour écarter les dangers que redoutait le saint-siége. Il voulait faire en faveur de la papauté acte d'une bienveillance sérieuse, sans subordonner aux désirs du pape ses relations avec d'utiles alliés.

Charles Martel n'eut pas le temps de pratiquer efficacement envers la papauté cette politique à la fois protectrice et indépendante ; il mourut à la fin de cette même année, le 22 octobre 741, à Kiersy-sur-Oise, âgé de cinquante-deux ans, et son dernier acte fut le moins sage de sa vie. Il l'avait employée tout entière à deux grandes œuvres : rétablir dans toute la Gaule l'empire franco-gallo-romain, et repousser des frontières de cet empire, au nord les Germains, au midi les Arabes ; la conséquence comme la condition de ce double succès était la victoire du christianisme sur le paganisme et sur l'islamisme. Charles Martel compromit ces résultats en retombant dans l'ornière de ces rois mérovingiens dont il avait laissé vivre l'ombre sur le trône ; il partagea entre ses deux fils légitimes, Pepin, dit le Bref à cause de sa petite taille, et Carloman, cet État unique qu'il avait si laborieusement reconstitué et défendu. Pepin eut la Neustrie, la Bourgogne, la Provence et la suzeraineté de l'Aquitaine ; Carloman eut l'Austrasie, la Thuringe et l'Allemanie. Ils ne prirent, l'un et l'autre, à la mort de leur père, que le titre de maires du palais, peut-être de ducs. L'avant-dernier des Mérovingiens, Thierry IV, était mort en 737. Depuis quatre ans, il n'y avait plus de roi.

Mais quand les œuvres des hommes sont sages et vraies, c'est-à-dire conformes aux besoins durables des peuples et à la tendance naturelle des faits sociaux, elles surmontent les fautes mêmes de leurs auteurs. Aussitôt après la mort de Charles Martel, les conséquences du partage de son empire entre ses deux fils se manifestèrent. Au nord, les Saxons, les Bavarois, les Allemands recommencèrent leurs insurrections. Au midi, les Arabes de la Septimanie reprirent leurs espérances d'envahissement, et le duc d'Aquitaine Hunald, qui avait succédé à son père Eudes, mort en 735, tenta de nouveau de se soustraire à la souveraineté franque et de conquérir son indépendance. Charles Martel avait laissé un jeune fils, Grippon, dont la légitimité était contestée, mais qui ne tarda pas à former des prétentions et à ourdir des intrigues contre ses frères. Partout éclata le mouvement de réaction qui s'élève contre les œuvres grandes et difficiles quand la forte main qui les avait entreprises n'est plus là pour les soutenir ; mais ce mouvement fut de courte durée et de peu d'effet. Élevés à l'école et dans le respect de leur père, ses deux fils, Pepin et Carloman, étaient pénétrés de ses idées et de ses exemples ; ils restèrent unis malgré la division de leurs États et ils travaillèrent ensemble avec succès à réprimer, au nord les Saxons et les Bavarois, au midi les Arabes et les Aquitains, suppléant à l'unité par l'union, et poursuivant d'un commun accord le but constant de Charles Martel, au dehors la sûreté et la grandeur de l'État franc, au dedans la cohésion de toutes ses parties et l'efficacité de son gouvernement. Les événements vinrent en aide à cette sage conduite : cinq ans après la mort de Charles Martel, en 746, Carloman, déjà las du fardeau du pouvoir et saisi de ferveur religieuse, abdiqua sa part de souveraineté, remit ses États à son frère Pepin, se fit tonsurer des mains du pape Zacharie et se retira en Italie, au monastère du Mont-Cassin. L'année précédente, en 745, le duc d'Aquitaine Hunald, dans une vue plus patriotique et aussi pieuse, abdiqua aussi en faveur de son fils Waïfre, qu'il croyait plus capable que lui de conquérir l'indépendance de l'Aquitaine, et alla s'enfermer dans un monastère de l'île de Rhé où son père Eudes avait son tombeau. A la suite de diverses tentatives de conspiration et d'insurrection, le jeune frère des deux princes francs, Grippon, fut tué dans une rencontre en traversant les Alpes. Les violentes dissensions intérieures des Arabes d'Espagne et leurs guerres incessantes avec les Berbères ne leur permirent pas de poursuivre en Gaule aucune grande entreprise. Grâce à toutes ces circonstances, Pepin se trouva, en 747, seul maître de l'héritage de Clovis, et chargé seul de poursuivre, dans l'État et dans l'Église, l'œuvre de son père, l'unité et la grandeur de la France chrétienne.

Moins entreprenant que son père, mais judicieux, persévérant, et habile à discerner ce qui était à la fois nécessaire et possible, Pepin était très-propre à continuer et à consolider ce qu'il n'eût peut-être pas commencé et créé. Comme son père, il fit, en arrivant au pouvoir, acte de modération, on pourrait dire de modestie ; il ne prit point le titre de roi, et, de concert avec son frère Carloman, il alla chercher, dans on ne sait quel asile obscur, un Mérovingien oublié, fils de l'avant-dernier des rois fainéants Chilpéric II, et le fit roi, le dernier de sa race, sous le nom de Childéric III, ne prenant lui-même, ainsi que son frère, que la qualité de maire du palais. Mais au bout de dix ans et quand il se vit seul à la tête de l'État franc, Pepin jugea le moment venu de mettre fin à cette fiction. En 751, il envoya à Rome, vers le pape Zacharie, Burchard, évêque de Wurtzbourg, et Fulrad, abbé de Saint-Denis, pour « consulter le pontife, dit Éginhard, au sujet des rois qui existaient lors chez les Francs, et qui portaient seulement le nom de roi sans jouir en rien de l'autorité royale. » Le pape, que le grand missionnaire de la Germanie, saint Boniface, avait préparé à la question, répondit « qu'il valait mieux donner le titre de roi à celui qui exerçait la puissance souveraine, » et l'année suivante, au mois de mars 752, en présence et de l'aveu de l'assemblée générale des leudes et des évêques réunis à Soissons, Pepin fut proclamé roi des Francs et reçut des mains de saint Boniface l'onction sacrée. On coupa les cheveux au dernier fantôme mérovingien Childéric III, et on le relégua dans le monastère de Sithiu, à Saint-Omer. Deux ans plus tard, le 28 juillet 754, le pape Étienne II, venu en France pour réclamer l'appui de Pepin contre les Lombards, après en avoir reçu de lui l'assurance, « le consacra de nouveau avec l'huile sainte dans l'église de Saint-Denis pour honorer en lui la dignité royale » et conféra le même honneur aux deux fils du roi, Charles et Carloman. La nouvelle royauté gallo-franque et la papauté, au nom de leur foi et de leurs intérêts communs, contractèrent ainsi une intime alliance. Le jeune Charles devait devenir Charlemagne.

La même année, Boniface que, six ans auparavant, le pape Zacharie avait fait archevêque de Mayence, remit un jour à son disciple Lulle la dignité épiscopale, le chargea de poursuivre les diverses œuvres qu'il avait lui-même commencées dans les églises de Germanie et de maintenir la foi des peuples. « Pour moi, ajouta-t-il, je me mettrai en chemin, car le jour de mon passage approche. J'ai désiré ce départ et rien ne peut m'en détourner; c'est pourquoi, mon fils, fais préparer toutes choses, et place dans le coffre de mes livres le linceul qui doit envelopper mon vieux corps. » Il partit en effet avec quelques-uns de ses prêtres et de ses serviteurs, pour aller évangéliser les Frisons, la plupart encore païens et barbares. Il planta sa tente sur leur territoire et se disposait à y célébrer la sainte cène, lorsqu'une bande de naturels survint et se rua sur le cortége de l'archevêque; ses serviteurs l'entourèrent pour le défendre et se défendre; le combat s'engageait. « Cessez, cessez, mes enfants, s'écria l'archevêque; l'Écriture nous prescrit de rendre le bien pour le mal. Ce jour est celui que j'ai longtemps désiré et l'heure de notre délivrance est venue. Soyez forts dans le Seigneur; espérez en lui et il sauvera vos âmes. » Les barbares égorgèrent le saint homme et la plupart de ses compagnons. Peu de temps après, les chrétiens du voisinage vinrent en armes et retrouvèrent le corps de saint Boniface; auprès de lui était un livre taché de sang et qui semblait tombé de ses mains; il contenait plusieurs opuscules des Pères, entre autres un écrit de saint Ambroise, *du Bienfait de la mort*. La mort du pieux missionnaire fut aussi puissante que sa prédication pour convertir la Frise. C'était là un mode de conquête digne de la foi chrétienne, et dont l'histoire chrétienne avait déjà prouvé l'efficacité.

Saint Boniface ne se borna pas à évangéliser les païens; il travailla avec ardeur, dans l'Église chrétienne gallo-franque, à réformer les mœurs, la discipline ecclésiastique, et à assurer, en la justifiant, l'influence morale du clergé par les exemples comme par les préceptes. Les conciles, qui étaient presque tombés en désuétude dans la Gaule, y redevinrent fréquents et actifs; de 742 à 753, on en compte sept présidés par saint Boniface, et qui exercèrent dans l'Église une action salutaire. Le roi Pepin, reconnaissant des services que l'archevêque de Mayence lui avait rendus, secondait ses efforts réformateurs tantôt en donnant l'appui de l'autorité royale aux canons des conciles tenus souvent simultanément et presque confondus avec les assemblées laïques des Francs, tantôt en faisant droit aux réclamations des églises contre les violences et les spoliations qu'elles avaient subies. « Il y avait un point grave, dit M. Fauriel, sur lequel la position des fils de Charles Martel se trouvait à peu près la même que celle de leur père : c'était en ce qui concernait la nécessité d'affecter aux hommes de guerre une portion des revenus ecclésiastiques. Mais plus religieux que Charles Martel, ou plus frappés que lui de l'importance de ménager la puissance sacerdotale, ils eurent plus de chagrin et plus de souci de cette nécessité où ils se virent de continuer à dépouiller les églises et de persister dans un système qui achevait de perdre toute discipline ecclésiastique. Ils mirent plus d'empressement à alléger le mal et à offrir des compensations à l'Église pour la part de ce mal qu'il n'était pas en leur pouvoir de faire cesser. Ainsi, dans le champ de Mars tenu à Leptines en 743, il fut décidé, relativement aux terres ecclésiastiques affectées au service militaire : 1° que les églises propriétaires de ces terres en partageraient le revenu avec le détenteur laïque; 2° qu'un homme de guerre en jouissance d'un bénéfice ecclésiastique venant à mourir, le bénéfice retournerait à l'Église; 3° que tout bénéfice par la privation duquel une Église serait réduite à la pauvreté lui serait à l'instant restitué. Que ce capitulaire fût exécuté ou même exécutable, il y a fort à en douter; mais moins Carloman et Pepin réussirent à réparer les pertes matérielles que l'Église avait faites depuis l'avénement des Carlovingiens, plus ils mirent de zèle à seconder l'accroissement de son pouvoir moral et la restauration de sa discipline... Ce fut alors que l'on commença à voir les assemblées nationales des Francs, les réunions du champ de Mars, transformées en synodes ecclésiastiques sous la présidence du légat en titre du pontife romain, dicter, par l'organe de l'autorité politique, des règlements et des lois, dans le but direct et formel de restaurer la religion divine, la discipline ecclésiastique et d'assurer le salut spirituel des peuples[1]. »

Proclamé roi et ayant réglé ses affaires avec l'Église aussi bien que le permettaient les questions de guerre qui lui restaient à résoudre, Pepin porta tout son effort sur les deux pays qu'à l'exemple de son père il avait à cœur de rattacher à la monarchie gallo-franque la Septimanie, qu'occupaient encore les Arabes, et l'Aquitaine, dont le petit-fils du duc Eudes, le duc Waifre, défendait courageusement et habilement l'indépendance. La conquête de la Septimanie fut plus longue que difficile ; après avoir parcouru en vainqueurs les campagnes du pays, les Francs tinrent bloquée pendant trois ans Narbonne, sa capitale, où les Arabes d'Espagne, très-affaiblis par leurs discordes, essayèrent en vain de faire arriver des renforts. A côté des Arabes musulmans, la population de la ville comptait beaucoup de Goths chrétiens qui se lassèrent de souffrir pour la défense de leurs oppresseurs ; ils nouèrent avec les chefs de l'armée de Pepin des négociations secrètes, à la suite desquelles ils ouvrirent les portes de la ville. En 759, après avoir été quarante ans sous la domination des Arabes, Narbonne passa définitivement sous celle des Francs, qui garantirent à ses habitants la libre jouissance de leur loi gothique ou romaine et de leurs institutions locales. Il paraît même que, dans la province d'Espagne limitrophe de la Septimanie, un chef arabe, Soliman, qui commandait à Girone et à Barcelone, entre l'Èbre et les Pyrénées, se soumit à Pepin, lui et le pays qui dépendait de lui. Événement important dans le règne de Pepin et même dans l'histoire moderne, car ce fut là le point où l'islamisme, naguère agressif et vainqueur dans l'Europe méridionale, commença à se sentir définitivement vaincu et à reculer devant le christianisme.

La conquête de l'Aquitaine et de la Vasconie fut beaucoup plus disputée et plus longtemps incertaine. Le duc Waifre était aussi habile à négocier qu'à combattre : tantôt il semblait accepter les ouvertures pacifiques de Pepin, ou bien il en faisait lui-même qui demeuraient sans résultat ; tantôt il allait chercher et il acquérait jusqu'en Germanie

---

[1] Fauriel, *Histoire de la Gaule méridionale sous la domination des conquérants germains,* t. III, p. 224.

des alliés qui causaient à Pepin beaucoup d'embarras et de périls. Les populations de l'Aquitaine détestaient les Francs, et la guerre, qui était pour leur duc une question de souveraineté indépendante, était pour elles une question de nationalité passionnée. Pepin, naturellement plus humain, je dirai même plus généreux dans la guerre que ne l'avaient été communément ses prédécesseurs, fut entraîné, dans sa lutte contre le duc d'Aquitaine, à dévaster sans mesure les contrées qu'il parcourait et à traiter très-durement les vaincus. Ce ne fut qu'après neuf années de guerre et sept campagnes pleines de vicissitudes qu'il réussit, non pas à vaincre son ennemi dans une bataille décisive, mais à gagner quelques serviteurs qui trahirent leur maître ; au mois de juillet 759, « le duc Waifre fut tué par les siens, d'après le conseil du roi, » dit Frédégaire, et la conquête de toute la Gaule méridionale porta l'étendue et la puissance de la monarchie gallo-franque plus haut qu'elle ne l'avait encore été, même sous Clovis.

En 753, Pepin avait fait contre les Bretons de l'Armorique une expédition dans laquelle il avait pris Vannes et « soumis, ajoutent quelques chroniqueurs, toute la Bretagne. » En réalité, la Bretagne ne fut pas plus soumise à Pepin qu'à ses prédécesseurs ; tout ce qu'on peut dire, c'est que les Francs reprirent, sous lui, contre les Bretons une attitude agressive, comme pour réclamer un droit de souveraineté.

Précisément à cette époque, Pepin s'engageait dans une question qui ne lui permettait pas de disséminer çà et là ses forces. Je viens de dire qu'en 741 le pape Grégoire III avait demandé le secours des Francs contre les Lombards qui menaçaient Rome, et que, tout en accueillant bien le vœu du pape, Charles Martel ne s'était pas pressé d'intervenir activement dans cette querelle. Douze ans plus tard, en 753, le pape Étienne, menacé de nouveau par Astolphe, roi des Lombards, après avoir en vain essayé d'obtenir de lui quelques garanties de paix, se rendit à Paris, et renouvela auprès de Pepin les instances de Zacharie. Pepin pouvait difficilement s'y refuser ; c'était Zacharie qui avait déclaré qu'il fallait le faire roi ; Étienne se montrait prêt à le sacrer une seconde fois, lui et ses fils ; c'était l'aîné de ses fils, Charles, à peine âgé de douze ans, que Pepin, en apprenant la prochaine arrivée du pape, avait envoyé à sa rencontre pour lui faire un brillant accueil. Étienne passa l'hiver à Saint-Denis et se concilia la faveur du peuple comme celle du roi. Astolphe se refusa péremptoirement aux remontrances de Pepin qui lui demandait d'évacuer les villes de l'exarchat de Ravenne, et de laisser le pape en sûreté aux environs de Rome comme dans Rome même. Au champ de Mars tenu à Braine au printemps de 754, les Francs applaudirent à la guerre contre les Lombards ; à la fin de l'été, Pepin et son armée descendirent en Italie par le mont Cenis ; les Lombards essayèrent en vain de les arrêter à leur débouché dans le val de Suze. Astolphe, battu et bientôt bloqué dans Pavie, promit tout ce qu'on lui demandait, et Pepin, avec ses guerriers chargés de butin, retourna en France, laissant à Rome le pape qui les conjurait de rester encore en Italie, car certainement, disait-il, le roi Astolphe ne tiendrait pas ses promesses. Le pape avait raison ; dès que les Francs furent partis, le roi des Lombards continua de retenir les places de l'exarchat et d'infester les environs de Rome. Le pape, désolé et doutant un peu du retour de ses auxiliaires, imagina d'adresser « au roi, chefs et peuple francs une lettre écrite, disait-il, par Pierre, apôtre de Jésus-Christ fils du Dieu vivant, pour leur annoncer que, s'ils venaient en diligence, il les assisterait comme s'il était vivant selon la chair parmi eux, qu'ils vaincraient tous leurs ennemis et s'assureraient la vie éternelle ! » L'expédient eut un plein succès auprès des Francs ; ils passèrent de nouveau les Alpes avec enthousiasme, battirent de nouveau les Lombards et bloquèrent de nouveau dans Pavie le roi Astolphe, qui s'empressa d'acheter la paix à tout prix. Il l'obtint à deux conditions principales : 1° de ne plus envahir hostilement le territoire romain et de ne plus faire la guerre aux papes, ni au peuple de Rome ; 2° de reconnaître désormais la domination des Francs, de leur payer tribut, et de céder immédiatement à Pepin les villes et toutes les terres de la juridiction de l'empire romain qu'occupaient alors les Lombards. En vertu de ces conditions, Ravenne, Rimini, Pesaro, c'est-à-dire la Romagne, le duché d'Urbin et une partie de la Marche d'Ancône furent aussitôt remises à Pepin qui, les regardant comme sa conquête propre et directe, acquise par la victoire, en disposa sur-le-champ, en faveur des papes, par cette célèbre donation qui comprenait à peu près ce qui a formé depuis l'État romain, et qui fonda l'indépendance temporelle de la papauté, garantie de son indépendance dans l'exercice du pouvoir spirituel.

Chef des Francs comme maire du palais depuis l'an 741 et comme roi depuis 752, Pepin avait complété en France et étendu en Italie l'œuvre que son père Charles Martel avait commencée et poursuivie, de

714 à 741, dans l'État et dans l'Église. Il laissait la France réunie en un seul corps et placée à la tête de l'Europe chrétienne. Il mourut dans le monastère de Saint-Denis, le 18 septembre 768, laissant ainsi son royaume et sa dynastie aux mains du fils que l'histoire a appelé Charlemagne.

CHAPITRE X

CHARLEMAGNE ET SES GUERRES

Les plus judicieux esprits sont quelquefois dominés par la tradition et l'habitude, bien plus qu'éclairés par la réflexion et l'expérience. Pepin le Bref commit en mourant la même faute qu'avait commise Charles Martel son père : il partagea ses États entre ses deux fils Charles et Carloman, détruisant ainsi de nouveau cette unité de la monarchie gallo-franque qu'ils avaient eu, son père et lui, si grand' peine à établir. Mais, ainsi qu'il était déjà arrivé en 746 par l'abdication du frère de Pepin, les événements se chargèrent de réparer la faute des hommes; après la mort de Pepin et malgré celle du duc Waifre, l'insurrection recommença dans l'Aquitaine; le vieux duc Hunald sortit de son monastère de l'île de Rhé pour tenter de ressaisir le pouvoir et l'indépendance. Charles et Carloman marchèrent contre lui; mais, dans la route, Carloman, jaloux et étourdi, se brouilla avec son frère et quitta brusquement l'expédition en emmenant ses troupes. Charles fut obligé de la poursuivre seul, ce qu'il fit avec un plein succès. Cette première campagne terminée, la veuve de Pepin, la reine-mère Berthe, réconcilia ses deux fils ; mais un incident inattendu, la mort de Carloman, survenue deux ans après, en 771, rétablit l'unité plus sûrement que la réconciliation n'eût rétabli la concorde ; quoique Carloman laissât des fils, les grands de ses États, laïques ou ecclésiastiques, se réunirent à Corbény, entre Laon et Reims, et proclamèrent à sa place son frère Charles, qui devint ainsi seul roi de la monarchie gallo-franco-germanique. Et comme les ambitions et les mœurs étaient devenues moins féroces que sous les Mérovingiens, les fils de Carloman ne furent ni égorgés, ni tonsurés, ni même enfermés dans un monastère ; ils se retirèrent, avec leur mère, Gerberge, à la cour de Didier, roi des Lombards. « Le roi Charles, dit Éginhard, prit en patience leur départ, qu'il regarda comme sans importance. » Ainsi commença le règne de Charlemagne.

Le caractère original et dominant du héros de ce règne, ce qui lui a valu et lui maintient dans le monde, depuis plus de dix siècles, le nom de grand, c'est la puissante variété de ses ambitions, de ses facultés et de ses œuvres. Charlemagne a aspiré et atteint à toutes les grandeurs : la grandeur militaire, la grandeur politique, la grandeur intellectuelle ; il a été un habile guerrier, un législateur actif, un héros poétique. Et il a réuni, il a déployé tous ces mérites dans un temps de barbarie générale et monotone où, sauf dans l'Église, les esprits étaient inertes et stériles. Les hommes, peu nombreux, qui se sont fait un nom à cette époque, se sont ralliés autour de Charlemagne et développés sous son patronage. Pour le bien connaître et l'apprécier avec justice, il faut le considérer sous ces divers et grands aspects, au dehors et au dedans de ses États, dans ses guerres et dans son gouvernement.

J'ai donné, dans mon *Cours sur l'histoire de la civilisation en France*, un tableau des guerres de Charlemagne, de ses nombreuses et diverses expéditions en Germanie, en Italie, en Espagne, dans tous les pays qui devinrent son empire. Je résume ici ce tableau. De l'an 769 à l'an 813, en Germanie et dans l'Europe occidentale et septentrionale, Charlemagne fit trente et une campagnes contre les Saxons, les Frisons, les Bavarois, les Avares, les Slaves et les Danois ; en Italie, cinq campagnes contre les Lombards ; en Espagne, en Corse et en Sardaigne, douze contre les Arabes ; deux contre les Grecs ; trois dans la Gaule même, contre les Aquitains et les Bretons ; en tout, cinquante-trois expéditions, parmi lesquelles celles qu'il poursuivit contre les Saxons, les Lombards et les Arabes, furent de longues et difficiles guerres. Je n'ai garde, mes enfants, de vous les raconter avec détail; ce récit serait monotone et inutile; mais je tiens à vous en faire bien connaître les causes, les incidents caractéristiques et les résultats.

Vous avez déjà vu que, sous les derniers règnes mérovingiens, les Saxons étaient, sur la rive droite du Rhin, en lutte fréquente avec les Francs, surtout avec les Francs austrasiens dont ils menaçaient continuellement et envahissaient souvent le territoire. Pepin le Bref les avait plus d'une fois refoulés loin des frontières fort incertaines de l'Austrasie germanique; devenu roi, il porta plus loin ses coups et entra à son tour dans la Saxe même. « Malgré la courageuse résistance des Saxons, dit Éginhard, il pénétra à travers les points qu'ils avaient fortifiés pour lui fermer l'entrée de leur pays, et après avoir livré çà et là des combats dans lesquels périrent beaucoup de Saxons, il les força de promettre qu'ils se soumettraient à sa domination, et que, chaque année, pour lui faire honneur, ils enverraient à l'assemblée générale des Francs un présent de trois cents chevaux. Ces conventions une fois réglées, il voulut, pour en assurer l'exécution, les placer sous la sauvegarde des rites particuliers aux Saxons; puis il revint dans la Gaule avec son armée[1]. »

Charlemagne ne se borna pas à reprendre l'œuvre de son père; il en changea bientôt le caractère et la portée. En 772, seul maître de la France après la mort de son frère Carloman, il convoqua à Worms l'assemblée générale des Francs, « et prit, dit Éginhard, la résolution d'aller porter la guerre dans la Saxe. Il l'envahit sans délai, la ravagea par le fer et le feu, s'empara du fort d'Ehresburg, et renversa l'idole que les Saxons nommaient *Irminsul*. » En quel lieu se passa cette première victoire de Charlemagne? Près des sources de la Lippe, là même où, plus de sept siècles auparavant, le Germain Arminius (Herrmann) avait détruit les légions de Varus, et où Germanicus était venu venger le désastre de Varus. Ce sol appartenait au territoire saxon; et cette idole, dite *Irminsul*, que renversa Charlemagne, était probablement un monument élevé en l'honneur d'Arminius (*Herrmann-Saüle*) dont elle rappelait le nom. L'orgueil patriotique et héréditaire des Saxons fut passionnément irrité de ce coup; l'année suivante, « croyant trouver

---

[1] Éginhard, *Annales*, t. I, p. 135.

dans l'absence du roi l'occasion la plus favorable, » dit Éginhard, ils entrèrent sur les terres des Francs, les ravagèrent à leur tour et, rendant outrage pour outrage, ils mirent le feu à l'église élevée naguère à Fritzlar, par saint Boniface, martyr. La question changea dès lors de but comme d'aspect; ce n'était plus de la répression des invasions des Saxons en France, mais de la conquête de la Saxe par les Francs qu'il s'agissait; c'était entre le christianisme des Francs et le paganisme national des Saxons que s'engageait la lutte.

Elle garda pendant trente ans ce caractère. Charlemagne regardait la conquête de la Saxe comme indispensable pour mettre un terme aux incursions des Saxons, et la conversion des Saxons au christianisme comme indispensable pour assurer la conquête de la Saxe. Les Saxons défendaient à la fois l'indépendance de leur patrie et les dieux de leurs pères. Il y avait là de quoi soulever et fomenter des deux parts les passions les plus profondes; elles éclatèrent, des deux parts, avec un acharnement égal. Partout où Charlemagne pénétrait, il construisait des châteaux forts et des églises; il laissait, en partant, des garnisons et des missionnaires. Quand il était parti, les Saxons revenaient, attaquaient les forts, massacraient les garnisons et les missionnaires. Dès le début de la lutte, un prêtre, Anglo-Saxon d'origine et que l'évêque d'Utrecht, saint Willibrod, avait consacré naguère, saint Liebwin entreprit d'aller prêcher la foi chrétienne au cœur même de la Saxe, sur les bords du Weser, au milieu de l'assemblée générale des Saxons : « Que faites-vous? leur dit-il la croix à la main; les idoles que vous adorez ne vivent ni ne sentent; elles sont l'ouvrage des hommes; elles ne peuvent rien, ni pour elles-mêmes, ni pour personne. C'est pourquoi le seul Dieu bon et juste, ayant pris vos erreurs en pitié, m'envoie vers vous. Si vous ne renoncez pas à l'iniquité, je vous annonce un malheur que vous n'attendez pas, et que le roi des cieux a ordonné d'avance : un prince fort, prudent, infatigable, viendra, non pas de loin, mais de près, tomber sur vous comme un torrent, afin d'amollir vos cœurs toujours durs et de faire courber vos fronts orgueilleux. D'un seul effort il envahira la contrée; il la dévastera par le fer et le feu, et il emmènera vos femmes et vos enfants en esclavage. » Un frémissement de colère courait dans l'assemblée; beaucoup d'assistants coupaient déjà, dans les bois voisins, des pieux qu'ils aiguisaient pour en percer le prêtre; l'un des chefs, nommé Buto, s'écria : « Écoutez, vous qui êtes les plus sages. Il nous est venu souvent des ambassadeurs des peuples voisins, Normands, Slaves ou Frisons; nous les avons reçus en paix, et après avoir entendu leurs messages, on les a renvoyés avec des présents. Celui-ci est l'ambassadeur d'un grand Dieu, et vous voulez le tuer! » Soit émotion, soit prudence, la foule se calma ou se continl; et cette fois le prêtre se retira sain et sauf.

Autant la pieuse ardeur des missionnaires servait Charlemagne, autant la puissance de Charlemagne soutenait et quelquefois sauvait les missionnaires. La multitude, au milieu même de ses passions, n'est pas tout entière ni toujours inaccessible à la crainte. Les Saxons n'étaient pas une seule et même nation, constamment réunie dans une même assemblée et gouvernée par un seul chef; trois populations de même race, distinctes par des noms empruntés à leur position géographique, ainsi que cela était arrivé parmi les Francs pour les Austrasiens et les Neustriens, les Saxons Ostphaliens ou orientaux, les Westphaliens ou occidentaux, et les Angriens, formaient la confédération saxonne; il s'y ajoutait même souvent une quatrième peuplade de même origine, plus voisine des Danois et dite les Nord-Albingiens, habitants de l'Elbe septentrional. Ces quatre principales populations saxonnes se subdivisaient en un grand nombre de tribus qui avaient leurs chefs particuliers, et qui décidaient souvent, chacune pour son compte, de leur conduite et de leur sort. Habile à profiter de ce défaut de cohésion et d'unité chez ses ennemis, Charlemagne attaquait tantôt l'une, tantôt l'autre des grandes peuplades ou des petites tribus saxonnes, et traitait séparément avec chacune d'elles, selon qu'il les trouvait disposées à la soumission ou à la résistance. Après avoir, dans quatre ou cinq expéditions successives, remporté des victoires et subi des échecs, il se crut assez avancé dans sa conquête pour mettre ses rapports avec les Saxons à une grande épreuve. En 777, « il résolut, dit Éginhard, d'aller tenir, dans le lieu nommé Paderborn (voisin de la Saxe) l'assemblée générale de son peuple. Arrivé dans cette ville, il y trouva rassemblés le sénat et le peuple de cette perfide nation qui, conformément à ses ordres, s'y étaient rendus, cherchant à le tromper par de faux semblants de soumission et de dévouement... Ils méritèrent d'obtenir leur grâce, mais à cette condition toutefois que, si désormais ils rompaient leurs engagements, ils seraient privés de leur patrie et de leur liberté. Un grand nombre d'entre eux se firent baptiser en cette occasion; mais c'était avec des intentions bien peu sincères qu'ils avaient témoigné vouloir devenir chrétiens. »

Un chef saxon avait manqué à cette grande réunion, Wittikind, fils de Wernekind, roi des Saxons du nord de l'Elbe. Il avait épousé la sœur de Siegfried, roi des Danois; il était l'ami de Ratbod, roi des Frisons. Vraiment chef de cœur comme de race, il était fait pour devenir le héros des Saxons comme, sept siècles auparavant, le Chérusque Herrmann (Arminius) avait été le héros des Germains. Au lieu de se rendre à Paderborn, Wittikind avait quitté la Saxe et s'était réfugié chez son beau-frère le roi des Danois. De là il provoqua ses compatriotes saxons, les uns à persévérer dans la résistance, les autres à se repentir de leur soumission apparente. La guerre recommença et Wittikind s'empressa de revenir y prendre part. En 778, les Saxons s'avancèrent jusqu'au Rhin; mais « n'ayant pu traverser ce fleuve, dit Éginhard, ils se mirent à ravager, par le fer et le feu, toutes les villes et tous les villages depuis la cité de Duitz (en face de Cologne) jusqu'au confluent de la Moselle. Les églises aussi bien que les maisons furent ruinées de fond en comble. L'ennemi, dans sa fureur, n'épargnait ni l'âge ni le sexe, voulant montrer par là qu'il avait envahi le territoire des Francs, non pas pour piller, mais pour se venger! » Pendant trois ans la lutte continua, plus limitée, mais de plus en plus acharnée; beaucoup de tribus saxonnes se soumirent; beaucoup de Saxons furent baptisés; le roi des Danois, Siegfried, envoya à Charlemagne des députés, comme pour traiter de la paix. Wittikind était sorti du Danemark; mais il avait passé chez les Normands, leurs voisins, et, rentré de là en Saxe, il y ralluma une insurrection aussi violente qu'inattendue; en 782, deux lieutenants de Charlemagne furent battus sur les bords du Weser, et tués dans le combat « avec quatre comtes et vingt des officiers les plus nobles de l'armée; les Francs furent presque tous exterminés. A la nouvelle de ce désastre, dit Éginhard, Charlemagne, sans perdre un moment, rassembla une armée et partit pour la Saxe. Il fit venir devant lui tous les chefs des Saxons et leur demanda quels étaient les fauteurs de la révolte. Tous s'accordèrent à dénoncer Wittikind comme l'auteur de cette trahison. Mais comme ils ne purent le livrer parce qu'aussitôt après ce coup de main il s'était réfugié chez les Normands, ceux qui, à sa persuasion, avaient accompli le crime, furent remis, au nombre de quatre mille cinq cents, entre les mains du roi; et par son ordre on leur trancha la tête à tous, le même jour, dans le

CHARLEMAGNE IMPOSE LE BAPTÊME AUX SAXONS

lieu que l'on nomme Werden, sur le fleuve Aller. Après avoir accompli cette vengeance, le roi se retira à Thionville, pour y passer l'hiver. »

La vengeance ne mit point fin à la guerre. « Le sang appelle le sang, » disait en 1643, dans le parlement d'Angleterre, sir Benjamin Rudyard, l'un des meilleurs citoyens de son pays en révolution. Pendant trois ans, Charlemagne eut à redoubler d'efforts pour accomplir en Saxe, au prix du sang des Francs comme des Saxons, son œuvre de conquête et de conversion : « Il faut, répétait-il souvent, que la Saxe soit chrétienne ou détruite. » Enfin, en 785, après plusieurs victoires qui semblaient décisives, il alla s'établir dans son château fort d'Ehresburg, « où il fit venir sa femme et ses enfants, résolu d'y demeurer toute la mauvaise saison, » dit Éginhard, et appliqué sans relâche à parcourir le pays des Saxons et à les lasser par son obstination puissante et infatigable. Mais l'obstination n'étouffait point en lui la prudence et l'habileté politique. « Ayant appris que Wittikind et Abbion (autre grand chef saxon) se tenaient dans la partie de la Saxe située de l'autre côté de l'Elbe, il leur envoya des messagers saxons pour les déterminer à renoncer à leur perfidie et à venir, sans hésitation, se confier à lui. Ceux-ci, qui avaient la conscience de leurs attentats, n'osaient pas d'abord s'en remettre à la parole du roi; mais ayant obtenu de lui la promesse d'impunité qu'ils désiraient, et de plus les otages qu'ils sollicitaient pour garants de leur sûreté, et que leur amena, de la part du roi, Amalwin, l'un des officiers de sa cour, ils vinrent, avec ce seigneur, se présenter au roi dans son palais d'Attigny, et là ils reçurent le baptême[1]. »

Charlemagne fit plus qu'amnistier Wittikind; il le nomma duc de Saxe, mais sans attacher à ce titre aucun droit de souveraineté. Wittikind, de son côté, fit plus que de venir à Attigny et de s'y faire baptiser; il renonça à la lutte, resta fidèle à ses nouveaux engagements, et mena, dit-on, une vie assez chrétienne pour que quelques chroniques l'aient mis au rang des saints. Il fut tué en 807, dans un combat contre Gérold, duc de Souabe, et son tombeau se voit encore à Ratisbonne. Plusieurs familles souveraines d'Allemagne le tiennent pour leur ancêtre, et quelques généalogistes français ont même vu en lui, sans fondement solide, l'aïeul de Robert le Fort, bisaïeul de Hugues Capet. Quoi qu'il en soit, après la paix faite avec Wittikind, Charlemagne eut

---

[1] Attigny-sur-Aisne, où Charlemagne était déjà de retour.

encore, pendant plusieurs années, bien des insurrections à réprimer et bien des rigueurs à exercer en Saxe, entre autres la transplantation de quelques peuplades saxonnes hors de leur patrie, et l'établissement de colons étrangers sur les territoires ainsi devenus vacants; mais la grande guerre était terminée, et Charlemagne put considérer la Saxe comme incorporée à ses États.

Il eut encore, en Germanie et tout à l'entour, jusqu'à la fin de son règne, bien des ennemis à combattre et bien des campagnes à recommencer : même parmi les populations germaniques qu'on regardait comme soumises au roi des Francs, quelques-unes, les Frisons et les Bavarois entre autres, s'agitaient toujours pour ressaisir leur indépendance. Plus loin vers le nord, l'est et le sud, des peuples divers d'origine et de langage, les Avares, les Huns, les Slaves, les Bulgares, les Danois, les Normands se pressaient encore ou déjà sur les frontières de l'État franc, tantôt pour y pénétrer, tantôt pour s'établir à sa porte en voisins puissants et redoutables. Charlemagne eut beaucoup à faire, tantôt pour repousser leurs incursions, tantôt pour détruire ou refouler au loin leurs établissements, et il porta dans cette seconde lutte sa vigueur et sa persévérance accoutumées; mais, par la conquête de la Saxe, il avait atteint son but national et direct : le grand flot des populations d'Orient en Occident venait se briser contre l'État gallo-franco-germanique, comme contre un inexpugnable rempart.

Ce n'était point là cependant, à cette époque, la seule grande entreprise de Charlemagne, ni la seule grande lutte qu'il eût à soutenir. Pendant qu'il combattait incessamment en Germanie, l'œuvre politique qu'avait commencée en Italie Pepin son père appela sa sollicitude et ses efforts. Le nouveau roi des Lombards, Didier, et le nouveau pape, Adrien Ier, étaient de nouveau en guerre; Didier assiégeait Rome, que le pape et ses habitants défendaient avec énergie. En 773, Adrien invoqua le secours du roi des Francs que ses envoyés allèrent trouver, non sans peine, à Thionville. Charlemagne ne pouvait abandonner la grande situation de protecteur de la papauté et patrice de Rome que lui avait léguée son père; les possessions que le roi Didier venait d'enlever au pape étaient précisément celles que Pepin avaient conquises sur le roi Astolphe, et dont il avait fait don à la papauté. Charlemagne était d'ailleurs, pour son propre compte, en mauvaises relations avec le roi des Lombards; après avoir épousé Désirée, sa fille, il l'avait répudiée et renvoyée à son père pour épouser Hildegarde, de la nation des

Suèves. Didier offensé avait donné asile à la veuve et aux fils de Carloman, dont Charlemagne surveillait les intrigues. Prudent et soigneux des apparences, même quand il se préparait à frapper un grand coup, Charlemagne essaya, par des envoyés spéciaux, d'obtenir du roi des Lombards ce que demandait le pape. Sur le refus de Didier, il se mit sur-le-champ à l'œuvre, convoqua à Genève, dans l'automne de 773, l'assemblée des Francs, les décida, non sans rencontrer quelques objections, à l'expédition d'Italie, et entra aussitôt en campagne avec deux armées. L'une devait traverser le Valais et descendre en Lombardie par le mont Saint-Bernard; Charlemagne lui-même conduisit l'autre par le mont Cenis. Les Lombards lui opposèrent, à la sortie des gorges des Alpes, une vigoureuse résistance; les Francs avaient quelque peine à la surmonter; mais lorsque leur seconde armée eut pénétré en Italie par le Saint-Bernard, Didier, menacé sur ses derrières, se retira précipitamment, et, poussé de poste en poste, il fut obligé d'aller se renfermer dans Pavie, la plus forte place de son royaume, où Charlemagne, après avoir reçu en route la soumission des principaux comtes et de presque toutes les villes de la Lombardie, vint promptement l'assiéger.

Je veux mettre textuellement sous vos yeux, mes enfants, un fragment d'une ancienne chronique qui vous fera connaître, mieux que toute description moderne, l'impression d'admiration et de crainte que faisaient sur ses contemporains Charlemagne, sa personne et sa puissance. A la fin de ce neuvième siècle, un moine de l'abbaye de Saint-Gall, en Suisse, avait recueilli, de la bouche même de l'un des guerriers de Charlemagne, Adalbert, de nombreux récits de ses campagnes et de sa vie. Ces récits sont chargés de légendes fabuleuses, d'anecdotes puériles, de souvenirs défigurés, d'erreurs chronologiques, et ils sont écrits quelquefois avec une crédulité et une exagération de langage qui font sourire; mais ils révèlent l'état des esprits et des imaginations autour de Charlemagne et à sa vue. Ce moine raconte naïvement l'arrivée de Charlemagne devant Pavie et l'inquiétude du roi des Lombards à son approche. Didier avait alors auprès de lui l'un des plus célèbres compagnons de Charlemagne, Ogier le Danois, qui tient une grande place dans les romans et les épopées chevaleresques de cette époque; Ogier avait eu querelle avec son grand chef et s'était réfugié auprès du roi des Lombards. Il est probable que son origine danoise et ses relations avec le roi des Danois, Gottfried, longtemps l'ennemi des Francs, n'avaient pas été sans influence sur sa brouillerie avec Charlemagne. Quoi qu'il en soit, « quand Didier et Ogger (ainsi l'appelle le moine) apprirent que le redoutable monarque venait, ils montèrent sur une tour très-élevée d'où ils pouvaient le voir arriver de loin et de tous côtés. Ils aperçurent d'abord des machines de guerre, telles qu'il en aurait fallu aux armées de Darius ou de Jules César. « Charles, demanda Didier à Ogger, n'est-il pas avec cette grande armée? — Non, » répondit celui-ci. Le Lombard voyant ensuite une troupe immense de simples soldats assemblés de tous les points de notre vaste empire, finit par dire à Ogger : « Certes, Charles s'avance triomphant au milieu de cette foule. — Non, pas encore, il ne paraîtra pas de sitôt, répliqua l'autre. — Que pourrions-nous donc faire, reprit Didier qui commençait à s'inquiéter, s'il vient accompagné d'un plus grand nombre de guerriers? — Vous le verrez tel qu'il est quand il arrivera, répondit Ogger; mais, pour ce qui sera de nous, je l'ignore. » Pendant qu'ils discouraient ainsi, parut le corps des gardes, qui jamais ne connaît de repos; à cette vue, le Lombard, saisi d'effroi, s'écria : « Pour le coup, c'est Charles. — Non, reprit Ogger, pas encore. » A la suite vinrent les évêques, les abbés, les clercs de la chapelle royale et les comtes; alors Didier, ne pouvant plus supporter la lumière du jour ni braver la mort, cria en gémissant : « Descendons et cachons-nous dans les entrailles de la terre, loin de la face et de la fureur d'un si terrible ennemi. » Ogger tremblant, qui savait par expérience ce qu'étaient la puissance et les forces de Charles, et qui l'avait appris par une longue habitude dans un meilleur temps, dit alors : « Quand vous verrez les moissons s'agiter d'horreur dans les champs, le sombre Pô et le Tésin inonder les murs de la ville de leurs flots noircis par le fer, alors vous pourrez croire à l'arrivée de Charles. » Il n'avait pas fini de dire ces paroles qu'on commença de voir au couchant comme un nuage noir soulevé par le vent du nord-ouest ou Borée, qui convertit le jour le plus clair en ombres horribles. Mais l'empereur approchant de plus en plus, l'éclat des armes fit luire, pour les gens enfermés dans la ville, un jour plus sombre que toute espèce de nuit. Alors parut Charles lui-même, cet homme de fer, la tête couverte d'un casque de fer, les mains garnies de gantelets de fer, sa poitrine de fer et ses épaules de marbre défendues par une cuirasse de fer, la main gauche armée d'une lance de fer qu'il soutenait élevée en l'air, car sa main droite, il la tenait toujours étendue sur son invincible épée. L'extérieur des cuisses que les autres, afin d'avoir plus de facilité pour monter à cheval, dégarnissaient même de courroies, il l'avait entouré de lames de fer. Que dirai-je de ses bottines? Toute l'armée était accoutumée à les porter constamment de fer ; sur son bouclier on ne voyait que du fer ; son cheval avait la couleur et la force du fer. Tous ceux qui précédaient le monarque, tous ceux qui marchaient à ses côtés, tous ceux qui le suivaient, tout le gros même de l'armée avaient des armures semblables, autant que les moyens de chacun le permettaient. Le fer couvrait les champs et les grands chemins. Les pointes du fer réfléchissaient les rayons du soleil. Ce fer si dur était porté par un peuple d'un cœur plus dur encore. L'éclat du fer répandit la terreur dans les rues de la cité : « Que de fer, hélas ! que de fer ! » tels furent les cris confus que poussèrent les citoyens. La fermeté des murs et des jeunes gens s'ébranla à la vue du fer, et le fer paralysa la sagesse des vieillards. Ce que moi, pauvre écrivain bégayant et édenté, j'ai tenté de peindre dans une traînante description, Ogger l'aperçut d'un coup d'œil rapide, et dit à Didier : « Voici ce que vous cherchez avec tant de peine ; » et en proférant ces paroles, il tomba presque sans vie. »

Le moine de Saint-Gall fait tort au roi Didier et à son peuple ; ils furent plus fermes et plus vaillants qu'il ne les peint ; ils résistèrent obstinément à Charlemagne et repoussèrent ses premiers assauts, si bien qu'il convertit le siége en blocus, et s'établit devant Pavie comme s'attendant à y rester longtemps. Son camp devint une ville ; il y fit venir la reine Hildegarde avec sa cour ; il y fit construire une chapelle où il célébra les fêtes de Noël. Mais le printemps venu, à l'approche des fêtes de Pâques en 774, lassé de la longueur du blocus, il laissa à ses lieutenants le soin de le maintenir, et, suivi d'un nombreux et brillant cortége, il partit pour Rome, où le pape le pressait instamment de venir.

Le samedi saint, 1ᵉʳ avril 774, Charlemagne trouva, à trois milles de Rome, les magistrats et la bannière de la ville, que le pape avait envoyés au-devant de lui ; à un mille, toutes les corporations municipales et les élèves des écoles portant des palmes et chantant des hymnes, et à la porte de la ville la croix, qui ne sortait que pour les exarques et les patrices. Devant la croix, Charlemagne descendit de cheval, entra dans Rome à pied, monta l'escalier de l'ancienne basilique de Saint-Pierre en répétant à chaque marche un témoignage de piété respectueuse, et il fut reçu au haut du perron par le pape lui-même. On chantait tout autour et dans les rues : « Béni soit celui qui vient au nom du Seigneur! » Dès son entrée et pendant son séjour à Rome, Charlemagne y donna les marques les plus éclatantes de sa foi chrétienne et de son respect pour le chef de l'Église; selon la coutume des pèlerins, il visita toutes les basiliques, et fit, dans celle de Sainte-Marie-Majeure, ses dévotions solennelles. Puis, passant aux affaires temporelles, il se fit apporter et relire, dans ses conférences particulières avec le pape, la donation territoriale que Pépin son père avait faite à Étienne II, et il en dicta lui-même la confirmation, en y ajoutant un nouveau don de quelques-uns des territoires qu'il était en train de conquérir sur les Lombards. Le pape Adrien, de son côté, lui rendit, avec une dignité affectueuse, tous les honneurs et tous les services qui pouvaient satisfaire et élever à la fois le roi et le prêtre, le protecteur et le protégé. Il fit présent à Charlemagne d'un livre contenant le recueil des canons écrits par les pontifes depuis l'origine de l'Église, et il mit en tête de ce livre, dédié à Charlemagne, une épître en quarante-cinq vers irréguliers, écrits de sa main, qui formaient un anagramme : « Le pape Adrien à son excellent fils Charlemagne, roi[1]. » En même temps, il l'invita à pousser jusqu'au bout sa victoire et à se faire roi des Lombards, mais en lui conseillant de ne pas incorporer sa conquête dans l'État franc, ce qui blesserait l'orgueil du peuple vaincu ainsi absorbé par ses vainqueurs, et de s'intituler simplement « roi des Francs et des Lombards. » Charlemagne comprit et accepta ce sage conseil; il savait garder des mesures dans l'ambition et dans la victoire. Il fit même, trois ans après, plus que ne lui avait conseillé le pape Adrien; en 777, la reine Hildegarde lui donna un fils, Pépin, qu'en 784 Charlemagne fit baptiser et sacrer roi d'Italie à Rome par le pape, séparant ainsi non-seulement les deux titres, mais les deux royaumes, et rendant aux Lombards une existence nationale, bien sûr que, tant qu'il vivrait, l'unité de ses divers États ne serait pas en péril. Après avoir ainsi réglé à Rome ses affaires et celles de l'Église, il retourna à son camp, prit Pavie, reçut la soumission de tous les ducs et comtes lombards, sauf un seul, Arégise, duc de Bénévent, et il rentra en France, emmenant prisonnier le roi Didier, qu'il relégua dans un monastère, d'abord à Liége, puis à Corbie, où le Lombard détrôné, disent les chroniqueurs, finit saintement ses jours.

[1] *Domino excellentissimo filio Carolo Magno regi, Hadrianus papa.*

Le prompt succès de cette guerre en Italie, sur l'appel du chef de l'Église, ce premier séjour de Charlemagne à Rome, les spectacles auxquels il y assista et les hommages qu'il y reçut exercèrent sur lui, sur ses desseins et ses actes, une puissante influence. Ce rude guerrier franc, chef d'un peuple qui commençait à paraître avec éclat sur la scène du monde, et issu lui-même d'une race nouvelle, avait le goût de ce qui était grand, splendide, ancien, consacré par le temps et le respect public; il comprenait et estimait à toute sa valeur la puissance morale et l'importance de tels alliés. Il partit de Rome en 774, plus décidé que jamais à dompter la Saxe au profit de l'Église chrétienne comme de son propre pouvoir, et à poursuivre, au Midi comme au Nord, le triomphe de l'État franc et chrétien

Trois ans après, en 777, il avait convoqué à Paderborn, en Westphalie, cette assemblée générale de ses divers peuples, à laquelle ne se rendit pas Witikind, et qui devait amener contre les Saxons une guerre de plus en plus acharnée. « Le Sarrasin Ibn-al-Arabi, dit Éginhard, vint dans cette ville se présenter devant le roi. Il arrivait d'Espagne, avec d'autres Sarrasins ses compagnons, pour se donner au roi des Francs, avec toutes les villes dont le roi des Sarrasins lui avait confié la garde. » Depuis longtemps déjà les chrétiens d'Occident donnaient aux musulmans, Arabes ou autres, le nom de *Sarrasins*. Ibn-al-Arabi était gouverneur de Saragosse, et l'un des chefs arabes espagnols en conspiration contre Abdel-Rhaman, le dernier rejeton des khalifes ommiades, qui, avec l'appui des Berbères, s'était emparé du gouvernement de l'Espagne. Au milieu des désordres de son pays et de sa nation, Ibn-al-Arabi appela à son aide, contre Abdel-Rhaman, les Francs et les chrétiens, comme naguère Mauronte, le duc d'Arles, avait appelé en Provence, contre Charles Martel, les Arabes et les musulmans.

Charlemagne accepta avec empressement cette provocation. Dès le printemps de l'année suivante 778, et avec le plein assentiment de ses principaux guerriers, il se mit en marche vers les Pyrénées, passa la Loire et s'arrêta à Casseneuil, au confluent du Lot et de la Garonne, pour y célébrer les fêtes de Pâques et préparer de là son expédition. Comme il l'avait fait naguère pour sa campagne en Italie contre les Lombards, il divisa ses forces en deux armées : l'une, formée d'Austrasiens, de Neustriens, de Bourguignons et de divers contingents germains, et commandée par Charlemagne lui-même, devait entrer en

Espagne par la vallée de Roncevaux, dans les Pyrénées occidentales, et se diriger sur Pampelune ; l'autre, composée de Provençaux, de Septimaniens, de Lombards et d'autres populations du Midi, sous le commandement du duc Bernard qui s'était déjà distingué en Italie, avait ordre de pénétrer en Espagne par les Pyrénées orientales, de recevoir dans sa route la soumission de Girone et de Barcelone, et de ne s'arrêter que devant Saragosse, où les deux armées devaient se rejoindre, et qu'Ibn-el-Arabi avait promis de livrer au roi des Francs. Dans ce plan, Charlemagne avait à traverser les territoires de l'Aquitaine et de la Vasconie, domaines du duc Loup II, fils du duc Waifre, si longtemps l'adversaire de Pépin le Bref, Mérovingien de race, et, à tous ces titres, peu favorable à Charlemagne. Cependant le passage s'accomplit sans difficulté ; le roi des Francs traita bien son puissant vassal ; le duc Loup lui jura de nouveau, « ou pour la première fois, dit M. Fauriel, soumission et fidélité ; mais l'événement prouva bientôt que ce n'était pas sans ombrage, ni sans tous les sentiments d'un digne fils de Waifre, qu'il voyait les Francs et le fils de Pépin si près de lui. »

La campagne agressive fut facile et brillante : Charlemagne entra avec son armée en Espagne, par la vallée de Roncevaux, sans rencontrer aucun sérieux obstacle ; à son arrivée devant Pampelune, le gouverneur arabe lui rendit la place, et Charlemagne poussa vivement sa marche sur Saragosse. Mais là la fortune changea ; la présence des étrangers et des chrétiens sur le sol de l'Espagne suspendit les discordes intérieures des Arabes ; de toutes parts ils se levèrent en masse pour secourir Saragosse ; les assiégés se défendirent opiniâtrement ; les vivres manquaient aux assiégeants encore plus que dans la place ; les maladies les gagnaient ; ils étaient incessamment harcelés du dehors ; le bruit d'un nouveau soulèvement des Saxons arriva à Charlemagne. Les Arabes demandèrent à négocier ; pour déterminer le roi des Francs à abandonner le siège, ils lui offrirent « une immense quantité d'or, » disent les chroniques, des otages, des promesses d'hommage et de fidélité. Les apparences étaient sauves ; Charlemagne pouvait dire, peut-être même croire qu'il avait poussé ses conquêtes jusqu'à l'Èbre ; il se décida à la retraite ; toute l'armée se mit en marche pour repasser les Pyrénées. Arrivé devant Pampelune, Charlemagne en fit raser complètement les murs, « afin, dit-il, que cette cité ne puisse se révolter. » Les troupes entrèrent dans ces mêmes gorges de Roncevaux qu'elles avaient traversées sans obstacle quelques semaines auparavant ; l'avant-

MORT DE ROLAND A RONCEVAUX

garde et le gros corps d'armée en étaient déjà sortis. Je prends ici le texte d'Éginhard, le seul historien contemporain dont le récit, exempt de toute exagération, puisse être considéré comme authentique. « Le roi, dit-il, ramena son armée sans avoir éprouvé aucune perte, si ce n'est toutefois qu'au sommet des Pyrénées il eut un peu à souffrir de la perfidie des Vascons (des Basques). Tandis que l'armée des Francs, engagée dans un étroit défilé, était obligée, par la nature du terrain, de marcher sur une ligne longue et resserrée, les Basques, qui s'étaient embusqués sur la crête de la montagne (car l'épaisseur des forêts dont ces lieux sont couverts favorise les embuscades), descendent et se précipitent tout à coup sur la queue des bagages et sur les troupes d'arrière-garde chargées de couvrir tout ce qui précédait, et les culbutent au fond de la vallée. Ce fut là que s'engagea un combat où les Francs périrent jusqu'au dernier. Les Basques, après avoir pillé les bagages, profitèrent de la nuit, qui était survenue, pour se disperser rapidement. Ils durent, en cette rencontre, tout leur succès à la légèreté de leurs armes et à la disposition des lieux où se passa l'action ; les Francs au contraire, pesamment armés et placés dans une situation défavorable, luttèrent avec trop de désavantage. Éginhard, maître d'hôtel du roi, Anselme, comte du palais, et Roland, préfet des marches de Bretagne, périrent dans ce combat. Il n'y eut pas moyen, dans le moment, de tirer vengeance de cet échec, car, après ce coup de main, l'ennemi se dispersa si bien qu'on ne put recueillir aucun renseignement sur les lieux où il aurait fallu le chercher. »

L'histoire n'en dit pas davantage ; mais la poésie des peuples a la mémoire plus fidèle et plus longue que la cour des rois. Le désastre de Roncevaux et l'héroïsme des guerriers qui y succombèrent, devinrent, en France, l'objet de la sympathie et le champ favori de l'imagination populaire. *La Chanson de Roland*, vrai poëme homérique par sa beauté grande, rude et simple comme par son caractère national, atteste l'importance prolongée que garda en Europe cet incident de l'histoire de Charlemagne. Quatre siècles plus tard, les compagnons de Guillaume le Conquérant, marchant à la bataille de Hastings pour s'emparer de l'Angleterre, entonnaient *la Chanson de Roland* « pour se préparer à vaincre ou à mourir, » dit M. Vitet dans sa vive appréciation et son habile traduction de ce monument poétique des mœurs et des premiers élans chevaleresques du moyen âge. On ne saurait déterminer quelle part il faut faire à l'histoire dans ces souvenirs de l'émotion nationale ; mais, à coup sûr, les figures de Roland, d'Ollivier, de l'archevêque Turpin, et le caractère pieux, rude et tendre de leur héroïsme ne sont pas de pures légendes inventées par la fantaisie d'un poëte ou la crédulité d'un moine; s'il n'y faut pas chercher l'exactitude d'un récit historique, il faut y reconnaître la vérité morale du portrait d'un peuple et d'un siècle.

Le génie politique de Charlemagne comprit mieux la gravité de l'incident de Roncevaux que ne le ferait penser le récit bref et sec de son panégyriste. Non-seulement il en prit une vengeance immédiate en faisant pendre le duc Loup d'Aquitaine, dont la trahison lui avait attiré cet échec, et en réduisant ses deux fils, Adalric et Sanche, à une condition plus faible et plus précaire ; il résolut de traiter l'Aquitaine comme il avait traité naguère l'Italie, c'est-à-dire d'en faire, selon la juste définition de M. Fauriel, « un royaume particulier, portion intégrante de l'empire franc, mais ayant une existence personnelle, une destination propre, celle de résister aux invasions des Arabes andalousiens et de les resserrer le plus possible sur le sol de la Péninsule. C'était là, en quelque sorte, rendre à ce pays sa tâche première comme duché indépendant; c'était le moyen le plus naturel et le plus sûr de faire des Aquitains des sujets utiles, en laissant un certain jeu à leur vanité nationale, à leur prétention de former un peuple à part, et même à l'espoir de redevenir tôt ou tard un peuple indépendant. Pendant son séjour à Casseneuil, en 778, la reine Hildegarde avait donné à Charlemagne un fils qu'il appela Louis et qui fut, après lui, Louis le Débonnaire. Appelé à Rome une seconde fois, en 781, par les querelles du pape Adrien Ier avec la cour impériale de Constantinople, Charlemagne y amena avec lui ses deux fils, âgés seulement, Pépin de quatre ans, Louis de trois ans, et il les fit sacrer par le pape, le premier roi d'Italie, le second roi d'Aquitaine. « Revenu de Rome en Austrasie, Charlemagne envoya aussitôt Louis prendre possession de son royaume. Des bords de la Meuse à Orléans, le petit prince fut porté dans son berceau; mais, une fois sur la Loire, cette manière de voyager ne lui convenait plus ; ses conducteurs voulaient que son entrée dans ses États eût une apparence virile et guerrière; on le revêtit d'armes proportionnées à sa taille et à son âge ; on le mit et on le tint à cheval; et ce fut dans cet attirail qu'il entra en Aquitaine. Il y venait accompagné des officiers qui devaient former son conseil de tutelle, hommes choisis avec soin par Charlemagne parmi les leudes francs, distingués non-seulement pour la bravoure et la fermeté, mais aussi pour l'adresse, et tels qu'il les fallait pour n'être ni trompés, ni effrayés par les populations rusées, mobiles et turbulentes auxquelles ils allaient avoir affaire. » Depuis cette époque jusqu'à la mort de Charlemagne, et par son influence souveraine en même temps que sous le nom de son fils, le gouvernement de l'Aquitaine fut une série d'efforts continus pour refouler les Arabes d'Espagne au delà de l'Èbre, étendre jusqu'à ce fleuve la domination franque, diriger vers ce but les forces comme les passions des populations de la Gaule méridionale, et poursuivre ainsi, au Midi comme au Nord, contre les Arabes comme contre les Saxons et les Huns, le grand dessein de Charlemagne, la répression des invasions étrangères et le triomphe de la France chrétienne sur le paganisme et l'islamisme asiatiques.

Quoique toujours obligé de veiller et souvent encore de combattre, Charlemagne pouvait se croire près de son but. Il avait partout grandement reculé les frontières de l'État franc et dompté les populations comprises dans ses conquêtes. Il avait prouvé que ses frontières nouvelles seraient vigoureusement protégées contre de nouvelles invasions ou de dangereux voisinages. Il avait poursuivi les Huns et les Slaves jusque sur les confins de l'empire d'Orient, et les Sarrasins jusque dans les îles de Corse et de Sardaigne. Le centre de l'État n'était plus dans l'ancienne Gaule; il l'avait transporté non loin du Rhin, au milieu et à la portée des populations germaniques, dans la ville d'Aix-la-Chapelle, qu'il avait fondée et où il se plaisait à résider; mais les principales parties du royaume gallo-franc, l'Austrasie, la Neustrie et la Bourgogne, étaient efficacement fondues en un seul corps. Je viens de dire ce qu'il avait fait de la Gaule méridionale et comment il l'avait à la fois séparée de son propre royaume et retenue sous sa main. Deux expéditions dans l'Armorique, sans enlever tout à fait aux Bretons leur indépendance, leur avaient imposé une déférence efficace, et le grand guerrier Roland, placé comme comte sur leur frontière, les avertissait du péril que rencontreraient leurs soulèvements. La puissance morale de Charlemagne était au niveau de sa force matérielle; il avait protégé partout les missionnaires du christianisme; il était entré deux fois dans Rome, aussi à titre de protecteur, et il pouvait compter sur le fidèle concours du pape autant au moins que le pape pouvait compter sur lui. Il avait reçu les ambassades et les présents des souverains de l'Orient, chrétiens ou musulmans, des empereurs de Constantinople et des khalifes de Bagdad. Partout, en Europe, en Afrique et en Asie, il était redouté et respecté des rois et des peuples. Tels étaient pour lui, à la fin du huitième siècle, les résultats de ses guerres, des qualités supérieures qu'il y avait déployées et des succès qu'il y avait obtenus et gardés.

En 799, il reçut à Aix-la-Chapelle la nouvelle que de graves désordres avaient éclaté dans Rome, que le pape Léon III avait été assailli par des conspirateurs qui, après lui avoir arraché, disait-on, les yeux et la langue, l'avaient enfermé dans le couvent de Saint-Érasme, d'où il s'était échappé à grand' peine, et qu'il s'était réfugié chez le duc de Spolète Winigise, d'où il annonçait l'intention de se rendre auprès du roi franc. Léon III était déjà connu de Charlemagne; dès son avénement au pontificat, en 795, il lui avait envoyé, comme au patrice et au défenseur de Rome, les clefs de la prison de Saint-Pierre et la bannière de la cité. Charlemagne se montra disposé à le recevoir avec autant de bienveillance que de respect. Le pape arriva en effet à Paderborn, y passa seulement quelques jours, selon Éginhard, et retourna à Rome, le 30 novembre 799, tranquille sur son avenir, mais sans que personne sût ce qui avait pu être convenu entre le roi des Francs et lui. Charlemagne resta tout l'hiver à Aix-la-Chapelle, employa les premiers mois de l'année 800 à ses affaires dans la France occidentale, à Rouen, à Tours, à Orléans, à Paris, et, revenu à Mayence au mois d'août, il annonça seulement alors à l'assemblée générale des Francs son dessein de faire un voyage en Italie. Il s'y rendit en effet et arriva le 23 novembre 800 à la porte de Rome. Le pape « l'y reçut au moment où il descendait de cheval; puis, le lendemain, placé sur les marches de la basilique de Saint-Pierre, et au milieu des cantiques universels, il introduisit le roi dans le sanctuaire du bienheureux apôtre, glorifiant et remerciant le Seigneur de cet heureux événement. » Quelques jours furent employés à examiner les griefs qui avaient été imputés au pape et à recevoir deux moines venus de Jérusalem pour présenter au roi, avec la bénédiction du patriarche, les clefs du Saint Sépulcre et du Calvaire, ainsi que l'étendard sacré. Enfin, le 25 décembre 800, « jour de la Nativité de Notre-Seigneur, le roi, dit Éginhard, vint dans la basilique du bienheureux saint Pierre, apôtre, pour assister à la célébration de la messe. Au moment où, placé devant l'autel, il s'inclinait pour prier, le pape Léon lui mit une couronne sur la tête, et tout le peuple romain s'écria : « A Charles Auguste, couronné par Dieu, grand et pacifique empereur des Romains, vie et victoire ! » Après cette proclamation, le pontife se prosterna devant lui et l'adora, suivant la coutume établie du temps des anciens empereurs ; et dès lors Charles, quittant le nom de patrice, porta celui d'empereur et d'auguste.

Éginhard ajoute, dans sa *Vie de Charlemagne* : « Le roi témoigna d'abord une grande aversion pour cette dignité, car il affirmait que, malgré l'importance de la fête, il ne serait pas entré ce jour-là dans l'église s'il avait pu prévoir les intentions du souverain pontife. Toutefois cet événement excita la jalousie des empereurs romains (de Constantinople), qui s'en montrèrent fort irrités ; mais Charles n'opposa à leurs mauvaises dispositions qu'une grande patience, et grâce à cette magnanimité qui l'élevait si fort au-dessus d'eux, il parvint, en leur envoyant de fréquentes ambassades et en leur donnant dans ses lettres le nom de frères, à triompher de leur opiniâtreté. »

Personne, je pense, ne crut, au neuvième siècle, et personne, à coup sûr, ne croira aujourd'hui que Charlemagne fût d'avance étranger à ce qui se passa le 25 décembre 800 dans la basilique de Saint-Pierre. Je doute aussi qu'il fût sérieusement préoccupé de la mauvaise humeur des empereurs d'Orient ; il savait comprendre ce qui reste toujours de valeur aux vieilles traditions et il put prendre quelque soin pour avoir leur adhésion à son titre d'empereur ; mais tous ses contemporains croyaient, et il croyait sans doute aussi lui-même, que ce jour-là il avait bien réellement conquis et relevé l'empire romain.

CHAPITRE XI

CHARLEMAGNE ET SON GOUVERNEMENT

Quel était le gouvernement de cet empire dont Charlemagne était fier de reprendre le nom? Comment ce guerrier germain gouvernait-il ce vaste État, qui, grâce à ses conquêtes, s'étendait de l'Elbe à l'Èbre, de la mer du Nord à la mer Méditerranée, comprenait presque toute l'Allemagne, la Belgique, la France, la Suisse, le nord de l'Italie et de l'Espagne, et qui, à vrai dire, n'était guère encore, quand Charlemagne se fit faire empereur, que le champ de course et de bataille de tous les essaims de barbares qui essayaient de s'établir sur les ruines du monde romain qu'ils avaient envahi et brisé? Le gouvernement de Charlemagne au milieu de ce chaos, c'est là, mes enfants, le fait puissant, confus et passager, que j'ai à mettre aujourd'hui sous vos yeux.

Je commence à vous prémunir contre ce mot de *gouvernement* dont je ne puis me dispenser de me servir. Depuis longtemps, il entraîne parmi nous des idées d'unité nationale, d'organisation générale, de pouvoir régulier et efficace. Les révolutions ne nous ont pas manqué; elles ont changé les dynasties, les principes et les formes du pouvoir suprême dans l'État; elles ont toujours laissé subsister, sous des noms divers, le mécanisme pratique par lequel le pouvoir suprême se répand et exerce ses fonctions diverses dans le pays tout entier. Ouvrez l'Almanach, soit qu'il s'appelle impérial, royal ou national : vous y verrez toujours le système effectif du gouvernement de la France; tous les pouvoirs, tous leurs agents, depuis le dernier échelon jusqu'au plus élevé, y sont indiqués et classés selon leurs attributions et leurs rapports. Et ce n'est point là une nomenclature vaine, une illusion théorique; les choses se passent en effet comme elles sont écrites; le livre est l'image de la réalité. Il serait facile de construire, pour l'empire de Charlemagne, une carte administrative semblable; on pourrait y placer des ducs, des comtes, des vicaires, des centeniers, des échevins (*scabini*), et les distribuer sur le territoire hiérarchiquement organisés; mais ce ne serait qu'un vaste mensonge; le plus souvent, dans la plupart des lieux, ces magistratures étaient impuissantes ou désordonnées elles-mêmes. L'effort de Charlemagne, soit pour les instituer d'une façon stable, soit pour les faire agir régulièrement, était continuel mais insuffisant; malgré l'unité de sa pensée et l'activité de son pouvoir, le désordre était autour de lui, immense, indomptable; il le réprimait un moment sur un point; mais le mal subsistait partout où ne parvenait pas sa terrible volonté, et là où elle avait passé, le mal recommençait dès qu'elle s'était éloignée. Comment en eût-il été autrement? Charlemagne n'était en présence ni d'une seule et même nation, ni d'un seul système d'institutions; il avait affaire à des nations diverses, incohérentes, étrangères les unes aux autres. L'autorité appartenait simultanément aux assemblées d'hommes libres, aux grands propriétaires sur les habitants de leurs domaines, au roi sur ses leudes et leur suite. Ces trois pouvoirs paraissaient et agissaient côte à côte dans chaque localité comme dans l'ensemble de l'État. Leurs relations et leurs attributions n'étaient régies par aucun principe généralement admis, et aucun des trois n'était investi d'une force propre suffisante pour prévaloir habituellement contre l'indépendance ou la résistance de ses rivaux. La force seule décidait entre eux, variable selon les circonstances et toujours incertaine. Telle était la France à l'avénement de la seconde race; la coexistence et la lutte des trois systèmes d'institutions et des trois pouvoirs que je viens de rappeler n'y avaient pas eu encore d'autre résultat. C'est de ce chaos que Charlemagne fit sortir une monarchie, forte par lui seul et tant qu'il fut là, impuissante et bientôt évanouie quand l'homme manqua à l'institution.

Quiconque s'étonnerait, soit de ce triomphe de la monarchie personnelle par l'action de Charlemagne, soit de la prompte chute de l'œuvre à défaut de l'acteur, ne comprendrait ni ce que peut un grand homme lorsque, sans lui, la société se sent livrée à des périls mortels, ni à quel point le pouvoir personnel est vain et fragile quand le grand homme n'est plus là ou quand la société n'a plus besoin de lui.

Je viens de vous montrer comment, par ses guerres, qui avaient pour but et pour résultat des conquêtes permanentes et bien défendues, Charlemagne avait arrêté les nouvelles invasions des barbares, c'est-à-dire le désordre venu du dehors. Je vais essayer de vous montrer par quels moyens il entreprit de réprimer le désordre du dedans, et de mettre son propre gouvernement à la place de l'anarchie du monde romain en ruines et du monde barbare en proie à des forces aveugles et déréglées.

Il faut distinguer le gouvernement local et le gouvernement central.

Loin du centre de l'État, dans ce qu'on a appelé depuis les provinces, le pouvoir de l'empereur s'exerçait par deux classes d'agents, les uns locaux et permanents, les autres envoyés du centre et passagers.

Dans la première classe se trouvaient :

1° Les ducs, comtes, vicaires des comtes, centeniers, échevins (*scabini*), officiers ou magistrats résidant sur les lieux, nommés par l'empereur lui-même ou par ses délégués, et chargés d'agir en son nom pour lever des troupes, rendre la justice, maintenir l'ordre, percevoir les tributs ;

2° Les bénéficiers ou vassaux de l'empereur, qui tenaient de lui, quelquefois héréditairement, plus souvent à vie, plus souvent encore sans stipulation ni règle fixe, des terres, des domaines dans l'étendue desquels ils exerçaient, un peu en leur propre nom, un peu au nom de l'empereur, une certaine juridiction et presque tous les droits de la souveraineté. Rien n'était bien déterminé ni bien clair dans la situation des bénéficiers et la nature de leur pouvoir; ils étaient en même temps délégués et indépendants, propriétaires et usufruitiers, et l'un ou l'autre de ces caractères prévalait en eux selon les circonstances.

Mais à tout prendre, ils étaient en intime lien avec Charlemagne qui, dans un grand nombre de cas, les chargeait de l'exécution de ses ordres dans les terres qu'ils occupaient.

Au-dessus de ces agents locaux et résidants, magistrats ou bénéficiers, étaient les *missi dominici*, envoyés temporaires, chargés d'inspecter, au nom de l'empereur, l'état des provinces, autorisés à pénétrer dans l'intérieur des terres libres comme des domaines concédés à titre de bénéfices, investis du droit de réformer certains abus, et appelés à rendre compte de tout à leur maître. Les *missi dominici* furent pour Charlemagne, dans le vaste territoire de son empire, le principal moyen d'ordre et d'administration.

Quant au gouvernement central, en mettant pour un moment de côté l'action de Charlemagne lui-même et de ses conseillers personnels, les assemblées générales, à en juger par les apparences et à en croire presque tous les historiens modernes, y occupaient une grande place. Elles furent en effet, sous son règne, fréquentes et actives; de l'an 770 à l'an 813, on compte trente-cinq de ces assemblées nationales, champs de Mars et de Mai, tenues à Worms, à Valenciennes, à Genève, à Paderborn, à Aix-la-Chapelle, à Thionville, et dans plusieurs autres villes, la plupart situées autour des deux rives du Rhin. C'est un fait considérable sans doute que le nombre et la périodicité de ces grandes réunions politiques. Que se passait-il dans leur sein? Quels étaient le caractère et le poids de leur intervention dans le gouvernement de l'État? C'est ce qu'il importe de bien démêler.

Il nous reste, à ce sujet, un document très-curieux : un des contemporains et un conseiller de Charlemagne, son cousin germain Adalhard, abbé de Corbie, avait écrit un traité intitulé *de l'Ordre du Palais* (*de Ordine Palatii*) et destiné à faire connaître l'intérieur du gouvernement de Charlemagne, spécialement des assemblées nationales. Ce traité a été perdu ; mais, vers la fin du neuvième siècle, Hincmar, célèbre archevêque de Reims, l'a reproduit presque en entier dans une lettre ou instruction écrite à la demande de quelques grands du royaume qui avaient eu recours à ses conseils pour le gouvernement de Carloman, l'un des fils de Louis le Bègue. Aucun document ne mérite plus de confiance. On y lit :

« C'était l'usage de ce temps de tenir chaque année deux assemblées... Dans l'une et l'autre, et pour qu'elles ne parussent pas convoquées sans motif, on soumettait à l'examen et à la délibération des grands... et en vertu des ordres du roi, les articles de lois nommés *capitula*, que le roi lui-même avait rédigés par l'inspiration de Dieu, ou dont la nécessité lui avait été manifestée dans l'intervalle des réunions. »

Deux choses me frappent dans ces paroles : l'une, que la plupart des membres de ces assemblées regardaient probablement l'obligation de s'y rendre comme un fardeau, puisque Charlemagne prenait soin d'expliquer leur convocation en leur en annonçant le motif et en leur donnant toujours quelque chose à faire ; l'autre, que la proposition des capitulaires, ou, pour parler le langage moderne, l'initiative, émanait de l'empereur. L'initiative est naturellement exercée par celui qui veut régler ou réformer, et de son temps, c'était surtout Charlemagne qui concevait ce dessein. Je ne doute pas cependant que les membres de l'assemblée ne pussent faire de leur côté les propositions qui leur paraissaient convenables ; les méfiances et les artifices constitutionnels de notre temps étaient, à coup sûr, étrangers à Charlemagne, qui voyait dans ces assemblées un moyen de gouvernement bien plus qu'une barrière à son autorité. Je reprends le texte d'Hincmar :

« Après avoir reçu ces communications, ils en délibéraient deux ou trois jours, ou plus, selon l'importance des affaires. Des messagers du palais, allant et venant, recevaient leurs questions et leur rapportaient les réponses. Aucun étranger n'approchait du lieu de leur réunion jusqu'à ce que le résultat de leurs délibérations pût être mis sous les yeux du grand prince, qui alors, avec la sagesse qu'il avait reçue de Dieu, adoptait une résolution à laquelle tous obéissaient. »

La résolution définitive dépendait donc de Charlemagne seul ; l'assemblée ne lui apportait que des informations et des conseils.

Hincmar continue et donne des détails qui méritent d'être reproduits, car ils nous font pénétrer dans l'intérieur du gouvernement impérial et dans l'action de Charlemagne lui-même au sein de nos plus anciennes assemblées nationales.

« Les choses se passaient ainsi pour un, deux capitulaires, ou un plus grand nombre, jusqu'à ce que, avec l'aide de Dieu, toutes les nécessités du temps eussent été réglées.

« Pendant que ces affaires se traitaient de la sorte, hors de la présence du roi, le prince lui-même, au milieu de la multitude venue à l'assemblée générale, était occupé à recevoir les présents, saluant les hommes les plus considérables, s'entretenant avec ceux qu'il voyait rarement, témoignant aux plus âgés un intérêt affectueux, s'égayant avec les plus jeunes, et faisant ces choses et autres semblables pour les ecclésiastiques comme pour les séculiers. Cependant, si ceux qui délibéraient sur les matières soumises à leur examen en manifestaient le désir, le roi se rendait auprès d'eux, y restait aussi longtemps qu'ils le voulaient ; et là ils lui rapportaient avec une entière familiarité ce qu'ils pensaient de toutes choses, et quelles étaient les discussions amicales qui s'étaient élevées entre eux. Je ne dois pas oublier de dire que, si le temps était beau, tout se passait en plein air ; sinon, dans plusieurs bâtiments distincts, où ceux qui avaient à délibérer sur les propositions du roi étaient séparés de la multitude des personnes venues à l'assemblée, et alors les hommes les plus considérables pouvaient entrer. Les lieux destinés à la réunion des seigneurs étaient divisés en deux parties, de telle sorte que les évêques, les abbés et les clercs élevés en dignité pussent se réunir sans aucun mélange de laïques. De même les comtes et les autres principaux de l'État se séparaient, dès le matin, du reste de la multitude, jusqu'à ce que, le roi présent ou absent, ils fussent tous réunis ; alors les seigneurs ci-dessus désignés, les clercs de leur côté, les laïques du leur, se rendaient dans la salle qui leur était assignée, et où on leur avait honorablement préparé des sièges. Lorsque les seigneurs laïques et ecclésiastiques étaient ainsi séparés de la multitude, il demeurait en leur pouvoir de siéger ensemble ou séparément, selon la nature des affaires qu'ils avaient à traiter, ecclésiastiques, séculières ou mixtes. De même, s'ils voulaient faire venir quelqu'un, soit pour demander des aliments, soit pour faire quelque question, et le renvoyer après en avoir reçu ce dont ils avaient besoin, ils en étaient les maîtres. Ainsi se passait l'examen des affaires que le roi proposait à leurs délibérations.

« La seconde occupation du roi était de demander à chacun ce qu'il avait à lui rapporter ou à lui apprendre sur la partie du royaume dont il venait. Non-seulement cela leur était permis à tous ; mais il leur était étroitement recommandé de s'enquérir, dans l'intervalle des assemblées, de ce qui se passait au dedans ou au dehors du royaume ; et ils devaient chercher à le savoir des étrangers comme des nationaux, des ennemis comme des amis, quelquefois en employant des envoyés et sans s'inquiéter beaucoup de la manière dont étaient acquis les renseignements. Le roi voulait savoir si dans quelque partie, dans quelque coin du royaume, le peuple était agité, et quelle était la cause de son agitation, ou s'il était survenu quelque désordre dont il fût nécessaire d'occuper le conseil général, et autres choses semblables. Il cherchait aussi à connaître si quelqu'une des nations soumises voulait se révolter, si quelques-unes de celles qui s'étaient révoltées semblaient disposées à se soumettre, si celles qui étaient encore indépendantes menaçaient le royaume de quelque attaque. Sur toutes ces matières, partout où se manifestait un désordre ou un péril, il demandait principalement quels en étaient les motifs ou l'occasion. »

Vous n'avez pas besoin de longues réflexions, mes enfants, pour reconnaître le véritable caractère de ces assemblées ; il est clairement empreint dans le tableau qu'Hincmar en a tracé. Charlemagne remplit seul ce tableau ; il y est le centre et l'âme de toutes choses ; c'est lui qui veut que les assemblées nationales se réunissent et délibèrent; c'est lui qui s'enquiert de l'état du pays ; c'est lui qui propose et approuve ou rejette les lois ; en lui résident la volonté et l'impulsion, l'initiative et la décision. Il a l'esprit assez judicieux, assez libre, assez élevé pour comprendre que la nation ne doit pas rester étrangère à ses affaires, et qu'il a lui-même besoin de communiquer avec elle, de recueillir ses informations, de connaître ses avis. Mais il n'y a point là le déploiement de grandes libertés politiques ; il n'y a point là un peuple qui discute ses intérêts, ses affaires, intervient efficacement dans toutes les résolutions, qui prend enfin à son gouvernement une part assez active et assez décisive pour avoir le droit de dire qu'il se gouverne lui-même, c'est-à-dire qu'il est un peuple libre. C'est Charlemagne et Charlemagne seul qui gouverne ; c'est le gouvernement personnel prudent, habile et grand.

Quand on arrête ses regards sur l'état de la société gallo-franque au huitième siècle, on ne s'étonne pas d'un tel fait. Civilisée ou barbare, ce dont toute société a besoin, ce qu'elle cherche et demande d'abord dans son gouvernement, c'est une certaine mesure de bon sens et de volonté efficace, d'intelligence et d'influence naturelle quant aux intérêts publics, des qualités enfin qui suffisent pour que l'ordre social se maintienne ou se réalise, et amène le respect des droits individuels et le progrès du bien-être général. C'est là le but essentiel de toute association d'hommes ; les institutions et les garanties des gouvernements libres sont des moyens de l'atteindre. Évidemment, au huitième siècle, sur les ruines du monde romain et sous les coups du monde barbare, la nation gallo-franque, immense et incohérente, brutale et ignorante, était incapable de tirer, pour ainsi dire, de son propre sein, par sa sagesse et sa vertu propre, un tel gouvernement. Une multitude de forces diverses, sans lumières et sans frein, se disputaient partout et sans cesse la domination, c'est-à-dire troublaient et compromettaient incessamment l'état social. Qu'au milieu de ce chaos de forces déréglées et de passions égoïstes survienne un grand homme, un de ces esprits élevés et de ces caractères puissants qui savent comprendre le but essentiel de la société, puis la pousser et la contenir à la fois dans les voies qui peuvent l'y conduire, cet homme saisira et exercera bientôt un pouvoir personnel presque despotique, et les peuples l'accepteront, le célébreront même, car ils ne prennent point le change sur leurs besoins véritables et ne sacrifient point le but aux moyens. Tel fut l'empire de Charlemagne : parmi les publicistes et les historiens, les uns, en le traitant de conquérant et de despote, ont méconnu ses mérites et sa gloire ; les autres, pour l'admirer sans scrupule, en ont fait un fondateur d'institutions libres, un monarque constitutionnel. La méprise est égale des deux parts : Charlemagne fut en effet un conquérant et un despote ; mais par ses conquêtes et son pouvoir personnel il sauva, tant qu'il fut là, c'est-à-dire pendant quarante-six ans, la société gallo-franque, au dehors des invasions barbares, au dedans de l'anarchie. C'est là le caractère de son gouvernement et le titre de sa gloire.

Vous venez de le voir dans ses guerres et dans ses rapports généraux avec sa nation ; je vais vous le montrer dans son activité administrative et dans sa vie intellectuelle, comme législateur et comme ami de l'esprit humain ; vous reconnaîtrez partout le même homme : il grandira sans changer en apparaissant sous ses divers aspects.

On réunit souvent, sous le nom de *Capitulaires* (*capitula*, petits chapitres, articles) une foule d'actes de temps et d'objets fort divers qu'on attribue pêle-mêle à Charlemagne. C'est une méprise. Les Capitulaires sont les lois ou les mesures législatives des rois francs, tant mérovingiens que carlovingiens. Ceux des Mérovingiens sont peu nombreux et peu importants, et parmi ceux des Carlovingiens, qui sont au nombre de 152, 65 seulement appartiennent à Charlemagne. Quand on essaye de classer ces derniers d'après leur objet, on est frappé de leur incohérente variété, et il en est plusieurs qu'on serait fort surpris aujourd'hui de rencontrer dans un code de lois ou dans une loi spéciale. Parmi les 65 Capitulaires de Charlemagne, qui contiennent 1151 articles, j'ai compté 87 articles de législation morale, 293 de législation politique, 130 de législation pénale, 110 de législation civile, 85 de législation religieuse, 305 de législation canonique, 73 de législation domestique et 12 de législation de circonstance. Et ne croyez pas que tous ces articles soient vraiment des actes de législation, des lois proprement dites; on y trouve les textes des anciennes lois nationales revisées et publiées de nouveau; des extraits et des additions à ces mêmes lois anciennes, salique, lombarde, bavaroise; des extraits des actes des conciles; des instructions données par Charlemagne à ses envoyés dans les provinces; des questions qu'il se proposait de faire aux évêques ou aux comtes quand ils viendraient à l'assemblée nationale; des réponses données par Charlemagne aux questions que lui avaient adressées les évêques, les comtes ou ses *missi dominici;* des jugements, des arrêts, des lettres de grâce, de simples notes que Charlemagne semble avoir fait écrire pour lui seul, pour se souvenir de ce qu'il se proposait de faire; en un mot, presque tous les actes divers que peut avoir à faire un gouvernement sérieux, prévoyant et actif. Souvent même ces Capitulaires n'ont aucun caractère impératif ou prohibitif; ce sont de simples conseils, des préceptes purement moraux. On y lit par exemple :

« L'avarice consiste à désirer ce que possèdent les autres et à ne rien donner de ce qu'on possède; selon l'Apôtre, elle est la racine de tous les maux. »

Et :

« Il faut pratiquer l'hospitalité. »

Les Capitulaires que j'ai classés sous les titres de *législation politique, pénale* et *canonique* sont les plus nombreux et ceux qui portent avec le plus de précision un caractère impératif ou prohibitif; les mesures d'économie politique, d'administration et de police y tiennent une grande place; j'y remarque une tentative de fixer le prix des denrées, un véritable essai de *maximum* pour les céréales, et une interdiction de la mendicité, avec cette clause :

« Si l'on rencontre de tels mendiants et qu'ils ne travaillent point de leurs mains, que personne ne s'avise de leur donner. »

La police intérieure du palais impérial y est réglée, aussi bien que celle de l'empire :

« Nous voulons et ordonnons qu'aucun de ceux qui servent dans notre palais ne se permette d'y recevoir quelque homme qui y cherche un refuge et s'y vienne cacher, pour cause de vol, d'homicide, d'adultère ou de quelque autre crime. Que si quelque homme libre viole notre défense et cache un tel malfaiteur dans notre palais, il sera tenu de le porter sur ses épaules jusqu'à la place publique, et là il sera attaché au même poteau que le malfaiteur. »

J'ai intitulé certains Capitulaires *législation religieuse*, en les distinguant de la *législation canonique*, parce que ce sont en effet des avertissements, des recommandations religieuses, adressées non aux ecclésiastiques seuls, mais aux fidèles, au peuple chrétien en général, avec un remarquable caractère de bon sens, je dirais presque de liberté d'esprit. Par exemple :

« Qu'on se garde de vénérer les noms de faux martyrs et la mémoire de saints douteux. »

« Que personne ne croie qu'on ne peut prier Dieu que dans trois langues[1], car Dieu est adoré dans toutes les langues, et l'homme est exaucé s'il demande des choses justes. »

Je mets ces détails sous vos yeux, mes enfants, pour que vous ayez une idée juste de Charlemagne législateur et de ce qu'on appelle ses lois. Ce n'est pas là, vous le voyez, un législateur et des lois ordinaires ; c'est l'œuvre infiniment variée et décousue d'un maître prodigieusement actif et vigilant, qui avait besoin de penser et de pourvoir à tout, de porter partout à la fois le mouvement et la règle. Cette activité universelle et infatigable est le vrai, le grand caractère du gouvernement de Charlemagne, et a été peut-être sa plus incontestable supériorité et sa plus efficace puissance.

On remarque que la plupart des Capitulaires de Charlemagne appartiennent à l'époque de son règne comme empereur d'Occident, lors-

---

[1] Probablement en latin, en grec et en langue germanique, ou peut-être en langue vulgaire ; celle-ci en effet commençait à se former.

qu'il fut investi de l'éclat de la puissance souveraine. Des 65 Capitulaires que j'ai classés sous divers chefs, 13 seulement sont antérieurs au 25 décembre 800, époque de son couronnement impérial à Rome ; 52 sont compris entre l'an 801 et l'an 804.

Je vous ai fait connaître l'activité guerrière et l'activité politique de Charlemagne ; il me reste à vous parler de son activité intellectuelle. Ce n'est pas le trait le moins original ni le moins grand de son caractère et de son influence.

Les siècles modernes et les sociétés civilisées ont vu plus d'une fois les souverains despotiques pleins de méfiance pour les lettrés d'un esprit éminent, surtout pour ceux qui cultivaient les sciences morales et politiques, et peu disposés à les accueillir dans leur faveur ou dans les affaires publiques. Je ne sais si, de nos jours, en présence de la liberté de la pensée et de la presse, Charlemagne eût été étranger à cette antipathie ; ce qui est certain, c'est que, de son temps et au milieu d'une société barbare, rien ne l'y provoquait, et que, par sa propre nature, il n'y était point enclin ; son pouvoir n'était nullement en question ; les esprits distingués étaient très-rares ; Charlemagne avait besoin de leurs services bien plus qu'il ne pouvait redouter leurs critiques, et ils étaient, de leur côté, bien plus empressés à le seconder qu'à faire, envers lui, acte d'exigence ou d'indépendance. Il se livra donc, sans aucun embarras ni sollicitude, à son goût spontané pour eux, pour leurs études, leurs travaux, leur influence. Il les attira dans ses affaires. J'ai relevé, dans mon cours sur l'*Histoire de la civilisation en France*, les noms et les œuvres de vingt-trois hommes du huitième et du neuvième siècle qui ont échappé à l'oubli, et je les trouve tous groupés autour de Charlemagne, ses conseillers habituels ou donnés par lui pour conseillers à ses fils Pepin et Louis en Italie et en Aquitaine, ou envoyés par lui sur tous les points de son empire comme ses *missi dominici*, ou chargés en son nom de négociations importantes. Et ceux qu'il n'employait pas au loin formaient, auprès de lui, une société savante et assidue, *école du palais* selon quelques-uns des commentateurs modernes, non pas *école*, mais *académie* selon d'autres, et vouée à la conversation plutôt qu'à l'enseignement. Elle s'appliquait, je crois, à l'une et à l'autre mission ; elle accompagnait Charlemagne dans ses diverses résidences, tantôt travaillant pour lui sur les questions qu'il l'invitait à traiter, tantôt donnant aux habitués de sa cour, à ses enfants et à lui-même, des leçons sur les diverses sciences dites libérales, la grammaire, la rhétorique, la logique, l'astronomie, la géométrie, la théologie même et les grands problèmes religieux qu'elle commençait à débattre. Deux hommes, Alcuin et Éginhard, sont restés justement célèbres dans l'histoire littéraire de ce siècle. Alcuin était le principal régent de l'école du palais, et le favori, le confident, le conseiller savant de Charlemagne : « Si l'on imitait votre zèle, disait-il un jour à l'empereur, peut-être verrait-on s'élever en France une Athènes nouvelle, bien plus brillante que l'ancienne, l'Athènes du Christ. » Éginhard, plus jeune, reçut dans l'école du palais son éducation scientifique et fut le chef des travaux publics de Charlemagne avant de devenir son historien et plus tard le conseiller intime de son fils Louis le Débonnaire. D'autres lettrés de l'école du palais, Angilbert, Leidrade, Adalhard, Agobard, Théodulfe, furent les uns abbés de Saint-Riquier ou de Corbie, les autres archevêques de Lyon, évêques d'Orléans. Ils avaient tous pris, dans l'école même, des noms illustres dans l'antiquité païenne : Alcuin s'était appelé *Flaccus*; Angilbert, *Homère*; Théodulfe, *Pindare*. Charlemagne lui-même avait voulu prendre, dans leur société, un grand nom ancien, mais il l'avait emprunté à l'histoire des Hébreux : il s'appelait *David*, et Éginhard, animé sans doute du même sentiment, fut *Béseled*, ce neveu de Moïse à qui Dieu avait accordé le don de savoir bien travailler le bois et tous les matériaux qui servirent à la construction de l'arche et du tabernacle. Soit du vivant de leur royal patron, soit après sa mort, tous ces lettrés devinrent de grands dignitaires de l'Église ou finirent leur vie dans des monastères considérables ; mais, tant qu'ils vécurent, ils servirent Charlemagne ou ses fils, non-seulement avec le dévouement de conseillers fidèles, mais en compagnons fiers du maître qui avait su les honorer en les employant.

C'était sans effort et par une sympathie naturelle que Charlemagne leur avait inspiré de tels sentiments : lui aussi, il aimait vraiment les sciences, les lettres, les études alors possibles, et il les cultivait pour son propre compte et son propre plaisir, comme une sorte de conquête. On a douté qu'il sût écrire, et une phrase d'Éginhard peut autoriser ce doute ; mais d'après d'autres témoignages, et même d'après le passage d'Éginhard, j'incline à croire simplement que Charlemagne s'exerçait, péniblement et sans grand succès, à bien écrire. Il avait appris le latin. Il comprenait le grec. Il fit commencer et commença peut-être lui-même la rédaction de la première grammaire germanique. Il ordonna que les poëmes antiques et barbares, dans lesquels étaient célébrées les actions et les guerres des anciens rois, fussent recueillis pour la postérité. Il donna aux douze mois de l'année des noms germaniques. Il distingua les vents par douze termes particuliers, tandis qu'avant lui on n'en avait que quatre pour les désigner. Il se préoccupait fort de l'astronomie : inquiet un jour de ne plus voir dans le firmament une des planètes connues, il écrivit à Alcuin : « Que penses-tu de ce *Mars*, qui, l'année dernière, caché dans le signe du Cancer, a été intercepté aux regards des hommes par la lumière du soleil? Est-ce le cours régulier de sa révolution? Est-ce l'influence du soleil? Est-ce un prodige? Aurait-il fait, en deux années, le cours d'une seule? » Il portait aux études et aux discussions théologiques un spécial et sérieux intérêt. « C'est à lui, disent M. Ampère et M. Hauréau, que revient l'honneur de la décision prise, en 794, par le concile de Francfort, dans la grande querelle des images ; décision modérée qui s'éloigne autant de la folie des iconolâtres que de la furie des iconoclastes. Et en même temps qu'il prenait ainsi part aux grandes questions ecclésiastiques, Charlemagne se préoccupait ardemment de l'instruction du clergé, dont il déplorait l'ignorance : « Ah ! disait-il un jour, si j'avais seulement autour de moi douze clercs instruits dans toutes les sciences, comme l'étaient Jérôme et Augustin ! » Tout puissant qu'il était, il n'était pas en son pouvoir de faire des Jérômes et des Augustins ; mais il faisait fonder, dans les églises cathédrales et les grands monastères, des écoles épicospales et claustrales pour l'éducation des ecclésiastiques ; et poussant plus loin sa sollicitude, il recommandait aux évêques et aux abbés que, dans des écoles, ils prissent soin d'unir les fils des serfs et ceux des hommes libres, afin qu'ils vinssent étudier sur les mêmes bancs la grammaire, la musique et l'arithmétique[1]. » Il pressentait ainsi, au huitième siècle, l'extension que devait prendre, au dix-neuvième, l'instruction primaire, pour le service et l'honneur non-seulement du clergé, mais du peuple entier.

Après tant de guerres et de fatigues lointaines, Charlemagne se reposait, à Aix-la-Chapelle, dans ce travail de civilisation pacifique. Il embellissait la capitale qu'il avait fondée et qu'on appelait la cour du roi. Il y avait fait construire une grande basilique magnifiquement ornée. Il y achevait son propre palais. Il y faisait venir d'Italie des

[1] Capitulaires de 789, art. 70.

clercs habiles dans le chant d'église, pieuse jouissance à laquelle il tenait beaucoup et qu'il recommandait aux évêques de son empire. Dans les environs d'Aix-la-Chapelle, « il se livrait assidûment, dit Éginhard, au plaisir de monter à cheval et de la chasse. Les bains d'eaux naturellement chaudes lui plaisaient fort. Passionné pour la natation, il y devint si habile que personne ne pouvait lui être comparé. Il invitait à se baigner avec lui, non-seulement ses fils, mais encore ses amis, les grands de sa cour, et quelquefois même les soldats de sa garde, de sorte que souvent cent personnes et plus se baignaient à la fois. » Quand l'âge vint, il ne changea point ses habitudes physiques; mais en même temps, au lieu d'écarter la pensée de la mort, il s'en occupa et s'y prépara avec une sévérité forte; il fit, modifia, compléta à plusieurs reprises son testament; trois ans avant de mourir, il fit la distribution de ses trésors, de son argent, de ses vêtements et de tout son mobilier, en présence de ses amis et de ses officiers, les prenant à témoin, afin que leur suffrage assurât, après lui, l'exécution de ce partage, et il consigna ses intentions à cet égard dans un écrit sommaire, par lequel il forma de toutes ses richesses trois grands lots. Les deux premiers furent divisés en vingt et une parts qui devaient être distribuées aux vingt et une églises métropolitaines de son empire. Après avoir mis ces deux premiers lots sous le scellé, il voulut conserver l'usage habituel du troisième tant qu'il vivrait. Mais, après sa mort ou son renoncement volontaire aux choses de ce monde, ce même lot devait être subdivisé en quatre parts; son intention était que la première fût jointe aux vingt et une parts des deux premiers lots destinés aux églises métropolitaines; la seconde, attribuée à ses fils et à ses filles, aux fils et aux filles de ses fils, et répartie entre eux d'une manière juste et raisonnable; la troisième, consacrée, suivant l'usage des chrétiens, aux besoins des pauvres; enfin la quatrième distribuée de la même manière, à titre d'aumône, entre les serviteurs et les servantes du palais, pour leur existence... Quant aux livres, dont il avait amassé dans sa bibliothèque une grande quantité, il décida que ceux qui voudraient les avoir pourraient les acheter à leur juste valeur, et que l'argent qui en proviendrait serait distribué aux pauvres. »

Après avoir ainsi réglé avec soin ses affaires et ses largesses privées, deux ans plus tard, en 813, il prit les mesures nécessaires pour régler, après sa mort, les affaires publiques. Il avait perdu, en 811, son fils aîné Charles, celui qui avait été son compagnon habituel dans ses guerres, et en 810, son second fils Pepin, qu'il avait fait roi d'Italie ; il appela auprès de lui son troisième fils Louis, roi d'Aquitaine, qui devait lui succéder. Il ordonna la convocation de cinq conciles locaux qui durent se réunir à Mayence, à Reims, à Châlons, à Tours et à Arles, pour opérer dans l'Église, en les soumettant à la ratification de l'empereur, les réformes nécessaires. Passant alors des affaires de l'Église à celles de l'État, il convoqua à Aix-la-Chapelle une assemblée générale des évêques, des abbés, des comtes, des grands laïques et du peuple en général, et tenant conseil, dans son palais, avec les principaux d'entre eux, « il les invita à établir son fils Louis roi-empereur ; à quoi ils consentirent tous, disant que cela convenait fort, et cela plut aussi au peuple. Le dimanche du mois suivant, en août 813, Charlemagne se rendit, la couronne sur la tête, avec son fils Louis, à la cathédrale d'Aix-la-Chapelle, déposa sur l'autel une autre couronne, et après avoir prié, il adressa à son fils une exhortation solennelle sur tous ses devoirs de roi envers Dieu et son Église, envers sa famille et ses peuples, lui demanda s'il était très-résolu à les accomplir, et, sur sa réponse, il lui ordonna de prendre la couronne déposée sur l'autel et de la placer lui-même sur sa tête ; ce que fit Louis aux acclamations de toute l'assistance qui criait : « Vive l'empereur Louis ! » Charlemagne alors proclama son fils empereur de concert avec lui, et termina la solennité en disant : « Sois béni, Seigneur Dieu, qui m'as fait la grâce de voir de mes yeux mon fils assis sur mon trône ! » Louis repartit aussitôt pour l'Aquitaine.

Il ne devait plus revoir son père. Après le départ de son fils, Charlemagne alla à la chasse, suivant son usage, dans la forêt des Ardennes, et continua, pendant tout l'automne, sa vie accoutumée. « Mais en janvier 814, il fut saisi, dit Éginhard, d'une fièvre violente qui le contraignit à s'aliter. Recourant aussitôt au remède qu'il employait d'ordinaire pour combattre la fièvre, il s'abstint de toute nourriture, persuadé que cette diète suffirait pour chasser ou tout au moins pour adoucir la maladie ; mais à la fièvre vint se joindre cette douleur de côté que les Grecs appellent *pleurésie ;* néanmoins l'empereur persista dans son abstinence, en ne soutenant son corps que par des boissons prises à de longs intervalles, et le septième jour depuis qu'il s'était mis au lit, après avoir reçu la sainte communion, » il expira vers neuf heures du matin, le samedi 28 janvier 814, dans sa soixante et onzième année.

« Après l'accomplissement des lotions et des soins funéraires, son corps fut transporté et inhumé, au milieu du deuil profond de tout le peuple, dans l'église qu'il avait lui-même fait construire; et on éleva, au-dessus de son tombeau, une arcade dorée avec son image et cette inscription : « Dans ce tombeau repose le corps de Charles, grand et orthodoxe empereur, qui étendit glorieusement le royaume des Francs, et le gouverna avec bonheur pendant quarante-sept années. Il mourut septuagénaire, l'an du Seigneur 814, la septième année de l'indiction, le 5 des calendes de février. »

Je résume ses desseins et ses œuvres. J'y trouve une pensée admirablement juste et un vain rêve, un grand succès et un grand échec.

Charlemagne entreprit de constituer solidement l'État franc chrétien en arrêtant, au nord et au midi, le flot des nouveaux barbares et des Arabes, le paganisme et l'islamisme. Il y réussit : les irruptions des populations asiatiques vinrent se briser contre la frontière gauloise. L'Europe occidentale et chrétienne fut territorialement mise à l'abri des attaques étrangères et non chrétiennes. Nul souverain, nul homme peut-être n'a rendu à la civilisation du monde un plus grand service.

Charlemagne conçut une autre idée et fit une autre tentative. Comme plus d'un grand guerrier barbare, il admirait l'empire romain tombé, sa vaste unité et sa puissante organisation sous la main d'un maître. Il crut pouvoir le relever, à son profit, par la victoire d'un nouveau peuple et d'une nouvelle foi, par la main des Francs et des chrétiens. Dans cette vue, il travailla à conquérir, à convertir et à gouverner. Il tenta d'être en même temps César, Auguste et Constantin. Un moment il parut y avoir réussi. Mais l'apparence s'évanouit avec lui. L'unité de l'empire et le pouvoir absolu de l'empereur descendirent dans son tombeau. La religion chrétienne et la liberté humaine se mirent à l'œuvre pour préparer à l'Europe d'autres gouvernements et d'autres destinées.

Les grands hommes font de grandes choses qui ne se feraient pas sans eux; ils mettent beaucoup du leur dans l'histoire, et elle réalise une part de leurs pensées et de leurs volontés; mais ils sont loin de faire tout ce qu'ils méditent, et ils ne savent pas tout ce qu'ils font. Ils sont à la fois les instruments et les coopérateurs libres d'un dessein général infiniment supérieur à eux, et qui, même entrevu, reste impénétrable pour eux, le dessein de Dieu sur l'humanité. Quand les grands hommes comprennent que telle est leur situation et quand ils l'acceptent, ils sont sensés et efficaces. Quand ils ne reconnaissent pas les limites de leur action libre et le voile qui couvre, à leurs yeux, l'avenir auquel ils travaillent, ils deviennent les dupes et souvent les victimes d'un orgueil aveugle que les événements, dans leur vaste et long cours, finissent toujours par détromper et punir.

Entre les hommes de son rang, Charlemagne a eu cette heureuse fortune que son erreur, sa mauvaise tentative impériale, a disparu avec lui, tandis que son œuvre salutaire, la sécurité territoriale de l'Europe chrétienne, a été durable, au grand honneur comme au grand profit de la civilisation européenne.

CHAPITRE XII

DÉCADENCE ET CHUTE DES CARLOVINGIENS

De la mort de Charlemagne à l'avénement de Hugues Capet, c'est-à-dire de l'an 814 à l'an 987, treize rois ont occupé le trône de France. Que sont devenus, sous leur règne et dans le cours de ces cent soixante-treize ans, les deux grands faits qui avaient dominé dans la pensée et rempli la vie de Charlemagne, la solide fondation territoriale du royaume de la France chrétienne par la répression efficace des invasions étrangères, et l'unité de ce vaste empire dans lequel Charlemagne avait tenté et espéré de ressusciter l'empire romain?

Le sort de ces deux faits est l'histoire même de la France sous la dynastie carlovingienne; c'est la seule partie des événements de cette époque qui mérite encore aujourd'hui l'attention, car c'est la seule qui ait exercé, sur l'histoire générale de la France, une grande et durable influence.

Les tentatives d'invasion étrangère en France se renouvelèrent bien souvent et sur bien des points du territoire gallo-franc pendant toute la durée de la dynastie carlovingienne, et même en échouant elles firent subir à la population du royaume de cruels ravages. Charlemagne, même après ses succès contre les divers envahisseurs barbares, avait prévu les maux qu'infligeraient à la France les plus redoutables et les plus obstinés d'entre eux, les Normands, venus par mer et d'abord sur nos côtes. Le plus contemporain et le plus détaillé de ses chroniqueurs, le moine de Saint-Gall, raconte en termes prolixes et pompeux, mais évidemment émus et sincères, la prévoyance du grand empereur : « Charles, qui toujours était en course, dit-il, arriva par hasard et inopinément dans une certaine ville de la Gaule narbonaise. Pendant qu'il dînait et n'était encore connu de personne, des corsaires normands vinrent exercer leurs pirateries jusque dans le port. Quand on aperçut leurs vaisseaux, on prétendit que c'étaient des marchands juifs selon ceux-ci, africains selon ceux-là, bretons au sentiment d'autres ; mais l'habile monarque, reconnaissant, à la construction et à l'agilité des bâtiments, qu'ils portaient, non des marchands mais des ennemis, dit aux siens : « Ces vaisseaux ne sont point chargés de marchandises, mais remplis de cruels ennemis. » A ces mots, tous les Francs, à l'envi les uns des autres, courent à leurs navires, mais inutilement ; les Normands, en effet, apprenant que là était celui qu'ils avaient encore coutume d'appeler Charles le Marteau, craignirent que toute leur flotte ne fût prise ou détruite dans ce port, et ils évitèrent, par une fuite d'une inconcevable rapidité, non-seulement les glaives, mais même les yeux de ceux qui les poursuivaient.

« Le religieux Charles, cependant, saisi d'une juste crainte, se leva de table, se mit à la fenêtre qui regardait l'orient et y demeura longtemps, les yeux pleins de larmes. Personne n'osant l'interroger, ce prince belliqueux expliqua aux grands qui l'entouraient la cause de son action et de ses larmes : « Savez-vous, mes fidèles, pourquoi je pleure si amèrement? Certes, je ne crains pas que ces hommes réussissent à me nuire par leurs misérables pirateries ; mais je m'afflige profondément que, moi vivant, ils aient été près de toucher ce rivage, et je suis pris d'un violent chagrin quand je prévois de quels maux ils accableront mes descendants et leurs peuples. »

La prévoyance et la tristesse de Charlemagne n'étaient pas excessives. Je trouve spécialement mentionnées, dans les chroniques des neuvième et dixième siècles, quarante-sept incursions en France des pirates norvégiens, danois, suédois, irlandais, tous compris sous le

IL Y DEMEURA LONGTEMPS, LES YEUX PLEINS DE LARMES

nom de Normands, et sans doute beaucoup d'autres incursions moins graves n'ont laissé aucune trace dans l'histoire. « Les Normands, dit M. Fauriel, descendirent du nord au midi par une sorte de gradation ou d'échelle naturelle. L'Escaut fut le premier fleuve par l'embouchure duquel ils pénétrèrent dans les terres ; la Seine fut le second, la Loire le troisième. La progression était menaçante pour les pays traversés par la Garonne ; ce fut en 844 que des barques chargées de Normands remontèrent pour la première fois ce dernier fleuve jusque fort avant dans les terres, et y firent un immense butin... L'année suivante, ils pillèrent et brûlèrent Saintes. En 846, ils s'avancèrent jusqu'à Limoges. Les habitants ne se trouvaient pas en état de faire face aux intrépides pirates ; ils leur abandonnèrent leurs foyers, avec tout ce qu'ils n'eurent pas le loisir d'emporter. Encouragés par ces succès, les Normands reparurent l'année suivante sur les côtes et dans les fleuves de l'Aquitaine ; ils essayèrent de prendre Bordeaux, d'où ils furent vaillamment repoussés par les habitants ; mais en 848, ayant assiégé de nouveau cette ville, ils y furent introduits de nuit par les juifs qui y étaient en grand nombre ; la ville fut livrée au pillage et aux flammes ; une partie de la population dispersée, l'autre égorgée. » Tours, Rouen, Angers, Orléans, Meaux, Toulouse, Saint-Lô, Bayeux, Évreux, Nantes, Beauvais, quelques-unes à plusieurs reprises, eurent le sort de Saintes, Limoges et Bordeaux. Les monastères et les églises, où ils espéraient trouver des trésors, étaient l'objet favori des entreprises des Normands ; ils pillèrent spécialement, aux portes de Paris, l'abbaye de Saint-Germain des Prés et celle de Saint-Denis, dont ils emmenèrent l'abbé, qui ne put se racheter que par une forte rançon. Ils pénétrèrent plus d'une fois dans Paris même et en mirent plusieurs quartiers à contribution ou au pillage. Les populations s'accoutumèrent à souffrir et à fuir ; les seigneurs locaux, les rois mêmes, s'arrangeaient quelquefois avec les pirates, soit pour soustraire les domaines royaux à leurs ravages, soit pour en avoir leur part. En 850, Pepin, roi d'Aquitaine et frère de Charles le Chauve, entra en intelligence avec les Normands, qui avaient remonté la Garonne et menaçaient Toulouse. « Ils y arrivèrent sous sa conduite, dit M. Fauriel ; ils l'assiégèrent, la prirent et la pillèrent ; non pas à demi, non pas à la hâte, en gens qui craignent d'être surpris, mais à loisir, en toute sécurité, en vertu d'un traité d'alliance avec l'un des rois du pays. Il n'y eut, dans toute l'Aquitaine, qu'un cri d'indignation contre Pepin, et la popularité de Charles s'accrut de toute l'horreur qu'inspira le méfait inouï de son adversaire. Charles le Chauve lui-même, s'il ne s'alliait pas, comme Pepin, avec les envahisseurs, ne s'intéressait guère au sort des populations et ne prenait guère plus de peine pour les protéger, car l'archevêque de Reims, Hincmar, lui écrivait en 859 : « Beaucoup de gens disent que vous dites sans cesse que vous n'avez pas à vous mêler de ces déprédations et de ces rapines, et que chacun n'a qu'à se défendre comme il pourra. »

Je n'ai garde, mes enfants, de vous raconter ni seulement d'énumérer toutes ces incursions normandes et leurs incidents monotones. Je vous en ai signalé la fréquence et le caractère général ; c'est tout ce que leur doit l'histoire. Il y en a trois cependant sur lesquelles je veux vous arrêter un moment, à raison, soit de leurs graves conséquences historiques, soit des détails dramatiques qui nous en ont été transmis.

Au milieu et dans la dernière moitié du neuvième siècle, un chef normand, Hastenc ou Hastings, parut à plusieurs reprises sur les côtes et dans les fleuves de France, avec de nombreuses barques et une bande. Il avait aussi avec lui, disent les chroniques, un jeune prince norvégien ou danois, Biœrn, dit Côte de Fer, qu'il avait élevé et qui avait mieux aimé s'associer aux aventures de son gouverneur que vivre tranquille auprès du roi son père. Après plusieurs expéditions dans la France occidentale, Hastings devint l'objet de récits terribles et très-probablement fabuleux ; il poussa, dit-on, ses courses jusque dans la Méditerranée, et arrivé sur les côtes de Toscane, en vue d'une ville que, dans son ignorance, il prit pour Rome, il résolut de la piller ; mais ne se sentant pas assez fort pour l'envahir d'assaut, il s'adressa à l'évêque, se dit très-malade, touché du désir de devenir chrétien, et lui demanda le baptême. Quelques jours après, ses compagnons répandirent le bruit qu'il était mort, et réclamèrent pour lui les honneurs d'une sépulture solennelle ; l'évêque y consentit ; le cercueil de Hastings fut transporté dans l'église, accompagné d'un grand nombre des siens, sans armes apparentes ; mais, au milieu de la cérémonie, Hastings s'élança tout à coup, l'épée à la main, hors de son cercueil ; ses compagnons déployèrent leurs armes cachées, fermèrent les portes de l'église, tuèrent les prêtres, pillèrent les trésors ecclésiastiques et se rembarquèrent sous les yeux d'une population stupéfaite, pour aller reprendre, sur les côtes de France, leurs incursions et leurs ravages.

Vrais ou faux, ces bruits des ruses hardies et des expéditions lointaines de Hastings aggravaient l'effroi qu'inspirait son apparition ; il pénétra dans l'intérieur des terres en Poitou, en Anjou, en Bretagne, le long de la Seine, pilla les monastères de Jumiéges, de Saint-Vandrille, de Saint-Evroul, s'empara de Chartres et parut devant Paris, où Charles le Chauve, retranché à Saint-Denis, délibérait avec ses prélats et ses barons sur la question de savoir comment il pourrait résister aux Normands ou traiter avec eux. La chronique dit que les barons conseillaient la résistance, mais que le roi préféra la négociation ; il envoya l'abbé de Saint-Denis, « lequel très-sage homme était, » à Hastings qui, « après longues parlementations et moyennant grands dons et promesses, » consentit à cesser ses courses, à se faire chrétien et à s'établir dans le comté de Chartres, « que le roi lui donna héréditairement, avec toutes ses appartenances. » Selon d'autres récits, ce fut seulement quelques années plus tard et sous le jeune roi Louis III, petit-fils de Charles le Chauve, que Hastings fut amené, soit par quelques échecs, soit à prix d'argent, à cesser toute piraterie et à accepter en échange le comté de Chartres. Quoi qu'il en soit de la date, il fut, si je ne me trompe, le premier chef normand qui renonça à la vie d'aventures et de pillage pour devenir, en France, grand propriétaire et comte du roi. Le prince Biœrn se sépara alors de son gouverneur, et reprit la mer, « chargé d'un si riche butin qu'il ne pouvait jamais avoir besoin de richesses ; mais une tempête engloutit une grande partie de sa flotte, et le jeta en Frise, où il décéda bientôt après, ce dont Hastings fut très-dolent. »

Un plus grand chef normand que Hastings devait bientôt suivre son exemple et fonder en France la Normandie ; mais avant que Rolf, c'est-à-dire Rollon, vînt donner le nom de sa race à une province française, les pirates normands devaient encore tenter en France un grand coup et subir un grand échec.

En novembre 885, sous le règne de Charles le Gros, après avoir, depuis plus de quarante ans, ravagé anarchiquement la France, ils résolurent de réunir leurs forces pour s'emparer enfin de Paris, dont ils avaient si souvent pillé les faubourgs sans avoir pu entrer au cœur de la place, dans l'île de la Cité, qui avait été dans l'origine et était encore le vrai Paris. Deux corps de troupes se mirent en mouvement ; l'un, commandé par Rollon, déjà célèbre parmi ses compagnons, marcha sur Rouen ; l'autre remonta immédiatement le cours de la Seine, sous les ordres de Siegfried, que les Normands appelaient leur roi. Rollon s'empara de Rouen et poussa aussitôt sur Paris. Le général des troupes gallo-franques, le duc Renaud, alla à sa rencontre sur les bords de l'Eure, et lui envoya, pour sonder ses desseins, le nouveau comte de Chartres, Hastings. « Vaillants guerriers, dit Hastings à Rollon, d'où venez-vous? Que cherchez-vous ici? Quel est le nom de votre seigneur? Dites-le-nous; nous sommes envoyés vers vous par le roi des Francs. — Nous sommes Danois, lui répondit Rollon, tous également maîtres entre nous. Nous venons expulser les habitants de cette terre, et nous la soumettre comme notre patrie. Mais qui es-tu, toi qui nous parles si lestement? — Vous avez quelquefois entendu parler d'un certain Hastings, qui, sorti de chez vous, est venu ici avec beaucoup de navires et a fait un désert d'une grande partie du royaume des Francs? — Oui, dit Rollon, nous en avons entendu parler; Hastings a bien commencé et mal fini. — Voulez-vous vous soumettre au roi Charles? demanda Hastings. — Nous ne nous soumettrons à personne; tout ce que nous prendrons par nos armes, nous le garderons comme notre droit. Va dire cela, si tu veux, au roi dont tu te glorifies d'être l'envoyé. » — Hastings retourna à l'armée gallo-franque, et Rollon se mit en marche sur Paris. Hastings était revenu un peu troublé. Il y avait, parmi les Francs, un comte Tetbold (Thibault), qui avait une grande envie du comté de Chartres : « Pourquoi t'endors-tu mollement? dit-il à Hastings; ignores-tu que le roi Charles veut ta mort à cause de tout le sang chrétien que jadis tu as injustement répandu? Souviens-toi des maux que tu lui as faits et à raison desquels il veut te chasser de sa terre. Prends garde à toi, pour n'être pas frappé à l'improviste. » Hastings, effrayé, vendit aussitôt la ville de Chartres à Tetbold, et enlevant tout ce qui lui appartenait, il partit, pour aller reprendre, à ce qu'il paraît, son ancien métier.

Le 25 novembre 885, toutes les forces des Normands étaient réunies devant Paris; sept cents grandes barques couvraient deux lieues de la Seine, portant, dit-on, plus de trente mille hommes. Les chefs furent surpris à la vue des nouvelles fortifications de la ville, un double mur d'enceinte, les ponts couronnés de tours, et aux environs les remparts des abbayes de Saint-Denis et de Saint-Germain solidement rétablis. Siegfried hésita à attaquer une ville si bien couverte. Il demanda à entrer seul et à voir l'évêque Gozlin. « Prends pitié de toi-même et de ton troupeau; lui dit-il; permets que nous puissions seulement traverser

LES BARQUES NORMANDES

cette cité ; nous ne toucherons nullement à la ville ; nous nous efforcerons de conserver, à toi et au comte Eudes, tous vos biens. — Cette cité, répondit l'évêque, nous a été confiée par l'empereur Charles, le roi et le dominateur, après Dieu, des puissances de la terre. Il nous l'a confiée, non pour qu'elle causât la perte du royaume, mais pour qu'elle le sauvât. Si par hasard ces murs avaient été confiés à ta garde comme ils l'ont été à la mienne, ferais-tu ce que tu me demandes de t'accorder ? — Si jamais je le fais, dit Siegfried, que ma tête soit condamnée à tomber sous le glaive et à servir de pâture aux chiens ! Mais si tu ne cèdes à nos prières, dès que le soleil commencera son cours, nos camps lanceront sur toi leurs traits empoisonnés, et quand le soleil finira son cours, ils te livreront à toutes les horreurs de la faim ; et cela, ils le feront tous les ans. » L'évêque persista sans discuter. Il était aussi sûr du comte Eudes que de lui-même ; jeune et nommé récemment comte de Paris, Eudes était le fils aîné de Robert le Fort, comte d'Anjou, issu de la même race que Charlemagne, et tué naguère dans un combat contre les Normands. Paris avait pour défenseurs deux héros, l'un de l'Église, l'autre de l'Empire, la foi du chrétien et la fidélité du vassal, la conscience du prêtre et l'honneur du guerrier.

Le siége dura treize mois, tantôt ardemment poussé par huit assauts, tantôt maintenu par un étroit blocus, et avec toutes les alternatives de succès et de revers, tout le mélange de périls éclatants et de souffrances obscures qui peuvent survenir entre des assaillants acharnés et des défenseurs dévoués. Un témoin, non-seulement contemporain, mais oculaire, Abbon, moine de Saint-Germain des Prés, en a raconté les détails dans un long poëme, où l'écrivain, dénué de talent, n'ajoute rien au simple tableau des événements ; c'est l'histoire même qui donne au poëme d'Abbon un haut degré d'intérêt. Nous n'avons, sur ces continuelles luttes des Normands avec les populations gallo-franques, aucun document aussi précis, aussi complet, ni qui nous fasse aussi bien connaître tous les incidents, toutes les formes de cette guerre désordonnée de deux peuples, l'un sans gouvernement, l'autre sans patrie. L'évêque Gozlin mourut pendant le siége. Le comte Eudes quitta quelque temps Paris pour aller solliciter le secours de l'empereur ; mais les Parisiens le virent bientôt reparaître sur les hauteurs de Montmartre avec trois bataillons de soldats, et il rentra dans la ville poussant son cheval et frappant de sa hache d'armes, à droite et à gauche, à travers les assiégeants surpris. La lutte se prolongea pendant l'été, et lorsque, en novembre 886, Charles le Gros parut enfin devant Paris « avec une grande armée de toutes nations, » ce fut pour acheter la retraite des Normands au prix d'une forte rançon, et en leur permettant d'aller hiverner en Bourgogne, « dont les habitants n'obéissaient pas à l'empereur. »

Quelques mois après, en 887, Charles le Gros était déposé dans une diète tenue sur les bords du Rhin, par les grands de la France germanique, et Arnoul, fils naturel de Carloman, le frère de Louis III, était proclamé empereur à sa place. En même temps, le vaillant défenseur de Paris, le comte Eudes, était élu roi à Compiègne et couronné par l'archevêque de Sens. Guy, duc de Spolète, issu de Charlemagne par les femmes, accourait en France, était déclaré roi à Langres par l'évêque de cette ville, et s'en retournait précipitamment en Italie, ne voyant aucune chance de se maintenir dans sa royauté française. D'autre part, le duc d'Arles, Boson, devenait roi de Provence, et le comte bourguignon Rodolphe se faisait couronner à Saint-Maurice, dans le Valais, roi de la Bourgogne transjurane. Il y avait bien en France un Carlovingien légitime, un fils de Louis le Bègue, qui devait devenir plus tard Charles le Simple; mais encore enfant, il était repoussé ou bien oublié, et en attendant que son jour arrivât, on faisait partout des rois.

Au milieu de cette confusion, les Normands, tout en s'éloignant de Paris, poursuivaient, dans la France occidentale, leurs courses et leurs ravages. Ils avaient dans Rollon un chef bien supérieur à ses vagabonds prédécesseurs. Quoiqu'il menât encore la même vie qu'eux, il y déployait d'autres facultés, d'autres penchants, d'autres desseins. Il avait fait, dans sa jeunesse, une expédition en Angleterre, et il y avait contracté, avec le sage roi Alfred le Grand, une réelle amitié. Dans une campagne en Frise, il avait fait prisonnier Rainier, comte de Hainaut; Alberade, comtesse de Brabant, fit redemander son mari à Rollon en lui offrant la mise en liberté de douze capitaines normands ses prisonniers, et tout l'or qu'elle possédait; Rollon ne prit que la moitié de l'or et rendit le comte à sa femme. Lorsque, en 885, il s'empara de Rouen, au lieu de ravager la ville, comme faisaient partout ses pareils, il en respecta les édifices, en fit relever les murailles et en ménagea les habitants. En dépit des habitudes violentes et avides auxquelles il se livrait envers les populations qui lui résistaient obstinément, on pouvait pressentir en lui des sentiments plus généreux et des instincts d'ordre, de civilisation et de gouvernement. Après la déposition de Charles le Gros et pendant le règne d'Eudes, une lutte vive continua entre le roi franc et le chef normand, qui se souvenaient l'un et l'autre de leurs premiers combats ; ils eurent, l'un contre l'autre, des fortunes diverses ; Eudes battit les Normands à Montfaucon ; mais il fut battu dans le Vermandois par une autre bande qui avait, dit-on, repris pour chef le vieux Hastings, naguère comte de Chartres. Rollon aussi eut sa part tantôt de succès, tantôt de revers ; mais il s'empara de plusieurs villes importantes, se montra disposé à traiter doucement les populations tranquilles, et fit en Angleterre un nouveau voyage dans lequel il renoua avec le roi Athelstan, successeur du grand Alfred, de bonnes relations. Il devint ainsi, de jour en jour, plus accrédité en même temps que plus redouté en France, si bien qu'Eudes lui-même fut obligé d'avoir recours, avec lui, aux négociations et aux présents. Lorsque, en 898, Eudes fut mort et que Charles le Simple, à peine âgé de dix-neuf ans, eut été reconnu seul roi de France, l'ascendant de Rollon devint tel que la nécessité de traiter avec lui fut évidente. En 911, de l'avis de ses conseillers, entre autres de Robert, frère du feu roi Eudes, et devenu lui-même comte de Paris et duc de France, Charles envoya au chef normand l'archevêque de Rouen, Francon, chargé de lui offrir la cession d'une partie considérable de la Neustrie et la main de sa jeune fille Gisèle, pourvu qu'il se fît chrétien et se reconnût vassal du roi. De l'avis aussi de ses compagnons, Rollon accueillit de bonne grâce ces ouvertures et s'engagea à une trêve de trois mois, pendant laquelle on traiterait de la paix. Au jour fixé, Charles, accompagné du duc Robert, et Rollon, entouré de ses guerriers, se rendirent à Saint-Clair-sur-Epte, sur les deux bords opposés de la rivière, et échangèrent de nombreux messages. Charles offrit à Rollon la Flandre, que le Normand refusa, la trouvant trop marécageuse ; quant à la portion maritime de la Neustrie, il ne voulut pas s'en contenter : elle était, dit-il, couverte de forêts et devenue étrangère au soc de la charrue, à cause des continuelles incursions des Normands ; il demanda qu'on y ajoutât des territoires pris sur la Bretagne, et que les princes de cette province, Bérenger et Alain, seigneurs l'un de Redon, l'autre de Dol, lui prêtassent serment de fidélité. L'arrangement ainsi conclu, « les évêques dirent à Rollon que celui qui recevait un don tel que le duché de Normandie devait baiser le pied du roi. — Jamais, dit Rollon, je ne plierai le genou aux genoux de personne et je ne baiserai le pied de personne. Sur la sollicitation des Francs, il ordonna alors à l'un de ses guerriers de baiser le pied du roi; le Normand, restant debout, prit le pied du roi, l'éleva à sa bouche et fit ainsi tomber le roi en arrière, ce qui excita de grands éclats de rire et beaucoup de tumulte parmi la foule. Alors le roi et tous les grands qui l'entouraient, prélats, abbés, ducs et comtes, jurèrent, au nom de la foi catholique, qu'ils protégeraient le patrice Rollon dans sa vie, ses membres et ses hommes, et qu'ils lui garantiraient la possession de la terre susdite, ainsi qu'à ses descendants à perpétuité. Après quoi le roi satisfait retourna dans ses domaines et Rollon partit avec le duc Robert pour la ville de Rouen. »

La dignité de Charles le Simple n'avait pas de quoi être satisfaite; mais la grande question politique qui, un siècle auparavant, inquiétait si vivement Charlemagne, était résolue; les plus dangereuses, les plus incessamment renouvelées des invasions étrangères, celles des Normands, cessaient de menacer la France; les pirates vagabonds avaient acquis une patrie à cultiver et à défendre. Les Normands devenaient des Français.

Les invasions des Sarrasins dans la Gaule méridionale n'étaient pas près de subir la même transformation; ils continuaient d'infester l'Aquitaine, la Septimanie et la Provence; leurs bandes pillardes apparaissaient fréquemment sur les côtes de la Méditerranée et les rives du Rhône, à Aigues-Mortes, à Marseille, à Arles, dans la Camargue; elles pénétraient quelquefois dans le Dauphiné, le Rouergue, le Limousin, la Saintonge. J'ai vu, au commencement de ce siècle, dans les montagnes des Cévennes, les ruines des tours qu'y construisaient, il y a dix siècles, les habitants de ces âpres contrées pour mettre leurs familles et leurs troupeaux à l'abri des incursions des Sarrasins. Mais ces incursions étaient courtes et le plus souvent tentées par des pillards peu nombreux, qui se retiraient précipitamment avec leur butin. L'Afrique n'était pas, comme l'Asie, une source inépuisable de nations ardentes à se pousser les unes sur les autres pour aller errer et s'établir ailleurs. Les peuples du Nord marchent volontiers vers les régions du Midi, où la vie est plus facile et plus douce; les peuples du Midi ne se transportent guère dans le Nord, sur son sol dur à cultiver, sous son ciel gris et au milieu de ses brouillards et de ses glaces. Après avoir pillé dans l'Aquitaine ou la Provence, les Arabes d'Espagne et d'Afrique s'empressaient de repasser les Pyrénées ou la Méditerranée pour aller retrouver leur beau climat et leur oisiveté sans ennui. De plus, entre les

LE COMTE EUDES RENTRANT DANS PARIS A TRAVERS LES ASSIÉGEANTS

chrétiens et les musulmans, l'antipathie religieuse était profonde ; les missionnaires chrétiens ne portaient guère chez les musulmans leur pieuse ardeur, et les musulmans étaient beaucoup moins disposés que les païens à se faire chrétiens. Pour conserver leurs conquêtes, les Arabes d'Espagne avaient à lutter contre les Goths réfugiés dans les Asturies, et Charlemagne, en étendant celles des Francs jusqu'à l'Èbre, avait donné aux Goths chrétiens de puissants alliés contre les musulmans espagnols. Par toutes ces causes, les invasions des Sarrasins dans le midi de la France ne menaçaient point, comme celle des Normands dans le Nord, la sécurité de la monarchie gallo-franque, et les populations gallo-romaines du Midi pouvaient défendre à la fois contre les Sarrasins et contre les Francs leur indépendance nationale. C'est ce qu'elles firent avec succès dans les neuvième et dixième siècles, et la monarchie française, qui se fondait entre la Loire et le Rhin, en fut quelque temps ébréchée, jamais sérieusement ébranlée.

Un peuple nouveau, les Hongrois, seul nom qu'on donnât alors aux Magyars, parut à cette époque, pour la première fois, parmi les dévastateurs de l'Europe occidentale. De l'an 910 à l'an 954, par suite des mouvements et des guerres qui avaient lieu autour du Danube, des bandes hongroises, après avoir parcouru l'Allemagne centrale, pénétrèrent en Alsace, en Lorraine, en Champagne, en Bourgogne, en Berry, en Dauphiné, jusqu'en Provence et même en Aquitaine ; mais cette inondation fut passagère, et si les populations de ces contrées eurent beaucoup à en souffrir, l'État gallo-franc, malgré ses désordres intérieurs et la faiblesse des derniers Carlovingiens, n'en fut pas sérieusement compromis.

Ainsi le premier grand dessein de Charlemagne, la sécurité territoriale de l'État gallo-franc et chrétien, était accompli ; à l'est et au nord, les populations germaniques et asiatiques, qui l'avaient si longtemps bouleversé, étaient, les unes arrêtées sur ses frontières, les autres régulièrement incorporées dans son sein ; au midi, les populations musulmanes qui, au huitième siècle, avaient paru si près de l'envahir, était impuissantes à lui porter de graves atteintes. Matériellement, la France était fondée. Où en était le second grand dessein de Charlemagne, la résurrection de l'empire romain par les mains des barbares ses vainqueurs, devenus chrétiens ?

Je laisse à Louis le Débonnaire son nom traditionnel, quoique ce ne soit pas la traduction exacte de celui que lui donnèrent ses contemporains : ils l'appelaient Louis le Pieux. Il était pieux en effet, sincèrement et même avec scrupule ; mais il était encore plus faible que pieux, faible de cœur et de caractère comme de pensée, sans idée dominante comme sans volonté forte, flottant au gré de ses impressions passagères, ou des influences qui l'entouraient, ou des embarras de sa situation. Le nom de *débonnaire* lui convient ; il exprime à la fois sa valeur morale et son incapacité politique.

Comme roi d'Aquitaine, du temps de Charlemagne, Louis s'y était fait estimer et aimer ; sa justice, sa douceur, sa probité, sa piété, plaisaient à la population, et ses faiblesses disparaissaient sous la forte main de son père. Devenu empereur, il commença son règne par une réaction contre les excès, réels ou prétendus, du règne précédent. Charlemagne était de mœurs fort peu régulières et ne s'inquiétait guère des licences de sa famille ou de son palais. Au loin, son pouvoir était exigeant et pesant. Louis établit autour de lui, pour ses propres sœurs comme pour ses serviteurs, une règle austère. Il rendit aux Saxons soumis quelques-uns des droits que Charlemagne leur avait retirés. Il envoya partout ses *missi dominici*, chargés d'écouter les plaintes et de redresser les griefs, d'adoucir le régime de son père, dur dans son activité et insuffisant à réprimer le désordre, malgré son dessein de l'interdire et sa vigilance à le surveiller.

Presque en montant sur le trône, Louis fit un acte plus grave et plus compromettant. Il avait, de sa femme Hermengarde, trois fils, Lothaire, Pepin et Louis, âgés alors, l'aîné de dix-neuf, les deux autres de onze et de huit ans. En 817, Louis réunit à Aix-la-Chapelle l'assemblée générale de ses États ; et là, tout en déclarant que « ni à ceux qui pensaient sagement, ni à lui-même, il ne paraissait convenable de rompre, pour l'amour de ses fils et par une volonté humaine, l'unité de l'empire, conservée par Dieu même, » il était résolu d'associer son fils aîné Lothaire au trône impérial. Lothaire fut en effet couronné empereur, et ses deux frères Pepin et Louis furent couronnés rois, « afin qu'ils régnassent, après la mort de leur père et sous leur frère et seigneur Lothaire, savoir : Pepin, sur l'Aquitaine et une grande partie de la Gaule méridionale et de la Bourgogne ; Louis, au delà du Rhin, sur la Bavière et sur les diverses peuplades à l'orient de la Germanie. » Le reste de la Gaule et de la Germanie, ainsi que le royaume d'Italie, devaient appartenir à Lothaire, empereur et chef de la monarchie franque, auprès de qui ses frères auraient à se rendre tous les ans pour s'entendre avec lui et recevoir ses instructions. Ce dernier royaume, le plus considérable des trois, restait sous le gouvernement direct de Louis le Débonnaire, en même temps que de son fils Lothaire, associé au titre d'empereur. Les deux autres fils, Pepin et Louis, entrèrent, malgré leur jeunesse, en prompte possession, l'un de l'Aquitaine, l'autre de la Bavière, sous l'autorité supérieure de leur père et de leur frère aîné, tous deux empereurs.

Charlemagne avait puissamment maintenu l'unité de l'empire tout en déléguant à deux de ses fils, Pepin et Louis, le gouvernement de l'Italie et de l'Aquitaine avec le titre de rois. En réglant d'avance entre ses trois fils le partage de ses États, Louis le Débonnaire voulait aussi, disait-il, maintenir l'unité de l'empire. Il oubliait qu'il n'était pas Charlemagne.

De nombreuses et tristes expériences révélèrent bientôt à quel point l'unité de l'empire exigeait la supériorité personnelle de l'empereur, et combien la décadence de l'édifice serait rapide quand il n'y resterait plus que le titre du fondateur.

En 816, le pape Étienne IV vint en France pour sacrer Louis le Débonnaire empereur. Bien des fois déjà, les papes avaient rendu aux rois francs ce service et cet honneur. Les Francs avaient été fiers de voir leur roi Charlemagne protecteur d'Adrien I*er* contre les Lombards, puis couronné empereur à Rome par Léon III, puis faisant sacrer, à Rome, encore par le même pape, ses deux fils Pepin et Louis rois, l'un d'Italie, l'autre d'Aquitaine. Dans ces diverses occasions, tout en témoignant au pape le plus profond respect, Charlemagne, dans ses rapports avec lui, avait toujours pris soin de garder, avec sa grandeur politique, toute sa dignité personnelle. Mais lorsque, en 816, les Francs virent Louis le Pieux, non-seulement aller, hors de Reims, au-devant d'Étienne IV, mais se prosterner trois fois devant lui, *de tout son corps*, et ne se relever que lorsque le pape lui tendit la main, les spectateurs se sentirent tristes et humiliés à l'aspect de leur empereur dans l'attitude d'un moine repentant.

Plusieurs insurrections éclatèrent dans l'empire. D'abord parmi les Basques d'Aquitaine. Puis en Italie, où Bernard, fils de Pepin, devenu roi en 812, de l'aveu de son grand-père Charlemagne, après la mort de son père, ne pouvait se résigner à voir son royaume passer aux mains de son cousin Lothaire, par l'ordre de son oncle Louis. Ces deux tentatives furent aisément réprimées. La troisième fut plus grave;

elle eut lieu en Bretagne, parmi ces populations de l'Armorique encore enfoncées dans leurs bois et très-jalouses de leur indépendance. En 818, elles se donnèrent pour roi un de leurs principaux chefs, nommé Morvan, et, ne se bornant pas à refuser au roi des Francs tout tribut, elles recommencèrent à dévaster les territoires francs voisins de leur frontière. Louis tenait alors l'assemblée générale de ses États à Aix-la-Chapelle. Le comte Lantbert, commandant de la marche de Bretagne, vint lui annoncer ce qui s'y passait; un moine franc, nommé Ditcar, se trouvait dans l'assemblée, homme pieux, sensé, ami de la paix, et qui de plus connaissait le roi breton Morvan, son monastère ayant des propriétés dans le voisinage. Ce fut lui que l'empereur chargea de porter à ce roi ses griefs et ses demandes. Au bout de quelques journées de marche, le moine passe la frontière et arrive à un vaste espace enclos d'un côté par une belle rivière, et de tous les autres par des forêts et des marécages, des haies et des fossés. Au milieu de cet espace était une grande habitation, celle de Morvan. Ditcar la trouve pleine de guerriers, ce roi ayant sans doute quelque expédition en vue. Le moine s'annonce comme le messager de l'empereur des Francs. Ce titre trouble d'abord le Breton, qui s'empresse toutefois de cacher son émotion sous un air de bienveillance et d'allégresse qu'il impose à ses compagnons. Ceux-ci sont écartés; le roi reste seul avec le moine, qui lui expose l'objet de sa mission. Il célèbre la puissance de l'empereur Louis, rapporte ses plaintes et avertit le Breton, charitablement et en son propre nom, du danger de sa situation, danger d'autant plus grand que lui et son peuple seront moins ménagés, vu qu'ils suivent l'ancien culte de leurs pères païens. Morvan écoutait ces discours avec attention, l'œil attaché à la terre et la frappant du pied de temps à autre; Ditcar croyait avoir réussi; mais un incident survient. C'était l'heure où l'épouse de Morvan avait coutume de venir le trouver avant de se rendre dans leur chambre nuptiale. Elle arrive, avide de savoir quel est cet étranger, ce qu'il vient faire, ce qu'il a dit, ce qu'on lui a répondu; elle prélude à ses questions par des agaceries, par des caresses; elle baise les genoux, les mains, la barbe, le visage du roi, témoignant son désir de rester seule avec lui. — « Roi, gloire des puissants Bretons, cher époux, qu'apporte cet étranger? Est-ce la paix? est-ce la guerre? — Cet étranger, lui répond Morvan avec un sourire, est un envoyé des Francs; mais s'il apporte la guerre ou la paix, c'est l'affaire des hommes; toi, contente-toi de ton office de femme. » Là-dessus, Ditcar, s'apercevant qu'il est contrecarré, dit à Morvan : « Roi, il est temps que je m'en retourne ; dis-moi quelle réponse je dois porter à mon souverain. — Laisse-moi cette nuit pour en délibérer, » lui répond d'un air irrésolu le chef breton. Le matin venu, Ditcar se présente de nouveau à Morvan ; il le trouve debout, mais encore à demi ivre et plein d'autres sentiments que ceux de la veille ; il lui fallut faire quelque effort sur lui-même, étourdi et chancelant comme il l'était du vin et des plaisirs de la nuit, pour dire à Ditcar : « Retourne à ton roi, et dis-lui de ma part que ma terre n'a jamais été la sienne, et que je ne lui dois rien, ni tribut, ni soumission. Qu'il règne sur les Francs ; moi, je règne sur les Bretons ; s'il veut m'apporter la guerre, il me trouvera prêt à la lui rendre. »

Le moine retourne auprès de Louis le Débonnaire et lui rend compte de sa mission. La guerre est résolue ; l'empereur rassemble ses troupes, des Allemands, des Saxons, des Thuringiens, des Bourguignons, des Aquitains, sans compter les Francs ni les Gallo-Romains. Ils se mettent en marche, se dirigeant sur Vannes ; Louis est à leur tête ; l'impératrice l'accompagne ; mais il la laisse à Angers, déjà souffrante et fatiguée. Les Francs entrent dans le pays des Bretons ; ils fouillent les bois et les marais ; ils ne trouvent point d'hommes armés dans les campagnes ouvertes ; ils les rencontrent éparpillés en pelotons peu nombreux, à l'entrée de tous les défilés, sur les hauteurs dominant les sentiers, partout où des hommes pouvaient se cacher et attendre le moment de paraître à l'improviste. Les Francs les entendaient, du milieu des bruyères et des fougères, poussant des cris aigus pour s'avertir les uns aux autres ou pour épouvanter l'ennemi. Les Francs avancent avec précaution et arrivent enfin à l'entrée des bois épais qui entouraient la demeure de Morvan. Il ne s'était pas encore mis en mouvement avec l'élite des guerriers qu'il avait autour de lui ; mais, à l'approche des Francs, il appelle sa femme et ses domestiques, et leur dit : « Défendez bien cette maison et ces bois ; moi, je vais marcher en avant pour rallier mon monde ; après quoi, je reviens non sans butin et dépouilles. » Il s'arme lui-même, prend un trait de chaque main, monte à cheval : « Tu vois, dit-il à sa femme, ces traits que je brandis, je te les rapporterai aujourd'hui même teints du sang des Francs. Adieu. » Il sort, pénètre, suivi des siens, à travers l'épaisseur de la forêt et s'avance à la rencontre des Francs.

La bataille s'engage ; le grand nombre des Francs qui couvrent au loin le pays effraye les Bretons; beaucoup d'entre eux s'enfuient, cherchant où se cacher. Morvan furieux, à la tête des plus dévoués des siens, se rue sur les Francs comme pour les frapper tous à la fois; plusieurs tombent sous ses coups. Il remarque un guerrier subalterne, sur lequel il s'élance au galop de son cheval, et l'insultant de la voix, selon l'antique usage des guerriers celtes : « Franc, lui dit-il, je vais te faire mon premier présent, un présent que je te garde depuis longtemps et dont j'espère que tu te souviendras; » et il lui lance un trait que l'autre reçoit sur son bouclier : « Orgueilleux Breton, lui répond le Franc, j'ai reçu ton présent, je vais te faire le mien. » Il pique des deux et pousse son cheval sur Morvan, qui, bien que couvert d'une forte cotte de maille, tombe percé d'un coup de pique. Le Franc n'a que le temps de descendre de cheval, de lui couper la tête, et tombe lui-même, frappé à mort par un des jeunes guerriers de Morvan, mais non sans avoir, à son tour, atteint encore celui-ci d'un coup mortel.

Le bruit se répand de tous côtés que Morvan est mort; les Francs se pressent sur le champ de bataille; on relève et on se passe de main en main une tête sanglante, horriblement défigurée. Le moine Ditcar est appelé pour la voir et dire si c'est celle de Morvan; il est obligé de laver ce chef défiguré et d'en rajuster un peu la chevelure avant de déclarer que c'est celui de Morvan. Plus de doute; la résistance est maintenant impossible; la veuve, la famille, les serviteurs de Morvan arrivent, se présentent à Louis le Débonnaire, acceptent toutes les conditions qu'on leur impose, et les Francs se retirent en disant que désormais la Bretagne est leur tributaire[1].

En arrivant à Angers, Louis trouva l'impératrice Hermengarde mourante; elle s'éteignit deux jours après. Il avait le cœur tendre et faible contre la tristesse. Il témoigna le désir d'abdiquer et de se faire moine. On l'en détourna; il était aisé d'influer sur ses résolutions. Un peu plus tard, on lui conseilla de se remarier; il s'y prêta; on fit venir plusieurs princesses; il choisit Judith de Bavière, fille du comte Welf (Guelfe), famille déjà puissante et plus tard célèbre. Judith était jeune, belle, spirituelle, ambitieuse, et habile dans l'art de faire servir le don de plaire à la passion de dominer. Dans son expédition de Bretagne, Louis venait d'assister au fatal empire d'une femme sur son mari; il était

---

[1] *Faits et gestes de Louis le Pieux*, poëme, par Ermold le Noir, dans ma *Collection des mémoires relatifs à l'Histoire de France*, t. IV, p. 1-113. — Fauriel, *Histoire de la Gaule méridionale sous la domination des conquérants germains*, t. IV, p. 77-88.

LE MOINE DITCAR RECONNAI[T LA TÊ]TE DU ROI MORVAN.

destiné à en donner lui-même un plus éclatant et plus long exemple. En 823, il eut, de la nouvelle impératrice Judith, un fils qu'il nomma Charles et qui devait être Charles le Chauve. Ce fils devint la passion dominante, sinon exclusive, de sa mère et la source des malheurs de son père. Sa naissance ne pouvait manquer de donner de l'humeur et de la méfiance aux trois fils de Louis et d'Hermengarde, déjà rois ; ils venaient de faire, peu auparavant, une première épreuve de la faiblesse de leur père ; en 822, se repentant de sa rigueur envers son neveu Bernard d'Italie, à qui il avait fait crever les yeux pour le punir de sa rébellion et qui en était mort, Louis se crut obligé d'en faire, à Attigny, dans l'église et devant le peuple, une pénitence solennelle : acte honnête et pieux, mais dont les détails laissèrent dans l'âme des spectateurs des impressions peu favorables à la dignité et à l'autorité de l'empereur. En 829, dans une assemblée tenue à Worms, cédant aux instances de sa femme, et sans doute aussi à son propre penchant pour son plus jeune fils, il ne tint nul compte de l'acte solennel par lequel, en 817, il avait partagé ses États entre ses trois fils aînés ; il enleva à deux d'entre eux, en Allemagne et en Bourgogne, quelques-uns des territoires qu'il leur avait assignés, et il en fit la part du jeune Charles. Lothaire, Pépin et Louis se révoltèrent. Les rivalités de cour se joignirent aux dissensions de famille ; l'empereur avait appelé auprès de lui un jeune méridional, Bernard, duc de Septimanie et fils du comte Guillaume de Toulouse, qui avait vaillamment combattu les Sarrasins ; il en fit son premier camérier (chambellan) et son conseiller favori. Bernard était hardi, ambitieux, vaniteux, impérieux, remuant ; il écarta de la cour ses rivaux et mit à leur place ses créatures. On l'accusait non-seulement d'abuser de la faveur de l'empereur, mais d'entretenir avec l'impératrice Judith des relations coupables. Il se forma contre lui, et par suite contre l'empereur, l'impératrice et leur jeune fils, une opposition puissante ; des ecclésiastiques éminents, entre autres Wala, abbé de Corbie, cousin germain et naguère l'un des conseillers intimes de Charlemagne, s'empressèrent d'y entrer. Les uns avaient à cœur l'unité de l'empire, que Louis brisait de plus en plus ; les autres prenaient en main les intérêts spéciaux de l'Église, auxquels, malgré sa piété et par sa faiblesse, Louis laissait souvent porter atteinte. Ainsi fortifiés, les conspirateurs se crurent certains du succès ; ils firent enlever et enfermer l'impératrice Judith dans le monastère de Sainte-Radegonde, à Poitiers ; Louis vint lui-même se mettre entre leurs mains, à Compiègne, où ils étaient réunis. Là, ils firent décréter que le pouvoir et le titre d'empereur étaient transférés de Louis à Lothaire, son fils aîné ; que l'acte qui avait naguère assigné une part de l'empire à Charles était annulé ; que l'acte de 817, qui avait réglé le partage des États de Louis après sa mort, était remis en vigueur. Mais bientôt une réaction éclata en faveur de l'empereur ; les deux frères de Lothaire, jaloux de sa nouvelle élévation, se rapprochèrent de leur père ; les ecclésiastiques eurent quelque honte de s'être associés à une révolte ; le peuple eut pitié de l'honnête empereur ; une assemblée générale, réunie à Nimègue, abolit les actes de Compiègne et rendit à Louis son titre et son pouvoir. La révolte ne tarda pas à recommencer ; elle vint cette fois de Pepin, roi d'Aquitaine ; Louis le combattit et donna l'Aquitaine à Charles le Chauve ; l'alliance des trois fils d'Hermengarde se reforma aussitôt ; ils levèrent une armée ; l'empereur marcha contre eux avec la sienne ; les deux partis se rencontrèrent entre Colmar et Bâle, dans un lieu appelé *le Champ rouge*; des négociations s'ouvrirent entre eux ; on demandait à Louis d'abandonner sa femme Judith et son fils Charles, et de se mettre sous la tutelle de ses fils aînés ; il refusa ; mais au moment où la lutte était près de s'engager, la défection se mit dans l'armée de Louis ; la plupart des prélats, des laïques et des hommes d'armes qui l'avaient accompagné passèrent dans le camp de Lothaire ; *le Champ rouge* devint *le Champ du mensonge*. Resté presque seul, Louis ordonna à ses serviteurs de s'éloigner, « ne voulant pas, dit-il, qu'aucun d'eux perdît pour lui la vie ou les membres, » et il se rendit à ses fils. Ils le reçurent avec de grandes démonstrations de respect, mais en poursuivant leur entreprise ; Lothaire réunit en hâte une assemblée qui le proclama empereur, en ajoutant divers territoires aux royaumes d'Aquitaine et de Bavière ; et trois mois après, une autre assemblée, réunie à Compiègne, déclara l'empereur Louis déchu de la couronne, « pour avoir, par ses fautes et son incapacité, laissé tristement déchoir l'empire qu'avaient agrandi et amené à l'unité Charlemagne et ses prédécesseurs. » Louis se soumit à cette décision, lut lui-même à haute voix, dans l'église de Saint-Médard de Soissons, non sans quelque résistance, une confession en huit articles de ses fautes, et déposant son baudrier sur l'autel, il se dépouilla de l'habit royal, et reçut des mains d'Ebbon, archevêque de Reims, le vêtement gris des pénitents.

Lothaire croyait son père bien détrôné et lui-même désormais seul empereur ; il se trompait ; pendant six ans encore, les scènes que je viens de retracer se reproduisirent à plusieurs reprises; les rivalités et les trames secrètes entre les trois frères vainqueurs et leurs partisans recommencèrent; le sentiment populaire se réveilla en faveur de Louis; une grande partie du clergé s'y associa; plusieurs comtes de Neustrie et de Bourgogne parurent en armes, au nom de l'empereur déposé; la séduisante et habile Judith rentra en scène et regagna à la cause de son mari et de son fils de nombreux amis. En 834, deux assemblées, réunies l'une à Saint-Denis, l'autre à Thionville, annulèrent tous les actes de l'assemblée de Compiègne, et remirent pour la troisième fois Louis en possession du titre et du pouvoir impérial. Il en usait sans violence, mais de plus en plus irrésolu et faible dans son triomphe, lorsque, en 838, le second de ses fils rebelles, Pepin, roi d'Aquitaine, mourut subitement. Toujours dominé par Judith, Louis s'empressa de convoquer à Worms, en 839, une nouvelle et dernière assemblée générale, dans laquelle, laissant son fils Louis de Bavière réduit à son royaume d'Europe orientale, il divisa le reste de ses États en deux parts à peu près égales séparées par le cours de la Meuse et du Rhône. Entre ces deux parts, il laissa le choix à Lothaire qui prit la partie orientale, en promettant de garantir la partie occidentale à son jeune frère Charles. Louis le Germanique protesta contre ce partage et s'arma pour y résister. L'empereur son père se mit en marche vers le Rhin pour le contraindre à la soumission; mais, arrivé près de Mayence, une fièvre violente le saisit et il mourut le 20 juin 840, au château d'Ingelheim, dans une petite île du fleuve. Ses derniers actes furent un nouveau témoignage de sa bonté envers tous ses fils, même rebelles, et de sa sollicitude pour le dernier. Il envoya à Louis le Germanique son pardon, et à Lothaire la couronne et l'épée d'or en lui recommandant d'exécuter les volontés de son père pour Charles et Judith.

Je ne sais si, dans sa crédule bonté, Louis eut, à sa dernière heure, grande confiance dans la recommandation qu'il adressait à son fils Lothaire et dans l'impression que ferait sur son autre fils, Louis de Bavière, le pardon qu'il lui accordait. Les prières des mourants sont faibles devant des passions violentes et des mœurs barbares. A peine Louis le Débonnaire était-il mort, que Lothaire conspirait déjà contre le jeune Charles et s'alliait secrètement, pour le dépouiller, avec Pepin II, fils du feu roi d'Aquitaine, qui avait pris les armes pour se saisir du royaume de son père, dont son grand-père Louis n'avait pas voulu lui confirmer la possession. Charles apprit tout à coup que sa mère Judith était près d'être assiégée dans Poitiers par les Aquitains, et malgré les protestations amicales que lui envoyait Lothaire, il ne tarda pas à découvrir le complot formé contre lui. Il ne manquait ni de finesse ni d'activité ; il pourvut d'abord à la sûreté de sa mère ; puis il entreprit, au nom de leurs intérêts communs, d'entrer en alliance avec son autre frère, Louis le Germanique, que l'ambition de Lothaire menaçait également. Les historiens du temps ne disent pas quel négociateur employa Charles dans cette lointaine et délicate mission ; mais plusieurs circonstances indiquent que l'impératrice Judith s'en chargea elle-même, qu'elle alla trouver le roi de Bavière et que ce fut elle qui, avec sa grâce et sa dextérité accoutumées, le détermina à s'unir avec son plus jeune frère pour résister en commun à leur frère aîné. Divers incidents retardèrent pendant un an l'explosion de cette conspiration de famille et de la guerre qu'elle préparait ; la situation du jeune roi Charles parut quelque temps très-mauvaise ; mais « quelques chefs, dit l'historien Nithard, fidèles à sa mère et à lui, et n'ayant plus rien à perdre que la vie et les membres, choisirent de mourir glorieusement plutôt que de trahir leur roi. » L'arrivée de Louis le Germanique avec ses troupes vint relever la force et la confiance de Charles ; ce fut le 24 juin 841, précisément un an après la mort de Louis le Débonnaire, que les deux armées, celle de Lothaire et de Pepin d'Aquitaine d'une part, celle de Charles le Chauve et de Louis le Germanique de l'autre, se trouvèrent en présence aux environs du village de Fontenailles, à six lieues d'Auxerre, sur le ruisseau d'Audries. Jamais, à ce qu'il paraît, depuis la bataille des plaines de Châlons contre les Huns et celle de Poitiers contre les Sarrasins, de si grandes masses d'hommes n'avaient été aux prises. « Il n'y aurait point d'invraisemblance, dit le scrupuleux M. Fauriel, à porter leur nombre total à 300,000 combattants, et rien n'indique que l'une des deux armées fût beaucoup plus nombreuse que l'autre. » Quoi qu'il en soit, les chefs hésitèrent pendant quatre jours à en venir aux mains ; et pendant qu'ils hésitaient, l'ancien favori nonseulement de Louis le Débonnaire, mais aussi, selon plusieurs chroniques, de l'impératrice Judith, se tenait à l'écart dans le voisinage avec ses propres troupes, ayant également promis son secours à l'un et à l'autre parti, et attendant, pour se décider entre eux, les perspectives du premier conflit. La bataille s'engagea le 25 juin, à la pointe du jour, et elle commença heureusement pour Lothaire ; mais les troupes de Charles le Chauve reprirent l'avantage que celles de Louis le Germanique avaient perdu, et l'action ne fut bientôt plus qu'un carnage d'une terrible simplicité entre deux énormes masses d'hommes s'abordant corps à corps et à plusieurs reprises, sur un front de deux lieues de développement. Avant midi, carnage, pillage, spoliation des morts, tout était fini ; la victoire de Charles et de Louis était complète ; les vainqueurs étaient rentrés dans leur camp, et il ne restait plus, sur le champ de bataille, que des cadavres entassés par monceaux ou étendus à la file, selon qu'ils étaient tombés dans le désordre de la fuite ou en combattant de pied ferme à leurs rangs... « Que ce jour soit maudit, s'écrie dans de sauvages rimes latines Angilbert, l'un des officiers de Lothaire ; qu'il ne compte plus dans le retour de l'année, mais qu'il soit effacé de tout souvenir ! Qu'il soit privé de l'éclat du soleil ! Qu'il n'ait ni aurore, ni crépuscule ! Qu'elle soit aussi maudite, cette nuit, cette nuit affreuse où tombèrent les braves les mieux instruits au combat ! Jamais il n'y eut pire carnage ; les chrétiens tombèrent dans des flots de sang ; les vêtements de lin des morts blanchissaient la campagne, comme la blanchissent les oiseaux d'automne ! »

Malgré cette bataille qui semblait décisive, Lothaire fit d'ardents efforts pour continuer la lutte ; il parcourut les contrées où il espérait trouver des partisans ; il promit aux Saxons le libre rétablissement de leur culte païen, et plusieurs des tribus saxonnes répondirent à son appel. Instruits de ces préparatifs, Louis le Germanique et Charles le Chauve résolurent de renouveler solennellement leur alliance, et sept mois après leur victoire de Fontenailles, en février 842, ils se rendirent tous deux, chacun avec son armée, à Argentaria, sur la rive droite du Rhin, entre Bâle et Strasbourg, et là, réunis en plein air, Louis, s'adressant le premier, en langue germanique, aux chefs qui l'entouraient : « Vous savez tous, leur dit-il, combien de fois, depuis la mort de notre père, Lothaire nous a attaqués pour nous détruire, ce mien frère et moi. N'ayant jamais pu, comme frères et chrétiens, ni par aucune voie équitable, obtenir de lui la paix, nous avons été contraints d'en appeler au jugement de Dieu. Lothaire vaincu s'est retiré où il a pu avec les siens ; car nous, retenus par la tendresse paternelle et touchés de compassion pour le peuple chrétien, nous n'avons pas voulu les exterminer en les poursuivant. Nous n'avons demandé, alors comme auparavant, nulle autre chose sinon que chacun de nous fût maintenu dans son droit. Mais lui, rebelle au jugement de Dieu, ne cesse de nous attaquer comme des ennemis, ce mien frère et moi, et il détruit nos peuples par le feu, le pillage et le carnage. C'est la cause qui nous a de nouveau réunis; et comme nous pensons que vous doutez de la solidité de notre alliance et de notre union fraternelle, nous avons résolu de nous lier de nouveau par ce serment en votre présence, n'agissant point en cela par l'attrait d'une inique cupidité, mais seulement pour assurer notre commun avantage dans le cas où, par votre aide, Dieu nous ferait obtenir la paix. Si donc je viole jamais, et Dieu m'en garde, ce serment que je vais prêter à mon frère, je vous tiens tous quittes de soumission envers moi et de la foi que vous m'avez jurée. »

Charles répéta mot pour mot ce discours à ses propres troupes, en langue romane, dans cet idiome né du mélange du latin et des langues de l'ancienne Gaule, et parlé dès lors, avec des variétés de dialecte et de prononciation, dans presque toutes les parties de la Gaule franque. Après cette allocution, Louis prononça et Charles répéta après lui, chacun dans sa langue, le serment conçu en ces termes : « Pour l'amour de Dieu, pour le peuple chrétien et pour notre commun salut, de ce jour en avant et tant que Dieu me donnera pouvoir et savoir, je défendrai ce mien frère et lui serai en aide en toute chose, ainsi que l'on doit défendre son frère, pourvu qu'il agisse de même envers moi; et je ne conclurai jamais avec Lothaire aucun arrangement qui soit, à mon escient, au dommage de ce mien frère. »

Quand les deux frères eurent ainsi juré, les deux armées, chefs et soldats, prêtèrent à leur tour un serment analogue, se portant en masse garants des engagements de leurs rois. Puis ils s'établirent tous pendant quelque temps entre Worms et Mayence, et firent succéder à l'acte politique des fêtes militaires, avant-coureurs des tournois chevaleresques du moyen âge. « On se donnait rendez-vous, dit l'historien contemporain Nithard, dans un emplacement convenable à ce genre d'exercices. Là on disposait d'un côté un certain nombre de combattants, Saxons, Vascons, Austrasiens ou Bretons; on plaçait du côté opposé un pareil nombre de guerriers, et les deux partis s'avançaient l'un contre l'autre, comme pour s'attaquer. Les uns, le bouclier au dos, fuyaient comme cherchant, dans le gros des leurs, un abri contre ceux qui les poursuivaient; puis tout à coup, faisant volte-face, ils s'élançaient à la poursuite de ceux devant lesquels ils venaient de fuir. Ce jeu durait jusqu'à ce qu'enfin les deux rois, paraissant avec toute la jeunesse de leur cortège, arrivassent au galop de leurs chevaux, brandissant la

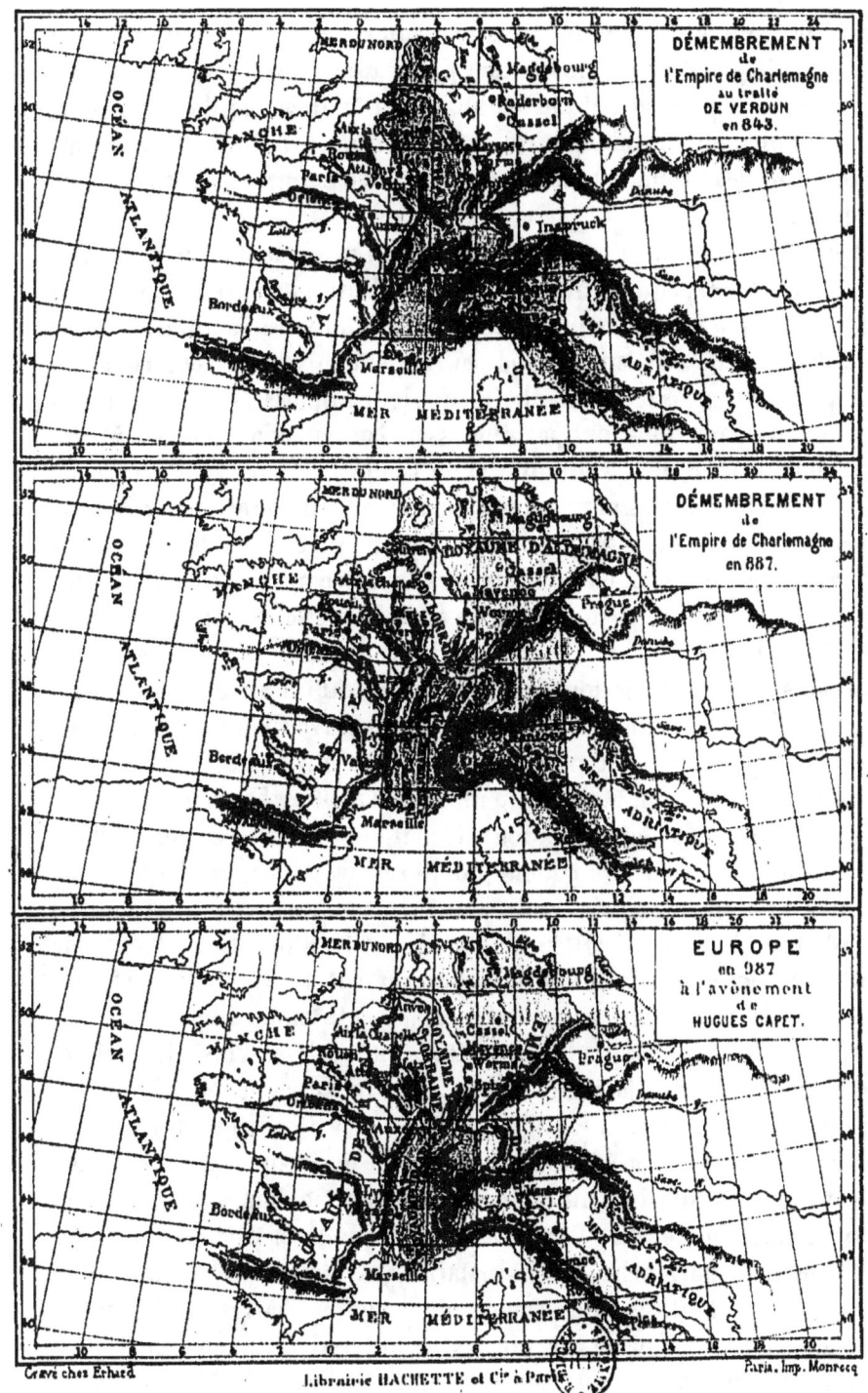

pique et poursuivant tantôt ceux-ci, tantôt ceux-là. C'était un beau spectacle de voir tant de modération parmi tant de vaillantes gens, car, dans une si grande multitude et un si grand mélange de nations diverses, personne n'était injurié ni maltraité, ce qui arrive fréquemment entre des hommes en petit nombre et se connaissant tous les uns et les autres. »

Après quatre ou cinq mois de tentatives ou d'incidents qui firent sentir aux deux partis qu'ils ne pouvaient, ni l'un ni l'autre, espérer de détruire complétement leurs adversaires, les deux frères alliés reçurent à Verdun, où ils s'étaient rendus pour se concerter sur leur conduite prochaine, un messager de Lothaire, qui leur apportait des propositions de paix qu'ils ne voulurent pas repousser. La principale était qu'à l'exception de l'Italie, de l'Aquitaine et de la Bavière, assurées sans contestation à leurs possesseurs actuels, l'empire franc serait divisé en trois parts, que les arbitres préposés à ce partage jureraient de faire aussi égales que possible, et entre lesquelles Lothaire aurait le choix, à titre d'empereur. Vers la mi-juin 842, les trois frères se rencontrèrent dans une île de la Saône, près Châlon, où ils commencèrent à débattre les questions qui les divisaient; et ce ne fut qu'un an après, au mois d'août 843, que, réunis tous trois à Verdun avec leurs arbitres, ils s'accordèrent enfin sur le partage de l'empire franc, sauf les trois contrées que d'avance on était convenu d'en excepter. Louis garda toutes les provinces de la Germanie dont il était déjà en possession, et il reçut en outre, sur la rive gauche du Rhin, les villes de Mayence, de Worms et de Spire avec leur territoire. Lothaire eut pour lui la zone orientale de la Gaule, limitée d'un côté par le Rhin et les Alpes, de l'autre par les cours de la Meuse, de la Saône et du Rhône, à partir du confluent de ces deux derniers fleuves, plus le pays compris entre la Meuse et l'Escaut, avec quelques comtés situés à l'ouest de cette rivière. A Charles échut tout le reste de la Gaule; la Vasconie ou Biscaye, la Septimanie, la marche d'Espagne, au delà des Pyrénées, et les autres contrées de la Gaule méridionale qui avaient eu jusque-là, sous le nom de royaume d'Aquitaine, un gouvernement particulier subordonné au gouvernement général de l'empire, mais distinct, perdirent ce dernier reste de leur nationalité gallo-romaine, et devinrent parties intégrantes de la Gaule franque échue en partage à Charles le Chauve, et formant un seul et même royaume, sous un seul et même roi.

Ainsi échoua et disparut, en 843, devant le traité de Verdun, le second des grands desseins de Charlemagne, la résurrection de l'empire romain par les Francs maîtres de la Gaule et chrétiens. Le nom d'*empereur* conserva encore dans l'esprit des peuples une certaine valeur, et resta pour les princes un objet d'ambition ; mais l'empire fut complétement aboli, et à sa place s'élevèrent trois royaumes indépendants l'un de l'autre, sans connexion ni relations nécessaires. L'un des trois fut dès lors la France.

Deux faits sont contenus dans ce grand événement : la disparition de l'empire et la formation des trois royaumes qui prirent sa place. Le premier est facile à expliquer : la résurrection de l'empire romain avait été le rêve de l'ambition et de l'ignorance d'un grand homme barbare ; l'unité politique et le pouvoir central absolu étaient les caractères essentiels de cet empire. Ils s'étaient introduits et établis par une longue suite de siècles, sur les ruines de la brillante république romaine tuée par ses discordes, à la faveur de l'influence, encore grande, du vieux sénat romain, quoique avili, et sous la garde des légions romaines et des prétoriens impériaux. Aucune de ces conditions, aucune de ces forces ne se rencontraient dans le monde romain où régnait Charlemagne : la nation des Francs et Charlemagne étaient de la veille ; le nouvel empereur n'avait ni ancien sénat pour le couvrir en lui obéissant, ni vieilles troupes pour le soutenir. L'unité politique et le pouvoir absolu répugnaient également à l'état intellectuel et social, aux mœurs nationales et aux sentiments personnels des barbares vainqueurs. La nécessité de mettre leurs conquêtes à l'abri de barbares nouveaux et l'ascendant personnel de Charlemagne valurent seuls à son gouvernement un succès momentané d'unité et de despotisme factice sous le nom d'empire. En 814, Charlemagne avait satisfait à la sécurité territoriale ; son pouvoir personnel disparut avec lui. La nouvelle société gallo-franque reprit, sous la puissante mais lente influence du christianisme, son cours propre et naturel, la dislocation en diverses sociétés locales et les luttes hardies des libertés individuelles, soit entre elles, soit contre quiconque essayait de se rendre leur maître.

Quant au second fait, la formation des trois royaumes issus du traité de Verdun, on en a donné diverses explications ; on a attribué cette distribution de quelques peuples de l'Europe occidentale en trois groupes distincts et indépendants, Italiens, Allemands et Français, tantôt à la diversité des histoires et des mœurs, tantôt à des causes géographiques et à ce qu'on appelle l'empire des frontières naturelles, plus souvent encore à l'esprit de nationalité et à la variété des langues. Je ne conteste aucune de ces causes ; elles ont toutes exercé une certaine influence, mais elles sont toutes incomplètes et trop systématiques. Il est vrai que l'Allemagne, la France et l'Italie commencèrent alors à sortir du pêle-mêle où les invasions barbares et les conquêtes de Charlemagne les avaient plongées, et à se constituer en nations bien distinctes ; mais il y avait, dans chacun des royaumes de Lothaire, de Louis le Germanique et de Charles le Chauve, des populations de races, de langues, de mœurs et d'affinités géographiques très-diverses, et il a fallu de bien grands événements et bien des siècles pour leur faire acquérir la mesure d'unité nationale qu'elles possèdent aujourd'hui. Je ne dis rien de l'action des forces individuelles et libres, toujours si grande quoique tant d'hommes d'esprit la méconnaissent aujourd'hui; que fût-il arrivé si l'un des trois nouveaux rois, Lothaire, ou Louis le Germanique, ou Charles le Chauve, eût été un second Charlemagne, comme Charlemagne avait été un second Charles Martel, et qui pourrait dire que, dans ce cas, les trois royaumes se seraient formés tels qu'ils le furent en 843?

Heureusement ou malheureusement, il n'en fut point ainsi ; aucun des successeurs de Charlemagne ne fut capable d'exercer sur les événements de son temps, en vertu de sa pensée et de sa volonté propre, une notable influence. Non qu'ils aient tous été inintelligents, ou timides, ou indolents : vous venez de voir que les vertus et les bonnes intentions ne manquaient pas à Louis le Débonnaire; Charles le Chauve était clairvoyant, adroit et actif; il avait le goût de l'instruction et de la distinction intellectuelle ; il aimait et protégeait les savants et les lettrés ; si bien qu'au lieu de dire, comme sous Charlemagne, *l'école du palais*, on appelait le palais de Charles le Chauve *le palais de l'école*. Parmi les onze rois qui montèrent après lui sur le trône carlovingien, plusieurs, tels que Louis III et Carloman, surtout Louis d'Outremer et Lothaire, se montrèrent, en plusieurs occasions, actifs et courageux ; les rois élus, à cette époque, en dehors de la dynastie carlovingienne, Eudes en 887 et Raoul en 923, firent preuve d'une vaillance habile et efficace. Les Carlovingiens ne finirent point, comme les Mérovingiens, dans une retraite monacale ou dans une inertie honteuse; même le dernier d'entre eux, et le seul qu'on ait qualifié de *fainéant*, Louis V, se préparait, quand il mourut, à une expédition en Espagne contre les Sarrasins. Ce qui est vrai, c'est que, médiocres ou indécis, ou étourdis, ils subirent tous, au dedans comme au dehors, sans initiative comme sans résistance, le cours des événements, et qu'en 987 la chute de la race carlovingienne fut la conséquence naturelle et facilement accomplie du nouvel état social qui s'était préparé en France sous son empire.

CHAPITRE XIII

LA FRANCE FÉODALE ET HUGUES CAPET

Vous venez de voir que, vingt-neuf ans après la mort de Charlemagne, en 843, lorsque, par le traité de Verdun, les fils de Louis le Débonnaire se furent partagé ses États, le grand empire se décomposa en trois royaumes distincts et indépendants, les royaumes d'Italie, de Germanie et de France. La décomposition ne s'en tint pas là; quarante-cinq ans plus tard, à la fin du neuvième siècle, peu après la mort de Charles le Gros, le dernier des Carlovingiens qui ait paru réunir un moment tout l'empire de Charlemagne, cet empire, au lieu de trois royaumes, en avait enfanté sept, les royaumes de France, de Navarre, de Provence ou Bourgogne cisjurane, de Bourgogne transjurane, de Lorraine, d'Allemagne et d'Italie. Voilà ce qu'était devenue la factice et éphémère unité de cet empire d'Occident que Charlemagne avait voulu mettre à la place de l'empire romain.

Je laisse là les royaumes distincts et indépendants; je ne regarde qu'au dedans du royaume de France. J'y reconnais le même fait; le même travail de démembrement s'y poursuit. Vers la fin du neuvième siècle, déjà vingt-neuf provinces ou fragments de provinces sont devenus de petits États dont les anciens gouverneurs, sous les noms de ducs, comtes, marquis, vicomtes, sont bien près d'être de vrais souverains. Vingt-neuf des grands fiefs qui ont joué un rôle spécial dans notre histoire remontent à cette époque. Ces petits États ne sont pas d'importance égale, ni en possession d'une indépendance absolument pareille; certains liens les unissent à d'autres États, et il en résulte certaines obligations réciproques qui deviendront le fondement, on pourrait dire la constitution, de la société féodale; mais le trait dominant n'en est pas moins l'isolement, l'existence personnelle : ce sont vraiment de petits États nés du démembrement d'un grand territoire; ces gouvernements locaux se sont formés aux dépens d'un pouvoir central.

De la fin du neuvième siècle je passe à la fin du dixième siècle, à l'époque où les Capétiens prennent la place des Carlovingiens. Au lieu de sept royaumes à la place de l'empire de Charlemagne, on n'en comptait plus alors que quatre. Les royaumes de Provence et de Bourgogne transjurane avaient formé, en se réunissant, le royaume d'Arles. Le royaume de Lorraine n'était plus qu'un duché disputé entre l'Allemagne et la France. L'empereur Othon le Grand avait réuni le royaume d'Italie à l'empire d'Allemagne. Des rapprochements s'étaient opérés entre les grands États. Mais dans l'intérieur du royaume de France le démembrement avait continué; au lieu de vingt-neuf petits États, ou grands fiefs, que j'y avais reconnus à la fin du neuvième siècle, j'en trouve, à la fin du dixième, cinquante-cinq bien effectivement établis[1].

Comment s'était accompli ce démembrement toujours croissant? Quelles causes l'avaient déterminé, et de plus en plus substitué à l'unité de l'empire? Deux causes naturelles et indépendantes de tout calcul humain, l'une morale, l'autre politique : l'absence, dans les esprits, de toute idée générale et dominante; le retour, dans les relations sociales et les mœurs, des libertés individuelles naguère comprimées ou réglées par la forte main de Charlemagne. Aux époques de formation ou de transition, les États et les gouvernements se font à la mesure, je dirais presque à la taille des hommes du temps, de leurs idées, de leurs sentiments, de leurs forces personnelles; quand les idées sont

---

[1] J'ai donné, dans mon *Histoire de la civilisation en France* (t. II, p. 238-240) les tableaux détaillés de ces divers démembrements.

rares et courtes, quand les sentiments ne se déploient que dans un cercle étroit, quand les moyens d'action et d'expansion manquent aux hommes, les sociétés deviennent petites et locales, comme la pensée et l'existence de leurs membres. Tel était l'état des faits aux neuvième et dixième siècles : point d'idée générale et féconde, sauf la foi chrétienne; point de grand vent intellectuel; point de grande passion nationale; point de faciles et rapides moyens de communication entre les hommes; les esprits et les vies se renfermaient dans d'étroits espaces et rencontraient, à chaque pas, des bornes, des obstacles presque insurmontables. Et en même temps, par la chute de l'empire romain et de l'empire de Charlemagne, les hommes rentraient en possession des rudes et hardies libertés individuelles qui étaient le caractère essentiel des mœurs germaniques : Francs, Visigoths, Bourguignons, Saxons, Lombards, tous ces nouveaux peuples de l'Europe occidentale n'avaient pas vécu, comme les Grecs et les Romains, sous la loi d'une idée essentiellement politique, l'idée de la cité, de l'État, de la patrie; ils étaient hommes libres et point citoyens, compagnons les uns des autres, point membres d'un même corps public. Ils quittaient la vie errante; ils se fixaient sur un sol conquis par eux et partagé entre eux; ils y vivaient chacun chez soi, maître de lui-même et des siens, famille, serviteurs, colons, esclaves : le domaine territorial devenait la patrie, et le propriétaire restait un homme libre, un chef local et indépendant, à ses risques et périls. Ainsi se forma naturellement la France féodale, quand les nouveaux venus, établis dans leurs nouvelles demeures, ne furent plus dominés ou entravés par la vaine tentative de rétablir l'empire romain.

Les conséquences d'un tel état des faits et d'une telle disposition des hommes se développèrent rapidement. La propriété territoriale devint le caractère fondamental et la garantie de l'indépendance et de l'importance sociale. La souveraineté locale, sinon entière et absolue, du moins dans ses principaux droits, droit de guerre, droit de justice, droit de taxation, droit de police, s'unit à la propriété territoriale, qui ne tarda pas à devenir héréditaire, soit que, sous le nom d'*alleu*, elle eût été dès l'origine complètement libre et exempte de tout lien féodal, soit que, sous le nom de *bénéfice*, elle provînt de concessions de terres faites par le chef à ses compagnons, à charge de certaines obligations. Les offices, c'est-à-dire les diverses fonctions, militaires ou civiles, conférés par le roi à ses fidèles, finirent aussi par devenir héréditaires. Établie peu à peu en fait, cette hérédité des terres et des pouvoirs locaux fut bientôt reconnue par les lois ; un capitulaire de Charles le Chauve, rendu en 877, contient ces deux dispositions :

« Si, après notre mort, quelqu'un de nos fidèles, saisi d'amour pour Dieu et notre personne, veut renoncer au siècle, et s'il a un fils ou tel autre parent capable de servir la chose publique, qu'il soit libre de lui transmettre ses bénéfices et ses honneurs, comme il lui plaira.

« Si un comte de ce royaume vient à mourir et que son fils soit auprès de nous, nous voulons que notre fils, avec ceux de nos fidèles qui se trouveront les plus proches parents du comte défunt, ainsi qu'avec les autres officiers du dit comté et l'évêque dans le diocèse duquel il sera situé, pourvoient à son administration jusqu'à ce que la mort du précédent comte nous ait été annoncée, et que nous ayons pu conférer au fils, présent à notre cour, les honneurs dont son père était revêtu. »

Ainsi le roi se réservait encore le droit nominal de conférer au fils les offices ou fonctions locales du père, mais il reconnaissait au fils le droit de les obtenir. Une foule de documents attestent qu'à cette époque, lorsque, à la mort d'un gouverneur de province, le roi essayait de donner son comté à quelque autre qu'à ses descendants, non-seulement l'intérêt personnel résistait, mais une telle mesure était considérée comme une violation du droit. Sous le règne de Louis le Bègue, fils de Charles le Chauve, deux de ses fidèles, Wilhelm et Engelschalk, occupaient deux comtés sur les confins de la Bavière ; à leur mort, leurs offices furent donnés au comte Arbo, au préjudice de leurs fils. « Les enfants et leurs parents, dit le chroniqueur, prenant cela comme une grande injustice, dirent que les choses devaient se passer autrement, et qu'ils mourraient par le glaive ou qu'Arbo quitterait le comté de leur famille. » L'hérédité des propriétés territoriales et de leurs droits locaux, quel qu'eût été dans l'origine leur caractère, l'hérédité des offices ou pouvoirs locaux, militaires ou civils, primitivement conférés par le roi, et par conséquent l'union héréditaire de la propriété territoriale et du gouvernement local, sous la condition, un peu confuse et précaire, des relations et des devoirs hiérarchiques entre le suzerain et le vassal, tel était, en droit et en fait, le régime féodal. Du neuvième au dixième siècle, il avait pleinement prévalu.

Ce régime ainsi bien défini, nous nous trouvons en présence d'un fait historique incontestable ; aucun temps, aucun système n'est demeuré, en France, aussi odieux à l'instinct public. Et cette antipathie n'est point particulière à notre âge, ni seulement le fruit de la grande révolution qui naguère nous a séparés, comme par un abîme, de notre passé. On peut remonter le cours de notre histoire et s'y arrêter où l'on voudra; on trouvera partout le régime féodal considéré, par la masse de la population, comme un ennemi qu'il faut combattre et abattre à tout prix. De tout temps, quiconque lui a porté un coup a été populaire en France.

Les causes de ce fait ne sont pas toutes, ni peut-être même les principales, dans les maux qu'en France, sous le régime féodal, les peuples ont eu à souffrir. Le malheur n'est pas ce que détestent et redoutent le plus les peuples; ils l'ont plus d'une fois soutenu, affronté, recherché presque, et il y a des époques déplorables dont le souvenir leur est resté cher. C'est dans le caractère politique de la féodalité, dans la nature et la forme de son pouvoir que réside vraiment le principe de l'aversion populaire que, parmi nous du moins, elle n'a cessé d'inspirer.

C'était une confédération de petits souverains, de petits despotes, inégaux entre eux et ayant, les uns envers les autres, des devoirs et des droits, mais investis dans leurs propres domaines, sur leurs sujets personnels et directs, d'un pouvoir arbitraire et absolu. Là réside essentiellement le régime féodal; c'est par là surtout qu'il diffère de toute autre aristocratie, de tout autre gouvernement.

Ni le despotisme, ni les aristocraties n'ont été rares en ce monde. On a vu des peuples arbitrairement gouvernés, possédés même par un seul homme, par un collége de prêtres, par un corps de patriciens. Aucun de ces gouvernements despotiques n'a ressemblé au régime féodal.

Là où le pouvoir souverain a été placé aux mains d'un seul homme, la condition du peuple a été servile et déplorable. Au fond, la féodalité valait mieux, et tout à l'heure je dirai pourquoi. Cependant, il faut le reconnaître, cette condition a souvent paru moins lourde et s'est fait compter ses sujets et qui voit, de son siége, les limites de son empire. Les caprices de la volonté humaine se déploient alors dans leur intolérable bizarrerie et avec une irrésistible promptitude. C'est alors aussi que l'inégalité des conditions se fait le plus rudement sentir; la richesse, la force, l'indépendance, tous les avantages et tous les droits s'offrent à chaque instant en spectacle à la misère, à la faiblesse, à la servitude. Les habitants des fiefs ne pouvaient se consoler au sein du repos; sans cesse compromis dans les querelles de leur seigneur, en proie aux dévastations de ses voisins, ils menaient une vie encore plus précaire, encore plus agitée que le seigneur lui-même, et ils subissaient à la fois la continuelle présence de la guerre, du privilége et du pouvoir absolu.

La domination de la féodalité ne différait pas moins de celle d'un collége de prêtres ou d'un sénat de patriciens que du despotisme d'un seul. Dans les deux premiers systèmes, c'est un corps aristocratique qui gouverne la masse du peuple; dans le régime féodal, c'est une aristocratie dissoute en individus dont chacun gouverne pour son propre compte un certain nombre d'hommes qui ne dépendent que de lui. Le corps aristocratique est-il un clergé, son pouvoir se fonde sur des croyances qui lui sont communes avec ses sujets; or, dans toute croyance commune à ceux qui commandent et à ceux qui obéissent, il y a un lien moral, un principe d'égalité sympathique, et de la part de ceux qui obéissent une adhésion tacite à l'empire. Est-ce un sénat de patriciens qui règne, il ne peut gouverner aussi capricieusement, aussi arbitrairement qu'un homme. Il y a diversité, délibération dans le sein même du gouvernement; il peut s'y former, il s'y forme toujours des factions, des partis qui, pour arriver à leurs fins, cherchent à se concilier la faveur du peuple, prennent quelquefois en main ses intérêts, et quelque mauvaise que soit sa condition, le peuple, en s'associant aux rivalités de ses maîtres, exerce quelque influence sur son propre sort. La féodalité n'était point, à proprement parler, un gouvernement aristocratique, un sénat de rois, comme disait Cynéas à Pyrrhus; c'était une collection de despotismes individuels, exercés par des aristocrates isolés, dont chacun, souverain dans ses domaines, ne devait compte à aucun autre, et ne délibérait avec personne de sa conduite envers ses sujets.

Peut-on s'étonner qu'un tel système ait encouru, de la part des peuples, plus de haine que ceux-là mêmes qui les ont réduits à une servitude plus monotone et plus durable? Le despotisme était là comme dans les monarchies pures, le privilége comme dans les aristocraties les plus concentrées; et l'un et l'autre s'y produisaient sous la forme la plus offensante et la plus crue, si je puis ainsi parler : le despotisme ne s'atténuait point par l'éloignement et l'élévation d'un trône; le privilége ne se voilait point dans la majesté d'un grand corps : l'un et l'autre appartenaient à un homme toujours présent et toujours seul, toujours voisin de ses sujets, et jamais appelé, en traitant de leur sort, à s'entourer de ses égaux.

Maintenant je quitte les sujets de la féodalité; je considère les maîtres, les propriétaires de fiefs et leurs relations entre eux. Je suis ici en présence d'un tout autre spectacle : je vois des libertés, des droits, des garanties qui non-seulement protégent et honorent ceux qui en jouissent, mais dont la tendance et l'effet ouvrent à la population sujette une porte vers un meilleur avenir.

Il faut bien qu'en fait il en ait été ainsi, car d'une part la société féodale n'a manqué ni de dignité ni de gloire, d'autre part le régime féodal n'a point, comme la théocratie de l'Égypte ou le despotisme de l'Asie, condamné sans retour ses sujets à la servitude; il les opprimait, mais ils ont fini par vouloir et pouvoir s'affranchir.

C'est le vice de la monarchie pure d'élever le pouvoir si haut et de l'entourer d'un tel éclat que la tête tourne à celui qui le possède, et que ceux qui le subissent osent à peine le regarder. Le souverain s'y croit un dieu; le peuple y tombe dans l'idolâtrie. Il n'en était pas ainsi dans la société des propriétaires de fiefs : la grandeur n'y était pas éblouissante ni inabordable; la distance était courte du vassal au suzerain ; ils vivaient entre eux familièrement, sans que la supériorité pût se croire illimitée, ni la subordination servile. De là cette étendue de la vie domestique, cette noblesse des services personnels, où l'un des plus généreux sentiments du moyen âge, la fidélité, a pris naissance, et qui conciliait la dignité de l'homme avec le dévouement du vassal.

De plus, ce n'était pas d'un nombreux sénat aristocratique, mais de lui-même, et presque de lui seul, que chaque possesseur de fiefs tirait sa force et son éclat. Isolé dans ses domaines, c'était à lui de s'y maintenir, de les étendre, de se conserver des sujets soumis, des vassaux fidèles, de réprimer ceux qui lui manquaient d'obéissance ou méconnaissaient les devoirs de membres de la hiérarchie féodale; c'était comme un peuple de citoyens épars, dont chacun, toujours armé, suivi de sa troupe ou retranché dans son château, veillait lui-même à sa sûreté et à ses droits, comptant bien plus sur son courage et sur son renom que sur la protection des pouvoirs publics. Un tel état ressemble moins à la société organisée et assise qu'à une constante perspective de péril et de guerre; mais l'énergie et la dignité de l'individu s'y maintiennent; une société plus étendue et mieux réglée peut en sortir.

Aussi en est-elle sortie. Cette société future ne tarda pas à poindre et à croître au milieu de ce régime féodal si turbulent, si oppressif, si détesté. Pendant cinq siècles, depuis l'invasion des barbares jusqu'à la chute des Carlovingiens, la France semble stationnaire dans le chaos. A travers cette longue et obscure anarchie, la féodalité se forme lentement, aux dépens tantôt de la liberté, tantôt de l'ordre, non comme un vrai perfectionnement de l'état social, mais comme le seul régime qui puisse acquérir quelque fixité, comme une sorte de pis-aller nécessaire. Dès qu'il a prévalu, le régime féodal, à peine vainqueur, est attaqué, dans les degrés inférieurs par la masse du peuple qui essaye de ressaisir quelques libertés, quelques propriétés, quelques droits; dans le degré supérieur, par la royauté qui travaille à recouvrer son caractère public, à redevenir la tête d'une nation. Ce ne sont plus des hommes libres dans une situation vague et douteuse, et qui défendent mal, contre la domination des chefs dont ils habitent les terres, les débris de leur indépendance gauloise, romaine ou barbare; ce sont des bourgeois, des colons, des serfs qui savent bien quels sont leurs maux, leurs oppresseurs, et qui travaillent à s'en affranchir. Ce n'est plus un roi incertain du titre et de la nature de son pouvoir, tantôt le chef des guerriers, tantôt l'oint du Très-Haut, ici le maire du palais d'un barbare fainéant, là l'héritier des empereurs de Rome, un souverain qui s'agite confusément au milieu de compagnons ou de serviteurs ardents tantôt à envahir son pouvoir, tantôt à s'en isoler absolument; c'est l'un des premiers seigneurs féodaux qui s'applique à devenir le maître de tous, à changer sa suzeraineté en souveraineté. Aussi, malgré la servitude où le peuple est tombé à la fin du dixième siècle, dès ce moment c'est l'affranchissement du peuple qui est en progrès. Malgré la faiblesse ou plutôt la nullité du pouvoir royal à la même époque, dès ce moment c'est le pouvoir royal qui gagne du terrain. Ce système monarchique que le génie de Charlemagne n'avait pu fonder, des rois bien inférieurs à Charlemagne le feront prévaloir peu à peu. Ces libertés et ces garanties que les guerriers germains n'avaient pas su faire passer dans une société bien réglée, les communes les ressaisiront successivement. La féodalité seule a pu naître du sein de la barbarie ; mais à peine la féodalité est établie, qu'on voit naître et grandir dans son sein la monarchie et la liberté.

De la fin du neuvième à la fin du dixième siècle, deux familles sont, dans notre histoire, les représentants et les instruments des deux régimes ainsi en présence et en lutte à cette époque, le régime impérial qui tombe, le régime féodal qui s'élève. Après la mort de Charlemagne, ses descendants, au nombre de dix, de Louis le Débonnaire à Louis le Fainéant, tentent obstinément, mais en vain, de maintenir l'unité de l'empire et l'unité du pouvoir central ; en quatre générations, au contraire, les descendants de Robert le Fort montent à la tête de la France féodale. Les premiers, quoique Germains de race, sont imbus des maximes, des traditions et des prétentions de ce monde romain qu'avait un moment ressuscité leur glorieux ancêtre, et ils le réclament comme leur héritage. Les seconds gardent, dans leur établissement sur le territoire gallo-romain, les sentiments, les mœurs, les instincts germaniques, et ne se préoccupent que de s'établir et de grandir dans la nouvelle société qui se forme peu à peu sur le sol conquis par les barbares leurs pères. Louis d'Outremer et Lothaire n'ont pas été, je pense, moins braves de leur personne que Robert le Fort et son fils Eudes ; mais quand les Normands mettent l'État franc en danger, ce n'est pas vers les descendants de Charlemagne, vers l'empereur Charles le Gros, c'est vers le chef local et féodal, vers Eudes, comte de Paris, que la population se tourne pour être sauvée, et c'est Eudes en effet qui la sauve.

Dans ce laborieux enfantement de la monarchie française, un fait mérite d'être remarqué : c'est le long respect qui s'attache, dans l'esprit des peuples, au nom et aux souvenirs de l'empire carlovingien, en dépit de sa décadence. Ce n'est pas seulement l'éclat de ce nom et de la mémoire de Charlemagne qui inspire et prolonge ce respect ; un certain instinct de la valeur de l'hérédité monarchique, comme principe de stabilité et d'ordre, existe déjà dans les populations, et se laisse même entrevoir chez les rivaux de la famille royale en dépérissement ; elle a été consacrée par la religion ; le titre d'oint du Très-Haut s'unit, pour elle, à celui d'héritier légitime. Pourquoi son neveu, le duc de France Hugues le Grand, malgré des occasions très-favorables et des tentations très-visibles, s'abstient-il persévéramment de prendre la couronne, et la laisse-t-il si longtemps chanceler sur la tête de Louis d'Outremer et de Lothaire? Pourquoi son fils Hugues Capet lui-même attend-il, pour se faire élire roi, que Louis le Fainéant soit mort et que la race carlovingienne n'ait plus qu'un représentant collatéral et décrié? On pressent, dans ces hésitations et ces lenteurs des grands chefs féodaux, l'autorité que possède déjà le principe de l'hérédité monarchique, au moment même où il va être violé, et le grand rôle que jouera ce principe dans l'histoire de France.

Le jour de la décision arriva enfin pour Hugues Capet. Rien n'indique qu'il eût conspiré pour le hâter, mais il en avait prévu la chance, et s'il n'avait rien fait pour le préparer, il s'y était, quant à lui-même, tenu prêt. Dans un voyage qu'il avait fait à Rome en 981, il était entré en bonnes relations personnelles avec l'empereur Othon II, roi de Germanie, le plus important des voisins de la France et le plus enclin à se mêler de ses affaires. En France, Hugues Capet était uni d'une intime amitié avec l'archevêque de Reims Adalbéron, le plus considérable et le plus capable des prélats français. L'événement lui montra ce que valait un tel ami. Le 21 mai 987, le roi Louis V mourut sans enfant; après ses obsèques à Compiègne, les grands du royaume se réunirent à Senlis. J'emprunte ici le récit textuel d'un témoin contemporain, Richer, le seul des chroniqueurs de ce siècle qui mérite le nom d'historien, soit par l'authenticité de son témoignage, soit par l'étendue et la clarté de sa narration. « L'évêque se plaça, dit-il, avec le duc au milieu des seigneurs, et il leur dit : Je viens m'asseoir parmi vous pour traiter des affaires de l'État. Loin de moi le dessein de rien dire qui n'ait pour but l'avantage de la chose publique. Comme je ne vois pas ici tous les princes dont la sagesse et l'activité pourraient être utiles au gouvernement du royaume, il me semble que le choix d'un roi doit être différé quelque temps, afin qu'à une époque déterminée tous puissent se réunir en assemblée, et que chaque avis, discuté et exposé au grand jour, produise ainsi tout son effet. Qu'il plaise donc, à vous tous qui êtes ici réunis pour délibérer, de vous lier avec moi par serment à l'illustre duc, et de promettre entre ses mains de ne vous occuper en rien de l'élection d'un chef et de ne rien faire dans ce but jusqu'à ce que nous nous soyons réunis ici en assemblée pour délibérer sur ce choix. — Cet avis fut accueilli et approuvé de tous; on prêta serment entre les mains du duc et on fixa le temps où on reviendrait se réunir en assemblée. »

Avant le jour fixé pour cette réunion, le dernier des descendants de Charlemagne, Charles, duc de la basse Lorraine, frère du feu roi Lothaire et oncle paternel du feu roi Louis, « alla à Reims trouver l'archevêque et lui parla ainsi de ses droits au trône : — Tout le monde sait, vénérable père, que, par droit héréditaire, je dois succéder à mon frère et à mon neveu ; il ne me manque rien de ce qu'on doit exiger, avant tout, de ceux qui doivent régner, la naissance et le courage d'oser. Pourquoi suis-je repoussé du territoire que tout le monde sait avoir été possédé par mes ancêtres ? A qui puis-je mieux m'adresser qu'à vous lorsque tous les appuis de ma race ont disparu ? A qui aurai-je recours, privé d'une protection honorable, si ce n'est à vous ? Par qui, sinon par vous, serai-je réintégré dans les honneurs paternels ? Plaise à Dieu que les choses se passent convenablement pour moi et pour ma fortune ! Repoussé, que pourrais-je être sinon donné en spectacle à tous ceux qui me verraient ? Laissez-vous toucher par quelque sentiment d'humanité ; soyez compatissant pour un homme éprouvé par tant de revers. »

Un tel langage était plus propre à inspirer le mépris que la compassion. « Le métropolitain, ferme dans sa résolution, lui répondit ce peu de mots : — Tu t'es toujours associé à des parjures, à des sacrilèges, à des méchants de toute espèce, et maintenant encore tu ne veux pas t'en séparer ; comment peux-tu, avec de tels hommes et par de tels hommes, chercher à arriver au souverain pouvoir ? — Et comme Charles répondait qu'il ne fallait pas abandonner ses amis, mais plutôt en acquérir d'autres, l'évêque se dit en lui-même : — Maintenant qu'il ne possède aucune dignité, il s'est lié avec des méchants dont il ne veut, en aucune façon, abandonner la société ; quel malheur ce serait pour les bons s'il était élu au trône ! — Il répondit à Charles qu'il ne ferait rien sans le consentement des princes, et il le quitta. »

Au temps fixé, probablement le 29 ou 30 juin 987, les grands de la Gaule franque qui s'étaient liés par serment se réunirent à Senlis. Hugues Capet y parut avec son frère Henri de Bourgogne et son beau-frère Richard sans Peur, duc de Normandie. La plupart des vassaux directs de la couronne s'y trouvèrent aussi, Foulques Nerra (le Noir), comte d'Anjou, Eudes, comte de Blois, de Chartres et de Tours, Bouchard, comte de Vendôme et de Corbeil, Gauthier, comte du Vexin, Hugues, comte du Maine. Il y vint peu de comtes d'outre-Loire ; quelques-uns des seigneurs du Nord, entre autres Arnoul II, comte de Flandre, et les seigneurs de Vermandois y manquèrent également. « Lorsque les assistants se furent formés en assemblée, l'archevêque Adalbéron, de l'assentiment du duc Hugues, leur parla ainsi : Louis, de divine mémoire, ayant été retiré du monde sans laisser d'enfants, il a fallu s'occuper sérieusement de chercher qui pourrait le remplacer sur le trône pour que la chose publique ne restât pas en péril, abandonnée et sans chef; Voilà pourquoi dernièrement nous avons cru utile de différer cette affaire afin que chacun de vous pût venir ici soumettre à l'assemblée l'avis que Dieu lui aurait inspiré, et que de tous ces sentiments divers on pût induire quelle est la volonté générale. Nous voici réunis : sachons faire en sorte par notre prudence, par notre bonne foi, que la haine n'étouffe pas la raison et que l'affection n'altère pas la vérité. Nous n'ignorons pas que Charles a ses partisans, lesquels soutiennent qu'il doit arriver au trône que lui transmettent ses parents. Mais si l'on examine cette question, le trône ne s'acquiert point par droit héréditaire, et l'on ne doit mettre à la tête du royaume que celui qui se distingue non-seulement par la noblesse corporelle, mais celui que l'honneur recommande et qu'appuie la magnanimité! Nous lisons dans les annales qu'à des empereurs de race illustre que leur lâcheté précipita du pouvoir, il en succéda d'autres, tantôt semblables, tantôt différents ; mais quelle dignité pouvons-nous conférer à Charles, que ne guide point l'honneur, que l'engourdissement énerve, enfin qui a perdu la tête au point de n'avoir pas honte de servir un roi étranger et de se mésallier à une femme prise dans l'ordre des chevaliers ses vassaux? Comment le puissant duc souffrirait-il qu'une femme sortie d'une famille de ses vassaux devînt reine et dominât sur lui? Comment marcherait-il après celle dont les pareils et même les supérieurs plient le genou devant lui et posent les mains sous ses pieds? Examinez soigneusement la chose et considérez que Charles a été rejeté plus par sa faute que par celle des autres. Décidez-vous plutôt pour le bonheur que pour le malheur de la république. Si vous voulez son malheur, créez Charles souverain ; si vous tenez à sa prospérité, couronnez Hugues, l'illustre duc. Que l'attachement pour Charles ne séduise personne ; que la haine pour le duc ne détourne personne de l'intérêt commun... Donnez-nous donc pour chef le duc, recommandable par ses actions, par sa noblesse et ses troupes, le duc en qui vous trouverez un défenseur non-seulement de la chose publique, mais de vos intérêts privés. Grâce à sa bienveillance, vous aurez en lui un père. Qui a mis en lui son recours et n'y a pas trouvé protection? Qui, enlevé aux soins des siens, ne leur a pas été rendu par lui?

« Cette opinion proclamée et accueillie, le duc Hugues fut, d'un consentement unanime, porté au trône, couronné le 1er juillet par le métropolitain et les autres évêques, et reconnu pour roi par les Gaulois, les Bretons, les Normands, les Aquitains, les Goths, les Espagnols et les Gascons. Entouré des grands du royaume, il fit des décrets et porta des lois selon la coutume royale, réglant avec succès et disposant toutes choses. Pour mériter tant de bonheur et inspiré par tant d'événements prospères, il se livra à une grande piété. Voulant laisser avec certitude, après sa mort, un héritier au trône, il se concerta avec les grands, et lorsqu'il eut tenu conseil avec eux, il envoya d'abord des députés au métropolitain de Reims, alors à Orléans, et lui-même alla le trouver ensuite pour faire associer au trône son fils Robert. L'archevêque lui ayant dit qu'on ne pouvait régulièrement créer deux rois dans la même année, il montra aussitôt une lettre envoyée par Borel, duc de l'Espagne intérieure, prouvant que ce duc demandait du secours contre les barbares... Le métropolitain, comprenant qu'il pourrait bien en être ainsi, se rendit aux raisons du roi; et comme les grands étaient réunis, aux fêtes de la Nativité du Seigneur, pour célébrer le couronnement, Hugues prit la pourpre, et il couronna solennellement, dans la basilique de la Sainte-Croix, son fils Robert, aux acclamations des Français. »

Ainsi fut fondée la dynastie des Capétiens, sous la double influence des mœurs germaniques et des relations féodales. Parmi les anciens Germains, l'hérédité royale avait été en général renfermée dans une seule et même famille; mais l'élection s'associait souvent à l'hérédité et l'avait plus d'une fois mise à l'écart. Hugues Capet était le chef de la famille la plus éclatante de son temps et la plus voisine du trône, auquel les mérites personnels des comtes Eudes et Robert l'avaient déjà deux fois fait monter. Il était aussi l'un des plus grands chefs de la société féodale, duc du pays qui s'appelait déjà la France, et comte de Paris, de la ville que Clovis, après ses victoires, avait choisie pour centre de ses États. En présence des prétentions plus romaines que germaniques des héritiers Carlovingiens et de leur décadence constatée, l'élévation de Hugues Capet fut la conséquence naturelle des principaux faits comme des mœurs de l'époque, et la manifestation souveraine du nouvel état social dans la Gaule franque, la féodalité. Aussi l'événement s'accomplit-il et se maintint-il sans grand obstacle. Le Carlovingien

Charles de Lorraine essaya vainement de réclamer ses droits; après quelques apparences de succès, il mourut en 992, et ses descendants tombèrent, sinon dans l'obscurité, du moins dans l'insignifiance politique. En vain, d'autre part, quelques seigneurs féodaux, surtout dans la France méridionale, refusèrent quelque temps à Hugues Capet leur adhésion; l'un d'entre eux, Adalbert, comte de Périgord, est resté presque célèbre pour avoir fait à la question de Hugues Capet: « Qui t'a fait comte? » cette fière réponse: « Qui t'a fait roi? » La fierté du comte Adalbert était plus spirituelle qu'efficace; Hugues avait cette modération intelligente et patiente qui, dans les situations déjà acquises, est le plus sûr gage de la durée; plusieurs faits indiquent qu'il ne méconnaissait point la valeur et la portée de son titre de roi; en même temps qu'en faisant couronner avec lui son fils Robert il assurait à sa race la succession prochaine, il faisait aussi quelques actes qui dépassaient les limites de ses domaines féodaux et annonçaient à tout le royaume la présence du roi. Mais ces actes étaient modestes et prudents, et ils préparaient l'avenir sans le devancer. Hugues Capet se renferma avec soin dans la sphère de ses droits reconnus comme de ses forces efficaces, et son gouvernement resta fidèle au caractère de la révolution qui l'avait porté au trône, tout en faisant pressentir le progrès futur de la royauté en dehors et au-dessus de la féodalité. Quand il mourut, le 24 octobre 996, la couronne, qu'il hésitait, dit-on, à porter sur sa tête, passa sans obstacle à son fils Robert, et le cours que devait suivre pendant huit siècles, sous le gouvernement de ses descendants, la civilisation de la France, commença à se développer.

Je vous ai déjà indiqué, mes enfants, dans la personne de l'archevêque de Reims, Adalbéron, la part que prit le clergé à ce second changement de dynastie; mais le rôle qu'il y joua fut trop important et trop nouveau pour que je ne vous en fasse pas connaître avec un peu plus de détail le vrai caractère et le principal acteur. Lorsque, en 751, Pepin le Bref devint roi à la place du dernier Mérovingien, ce fut, vous l'avez vu, le pape Zacharie qui décida « qu'il valait mieux donner le titre de roi à celui qui exerçait réellement la puissance souveraine qu'à celui qui en portait seulement le nom. » Trois ans plus tard, en 754, ce fut le pape Étienne II qui vint en France sacrer le roi Pepin, et quarante-six ans après, en 800, ce fut le pape Léon III qui proclama Charlemagne empereur d'Occident. Ce fut donc de la papauté que vinrent, dans l'avénement des Carlovingiens, les décisions et les dé-

« QUI T'A FAIT ROI? »

marches principales. Les services mutuels que s'étaient rendus les deux pouvoirs, et plus encore peut-être la similitude de leurs maximes quant à l'unité de l'empire, établirent entre la papauté et les rois carlovingiens d'intimes liens de reconnaissance et de politique ; aussi, lorsque la dynastie carlovingienne fut en péril, la cour de Rome en fut-elle attristée et inquiète ; il lui était dur de voir tomber une dynastie pour qui elle avait tant fait et qui avait tant fait pour elle. Loin donc d'aider à l'avènement de la dynastie nouvelle, elle se montra favorable aux intérêts de l'ancienne, et essaya de la servir sans se trop compromettre elle-même. Telle fut, de 985 à 996, l'attitude du pape Jean XVI dans la crise qui mit Hugues Capet sur le trône. En dépit de cette politique de la papauté, l'Église française prit l'initiative de l'événement et soutint le nouveau roi ; l'archevêque de Reims affirma le droit populaire d'accomplir le changement de dynastie, et sacra Hugues Capet et son fils Robert. L'avénement des Capétiens fut une œuvre indépendante de toute influence étrangère et nationale, dans l'Église comme dans l'État.

L'autorité d'Adalbéron fut grande dans cette œuvre ; comme archevêque, il avait été plein à la fois de zèle et de prudence dans l'administration ecclésiastique. Engagé dans la politique, il s'y montra hardi à tenter un grand changement dans l'État et habile à le poursuivre sans précipitation comme sans hésitation. Il avait pour secrétaire et pour docteur un simple prêtre d'Auvergne, qui exerça dans cette entreprise une influence plus continue et encore plus efficace que celle de son archevêque. Né à Aurillac, élevé dans le monastère de Saint-Géraud, Gerbert, quand il fut appelé à la direction de l'école de Reims, avait déjà voyagé en Espagne, visité Rome, obtenu l'estime du pape Jean XIII et la faveur de l'empereur Othon II, vu ainsi de près les grands personnages et les grandes affaires ecclésiastiques et laïques de son temps. Établi à Reims, il marcha dans une double carrière et vers un double but ; il aimait l'étude, la science, la recherche de la vérité ; mais il avait aussi le goût de l'activité politique et mondaine ; il excellait dans l'art d'enseigner, mais aussi dans l'art de plaire, et l'habile courtisan s'unissait en lui au savant docteur. C'était un esprit élevé, étendu, curieux, fécond, capable de conviction, et enclin pourtant à se prêter, par calcul ou par entraînement, à des idées contraires, sauf à revenir, dans une circonstance favorable, à son premier dessein. Il y avait en lui presque autant de mobilité que d'ardeur au service de la cause qu'il avait embrassée. Il épousa et soutint énergiquement l'élévation d'une dynastie nouvelle et l'indépendance de l'Église romaine. Il servit très-activement la cause de Hugues Capet; mais il fut plus d'une fois sur le point de passer au service du roi Lothaire ou du prétendant Charles de Lorraine. Il fut de son temps, et plus résolû-

GERBERT

Né à Aurillac en 940, mort à Rome en 1003; élu Pape en 999, sous le nom de SYLVESTRE II.
Portrait exécuté d'après une gravure faite vers 1010.

ment que Bossuet au dix-septième siècle, le défenseur et le praticien de ce qu'on a appelé depuis les libertés de l'Église gallicane, et en 992 il devint, à ce titre, archevêque de Reims; mais, après avoir été interdit, en 995, par le pape Jean XVI, de ses fonctions épiscopales en France, il obtint en 998, du pape Grégoire V, l'archevêché de Ravenne en Italie, et la faveur de l'empereur Othon III ne fut pas étrangère, en 999, à son élévation au saint-siége, qu'il occupa pendant quatre ans, sous le nom de Sylvestre II, en pratiquant, mais avec modération et dignité, des maximes bien différentes de celles qu'il avait soutenues, quinze ans auparavant, comme évêque français. Il devint, à cette dernière époque de sa vie, d'autant plus étranger à la France, qu'il était brouillé avec le fils et le successeur de Hugues Capet, le roi Robert, dont il avait été jadis le précepteur et dont il avait honnêtement désapprouvé le mariage avec la reine Berthe, veuve d'Eudes, comte de Blois.

En 995, au moment où il venait d'être interdit par le pape Jean XVI de ses fonctions comme archevêque de Reims, Gerbert écrivait à l'abbé et aux frères du monastère de Saint-Gérauld, où il avait été élevé : « Et maintenant adieu à votre sainte communauté; adieu à ceux que je connus autrefois ou qui me sont unis par le sang, s'il en survit encore quelques-uns dont les noms, sinon les traits, sont restés dans ma mémoire. Non que je les aie oubliés par orgueil; mais je suis brisé et, le dirai-je ? complétement changé par la férocité des barbares; ce que j'ai appris dans mon adolescence, jeune homme je l'ai perdu; ce que j'ai désiré dans ma jeunesse, vieillard je l'ai méprisé. Tels sont les fruits que tu m'apportes, ô volupté ! Telles sont les joies que donnent les honneurs du monde ! Croyez-en mon expérience : plus la gloire élève les grands au dehors, plus au dedans sont cruelles leurs angoisses ! »

La longue vie amène dans l'âme des ambitieux des jours de désabusement sincère; mais elle ne les décourage pas de l'ambition. Gerbert a été à la fois l'un des ambitieux les plus élevés dans l'ordre intellectuel et l'un des plus persévérants comme des plus remuants dans l'attachement aux affaires du monde.

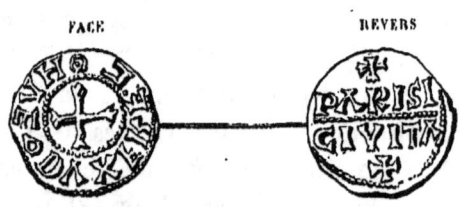

LA MÉDAILLE DE HUGUES CAPET
Cabinet des médailles de Paris.

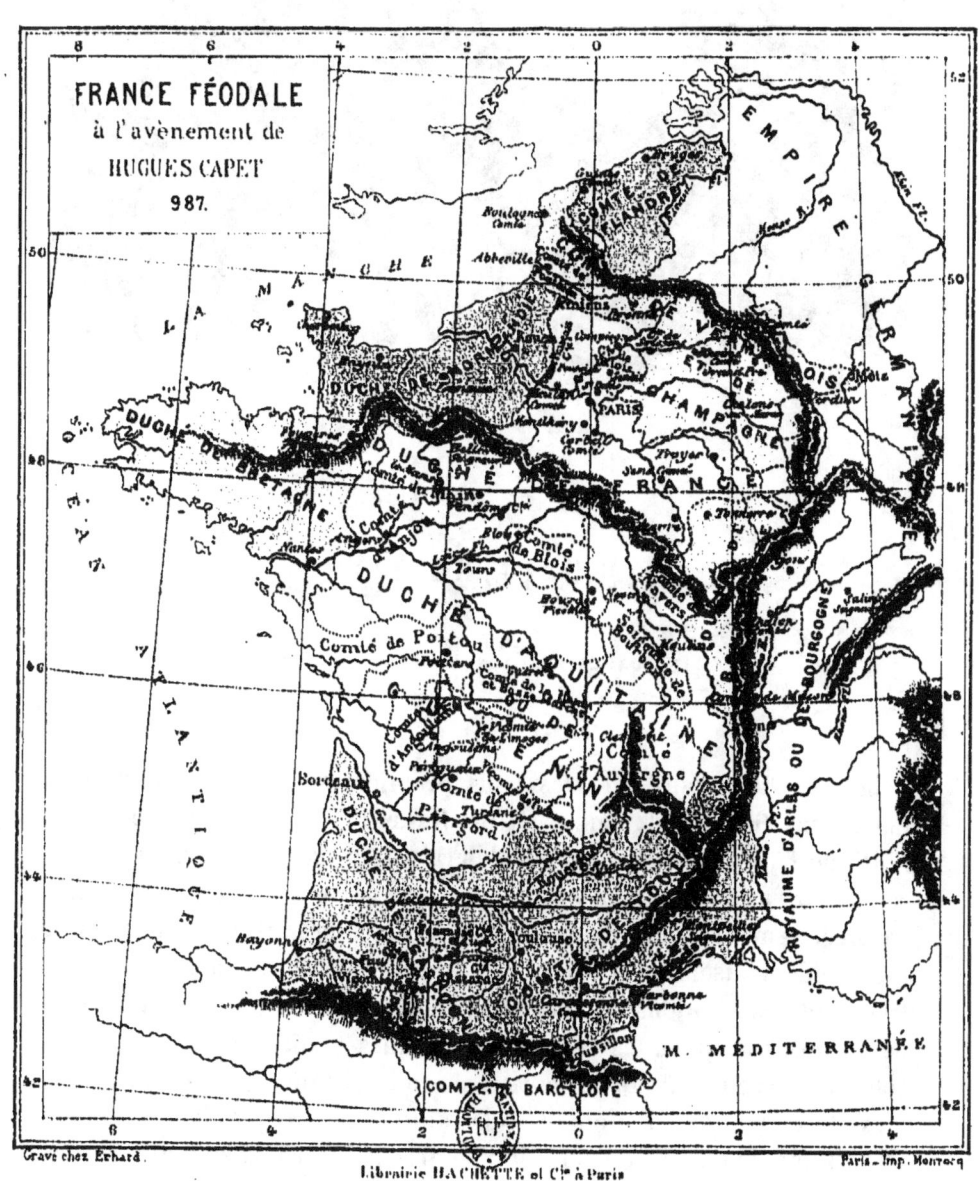

CHAPITRE XIV

LES CAPÉTIENS JUSQU'AUX CROISADES.

De l'an 996 à l'an 1108, les trois premiers successeurs de Hugues Capet, son fils Robert, son petit-fils Henri Ier et son arrière-petit-fils Philippe Ier, ont occupé le trône de France, et dans ce long espace de cent douze ans, le royaume de France n'a, à vrai dire, point d'histoire. Partagée, en vertu du régime féodal, entre une multitude de princes indépendants, isolés, à peu près souverains dans leurs domaines, n'entretenant des relations un peu fréquentes qu'avec leurs voisins, et à peine liés, par quelques règles ou quelques habitudes de vassalité, à celui d'entre eux qui portait le titre de roi, la France du onzième siècle n'existait guère que de nom ; la Normandie, la Bretagne, la Bourgogne, l'Aquitaine, le Poitou, l'Anjou, la Flandre, le Nivernais étaient les États et les peuples réels, ayant chacun sa vie et son histoire propre. Un seul événement, la croisade, a réuni, vers la fin de ce siècle, dans une pensée et une action commune, ces souverains et ces peuples épars. Jusque-là donc, je ne ferai, mes enfants, que me conformer à la réalité des faits et vous retracer fidèlement la physionomie de cette époque en ne cherchant pas à y introduire un enchaînement et un ensemble qui lui ont manqué ; je mettrai brièvement sous vos yeux les événements et les personnages isolés qui méritent qu'on s'en souvienne encore, et qui sont restés historiques sans avoir été les acteurs d'une histoire nationale. Parmi les événements de cette sorte, un seul, la conquête de l'Angleterre, en 1066, par le duc de Normandie Guillaume le Bâtard, a été trop éclatant et a exercé plus tard trop d'influence sur les destinées de la France pour que, dans le tableau de ce onzième siècle incohérent et décousu, je n'appelle pas dès l'abord sur les conséquences françaises de cette grande aventure normande votre particulière attention.

Après le prudent Hugues Capet, les trois premiers Capétiens, Robert, Henri Ier et Philippe Ier, furent des hommes très-médiocres, de caractère comme d'esprit, et leur insignifiance personnelle fut l'une des causes de la nullité de l'histoire de France sous leurs règnes. Robert ne manquait ni d'avantages physiques, ni de vertus morales : « Il avait la taille élevée, dit son biographe Helgaud, archevêque de Bourges, la chevelure lisse et bien arrangée, les yeux modestes, la bouche agréable et douce, la barbe assez fournie et les épaules hautes. Il était versé dans toutes les sciences, suffisamment philosophe et excellemment musicien, tellement appliqué aux saintes lettres qu'il ne se passait pas de jour qu'il ne lût le Psautier et ne priât le Dieu très-haut avec saint David. » Il composa plusieurs hymnes sacrés qui furent adoptés par l'Église, et, dans un pèlerinage qu'il fit à Rome, il déposa sur l'autel de Saint-Pierre ses Poésies latines notées en musique. « Il venait souvent à l'église de Saint-Denis, revêtu de ses habits royaux et la couronne sur la tête ; il y dirigeait le chant à matines, à la messe et à vêpres, chantant avec les moines et les invitant lui-même à chanter. Lorsqu'il siégeait dans le consistoire, il se disait volontiers le client des évêques. » Saint Louis prouva, deux siècles plus tard, que les vertus du saint peuvent se concilier avec les qualités du roi ; mais elles ne sauraient les remplacer, et les qualités royales manquaient à Robert : il n'était ni guerrier, ni politique ; rien n'indique qu'il réunît jamais autour de lui, pour traiter des affaires de l'État, les barons laïques avec les évêques, et quand il intervint dans les guerres des grands seigneurs féodaux, notamment en Bourgogne et en Flandre, ce fut avec peu d'énergie et d'efficacité. Il n'était guère plus puissant dans sa famille que dans son royaume. Je vous ai déjà dit que, malgré les conseils de son maître Gerbert, il avait épousé Berthe, veuve d'Eudes, comte de Blois, et il l'aimait tendrement; mais ce mariage fut attaqué par l'Église, pour cause de parenté; Robert résista, puis céda devant l'excommunication prononcée par le pape Grégoire V, et il épousa alors Constance, fille du comte de Toulouse, Guillaume Taillefer; mais aussitôt, dit le chroniqueur Raoul Glaber, « on vit affluer en France et en Bourgogne, à cause de cette reine, les plus vains et les plus légers de tous les hommes, venus d'Aquitaine et d'Auvergne. Ils étaient également étranges et déréglés dans leurs mœurs et dans leur costume, dans leurs armes et dans l'équipement de leurs chevaux; les cheveux ne leur descendaient qu'à mi-tête; ils se rasaient la barbe comme des histrions; ils portaient des bottes et des chaussures indécentes; enfin, il n'en fallait attendre ni foi, ni sûreté dans les alliances. Hélas! cette nation des Francs, autrefois la plus honnête, et les peuples mêmes de la Bourgogne suivirent ardemment ces exemples criminels, et bientôt ils ne retracèrent que trop fidèlement la perversité et l'infamie de leurs modèles. » Le mal devint plus grave que le désordre des modes de la cour; Robert eut de Constance trois fils, Hugues, Henri et Robert; l'aîné d'abord, puis ses deux frères, irrités par le mauvais caractère et les exigences tyranniques de leur mère, quittèrent le palais du roi et se retirèrent, l'un à Dreux, l'autre en Bourgogne, se livrant, dans les domaines royaux et aux environs, à toute sorte de déprédations et d'excès. La réconciliation n'eut lieu qu'à grand'peine, et la paix ne fut pas vraiment rétablie dans la famille royale. La paix était pourtant et partout le vœu et le soin du roi Robert; mais il réussissait mieux à la maintenir avec ses voisins qu'avec ses enfants. En 1006, il était sur le point d'avoir querelle avec l'empereur d'Allemagne Henri II, plus actif et plus entreprenant, mais heureusement aussi pieux que lui. Les deux souverains résolurent d'avoir une entrevue sur la Meuse, limite de leurs États. « On se demandait dans leur suite lequel des deux passerait le fleuve pour aller chercher l'entretien sur l'autre rive, c'est-à-dire dans les États de l'autre; ce serait là s'humilier, disait-on. Les deux savants princes se souvinrent de cette parole de *l'Ecclésiastique* : « Plus « tu es grand, plus sois humble en toutes choses. » L'Empereur, se levant de grand matin, passa, avec quelques-uns des siens, sur les terres du roi des Français; ils s'embrassèrent cordialement; les évêques célébrèrent, comme il convenait, le sacrement de la messe, et ils se mirent à dîner. Le repas terminé, le roi Robert offrit à Henri d'immenses présents en or et en argent et en pierres précieuses, cent chevaux richement équipés, portant chacun une cuirasse et un casque ; et il ajouta que tout ce que l'Empereur ne prendrait pas de ces dons serait autant de retranché sur leur amitié. Henri, voyant la libéralité de son ami, ne prit de tout cela qu'un livre du saint Évangile garni d'or et de pierres précieuses, et un amulette en or contenant une dent de saint Vincent, lévite et martyr. L'impératrice n'accepta aussi que deux coupes d'or. Le lendemain, le roi Robert passa avec ses évêques sur les terres de l'Empereur, qui le reçut magnifiquement et, après le repas, lui offrit cent livres d'or pur. Le roi n'accepta aussi que deux coupes d'or, et après avoir confirmé leur pacte d'amitié, ils retournèrent chacun dans ses États. »

J'ajoute, à ce résumé du règne de Robert, quelques faits qui caractérisent l'époque. C'était en l'an 1000 de J.-C. que, d'après le sens qu'ils attachaient à quelques paroles des Livres saints, beaucoup de chrétiens attendaient la fin du monde. L'attente était pleine d'anxiété : des pestes, des famines, divers accidents qui survinrent alors en divers lieux, l'aggravaient encore ; les églises étaient combles ; les pénitences, les donations, les affranchissements, tous les actes d'invocation et de repentir se multipliaient rapidement ; une foule d'âmes, soumises ou épouvantées, se préparaient à paraître devant leur juge. Après quelles catastrophes ? Au milieu de quelles ténèbres, ou de quelle lumière ? Questions redoutables dont les imaginations s'épuisaient à pressentir la solution. Quand le dernier jour du dixième et le premier jour du onzième siècle furent passés, ce fut comme une renaissance générale ; on eût dit que le temps recommençait ; on se mit à l'œuvre pour rendre le monde chrétien digne de l'avenir. « Surtout en Italie et en Gaule, dit le chroniqueur Raoul Glaber, on entreprit la reconstruction des basiliques, quoique la plupart n'en eussent pas besoin. Les peuples chrétiens semblaient rivaliser entre eux à qui élèverait les plus belles. C'était comme si le monde, se secouant lui-même et rejetant ses vieux vêtements, avait voulu se parer de la robe blanche chrétienne. » L'art chrétien, sous la première forme du style gothique, date de cette époque ; la puissance et la richesse de l'Église chrétienne, dans ses diverses institutions, prirent, dans cette crise de l'imagination humaine, un nouvel élan.

D'autres faits, les uns déplorables, les autres salutaires, commencèrent, vers cette époque, à prendre dans notre histoire une place qui devait bientôt y devenir grande. Des bûchers s'élevèrent, d'abord à Orléans, puis à Toulouse, pour le châtiment des hérétiques. Les manichéens étaient les hérétiques du jour. Le roi Robert et la reine Constance assistèrent à ce retour des sacrifices humains offerts à Dieu comme une peine infligée aux violateurs intellectuels de sa parole. Un redoublement de colère contre les juifs éclata en même temps : « Qu'avons-nous affaire, disait-on, d'aller au loin faire la guerre aux musulmans ? N'avons-nous pas au milieu de nous les plus grands ennemis de Jésus-Christ ? » Entre chrétiens les actes d'oppression et de violence des grands envers les petits devinrent si excessifs et si fréquents qu'ils suscitèrent dans les campagnes, spécialement en Normandie, des insurrections que les insurgés essayèrent d'organiser en résistance permanente. « Dans plusieurs comtés de la Normandie, dit Guillaume de Jumiéges, tous les paysans, se réunissant dans des conventicules, résolurent de vivre selon leurs volontés et leurs propres lois, aussi bien dans l'intérieur des forêts que le long des rivières, et sans se soucier d'aucun droit établi. Pour accomplir ce dessein, ces agglomérations furieuses élurent chacune deux députés qui devaient former, au milieu des terres, une assemblée chargée de faire exécuter leurs décrets. Dès que le duc (Richard II) en fut informé, il envoya une grande troupe d'hommes de guerre pour réprimer cette audace des campagnes et dissiper cette assemblée rustique. En exécution de ses ordres, les députés des paysans et beaucoup d'autres rebelles furent aussitôt arrêtés ; on leur coupa les pieds et les mains, et on les renvoya ainsi mutilés chez eux pour détourner leurs pareils de telles entreprises et les rendre plus prudents, crainte de pire. Après cette expérience, les paysans cessèrent leurs réunions et retournèrent à leurs charrues. »

Je traduis littéralement le moine chroniqueur ; il était loin d'être favorable aux paysans insurgés, et il applaudissait à la répression bien plutôt qu'il ne justifiait l'insurrection. La répression, efficace sans doute pour le moment et dans les lieux spéciaux qu'elle atteignait, ne fut point d'un effet général ni durable ; environ un siècle après le froid récit de Guillaume de Jumiéges, un chroniqueur poëte, Robert Wace, dans son *Roman de Rou*, histoire en vers de Rollon et des premiers ducs de Normandie, racontait les mêmes faits avec bien plus de passion sympathique et de coloris poétique : « Les seigneurs ne nous font que du mal, fait-il dire aux paysans normands ; avec eux nous n'avons ni gain, ni profit de nos labeurs ; chaque jour est, pour nous, jour de souffrance, de peine et de fatigue : chaque jour on nous prend nos bêtes pour les corvées et les services. Plaintes et griefs, exactions anciennes et nouvelles, des plaids et des procès sans fin, plaids de monnaies, plaids de marchés, plaids de route, plaids de forêts, plaids de moutures, plaids de maltôtes, plaids d'aguets. Il y a tant de prévôts et de baillis, tant de sergents que nous n'avons pas une heure de paix ; tous les jours ils nous courent sus, prennent nos meubles et nous chassent de nos terres. Il n'y a nulle garantie pour nous contre les seigneurs, et nul pacte ne tient avec eux. Pourquoi nous laisser faire tout ce mal et ne pas sortir de peine? Ne sommes-nous pas des hommes comme eux? N'avons-nous pas la même taille, les mêmes membres, la même force pour souffrir? Il nous faut seulement du cœur. Lions-nous donc ensemble par un serment ; jurons de nous soutenir l'un l'autre ; et s'ils veulent nous faire la guerre, n'avons-nous pas, pour un chevalier, trente ou quarante paysans jeunes, dispos et prêts à combattre à coups de massues, à coups d'épieux, à coups de flèches, à coups de haches, ou à coups de pierres s'ils n'ont pas d'armes? Sachons résister aux chevaliers, et nous serons libres de couper des arbres, de courir le gibier et de pêcher à notre guise, et nous ferons notre volonté sur l'eau, dans les champs et aux bois. »

Vous le voyez, mes enfants, ce n'est plus là le bref récit et la sévère appréciation d'un spectateur indifférent ; c'est le cri de la colère et de la vengeance populaire reproduit par la vive imagination d'un poëte irrité. A coup sûr, les paysans normands du douzième siècle ne parlaient pas de leurs misères avec l'habileté descriptive et la passion philosophique que leur prête Robert Wace : ils ne méditaient pas la révolution démocratique dont il leur attribue l'idée et presque le plan ; mais les actes de violence et d'oppression contre lesquels ils se soulevaient étaient très-réels, et ils s'efforçaient d'échapper par des violences réciproques à des souffrances intolérables. De là ces alternatives de révoltes démagogiques et de répressions tyranniques qui ont si souvent ensanglanté notre territoire, et mis en péril les fondements mêmes de l'ordre social. Les insurrections devenaient si atroces qu'on trouvait aussi simples que nécessaires les châtiments atroces qu'on leur infligeait. Il a fallu de longs siècles, des guerres civiles répétées et de terribles secousses politiques pour mettre fin à ce chaos brutal qui enfantait tant de maux et de crimes réciproques, et pour amener, entre les diverses classes de la population française, des rapports équitables et vraiment humains. Tant le mal est prompt et contagieux parmi les hommes, et difficile à extirper au nom de la justice et de la vérité!

Pourtant, même au sein de cet égoïsme cruel et de cette irréflexion grossière des dixième et onzième siècles, la nécessité morale et sociale de lutter contre de si odieux désordres se faisait sentir et trouvait de zélés apôtres. C'est de cette époque que datent les premiers efforts pour établir, dans diverses parties de la France, ce qu'on appela *la paix de Dieu, la trêve de Dieu*. Mots bien choisis pour interdire à la fois l'oppression et la révolte, car il ne fallait rien moins que la loi et la voix de Dieu pour réprimer un peu les mœurs et les passions barbares des hommes, grands ou petits, seigneurs ou paysans. C'est le propre et glorieux caractère du christianisme d'avoir si bien connu le mal primitif et permanent de la nature humaine qu'il a combattu toutes les grandes iniquités humaines, et les a signalées en principe, même lorsque, en fait général, il n'espérait pas et ne tentait pas de les abolir. Des évêques, des prêtres, des moines furent, dans leur vie personnelle et dans les conciles de l'Église, les premiers propagateurs de la paix ou de la trêve de Dieu, et dans plus d'un lieu ils décidèrent les seigneurs laïques à poursuivre la même tentative. En 1164, Hugues II, comte de Rodez, de concert avec son frère Hugues, évêque de Rodez, et les notables du pays, établit *la paix* dans le diocèse de Rodez; « et c'est, disaient au dix-huitième siècle les savants bénédictins dans *l'Art de vérifier les dates*, ce qui a donné l'origine au droit *de commune paix, ou de la pesade*, qu'on lève encore dans le Rouergue. » Le roi Robert se montra constamment favorable à ce pacifique travail; il est le premier des cinq rois de France, d'ailleurs très-divers, lui, saint Louis, Louis XII, Henri IV et Louis XVI, qui se sont particulièrement signalés par une bonté sympathique et par leur préoccupation du bien-être populaire. Robert aimait les faibles et les pauvres; non-seulement il les protégeait, dans l'occasion, contre les puissants, mais il s'appliquait à cacher leurs fautes, et il se laissait voler sans bruit, dans son église ou à sa table, pour ne pas avoir à dénoncer et à punir les voleurs. « Aussi il y eut à sa mort, dit son biographe Helgaud, un grand deuil et une douleur intolérable; un nombre infini de veuves et d'orphelins regrettaient tant de bienfaits reçus de lui; ils se frappaient la poitrine, allaient et venaient au saint tombeau, criant : « Tant que Robert a régné et commandé, nous avons vécu tranquilles; nous n'avons rien craint. Que l'âme de ce père pieux, ce père du sénat, ce père de tout bien, soit heureuse et sauvée! Qu'elle monte et habite toujours avec Jésus-Christ, roi des rois! »

Moins pieux et moins bons que Robert, son fils Henri Ier et son petit-fils Philippe Ier ne furent pas des rois plus actifs ni plus glorieux. Pendant leurs longs règnes[1], aucun dessein important et bien suivi ne présida à leur gouvernement. Leur vie politique se passait tantôt en petites guerres, sans résultats décisifs, contre tels ou tels de leurs vassaux, tantôt en actes d'intervention capricieuse dans les querelles de leurs vassaux entre eux. Leur vie domestique n'était ni plus régulière, ni conduite avec plus de sagesse et de préoccupation de l'intérêt public. Le roi Robert n'avait pu réussir à garder sa première femme, Berthe de Bourgogne, et la seconde, Constance d'Aquitaine, impérieuse, haineuse, avare, tracassière, l'opprimait à ce point qu'il ne récompensait jamais un de ses serviteurs sans lui dire : « Prends garde que Constance ne le sache. » Après la mort de Robert, Constance, devenue régente pour son fils aîné Henri Ier, conspira aussitôt pour le détrôner et le remplacer par son second fils Robert, qu'elle lui préférait. Délivré, par la mort, du joug et des intrigues de sa mère, Henri se maria trois fois ; mais ses deux premiers mariages avec deux princesses allemandes, filles, l'une de l'empereur Conrad le Salique, l'autre de l'empereur Henri III, eurent si peu de succès qu'en 1051 il envoya chercher en Russie, à Kieff, sa troisième femme Anne, fille du czar Yaroslaff le Boiteux, princesse modeste qui vécut sans bruit jusqu'à la mort du roi son mari en 1060, et qui, deux ans après, sous le règne de Philippe Ier son fils, plutôt que de retourner dans sa patrie, se remaria avec Raoul, comte de Valois, qui répudia pour l'épouser sa seconde femme Haqueney, dite Éléonore. Le divorce fut attaqué à Rome, devant le pape Alexandre II, à qui l'archevêque de Reims écrivit à ce sujet : « Notre royaume est agité par de grands troubles. La reine mère a épousé le comte Raoul, ce qui cause un grand déplaisir au roi. Quant à la dame que Raoul a répudiée, nous avons reconnu la justice des plaintes qu'elle vous a portées et la fausseté des prétextes sous lesquels il l'a renvoyée. » Le pape enjoignit au comte de reprendre sa femme ; Raoul n'obéit point et fut excommunié ; mais il n'en tint compte, et la princesse Anne de Russie, réconciliée même, à ce qu'il paraît, avec Philippe Ier, vécut tranquillement en France où, en 1075, peu après la mort de son se-

---

[1] Henri Ier régna de 1031 à 1060, et Philippe Ier de 1060 à 1108.

ROBERT AIMAIT LES FAIBLES ET LES PAUVRES

cond mari le comte Raoul, elle signait encore un diplôme, à côté du nom du roi son fils.

Les mariages de Philippe Ier furent encore plus troublés et plus scandaleux que ceux de son père et de son grand-père. A dix-neuf ans, en 1072, il avait épousé Berthe, fille de Florent Ier, comte de Hollande, et en 1078 il eut d'elle le fils qui devait lui succéder sous le nom de Louis le Gros. Mais vingt ans plus tard, en 1092, Philippe se dégoûta de sa femme, la répudia et la relégua à Montreuil-sur-Mer, sous prétexte de parenté prohibée. Il s'était épris, on ne sait pas quand, d'une passion violente pour une femme célèbre par sa beauté, Bertrade, quatrième femme, depuis trois ans, de Foulques le Réchin, comte d'Anjou. Berthe ainsi congédiée, Philippe partit pour Tours où Bertrade se trouvait avec son mari. Là, dans l'église de Saint-Jean, pendant qu'on bénissait les fonts baptismaux, ils s'engagèrent l'un à l'autre. Philippe repartit, et quelques jours après, Bertrade, enlevée par des gens qu'il avait laissés aux environs de Tours, vint le rejoindre à Orléans. Presque tous les évêques de France, entre autres le plus savant et le plus respecté d'entre eux, Yves, évêque de Chartres, se refusèrent à bénir ce choquant mariage; le roi eut grand'peine à trouver un prêtre qui lui rendît cet office. Alors commença entre Philippe Ier et les chefs de l'Église catholique, pape et évêques, une lutte qui, de négociation en négociation et d'excommunication en excommunication, dura douze ans, sans que le roi pût parvenir à faire reconnaître canoniquement son mariage; il promettait de renvoyer Bertrade, et non content de la garder, il se moquait ouvertement des excommunications et des interdits : « C'était l'usage, dit Guillaume de Malmesbury, que, dans les lieux où le roi séjournait, le service divin cessât, et dès qu'il s'éloignait, toutes les cloches se mettaient en branle; Philippe s'écriait alors en riant comme un fou : Entends-tu, ma belle, comment on nous chasse? » Enfin, en 1104, l'évêque de Chartres lui-même, lassé par l'obstination du roi et par le spectacle du trouble où l'interdit prolongé jetait le royaume, écrivit au pape Pascal II : « Je ne prétends pas vous donner des conseils; je veux seulement vous avertir qu'il serait bon d'user pour le moment de quelque condescendance envers les faiblesses de l'homme, autant que le permet son salut, et de retirer le pays de l'état critique où le plonge l'excommunication de ce prince. » Le pape donna en conséquence ses instructions aux évêques du royaume; sur la convocation du roi, ils se réunirent à Paris le 1er décembre

1104, et l'un d'entre eux, Lambert, évêque d'Arras, écrivit au pape : « Nous avons député au roi les évêques Jean d'Orléans et Galon de Paris, chargés de lui demander s'il voulait se conformer aux clauses et conditions exprimées dans vos lettres, et s'il était décidé à renoncer au commerce illégitime qui l'avait rendu coupable devant Dieu. Le roi ayant répondu, sans se déconcerter, qu'il voulait satisfaire à Dieu et à la sainte Église romaine, a été introduit dans l'assemblée ; il est arrivé nu-pieds, dans une attitude dévote et humble, désavouant son péché et promettant de purger l'excommunication par des œuvres expiatoires. C'est ainsi que, par votre autorité, il a mérité d'être absous. Mettant alors la main sur le livre des saints Évangiles, il a fait serment, en ces termes, de renoncer à son mariage coupable et illégitime : « Écoute, toi Lambert, évêque d'Arras, qui tiens ici la place du « pontife apostolique ; que les archevêques et les évêques ici présents « m'écoutent. Moi Philippe, roi des Français, je promets de ne plus re« tourner à mon péché et de rompre entièrement le commerce crimi« nel que j'ai entretenu jusqu'ici avec Bertrade. Je promets que je n'au« rai désormais aucun entretien ni aucune société avec elle, si ce n'est « en présence de personnes non suspectes. J'observerai fidèlement et « sans détour ces promesses, dans le sens que présentent les lettres « du pape, et comme vous l'entendez. Ainsi Dieu me soit en aide et ces « sacrés Évangiles de Jésus-Christ ! » Bertrade, au moment d'être relevée de l'excommunication, a fait en personne le même serment sur les saints Évangiles. »

De l'aveu des savants bénédictins qui ont étudié cette royale aventure, il est permis de douter que Philippe Ier ait rompu tout commerce avec Bertrade. « Deux ans après son absolution, le 10 octobre 1106, il arriva à Angers un mercredi, dit un chroniqueur contemporain, accompagné de la reine nommée Bertrade, et il y fut reçu par le comte Foulques et par tous les Angevins, clercs et laïques, avec de grands honneurs. Le lendemain de son arrivée, qui était un jeudi, les moines de Saint-Nicolas, introduits par la reine, se présentèrent devant le roi, le priant humblement, de concert avec la reine, d'approuver, pour le salut de son âme et de la reine, de ses parents et de ses amis, toutes les acquisitions par eux faites dans ses États, ou qu'ils pourraient faire à l'avenir, par dons ou par achats, et de vouloir bien apposer son sceau à leurs titres de propriété. Le roi a accordé leur demande. »

Le plus complet des chroniqueurs de ce temps, Orderic Vital, dit, à propos de cette réunion à Angers des deux maris de Bertrade : « Cette adroite femme avait si bien, par son savoir-faire, réconcilié ces deux rivaux, qu'elle leur prépara un splendide repas, les fit asseoir tous deux à la même table, leur fit dresser des lits, la nuit suivante, dans la même chambre, et les servait à leur gré. » Le plus judicieux des historiens comme des hommes d'État du douzième siècle, l'abbé Suger, ce fidèle ministre de Louis le Gros, qui ne peut être suspect de faveur pour Bertrade, s'exprime ainsi sur son compte : « Cette femme enjouée et d'une instruction rare, admirablement versée dans l'art, familier à son sexe, de captiver les maris après les avoir outragés, avait pris un tel empire sur le comte d'Anjou, son premier mari, malgré l'affront qu'elle lui avait fait de l'abandonner, qu'il la traitait avec respect comme sa souveraine, s'asseyait souvent sur un tabouret à ses pieds, et obéissait à sa volonté comme par une sorte de prestige. »

Je reproduis textuellement ces détails, mes enfants, comme la plus fidèle image de la place que tenaient, dans l'histoire de ce temps, les mœurs et la vie privée des rois. N'en tirez cependant pas, quant à l'abaissement de la royauté capétienne au onzième siècle, des conséquences trop rigoureuses ; il y a des désordres et des scandales que les grandes qualités et la gloire personnelle des princes peuvent, non pas excuser, mais faire par moments oublier, et à coup sûr, les trois Capétiens qui succédèrent au fondateur de leur dynastie n'offraient aux peuples aucune compensation semblable ; mais il ne faut pas croire qu'ils fussent tombés dans la condition des Mérovingiens fainéants ou des derniers Carlovingiens errants presque sans asile ; l'état de la société et de la royauté française était profondément changé ; en dépit de leur médiocrité politique et de leur indolence licencieuse, Robert, Henri Ier et Philippe Ier n'étaient point, au onzième siècle, des personnages insignifiants, sans autorité ou sans influence efficace, et avec qui leurs contemporains ne fussent pas obligés de compter ; ils étaient de grands seigneurs, propriétaires de vastes domaines dans lesquels ils exerçaient sur la population une souveraineté presque absolue ; ils avaient, il est vrai, autour d'eux, des rivaux, grands propriétaires et souverains presque absolus comme eux, quelquefois plus forts qu'eux matériellement et plus actifs ou plus habiles intellectuellement, mais dont ils restaient pourtant les supérieurs à deux titres, comme suzerains et comme rois : leur cour était la plus honorée et leur alliance toujours fort recherchée. Ils occupaient le premier rang dans la société féodale et un rang unique dans l'État politique tel qu'il se formait lentement au milieu des souvenirs et des traditions de la royauté juive, de la royauté barbare et de l'empire romain un moment relevé par Charlemagne. La royauté française au onzième siècle était le seul pouvoir investi d'un triple caractère, un caractère germanique, un caractère romain et un caractère religieux; ses possesseurs étaient à la fois les chefs des conquérants du sol, les successeurs des empereurs romains et de Charlemagne, les délégués et les représentants laïques du Dieu des chrétiens. Quelles que fussent leurs faiblesses et leur insuffisance personnelle, ils n'étaient point les titulaires d'un pouvoir en décadence, et la situation royale restait forte et pleine d'avenir, comme les événements ne tardèrent pas à le démontrer.

Comme la royauté, la société française du onzième siècle, en dépit de sa dislocation en petites sociétés incohérentes et turbulentes, n'était nullement en décadence : les ambitions désordonnées, les haines et les querelles de voisinage ou de parenté, les violences princières et populaires s'y renouvelaient sans cesse; mais l'énergie des caractères, l'activité des esprits, la persévérance des volontés et l'ardeur des libertés individuelles n'y manquaient point, et elles se déployaient avec passion, à tout risque, tantôt par des emportements brutaux ou cyniques que suivaient quelquefois des repentances et des expiations ferventes, tantôt par des actes de sagesse courageuse et de piété désintéressée. Au commencement du onzième siècle, Guillaume III, comte de Poitiers et duc d'Aquitaine, était l'un des plus puissants et des plus honorés princes de son temps; tous les souverains de l'Europe lui envoyaient des ambassades comme à leur égal; il faisait tous les ans, par dévotion, un voyage à Rome, et il y était reçu avec les mêmes honneurs que l'Empereur. Il aimait les lettres, donnait à la lecture les premières heures de la nuit, et les clercs savants l'appelaient un autre Mécène. Peu touché de ces succès mondains mêlés de tant de travail et de mécomptes, il refusa la couronne d'Italie qu'on lui offrit à la mort de l'empereur Henri II, et il finit, comme Charles-Quint quelques siècles plus tard, par aller chercher dans un monastère l'isolement du monde et le repos. Mais, dans les mêmes domaines et à la fin du même siècle, son petit-fils Guillaume VII fut le plus vagabond, le plus dissolu et le plus violent des princes; ses mœurs étaient si scandaleuses que l'évêque de Poitiers, après l'avoir inutilement averti, se crut obligé de l'excommunier. Le duc entra brusquement dans l'église, traversa la foule l'épée à la main, et saisit le prélat par les cheveux en lui disant : « Tu m'absoudras ou tu mourras. » L'évêque demanda un moment pour réfléchir, en profita pour prononcer la formule d'excommunication, et baissant aussitôt la tête devant le duc, il lui dit : « Frappe ! — Je ne t'aime pas assez pour t'envoyer en paradis, » lui répondit Guillaume, et il se borna à le chasser de son siége. A l'emportement le duc d'Aquitaine substituait quelquefois l'insulte moqueuse ; un autre évêque, d'Angoulême, parfaitement chauve, l'exhortait aussi à changer de vie : « J'en changerai, lui dit le duc, quand avec un peigne tu ramèneras tes cheveux sur ton front. » Un autre grand seigneur du même siècle, Foulques le Noir, comte d'Anjou, à la fin d'une vie habile et glorieuse, avait remis à son fils Geoffroi Martel l'administration de son comté ; le fils, aussi hautain et aussi dur envers son père qu'envers ses sujets, prit les armes contre lui et lui enjoignit de déposer les signes extérieurs du pouvoir qu'il portait encore. Le vieillard irrité, retrouvant la vigueur et l'habileté de sa jeunesse, lutta si énergiquement et avec tant de succès contre son fils, qu'il le réduisit à faire plusieurs milles, « rampant sur la terre, » dit la chronique, avec une selle sur le dos, et à venir se prosterner à ses pieds. Quand il eut son fils ainsi humilié devant lui, Foulques le frappa du pied en répétant plusieurs fois ces seuls mots : « Tu es vaincu, tu es vaincu ! — Oui, vaincu, dit Geoffroi, mais par toi seul, parce que tu es mon père ; pour tout autre, je suis invincible. » La colère du vieillard tomba soudain ; il ne pensa plus qu'à consoler son fils de l'affront qu'il venait de lui infliger, et il lui rendit le pouvoir en l'exhortant seulement à se conduire avec plus de sagesse et de douceur envers ses sujets. Tout était inconséquence et contraste dans ces âmes fortes, grossières et brusques ; peu leur importait de se démentir quand elles avaient satisfait leur passion du moment.

Entre les deux grandes puissances de ce temps, les seigneurs laïques et les moines, les relations n'étaient pas moins âpres ni moins mobiles qu'entre les laïques eux-mêmes, et quand la ruse s'y mêlait, ce qui arrivait souvent, elle n'en excluait pas la violence. Vers le milieu du douzième siècle, l'abbaye de Tournus en Bourgogne avait, à Louhans, un petit port où elle percevait sur le sel un droit dont chaque année elle distribuait le produit aux pauvres dans la première semaine du carême. Girard, comte de Mâcon, établit un droit semblable à très-peu de distance. Les moines de Tournus réclamèrent. Il n'en fit nul cas. Longtemps après, il vint à Tournus avec une brillante suite, et entra dans l'église de Saint-Philibert; il s'était arrêté seul devant l'autel pour se mettre en oraison; un moine, la crosse en main, sortit tout à coup de derrière l'autel, et s'arrêtant devant le comte: « Comment es-tu si hardi, lui dit-il, que d'entrer dans mon monastère et dans mon église, toi qui ne crains pas de m'enlever mes droits? » et prenant Girard par les cheveux, il le jeta à terre et le battit rudement. Stupéfait et contrit, le comte reconnut son tort, supprima le droit qu'il avait indûment établi, et non content de cette réparation, il envoya à l'église de Tournus un riche tapis de soie tissu d'or. Au milieu du onzième siècle, Adhémar II, vicomte de Limoges, eut dans sa ville, avec les moines de l'abbaye de Saint-Martial, une querelle de toute autre sorte; l'abbaye était tombée dans un grand relâchement de discipline et de mœurs; le vicomte avait à cœur de la réformer; il se concerta de loin, dans ce dessein, avec Hugues, abbé de Cluni, le plus célèbre alors et le plus respecté des monastères. L'abbé de Saint-Martial mourut. Adhémar fit venir à Limoges des moines de Cluni, les logea secrètement près de son palais, se rendit à l'abbaye de Saint-Martial après en avoir fait convoquer le chapitre, et somma les moines de procéder sur-le-champ à l'élection d'un nouvel abbé. Un vif débat s'éleva, à ce sujet, entre le vicomte et les moines: « Nous n'ignorons pas, lui dit l'un d'eux, que vous avez fait venir des religieux de Cluni pour nous chasser d'ici et les mettre à notre place; mais vous ne réussirez pas. » Le vicomte éclata, prit par la manche le moine qui réclamait, et l'entraîna violemment hors du monastère; effrayés, ses confrères prirent la fuite; Adhémar fit appeler sur-le-champ les moines de Cluni et les mit en possession de l'abbaye. Le procédé était brutal; mais la réforme était populaire dans Limoges et fut accomplie.

Ces petits faits, mes enfants, sont de fidèles échantillons du caractère dominant et original de la société française pendant les dixième, onzième et douzième siècles, véritable époque du moyen âge. C'était le chaos et la fermentation dans le chaos; la fermentation de la vie désordonnée, lente et dure, mais puissante et féconde. Dans les idées, dans les événements, dans les hommes, se réunissaient les plus étranges contrastes : les mœurs étaient grossières, féroces même, et les âmes pleines d'aspirations élevées et tendres ; l'autorité des croyances religieuses tantôt s'évanouissait, tantôt se déployait avec éclat en face des passions mondaines arrogantes et brutales ; l'ignorance était profonde, et au sein de la nuit intellectuelle apparaissaient çà et là d'ardents foyers de mouvement et de travail intellectuel. C'était le temps où Abélard, devançant la liberté de la pensée et de l'enseignement, attirait sur la montagne Sainte-Geneviève des milliers d'auditeurs empressés à le suivre dans l'étude des grands problèmes de la nature et de la destinée de l'homme et du monde. Et loin de cette foule, dans la solitude de l'abbaye du Bec, saint Anselme donnait à ses moines une démonstration chrétienne et philosophique de l'existence de Dieu, « la foi cherchant l'intelligence » (*fides quærens intellectum*), disait-il lui-même. C'était aussi le temps où, désolés de la licence qui se répandait dans l'Église comme dans la société civile, deux moines illustres, saint Bernard et saint Norbert, non-seulement allaient prêchant partout la réforme des mœurs, mais travaillaient et réussissaient à établir dans la vie monastique un régime de discipline et d'austérité forte. C'était enfin le temps où dans le monde laïque naissait et se développait le fait le plus brillant du moyen âge, la chevalerie, ce noble élan des imaginations et des âmes vers l'idéal de la vertu chrétienne et de l'honneur guerrier. Je ne puis, mes enfants, vous raconter avec détail l'origine et l'histoire de ce grand fait qui a tenu tant de place dans les temps auxquels il a appartenu et qui en tient tant encore dans la mémoire des hommes ; mais je voudrais vous en faire bien connaître le caractère moral et aussi la valeur pratique. J'emprunterai, pour y réussir, quelques pages à mon *Histoire de la civilisation en France*. Je vous ferai assister d'abord à la réception d'un chevalier, telle qu'elle avait lieu au douzième siècle. Vous verrez ensuite quelles règles de conduite lui étaient imposées, non-seulement par les serments qu'il prêtait en devenant chevalier, mais par l'idée que se formaient de la chevalerie les poëtes du temps, ces interprètes, non de la réalité sociale, mais du sentiment humain. Vous comprendrez sans peine alors quelle influence devaient exercer, dans l'âme et la vie des hommes, de tels sentiments et de telles règles, quelque grand que fût le désaccord entre l'idéal chevaleresque et les actions ou les passions ordinaires des contemporains.

« Le jeune homme, l'écuyer qui aspirait au titre de chevalier, était d'abord dépouillé de ses vêtements et mis au bain, symbole de purification. Au sortir du bain, on le revêtait d'une tunique blanche, symbole de pureté, d'une robe rouge, symbole du sang qu'il était tenu de répandre pour le service de la foi, et d'une saie ou justaucorps noir, symbole de la mort qui l'attendait, ainsi que tous les hommes.

« Ainsi purifié et vêtu, le récipiendaire observait pendant vingt-quatre heures un jeûne rigoureux. Le soir venu, il entrait dans l'église et y passait la nuit en prières, quelquefois seul, quelquefois avec un prêtre et des parrains qui priaient avec lui. Le lendemain, son premier acte était la confession ; après la confession, le prêtre lui donnait la communion ; après la communion, il assistait à une messe du Saint-Esprit, et ordinairement à un sermon sur les devoirs des chevaliers et de la vie nouvelle où il allait entrer. Le sermon fini, le récipiendaire s'avançait vers l'autel, l'épée de chevalier suspendue à son cou ; le prêtre la détachait, la bénissait et la lui remettait au cou. Le récipiendaire allait alors s'agenouiller devant le seigneur qui devait l'armer chevalier : « A quel dessein, lui demandait le seigneur, désirez-vous entrer dans l'ordre ? Si c'est pour être riche, pour vous reposer et être honoré sans faire honneur à la chevalerie, vous en êtes indigne et vous seriez, à l'ordre de chevalerie que vous recevriez, ce que le clerc simoniaque est à la prélature. » Sur la réponse du jeune homme qui promettait de se bien acquitter des devoirs de chevalier, le seigneur lui accordait sa demande.

« Alors s'approchaient des chevaliers, et quelquefois des dames, pour revêtir le récipiendaire de tout son nouvel équipement ; on lui mettait : 1° les éperons ; 2° le haubert ou la cotte de mailles ; 3° la cuirasse ; 4° les brassards et les gantelets ; 5° enfin on lui ceignait l'épée.

« Il était alors ce qu'on appelait *adoubé*, c'est-à-dire adopté, selon Du Cange. Le seigneur se levait, allait à lui et lui donnait l'*accolade*, ou *accolée*, trois coups du plat de son épée sur l'épaule ou sur la nuque, et quelquefois un coup de la paume de la main sur la joue en disant : « Au nom de Dieu, de saint Michel et de saint George, je te fais chevalier. » Et il ajoutait quelquefois : « Sois preux, hardi et loyal. »

« Le jeune homme ainsi armé chevalier, on lui apportait son casque ; on lui amenait un cheval ; il sautait dessus, ordinairement sans le secours des étriers, et il caracolait en brandissant sa lance et faisant flamboyer son épée. Il sortait enfin de l'église et allait caracoler sur la place, au pied du château, devant le peuple, avide de prendre sa part du spectacle. »

Voilà ce qu'était la partie pour ainsi dire extérieure et matérielle de la réception des chevaliers. Un soin constant s'y manifeste d'associer la religion à toutes les phases d'un événement si personnel; ce que le christianisme a de plus auguste, ses sacrements, y prennent place; plusieurs des cérémonies sont assimilées, autant qu'il se peut, à l'administration des sacrements. Poursuivons notre examen; entrons au fond de la chevalerie, dans son caractère moral, dans les idées, les sentiments dont on s'efforçait de pénétrer le chevalier. Ici encore l'influence religieuse sera évidente.

« Le chevalier avait à prêter des serments en vingt-six articles. Ces articles ne formaient pas un acte unique, rédigé en une fois et d'ensemble; c'est le recueil des serments exigés des chevaliers, à diverses époques et d'une façon plus ou moins complète, du onzième au quatorzième siècle. Les récipiendaires juraient: 1° de craindre, révérer et servir Dieu religieusement, de combattre pour la foi de toute leur force, et de mourir plutôt de mille morts que de renoncer jamais au christianisme; 2° de servir leur prince souverain fidèlement, et de combattre pour lui et la patrie très-valeureusement; 3° de soutenir le bon droit des plus faibles, comme des veuves, des orphelins et des demoiselles, en bonne querelle, en s'exposant pour eux selon que la nécessité le requerrait, pourvu que ce ne fût contre leur honneur propre, ou contre leur roi ou prince naturel; 4° qu'ils n'offenseraient jamais aucune personne malicieusement, ni n'usurperaient le bien d'autrui, mais plutôt qu'ils combattraient ceux qui le feraient; 5° que l'avarice, la récompense, le gain et le profit ne les obligeraient à faire aucune action, mais la seule gloire et vertu; 6° qu'ils combattraient pour le bien et le profit de la chose publique; 7° qu'ils tiendraient et obéiraient aux ordres de leurs généraux et capitaines qui auraient droit de les commander; 8° qu'ils garderaient l'honneur, le rang et l'ordre de leurs compagnons, et qu'ils n'empiéteraient rien, par orgueil ni par force, sur aucun d'eux; 9° qu'ils ne combattraient jamais accompagnés contre un seul, et qu'ils fuiraient toutes fraudes et supercheries; 10° qu'ils ne porteraient qu'une épée, à moins qu'ils ne fussent obligés de combattre contre deux ou plusieurs; 11° que dans un tournoi, ou autre combat à plaisance, ils ne se serviraient jamais de la pointe de leurs épées; 12° qu'étant pris en un tournoi prisonniers, ils seraient obligés, par leur foi et par leur honneur, d'exécuter de point en point les conditions de l'emprise; outre qu'ils seraient obligés de rendre aux vainqueurs leurs armes et leurs chevaux, s'ils les voulaient avoir, et ne pourraient combattre en guerre ni ailleurs sans leur congé; 13° qu'ils garderaient la foi inviolablement à tout le monde, et particulièrement à leurs compagnons, soutenant leur honneur et profit entièrement en leur absence; 14° qu'ils s'aimeraient et s'honoreraient les uns les autres, et se porteraient aide et secours toutes les fois que l'occasion se présenterait; 15° qu'ayant fait vœu ou promesse d'aller en quelque *quête* ou aventure étrange, ils ne quitteraient jamais les armes si ce n'est pour le repos de la nuit; 16° qu'en la poursuite de leur quête ou aventure ils n'éviteraient point les mauvais et périlleux passages, ni ne se détourneraient du droit chemin, de peur de rencontrer des chevaliers puissants, ou des monstres, bêtes sauvages ou autre empêchement que le corps et le courage d'un seul homme peut mener à chef; 17° qu'ils ne prendraient jamais aucun gage ni pension d'un prince étranger; 18° que commandant des troupes de gendarmerie, ils vivraient avec le plus d'ordre et de discipline qu'il leur serait possible, et notamment en leur propre pays, où ils ne souffriraient jamais aucun dommage ni violence être faits; 19° que s'ils étaient obligés à conduire une dame ou demoiselle, ils la serviraient, la protégeraient et la sauveraient de tout danger et de toute offense, ou qu'ils mourraient à la peine; 20° qu'ils ne feraient jamais violence à dame ou demoiselle, encore qu'ils les eussent gagnées par armes, sans leur volonté et consentement; 21° qu'étant recherchés de combat *pareil*, ils ne le refuseraient point, sans plaie, maladie ou autre empêchement raisonnable; 22° qu'ayant entrepris de mettre à chef une entreprise, ils y vaqueraient nuit et jour s'ils n'en étaient rappelés pour le service du roi et de leur patrie; 23° que s'ils faisaient un vœu pour acquérir quelque honneur, ils ne s'en retireraient point qu'ils ne l'eussent accompli, ou l'équivalent; 24° qu'ils seraient fidèles observateurs de leur parole et de leur foi donnée, et qu'étant pris prisonniers en bonne guerre, ils payeraient exactement la rançon promise, ou se remettraient en prison, au jour et temps convenu, selon leur promesse, à peine d'être déclarés infâmes et parjures; 25° que, retournés à la cour de leur souverain, ils rendraient un véritable compte de leurs aventures, encore même qu'elles fussent quelquefois à leur désavantage, au roi et au greffier de l'ordre, sous peine d'être privés de l'ordre de chevalerie; 26° que

LE SEIGNEUR SE LEVAIT, ALLAIT A LUI ET LUI DONNAIT TROIS COUPS DU PLAT DE SON ÉPÉE SUR LA NUQUE

sur toutes choses ils seraient fidèles, courtois, humbles, et ne failliraient jamais à leur parole, pour mal ou perte qui leur en pût advenir »

Vous le voyez, mes enfants, sans que j'aie besoin de vous le dire, il y a, dans cette série de serments, dans ces obligations imposées aux chevaliers, un développement moral bien supérieur à la société laïque de cette époque ; des notions morales si élevées, si délicates, si scrupuleuses, si humaines, émanaient évidemment du clergé chrétien ; le clergé seul alors pensait ainsi des devoirs et des relations des hommes ; son influence fut employée à diriger vers l'accomplissement de ces devoirs, vers l'honnêteté de ces relations, les idées et les coutumes qui avaient enfanté la chevalerie. Elle n'avait pas été instituée dans un si pieux et si profond dessein, pour la protection des faibles, le maintien de la justice, la réforme des mœurs ; elle avait été, à son origine et dans ses premiers traits, une conséquence naturelle des relations féodales et de la vie guerrière, la sanction des liens qu'elles établissaient et des sentiments qu'elles suscitaient entre les divers maîtres du même pays et les compagnons de la même destinée. Le clergé comprit promptement ce qu'il pouvait tirer d'un tel fait ; il s'en fit un moyen pour travailler à établir dans la société plus de paix, et dans la conduite des individus une moralité plus exigeante. C'était là l'œuvre générale qu'il poursuivait, et si je pouvais vous faire entrer plus avant dans cette étude, je vous montrerais, dans les canons des conciles du onzième au quatorzième siècle, l'Église s'appliquant à développer de plus en plus dans la chevalerie, dans cette institution d'abord essentiellement guerrière, le caractère moral et civilisant que les documents de la chevalerie elle-même viennent de vous faire entrevoir.

A mesure que la chevalerie apparaissait de plus en plus sous ce caractère à la fois guerrier, religieux et moral, elle prenait plus d'empire sur l'imagination des hommes, et de même qu'elle s'était intimement liée à leurs croyances, elle devint bientôt l'idéal de leurs pensées, la source de leurs plus nobles plaisirs. La poésie s'en empara comme la religion. Dès le onzième siècle, la chevalerie, ses cérémonies, ses devoirs, ses aventures furent la mine où puisèrent les poëtes pour charmer les peuples, pour satisfaire et exciter à la fois ce mouvement des âmes, ce besoin d'événements plus variés, plus saisissants, d'émotions plus élevées et plus pures que n'en peut fournir la vie réelle. Dans la jeunesse des sociétés, la poésie n'est pas seulement un plaisir, un passe-temps national ; elle est aussi une source de progrès : elle élève et développe la nature morale des hommes en même temps qu'elle les amuse et les remue vivement. Je viens de vous dire quels serments les chevaliers prêtaient entre les mains des prêtres ; voici une vieille ballade d'Eustache Deschamps, poëte du quatorzième siècle, où vous verrez que les poëtes imposaient aux chevaliers les mêmes devoirs, les mêmes vertus, et que l'influence de la poésie tendait au même but que celle de la religion.

1.

Vous qui voulez l'ordre de chevalier,
Il vous convient mener nouvelle vie,
Dévotement en oraison veillier,
Péchié[1] fuir, orgueil et villenie.
    L'Église devez deffendre.
La vefve[2] aussi, l'orphelin entreprandre[3],
Estre hardis et le peuple garder,
Prodoms[4], loyaux, sans rien de l'autrui prandre.
Ainsi se doit chevalier gouverner.

2.

Humble cuer aie; toudis[5] doit traveillier
Et poursuer[6] faiz de chevalerie,
Guerre loyal, estre grand voyagier,
Tournoi suir[7] et jouter pour s'amie :
    Il doist à tout honneur tendre,
Si c'om ne puist de lui blasme reprandre,
Ne lascheté en ses œuvres trouver ;
Et entre touz se doit tenir le mendre[8].
Ainsi se doit chevalier gouverner.

3.

Il doit amer son seigneur droiturier[9],
Et dessus touz garder sa seigneurie ;
Largesse avoir, estre vrai justicier,
Des prodommes suir[10] la compaignie,
    Leurs diz ouir et apprandre

---

[1] Péché. — [2] Veuve. — [3] Protéger. — [4] Prud'hommes. — [5] Tous les jours. — [6] Poursuivre. — [7] Suivre. — [8] Le moindre. — [9] Seigneur de droit. — [10] Suivre.

> Et des vaillants les prouesses comprandre,
> Afin qu'il puist les grants faitz achever,
> Comme jadis fist le roi Alexandre.
> Ainsi se doit chevalier gouverner.

On a beaucoup dit, vous entendrez probablement dire, mes enfants, que c'était là uniquement de la poésie, une belle chimère sans rapport avec la réalité. Je viens moi-même de vous le dire : les trois siècles dont nous nous occupons, le moyen âge est en effet une des plus brutales, des plus grossières époques de notre histoire, une de celles où l'on rencontre le plus de crimes et de violences, où la paix publique était le plus incessamment troublée, où la plus grande licence régnait dans les mœurs. Cependant on ne saurait nier que la morale chevaleresque, la poésie chevaleresque n'existassent aussi à côté de ces mœurs grossières et barbares, de ce désordre social. Les monuments moraux sont là en face des faits brutaux ; le contraste est choquant mais réel. C'est précisément ce contraste, mes enfants, qui fait le grand et original caractère du moyen âge. Reportez votre pensée vers d'autres sociétés, par exemple vers la première jeunesse de la société grecque, vers son âge héroïque dont les poëmes d'Homère sont le fidèle miroir : il n'y a rien là qui ressemble aux contrastes qui nous frappent dans le moyen âge; on ne voit pas que, dans les temps et chez les peuples des poëmes homériques, il y eût dans l'air, il pénétrât dans l'imagination des hommes des idées plus élevées, plus pures que leurs actions de tous les jours; les héros d'Homère ne paraissent pas se douter de leur brutalité, de leur férocité, de leur avidité, de leur égoïsme ; rien dans leur âme ne surpasse les faits de leur vie. Dans la France du moyen âge au contraire, pratiquement les crimes et les désordres, le mal moral et social abondent; cependant les hommes ont dans l'âme, dans l'imagination, des instincts, des désirs élevés et purs; leurs notions de vertu, leurs idées de justice sont très-supérieures à ce qui se pratique autour d'eux, à ce qu'ils pratiquent eux-mêmes; un certain idéal moral plane au-dessus de cette société grossière, orageuse, et attire les regards, obtient les respects des hommes dont la vie n'en reproduit guère l'image. La religion chrétienne est sans nul doute, sinon l'unique, du moins la principale cause de ce grand fait; c'est précisément son caractère de susciter dans les hommes une haute ambition morale en tenant constamment sous leurs yeux un type infiniment supérieur et pourtant profondément sympathique à la nature humaine. C'est au christianisme que le moyen âge a dû la chevalerie, l'institution qui, au milieu de l'anarchie et de la barbarie de cette époque, a fait sa beauté poétique et morale. C'est la chevalerie féodale et le christianisme qui ont fait les deux grands et glorieux événements de ce temps, la conquête de l'Angleterre par les Normands et les Croisades.

CHAPITRE XV

LA CONQUÊTE DE L'ANGLETERRE PAR LES NORMANDS

Au commencement du onzième siècle, le cinquième successeur du grand chef Rollon qui avait établi les Normands en France, Robert, dit *le Magnifique*, était duc de Normandie. A ce titre, qu'il méritait par sa générosité et ses largesses, quelques chroniques en ajoutent un autre, et l'appellent aussi Robert *le Diable*, à raison de ses hardiesses imprévues et violentes, soit dans la vie privée, soit dans ses expéditions guerrières. De là, entre les érudits, une vive controverse sur la question de savoir à quel Robert appartient cette dernière épithète; quelques-uns persistent à l'attribuer au duc de Normandie; d'autres cherchent quelque autre Robert à qui la renvoyer. Quoi qu'il en soit, en 1034 ou 1035, après avoir mené une vie politiquement assez loyale, mais turbulente et moralement déréglée, le duc Robert résolut d'entreprendre, pieds nus et le bourdon à la main, le pèlerinage de Jérusalem, « pour expier ses péchés si Dieu y daignait consentir. » Convoqués autour de lui, les prélats et les barons normands le conjurèrent d'y renoncer;

à quels troubles, à quels périls ne serait pas exposé son État sans seigneurs et sans héritier certain? « Par ma foi, leur dit Robert, je ne vous laisserai sans seigneur. J'ai un petit bâtard qui croîtra, s'il plaît à Dieu, et de la prud'hommie duquel j'espère beaucoup. Je vous prie de le recevoir comme seigneur. S'il n'est pas d'une épouse, peu vous importe; il n'en vaudra pas moins à la bataille, ni à la cour, ni au palais, ni pour vous rendre la justice. Je le fais mon héritier et le saisis, dès à présent, de tout le duché de Normandie. » Les assistants y consentirent, non sans objection et inquiétude.

Il y avait ample matière aux objections et à l'inquiétude. Non-seulement c'était à un enfant de huit ans que le duc Robert, partant pour son pieux pèlerinage, remettait la Normandie; cet enfant était déclaré bâtard par le duc son père, au moment où il le prenait pour son héritier. Neuf ou dix ans auparavant, à Falaise, sa résidence favorite, Robert avait rencontré, selon les uns dans une danse populaire, selon d'autres au bord d'un ruisseau où elle lavait son linge avec ses compagnes, une jeune fille nommée Harlette ou Harlève, fille d'un tanneur de la ville, où l'on montre encore, dit-on, la fenêtre d'où le duc la vit pour la première fois. Elle lui plut et ne fut pas plus sévère que le duc n'était scrupuleux; Fulbert le tanneur surveilla peu sa fille. Robert donna au fils qui lui naquit en 1027 le nom de son glorieux ancêtre Guillaume Longue-épée, fils et successeur de Rollon. L'enfant fut élevé, selon les uns, dans le palais de son père, « très-honorablement, tout comme s'il était d'une épouse; » selon d'autres, dans la maison de son grand-père le tanneur; et l'un des bourgeois voisins, voyant passer un jour dans la rue l'un des principaux seigneurs normands, Guillaume de Bellesme, surnommé le féroce Talvas, l'arrêta en lui disant d'un ton moqueur: « Entrez, seigneur, et admirez le fils de votre suzerain. » L'origine du jeune Guillaume était dans toutes les bouches, et donnait lieu à des allusions familières plus souvent insultantes que flatteuses; l'épithète de *bâtard* fut, pour ainsi dire, incorporée à son nom, et l'on ne saurait s'étonner qu'elle lui soit demeurée dans l'histoire, car, au faîte de sa puissance, il l'acceptait quelquefois hautement en s'appelant lui-même, dans plusieurs de ses chartes, *Guillaume le Bâtard (Guglielmus nothus)*. Il ne s'en montra pas moins cruellement susceptible à ce sujet lorsque en 1048, pendant qu'il assiégeait Alençon, domaine du seigneur de Bellesme, les habitants suspendirent à leurs murailles des peaux toutes crues et encore souillées, qu'ils secouaient quand ils apercevaient Guillaume en criant : « Beaucoup d'ouvrage pour le tanneur ! — Par la splendeur de Dieu ! s'écria Guillaume, ils me payeront cher cette insolente bravade. » A la suite d'un assaut, quelques-uns des assiégés furent faits prisonniers ; il leur fit arracher les yeux, couper les pieds et les mains, et par ses engins de siége il fit lancer par-dessus les murs de la ville ces membres mutilés.

Malgré son imprévoyance et ses préoccupations de pèlerin, le duc Robert avait pris quelque souci de la situation où il laissait son fils, et quelques mesures pour en atténuer les périls. Il avait nommé régent de Normandie, pendant la minorité de Guillaume, son cousin le duc de Bretagne, Alain V, dont il avait éprouvé la prudence et l'amitié ; il avait confié la tutelle personnelle de l'enfant, non à sa mère Harlette qui fut laissée fort à l'écart, mais à l'un de ses plus fidèles officiers, Gilbert Crespon, comte de Brionne, et le château fort du Vaudreuil, dont la première construction remontait, dit-on, à la reine Frédégonde, fut désigné pour la résidence habituelle du jeune duc. Enfin, pour constater avec éclat le droit de son fils comme son successeur au duché de Normandie et lui assurer un puissant allié, Robert le conduisit lui-même à la cour de son suzerain le roi de France Henri Ier, qui reconnut le titre de Guillaume le Bâtard, et l'admit à lui prêter foi et hommage. Après avoir ainsi préparé de son mieux l'avenir de son fils, Robert se mit en route pour son pèlerinage ; il visita Rome et Constantinople, étalant partout sa magnificence avec son humilité, et il tomba malade de fatigue en traversant l'Asie Mineure, où il fut obligé de se faire porter en litière par quatre esclaves nègres : « Va dire chez nous, dit-il à un pèlerin normand qu'il rencontra revenant de la terre sainte, que tu m'as vu porté en paradis par quatre diables. » Arrivé à Jérusalem, où il fut reçu avec une grande courtoisie par l'émir musulman qui y commandait, il s'acquitta de son vœu chrétien, reprit la route de l'Europe, et mourut empoisonné, on ne sait guère par qui ni pour quel motif, à Nicée en Bithynie, où il fut enseveli dans la basilique de Sainte-Marie, honneur, dit la chronique, qui n'avait jamais été accordé à aucun homme.

De 1035 à 1042, pendant la minorité de Guillaume, la Normandie fut livrée aux ambitions pillardes, aux inimitiés locales, aux passions turbulentes et brutales d'une multitude de petits châtelains, presque toujours en guerre, soit entre eux, soit contre le jeune chef dont ils ne craignaient pas la force et dont ils contestaient le droit. En vain le duc Alain de Bretagne, en sa qualité de régent nommé par le duc Robert, essaya de rétablir l'ordre ; quand il parut en train d'y réussir, il fut empoisonné par ceux qui n'avaient pu réussir à le vaincre. Le roi de France Henri I*er*, malveillant au fond pour ses voisins les Normands et pour leur jeune duc, quoiqu'il l'eût reconnu, profita de cette anarchie pour lui enlever quelques parcelles de territoire. Les attaques imprévues, les meurtres féroces, les vengeances acharnées, la dévastation des campagnes, les tumultes sanglants des villes devinrent des maux communs et contagieux. Le clergé luttait avec une persévérance courageuse contre les vices et les crimes du temps ; les évêques convoquaient des conciles dans leurs diocèses ; on y appelait les seigneurs laïques, le peuple même ; on proclamait *la paix de Dieu ;* les prêtres, tenant des cierges allumés, les tournaient contre terre et les éteignaient tandis que la population répétait en chœur : « Que Dieu éteigne ainsi les joies de ceux qui refusent d'observer la paix et la justice ! » La plupart des seigneurs normands refusèrent de s'y engager. A défaut de *la paix,* il fallut se contenter de *la trêve de Dieu.* Elle commençait le mercredi soir, au coucher du soleil, et finissait le lundi à son lever. Pendant les quatre jours et les cinq nuits compris dans cet intervalle, toute agression était interdite ; on ne pouvait ni tuer, ni blesser, ni piller, ni brûler ; mais à partir du lever du soleil le lundi jusqu'à son coucher le mercredi, pendant trois jours et deux nuits, toutes les violences devenaient licites, tous les crimes pouvaient recommencer.

Cependant Guillaume grandissait et les présages qu'on avait tirés de lui dès sa première enfance donnaient des espérances populaires. On racontait qu'à peine né, lorsque la sage-femme qui l'avait reçu l'eut mis sans langes sur un petit tas de paille, il avait frétillé et tiré la paille avec ses mains, si bien que la sage-femme avait dit : « Par ma foi, cet enfant commence bien jeune à prendre et à amasser ; je ne sais ce qu'il ne fera pas quand il sera grand. » Un peu plus tard, quand un bourgeois de Falaise engagea le seigneur Guillaume de Bellesme à regarder ce gai et robuste garçon jouant avec ses camarades, le farouche vassal murmura entre ses dents : « Maudit sois-tu de Dieu ! je suis certain que par toi mes honneurs seront abaissés. » L'enfant devenu un jeune homme fut de plus en plus beau, « et si animé et de tant d'esprit qu'à tous cela paraissait merveille. » Au milieu de ses compagnons, le goût du commandement devint bientôt en lui une habitude ; il les faisait ranger en bataille, leur donnait des ordres impérieux et se faisait leur juge dans toutes leurs querelles. Un peu plus tard encore, quand il eut souvent entendu parler des révoltes soulevées contre lui et des désordres qui troublaient le pays, il en conçut une grande irritation que par instinct il sut bientôt dissimuler, « et il puisa dans son cœur d'enfant, dit la chronique, toute la vigueur d'un homme pour apprendre aux Normands à cesser tout acte d'indiscipline. » A quinze ans, en 1042, il demanda à être armé chevalier et à accomplir toutes les formalités nécessaires « pour avoir le droit de servir et de commander dans tous les grades. » Elles étaient en Normandie, par un reste, dit-on, des usages danois et païens, plus guerrières et moins religieuses qu'ailleurs ; les jeunes adeptes n'étaient pas tenus de se confesser, de veiller dans l'église, et de recevoir des mains du prêtre l'épée qu'il avait consacrée sur l'autel ; c'était même la coutume de dire que « celui qui s'était fait ceindre l'épée par un clerc à longue robe n'était pas un vrai chevalier, mais un bourgeois sans prouesse. » Le jour où, pour la première fois, Guillaume endossa son armure fut, pour ses serviteurs et pour tous les spectateurs, un jour de fête ; il était de si grande taille, d'un visage si mâle et d'un maintien si fier que « c'était un spectacle à la fois agréable et terrible de le voir dirigeant la course de son cheval, brillant par son épée, éclatant par son bouclier et menaçant par son casque et ses javelots. » Son premier acte de gouvernement fut une ordonnance rigoureuse contre ceux qui se rendraient coupables de meurtres, d'incendies et de pillage ; il accorda en même temps une amnistie pour les révoltes passées, à condition de fidélité et d'obéissance pour l'avenir.

Mais pour établir un pouvoir jeune et contesté, il faut autre chose que des cérémonies brillantes et des paroles, les unes menaçantes, les autres caressantes. Guillaume avait besoin de faire ses preuves. Une conspiration s'ourdit contre lui au sein de sa cour féodale, presque de sa famille. Il avait bien accueilli son cousin Guy de Bourgogne et lui avait même donné en fief les comtés de Vernon et de Brionne. En 1044, le jeune duc était à Valognes ; tout à coup, au milieu de la nuit, un de ses plus fidèles serviteurs, Golet, son fou, comme les grands seigneurs en avaient alors, frappa à la porte de sa chambre criant : « Ouvrez, ouvrez, mon seigneur duc, fuyez, fuyez, ou vous êtes perdu. Ils sont en armes, ils s'apprêtent ; tarder, c'est la mort. » Guillaume n'hésita point ;

il se leva, courut à ses écuries, sella lui-même son cheval, partit, suivit une route qu'on appelle encore *la voie du duc*, et arriva à Falaise, comme dans sa place de sûreté. Là lui vint bientôt la nouvelle que la conspiration se changeait en insurrection et que les rebelles s'emparaient de ses domaines. Guillaume n'hésita pas plus à Falaise qu'à Valognes ; il partit sur-le-champ, se rendit à Poissy où résidait le roi de France Henri Ier, et réclama, comme vassal, le secours de son suzerain contre des traîtres. Henri, brave lui-même, fut touché de cette confiance hardie et promit à son jeune vassal un appui efficace. Guillaume retourna en Normandie, convoqua tous ses fidèles et entra brusquement en campagne. Le roi Henri le rejoignit à Argence, avec un corps de 3,000 hommes d'armes, et la bataille s'engagea le 10 août 1047, au Val des Dunes, à trois lieues de Caen. Elle fut très-chaude ; le roi Henri, jeté à bas de son cheval par un coup de lance, y courut risque de la vie ; il remonta à cheval et rentra vaillamment dans la mêlée. Guillaume se porta sur tous les points de la lutte, se montrant partout aussi habile à commander que prompt à payer de sa personne. Un seigneur normand, Raoul de Tesson, se tenait à l'écart avec une troupe de cent quarante chevaliers. « Quel est celui qui reste là immobile ? » demanda le roi de France au jeune duc. — C'est la bannière de Raoul de Tesson, répondit Guillaume ; je ne sache pas qu'il ait aucun grief contre moi. » Qu'il eût ou non des griefs personnels, Raoul de Tesson s'était joint aux insurgés et avait juré qu'il serait le premier à frapper le duc dans le combat. Mieux avisé et apercevant de loin Guillaume, il piqua vers lui et ôtant son gant, il le frappa doucement sur l'épaule en lui disant : « J'ai juré de vous frapper ; me voilà quitte ; ne craignez plus rien de moi. — Merci, Raoul, lui dit Guillaume, et pensez à bien faire, je vous prie. » Raoul attendit que les deux armées fussent aux prises, et voyant de quel côté penchait la victoire, il s'empressa d'y contribuer. Elle fut décisive ; Guillaume le Bâtard revint du Val des Dunes vraiment duc de Normandie.

Il usa de la victoire fortement, mais non pas cruellement : il fit démolir les châteaux forts de ses ennemis, repaires du pillage aussi bien que remparts de l'indépendance féodale ; rien n'indique qu'il sévit avec violence contre les personnes ; il fut même généreux envers le principal meneur du complot, Guy de Bourgogne ; il lui retira les comtés de Vernon et de Brionne, mais il lui permit de vivre encore à sa cour, séjour où le Bourguignon se trouva trop mal à l'aise pour y rester ;

il retourna en Bourgogne pour y conspirer contre son frère aîné. Guillaume était dur sans haine et clément sans bonté, uniquement préoccupé de ce qui pouvait servir ou nuire à son succès, douceur ou rigueur.

L'occasion se présenta bientôt pour lui de rendre au roi de France le bon office qu'il en avait reçu. Le comte d'Anjou, Geoffroi-Martel, ambitieux et turbulent au delà de ses forces, se brouilla avec le roi son suzerain; la guerre éclata entre eux; le duc de Normandie y vint en aide au roi Henri, dont il assura le succès; ce qui lui valut l'ardente inimitié du comte d'Anjou et une guerre de quatre ans avec cet incommode voisin : guerre pleine d'incidents périlleux, où Guillaume accrut encore son renom, déjà grand, de vaillance personnelle. Dans une embuscade que lui tendit Geoffroi-Martel, il perdit quelques-uns de ses meilleurs chevaliers, « dont il fut si *iré* (irrité), dit une chronique, qu'il courut sus de si grande force au dit Geoffroi et le *férit* (frappa) de son épée tellement qu'il lui froissa le heaume, lui coupa la coiffe, lui trancha l'oreille, et de ce coup l'abattit par terre. Mais le comte fut relevé et remonté, et s'enfuit. »

Guillaume s'élevait rapidement, comme prince et comme homme; sans être austère dans sa vie privée, il était de mœurs régulières, ami de l'ordre et du respect dans sa maison comme dans son État; il résolut de se marier, honorablement pour lui-même et utilement pour sa grandeur. L'un des plus puissants seigneurs de son temps, Baudouin le Débonnaire, comte de Flandre, avait une fille, Mathilde, « belle, bien instruite, ferme dans sa foi, modèle de vertu et de pudeur. » Guillaume la demanda en mariage. Mathilde refusa : « J'aimerais mieux, dit-elle, être nonne voilée que donnée à un bâtard. » Quelque offensé qu'il fût, Guillaume ne renonça point; il était encore plus persévérant que susceptible; mais il comprit qu'il avait besoin de grandir encore, et de s'imposer à l'imagination d'une jeune fille par l'éclat de sa renommée et de sa puissance. Quelques années plus tard, bien affermi en Normandie, redouté de tous ses voisins et quand on pouvait déjà pressentir son dessein sur l'Angleterre, il renouvela en Flandre sa poursuite conjugale, mais avec un procédé si étrange que, malgré les témoignages contemporains, plusieurs des historiens modernes, jaloux, même dans un passé si lointain, de l'observation des convenances, repoussent comme une fable le fait que je vais vous raconter, mes enfants, d'après la plus détaillée des chroniques qui le contiennent. « Un peu après que le duc Guillaume sut comment la demoiselle avait répondu, il prit de ses gens et s'en alla privément à Lille, où le comte de Flandre, sa femme et sa fille étaient pour lors. Il entra dans la salle et passa outre, comme pour traiter de quelque affaire; il entra dans la chambre de la comtesse et trouva droit là la demoiselle fille du comte Baudouin. Il la prit par les tresses, la traîna parmi la chambre, la foula de ses pieds et la battit bien. Puis il sortit de la chambre, sauta sur son cheval, qu'on lui tenait devant la salle, piqua des éperons et s'en alla par son chemin. De ce fait fut le comte Baudouin très-courroucé; et quand les choses eurent un temps ainsi demeuré, le duc Guillaume envoya derechef au comte Baudouin pour reparler du mariage. Le comte en parla à sa fille, et elle lui répondit que bien lui plaisait. Si en furent faites les noces à bien grande joie. Et après les choses susdites, le comte Baudouin demanda à sa fille, tout en riant, pourquoi elle avait si légèrement accepté le mariage qu'elle avait autrefois refusé si cruellement. Et elle répondit qu'elle ne connaissait point alors le duc aussi bien qu'elle faisait maintenant; car, dit-elle, s'il n'eût été de grand cœur et de haute entreprise, il n'eût été si hardi qu'il m'osât venir battre en la chambre de mon père. »

Parmi les historiens qui traitent ce récit de fable romanesque et invraisemblable, quelques-uns ont cru trouver, dans divers documents des onzième et douzième siècles, des circonstances presque aussi singulières quant à la cause des obstacles que rencontra d'abord le duc Guillaume dans ses prétentions à la main de la princesse Mathilde et quant au motif du premier refus de Mathilde elle-même. Selon les uns, la princesse flamande s'était éprise d'une vive passion pour un noble Saxon, Brihtric Meaw, envoyé du roi Édouard le Confesseur à la cour de Flandre, et remarquable par sa beauté; elle voulait l'épouser, mais le beau Saxon s'y refusa, et Mathilde en conçut d'abord un violent chagrin, puis, quand elle fut devenue reine d'Angleterre, une haine vindicative dont elle lui fit durement sentir le poids. D'autres écrivains vont encore plus loin et disent qu'avant d'être recherchée par Guillaume, Mathilde avait, non pas aimé un beau Saxon, mais effectivement épousé un bourgeois flamand, nommé Gerbod, avoué de l'église de Saint-Bertin à Saint-Omer, et qu'elle en avait eu deux, peut-être trois enfants, dont la trace se retrouve, dit-on, sous le règne de Guillaume roi d'Angleterre. Je n'ai garde, mes enfants, de vous faire entrer dans les controverses savantes dont ces diverses allégations ont été l'objet; à mon avis, elles n'ont abouti qu'à des obscurités, des contradictions ou des doutes, et je trouve plus de vraisemblance morale dans le récit que je viens de reproduire, notamment dans la première impression de Mathilde contre le mariage avec un bâtard et dans sa conversation avec le comte Baudouin son père quand elle eut changé d'avis sur ce point. Indépendamment du témoignage de plusieurs chroniqueurs français et anglais, cette tradition est racontée avec une simplicité confiante dans une des principales chroniques flamandes ; et quant à la brutale galanterie de Guillaume pour conquérir sa femme, elle n'a rien de bien rare dans les mœurs de ce temps, et l'on y rencontre plus d'un exemple d'aventures sinon tout à fait semblables, du moins fort analogues.

Quoi qu'il en soit, ce mariage amena pour Guillaume une occasion imprévue d'entrer en rapport personnel avec l'un des hommes les plus distingués de son siècle, et destiné à devenir l'un de ses plus intimes conseillers. En 1049, au concile de Reims, le pape Léon IX, par des motifs politiques plutôt qu'à raison d'une parenté prohibée, s'était opposé au mariage du duc de Normandie avec la fille du comte de Flandre, et en avait fait prononcer l'interdiction. Guillaume passa outre, et, en 1052 ou 1053, son mariage fut célébré à Rouen avec grande pompe ; mais cette interdiction ecclésiastique lui pesait et il cherchait quelque moyen de la faire lever. Un docte Italien, Lanfranc, jurisconsulte déjà célèbre, voyageant en France et se rendant d'Avranches à Rouen, fut arrêté près de Brionne par des voleurs qui, après l'avoir dévalisé, l'abandonnèrent, les yeux bandés, dans une forêt ; ses cris attirèrent des passants qui le conduisirent dans un monastère voisin, naguère fondé par un pieux chevalier normand retiré du monde. Lanfranc y fut reçu, y resta, s'y fit moine, en devint prieur, y attira, par ses savantes leçons, une multitude d'élèves, et conquit là sa grande renommée en commençant celle de l'abbaye du Bec, que devait porter encore plus haut un de ses disciples, saint Anselme. Lanfranc était éloquent, grand dialecticien, d'un esprit gai et vif à la repartie. S'appuyant de la décision du pape, il parla mal du mariage de Guillaume avec Mathilde ; Guillaume en fut informé et, dans une boutade de colère despotique, il ordonna que Lanfranc fût chassé du monastère, banni de Normandie, et même, dit-on, que la dépendance de l'abbaye qu'il habitait comme prieur fût brûlée. L'ordre fut exécuté, et Lanfranc partit monté sur un mauvais petit cheval que lui donna sans doute l'abbaye. Par on ne sait quel hasard, peut-être dans une partie de chasse, son divertissement favori, Guillaume traversait avec son cortége la route que suivait lentement Lanfranc. « Seigneur, lui dit le moine en l'abordant, j'obéis à votre ordre ; je m'en vais, mais mon cheval est bien mauvais ; si vous m'en donniez un meilleur, je m'en irais plus vite. » Guillaume s'arrêta, entra en conversation avec Lanfranc, le retint et le renvoya avec des présents dans son abbaye. Peu de temps après, Lanfranc était à Rome et défendait auprès du pape Victor II le mariage de Guillaume avec Mathilde ; il réussit ; le pape leva l'interdiction, à la seule condition qu'en signe de pénitence les deux époux fonderaient chacun un monastère. Mathilde fonda en effet à Caen, pour les femmes, l'abbaye de la Sainte-Trinité, et Guillaume, pour les hommes, celle de Saint-Étienne. Lanfranc fut le premier abbé de celle-ci, et quand Guillaume fut devenu roi d'Angleterre, Lanfranc devint archevêque de Cantorbéry et primat de l'Église d'Angleterre en même temps que conseiller intime de son roi. Guillaume excellait dans l'art, si essentiel au gouvernement, de reconnaître promptement ce que valaient les hommes, et de s'approprier leur influence en exerçant sur eux la sienne.

Il donna, vers la même époque, à ses contemporains, princes et peuples, de nouvelles preuves de son habileté et de sa puissance. Le roi de France, Henri Ier, de plus en plus inquiet et jaloux de l'ascendant du duc de Normandie, lui suscitait sous main des résistances et même des révoltes dans son État. Ces menées finirent par une guerre ouverte entre le suzerain et le vassal, et la guerre finit par deux batailles que gagna Guillaume, l'une à Mortemer près de Neuchâtel en Bray, l'autre à Varaville près de Troarn. « Après quoi, dit Guillaume lui-même, le roi Henri ne passa jamais tranquillement la nuit dans ma terre. » En 1059, la paix fut conclue entre les deux princes ; Henri Ier mourut presque aussitôt après, et, le 25 août 1060, son fils Philippe Ier lui succéda, sous la régence du comte de Flandre, Baudouin, père de la duchesse Mathilde. Le duc Guillaume assista solennellement au couronnement du nouveau roi de France, lui prêta un efficace appui contre les soulèvements qui éclatèrent en Gascogne, rentra en Normandie pour tenir à Caen, en 1061, les États de son duché, et publia alors la fameuse ordonnance observée longtemps après lui sous le nom de *loi du couvre-feu*, et qui enjoignait « que tous les soirs on sonnerait la cloche dans toutes les paroisses pour avertir un chacun de prier et de fermer sa maison, sans plus courir par les rues. »

La passion de l'ordre dans son État ne refroidissait pas en lui la passion des conquêtes. En 1063, après la mort de son jeune voisin Herbert II, comte du Maine, Guillaume s'empara de ce beau comté ; non sans quelque résistance d'une partie des habitants, ni sans être soupçonné d'avoir fait empoisonner son concurrent, Gauthier, comte du Vexin. On dit qu'après cette conquête Guillaume méditait celle de la Bretagne ; mais tout indique qu'il avait formé un bien plus grand dessein, et que le jour de l'exécution approchait.

Depuis l'établissement de Rollon en Normandie, les relations des Normands avec l'Angleterre étaient devenues de plus en plus fréquentes et importantes pour les deux pays. Le succès des invasions des Danois en Angleterre au dixième siècle, et les règnes de trois rois de race danoise avaient obligé les princes de race saxonne à se réfugier en Normandie, dont le duc Richard Ier avait donné sa fille Emma en mariage à leur grand-père Éthelred II. Lorsque, à la mort du dernier roi danois Hardicanut, le prince saxon Édouard remonta sur le trône de ses pères, il avait passé en Normandie vingt-sept ans d'exil, et il revint en Angleterre « presque étranger », disent les chroniques, à la patrie de ses aïeux, bien plus Normand que Saxon de mœurs, de goût, de langue, et entouré de Normands dont, sous son règne, le nombre et le crédit s'accrurent de jour en jour. Une ardente rivalité, de nation et de cour, s'établit entre eux et les Saxons ; à la tête de ces derniers étaient Godwin, comte de Kent, et ses cinq fils, dont l'aîné, Harold, devait bientôt porter tout le poids de cette lutte. Entre ces puissants rivaux, Édouard le confesseur, roi pacifique, pieux, doux et indécis, flottait incessamment, tantôt essayant de résister, tantôt contraint de céder aux prétentions et aux séditions qui l'assiégeaient. En 1051, le parti saxon et Godwin son chef s'étaient soulevés ; le duc Guillaume, invité peut-être par le roi Édouard, fit en Angleterre une brillante visite ; il y trouva partout des Normands établis et puissants, dans l'Église comme dans l'État, commandant les flottes, les ports, les principales places anglaises ; le roi Édouard le reçut « comme son propre fils, lui donna des armes, des chevaux, des chiens, des oiseaux de chasse, » et le renvoya comblé de présents et d'espérances. Le chroniqueur Ingulf, qui accompagna Guillaume dans son retour en Normandie et lui resta attaché comme secrétaire intime, affirme que, pendant cette visite, non-seulement il ne fut pas question, entre le roi Édouard et le duc de Normandie, de la succession possible de ce dernier au trône d'Angleterre, mais que jamais encore cette chance n'avait occupé la pensée de Guillaume.

Je doute fort que Guillaume n'en eût rien dit dès lors au roi Édouard, et je suis sûr, par le témoignage de Guillaume lui-même, qu'il y pensait depuis longtemps. Quatre ans après cette visite du duc en Angleterre, le roi Édouard était réconcilié et vivait en bonne intelligence avec la famille des Godwin; le père était mort et son fils aîné Harold demanda au roi la permission d'aller en Normandie réclamer la mise en liberté de son frère et de son neveu qui avaient été remis comme otages à la garde du duc Guillaume; le roi n'approuva point ce projet: « Je ne veux pas te contraindre, dit-il à Harold, mais si tu pars, ce sera sans mon aveu; certainement ton voyage attirera quelque malheur sur toi et sur notre pays. Je connais le duc Guillaume et son esprit astucieux; il te hait et ne t'accordera rien à moins d'y voir un grand profit. Le seul moyen de lui faire rendre les otages serait d'envoyer un autre que toi. » Harold insista et partit. Guillaume le reçut avec une cordialité apparente; il lui promit la liberté des deux otages, le promena avec ses compagnons de château en château et de fête en fête, les fit chevaliers de haute milice normande, les invita même, « pour essayer leurs éperons neufs, » à le suivre dans une petite expédition guerrière qu'il allait faire en Bretagne. Harold et ses compagnons s'y conduisirent vaillamment; Guillaume et lui n'avaient qu'une même tente et une même table. Au retour, comme ils chevauchaient côte à côte, Guillaume porta la conversation sur ses relations de jeunesse avec le roi d'Angleterre: « Quand Édouard et moi, dit-il au Saxon, nous vivions, comme deux frères, sous le même toit, il me promit, si jamais il devenait roi d'Angleterre, de me faire héritier de son royaume; j'aimerais bien, Harold, que tu m'aidasses à réaliser cette promesse; et sois sûr que si, par ton aide, j'obtiens le royaume, quelque chose que tu me demandes, je te l'accorderai aussitôt. » Harold, surpris et troublé, répondit par une adhésion qu'il s'efforça de rendre vague; Guillaume la prit comme positive: « Puisque tu consens à me servir, lui dit-il, il faut que tu t'engages à fortifier le château de Douvres, à y creuser un puits d'eau vive et à le remettre à mes hommes d'armes; il faut aussi que tu me donnes ta sœur pour que je la marie à l'un de mes barons, et que toi-même tu épouses ma fille Adèle. » Harold, « ne sachant, dit le chroniqueur, comment échapper à ce pressant péril, » promit tout ce que lui demandait le duc, comptant bien sans doute ne pas se soucier de son engagement, et pour le moment Guillaume ne lui en demanda pas davantage.

Mais peu de jours après il convoqua, à Avranches selon les uns, à Bayeux selon d'autres, et plus probablement à Bonneville-sur-Touques, les barons normands ; et au milieu de cette assemblée, à laquelle Harold assistait, Guillaume assis, l'épée nue à la main, fit apporter et poser sur une table couverte d'un drap d'or deux reliquaires : « Harold, dit-il, je te requiers, devant cette noble assemblée, de confirmer par serment les paroles que tu m'as faites, savoir de m'aider à obtenir le royaume d'Angleterre après la mort du roi Édouard, d'épouser ma fille Adèle, et de m'envoyer ta sœur pour que je la marie à l'un des miens. » Harold, qui ne s'attendait pas à cette sommation publique, n'hésita cependant pas plus qu'il n'avait hésité dans son entretien familier avec Guillaume ; il s'approcha, posa la main sur les deux reliquaires et jura d'observer, selon son pouvoir, ses conventions avec le duc, pourvu qu'il vécût et que Dieu l'y aidât. « Que Dieu aide! » répétèrent les assistants. Guillaume fit un signe ; le drap d'or fut levé, et l'on découvrit une cuve pleine jusqu'au bord des ossements et des reliques de tous les saints qu'on avait pu réunir. Le chroniqueur-poëte, Robert Wace, qui a rapporté, seul et longtemps après, ce dernier détail, ajoute qu'Harold fut visiblement troublé à la vue de ce pieux amas ; mais il avait juré. C'est un honneur pour la nature humaine de ne pas être indifférente aux serments, même quand ceux qui les entendent n'y comptent guère, et quand celui qui les prête ne se propose guère de les tenir. Harold repartit comblé de présents et laissant Guillaume satisfait, quoique peu confiant.

Quand, de retour en Angleterre, Harold raconta au roi Édouard ce qui s'était passé entre Guillaume et lui : « Ne t'avais-je pas averti, lui dit le roi, que je connaissais ce Guillaume, et que ton voyage attirerait de grands malheurs sur toi-même et sur notre nation ? Fasse le ciel que ces malheurs n'arrivent pas pendant ma vie! » Le vœu du roi Édouard ne fut pas exaucé ; il tomba malade ; le 5 janvier 1066, il était sur son lit presque mourant ; Harold et ses parents entrèrent dans la chambre, et prièrent le roi de nommer un successeur par qui le royaume pût être gouverné avec sécurité : « Vous savez, dit Édouard, que j'ai légué mon royaume au duc de Normandie, et n'y a-t-il pas ici, parmi vous, ceux qui ont juré de lui assurer cette succession ? » Harold s'avança et demanda de nouveau au roi à qui devait échoir la couronne : « Prends-la, si c'est ton désir, Harold, lui dit Édouard ; mais ce don sera ta ruine ; contre le duc et ses barons, ton pouvoir ne saurait suffire. » Harold déclara qu'il ne craignait ni le Normand, ni aucun autre ennemi. Le roi importuné se retourna dans son lit, disant : « Que les Anglais fassent roi qui ils voudront, Harold ou tel autre ; j'y consens ; » et peu après il expira. Le lendemain même de la célébration de ses obsèques, Harold fut proclamé roi par ses partisans, au milieu d'une assez grande inquiétude publique, et l'archevêque d'York, Aldred, s'empressa de le sacrer.

Guillaume était dans son parc de Rouvray, près de Rouen, essayant un arc et des flèches pour chasser, quand un serviteur affidé arriva d'Angleterre, lui annonçant qu'Édouard était mort et Harold proclamé roi. Guillaume remit son arc à l'un de ses gens, et rentra à Rouen dans son palais, où il se promena en silence, s'asseyant, se relevant, s'appuyant sur un banc, sans remuer les lèvres et sans qu'aucun de ses gens osât lui adresser la parole. Son sénéchal Guillaume de Breteuil entra. « Qu'a donc le duc ? » lui demandaient les assistants : « Vous le saurez bientôt, » répondit-il ; et allant au duc : « Pourquoi céler vos nouvelles, seigneur ? Tout le monde sait dans la ville que le roi Édouard est mort et qu'Harold s'est parjuré envers vous et s'est fait couronner roi. — Oui, dit Guillaume, et c'est là ce qui me pèse. — Seigneur, lui dit Guillaume fils d'Osbern, vaillant chevalier et intime confident du duc, nul ne se doit courroucer de chose à laquelle il peut porter remède ; il ne tient qu'à vous d'empêcher le tort que vous fait Harold ; vous le détruirez s'il vous plaît. Vous avez le droit ; vous avez de bonnes gens pour vous servir ; il ne vous faut que bon courage ; entreprenez hardiment. » Guillaume réunit ses plus considérables et plus affidés conseillers ; ils furent unanimes à le presser de repousser le parjure et l'injure ; il envoya à Harold un messager chargé de lui dire : « Guillaume, duc des Normands, te rappelle le serment que tu lui as juré, de ta bouche et de ta main, sur bonnes et saintes reliques. — Il est vrai, répondit Harold, j'ai juré, mais par force ; j'ai promis ce qui ne m'appartenait pas ; ma royauté n'est pas à moi ; je ne saurais m'en démettre sans l'aveu du pays. Je ne saurais non plus, sans l'aveu du pays, épouser une étrangère. Quant à ma sœur, que le duc réclame pour l'un de ses chefs, elle est morte dans l'année ; s'il veut, je lui enverrai son corps. » Guillaume répliqua sans violence, réclamant les conditions jurées, spécialement le mariage d'Harold avec sa fille Adèle. Pour toute réponse à cette sommation, Harold épousa une Saxonne, la sœur de deux puissants chefs saxons, Edwin et Morkar. La rupture éclata ; Guillaume jura que, « dans l'année, il irait réclamer; par le fer, le payement de ce qui lui était dû, dans les lieux mêmes où Harold se croyait le plus ferme sur ses pieds. »

Il se mit à l'œuvre; mais aussi prévoyant qu'ambitieux, avant d'en appeler à la force, il résolut d'assurer à son entreprise la sanction de l'autorité religieuse et l'adhésion formelle des états de Normandie. Il n'avait nul penchant à subordonner son pouvoir à celui du pape; cinq ans auparavant, Robert de Grandmesnil, abbé de Saint-Evroul, avec qui Guillaume s'était brouillé, avait prétendu rentrer en maître dans son monastère en vertu d'un seul ordre du pape Nicolas II : « Je recevrai les légats du pape, père commun des fidèles, dit Guillaume, s'ils viennent me parler de la foi et de la religion chrétienne; mais si un moine de mes États se permet un mot déplacé, je le ferai pendre par son capuchon au plus haut chêne de la forêt voisine. » Lorsque, en 1066, il dénonça au pape Alexandre II le parjure d'Harold en lui demandant d'en faire justice, il ne se fit aucun scrupule de promettre que, si le pape l'autorisait à se faire justice lui-même par la guerre, il ramènerait le royaume d'Angleterre sous l'obéissance du saint-siège. Il avait Lanfranc pour négociateur avec la cour de Rome, et le pape Alexandre II avait pour conseiller suprême le célèbre moine Hildebrand, qui devait lui succéder sous le nom de Grégoire VII. L'occasion d'étendre l'empire de l'Église était trop tentante pour être repoussée, et son chef prochain trop hardi pour ne pas la saisir, quels que fussent l'incertitude et le péril de l'événement; malgré l'hésitation de quelques-uns des conseillers du pape, la question fut promptement résolue selon la demande de Guillaume; Harold et ses adhérents furent excommuniés, et en remettant sa bulle au messager de Guillaume, le pape y joignit une bannière de l'Église romaine et un anneau contenant, dit-on, un cheveu de saint Pierre enchâssé sous un diamant.

Les États de Normandie furent moins faciles à décider. Guillaume les convoqua à Lillebonne; plusieurs de ses vassaux se montrèrent empressés à lui fournir des vaisseaux et des vivres et à le suivre au delà de la mer; mais d'autres dirent qu'ils n'étaient point tenus à un tel service et qu'ils ne s'y prêteraient point; ils devaient déjà bien assez et n'avaient plus rien. Guillaume Fitz-Osbern repoussa ces objections : « Il est votre seigneur et il a besoin de vous, dit-il aux récalcitrants; vous vous devriez offrir à lui et non pas attendre qu'il vous requière. S'il réussit dans son dessein, vous en serez plus puissants comme lui; si vous lui faites défaut et s'il réussit sans vous, il s'en souviendra;

montrez que vous l'aimez et faites de bonne grâce ce que vous ferez. »
La discussion fut vive; plusieurs persistaient à dire : « Il est vrai qu'il
est notre seigneur; mais si nous lui payons ses rentes, cela doit suffire; nous ne devons pas aller servir outre mer; nous sommes déjà
très-grevés pour ses guerres. » On s'accorda enfin à demander que Fitz-
Osbern portât au duc la réponse de l'assemblée; il connaissait bien,
dit-on, ce que pouvait chacun. « Si vous ne voulez pas faire ce que
je dirai, dit Fitz-Osbern, ne m'en chargez pas — Nous le tiendrons
et accomplirons, » s'écria-t-on confusément. Ils se rendirent auprès
du duc : « Seigneur, dit Fitz-Osbern, je ne crois pas qu'il y ait, en
tout le monde, telles gens comme ceux-ci; vous savez les peines et
les travaux qu'ils ont déjà supportés pour maintenir votre droit; ils
veulent faire encore plus et vous servir de tous points, deçà la mer
et delà. Allez devant; ils vous suivront, et ne les épargnez de rien.
Quant à moi, je vous fournirai soixante navires chargés de bons combattants. — Nenni, nenni, s'écrièrent plusieurs des assistants, prélats
et barons; nous ne vous avons pas chargé de telle réponse; quand il
aura affaire en son pays, nous lui ferons les services que nous lui
devons; nous ne lui devons pas de le servir pour conquérir la terre
d'autrui, ni aller outre mer pour lui. » Et ils se rassemblaient en
groupes avec grand bruit.

« Guillaume fort courroucé, dit le chroniqueur, se retira dans une
chambre à part, appela ceux en qui il se fiait le plus, et par leur conseil
il fit venir devant lui ses barons, chacun séparément, et leur demanda
s'ils lui voulaient venir en aide. Il n'avait, leur dit-il, nulle intention
de leur faire tort, ni que, maintenant et dans l'avenir, lui et les siens
cessassent jamais de traiter avec eux en parfaite courtoisie, et il leur
en donnerait, par écrit, telles assurances qu'ils voudraient inventer.
La plupart de ses gens lui accordèrent, les uns plus, les autres moins,
et il fit tout mettre par écrit. » Il fit en même temps appel à tous ses
voisins, Bretons, Manceaux, Angevins, cherchant des soldats partout
où il en pouvait trouver, et promettant à tous ceux qui en voudraient
des terres en Angleterre, s'il en faisait la conquête. Il se rendit enfin
de sa personne, d'abord auprès du roi de France, Philippe Ier, son suzerain, puis chez le comte de Flandre, Baudouin V, son beau-père, demandant leur secours pour son entreprise. Philippe s'y refusa formellement : « Ce que le duc vous demande, lui dirent ses conseillers, est à
son profit et à votre dommage; si vous lui venez en aide, votre pays en

sera fort grevé, et si le duc échoue, vous aurez les Anglais pour ennemis à toujours. » Le comte de Flandre fit en apparence le même refus ; mais sous main il autorisa Guillaume à lever en Flandre des soldats, et il engagea ses vassaux à le suivre. Après avoir ainsi cherché et recueilli partout toutes les forces qu'il pouvait espérer, Guillaume ne songea plus qu'à les mettre en action et à presser les préparatifs de son départ.

Pendant que, d'après ses ordres, toute l'expédition, troupes et navires, se réunissait à Dives, il reçut de Conan II, duc de Bretagne, ce message : « J'apprends que tu veux maintenant aller au delà de la mer et conquérir pour toi le royaume d'Angleterre. Au moment de partir pour Jérusalem, Robert, duc des Normands, que tu feins de regarder comme ton père, remit tout son héritage à Alain, mon père et son cousin ; mais toi et tes complices vous avez tué mon père par le poison à Vimeux en Normandie ; puis tu as envahi son territoire parce que j'étais encore trop jeune pour pouvoir le défendre ; et contre tout droit, attendu que tu es bâtard, tu l'as retenu jusqu'à ce jour. Maintenant donc, ou rends-moi cette Normandie que tu me dois, ou je te ferai la guerre avec toutes mes forces. » — « A ce message, disent les chroniques, Guillaume fut d'abord quelque peu effrayé ; mais un seigneur breton, qui avait juré fidélité aux deux comtes et portait les messages de l'un à l'autre, frotta intérieurement de poison le cor de chasse de Conan, les rênes de son cheval et ses gants. Conan, ayant mis imprudemment ses gants et touché aux rênes de son cheval, porta les mains à son visage, et cet attouchement l'ayant infecté de poison, il mourut peu après, au grand regret de tous les siens, car c'était un homme habile, brave et ami de la justice. Celui qui l'avait trahi quitta bientôt l'armée de Conan et informa le duc Guillaume de sa mort. »

Conan n'est pas le seul des ennemis de Guillaume dont il fut soupçonné de s'être débarrassé par le poison ; les preuves manquent, mais les assertions contemporaines sont positives et le public du temps y ajouta foi, sans surprise. Aussi peu scrupuleux dans les moyens qu'ambitieux et hardi dans le but, Guillaume n'était pas de ceux dont le caractère repousse une telle accusation. Ce qui atténue pourtant le soupçon, c'est qu'après et malgré la mort de Conan plusieurs chevaliers bretons, entre autres deux fils du comte Eudes, son oncle, se trouvèrent au rendez-vous des troupes normandes et prirent part à l'expédition.

Dives était le lieu de réunion assigné à la flotte et à l'armée. Guillaume s'y rendit vers la fin du mois d'août 1066 ; mais pendant plusieurs semaines les vents contraires ne permirent pas de prendre la mer ; quelques bâtiments qui s'y hasardèrent périrent dans la tempête ; quelques-uns des volontaires aventuriers se dégoûtèrent et désertèrent ; Guillaume maintenait, dans cette multitude, une forte discipline, interdisant si sévèrement le pillage, que « le bétail paissait dans les champs en toute sûreté. » Les soldats s'ennuyaient d'attendre oisifs et souvent malades : « Celui-là est un fou, disaient-ils, qui veut s'emparer de la terre d'autrui ; Dieu est contre ce dessein ; aussi nous refuse-t-il le vent. » Vers le 20 septembre, le temps changea ; la flotte appareilla, mais elle ne put qu'aller mouiller à Saint-Valery, à l'embouchure de la Somme. Là il fallut attendre encore plusieurs jours ; l'impatience et l'inquiétude redoublaient ; « Une étoile chevelue parut dans le ciel, ce qui était certainement signe de grandes choses. » Guillaume fit sortir et promener en pompe la châsse de saint Valery, plus impatient dans son âme que personne, mais toujours confiant dans sa volonté et sa fortune ; on lui amena un espion qu'Harold avait envoyé pour observer les forces et les plans de l'ennemi ; Guillaume le renvoya en lui disant : « Harold n'a besoin de prendre aucun soin ni de rien dépenser pour savoir combien nous sommes et ce que nous faisons ; il le verra lui-même, et il le sentira avant la fin de l'année. » Enfin, le 27 septembre 1066, le soleil se leva sur une mer calme et par un vent propice ; vers le soir la flotte partit. Le *Mora*, vaisseau que montait Guillaume, et que lui avait donné sa femme Mathilde, marchait en tête ; l'effigie en bronze doré, quelques-uns disent en or, de leur plus jeune fils, Guillaume, était placée à la proue, la face tournée vers l'Angleterre ; meilleur voilier que les autres, ce navire se trouva bientôt fort en avant ; Guillaume fit monter un matelot au haut du grand mât, pour voir si la flotte suivait : « Je ne vois que le ciel et la mer, » dit le matelot. Guillaume fit mettre en panne ; une seconde fois le matelot dit : « Je vois quatre vaisseaux. » Bientôt il s'écria : « Je vois une forêt de mâts et de voiles. » Le 29 septembre, jour de la Saint-Michel, l'expédition arriva sur la côte d'Angleterre, à Pevensey, près de Hastings, et « quand la marée se fut retraite et les navires demeurés à sec sur la grève, » dit la chronique, le débarquement s'opéra sans obstacle ; pas un soldat saxon ne parut sur la côte. Guillaume descendit le dernier de son vaisseau ; en mettant le pied sur le sable, il fit un faux pas et tomba : « Mauvais signe ! murmurait-on autour de lui ; Dieu nous garde !

DÉBARQUEMENT DE GUILLAUME LE CONQUÉRANT SUR LES CÔTES D'ANGLETERRE

— Que dites-vous, seigneurs? dit Guillaume; par la splendeur de Dieu! j'ai saisi cette terre de mes mains; tant qu'il y en a, elle est à nous. »

Avec quelles forces Guillaume entreprenait-il la conquête de l'Angleterre? Combien de navires formaient sa flotte? Combien d'hommes portaient ces navires? Questions impossibles à résoudre avec quelque précision, comme nous l'avons déjà vu plus d'une fois, mes enfants, au milieu des exagérations et des variations des chroniqueurs. Robert Wace rapporte, dans son *roman de Rou*, qu'il a entendu dire à son père, l'un des serviteurs de Guillaume dans cette expédition, que la flotte comptait 696 navires, mais que dans divers écrits il a trouvé qu'il y en avait plus de trois mille. M. Augustin Thierry, après ses savantes recherches, dit, dans son histoire de la *Conquête de l'Angleterre par les Normands*, que « quatre cents navires à quatre voilures et plus d'un millier de bateaux de transport se mirent en mouvement pour gagner le large, au bruit des trompettes et d'un immense cri de joie poussé par soixante mille bouches. » J'incline à croire l'évaluation de la flotte vraisemblable et celle de l'armée exagérée; nous avons vu, en 1830, ce qu'au milieu de la puissance et de l'habileté savante de la civilisation moderne il a fallu d'efforts et de soins pour transporter, de France en Algérie, 37,000 hommes sur trois escadres comprenant 675 bâtiments de toute sorte. J'admets qu'au onzième siècle on se livrait bien plus au hasard qu'au dix-neuvième, et qu'on se préoccupait bien moins de la vie des hommes avant d'entrer en guerre; mais à coup sûr l'armement de la Normandie en 1066 n'était pas comparable à celui de la France en 1830, et pourtant Guillaume voulait conquérir l'Angleterre, tandis que Charles X ne songeait qu'à punir le dey d'Alger.

Pendant que Guillaume voguait vers la côte méridionale de l'Angleterre, Harold se rendait à marches forcées dans le nord pour défendre, contre la rébellion de son frère Tostig et contre l'invasion d'une armée de Norwégiens, sa royauté de la veille ainsi menacée, aux deux extrémités du pays, par deux redoutables ennemis. Le 25 septembre 1066, il remporta, près d'York, sur l'ennemi du nord, une éclatante victoire; et quoique blessé, dès qu'il apprit que le 29 le duc Guillaume avait planté à Pevensey son camp et son drapeau, il reprit en hâte la route du midi. A son approche, Guillaume reçut, on ne sait pas bien de quelle source, ce message : « Le roi Harold a livré bataille à son frère Tostig et au roi de Norwége. Il les a tués tous deux et il a détruit leur armée. Il revient à la tête de nombreux et vaillants guerriers contre lesquels les tiens ne vaudront pas plus, je crois, que de misérables chiens. Tu passes pour un homme sage et prudent ; ne deviens pas téméraire ; ne te précipite pas dans le péril ; je t'engage à rester dans tes retranchements et à n'en pas venir actuellement aux mains. — Je remercie ton maître de son conseil de prudence, répondit Guillaume, quoiqu'il eût pu me le donner sans injure ; reporte-lui ceci : je ne me cacherai point derrière des remparts ; j'en viendrai aux mains avec Harold le plus tôt que je pourrai ; avec l'aide de la volonté divine, je me confierais dans la vaillance des miens contre les siens quand même je n'aurais que dix mille hommes à conduire contre ses soixante mille. » Mais la confiance fière de Guillaume ne nuisait point à sa prudence ; il reçut d'Harold lui-même un message par lequel le Saxon, affirmant son droit à la royauté en vertu des lois saxonnes et des dernières paroles du roi Édouard, le sommait d'évacuer l'Angleterre avec tous les siens ; à laquelle condition seulement il s'engageait à lui conserver son amitié et tout ce qui avait été convenu entre eux quant à la Normandie. Après s'en être entendu avec ses barons, Guillaume maintint son droit à la couronne d'Angleterre en vertu de la décision première du roi Édouard et des serments d'Harold lui-même : « Je suis prêt, dit-il, à soutenir ma cause contre lui en justice, selon le droit des Normands ou selon le droit des Anglais, comme il lui plaira. Si, en vertu de l'équité, les Normands ou les Anglais décident qu'Harold a droit de posséder ce royaume, qu'il le possède en paix ; s'ils reconnaissent que c'est à moi que ce royaume est dû, qu'il me le remette. S'il se refuse à cette condition, je ne trouve pas juste que mes hommes ou les siens, qui n'ont nul tort dans notre querelle, se tuent les uns les autres en bataille ; je suis prêt à soutenir, au prix de ma tête contre la sienne, que c'est à moi, non à lui, qu'appartient le royaume d'Angleterre. » A cette proposition, Harold troublé resta un moment sans répondre ; puis, sur l'insistance du moine : « Que le Seigneur Dieu, dit-il, prononce aujourd'hui, entre moi et Guillaume, sur ce qui est juste. » La négociation continua ; Guillaume la résuma en ces termes, que le moine rapporta à Harold en présence des chefs anglais : « Seigneur, le duc de Normandie vous mande que vous fassiez de trois choses l'une : que vous lui rendiez le royaume d'Angleterre et preniez sa fille en mariage, comme vous le lui jurâtes sur les saintes reliques ; ou qu'au sujet de la question qui est entre lui et vous, vous vous soumettiez à la décision du pape ; ou que vous et lui vous combattiez corps à corps, et que celui qui aura victoire et fera rendre son ennemi, ait le royaume sans contredit. » Harold répondit « sans avis ni conseil », dit la chronique : « Je ne lui céderai point le royaume ; je ne m'en tiendrai point à la décision du pape, et je ne me battrai point avec lui. » Toujours de concert avec ses barons, Guillaume fit un pas de plus. « Si Harold se veut accorder avec moi, dit-il, je lui laisserai toute la terre au delà de la rivière de l'Humber, vers l'Écosse. — Seigneur, dirent au duc ses barons, finissez vite ces pourparlers ; si nous devons combattre, que ce soit tôt, car il vient tous les jours des gens à Harold. — Par ma foi, dit le duc, si aujourd'hui nous ne sommes d'accord, demain nous aurons la bataille. » La troisième proposition d'accommodement ne réussit pas mieux que les deux premières ; de part et d'autre on ne croyait pas à la paix, et on était pressé de vider effectivement la querelle.

Quelques-uns des chefs saxons conseillaient à Harold de se replier sur Londres et de ravager tout le pays pour affamer les étrangers. « Par ma foi, dit Harold, je ne détruirai pas le pays que j'ai en garde ; je combattrai avec mes hommes. — Demeure à Londres, lui dit son jeune frère Gurth ; tu ne peux nier que, de force ou de gré, tu n'aies prêté serment au duc Guillaume ; nous, nous n'avons rien juré ; nous combattrons pour notre patrie ; si nous combattons seuls, ta cause sera bonne en tout cas ; si nous fuyons, tu nous ramèneras ; si nous mourons, tu nous vengeras. » Harold repoussa ce conseil, « regardant comme une honte pour sa vie passée de tourner le dos, quel que fût le péril. » Quelques-uns de ses hommes, qu'il avait chargés d'aller observer l'armée normande, revinrent disant qu'il y avait plus de prêtres dans le camp de Guillaume que de guerriers dans le sien ; les Normands portaient, à cette époque, la barbe rase et les cheveux courts, tandis que les Anglais laissaient croître leurs cheveux et leur barbe. « Vous vous trompez, dit Harold ; ce ne sont point des prêtres, mais de bons hommes d'armes qui nous feront voir ce qu'ils valent. »

La veille de la bataille, les Saxons passèrent la nuit à se divertir, mangeant, buvant et chantant avec grand bruit ; les Normands au contraire préparaient leurs armes, faisaient leurs prières, « et se confessèrent à leurs prêtres tous ceux qui voulurent. » Le 14 octobre 1066, quand le duc Guillaume s'arma, on lui présenta sa cotte de mailles à l'envers. « Mauvais signe ! dirent quelques-uns de ses gens ; s'il nous en était advenu autant, nous ne combattrions de la journée. — Ne vous inquiétez pas, dit le duc; je n'ai jamais cru aux sorciers ni aux devins, et ne les ai jamais aimés; je crois en Dieu et me fie en lui. » Il réunit ses hommes d'armes, et « se plaçant en un lieu haut, tellement que tous le pouvaient ouïr », il leur dit: « Mes vrais et loyaux amis, vous avez passé la mer pour l'amour de moi, ce dont je ne puis vous rendre grâces comme je le dois; mais j'en rendrai tout ce que je pourrai, et ce que j'aurai vous l'aurez. Je ne viens pas seulement pour prendre ce que j'ai demandé ni pour avoir mon droit, mais pour punir les félonies, les trahisons, les manques de foi qu'ont faits à notre peuple les hommes de ce pays. Pensez aussi au grand honneur que vous aurez aujourd'hui si la journée est pour nous. Et souvenez-vous que, si vous êtes déconfits, vous êtes morts sans remède, car vous n'avez où vous retirer; nos vaisseaux sont effondrés et nos mariniers sont tous ici avec nous. Qui fuira sera mort; qui bien combattra sera sauvé. Pour Dieu, que chacun fasse bien son devoir: ayons confiance en Dieu, et la journée sera pour nous. »

Le fidèle compagnon du duc, Guillaume Fitz-Osbern, trouvait l'allocution trop longue. « Seigneur, dit-il, nous demeurons trop; armons-nous tous et allons, allons! » L'armée se mit en mouvement, partant de la colline de Telham ou Heathland, selon M. Freeman, pour aller attaquer les Anglais campés sur la colline opposée de Senlac. Un Normand, dit Taillefer, « qui chantait très-bien et montait un cheval qui marchait très-vite, s'avança vers le duc. « Seigneur, lui dit-il, « je vous ai longuement servi et vous me devez tout mon service; « payez-moi aujourd'hui s'il vous plaît; octroyez-moi, pour toute ré- « compense, de porter le premier coup dans la bataille. — Je te l'oc- « troie », dit le duc. Taillefer s'élança devant lui, chantant les faits de Charlemagne et de Roland, et d'Olivier et des vassaux qui moururent à Roncevaux. » En chantant, il jouait de son épée, la lançait en l'air et la recevait dans sa main droite, et les Normands suivaient, répétant ses chants et criant: « Dieu aide! Dieu aide! » Retranchés sur un plateau vers lequel montaient les Normands, les Anglais attendaient l'assaut en poussant des cris et défiant leurs ennemis.

Ainsi engagée, la bataille dura neuf heures, avec un égal acharnement des deux parts et des chances diverses d'heure en heure.

Quoique blessé au commencement de l'action, Harold ne cessa pas un moment de combattre, à pied, ses deux frères auprès de lui et entouré des milices de Londres qui avaient le privilége de garder le roi quand il livrait bataille. Rudement repoussés à la première attaque, quelques corps de l'armée normande se replièrent en désordre; le bruit courait parmi eux que le duc était tué; Guillaume se jeta au-devant des fuyards, et ôtant son casque: « Regardez-moi, me voici; je vis et je vaincrai avec l'aide de Dieu. » Ils retournèrent au combat. Mais les Anglais tenaient ferme; les Normands ne parvenaient pas à forcer leurs retranchements; Guillaume ordonna aux siens de feindre un mouvement de retraite et presque de fuite: à cette vue, les Anglais se précipitèrent à leur poursuite, « et toujours Normands fuyaient et Anglais suivaient, jusqu'à ce qu'un trompette, à qui le duc l'avait ordonné pour faire retourner les Normands, commença à sonner. Lors on vit les Normands retourner leurs visages vers les Anglais et les abattre de leurs glaives, et parmi les Anglais les uns fuir, les autres mourir, les autres crier merci en leur langue. » La lutte recommença générale et ardente; Guillaume eut trois chevaux tués sous lui; « mais il sautait aussitôt sur un nouveau coursier et ne laissait pas longtemps sans vengeance la mort de celui qui le portait naguère. » Enfin les retranchements des Anglais furent emportés; Harold tomba, frappé à mort par une flèche qui lui perça le crâne; ses deux frères et ses plus vaillants compagnons tombèrent à côté de lui; le combat se prolongea entre les Anglais dispersés et les Normands acharnés à les poursuivre; l'étendard envoyé de Rome au duc de Normandie avait remplacé le drapeau saxon, à la place même où le roi Harold était tombé, et tout à l'entour le sol continuait à se couvrir de morts et de mourants, victimes inutiles de la passion des combattants. Guillaume parcourut le lendemain le champ de bataille, et on l'entendit dire, avec un mélange de triomphe et de tristesse : « Ceci est vraiment un lac de sang. »

Ce fut, longtemps après la bataille de Senlac, communément dite d'Hastings, une superstition patriotique dans le pays que, lorsque la pluie avait mouillé le sol, on voyait reparaître des traces de sang sur l'emplacement où elle avait eu lieu.

La victoire ainsi assurée, Guillaume fit dresser sa tente sur le point même où l'étendard venu de Rome avait remplacé la bannière saxonne, et il passa la nuit à souper et à s'entretenir avec ses chefs, non loin des cadavres épars sur le champ de bataille. Le lendemain, il fallut songer à ensevelir tous ces morts, vainqueurs ou vaincus. Guillaume était soigneux et presque affectueux envers ses compagnons ; la veille du combat, dans une longue et périlleuse reconnaissance qu'il avait faite avec quelques-uns d'entre eux, il avait absolument voulu se charger de porter quelque temps, outre sa propre cuirasse, celle de son fidèle Guillaume Fitz-Osbern, qu'il voyait fatigué malgré sa force ordinaire ; mais, envers ses ennemis, Guillaume était dur et rancunier. Githa, mère d'Harold, lui fit demander le corps de son fils, offrant de lui en donner le poids en or. « Non, dit Guillaume ; Harold a été parjure ; qu'il ait pour sépulture le sable de ce rivage où il a si follement voulu régner. » Deux moines saxons, du monastère de Waltham, qu'avait fondé Harold, vinrent, par ordre de leur abbé, réclamer, pour leur église, les restes de leur bienfaiteur, et Guillaume, indifférent à la douleur d'une mère, ne voulut pas mécontenter une abbaye. Mais quand les moines entreprirent de rechercher le corps d'Harold, personne ne put le reconnaître ; ils eurent recours à une jeune fille, *Édith au cou de cygne*, qu'Harold avait aimée ; elle parvint à retrouver, parmi tous ces cadavres, le corps mutilé de son amant, et les moines le transportèrent dans l'église de Waltham, où il fut enseveli. Un bruit se répandit plus tard qu'Harold blessé avait été transporté dans un château voisin, peut-être le château de Douvres, d'où il avait passé dans l'abbaye de Saint-Jean, à Chester, où il avait vécu longtemps dans une cellule solitaire, et où le second fils de Guillaume le Conquérant, Henri Ier, troisième roi normand d'Angleterre, était un jour allé le voir, et s'était entretenu avec lui. Mais cette légende, qui n'a chronologiquement rien d'impossible, ne repose sur aucun témoignage sérieux et est démentie par tous les récits contemporains.

Avant de poursuivre sa victoire, Guillaume résolut d'en perpétuer le souvenir dans un monument religieux, et il décréta la fondation d'une abbaye sur le champ même de la bataille d'Hastings, dont elle prit le nom, *Abbaye de la bataille*. Il dota cette abbaye de tout le terrain environnant, dans le rayon d'une lieue, « le lieu même, dit sa charte, qui m'a donné la couronne. » Il l'affranchit de la juridiction de tout prélat, la dédia à saint Martin de Tours, patron des soldats de la Gaule, et enjoignit qu'on déposât dans ses archives un registre où seraient inscrits les noms de tous les seigneurs, chevaliers et hommes de mar-

ÉDITH AU COU DE CYGNE PARVINT A RETROUVER PARMI TOUS CES CADAVRES
LE CORPS MUTILÉ D'HAROLD

que, qui l'avaient accompagné dans son expédition. Quand on commença la construction de l'abbaye, les architectes s'aperçurent que l'eau y manquerait ; ils en prévinrent Guillaume. « Travaillez toujours, leur dit-il, si Dieu me prête vie, je pourvoirai si bien ce lieu qu'il s'y trouvera plus de vin qu'il n'y aura d'eau dans le meilleur des monastères. »

Ce n'était pas tout d'être vainqueur, il fallait encore être reconnu roi. Quand la nouvelle de la défaite d'Hastings et de la mort d'Harold se répandit dans le pays, l'émotion fut vive et semblait profonde ; le grand conseil national saxon, le *Wittenagemot*, se réunit à Londres ; les débris de l'armée saxonne s'y rallièrent ; on chercha des rois autres que le duc normand. Harold laissait deux fils, très-jeunes et hors d'état de régner ; mais ses deux beaux-frères, Edwin et Morkar, dominaient dans le nord de l'Angleterre, et les provinces du sud, entre autres la ville de Londres, avaient un prétendant populaire, un neveu d'Édouard le Confesseur, Edgar, qu'on surnommait *Etheling* (le noble, l'illustre), comme issu de plusieurs rois. Entre ces diverses prétentions, on discuta, on hésita, on tarda ; enfin le jeune Edgar prévalut et fut proclamé roi. Pendant ce temps, Guillaume s'avançait avec son armée, lentement, prudemment, en homme résolu à ne rien hasarder, et qui comptait sur les résultats naturels de sa victoire. Sur quelques points, il rencontra des tentatives de résistance ; il les surmonta aisément, occupa successivement Romney, Douvres, Canterbury, Rochester, parut devant Londres sans tenter d'y entrer, et se porta sur Winchester, où résidait la veuve d'Édouard le Confesseur, la reine Editha, qui avait reçu cette importante ville en douaire. Par respect pour elle, Guillaume, qui se présentait comme le parent et l'héritier du roi Édouard, n'entra point dans la place, et somma seulement les habitants de lui prêter foi et hommage, ce qu'ils firent, de l'aveu de la reine. Guillaume retourna vers Londres et en commença le siége, ou plutôt le blocus, en établissant son camp à Berkhamstead, dans le comté de Hertford. Il entra bientôt en relation secrète avec un bourgeois influent, nommé Ansgard, vieil homme de guerre criblé de blessures et qui se faisait porter en litière dans les rues. Ansgard eut peu de peine à décider les magistrats de Londres à faire au duc des ouvertures pacifiques, et Guillaume eut encore moins de peine à convaincre le messager de la modération de ses desseins. « Le roi vous salue et vous offre la paix, dit Ansgard aux magistrats municipaux de Londres en revenant du camp ; c'est un roi qui n'a point de pareil ; il est plus beau que le soleil, plus sage que Salomon, plus actif et plus grand que Charlemagne, » et le poëte enthousiaste ajoute que le peuple aussi bien que le sénat s'empressèrent d'accueillir ces paroles, et renièrent, les uns et les autres, le jeune roi que naguère ils avaient proclamé. Les faits répondirent promptement à cette prompte impression ; une députation solennelle fut envoyée au camp de Guillaume ; les archevêques de Canterbury et d'York, beaucoup d'autres prélats et chefs laïques, les principaux citoyens de Londres, les deux beaux-frères d'Harold, Edwin et Morkar, et le jeune roi de la veille lui-même, Edgar Etheling, en faisaient partie ; ils apportaient au duc de Normandie, Edgar Etheling son abdication, et tous les autres leur soumission avec une invitation expresse à Guillaume pour qu'il se fît roi, « car nous sommes accoutumés, dirent-ils, à servir un roi et nous voulons avoir un roi pour seigneur. » Guillaume les reçut en présence des chefs de son armée, et avec de grandes démonstrations de modération dans ses désirs. « Les affaires sont encore troublées, dit-il ; il y a encore quelques rebelles ; je désire plutôt la paix du royaume que la couronne ; je veux que ma femme soit couronnée avec moi. » Les chefs normands murmuraient en souriant ; l'un d'eux, l'Aquitain Aimery de Thouars, s'écria : « C'est trop de modestie de demander à des soldats s'ils veulent que leur chef soit roi ; on n'appelle jamais, ou bien rarement, des soldats à de telles délibérations ; que ce que nous désirons soit fait le plus tôt possible. » Guillaume se rendit aux prières des députés saxons et aux conseils des chefs normands ; mais, toujours prudent, avant d'aller de sa personne à Londres, il y envoya quelques-uns de ses officiers chargés d'y faire immédiatement construire, au bord de la Tamise, sur un point qu'il indiqua, un fort où il pût s'établir en sûreté. Ce fort est devenu, à travers les siècles, la Tour de Londres.

Quand Guillaume partit quelques jours après pour faire son entrée dans la cité, il trouva, en passant à Saint-Albans, la route encombrée de grands troncs d'arbres récemment abattus. « Pourquoi donc cet abatis dans ton domaine ? » demanda-t-il à l'abbé de Saint-Albans, noble saxon. — « J'ai fait ce que je devais à ma naissance et à ma mission, répondit le moine ; si d'autres, de mon rang et de mon état, en avaient fait autant, comme ils le devaient et le pouvaient, tu n'aurais pas pénétré si avant dans notre pays. »

Entré à Londres après tous ces retards et toutes ces précautions, Guil-

CONQUÊTE DE L'ANGLETERRE PAR LES NORMANDS.

laume fixa son couronnement au jour de Noël, 25 décembre 1066. Soit par le vœu du prélat lui-même, soit par ordre de Guillaume, ce ne fut point l'archevêque de Canterbury, Stigand, qui présida, selon l'usage, à la cérémonie; cette charge fut remise à l'archevêque d'York, Aldred, qui avait naguère sacré Edgar Etheling. A l'heure convenue, Guillaume arriva à l'église de Westminster, dernière œuvre et tombeau d'Édouard le Confesseur; le conquérant marchait entre deux haies de soldats normands, derrière lesquels se rangeait une population froide et triste, quoique curieuse. Une cavalerie nombreuse gardait les abords de l'église et les quartiers voisins. Deux cent soixante comtes, barons et chefs normands entrèrent avec le duc. Geoffroi, évêque de Coutances, demanda, en français, aux Normands s'ils voulaient que leur duc prît le titre de roi des Anglais. L'archevêque d'York demanda aux Anglais, en langue saxonne, s'ils voulaient pour roi le duc de Normandie. De bruyantes acclamations s'élevèrent dans l'église et retentirent au dehors. Les soldats, stationnés aux environs, prirent ce bruit confus pour un symptôme sinistre, et dans leur méfiante colère ils mirent le feu aux maisons voisines. L'incendie se répandit rapidement. Le peuple qui se réjouissait dans l'église prit l'alarme, et une foule d'hommes et de femmes de tout rang se précipitèrent hors de la basilique. Seuls et tremblants, les évêques, quelques clercs et les moines restèrent devant l'autel et accomplirent l'œuvre de consécration sur la tête du roi « tremblant lui-même », dit la chronique. Presque tous les autres assistants coururent au feu, les uns pour l'éteindre, les autres pour voler et piller au milieu de ce trouble. Guillaume termina la cérémonie en prêtant le serment ordinaire des rois saxons à leur couronnement, et en y ajoutant, comme de lui-même, la promesse qu'il traiterait le peuple anglais selon ses lois et aussi bien que l'avaient jamais traité les meilleurs de ses rois. Puis il sortit de l'église roi d'Angleterre.

Je ne poursuivrai pas plus loin, mes enfants, la vie de Guillaume le Conquérant; à partir de cette époque, il appartient à l'histoire d'Angleterre, non à celle de France. Je suis entré, à son sujet, dans d'assez longs détails, parce que je tenais à vous faire bien connaître l'événement et l'homme; non-seulement à cause de leur éclat passager, mais surtout à cause de leurs graves et longues conséquences pour la France, pour l'Angleterre, je dirai aussi pour l'Europe. Je n'ai garde de m'arrêter maintenant à vous développer ces conséquences dans toute leur portée; mais je veux vous en marquer avec précision les principaux traits, car elles ont exercé, pendant des siècles, sur les destinées de deux grandes nations et sur le cours de la civilisation moderne, une influence décisive.

Quant à la France, les conséquences de la conquête de l'Angleterre par les Normands ont évidemment été funestes, et elles n'ont pas encore complétement disparu. C'était déjà un grand mal, au onzième siècle, que le duc de Normandie, l'un des grands seigneurs français et des grands vassaux du roi de France, devînt en même temps roi d'Angleterre, et reçût ainsi un accroissement de rang et de puissance qui ne pouvait manquer de rendre plus compliquées et plus orageuses ses relations avec son suzerain français. Du onzième au quatorzième siècle, de Philippe Ier à Philippe de Valois, cette situation a été, entre les deux couronnes et les deux États, une source de questions, de querelles, de luttes politiques et de guerres qui ont fréquemment troublé en France le gouvernement et les populations. Le mal et le péril devinrent bien plus grands encore quand, au quatorzième siècle, s'éleva, entre la France et l'Angleterre, entre Philippe de Valois et Édouard III, la question de la succession au trône de France et de l'application ou de la négation de la loi salique. Alors commença, entre les deux couronnes et les deux peuples, cette guerre qui devait durer plus de cent ans, attirer sur la France les plus tristes jours de son histoire, et ne finir que par l'héroïque inspiration d'une jeune fille qui seule, au nom de son Dieu et de ses saintes, rendit à son roi et à sa nation la confiance et la victoire. Jeanne d'Arc donna, au prix de sa vie, le plus glorieux dénoûment à la plus longue et la plus sanglante lutte qui ait dévasté la France et quelquefois compromis sa gloire.

De tels événements ne cessent pas, même quand ils finissent, de peser longtemps sur les peuples. Les luttes des rois d'Angleterre ducs de Normandie avec les rois de France et la longue guerre des quatorzième et quinzième siècles pour la succession au trône de France ont enfanté ce que les historiens ont appelé « la rivalité de la France et de l'Angleterre »; et cette rivalité, admise comme un fait naturel et nécessaire, est devenue le fardeau permanent et, à diverses époques, le fléau de notre vie nationale. Il y a sans doute, entre de grandes et actives nations voisines, des intérêts et des penchants divers qui déviennent aisément des principes de jalousie et de lutte; mais il y a aussi, entre de telles nations, des intérêts et des sentiments communs qui tendent à l'harmonie et à la paix. C'est la sagesse, c'est l'habileté des gouvernements et des nations elles-mêmes de s'appliquer à faire prévaloir les causes d'harmonie et de paix sur les causes de discorde et de guerre. C'est, en tout cas, un précepte de bon sens et de sens moral de ne pas ériger les intérêts et les penchants divers en principe de rivalité générale et permanente, par conséquent en principe d'hostilité systématique et d'inimitié populaire. Et plus la civilisation et les relations des peuples se développent, plus il devient nécessaire et en même temps possible d'élever les intérêts et les sentiments qui les unissent au-dessus de ceux qui les séparent, et de fonder ainsi une politique d'équité mutuelle et de paix au lieu d'une politique de préventions ennemies et de lutte continue. J'ai assisté, dans le cours de ma vie, mes enfants, à ces deux politiques : j'ai vu la politique d'hostilité systématique entre la France et l'Angleterre pratiquée par l'empereur Napoléon Ier, avec autant d'habileté et d'éclat qu'elle en pouvait avoir, et je l'ai vue aboutir au plus grand désastre qu'ait jamais essuyé la France. Et même après ses fautes et ses calamités évidentes, cette politique a laissé encore parmi nous des traces profondes, et suscité de graves obstacles à la politique d'équité mutuelle, de liberté et de paix que nous avons laborieusement maintenue et dont la nation sentait, mais presque à contre-cœur, la justice et la nécessité. J'ai reconnu là les déplorables résultats des vieilles causes historiques que je viens de vous signaler, et les longs périls des passions aveugles qui jettent et retiennent les peuples hors de leurs plus pressants intérêts et de leurs plus honnêtes sentiments.

Malgré les apparences contraires et dans l'intérêt de son avenir, l'Angleterre était, au onzième siècle, par le fait même de la conquête qu'elle subissait, dans une meilleure situation que la France; elle était conquise, il est vrai, conquise par un chef et une armée d'étrangers, mais la France aussi était, depuis plusieurs siècles, en proie à la conquête, et dans des circonstances bien plus défavorables que celles où la conquête des Normands trouvait et mettait l'Angleterre. Quand les Goths, les Bourguignons, les Francs, les Saxons, les Normands eux-mêmes envahirent et se disputèrent la Gaule, quel était le caractère de l'événement? Des barbares, jusque-là errants ou à peu près, se ruaient sur des populations désorganisées et énervées : du côté des Germains vainqueurs, nulle fixité dans la vie sociale, nul gouvernement général et un peu régulier ; point de nation vraiment ralliée et constituée ; les individus épars et dans une indépendance presque absolue ; du côté des Gaulois-Romains vaincus, les anciens liens politiques dissous ; point de pouvoir fort, point de liberté vivace ; les classes inférieures en servitude, les classes moyennes ruinées, les classes supérieures avilies. Parmi les barbares, la société commençait à peine ; chez les sujets de l'empire romain, elle n'existait plus ; la tentative de Charlemagne pour la reconstruire, en ralliant sous un nouvel empire les vainqueurs et les vaincus, échoua ; l'anarchie féodale fut le premier pas, et le pas nécessaire, hors de l'anarchie barbare et vers un nouvel ordre social.

Il n'en fut point ainsi en Angleterre quand, au onzième siècle, Guillaume y transporta son gouvernement et son armée. Un peuple naguère sorti de la barbarie conquit alors un peuple encore à demi barbare. Leur origine primitive était la même ; leurs institutions étaient, sinon semblables, du moins analogues ; point d'opposition fondamentale dans les mœurs ; les chefs anglais vivaient dans leurs domaines, oisifs, chasseurs, entourés de leurs fidèles, comme les barons normands. Pour les uns et les autres, quelque grossière et déréglée qu'elle fût encore, la société était fondée ; ni les uns ni les autres n'avaient perdu le goût et les habitudes de leurs anciennes libertés. Quelque supériorité, en fait d'organisation et de discipline sociale, appartenait aux Normands vainqueurs ; mais les Anglo-Saxons vaincus n'étaient ni en disposition de se laisser asservir, ni hors d'état de se défendre. La conquête devait entraîner des maux cruels, une longue oppression, elle ne pouvait produire ni la dissolution des deux peuples en petits groupes anarchiques, ni l'abaissement permanent de l'un devant l'autre. Il y avait à la fois des principes de gouvernement et de résistance, des causes de fusion et d'unité au sein même de la lutte.

Je vais devancer les siècles et vous faire entrevoir, dans leur développement, les conséquences de cette différence si profonde dans la situation de la France et de l'Angleterre, à l'époque de la formation des deux États.

En Angleterre, aussitôt après la conquête des Normands, deux forces générales sont en présence, celles des deux peuples. Le peuple anglo-saxon se rattache à ses anciennes institutions, mélange de féodalité et de liberté, qui deviennent sa garantie. L'armée normande s'organise sur le sol anglais, selon le système féodal qui était le sien en Normandie. Un principe d'autorité et un principe de résistance subsistent ainsi, dès l'origine, dans la société et dans le gouvernement. Bientôt le principe de résistance se déplace; la lutte des deux peuples se prolonge; mais entre le roi normand et ses barons s'engage un nouveau combat. Forte en naissant, la royauté normande veut devenir tyrannique; sa tyrannie rencontre une résistance forte aussi, car la nécessité de se défendre contre les Anglo-Saxons a fait prendre aux barons normands l'habitude d'agir de concert, et ne leur a pas permis de s'ériger en petits souverains isolés. L'esprit d'association se développe en Angleterre; les anciennes institutions l'ont maintenu parmi les propriétaires anglais; l'insuffisance de la résistance individuelle le fait prévaloir parmi les barons normands. L'unité qui naît de la communauté des intérêts et de l'union des forces entre des égaux devient le contre-poids de l'unité du pouvoir royal. Pour soutenir la lutte avec succès, la coalition aristocratique qui s'est formée contre la royauté tyrannique a eu besoin de l'appui des propriétaires du sol, grands ou petits, anglais ou normands, et elle n'a pu se dispenser de faire reconnaître leurs droits en même temps que les siens. Cependant la lutte se complique; les partis se divisent; une partie des barons se rallie à la royauté menacée; c'est tantôt l'aristocratie féodale, tantôt le roi qui appelle et voit venir à son aide la population commune, d'abord des campagnes, puis des villes. L'élément démocratique pénètre et grandit ainsi dans la société et dans le gouvernement; tantôt sans bruit et par l'influence sourde de la nécessité; tantôt avec fracas et par des révolutions puissantes, mais pourtant contenues dans certaines limites. La fusion des deux peuples et des diverses classes sociales s'accomplit peu à peu; elle amène peu à peu la complète formation du gouvernement représentatif avec ses éléments divers, la royauté, l'aristocratie et la démocratie, investis chacun des droits et de la force nécessaires à leur fonction. La lutte a atteint son but; la monarchie constitutionnelle est fondée; par le triomphe de leur langue et de leurs libertés primitives, les Anglais ont conquis leurs conquérants. C'est dans son histoire, et surtout dans son histoire au onzième siècle, que l'Angleterre a pris son point de départ et ses premiers éléments de succès dans le long travail qu'elle a fait pour arriver, en 1688, à un gouvernement libre, et de nos jours à un gouvernement libéral.

La France a poursuivi son but par d'autres voies et à travers d'autres destinées. Elle a toujours désiré et toujours cherché le gouvernement libre sous la forme de la monarchie constitutionnelle ; et en suivant pas à pas son histoire, mes enfants, vous verrez souvent disparaître et toujours reparaître l'effort de notre pays vers l'accomplissement de cet espoir. Pourquoi donc la France n'a-t-elle pas plus tôt et plus complétement atteint ce qu'elle a tant de fois tenté? Parmi les diverses causes de ce long mécompte, je n'insisterai en ce moment que sur la cause historique que je viens d'indiquer : la France n'a pas, comme l'Angleterre, trouvé, dans les éléments primitifs de la société française, les conditions et les moyens du régime politique auquel elle n'a pas cessé d'aspirer. Pour obtenir la modeste mesure d'ordre intérieur sans laquelle la société ne saurait subsister, pour assurer le progrès de ses lois civiles et de sa civilisation matérielle, même pour jouir de ces plaisirs de l'esprit dont elle est si avide, la France a été constamment obligée de recourir à l'autorité royale et à cette monarchie presque absolue qui ne la satisfaisait pas, même lorsqu'elle ne pouvait s'en passer et lorsqu'elle la célébrait avec un enthousiasme plus littéraire que politique, comme elle l'a fait sous Louis XIV. C'est par le développement plus raffiné que profond de sa civilisation et par l'ardeur de son mouvement intellectuel que la France a été enfin lancée, non-seulement vers le régime politique auquel elle aspirait depuis si longtemps, mais dans l'immense ambition de la révolution illimitée qu'elle a faite et inoculée à l'Europe entière. C'est dans le premier travail de la formation des deux sociétés française et anglaise et dans les éléments si divers de leur premier âge que réside la principale cause de la longue diversité de leurs institutions et de leurs destinées.

En 1823, il y a quarante-sept ans, mes enfants, après avoir étudié, dans mes *Essais sur l'histoire comparée de la France et de l'Angleterre*, le grand fait que j'essaye aujourd'hui de vous faire bien comprendre, je terminais mon travail en disant : « Avant notre révolution, cette différence entre le sort politique de la France et celui de l'Angleterre pouvait attrister un Français : maintenant, malgré les maux que nous avons soufferts, malgré ceux que nous souffrirons peut-être encore, il n'y a point lieu, pour nous, à de telles tristesses ; les progrès de l'égalité sociale et les lumières de la civilisation ont précédé en France la liberté politique ; elle en sera plus générale et plus pure. La France peut considérer sans regret toutes les histoires ; la sienne a toujours été glorieuse, et l'avenir qui lui est promis la dédommagera, à coup sûr, de ce qui lui a manqué jusqu'à présent. » En 1870, après les expériences et malgré les tristesses de ma longue vie, j'ai toujours confiance dans l'avenir de notre patrie. N'oubliez seulement jamais, mes enfants, que Dieu n'aide que ceux qui s'aident eux-mêmes et qui méritent son appui.

CHAPITRE XVI

LES CROISADES, LEUR ORIGINE ET LEUR SUCCÈS

Parmi les grands événements de l'histoire européenne, aucun n'a été préparé de plus longue main et plus naturellement amené que les croisades. Dès ses premiers jours, le christianisme vit dans Jérusalem son divin berceau; c'était, dans le passé, la patrie des Juifs ses ancêtres et le centre de leur histoire; dans le présent, le théâtre de la vie, de la mort et de la résurrection de son divin fondateur. Jérusalem devint de plus en plus la ville sainte. Aller à Jérusalem, visiter le mont des Oliviers, le Calvaire, le tombeau de Jésus-Christ, telle fut, dans leurs plus mauvais jours, au sein de leur obscurité et de leurs martyres, la pieuse passion des premiers chrétiens. Quand, sous Constantin, le christianisme fut monté de la croix sur le trône, Jérusalem eut pour la foi et la curiosité chrétiennes un nouvel attrait; des temples couvrirent et entourèrent le Saint-Sépulcre; Bethléem, Nazareth, le mont Thabor, presque tous les lieux que Jésus-Christ avait consacrés par sa présence et ses miracles virent s'élever des églises, des chapelles, des monuments dédiés à leurs souvenirs. La mère de l'empereur Constantin, sainte Hélène, fut, à soixante-dix-huit ans, le premier pèlerin royal aux lieux saints. Après la réaction païenne vainement tentée par l'empereur Julien, le nombre et l'ardeur des visiteurs chrétiens à Jérusalem redoublèrent ; au début du cinquième siècle, saint Jérôme écrivait, de sa retraite de Bethléem, que les pèlerins affluaient en Judée, et qu'autour du Saint-Sépulcre on entendait célébrer, dans des langues diverses, les louanges du Seigneur. Il n'encourageait guère ses amis à ce voyage. « La cour céleste, écrivait-il à saint Paulin, est ouverte en Bretagne comme à Jérusalem ; » et les désordres qui accompagnaient quelquefois les nombreuses réunions de pèlerins devinrent tels, que plusieurs des plus illustres Pères de l'Église, entre autres saint Augustin et saint Grégoire de Nysse, s'appliquèrent à en détourner les fidèles. « Ne méditez pas de longs voyages, leur disait saint Augustin ; allez où vous croyez ; ce n'est pas en naviguant, c'est en aimant qu'on va à celui qui est partout. »

Les événements rendirent bientôt le pèlerinage à Jérusalem difficile et pendant quelque temps impossible. Au commencement du septième siècle, l'empire grec était en guerre avec les souverains de la Perse, successeurs de Cyrus et chefs de la religion de Zoroastre ; l'un d'entre eux, Khosroës II, envahit la Judée, prit Jérusalem, emmena captifs les habitants avec leur patriarche Zacharie, et emporta même en Perse la précieuse relique qu'on regardait comme le bois de la vraie croix et que, près de trois siècles auparavant, avait découverte l'impératrice Hélène en faisant des fouilles sur le Calvaire pour y élever l'église du Saint-Sépulcre. Mais quatorze ans plus tard, après plusieurs victoires sur les Persans, l'empereur grec Héraclius reprit Jérusalem et rentra en triomphe à Constantinople avec le coffre qui contenait la relique sacrée. Il la rapporta l'année suivante (en 629) à Jérusalem, la monta lui-même sur ses épaules au sommet du Calvaire, et à cette occasion fut instituée la fête de l'Exaltation de la sainte croix. La joie fut grande dans la chrétienté et les pèlerinages à Jérusalem reprirent leur cours.

Mais précisément à cette époque apparaissait un ennemi bien plus redoutable pour les chrétiens que les sectaires de Zoroastre : en 622, Mahomet fondait l'islamisme ; quelques années après sa mort, en 638, le second des khalifes ses successeurs, Omar, envoyait deux de ses généraux, Khaled et Abou-Obeidah, à la conquête de Jérusalem. Pour les musulmans aussi, Jérusalem était une ville sainte : Mahomet, disait-on, y était venu ; c'était même de là qu'il était parti pour monter au ciel dans son voyage nocturne ; en s'approchant des murailles, les Arabes répétaient ces paroles du Koran : « Entrons dans la terre sainte que Dieu nous a promise. » Le siége dura quatre mois. Les chrétiens se rendirent enfin, mais à Omar lui-même qui vint de Médine recevoir leur soumission ; une capitulation conclue avec leur patriarche Sophronius leur garantit leur vie, leurs biens et leurs églises. « Lorsque la rédaction du traité fut achevée, Omar dit au patriarche : « Conduis-« moi au temple de David. » Omar entra dans Jérusalem précédé par le patriarche et suivi par quatre mille guerriers compagnons du Prophète qui n'avaient d'autre arme que leur sabre. Sophronius le mena d'abord à l'église de la Résurrection. — « Voici, lui dit-il, le temple « de David. — Tu ne dis pas la vérité, s'écria Omar après quelques « instants de réflexion ; le Prophète m'a fait une description du temple « de David qui ne se rapporte pas à l'édifice que je vois en ce moment. » Le patriarche le conduisit alors à l'église de Sion. « C'est ici, lui « dit-il, le temple de David. — C'est un mensonge, » repartit Omar ; et il sortit en se dirigeant vers la porte que l'on nomme Bab-Mohammed. L'emplacement où se trouve aujourd'hui la mosquée d'Omar était tellement encombré d'immondices que les escaliers conduisant à la rue en étaient couverts et que les décombres atteignaient presque le sommet de la voûte. « On ne peut pénétrer ici qu'en rampant, dit le patriarche. — Soit, » répondit Omar. Le patriarche passa le premier ; Omar le suivit avec ses gens, et on arriva à l'espace qui forme aujourd'hui le parvis de la mosquée. Tout le monde put s'y tenir debout. Après avoir jeté les yeux à droite et à gauche et avoir attentivement considéré le lieu : « *Allah akhbar !* s'écria Omar; c'est ici le temple de David que m'a décrit le prophète ! » Il trouva la Sakhra[1] couverte d'immondices que les chrétiens y avaient accumulés en haine des juifs. Omar étendit son manteau sur la roche et se mit à la balayer ; tous les musulmans qui l'accompagnaient suivirent son exemple[2]. La mosquée d'Omar s'éleva sur l'emplacement du temple de Salomon. Les chrétiens conservèrent l'exercice de leur culte dans leurs églises, mais ils furent obligés de cacher leurs croix et leurs livres sacrés ; la cloche n'appelait plus les fidèles à la prière ; la pompe des cérémonies leur

---

[1] C'était le nom de la roche qui formait le sommet du mont Moriah, et qui, restée seule après les diverses destructions des divers temples, devint l'objet d'une multitude de traditions et de légendes juives et musulmanes

[2] *Le temple de Jérusalem*, monographie, p. 73-75, par le comte Melchior de Vogüé, chap. vi.

était interdite. Ce fut bien pis quand Omar, le plus **modéré** des fanatiques musulmans, eut quitté Jérusalem : les fidèles furent chassés de leurs maisons, insultés dans leurs églises ; on augmenta le tribut qu'ils devaient payer aux nouveaux maîtres de la Palestine ; on leur défendit de porter des armes, de monter à cheval ; une ceinture de cuir qu'ils ne pouvaient quitter était la marque de leur servitude ; les vainqueurs ne voulurent même pas que les chrétiens pussent parler la langue arabe réservée aux disciples du Koran ; le peuple chrétien de Jérusalem n'eut pas le droit de nommer son patriarche sans l'intervention des Sarrasins.

Du septième au onzième siècle, la situation resta à peu près la même : les musulmans, khalifes d'Égypte ou de Perse, possédaient toujours Jérusalem ; les chrétiens, indigènes ou visiteurs étrangers, y étaient toujours opprimés, tracassés, humiliés. A deux époques, leur condition fut momentanément meilleure. Au commencement du neuvième siècle, Charlemagne porta jusqu'à eux la grandeur de sa pensée et de sa puissance. « Ce n'était pas seulement dans son pays et dans son royaume, dit Éginhard, qu'il répandait ces libéralités gratuites que les Grecs appellent aumônes ; mais au delà des mers, en Syrie, en Égypte, en Afrique, à *Jérusalem*, à Alexandrie, à Carthage, partout où il savait que des chrétiens vivaient dans la pauvreté, il compatissait à leur misère et il aimait à leur envoyer de l'argent. » — Je trouve dans un de ses capitulaires de l'an 810 ce paragraphe : « Des aumônes à envoyer à Jérusalem pour rétablir les églises de Dieu. » — « Si Charlemagne recherchait avec tant de soin l'amitié des rois d'outre-mer, c'était surtout pour procurer aux chrétiens vivant sous leur domination des secours et du soulagement... Il entretint une si étroite amitié avec Haroun-al-Raschid, roi de Perse, que ce prince préférait ses bonnes grâces à l'alliance des souverains de la terre. Aussi, lorsque les ambassadeurs que Charles avait envoyés avec des présents pour visiter le tombeau sacré de notre divin Sauveur et le lieu de la résurrection se présentèrent devant lui et lui exposèrent la volonté de leur maître, Haroun ne se contenta pas d'accueillir la demande du roi Charles, il voulut encore lui concéder l'entière propriété de ces lieux consacrés par le salut de notre rédemption, » et il lui envoya, avec les plus magnifiques présents, les clefs du Saint-Sépulcre. A la fin du même siècle, un autre souverain chrétien beaucoup moins puissant et moins célèbre, Jean Zimiscès, empereur de Constantinople, dans une guerre contre les musulmans d'Asie, pénétra en Galilée, s'empara de Tibériade, de Nazareth, du mont Thabor, reçut une députation qui lui apporta les clefs de Jérusalem, « et nous avons mis, dit-il lui-même, des garnisons dans tous les cantons nouvellement soumis à notre domination. » Ce n'étaient là que des coups d'intervention étrangère qui donnaient aux chrétiens de Jérusalem des lueurs d'espérance plutôt qu'une durable atténuation de leurs misères ; cependant il est certain que, durant cette époque, les pèlerinages se multiplièrent et s'accomplissaient souvent sans obstacle ; c'était de France, d'Angleterre et d'Italie que partaient la plupart des pèlerins ; quelques-uns ont écrit ou fait écrire leur voyage, entre autres l'Italien saint Valentin, l'Anglais saint Willibald, l'évêque français saint Arculf qui avait pour compagnon un ermite bourguignon nommé Pierre, singulière similitude avec la qualité et le nom de l'ardent apôtre de la croisade, trois siècles plus tard. La plus curieuse de ces relations est celle d'un moine français, Bernard, pèlerin vers l'an 870. « Il y a, dit-il, à Jérusalem, un hospice où sont reçus tous ceux qui viennent visiter ce lieu pour cause de dévotion et qui parlent la langue romaine ; une église, sous l'invocation de sainte Marie, est auprès de cet hospice et possède une très-noble bibliothèque due au zèle de l'empereur Charles le Grand. » A ce pieux établissement étaient attachés des champs, des vignes et un jardin situé dans la vallée de Josaphat.

Mais pendant que quelques chrétiens isolés allaient ainsi satisfaire en Orient leur pieuse et curieuse ardeur, les musulmans, ardents aussi comme croyants et comme guerriers, portaient en Occident leur foi et leurs armes, s'établissaient en Espagne, pénétraient jusqu'au cœur de la France, et engageaient entre l'islamisme et le christianisme cette grande lutte dans laquelle Charles Martel, à Poitiers, remporta, pour la croix, la victoire. Victoire définitive, en effet, et qui cependant ne mit pas fin à la lutte ; les musulmans restèrent les maîtres en Espagne et continuèrent d'infester la France méridionale, l'Italie, la Sicile, gardant même sur certains points des établissements d'où ils partaient pour porter au loin leurs ravages. Loin donc de se calmer et d'aboutir à des relations pacifiques, l'hostilité devint de plus en plus active et obstinée entre les deux races ; elles se rencontraient, se combattaient et s'opprimaient partout, enflammées l'une et l'autre de la double passion de la foi et de l'ambition, de la haine et de la crainte. A cette situation générale vinrent s'ajouter, vers la fin du dixième et le commencement du onzième siècle, les incidents les plus propres à l'aggraver : Hakem, khalife d'Égypte de l'an 996 à l'an 1021, persécuta les chrétiens, surtout à Jérusalem, avec la violence d'un fanatique et les caprices d'un despote ; il leur ordonna de porter au cou des croix en bois du poids de cinq livres ; il leur défendit d'avoir aucune autre monture que des mulets ou des ânes ; sans donner jamais aucun motif de ses actes, il confisquait leurs biens, il leur enlevait leurs enfants. On vint lui dire un jour que, lorsque les chrétiens s'assemblaient dans le temple de Jérusalem pour célébrer la Pâque, les prêtres de l'église frottaient d'huile de baume la chaîne de fer à laquelle était suspendue la lampe au-dessus du tombeau de Jésus-Christ, et mettaient ensuite, par le toit, le feu à l'extrémité de la chaîne ; le feu descendait jusqu'à la mèche de la lampe et l'allumait ; ils s'écriaient alors avec admiration, comme si le feu du ciel descendait sur le tombeau, et ils glorifiaient leur foi. Hakem ordonna la démolition immédiate de l'église du Saint-Sépulcre, et elle fut en effet démolie. Un autre jour, un chien mort avait été déposé à la porte d'une mosquée ; la multitude accusa les chrétiens de cet outrage ; Hakem ordonna qu'ils fussent tous mis à mort comme des chiens. Les soldats se préparaient à exécuter l'ordre ; un jeune chrétien dit à ses amis : « Il serait trop douloureux que l'Église entière pérît ; il vaut mieux qu'un seul meure pour tous ; promettez-moi de bénir tous les ans ma mémoire. » Il se déclara seul coupable de l'outrage et fut en effet seul mis à mort. C'est de ce récit de l'historien Guillaume de Tyr que, dans sa *Jérusalem délivrée*, le Tasse a tiré l'admirable épisode d'Olinde et Sophronie. Bel exemple, et non pas le seul, d'un acte de tyrannie et d'un acte de vertu inspirant un chef-d'œuvre à un grand poëte. « Toutes les actions d'Hakem étaient sans motif, dit l'historien arabe Makrisi, et les rêves que lui suggérait sa folie n'étaient susceptibles d'aucune interprétation raisonnable. »

Ces récits et bien d'autres semblables arrivaient en Occident, se répandaient chez les peuples chrétiens et les pénétraient de compassion pour leurs frères d'Orient, de colère contre leurs oppresseurs. Et c'était à une époque critique, au milieu des pieuses alarmes et des désirs d'expiation inspirés par l'attente de la fin du monde mille ans après la venue du Seigneur, que les populations chrétiennes voyaient s'ouvrir cette voie pour racheter leurs péchés en délivrant d'autres chrétiens de leurs souffrances et en vengeant les injures de leur foi. De toutes parts s'élevaient des provocations, des appels à l'ardeur guerrière des fidèles. Le plus grand esprit du temps, Gerbert, devenu le pape Sylvestre II, se fit l'interprète du sentiment populaire ; il écrivit, au nom de l'Église de Jérusalem, une lettre adressée à l'Église universelle : « A l'œuvre donc, soldat du Christ ! Sois notre porte-drapeau et notre champion ! Et si tu ne peux le faire par les armes, viens à notre secours par tes conseils, par tes richesses. Qu'est-ce donc que tu donnes et à qui le donnes-tu ? De ton abondance tu donnes peu de chose, et tu donnes à celui qui t'a donné gratuitement tout ce que tu possèdes ; il ne recevra pas gratuitement ce que tu lui donneras ; il multipliera ton offrande, il la récompensera dans l'avenir. » Quelques années après Gerbert, un autre grand esprit, le plus grand des papes du moyen âge, Grégoire VII, annonçait une expédition à la tête de laquelle il se mettrait lui-même pour aller délivrer Jérusalem et les chrétiens d'Orient des outrages et de la tyrannie des infidèles.

Dans cet état des faits et des esprits, les pèlerinages à Jérusalem devinrent, du neuvième au onzième siècle, de plus en plus nombreux et considérables. « Jamais on n'aurait cru, dit le chroniqueur contemporain Raoul Glaber, que le Saint-Sépulcre pût attirer une affluence si prodigieuse. D'abord la basse classe du peuple, puis la classe moyenne, puis les rois les plus puissants, les comtes, les marquis, les prélats, enfin, ce qui ne s'était jamais vu, beaucoup de femmes, nobles ou pauvres, entreprirent ce pèlerinage. » En 1026 Guillaume Taillefer, comte d'Angoulême, en 1028, 1035 et 1039 Foulques le Noir, comte d'Anjou, en 1035 Robert le Magnifique, duc de Normandie, père de Guillaume le Conquérant, en 1086 Robert le Frison, comte de Flandre, beaucoup d'autres grands seigneurs féodaux quittèrent leurs domaines, je devrais dire leurs États, pour aller, non pas délivrer, non pas conquérir, mais simplement visiter la terre sainte. Le grand nombre se joignit bientôt aux grands noms : en 1054, Liedbert, évêque de Cambrai, partit pour Jérusalem suivi de 3,000 pèlerins picards ou flamands ; en 1064, l'archevêque de Mayence et les évêques de Spire, de Cologne, de Bamberg et d'Utrecht se mirent en marche des bords du Rhin avec plus de 10,000 chrétiens à leur suite ; après avoir traversé l'Allemagne, la Hongrie, la Bulgarie, la Thrace, Constantinople, l'Asie Mineure, la Syrie, ils furent attaqués dans la Palestine par des hordes d'Arabes, contraints de se réfugier dans les ruines d'un vieux château, réduits à capituler, et lorsque enfin, « précédés par le bruit de leurs combats et de leurs périls, ils arrivèrent à Jérusalem, ils y furent reçus en triomphe par le patriarche et conduits, au son des timbales, et à la lueur des flambeaux, dans l'église du Saint-Sépulcre. La misère dans laquelle ils étaient tombés excita la pitié des chrétiens d'Asie; et après avoir perdu plus de 3,000 de leurs compagnons, ils revinrent en Europe raconter leurs tragiques aventures et les dangers du pèlerinage à la terre sainte[1]. »

Au milieu de cet ébranlement de la chrétienté occidentale, en 1076, deux ans après que le pape Grégoire VII venait d'annoncer sa prochaine expédition dans la terre sainte, arriva en Europe la nouvelle que les plus barbares des Asiatiques et des musulmans, les Turcs, après avoir d'abord servi, puis dominé les khalifes de la Perse, puis conquis la plus grande partie de l'empire persan, s'étaient jetés sur l'empire grec, avaient envahi l'Asie Mineure, la Syrie, la Palestine, et qu'ils venaient de prendre Jérusalem où ils exerçaient sur les chrétiens, anciens habitants ou visiteurs étrangers, prêtres et fidèles, d'odieuses cruautés et d'intolérables avanies, pires que celles des khalifes persans ou égyptiens.

Même générales et vives, il arrive souvent que les émotions des peuples demeurent stériles, comme dans le monde végétal beaucoup de germes apparaissent à la surface du sol et meurent sans avoir grandi et fructifié. Il ne suffit pas que des aspirations populaires se manifestent pour amener de grands événements et de sérieux résultats; il faut encore que quelque grande âme humaine, quelque puissante volonté individuelle se fasse l'organe et l'agent du sentiment public, et le rende fécond en le personnifiant. La passion chrétienne du onzième siècle pour la délivrance de Jérusalem et le triomphe de la croix eut cette fortune : un pèlerin obscur, d'abord soldat, puis marié et père de plusieurs enfants, puis moine et voué à la solitude, Pierre l'Ermite, né aux environs d'Amiens vers 1050, était allé, comme tant d'autres, à Jérusalem « pour y faire ses prières ». Frappé et désolé du spectacle des souffrances et des outrages qu'y subissaient les chrétiens, il s'en entretint avec le patriarche de Jérusalem, Siméon, qui, « reconnaissant en lui un homme de prudence et rempli d'expérience dans les choses du monde, lui exposa en détail tous les maux qui affligeaient, dans la cité sainte, le peuple de Dieu. — Saint père, lui dit Pierre, si l'Église romaine et les princes d'Occident étaient instruits, par un homme actif et digne de foi, de toutes vos calamités, certainement ils essayeraient

---

[1] *Histoire des Croisades*, par M. Michaud, t. I, page 62.

d'y apporter remède par leurs paroles et par leurs œuvres. Écrivez donc au seigneur pape et à l'Église romaine, aux rois et aux princes de l'Occident, et renforcez votre témoignage écrit de l'autorité de votre sceau. Moi, je ne me refuse point à m'imposer une tâche pour le salut de mon âme ; avec l'aide du Seigneur, je suis prêt à les aller trouver tous, à les solliciter, à leur représenter l'immensité de vos maux, et à les prier tous de hâter le jour de votre soulagement. » Le patriarche accepta avec empressement l'offre du pèlerin ; Pierre partit, alla d'abord à Rome, remit au pape Urbain II les lettres du patriarche, et commença auprès de lui son ardente mission. Le pape lui promit, non-seulement son appui, mais sa coopération active quand le moment propice en viendrait. Pierre se mit à l'œuvre, pèlerin partout, en Europe comme à Jérusalem. « C'était un homme de très-petite stature et dont l'extérieur n'offrait qu'un aspect misérable ; mais une force supérieure régnait dans ce corps chétif ; il avait l'esprit vif, l'œil pénétrant, et parlait avec facilité et abondance... Nous le vîmes alors, dit son contemporain Guibert de Nogent, parcourant les villes et les bourgs et prêchant partout ; le peuple l'entourait en foule, le comblait de présents, et célébrait sa sainteté par de si grands éloges que je ne me souviens pas que l'on ait jamais rendu de pareils honneurs à aucune autre personne. Il se montrait fort généreux dans la distribution de toutes les choses qui lui étaient données. Il ramenait les femmes à leurs maris, non sans y ajouter lui-même des dons, et il rétablissait, avec une merveilleuse autorité, la paix et la bonne intelligence entre ceux qui étaient désunis. En tout ce qu'il faisait ou disait, il semblait qu'il y eût en lui quelque chose de divin, en sorte qu'on allait jusqu'à arracher les poils de son mulet pour les garder comme des reliques. En plein air, il portait une tunique de laine, et par-dessus un manteau de bure qui lui descendait jusqu'aux talons ; il avait les bras et les pieds nus, ne mangeait point ou presque point de pain, et se nourrissait de vin et de poissons. »

En 1095, après la prédication errante de Pierre l'Ermite, le pape Urbain II était à Clermont en Auvergne, présidant un grand concile où treize archevêques et deux cent cinq évêques ou abbés étaient réunis, avec tant de princes et de seigneurs laïques que « vers le milieu du mois de novembre, les villes et les villages des environs se trouvèrent remplis de peuple, et que plusieurs furent contraints de faire dresser leurs tentes et pavillons au milieu des champs et des prairies, encore que la saison et le pays fussent remplis d'extrême froideur ».

Les neuf premières séances du concile furent consacrées aux affaires de l'Église d'Occident ; à la dixième, Jérusalem et les chrétiens d'Orient devinrent l'objet de la délibération. Le pape sortit de l'église où était réuni le concile, et monta sur une estrade élevée dans une vaste place, au milieu de la multitude. Pierre l'Ermite, debout à côté de lui, prit le premier la parole et raconta son séjour à Jérusalem, ce qu'il y avait vu des misères et des humiliations des chrétiens, ce qu'il y avait souffert lui-même, car il avait eu à payer un tribut pour entrer dans la ville sainte et pour assister au spectacle des exactions, des outrages, des tourments qu'il retraçait. On l'écoutait avec une curiosité avide et irritée. Le pape Urbain II parla après lui, en langue française sans doute comme Pierre, car il était Français lui-même, comme la plupart des assistants, grands ou peuple. Il parla longtemps, entrant dans les plus douloureux détails sur les souffrances des chrétiens de Jérusalem, « cette cité royale que le rédempteur du genre humain a illustrée par sa venue, honorée de sa résidence, consacrée par sa passion, rachetée par sa mort, signalée par sa sépulture. Elle vous demande maintenant sa délivrance... hommes français, hommes d'au delà des montagnes, nations choisies et chéries de Dieu, très-courageux chevaliers, rappelez-vous les vertus de vos ancêtres, la vertu et la grandeur du roi Charlemagne et de vos autres rois ; c'est de vous surtout que Jérusalem attend le secours qu'elle invoque, car Dieu vous a accordé, par-dessus toutes les nations, l'insigne gloire des armes. Prenez donc la route de Jérusalem en rémission de vos péchés, et partez assurés de la gloire impérissable qui vous attend dans le royaume des cieux. »

Un cri général et prolongé s'éleva au sein de la foule : « Dieu le veut ! Dieu le veut ! » Le pape s'arrêta un moment ; puis, faisant signe de la main, comme pour demander le silence : « Si le Seigneur Dieu n'eût pas été dans vos âmes, vous n'eussiez par tous prononcé une même parole. Qu'elle soit donc, dans les combats, votre cri de guerre, cette parole issue de Dieu ; que dans l'armée du Seigneur se fasse entendre ce seul cri : Dieu le veut ! Dieu le veut ! Nous n'ordonnons et ne conseillons le voyage ni aux vieillards, ni aux faibles, ni à ceux qui ne sont propres aux armes ; que cette route ne soit point prise par les femmes sans leurs maris ou sans leurs frères ; que les riches aident les pauvres ; il n'est permis ni aux prêtres, ni aux clercs de partir sans le congé de leur évêque ; aucun laïque ne devra se mettre en route si ce n'est avec la bénédiction de son pasteur. Quiconque aura la volonté d'en-

DIEU LE VEUT!

treprendre ce saint pèlerinage, qu'il porte la croix du Seigneur sur son front ou sur sa poitrine ; que celui qui, en accomplissement de son vœu, voudra se mettre en marche, la place derrière lui, entre ses épaules ; il accomplira ainsi le précepte du Seigneur qui a dit : « Celui « qui ne prend pas sa croix et ne me suit pas n'est pas digne de moi. »

L'enthousiasme fut général et contagieux, comme le premier cri de la foule ; un pieux prélat, Adhémar, évêque du Puy, prit le premier la croix des mains du pape. Elle était de drap ou de soie rouge, cousue sur l'épaule droite de l'habit ou du manteau, ou appliquée sur le front du casque. La foule se dispersa pour la prendre et la répandre.

L'enthousiasme religieux fut, non pas le seul, mais le premier et le motif déterminant de la croisade. C'est l'honneur de l'humanité, et en particulier l'honneur de notre nation, d'être accessible à l'empire soudain d'un sentiment moral et désintéressé, et de se résoudre, sans prévoyance comme sans préméditation, à des actes qui décident, pour bien des années, de la conduite et du sort d'une génération, peut-être d'un peuple. Nous avons vu de nos jours, dans notre population, dans nos assemblées nationales, dans nos armées, sous l'impulsion, non plus de la passion religieuse, mais des passions politiques et sociales, la France se livrer ainsi à l'élan de sentiments généreux et purs, mais pleins d'imprévoyance sur les conséquences des idées qui les inspiraient et des actes qu'ils entraînaient. Dans la vie des nations comme dans celle des armées, le péril est à côté de la gloire et les grandes œuvres coûtent cher, non-seulement au bonheur, mais aussi à la vertu. Il se faut bien garder pourtant de manquer de respect à l'enthousiasme et d'en médire ; il n'atteste pas seulement la grandeur de la nature humaine ; il tient justement sa place et exerce sa noble influence dans le cours des grands événements qui se déroulent à travers les erreurs et les vices des hommes, selon le vaste et inconnu dessein de Dieu. A coup sûr, les croisés du onzième siècle, en se précipitant à délivrer Jérusalem des musulmans, étaient bien loin de prévoir que, peu de siècles après leur triomphe, Jérusalem et l'Orient chrétien retomberaient sous le joug des musulmans et de leur barbare immobilité ; cet avenir, s'ils l'avaient entrevu, aurait sans doute refroidi leur zèle. Il n'en est pas moins certain qu'en définitive leur œuvre n'a pas été vaine, car dans l'ensemble de l'histoire du monde, les croisades ont marqué le temps d'arrêt de l'islamisme, et puissamment contribué à la prépondérance décidée de la civilisation chrétienne.

A l'enthousiasme religieux se joignit un motif moins désintéressé, mais naturel et légitime, le souvenir encore très-vif des maux qu'avaient causés aux chrétiens d'Occident les invasions des musulmans en Espagne, en France, en Italie, et la crainte de les voir recommencer. On portait instinctivement la guerre en Orient pour l'écarter de l'Occident, comme Charlemagne avait envahi et conquis le pays des Saxons pour mettre fin à leurs incursions chez les Francs. Et cette conduite prévoyante ne valait pas seulement aux chrétiens d'Occident l'espoir de la sécurité ; elle leur donnait le plaisir de la vengeance ; ils allaient rendre à leurs ennemis les alarmes et les maux qu'ils en avaient soufferts ; la haine et la fierté étaient satisfaites en même temps que la piété.

C'est d'ailleurs un puissant mobile que l'esprit d'entreprise et le goût des aventures. L'ennui est une des grandes maladies de l'humanité, et s'il joue un grand rôle dans des sociétés relativement éclairées et heureuses, au milieu des travaux et des jouissances d'une civilisation avancée, à coup sûr son influence n'était pas moindre dans des temps d'oisiveté intellectuelle et de vie durement monotone. Pour y échapper, pour donner quelque satisfaction à l'activité et à la curiosité humaines, les populations du onzième siècle n'avaient guère d'autre moyen que la guerre avec ses émotions et les courses lointaines dans des régions inconnues ; les masses populaires s'y précipitaient pendant que les esprits avides surtout de mouvement intellectuel et de science se pressaient en foule, sur la montagne de Sainte-Geneviève, aux leçons d'Abélard. Le besoin de variété et de nouveauté, le désir instinctif d'étendre sa vue et d'animer sa vie ont peut-être fait autant de croisés que la passion contre les musulmans et les élans de la piété.

Clos le 28 novembre 1095, le concile de Clermont avait fixé au mois d'août de l'année suivante, à la fête de l'Assomption, le départ des croisés pour la terre sainte ; mais l'impatience populaire ne se résigna pas à cette attente, courte pourtant vu la grandeur et les difficultés de l'entreprise ; dès le 8 mars 1096 et dans le cours du printemps, trois foules, je ne veux pas dire trois armées, se mirent en marche pour la croisade, fortes, dit-on, l'une de 80 ou 100,000 personnes, les deux autres de 15 ou 20,000. Je dis *personnes* et non pas *hommes*, car il y avait beaucoup de femmes et d'enfants, des familles entières qui avaient abandonné leurs villages, sans organisation, sans provisions, comptant qu'ils sauraient bien se conduire eux-mêmes et que celui qui nourrit les petits des oiseaux ne laisserait pas périr de misère des pèlerins revêtus de sa croix. Quand, sur la route, une ville se présentait à leurs yeux, les enfants demandaient si c'était là Jérusalem. La première de ces foules avait pour chef Pierre l'Ermite lui-même et un chevalier bourguignon qu'on appelait Gautier *sans avoir*; la seconde un prêtre allemand nommé Gottschalk; la troisième un comte Emicon de Leiningen, puissant aux environs de Mayence. J'ai tort de les appeler *chefs*, car ils ne l'étaient nullement en réalité; on repoussait leur autorité, tantôt comme tyrannique, tantôt comme inutile. « Les sauterelles, disait-on autour d'eux selon les proverbes de Salomon, n'ont point de roi, et pourtant elles vont par bandes. » En traversant l'Allemagne, la Hongrie, la Bulgarie, les provinces de l'empire grec, ces bandes, poussées par leurs brutales passions ou par leurs besoins et leurs misères matérielles, se livrèrent à de tels désordres que, sur leur route, les princes et les populations, au lieu de les accueillir comme des chrétiens, en vinrent à les traiter comme des ennemis dont il fallait à tout prix se délivrer. Pierre l'Ermite et Gottschalk faisaient d'honnêtes et sincères efforts pour réprimer les excès de leurs gens, source de tels périls; le comte Emicon au contraire, dit Guillaume de Tyr, « prenait part lui-même aux pillages et excitait au crime ses compagnons ». Ainsi, tantôt agressives, tantôt réduites à se défendre contre les attaques des habitants justement irrités, ces trois immenses troupes de pèlerins, volontaires déréglés, arrivèrent à grand'peine, et après des pertes énormes, aux portes de Constantinople. Par crainte ou par commisération, l'empereur grec, Alexis Comnène, les admit à y planter leur camp; « mais bientôt l'abondance, l'oisiveté, la vue des richesses de Constantinople, ramenèrent dans ce camp la licence, l'indiscipline et la soif du brigandage. En attendant la guerre contre les musulmans, les pèlerins pillèrent les maisons, les palais et même les églises des faubourgs de Byzance. Pour délivrer sa capitale de ces hôtes destructeurs, Alexis leur fournit des vaisseaux et les fit transporter au delà du Bosphore. »

Pendant que la croisade commençait sous ces tristes auspices, des chefs plus sensés et mieux obéis lui préparaient un autre caractère et de meilleures destinées. Deux grandes et vraies armées se formaient dans le nord, le centre et le midi de la France, et une troisième en Italie, parmi les chevaliers normands qui y avaient fondé le royaume de Naples et de Sicile, peu avant que leur compatriote Guillaume le Bâtard conquit l'Angleterre. La première de ces armées avait pour chef Godefroi de Bouillon, duc de Lorraine, que tous ses contemporains ont décrit comme le modèle des preux et pieux chevaliers. Il était fils d'Eustache II, comte de Boulogne, et « l'illustration de la noblesse, dit Raoul de Caen, chroniqueur de son temps, était relevée en lui par l'éclat des plus hautes vertus, tant dans les affaires du monde que dans celles du ciel. Pour celles-ci, il se signalait par sa générosité envers les pauvres et par sa miséricorde envers ceux qui avaient commis des fautes. En outre, son humilité, son extrême douceur, sa modération, sa justice, sa chasteté étaient grandes ; il brillait comme un flambeau parmi les moines plus encore que comme un duc parmi les chevaliers. Et néanmoins il savait aussi faire les choses qui sont de ce monde, combattre, former les rangs, étendre par les armes le domaine de l'Église. Dans son adolescence, il apprit à être le premier ou l'un des premiers à frapper l'ennemi ; dans sa jeunesse, il en prit l'habitude ; en avançant en âge, il ne l'oublia jamais. Il était si bien le fils du belliqueux comte Eustache et de sa mère Ide de Bouillon, femme remplie de religion et versée dans les lettres, qu'en le voyant un rival même eût été forcé de dire de lui : « Pour l'ardeur à la guerre, voilà son père ; pour le service « de Dieu, voilà sa mère. » La seconde armée, formée surtout des croisés de la France méridionale, marchait sous les ordres de Raymond IV, comte de Toulouse, le plus âgé des chefs de la croisade, mais qui joignait encore l'ardeur de la jeunesse à l'expérience de l'âge mûr et à l'opiniâtreté du vieillard. Il avait combattu et plus d'une fois vaincu les Maures en Espagne, à côté du Cid. Il emmenait avec lui en Orient sa troisième femme, Elvire, fille d'Alphonse VI, roi de Castille, ainsi qu'un très-jeune enfant qu'il avait d'elle, et il avait fait le vœu, qu'il accomplit, de ne plus retourner dans sa patrie et de combattre les infidèles jusqu'à la fin de ses jours, en expiation de ses péchés. Il était prudent quoique altier, et non-seulement le plus riche, mais le plus économe des chefs croisés : « aussi, dit Raoul de Caen, lorsque tous les autres eurent dissipé leur argent, les richesses du comte Raymond le firent distinguer encore plus. Les gens de Provence, qui le suivaient, ne prodiguaient point leurs ressources, recherchaient l'économie plus encore que la gloire, » et « son armée, ajoute Guibert de Nogent, ne parut inférieure à aucune autre, si ce n'est en ce qu'on peut reprocher aux habitants de la Provence touchant leur excessive loquacité. »

Bohémond, prince de Tarente, commandait la troisième armée formée surtout d'Italiens et de guerriers de diverses origines venus en Italie pour s'associer aux exploits et à la fortune de son père, le célèbre Robert Guiscard, fondateur du royaume normand de Naples, tantôt l'ennemi, tantôt le défenseur du pape Grégoire VII, et mort dans l'île de Céphalonie au moment où il se préparait à tenter la conquête de Constantinople. Bohémond n'avait ni moins d'ambition, ni moins de courage et d'habileté que son père. « Sa présence, dit Anne Comnène, frappait autant les regards que sa réputation étonnait l'esprit; sa taille surpassait celle de tous ses compagnons; ses yeux bleus s'enflammaient aisément de fierté et de colère; quand il parlait, on eût dit qu'il avait étudié l'éloquence; quand il se montrait sous les armes, on eût pu croire qu'il n'avait jamais fait que manier la lance et l'épée. Élevé à l'école des héros normands, il cachait les combinaisons de la politique sous les dehors de la violence, et quoiqu'il fût d'un caractère hautain, il savait dissimuler une injure quand la vengeance ne lui était pas profitable. Il avait appris de son père à regarder comme ses ennemis tous ceux dont il enviait les États et les richesses; il n'était retenu ni par la crainte de Dieu, ni par l'opinion des hommes, ni par ses propres serments. La délivrance du tombeau de Jésus-Christ n'était point ce qui enflammait son zèle ni ce qui le décida à prendre la croix; comme il avait voué une haine éternelle aux empereurs grecs, il souriait à l'idée de traverser leur empire à la tête d'une armée, et, plein de confiance dans sa fortune, il espérait se faire un royaume avant d'arriver à Jérusalem. »

Bohémond avait pour ami et pour compagnon fidèle son cousin Tancrède de Hauteville, arrière-petit-fils, par sa mère Emma, de Robert Guiscard, et, selon tous ses contemporains, le type du parfait chevalier chrétien, rien de moins, rien de plus. « Dès son adolescence, dit Raoul de Caen, son serviteur avant de devenir son historien, il surpassait les jeunes gens par son adresse dans le maniement des armes, les vieillards par la gravité de ses mœurs. Il dédaignait de médire de qui que ce fût, même quand on avait médit de lui. Quant à lui-même, il n'en voulait rien dire, mais il avait un besoin insatiable qu'on en pût parler. La passion de la gloire agitait seule cette jeune âme; cependant elle était intérieurement tourmentée, et il éprouvait une grande anxiété en pensant que ses combats de chevalier semblaient contrarier les préceptes du Seigneur. Le Seigneur nous invite à donner notre tunique et notre manteau à celui qui vient nous en dépouiller; l'obligation du chevalier est d'enlever tout ce qui reste à celui à qui il a déjà pris sa tunique et son manteau. Ces principes contradictoires endormaient quelquefois le courage de cet homme rempli de sagesse; mais quand la déclaration du pape Urbain eut assuré la rémission de tous leurs péchés à tous les chrétiens qui iraient combattre les Gentils, alors Tancrède se réveilla en quelque sorte de son sommeil, et cette nouvelle occasion l'enflamma d'un zèle qu'on ne saurait exprimer. Il fit donc ses préparatifs de départ; mais, habitué dès son enfance à donner aux autres avant de penser à lui-même, il ne fit pas de grandes dépenses et se contenta de rassembler en quantité suffisante des armes de chevalier, des chevaux, des mulets et les approvisionnements nécessaires pour ses compagnons. »

A ces quatre chefs, restés illustres dans l'histoire, ce tombeau où viennent s'éteindre les petites renommées, s'associèrent, pour délivrer la terre sainte, une foule de seigneurs féodaux, les uns puissants et vaillants, les autres vaillants et simples chevaliers : Hugues, comte de Vermandois, frère du roi de France Philippe Ier; Robert de Normandie, dit *Courte-Heuse*, fils de Guillaume le Conquérant; Robert, comte de Flandre; Étienne, comte de Blois; Raimbault, comte d'Orange; Baudouin, comte de Hainaut; Raoul de Beaugency, Gérard de Roussillon, et tant d'autres dont les chroniqueurs contemporains et les érudits modernes ont recueilli les noms. Aucun des souverains officiels de l'Europe, rois ou empereurs de France, d'Angleterre, d'Espagne, d'Allemagne, ne prit part à la première croisade; ce fut la nation féodale, grands et petits, châtelains et peuple, qui se leva en masse pour la délivrance de Jérusalem et l'honneur de la chrétienté.

Ces trois grandes armées de croisés se mirent en marche du mois d'août au mois d'octobre 1096, prenant leur route, Godefroi de Bouillon par l'Allemagne, la Hongrie et la Bulgarie, Bohémond par le midi de l'Italie et la mer Méditerranée, le comte Raymond de Toulouse par l'Italie septentrionale, le Frioul et la Dalmatie. Ils arrivèrent successivement dans l'empire d'Orient et aux portes de Constantinople. Godefroi de Bouillon y parut le premier, et l'empereur Alexis Comnène apprit avec effroi que d'autres armées de croisés suivraient bientôt celle-là, déjà si grande. Bohémond et Raymond ne tardèrent pas à paraître. Alexis se conduisit envers ces redoutables alliés avec un mélange de pusillanimité et de hauteur, de promesses et de mensonges, de caresses et d'hostilités qui les irritait sans les intimider et leur rendait

LES QUATRE CHEFS DE LA PREMIÈRE CROISADE.

toute confiance impossible comme toute estime. Tantôt il les remerciait avec effusion de l'appui qu'ils lui apportaient contre les infidèles; tantôt il envoyait des troupes qui les harcelaient sur leur route, et quand ils avaient atteint Constantinople, il exigeait qu'ils lui jurassent fidélité et obéissance, comme ses propres sujets; un jour il leur refusait des vivres et essayait de les dompter par la famine; le lendemain il leur prodiguait les banquets et les présents. De leur côté, quand les vivres leur manquaient, les croisés se répandaient dans le pays et le pillaient sans ménagement, et quand ils rencontraient des troupes grecques hostiles, ils engageaient brusquement le combat. Quand l'empereur leur demandait foi et hommage, le comte de Toulouse répondait qu'il n'était pas venu en Orient pour chercher un maître. Après s'être refusé à toute prétention hautaine, Godefroi de Bouillon, aussi équitable que digne, reconnut que les croisés devaient remettre entre les mains de l'empereur les villes qui avaient appartenu à l'empire, et l'arrangement fut ainsi conclu entre eux. Bohémond fit proposer à Godefroi d'attaquer de concert l'empire grec et de s'emparer sur-le-champ de Byzance; Godefroi repoussa la proposition, en rappelant qu'il n'était venu que pour combattre les infidèles. L'empereur, bien instruit de l'avidité comme de l'ambition de Bohémond, le fit entrer un jour dans une salle pleine de trésors. « Il y a là, dit Bohémond, de quoi conquérir des royaumes. » Alexis fit transporter les trésors chez Bohémond, qui les refusa d'abord et finit par les accepter. On dit même qu'il demanda à l'empereur le titre de grand domestique ou de général de l'empire d'Orient. Alexis, qui avait eu cette dignité et qui savait qu'elle était le chemin du trône, la refusa au chef normand en la promettant à ses services futurs pour l'empire et l'empereur.

Les chefs de la Croisade n'étaient pas seuls à traiter avec dédain ce fastueux, rusé et débile souverain. Dans une cérémonie où quelques princes français faisaient hommage à l'empereur, un comte Robert de Paris alla s'asseoir sans façon à côté de lui; Baudouin, comte de Hainaut, le tira par le bras en lui disant : « Quand on est dans un pays, il faut en respecter les maîtres et les usages. — Vraiment, répondit Robert, je trouve choquant que cet impertinent soit assis pendant que tant d'illustres capitaines sont là debout. » La cérémonie terminée, l'empereur, qui avait sans doute entendu ces paroles, voulut en avoir l'explication; il retint Robert et lui demanda qui et d'où il était. « Je suis Français, lui dit Robert, et de naissance illustre. Dans mon pays, il y a, près d'une église, une place où se rendent tous ceux qui brûlent de signaler leur valeur. J'y suis allé souvent sans que personne ait osé se présenter devant moi. » L'empereur n'eut garde de relever cette espèce de défi, et se contenta de répondre au guerrier : « Si vous attendiez alors des ennemis sans en trouver, vous allez avoir maintenant de quoi vous satisfaire. J'ai un conseil à vous donner ; ne vous mettez jamais à la tête ni à la queue de l'armée ; demeurez au centre. J'ai appris comment il fallait se battre avec les Turcs ; c'est la meilleure place que vous puissiez choisir. » Les croisés et les Grecs se méprisaient mutuellement, les uns avec une fierté grossière, les autres avec une finesse ironique et timide.

Cette situation, de part et d'autre oisive, malveillante et irritante, ne pouvait se prolonger longtemps. A l'approche du printemps de 1097, les chefs croisés et leurs troupes, Godefroi de Bouillon d'abord, puis Bohémond et Tancrède, puis le comte Raymond de Toulouse, passèrent le Bosphore, transportés soit par leurs propres navires, soit par ceux de l'empereur Alexis, qui les encourageait contre les infidèles, et qui en même temps faisait donner aux infidèles les informations les plus nuisibles aux croisés. Réunis en Bithynie, les chefs chrétiens résolurent d'aller assiéger Nicée, première et importante possession des Turcs. En marchant vers cette place, ils virent venir au-devant d'eux, dans toutes les apparences du plus triste dénûment, Pierre l'Ermite, suivi d'une petite troupe de pèlerins échappés aux désastres de son expédition et qui avaient, comme lui, passé l'hiver en Bithynie, attendant des croisés plus heureux. Affectueusement accueilli par les chefs de l'armée, Pierre leur raconta « avec détail, dit Guillaume de Tyr, comment le peuple, qui les avait devancés sous sa conduite, s'était montré dépourvu d'intelligence, imprévoyant et indomptable à la fois; aussi était-ce beaucoup plus par ses propres fautes que par le fait d'autrui qu'il avait succombé sous le poids de ses calamités. » Le cœur ainsi soulagé et l'espérance retrouvée, Pierre se joignit à la puissante armée de croisés qui arrivait enfin, et, le 15 mai 1097, le siége de Nicée commença.

La ville était au pouvoir d'un sultan turc, Kilidge-Arslan, dont, vingt ans auparavant, le père, Soliman, avait envahi la Bithynie et fixé à Nicée sa résidence. Informé de l'approche des croisés, il était sorti de la place pour aller réunir toutes ses forces ; mais il y avait laissé sa femme, ses enfants, ses trésors, et il faisait dire aux habitants par ses messagers : « Rassurez-vous et ne craignez point le peuple barbare qui prétend assiéger notre ville ; demain, avant la septième heure du jour, vous serez délivrés de vos ennemis. » Il arriva en effet le 16 mai, dit l'historien arménien Matthieu d'Édesse, à la tête de 600,000 cavaliers. Les historiens des croisés sont infiniment plus modestes sur le nombre de leurs ennemis; ils ne donnent à Kilidge-Arslan que 50 ou 60,000 hommes, témoignage beaucoup plus croyable, car c'est celui des vainqueurs. Quoi qu'il en soit, les chrétiens et les Turcs se battirent vaillamment pendant deux jours sous les murs de Nicée, et Godefroi de Bouillon y justifia sa renommée de vaillance et d'adresse en abattant un Turc « remarquable entre tous, dit Guillaume de Tyr, par sa taille et sa force, et dont les flèches faisaient beaucoup de ravage dans les rangs de nos soldats. » Kilidge-Arslan vaincu s'éloigna pour aller rassembler de nouvelles troupes, et après six semaines de siége les croisés se croyaient sur le point d'entrer en maîtres dans Nicée, quand, le 26 juin, ils virent flotter sur ses remparts l'étendard de l'empereur Alexis. Leur surprise fut d'autant plus grande qu'ils venaient d'écrire à l'empereur que la ville était près de se rendre, et ils ajoutaient : « Nous vous invitons sérieusement à vous hâter d'envoyer quelques-uns de vos princes avec une suite suffisante, afin qu'ils puissent recevoir et conserver en l'honneur de votre nom la ville qui se livrera à eux. Pour nous, après l'avoir remise entre les mains de Votre Grandeur, nous ne mettrons plus aucun délai à poursuivre, avec l'aide de Dieu, l'exécution de nos projets. » Alexis avait devancé ce loyal message; toujours en relation secrète avec les anciens sujets de l'empire grec, souvent même avec leurs nouveaux maîtres les Turcs, ses agents dans Nicée avaient décidé les habitants à se rendre à lui et non pas aux Latins qui les traiteraient en vaincus. L'irritation fut extrême parmi les croisés ; ils s'étaient promis, sinon le pillage de Nicée, du moins de grands profits de leur victoire ; on disait dans le camp que la convention conclue avec l'empereur contenait un article portant que « si, avec l'aide de Dieu, on prenait quelqu'une des villes qui avaient appartenu auparavant à l'empire grec sur toute la longueur de la route jusqu'en Syrie, la ville serait rendue à l'empereur avec tout le territoire adjacent, et que le butin, les dépouilles et tous les objets quelconques qu'on y trouverait seraient cédés sans discussion aux croisés, en récompense de leurs travaux et en indemnité de leurs dépenses. » La colère s'accrut encore quand on apprit qu'il ne serait pas permis aux croisés d'entrer plus de dix à la fois dans la ville qu'ils venaient de prendre, et que l'empereur Alexis avait fait rendre la liberté à la femme de Kilidge-Arslan avec ses deux fils et à tous les Turcs prisonniers de guerre conduits à Constantinople. Les chefs des croisés étaient eux-mêmes indignés et méfiants ; mais « ils résolurent d'un commun accord, dit Guillaume de Tyr, de dissimuler leur ressentiment, et ils s'appliquèrent à calmer leur peuple en l'encourageant à poursuivre sans retard le but de sa glorieuse entreprise. »

Toute l'armée des croisés se mit en marche pour traverser du nord-ouest au sud-est l'Asie Mineure et atteindre la Syrie. A son arrivée devant Nicée, elle comptait, dit-on, 500,000 fantassins et 100,000 cavaliers, chiffres évidemment très-exagérés, car tout indique qu'au début de la croisade les trois grandes armées, parties de France et d'Italie avec Godefroi de Bouillon, Bohémond et Raymond de Toulouse, n'atteignaient pas ce nombre, et elles avaient certainement beaucoup perdu pendant leur longue route par leurs souffrances et leurs combats. Quoi qu'il en soit, après avoir marché tous ensemble pendant deux jours et en s'étendant sur un plus grand espace, sans doute pour trouver plus aisément des vivres, les croisés se divisèrent en deux corps conduits l'un par Godefroi de Bouillon et Raymond de Toulouse, l'autre par Bohémond et Tancrède. Le 1er juillet, au point du jour, ce dernier corps, campé à peu de distance de Dorylée en Phrygie, vit descendre des hauteurs environnantes une nuée d'ennemis qui fondirent sur les chrétiens, firent d'abord pleuvoir sur eux une grêle de traits, puis pénétrèrent dans leur camp et jusque dans les tentes où se tenaient les femmes, les enfants, les vieillards, nombreuse suite des croisés. C'était Kilidge-Arslan qui, après la chute de Nicée, avait soulevé cette nouvelle armée de Sarrasins et poursuivait sur leur route les vainqueurs. La bataille s'engagea en grand désordre ; les chefs soutinrent de leur personne le premier choc ; le duc de Normandie, Robert Courte-Heuse, prit de sa main son étendard blanc brodé d'or, et le déployant au-dessus de sa tête, il s'élança sur les Turcs en criant : « Dieu le veut ! Dieu le veut ! » Bohémond s'acharna à chercher dans la mêlée Kilidge-Arslan ; mais en même temps il envoya en toute hâte des messagers à Godefroi de Bouillon, encore peu éloigné, pour l'appeler à leur secours. Godefroi accourut, et devançant son armée avec cinquante de ses chevaliers, il se jeta le premier au milieu des Turcs ; vers le midi, tout le premier corps arriva, enseignes déployées, au bruit des clairons et aux cris des guerriers. Kilidge-Arslan et ses troupes se replièrent sur les hauteurs d'où ils venaient de descendre. Les croisés, sans prendre haleine, y montèrent à leur poursuite ; les Turcs se virent bientôt environnés d'une forêt de lances ; ils s'enfuirent à travers les bois et les rochers ; « ils fuyaient encore deux jours après, dit Albert d'Aix, sans que personne les poursuivît, si ce n'est Dieu lui-même. » La victoire de Dorylée ouvrit aux croisés tout le pays, et ils reprirent leur marche vers la Syrie, attentifs seulement à ne plus se séparer.

Ils furent bientôt aux prises avec d'autres périls contre lesquels la bravoure ne pouvait rien. Ils traversaient, sous un soleil brûlant, des campagnes désertes que leurs ennemis avaient eu soin de ravager. L'eau et les fourrages manquaient ; les hommes souffraient impatiemment de la soif ; les chevaux mouraient par centaines ; des chevaliers marchaient en tête de leur troupe montés sur des ânes ou sur des bœufs ; leur amusement favori, la chasse, leur devenait impossible ; les oiseaux de chasse, les faucons, les gerfauts qu'ils avaient apportés, languissaient et mouraient aussi sous cette extrême chaleur. Un incident procura aux croisés un soulagement momentané : les chiens qui suivaient l'armée, en rôdant alentour, revinrent un jour les pattes et le poil humides ; ils avaient donc trouvé de l'eau ; les soldats se mirent en recherche et trouvèrent, en effet, dans un vallon écarté, une petite rivière ; ils s'enivrèrent d'eau, et plus de trois cents hommes, dit-on, en furent saisis et moururent. Arrivés en Pisidie, pays coupé de cours d'eau, de prairies et de bois, l'armée s'y reposa quelques jours ; mais là précisément deux de ses chefs les plus capables et les plus respectés furent bien près de lui être enlevés ; le comte Raymond de Toulouse, qu'on appelait aussi Raymond de Saint-Gilles, tomba si malade, que l'évêque d'Orange récitait auprès de lui les litanies des mourants quand l'un des assistants s'écria qu'à coup sûr le comte vivrait, car les prières de son patron saint Gilles avaient obtenu, pour lui, *une trêve avec la mort*. Raymond guérit. Godefroi de Bouillon, se promenant à cheval dans une forêt, rencontra un pèlerin attaqué par un ours et près de succomber sous le féroce animal ; le duc tira son épée et poussa son cheval sur l'ours qui, laissant le pèlerin, se jeta sur l'assaillant ; le cheval effrayé se cabra ; Godefroi tomba, et se relevant aussitôt selon un récit, renversé au contraire avec son cheval selon un autre, il soutint contre l'ours une lutte terrible et finit par le tuer en lui plongeant dans le ventre son épée jusqu'à la garde, dit Guillaume de Tyr, mais avec un tel effort et si grièvement blessé lui-même, que ses soldats accourus au rapport du pèlerin le trouvèrent étendu sur le sol, couvert de sang, hors d'état de se lever, et le rapportèrent au camp, où il fut, pendant plusieurs semaines, obligé de se faire porter en litière à la suite de l'armée.

A travers ces périls, on avançait ; on approchait des monts Taurus, rempart et porte de la Syrie. Une querelle élevée entre deux des principaux chefs croisés faillit compromettre gravement l'accord et la force de l'armée. Tancrède, avec ses hommes, était entré dans Tarse, la patrie de saint Paul, et y avait planté son drapeau. Quoique arrivé après lui, Baudouin, frère de Godefroi de Bouillon, prétendit avoir droit à la possession de la ville, et fit élever son drapeau à la place de celui de Tancrède, qui fut jeté dans un fossé. Pendant plusieurs jours, la lutte fut ardente et même sanglante ; les soldats de Baudouin étaient les plus nombreux ; ceux de Tancrède trouvaient leur chef trop doux, et sa bravoure tant de fois prouvée suffisait à peine pour faire excuser sa modération. Chefs et soldats sentirent enfin la nécessité de se réconcilier, et se promirent mutuellement d'abdiquer toute animosité. De retour au camp général, Tancrède y fut accueilli avec une faveur marquée ; étrangers à la querelle de Tarse, la plupart des croisés lui savaient également gré de sa bravoure et de sa douceur. Baudouin, au contraire, fut fortement blâmé, même par son frère Godefroi ; mais il était plus ambitieux pour son propre compte que dévoué à la cause commune ; il entendait souvent parler de l'Arménie, de la Mésopotamie, de leur richesse et du grand nombre de chrétiens qui y vivaient à peu près indépendants des Grecs comme des Turcs ; dans l'espoir de trouver là les chances d'une grande fortune personnelle, il quitta l'armée des croisés à Marésie, la veille même du jour où les chefs venaient de décider que personne ne devait plus s'éloigner du drapeau, et emmenant avec lui une faible troupe de 200 cavaliers et de 1000 ou 1200 fantassins, il se dirigea vers l'Arménie. Son nom et sa présence y firent bientôt du bruit ; il s'empara de deux petites villes qui le reçurent avec empressement. Édesse, la capitale de l'Arménie et la métropole de la Mésopotamie, était peuplée de chrétiens ; un gouverneur grec, envoyé par l'empereur de Constantinople, y résidait, en payant tribut aux Turcs. Des dissensions intestines et la crainte qu'inspirait toujours le voisinage des Turcs agitaient vivement la cité ; évêque, peuple, gouverneur grec, tous appelèrent Baudouin ; il se présenta devant Édesse avec cent cavaliers seulement ; il avait laissé le reste de ses forces en garnison dans les villes qu'il occupait déjà ; toute la population vint à sa rencontre, portant des branches d'olivier et chantant des cantiques en l'honneur de son libérateur. Mais les émeutes, les alarmes recommencèrent bientôt ; Baudouin y assistait, attendant qu'on lui offrît le pouvoir. On tardait : le gouverneur grec était toujours là ; Baudouin menaça de son départ : l'inquiétude populaire fut extrême ; le gouverneur grec, vieux et détesté, crut tout apaiser en adoptant le chef latin et en le déclarant son héritier. Ce ne fut qu'un court répit ; Baudouin laissa massacrer le gouverneur dans une nouvelle émeute ; le peuple vint lui déférer le gouvernement : il devint le prince d'Édesse et bientôt de toute la contrée environnante, sans plus songer à Jérusalem, dont pourtant, à un jour peu éloigné, il devait être roi.

Pendant que Baudouin conquérait ainsi, pour lui-même et pour lui seul, la première principauté latine des croisés en Orient, son frère Godefroi et la grande armée chrétienne traversaient les monts Taurus et arrivaient devant Antioche, la capitale de la Syrie. La célébrité païenne et chrétienne de la ville était grande ; sa situation, la beauté de son climat, la fertilité de son territoire, son lac poissonneux, son fleuve l'Oronte, sa fontaine de Daphné, ses fêtes, ses mœurs en avaient fait, sous l'empire romain, un séjour brillant et favori. En même temps, c'était là que les disciples de Jésus avaient pris le nom de chrétiens et que saint Paul avait commencé son héroïque vie de prédication et de mission. Il fallait absolument que les croisés prissent Antioche ; mais la difficulté de la conquête égalait son importance : la ville était bien fortifiée et pourvue d'une forte citadelle ; les Turcs la possédaient depuis quatorze ans ; son gouverneur Accien[1], délégué du sultan de Perse, Malek-schah, s'y était enfermé avec 7,000 cavaliers et 20,000 fantassins. Les premières attaques des chrétiens échouèrent ; ils eurent en perspective un long siége ; au début, leur situation fut facile et douce ; intimidés ou indifférents, les habitants de la campagne ne leur étaient pas hostiles ; ils venaient visiter le camp ; ils accueillaient les croisés à leurs marchés ; les récoltes, à peine terminées, avaient été abondantes : « les raisins, dit Guibert de Nogent, étaient encore suspendus aux branches des vignes ; de tous côtés on découvrait des grains enfermés, non dans des greniers, mais dans des fosses souterraines ; les arbres étaient chargés de fruits. » Ces facilités de la vie, la douceur du climat, l'agrément des lieux, les fréquents loisirs, tantôt le plaisir et tantôt l'ennui

---

[1] *Yâgui-Sian* (frère du noir), selon les historiens orientaux.

amenèrent parmi les croisés le désordre, la licence, l'indiscipline, l'insouciance, souvent des périls et des revers. Les Turcs en profitaient pour faire des sorties qui jetaient le trouble dans le camp et coûtaient la vie à des croisés surpris ou épars. L'hiver arriva ; les vivres devinrent rares ; il fallut aller les chercher plus loin et avec plus de péril ; la vie cessa d'être agréable et facile. L'inquiétude, les doutes sur le succès de l'entreprise, la fatigue et le découragement pénétrèrent dans l'armée ; des hommes qu'on croyait éprouvés, le duc de Normandie Robert *Courte-Heuse*, Guillaume, vicomte de Melun, qu'on nommait *le Charpentier* à cause de sa forte hache d'armes, Pierre l'Ermite lui-même, « qui n'avait jamais appris, dit Robert le moine, à supporter un tel mal de la faim, » quittèrent le camp et désertèrent le drapeau de la croix, « afin que l'on vît, selon le langage de l'Apocalypse, tomber même les étoiles du ciel, » dit Guibert de Nogent. Le scandale et la colère furent grands ; Tancrède courut après les fugitifs, les ramena, et ils jurèrent sur l'Évangile de ne plus jamais déserter la cause qu'ils avaient si bien prêchée et servie. Évidemment il était indispensable de prendre des mesures pour rétablir dans l'armée la discipline, la confiance, les mœurs et les espérances chrétiennes. Les différents chefs s'y prirent par des procédés très-divers selon leur vocation, leur caractère ou leurs habitudes. L'évêque du Puy, Adhémar, chef spirituel et vénéré de la Croisade, Godefroi de Bouillon, Raymond de Toulouse, les chefs militaires renommés pour leur piété et leur vertu, firent, contre tous les genres de désordre, les uns des prédications ferventes, les autres des prohibitions sévères ; les hommes surpris dans l'ivresse eurent les cheveux coupés ; les blasphémateurs et les joueurs effrénés furent marqués d'un fer rouge ; on enferma les femmes dans des tentes séparées. A ces désordres intérieurs s'ajoutaient les périls d'un espionnage assidu de la part des Turcs dans le camp des croisés ; on ne savait comment réprimer ce mal. « Frères et seigneurs, dit Bohémond aux princes assemblés, laissez-moi me charger seul de cette affaire : j'espère, avec l'aide de Dieu, trouver remède à cette maladie. » Peu préoccupé de la réforme morale, il s'appliqua à frapper d'effroi les Turcs et à rendre, par contre-coup, la confiance aux croisés. « Un soir, dit Guillaume de Tyr, tandis que tout le monde était, comme à l'ordinaire, occupé des préparatifs du souper, Bohémond ordonna qu'on fît sortir de prison quelques Turcs surpris dans le camp et qu'on les égorgeât aussitôt; puis, faisant allumer un grand feu, il prescrivit qu'on les rôtît et qu'on les préparât avec soin, comme pour être mangés; si on demandait quel appareil se faisait là, il commanda à ses gens de répondre : « Les princes « et gouverneurs du camp ont arrêté aujourd'hui dans leur conseil que « tous les Turcs ou leurs espions qui seraient trouvés désormais dans le « camp seraient, de cette façon, forcés de faire viande de leurs propres « corps, tant aux princes qu'à toute l'armée! » Toute la ville d'Antioche, ajoute l'historien, fut saisie de terreur en entendant rapporter des paroles si étranges et un fait si cruel. Ainsi, par l'œuvre et les soins de Bohémond, le camp fut purgé de cette peste des espions, et les résultats des assemblées des princes furent beaucoup moins divulgués parmi les ennemis. »

Bohémond ne se borna pas à effrayer les Turcs par l'étalage de ses barbaries; il chercha et trouva parmi eux des traîtres. Dans les incidents du siége, il avait noué quelques relations avec un habitant d'Antioche, nommé Férouz ou Emir-Feir, probablement rénégat chrétien et musulman en apparence, en faveur auprès du gouverneur Accien, qui lui avait confié, à lui et à sa famille, la garde de trois des tours et des portes de la ville. Soit repentir religieux, soit promesse d'une riche récompense, Emir-Feir, après les conversations obscures et détournées qui précèdent d'ordinaire la trahison, offrit à Bohémond de lui livrer, et par lui aux croisés, l'entrée d'Antioche. Bohémond, en termes couverts, informa les chefs ses compagnons de cette proposition en donnant à entendre que, si la prise d'Antioche était le résultat de ses efforts, ce serait à lui à en devenir seigneur. Le comte de Toulouse repoussa rudement cette idée. « Nous sommes tous frères, dit-il, nous avons tous couru la même fortune; je n'ai pas quitté mon pays et affronté, moi et les miens, tant de périls pour conquérir, au profit de l'un d'entre nous, de nouvelles seigneuries. » L'avis de Raymond prévalut et Bohémond n'insista pas ce jour-là. Mais la situation devint de plus en plus pressante; des armées de musulmans se préparaient à venir au secours d'Antioche; quand ces alarmes nouvelles se furent répandues dans le camp, Bohémond revint à la charge, disant : « Le temps presse; si vous accueillez l'ouverture qui nous est faite, demain Antioche est à nous, et nous marcherons en triomphe à Jérusalem. Si on trouve un meilleur moyen d'assurer notre succès, je suis prêt à l'accepter et à renoncer pour moi-même à toute conquête. » Raymond seul persista dans son opposition; tous les autres chefs se rendirent à l'ouverture et à la condition de Bohémond; toutes les mesures furent prises

Emir-Feir averti fit dire à Bohémond que, la nuit suivante, tout serait prêt. L'heure venue, une soixantaine de guerriers, Bohémond en tête, se rendirent sans bruit au pied de la tour indiquée; une échelle fut dressée; Emir-Feir l'attacha solidement au haut du mur; Bohémond regarda autour de lui; personne ne se pressait d'y monter; Bohémond y monta lui-même, et, reconnu d'Emir-Feir, il s'inclina sur le rempart, appela à voix basse ses compagnons et redescendit rapidement pour les rassurer et les faire monter avec lui. Ils montent; la tour et deux autres voisines leur sont livrées; les trois portes s'ouvrent; les croisés s'y précipitent. Quand le jour parut, le 3 juin 1098, les rues d'Antioche étaient pleines de cadavres; les Turcs surpris avaient été tués sans résistance ou s'étaient enfuis dans la campagne; la citadelle tenait encore, pleine de ceux qui avaient pu s'y retirer; mais la ville entière était au pouvoir des croisés, et la bannière de Bohémond flottait sur un point élevé, en face de la citadelle.

Malgré leur triomphe, les croisés n'étaient pas aussi près de se mettre en marche vers Jérusalem que le leur avait promis Bohémond; partout en Syrie et dans la Mésopotamie, les musulmans se levaient pour aller délivrer Antioche; une immense armée était déjà en mouvement: 1,100,000 hommes selon Matthieu d'Édesse, 660,000 selon Foucher de Chartres, 300,000 selon Raoul de Caen, 200,000 seulement selon Guillaume de Tyr et Albert d'Aix. La diversité de ces chiffres suffit à prouver leur fausseté. Le dernier était bien assez fort pour inquiéter les croisés déjà très-réduits en nombre par tant de courses, de batailles, de souffrances et de désertions. Un vieux guerrier musulman, célèbre alors dans toute l'Asie occidentale, Corboghà, sultan de Mossoul[1], commandait toutes les forces ennemies, et quatre jours après la prise d'Antioche il était déjà tout autour de la place, enfermant les croisés dans les murs qu'ils venaient de conquérir. Ils furent ainsi et tout à coup assiégés à leur tour, ayant même au milieu d'eux, dans la citadelle qui tenait encore, une force ennemie. Pendant qu'ils assiégeaient Antioche, l'empereur Alexis Comnène s'était mis en marche avec une armée pour venir prendre sa part de leurs succès, et il avançait dans l'Asie Mineure, quand il apprit que les musulmans, en nombre immense, bloquaient dans Antioche l'armée chrétienne hors d'état, disait-on, de leur résister longtemps. L'empereur rebroussa aussitôt chemin vers Constantinople,

---

[1] Près de l'ancienne Ninive.

et les croisés apprirent qu'il n'y avait pour eux point de secours grec à espérer. Le blocus, de jour en jour plus étroit, amena bientôt dans Antioche une horrible famine ; au lieu de répéter ici, en termes généraux, les descriptions ordinaires de ce cruel fléau, j'en reproduirai les traits particuliers et vifs tels que les ont retracés les chroniqueurs contemporains. « Le peuple chrétien, dit Guillaume de Tyr, recourut bientôt, pour se procurer des aliments quelconques, à toutes sortes de moyens honteux. Les nobles, les hommes libres ne rougissaient pas de tendre avidement la main devant des inconnus, demandant avec une insistance fâcheuse ce que trop souvent on leur refusait. On voyait les plus robustes, ceux que leur valeur insigne avait rendus illustres au milieu de l'armée, maintenant appuyés sur des bâtons, se traîner demi-morts dans les rues, sur les places publiques, et s'ils ne parlaient pas, ils se présentaient du moins le visage méconnaissable, demandant l'aumône à tout passant. Aucun respect ne retenait les matrones et les jeunes filles accoutumées auparavant à une sévère retenue ; elles allaient çà et là, le visage pâle, gémissant et cherchant partout de quoi manger ; et celles à qui la violence de la faim ne faisait pas oublier toute pudeur allaient se cacher dans les lieux les plus secrets et se morfondaient en silence, aimant mieux mourir de misère que de mendier publiquement. Les enfants encore au berceau, privés de lait, étaient exposés dans les carrefours, criant vainement pour demander leur nourriture habituelle ; hommes, femmes, enfants, tous se précipitaient avidement sur les aliments de toute sorte, sains ou malsains, purs ou immondes, qu'ils pouvaient ramasser çà et là, et nul ne faisait part à personne de ce qu'il avait rencontré. » Tant et de telles souffrances entraînèrent des lâchetés inouïes ; les déserteurs s'échappaient pendant la nuit ; tantôt ils se précipitaient dans les fossés de la ville au risque de se tuer ; tantôt ils descendaient à l'aide d'une corde le long des remparts ; on s'indignait contre les fuyards : on les appelait *sauteurs de corde ;* on demandait à Dieu de les traiter comme le traître Judas. Après en avoir nommé quelques-uns, et des plus grands, Guillaume de Tyr et Guibert de Nogent s'arrêtent en disant : « J'ignore les noms de beaucoup d'autres, et je ne veux pas divulguer tous ceux qui me sont bien connus. »

« On assure, dit Guillaume de Tyr, qu'en présence de tels maux et de telles faiblesses, les princes, désespérant de tout moyen de salut, tinrent entre eux un conseil secret dans lequel ils résolurent d'abandonner l'armée et tout le peuple, de prendre la fuite au milieu de la nuit et de se retirer vers la mer. » Selon l'historien arménien Matthieu d'Édesse, les princes auraient résolu, dans cette heure d'abattement, non pas de s'enfuir en abandonnant l'armée, mais « de demander à Corboghà de leur assurer à tous, sous la foi du serment, la vie sauve, en promettant de lui rendre Antioche ; après quoi, ils retourneraient dans leur pays. » Plusieurs historiens arabes, entre autres Ibn-el-Athir, Aboul-Faradje et Aboul-Fedà, confirment cette condition. Quelle que soit la véritable entre les velléités de faiblesse qui apparurent parmi les chrétiens, Godefroi de Bouillon et l'évêque du Puy Adhémar les repoussèrent énergiquement, et un incident inattendu, accepté comme miraculeux, releva les courages chancelants, soit parmi les chefs, soit parmi les soldats. Un prêtre de Marseille, nommé Pierre Barthélemi, vint déclarer aux chefs que saint André lui était apparu trois fois pendant son sommeil, disant : « Va dans l'église de mon frère Pierre à Antioche ; près du maître-autel, tu trouveras, en creusant la terre, le fer de la lance qui perça le côté de notre Rédempteur. Ce fer porté à la tête de l'armée opérera la délivrance des chrétiens. » On fit solennellement, sous les yeux de douze témoins considérables, prêtres et chevaliers, la recherche indiquée ; toute l'armée attendait, aux portes fermées de l'église ; le fer fut retrouvé et porté en triomphe ; un pieux enthousiasme rendit à tous les assistants une entière confiance ; ils demandèrent tous à grands cris la bataille. Les chefs jugèrent convenable de déclarer leur résolution au chef des musulmans ; ils choisirent pour cette mission Pierre l'Ermite, dont la parole habile et hardie leur était connue. Arrivé au camp ennemi, Pierre se présenta, sans aucune marque de respect, devant le sultan Corboghà entouré de ses satrapes, et lui dit : « L'assemblée sacrée des princes agréables à Dieu qui sont à Antioche m'envoie auprès de Ta Grandeur pour te donner avis que tu aies à renoncer à tes importunités, et que tu abandonnes le siége d'une ville que le Seigneur leur a rendue dans sa divine clémence. Le prince des apôtres arracha cette ville à l'idolâtrie et la convertit à la foi du Christ. Vous l'aviez occupée de vive force, mais injustement. Ceux qui sont animés d'une sollicitude bien légitime pour cet héritage de leurs aïeux te font demander de choisir entre plusieurs propositions : ou de renoncer au siége de la ville et de cesser d'inquiéter les chrétiens, ou d'éprouver, d'ici à trois jours, la force de nos armes. Et afin que tu ne cherches aucun subterfuge, même légitime, ils t'offrent encore d'opter entre plusieurs déterminations : ou de te présenter seul pour combattre contre l'un de nos princes, afin que, vainqueur, tu obtiennes tout ce que tu peux demander, ou que, vaincu, tu demeures en repos ; ou bien encore d'élire plusieurs des tiens qui combattront, aux mêmes conditions, contre un même nombre des nôtres ; ou enfin de convenir que les deux armées tenteront, l'une contre l'autre, la fortune des combats. — Pierre, lui répondit ironiquement Corboghà, il ne semble pas que les affaires des princes qui t'envoient soient dans une situation telle, qu'ils puissent ainsi m'offrir de choisir entre diverses propositions et que je sois tenu d'accepter celle qui pourra me convenir le mieux. Mon glaive les a réduits à ce point qu'eux-mêmes n'ont plus la faculté de choisir librement, et qu'ils sont contraints de se faire une volonté ou d'y renoncer, selon mon bon plaisir. Va donc et dis à ces imprudents que tous ceux que je trouverai en pleine possession de toutes les forces de l'âge mûr conserveront la vie et seront réservés par moi pour le service de mon maître, et que tous les autres tomberont sous mon glaive, comme des arbres inutiles, en sorte qu'il n'en restera pas même un faible souvenir. Si je n'eusse jugé plus convenable de les détruire par la rigueur de la famine que de les frapper du glaive, je me serais déjà emparé de vive force de la ville, et ils auraient recueilli le fruit de leur voyage en subissant la loi de la vengeance. »

De retour au camp, Pierre l'Ermite se disposait à raconter en détail, en présence de tout le peuple des croisés, la réponse de Corboghà, son orgueil, ses menaces et le faste qui l'entourait ; mais Godefroi de Bouillon, « craignant que la multitude, déjà accablée sous le poids de ses maux, ne fût frappée d'une nouvelle terreur, arrêta Pierre au moment où il allait prendre la parole, et l'emmenant à l'écart, il l'engagea à dire en peu de mots le résultat de sa mission, savoir que les Turcs voulaient la bataille et qu'il fallait s'y préparer sans retard. « Tous aussitôt, depuis le plus grand jusqu'au plus petit, témoignent le plus vif désir de se mesurer avec les infidèles, et semblent avoir complétement oublié leurs misères et compter sur la victoire. Tous reprennent leurs armes, préparent leurs chevaux, leurs cuirasses et leurs casques, leurs boucliers et leurs glaives. On fait publier dans toute la ville que dès le lendemain matin, avant le lever du soleil, chacun ait à se trouver prêt et à se réunir à sa légion pour suivre fidèlement la bannière de son prince. »

Le lendemain, en effet, 28 juin 1098, jour de la fête de saint Pierre et de saint Paul, toute l'armée chrétienne sortit de son camp, une partie du clergé marchant en tête et chantant le psaume LXVIIe : « Que le Seigneur se lève et que ses ennemis soient dispersés ! » « J'ai vu ces choses, moi qui parle, dit l'un des chroniqueurs, Raymond d'Agiles, chapelain du comte de Toulouse ; j'étais là et je portais la lance du Seigneur. » Les croisés se formèrent en douze corps, et de tous leurs grands chefs, le comte de Toulouse seul ne put prendre le commandement du sien ; retenu dans Antioche par les suites d'une blessure, il était chargé de contenir la garnison turque encore maîtresse de la citadelle. Les croisés avaient l'apparence d'une vieille troupe mal vêtue, mal pourvue, surmontant par son ardeur les fatigues et les pertes d'une longue guerre ; beaucoup de soldats malades marchaient avec peine ; beaucoup de barons et de chevaliers étaient à pied ; Godefroi de Bouillon lui-même avait été obligé d'emprunter un cheval au comte de Toulouse. Pendant la marche, une pluie douce rafraîchit les âmes comme les corps et fut regardée comme une faveur du ciel. Près d'engager la bataille, à l'aspect passionné, sévère et indomptable des croisés, Corboghà ressentit quelque inquiétude et fit, dit-on, proposer aux princes chrétiens ce qu'il leur avait refusé la veille, le combat de quelques-uns de leurs chevaliers contre autant de Sarrasins ; ils rejetèrent à leur tour sa proposition. Un moment arrive, dans les grandes luttes, où les âmes humaines sont lancées comme des bombes que rien ne peut arrêter ou faire reculer. La bataille fut longue, acharnée et, sur quelques points, incertaine ; Kilidge-Arslan, l'infatigable sultan de Nicée, attaqua Bohémond si vivement que, sans le prompt secours de Godefroi de Bouillon et de Tancrède, le prince d'Antioche eût été en grand péril. Mais le pieux et belliqueux enthousiasme des croisés l'emporta enfin sur la bravoure sauvage des Turcs ; Corboghà, qui avait promis au khalife de Bagdad la défaite des chrétiens, s'enfuit vers l'Euphrate avec une faible escorte de soldats fidèles. Tancrède poursuivit jusqu'à la nuit les sultans d'Alep et de Damas et l'émir de Jérusalem. Au dire des chroniqueurs chrétiens, 100,000 infidèles et seulement 4,000 croisés restèrent sur le champ de bataille. Le camp des Turcs fut livré au pillage ; 15,000 chameaux et on ne dit pas combien de chevaux en furent emmenés. La tente de Corboghà lui-même fut, pour ses vainqueurs, un riche butin et un objet d'admiration ; elle était distribuée en rues, flanquée de tours comme une ville forte ; l'or et les pierreries y brillaient partout ; elle pouvait contenir plus de 2,000 personnes, et Bohémond l'envoya en Italie, où elle fut conservée longtemps. Les vainqueurs employèrent plusieurs jours à transporter dans Antioche les dépouilles des vaincus, et chaque croisé, dit Albert d'Aix, se trouva plus riche qu'il ne l'était en partant d'Europe. »

Ce grand succès, les richesses qu'il répandit, les prétentions et les espérances qu'il souleva parmi les croisés eurent pendant quelque temps les plus pernicieux effets. La division se mit entre eux, surtout entre les chefs. Les uns se livrèrent à toutes les licences de la victoire, les autres aux douceurs du repos ; quelques-uns, fatigués et dégoûtés, préparaient et exécutaient sans bruit leur retour dans la patrie et le foyer domestique ; d'autres, de plus en plus ambitieux et hardis, aspiraient à des conquêtes et à des principautés en Orient; pourquoi n'acquerraient-ils pas ce que Baudouin avait acquis à Édesse, ce que Bohémond était près de posséder à Antioche? D'autres étaient jaloux des grandes fortunes qui se faisaient sous leurs yeux ; Raymond de Toulouse s'irritait de la domination de Bohémond dans Antioche et refusait de lui en remettre la citadelle. Les uns et les autres ne s'inquiétaient plus guère du but public de la croisade, la délivrance de Jérusalem, et ils s'adonnaient à leurs vues personnelles. Quelques jours après la défaite des Turcs, le conseil des princes délibéra sur la question de savoir si on se mettrait sur-le-champ en marche vers Jérusalem, et là toutes ces dispositions diverses éclatèrent ; après un vif débat, la majorité décida qu'il fallait attendre que les chaleurs de l'été fussent passées, que l'armée fût reposée de ses fatigues, que les renforts qu'on attendait d'Occident fussent arrivés. Le peuple des croisés s'indignait de ce retard : « Puisque les princes ne veulent pas nous conduire à Jérusalem, disait-on tout haut, choisissons parmi les chevaliers un homme fort que nous servirons fidèlement, et si la grâce de Dieu est avec nous, rendons-nous sous sa conduite à Jérusalem. Ne suffit-il pas à nos princes que nous soyons demeurés ici pendant un an, et que deux cent mille hommes armés y aient succombé? Périssent tous ceux qui veulent demeurer à Antioche, comme ont péri naguère ses habitants ! » Mais, tout en murmurant, on resta à Antioche, malgré une violente épidémie qui enleva, dit-on, en un mois, 50,000 personnes, et parmi elles le chef spirituel de la croisade, l'évêque du Puy, Adhémar, objet du respect et de la confiance des croisés. Pour donner à cette immobilité quelque spécieux prétexte et quelque pieuse excuse, ou simplement pour passer le temps qu'on n'employait pas comme on l'avait juré, on faisait des expéditions guerrières en Syrie et en Mésopotamie; on chassait de leurs petits États quelques émirs; on prenait des villes; on massacrait des infidèles. Le comte de Toulouse s'obstina pendant plusieurs semaines à assiéger Marrah, ville située entre Hamath et Alep; il la prit enfin, mais il n'y trouva plus d'habitants; ils s'étaient réfugiés dans des souterrains; de grands feux allumés à l'entrée de leur retraite les forcèrent à en sortir; en en sortant ils furent tous mis à mort ou emmenés comme esclaves; « ce qui épouvanta tellement les villes voisines, dit un chroniqueur, que de leur bon gré et sans force elles se rendirent. »

On apprit tout à coup que Jérusalem venait de subir une nouvelle calamité et de tomber de plus en plus sous le joug des infidèles; le khalife d'Égypte, Aboul-Kacem, l'avait enlevée aux Turcs, et son vizir Afdhal y avait laissé une forte garnison. Un vif sentiment de douleur, de colère et de honte éclata parmi les croisés : « Se peut-il donc, disaient-ils, que Jérusalem soit prise, reprise, et jamais par les chrétiens? » Plusieurs allèrent trouver le comte de Toulouse; on le savait très-préoccupé du désir de s'assurer la possession de Marrah qu'il venait de prendre; pourtant on avait confiance en lui; il avait fait vœu de ne jamais retourner en Occident; il était le plus riche des princes croisés; on le conjura « de se faire le conducteur de l'armée; c'était à lui qu'avait été confiée la lance du Seigneur trouvée à Antioche; si les autres princes venaient à manquer, qu'il se portât en avant avec le peuple, en toute sécurité; sinon, il n'avait qu'à remettre la lance au peuple, et le peuple irait bien à Jérusalem, sous la conduite du Seigneur. » Après quelque hésitation, Raymond déclara que le départ aurait lieu dans quinze jours et il convoqua tous les princes à une réunion préalable; réunis, « ils se trouvèrent encore plus mal ensemble, » dit le chroniqueur, et la plupart se refusèrent à partir. Pour les y décider, Raymond offrit, dit-on, dix mille sous à Godefroi de Bouillon, autant à Robert de Normandie, six mille au comte de Flandre, cinq mille à Tancrède; mais en même temps Raymond annonçait l'intention de laisser une forte garnison dans Marrah pour en assurer la défense : « Quoi donc! s'écria-t-on parmi le peuple des croisés, des contestations pour Antioche? des contestations pour Marrah? Nous empêcherons bien qu'il n'y ait querelle à propos de cette ville; venez, renversons ses murailles; rétablissons la paix entre les princes et rendons au comte sa liberté; quand Marrah n'existera plus, il ne craindra plus de la perdre. » La foule se précipita autour de Marrah et travailla si ardemment à la démolition des remparts, que le comte de Toulouse, frappé de cette passion populaire comme d'une preuve de la volonté divine, fit achever lui-même l'œuvre de destruction et ordonna le prompt départ de l'armée. Il marcha en tête, pieds nus avec ses clercs et l'évêque d'Akbar, tous implorant la miséricorde de Dieu et la protection des saints. Tancrède le suivit avec quarante chevaliers et beaucoup d'hommes de pied. « Qui donc pourra résister à ce peuple, disaient entre eux les Sarrasins et les Turcs, tellement obstiné et cruel, que, pendant un an, ni la famine, ni le glaive, ni aucun autre péril n'ont pu le faire renoncer au siége d'Antioche, et que maintenant il se nourrit de chair humaine? » Le bruit courait en effet que, dans leur extrême détresse de vivres, les croisés avaient mangé des cadavres de Sarrasins trouvés dans les fossés de Marrah.

Plusieurs des chefs jusque-là indécis s'associèrent à l'élan populaire ; quelques autres hésitèrent encore ; mais aux approches du printemps de l'an 1099, plus de huit mois après la prise d'Antioche, Godefroi de Bouillon, son frère Eustache de Boulogne, Robert de Flandre et leur suite se mirent aussi en marche. Bohémond, après les avoir accompagnés jusqu'à Laodicée, les quitta en promettant de les rejoindre devant Jérusalem, et retourna à Antioche, où il resta. De nouveaux croisés arrivèrent de Flandre, de Hollande et d'Angleterre, entre autres le prince saxon Edgar Atheling, qui avait été un moment roi d'Angleterre, entre la mort du roi Harold et le couronnement de Guillaume le Conquérant. L'armée poursuivit sa route, assez lentement, s'arrêtant encore de temps en temps pour assiéger des villes qu'elle prenait et que ses chefs continuaient de se disputer. Des envoyés du khalife d'Égypte, le nouveau possesseur de Jérusalem, arrivèrent au camp des croisés, chargés des présents et des promesses de leur maître ; ils devaient offrir quarante mille pièces d'or à Godefroi, soixante mille à Bohémond, le plus redouté des croisés parmi les musulmans, et d'autres dons à divers autres chefs. Aboul-Kacem promettait en outre la liberté des pèlerinages et l'exercice de la religion chrétienne dans Jérusalem ; mais les chrétiens n'y pourraient entrer que désarmés. A cette proposition, les chefs croisés se récrièrent avec indignation et déclarèrent aux envoyés égyptiens qu'ils allaient hâter leur marche vers Jérusalem, en les menaçant de la pousser ensuite jusqu'aux bords du Nil. A la fin du mois de mai 1099, ils étaient tous réunis sur les frontières de la Phénicie et de la Palestine ne comptant, selon les plus confiants, que 50,000 combattants.

Entrés en Palestine, à mesure qu'ils rencontraient des lieux connus dans l'histoire sacrée ou des places de quelque importance, les mêmes passions avides et jalouses qui les avaient tant agités dans l'Asie Mineure et la Syrie divisaient encore les croisés; le chef, presque le simple guerrier qui était entré le premier dans une ville, dans un bourg, dans une maison, et y avait planté son drapeau, s'y arrêtait et s'en prétendait le possesseur ; tandis que ceux « à qui rien n'était plus cher que les commandements de Dieu », disent les chroniqueurs, poursuivaient leur marche pieds nus, sous l'étendard de la croix, déplorant la cupidité et les querelles de leurs frères. Comme les croisés arrivaient à Emmaüs, quelques chrétiens de Bethléem vinrent implorer leur secours contre les infidèles. Tancrède était là, et d'accord avec Godefroi il partit sur-le-champ, au milieu de la nuit, avec une petite troupe de 100 cavaliers et il alla planter son propre drapeau au haut de l'église de Bethléem, à l'heure même où la naissance de Jésus-Christ avait été annoncée aux bergers de la Judée. Le lendemain, 10 juin 1099, en s'avançant, dès l'aube du jour, sur les hauteurs d'Emmaüs, l'armée des croisés eut tout à coup sous ses yeux la ville sainte :

« Voilà, on voit apparaître Jérusalem. Voilà, toutes les mains montrent Jérusalem. Voilà, Jérusalem s'entend saluer par mille voix ensemble.

« A la grande et douce joie dont cette première vue remplit les cœurs, succéda un profond sentiment de contrition, mêlé d'une tendresse craintive et respectueuse. Chacun osait à peine lever les yeux vers la cité qui avait été la demeure choisie du Christ, où il mourut, où il fut enseveli, où il reprit la vie.

« D'humbles accents, des paroles à voix basse, des sanglots étouffés, des soupirs pleins de larmes, les élans contenus d'un peuple qui en même temps se réjouit et s'afflige, faisaient courir dans l'air un murmure pareil à celui qu'on entend dans les forêts touffues quand le vent souffle à travers les feuilles, ou bien au bruit sourd que fait la mer qui se brise sur les écueils ou siffle en se répandant sur ses rivages. »

J'aime mieux citer, mes enfants, ces belles strophes de *la Jérusalem délivrée* que reproduire les phrases pompeuses et monotones des chroniqueurs. Le génie du Tasse était capable de comprendre et digne de peindre l'émotion d'une armée chrétienne à la vue de Jérusalem qu'elle venait délivrer.

Je ne m'arrêterai pas aux détails purement militaires et techniques du siége. On comptait dans la ville 20,000 des habitants armés et 40,000 hommes de garnison, les plus vaillants et plus fanatiques musulmans que l'Égypte eût pu fournir. Selon Guillaume de Tyr, le plus judicieux et le mieux informé des historiens contemporains, « quand les croisés dressèrent leur camp en face de Jérusalem, il y arriva environ 40,000 personnes des deux sexes, dont tout au plus 20,000 hommes de pied bien équipés et 1,500 chevaliers. » Raymond d'Agiles, le chapelain du comte de Toulouse, réduit encore à 12,000 le nombre des hommes de pied en état de porter les armes et celui des chevaliers à 12 ou 1,300. Cette faible armée était dépourvue des approvisionnements et des machines nécessaires pour un tel siége. Elle ne tarda pas à être en proie aux horreurs de la soif. « Les environs de Jérusalem, dit Guillaume de Tyr, sont arides ; on ne trouve qu'à une assez grande distance quelques ruisseaux, fontaines ou puits contenant des eaux vives. Ces sources avaient même été comblées par les ennemis peu avant l'arrivée de nos troupes. Les croisés sortaient du camp, en secret et par petits détachements, pour chercher de l'eau de tous côtés ; et au moment où ils croyaient avoir trouvé quelque filet caché, ils se voyaient aussitôt entourés par une multitude de gens occupés aux mêmes recherches ; il s'élevait entre eux des querelles et souvent on en venait à se battre. Les chevaux, les mulets, les ânes, les bestiaux de toute espèce, consumés par la chaleur et la soif, tombaient et mouraient, et leurs cadavres restés çà et là dans les champs infectaient l'air d'une odeur pestilentielle. » Le bois, le fer, tous les matériaux nécessaires à la construction des machines de siége manquaient comme l'eau. L'ardeur guerrière et pieuse fit face à tout ; on abattit tous les arbres à une assez grande distance de Jérusalem ; on construisit grossièrement des tours d'approche, des machines à lancer des pierres qu'on amenait à grand'peine dans le voisinage de la ville. « Vous tous qui lirez ceci, dit Raymond d'Agiles, ne croyez pas que ce fût un petit travail ; il y avait presque un mille de distance depuis le lieu d'où les machines toutes démontées étaient transportées jusqu'à celui où on les remontait. » Les chevaliers protégeaient contre les sorties des assiégés les ouvriers employés à ces travaux. Un jour, Tancrède était allé seul prier sur le mont des Oliviers et contempler de là la cité sainte ; cinq musulmans en sortirent et vinrent l'attaquer ; il en tua trois, et les deux autres s'enfuirent. Il y avait sur un point des remparts de la ville un ravin qu'il fallait combler pour en approcher ; le comte de Toulouse fit publier qu'il donnerait un denier à chaque personne qui viendrait y jeter trois pierres ; au bout de trois jours le ravin fut comblé. Après quatre semaines d'efforts et de préparatifs, le conseil des princes fixa un jour pour livrer l'assaut; mais comme il y avait eu des querelles entre plusieurs des chefs, notamment entre le comte de Toulouse et Tancrède, il fut décidé qu'avant l'attaque générale ils se réconcilieraient tous en implorant tous ensemble, dans une cérémonie solennelle, le secours divin. Après un jeûne rigoureux, tous les croisés sortirent en armes de leurs quartiers, et précédés de tous les prêtres, pieds nus, chantant des psaumes, ils firent autour de Jérusalem une procession lente, s'arrêtant à tous les lieux consacrés par quelque fait de l'histoire sacrée, écoutant les discours de leurs prêtres, et levant des yeux pleins de colère au bruit des injures que les Sarrasins leur adressaient du haut des remparts, et à la vue des outrages dont ils accablaient des croix plantées de leurs mains et tous les symboles de la foi chrétienne. « Vous voyez, s'écria Pierre l'Ermite, vous entendez les menaces et les blasphèmes des ennemis de Dieu. J'en jure par votre foi ; j'en jure par vos armes : aujourd'hui encore ces infidèles sont pleins d'orgueil et d'insolence, demain ils seront glacés d'effroi ; ces mosquées, qui s'élèvent sur des ruines chrétiennes, serviront de temples au vrai Dieu, et Jérusalem n'entendra plus que les louanges du Seigneur. » Les acclamations de toute l'armée chrétienne répondirent aux espérances de l'apôtre de la croisade, et les croisés rentrèrent dans leurs quartiers en répétant les paroles du prophète Ésaïe : « Ceux d'Occident craindront le nom du Seigneur et ceux d'Orient redouteront sa gloire. »

Le 14 juillet 1099, au point du jour, l'assaut commença sur les divers points de la place, et le lendemain, vendredi 15 juillet, à trois heures de l'après-midi, précisément à l'heure où, selon les livres saints Jésus-Christ avait expiré en disant : « Mon père, je remets mon esprit entre tes mains, » Jérusalem était complétement aux mains des croisés. Je n'ai nul goût à retracer les massacres qui accompagnèrent cette victoire si chèrement achetée par les vainqueurs. Latins ou Orientaux, les historiens portent à 70,000 le nombre des musulmans massacrés sur les remparts, dans les mosquées, dans les rues, dans les souterrains, partout où ils essayèrent de se réfugier : chiffre supérieur à celui des habitants armés de la ville et de sa garnison.

La fureur des combats, la soif de la vengeance, la férocité, la grossièreté, l'avidité, toutes les passions haineuses se satisfaisaient sans scrupule, au nom de leur sainte cause. Quand on fut las de tuer, « on ordonna, dit Robert le moine, à ceux des Sarrasins qui demeuraient en vie et qu'on réservait pour la servitude, de nettoyer la ville, d'en enlever les morts et de la purifier de toutes les souillures d'un si grand carnage. Ils obéirent promptement, enlevèrent les morts en pleurant, élevèrent hors des portes des bûchers construits comme des citadelles ou des bâtiments de défense, rassemblèrent dans des paniers les membres coupés, les emportèrent dehors, et lavèrent le sang qui souillait le pavé des temples et des maisons. »

Huit ou dix jours après la prise de Jérusalem, les chefs croisés se réunirent pour délibérer sur l'élection d'un roi de leur conquête. Plusieurs étaient indiqués et pouvaient y prétendre. Le duc de Normandie, Robert *Courte-Heuse*, s'y refusa absolument, « aimant mieux, dit un chroniqueur anglais, se livrer au repos et à l'indolence en Normandie que de servir en guerrier, dans la ville sainte, le roi des rois ; ce que Dieu ne lui pardonna point. » Le comte de Toulouse, Raymond, était déjà vieux, et déclara « qu'il aurait horreur de porter le nom de roi dans Jérusalem, mais qu'il donnerait son consentement à l'élection de tout autre. Tancrède n'était et ne voulait être que le premier des chevaliers. Godefroi de Bouillon réunit d'autant plus aisément les suffrages qu'il ne les recherchait point ; il était vaillant, prudent, digne et modeste ; ses propres serviteurs, secrètement consultés, attestèrent en lui les vertus qui se pratiquent sans se montrer. Il fut élu roi de Jérusalem, et il en accepta la charge en en refusant les insignes : « Je ne porterai jamais une couronne d'or, dit-il, là où le Sauveur du monde a été couronné d'épines. » Il ne prit que le titre de défenseur et baron du Saint-Sépulcre.

C'est une croyance commune parmi les historiens qu'après la prise de Jérusalem et l'élection de son roi, Pierre l'Ermite disparut complètement de l'histoire. Il est vrai qu'il n'y joua plus aucun rôle actif et que, de retour en Europe, il se retira près de Huy, dans le diocèse de Liége, où il fonda un monastère, et où il mourut le 7 juillet 1115. Mais Guillaume de Tyr atteste que les contemporains de Pierre ne furent point ingrats envers lui et ne l'oublièrent point quand il eut accompli son œuvre. « Les fidèles, habitants de Jérusalem, dit-il, qui, quatre ou cinq ans auparavant, y avaient vu le vénérable Pierre, reconnaissant alors dans la même ville celui auquel le patriarche avait remis des lettres pour invoquer les secours des princes de l'Occident, fléchissaient le genou devant lui, et lui présentaient leurs respects en toute humilité. Ils rappelaient dans leur mémoire les circonstances de son premier voyage; ils louaient le Seigneur, qui lui avait donné le pouvoir efficace de la parole et la force d'animer les nations et les rois à supporter tant et de si longues fatigues pour l'amour du nom de Christ. Soit en particulier, soit en public, tous les fidèles de Jérusalem s'efforçaient de rendre à Pierre l'Ermite les plus grands honneurs et attribuaient à lui seul, après Dieu, le bonheur d'avoir échappé à la dure servitude sous laquelle ils gémissaient depuis tant d'années, et de voir la cité sainte recouvrant son antique liberté. »

CHAPITRE XVII

LES CROISADES, LEUR DÉCLIN ET LEUR FIN

Au mois d'août 1099, à en juger par les apparences, la croisade avait atteint son but : Jérusalem était au pouvoir des chrétiens ; ils y avaient établi un roi, le plus pieux et le plus désintéressé des croisés. Auprès de ce royaume naissant s'établissaient aussi, dans les deux principales villes de la Syrie et de la Mésopotamie, à Antioche et à Édesse, deux principautés chrétiennes, possédées par deux chefs croisés, Bohémond et Baudouin. Une troisième principauté chrétienne était sur le point de se fonder au pied du Liban, à Tripoli, au profit d'un autre croisé, Bertrand, fils aîné du comte Raymond de Toulouse. La conquête de la Syrie et de la Palestine semblait accomplie au nom de la foi et par les armes de l'Europe chrétienne ; et les vainqueurs comptaient si fermement sur leur établissement que, dans son règne si court[1], Godefroi de Bouillon faisait rédiger et publier, sous le nom d'*Assises de Jérusalem*, un code de lois qui transportait en Asie les coutumes et les traditions du régime

---

[1] Élu roi le 23 juillet 1099, il mourut le 18 juillet 1100, âgé seulement de quarante ans.

féodal, telles qu'elles existaient en France au moment de son départ pour la terre sainte.

Quarante-six ans après, en 1145, les musulmans, sous la conduite de Zanghi, sultan d'Alep et de Mossoul, avaient repris Édesse. Quarante-deux ans après, en 1187, Saladin[1], sultan d'Égypte et de Syrie, avait mis fin au royaume chrétien de Jérusalem ; et sept ans seulement plus tard, en 1194, le roi d'Angleterre Richard Cœur de Lion, après les plus héroïques exploits en Palestine, arrivé en vue de Jérusalem, se retirait avec désespoir, se couvrant les yeux de son bouclier et disant qu'il n'était pas digne de voir la ville qu'il n'était pas en état de conquérir. Quand il se rembarqua à Saint-Jean-d'Acre, jetant un dernier regard et tendant les bras vers la côte, il s'écria : « Très-sainte terre, je te recommande aux soins du Tout-Puissant, et puisse-t-il m'accorder assez de vie pour que je revienne ici et que je te délivre du joug des infidèles ! » Un siècle ne s'était pas encore écoulé depuis le triomphe des premiers croisés, et la domination qu'ils avaient conquise dans la terre sainte était devenue impossible, même aux yeux de leurs plus vaillants et plus puissants successeurs.

Pourtant, ni les efforts répétés, ni la gloire, ni même les victoires n'avaient manqué alors et ne devaient manquer plus tard encore aux chrétiens d'Occident dans leur lutte contre les musulmans d'Orient pour la possession de la terre sainte. Dans l'espace de cent soixante et onze ans, depuis le couronnement de Godefroi de Bouillon comme roi de Jérusalem, en 1099, jusqu'à la mort de saint Louis, croisé devant Tunis, en 1270, sept grandes croisades furent entreprises dans le même dessein par les plus grands souverains de l'Europe chrétienne ; les rois de France et d'Angleterre, les empereurs d'Allemagne, le roi de Danemark, les princes d'Italie s'y engagèrent successivement. Ils y échouèrent tous. Je ne dois ni ne veux vous arrêter longtemps, mes enfants, sur le récit de leurs tentatives et de leurs revers ; c'est l'histoire de France, non pas l'histoire générale des croisades, que je vous raconte ; mais c'est en France, par le peuple et sous des chefs français, que les croisades ont commencé ; c'est avec saint Louis mourant devant Tunis sous l'étendard de la croix qu'elles ont pris fin ; elles ont reçu, dans l'histoire de l'Europe, le nom glorieux de *Gesta Dei per Francos* (*les Faits et gestes de Dieu par les Francs*) ; elles ont droit de garder jusqu'au

---

[1] Salah-el-Eddyn.

« TRÈS-SAINTE TERRE, JE TE RECOMMANDE AUX SOINS DU TOUT-PUISSANT »

bout, dans l'histoire de France, la place qu'elles y ont effectivement occupée.

Pendant un règne de vingt-neuf ans, le fils de Philippe I*er*, Louis VI, dit *le Gros*, ne se préoccupa point de l'Orient ni des croisades alors dans tout leur bruit et tout leur éclat : plus sensé qu'enthousiaste de piété ou de gloire, il s'adonna tout entier à rétablir un peu d'ordre, de justice et de pouvoir royal dans son royaume, encore si peu étendu. Un tragique incident fit reprendre à la croisade une grande place dans l'âme et dans la vie de son fils Louis VII, dit *le Jeune*, qui lui succéda en 1137. Il s'engagea étourdiment, en 1142, dans une querelle avec le pape Innocent II, au sujet d'une élection à l'archevêché de Bourges ; le pape et le roi avaient chacun, pour ce siége, un candidat différent. « Ce roi est un enfant, disait le pape ; il faut faire son éducation et l'empêcher de prendre de mauvaises habitudes. » — « Jamais, tant que je vivrai, disait le roi, Pierre de la Châtre (c'était le candidat du pape) n'entrera dans la ville de Bourges. » Le chapitre de Bourges, du même avis que le pape, élut Pierre de la Châtre ; le comte de Champagne, Thibaut II, prit parti pour l'archevêque élu. « Mêlez-vous de vos affaires, lui dit le roi ; vos États sont assez grands pour vous occuper ; laissez-moi gouverner les miens comme je l'entends. » Thibaut persista dans son adhésion à l'élu du pape et du chapitre. Le pape excommunia le roi. Le roi déclara la guerre au comte de Champagne et vint assiéger Vitry. Presque toute la ville était construite en bois ; les assiégeants y mirent le feu ; les assiégés se réfugièrent dans une église, où ils furent bloqués ; le feu gagna l'église, qui fut entièrement consumée avec les treize cents habitants, hommes, femmes, enfants, qui s'y étaient retirés. Ce désastre fit grand bruit. Saint Bernard, abbé de Clairvaux et la première autorité ecclésiastique du temps, prit parti pour le comte Thibaut. Le roi Louis ressentit un vif chagrin et un sincère repentir. On apprit peu après, en Occident, que les affaires des chrétiens allaient mal en Orient ; la ville d'Édesse avait été reprise par les Turcs et tous ses habitants massacrés. Le royaume de Jérusalem était en péril. L'émotion fut grande en Europe ; le cri de la croisade retentit de nouveau. Pour apaiser sa conscience troublée, pour se réconcilier avec le pape, aussi par sympathie pour le mouvement national, Louis le Jeune convoqua, pour en délibérer, les grands du royaume, laïques et ecclésiastiques.

La délibération fut plus longue, plus répétée et plus incertaine qu'elle ne l'avait été lors de la première croisade ; trois grandes assemblées furent réunies, la première en 1145, à Bourges; la seconde à Vézelai, dans le Nivernais, en 1146; la troisième en 1147, à Étampes: toutes trois appelées à examiner la convenance d'une nouvelle croisade et de la participation du roi à l'entreprise. Non-seulement la question fut sérieusement débattue, mais les opinions hautement exprimées furent diverses, non-seulement dans les rangs de ces assemblées, mais entre leurs membres les plus illustres. Deux hommes y brillaient au-dessus de tous par leurs talents et leur renommée : Suger, abbé de Saint-Denis, l'intime et habile conseiller du sage roi Louis le Gros; saint Bernard, abbé de Clairvaux, le plus éloquent, le plus puissant et le plus pieusement désintéressé des chrétiens de son temps. Tous deux ecclésiastiques, ces deux grands hommes furent, sur la seconde croisade, d'avis contraires. « Que personne ne croie, dit le biographe et le confident de Suger, Guillaume, moine de Saint-Denis, que ce fut d'après ses instances et ses conseils que le roi entreprit le voyage de la terre sainte; quoique le succès ait été tout autre qu'on ne l'espérait, ce prince ne se décida que par un pieux désir et par son zèle pour le service de Dieu. Quant à Suger, toujours prévoyant et ne lisant que trop bien dans l'avenir, non-seulement il ne suggéra point au monarque un tel dessein, mais il le désapprouva dès qu'on lui en parla. Ce qu'il y a de vrai, c'est qu'après s'être vainement efforcé de le prévenir dès son principe, et ne pouvant arrêter l'ardeur du roi, il crut sage de céder au temps, soit pour ne pas blesser la piété royale, soit pour ne pas encourir inutilement la colère des partisans de l'entreprise. » Quant à saint Bernard, dans la première des trois assemblées, à Bourges, soit que sa pensée fût encore incertaine, soit qu'il voulût s'entourer d'un plus grand éclat, il conseilla au roi de ne rien entreprendre avant d'avoir consulté le saint-siége; mais lorsque le pape Eugène III, loin d'hésiter, eut ardemment sollicité les secours des chrétiens contre les infidèles, saint Bernard, dans la seconde assemblée, à Vézelai, donna un libre cours à sa passion et à son éloquence; après avoir lu les lettres du pape : « Si l'on venait vous annoncer, dit-il, que l'ennemi a envahi vos châteaux, vos cités, vos terres, ravi vos épouses et vos filles, profané vos temples, qui de vous ne courrait aux armes? Eh bien, tous ces malheurs, et des malheurs plus grands encore, sont arrivés à vos frères, à la famille de Jésus-Christ, qui est la vôtre. Qu'attendez-vous donc pour réparer tant de maux, pour venger tant d'outrages? Guerriers chrétiens, celui qui a donné sa vie pour vous demande aujourd'hui la vôtre; illustres chevaliers, généreux défenseurs de la croix, rappelez-vous l'exemple de vos pères qui ont conquis Jérusalem et dont le nom est écrit dans le ciel; le Dieu vivant m'a chargé de vous annoncer qu'il punira ceux qui ne l'auront pas défendu contre ses ennemis. Volez aux armes et que le monde chrétien retentisse des paroles du prophète : « Malheur à celui « qui n'ensanglante pas son épée ! » A ces ferventes paroles, le cri de la première croisade, *Dieu le veut ! Dieu le veut !* retentit dans l'assemblée ; le roi, à genoux devant saint Bernard, reçut de lui la croix ; la reine, Éléonore d'Aquitaine, s'en para comme son mari ; presque tous les barons présents suivirent leur exemple ; saint Bernard déchira ses vêtements pour distribuer des croix, et, quittant l'assemblée, il parcourut les campagnes, prêchant et entraînant partout la population. « Les villages et les châteaux sont déserts, écrivait-il au pape ; on ne voit que des veuves et des orphelins dont les maris et les pères sont vivants. » Il ne s'en tint pas à la France ; il passa en Allemagne et prêcha la croisade tout le long du Rhin. L'empereur Conrad III hésitait beaucoup ; l'empire était fort troublé, disait-il, et avait besoin de son chef : « Rassurez-vous, lui dit saint Bernard ; pendant que vous défendrez son héritage, Dieu lui-même se chargera de défendre le vôtre. » Un jour, en décembre 1146, il célébrait la messe à Spire, devant l'empereur et un grand nombre de princes allemands ; il passa brusquement du service divin à la croisade, transporta son auditoire au jugement dernier, devant toutes les nations de la terre convoquées et Jésus-Christ portant sa croix et reprochant à l'empereur son ingratitude ; Conrad, fortement ému, interrompit le prédicateur en s'écriant : « Je sais ce que je dois à Jésus-Christ ; je jure d'aller où sa volonté m'appelle. » L'entraînement devint général ; l'Allemagne se croisa comme la France.

Saint Bernard revint en France. En son absence, l'ardeur s'était un peu refroidie ; on attendait les résultats de son voyage en Allemagne ; on savait que, vivement pressé de se mettre lui-même à la tête des croisés et de commander toute l'expédition, il s'y était formellement refusé ; son enthousiasme et son dévouement, sincères et profonds, n'éteignaient pas en lui le bon sens ; il n'avait pas oublié les tristes aventures de Pierre l'Ermite ; à l'appui de son refus, il réclama l'intervention du pape Eugène III. « Qui suis-je, lui écrivit-il, pour établir un camp et marcher à la tête d'une armée ? Qu'y a-t-il de plus éloigné de ma profession, quand même la force et l'habileté ne me manqueraient pas ? Je n'ai pas besoin de vous dire tout cela, vous le savez parfaitement. Je vous en conjure par la charité que vous me devez, ne me livrez pas ainsi aux fantaisies des hommes. » Le pape vint en France; la troisième grande assemblée se réunit à Étampes en février 1147; la présence de saint Bernard ranima le zèle; mais la prévoyance commençait à entrer dans les esprits : au lieu d'insister pour qu'il fût le chef de la croisade, on s'occupa des préparatifs de l'expédition; on indiqua les lieux où devraient se réunir les croisés, les routes qu'ils auraient à suivre; on rechercha quelles mesures étaient à prendre et quelles personnes seraient chargées du gouvernement en France en l'absence du roi. « Sire, lui dit saint Bernard après s'en être entendu avec les principaux de l'assemblée et en lui montrant l'abbé Suger et le comte de Nevers, voilà deux glaives, et cela nous suffit. » Le comte de Nevers se refusa péremptoirement à l'honneur qu'on lui faisait; il était résolu, dit-il, à entrer dans l'ordre de Saint-Bruno, ce qu'il fit en effet. Suger refusa aussi d'abord, « jugeant la dignité qu'on lui offrait un fardeau plutôt qu'un honneur. » Sage et clairvoyant par nature, il avait appris, sous le règne de Louis le Gros, à connaître les nécessités et les difficultés du gouvernement. « Il ne consentit à l'accepter, dit son biographe, que lorsqu'il y fut enfin forcé par le pape Eugène, présent au départ du roi, et auquel il ne lui était ni permis ni possible de résister. » Il fut convenu que les croisés français se réuniraient à Metz sous le commandement du roi Louis, les Allemands à Ratisbonne sous celui de l'empereur Conrad, et que les deux armées se rendraient successivement par terre à Constantinople, d'où elles passeraient en Asie.

Fortes chacune, dit-on, de plus de 100,000 hommes, elles firent route par l'Allemagne et le bas Danube, à deux mois d'intervalle l'une de l'autre, sans commettre des désordres et sans rencontrer des obstacles aussi graves que ceux de la première croisade, toujours très-incommodes pourtant et subies à grand'peine dans les pays qu'elles traversaient. D'abord l'empereur Conrad et les Allemands, puis le roi Louis et les Français arrivèrent à Constantinople dans le cours de l'été de 1147. Manuel Comnène, petit-fils d'Alexis Comnène, y régnait; il se conduisit envers les croisés avec le même mélange de caresses et de malveillance, de promesses et de perfidies qui avait signalé son grand-père. « Il n'y a point de malice qu'il ne leur fît, » dit un Grec lui-même, l'historien Nicétas. Conrad passa le premier dans l'Asie Mineure, et, soit impéritie, soit trahison, les guides que lui avait donnés Manuel Comnène le dirigèrent si mal dans sa route que, le 28 octobre 1147, il fut surpris et déplorablement battu par les Turcs, près d'Iconium. Une extrême méfiance des Grecs s'éleva parmi les Français qui n'avaient pas encore quitté Constantinople ; quelques-uns de leurs chefs, même un de leurs prélats, l'évêque de Langres, proposèrent d'en finir, sans plus tarder, de cet empereur et de cet empire traîtreusement hostiles, et de prendre Constantinople pour marcher plus sûrement à Jérusalem ; le roi Louis et la plupart de ses chevaliers s'y refusèrent : « Nous sommes partis pour expier nos péchés, non pour punir les crimes des Grecs ; quand nous avons pris la croix, Dieu ne nous a pas remis le glaive de sa justice ; » et ils passèrent à leur tour dans l'Asie Mineure. Ils y trouvèrent les Allemands battus et dispersés, Conrad, blessé lui-même et si découragé qu'au lieu de poursuivre sa route par terre avec les Français, il retourna à Constantinople pour aller de là par mer en Palestine. Louis et son armée continuèrent leur marche à travers l'Asie Mineure, et remportèrent sur les Turcs, en Phrygie, au passage du fleuve le Méandre, une si brillante victoire que, « si de pareils hommes, dit l'historien Nicétas, n'avaient pas pris Constantinople, il fallait admirer leur modération et leur patience. » Mais le succès fut court et bientôt chèrement payé : en entrant dans la Pisidie, l'armée française se divisa d'abord en deux, puis en plusieurs corps qui se dispersèrent et s'égarèrent dans les défilés des montagnes ; les Turcs les attendaient et les assaillaient à l'entrée et au-dessus des gorges ; bientôt ce ne fut plus partout que désordre et carnage ; le petit groupe qui entourait le roi fut anéanti à ses côtés ; Louis lui-même, adossé à un rocher, se défendit seul quelques minutes contre plusieurs Turcs qui, ne le connaissant pas, s'éloignèrent, et, montant soudain sur un cheval abandonné, il rejoignit son avant-garde qui le croyait mort. L'armée continua de marcher pêle-mêle, roi, barons, chevaliers, soldats, pèlerins, incertains chaque jour de ce que serait pour eux le lendemain. Les Turcs les harassaient dans les campagnes ; les villes où résidaient des gouverneurs grecs refusaient de les recevoir ; les vivres manquaient ; les bagages et les armes restaient abandonnés sur les routes. Arrivés en Pamphilie, à Attalie, petit port sur la Méditerranée, l'impossibilité de continuer ainsi devint évidente ; on était encore, par terre, à quarante journées d'Antioche ; il n'en fallait que trois pour y arriver par mer. Le gouverneur d'Attalie proposa au roi d'embarquer les croisés ; mais quand les vaisseaux arrivèrent, ils étaient très-insuffisants pour une telle opération : à peine le roi, les barons et les chevaliers pouvaient-ils y trouver place ;

il fallait abandonner et livrer aux périls de la route de terre la plupart des fantassins et tous les simples pèlerins qui avaient suivi l'armée. Louis désolé flottait entre les résolutions les plus diverses, tantôt demandant qu'à tout prix on embarquât tout le monde, tantôt voulant marcher lui-même par terre avec tous ceux qu'on ne pouvait embarquer, distribuant tout ce qui lui restait d'argent et de vivres, généreux et sympathique autant qu'imprévoyant et impuissant, et « ne laissant pas passer un seul jour, dit Odon de Deuil qui l'accompagnait, sans entendre la messe et sans invoquer le Dieu des chrétiens. » Il s'embarqua enfin avec la reine Éléonore et ses principaux chevaliers, et, vers la fin de mars 1148, il arriva à Antioche, ayant perdu plus des trois quarts de son armée.

A peine y avait-il pris quelques jours de repos que des messagers lui arrivèrent, de la part du roi de Jérusalem Baudouin III, pour le conjurer de se rendre sans retard dans la ville sainte. Louis était aussi pressé d'y aller que le roi et le peuple de Jérusalem de l'y voir ; mais il rencontra pour son prompt départ des résistances inattendues. Raymond de Poitiers, alors prince d'Antioche par suite de son mariage avec Constance, petite-fille du grand Bohémond de la première croisade, était l'oncle de la reine de France, Éléonore d'Aquitaine. « C'était, dit Guillaume de Tyr, un seigneur de noble race, de haute et élégante taille, le plus beau des princes de la terre, d'une affabilité et d'une conversation charmantes, libéral et magnifique outre mesure, » de plus, ambitieux et ardent à étendre son petit État : il avait à cœur surtout la conquête d'Alep et de Césarée. Le roi de France et les croisés qui l'entouraient encore pouvaient le servir efficacement dans ce dessein ; il essaya de les y engager. Louis répondit qu'il ne voulait rien entreprendre avant d'avoir visité les lieux saints. Raymond était impétueux, irritable, sans raison dans ses désirs comme sans bonheur dans ses entreprises ; il avait promptement acquis sur la reine Éléonore, sa nièce, un grand empire ; il la gagna sans peine à ses projets. « C'était, dit Guillaume de Tyr, une femme très-inconsidérée, se souciant peu de la dignité royale et de la foi conjugale ; elle se plaisait beaucoup à la cour d'Antioche et elle y plaisait beaucoup, même à des musulmans qu'elle ne repoussait pas, disent quelques chroniques ; quand le roi son mari lui parla d'un prochain départ, elle s'en défendit vivement, et pour justifier sa résistance, elle lui déclara qu'ils ne pouvaient plus demeurer ensemble, car il y avait entre eux, dit-elle, une parenté prohibée. Louis, « qui l'aimait d'un amour presque immodéré, » dit Guillaume de Nangis, fut à la fois irrité et troublé ; il était de mœurs austères, aisément jaloux et religieusement scrupuleux ; il fut un moment sur le point de se séparer de sa femme ; mais les conseils de ses principaux barons l'en dissuadèrent, et prenant alors une brusque résolution, il partit d'Antioche en secret, la nuit, emmenant presque de force la reine. « Ils dissimulaient tous deux leur colère autant qu'il était possible, dit le chroniqueur, mais ils eurent toujours cet outrage à cœur. » Vous ne tarderez pas à voir quelles en furent les conséquences. Nulle histoire peut-être n'offre un aussi frappant exemple de l'importance des unions bien assorties dans les vies les plus brillantes comme dans les plus obscures, et des maux prolongés que peut attirer sur une nation un mauvais ménage royal.

En approchant de Jérusalem, au mois d'avril 1148, Louis VII vit venir à sa rencontre le roi Baudouin III, le patriarche et le peuple chantant : « Béni soit celui qui vient au nom du Seigneur ! » Dès qu'il fut entré dans la ville, on satisfit à son pieux désir en lui faisant visiter solennellement tous les lieux saints. L'empereur Conrad y arriva en même temps de Constantinople, presque seul et en simple pèlerin. Tout ce qui restait de croisés français et allemands s'empressa de les rejoindre. Impatients de faire, sur le théâtre de leur foi, acte de leur puissance et de rendre au royaume de Jérusalem quelque éclatant service, les deux souverains occidentaux, le roi Baudouin III et leurs principaux barons se réunirent à Ptolémaïs (Saint-Jean-d'Acre) pour déterminer sur quel point se dirigerait leur entreprise. Ils se décidèrent à faire le siége de Damas, la plus importante et la plus voisine des principautés musulmanes de la Syrie, et ils s'y portèrent immédiatement dans les premiers jours de juin, avec des forces incomplètes et mal unies ; ni le prince d'Antioche, ni les comtes d'Édesse et de Tripoli n'avaient été appelés à Saint-Jean-d'Acre ; la reine Éléonore n'y avait point paru. Au premier moment, l'ardeur des assaillants et les brillants exploits personnels de leurs chefs, entre autres de l'empereur Conrad, frappèrent de surprise et de crainte les assiégés, qui, prévoyant la nécessité d'abandonner leur ville, placèrent dans les rues des poutres, des chaînes et des amas de pierres pour arrêter la marche des vainqueurs et se donner le temps de fuir, avec leurs familles et leurs richesses, par les portes du nord et du midi. Mais les intérêts personnels et les négociations secrètes jetèrent bientôt dans le camp des chrétiens la faiblesse avec la discorde; plusieurs des barons se disputaient déjà, auprès des souverains, le gouvernement futur de Damas; d'autres n'étaient pas inaccessibles aux riches offres qui leur venaient de la ville; on prétend que le roi Baudouin lui-même se laissa séduire par une somme de 200,000 pièces d'or que lui envoya Modjer-Eddyn, émir de Damas, et qui se trouvèrent n'être que des pièces de cuivre revêtues d'une feuille d'or. On annonçait que les émirs d'Alep et de Mossoul arrivaient au secours de la place avec des forces considérables. Quoi qu'il en soit des causes de leur retraite, les souverains croisés s'y décidèrent, et, abandonnant le siège, ils retournèrent à Jérusalem. L'empereur Conrad, indigné et confus, partit précipitamment pour rentrer en Allemagne. Le roi Louis ne pouvait se résoudre à quitter ainsi la terre sainte en vaincu et sans avoir rien fait pour sa délivrance. Il y prolongea son séjour pendant près d'un an, sans que rien révèle l'emploi qu'il y fit de son temps et de son zèle. Ses barons et ses chevaliers le quittèrent presque tous, et reprirent, par terre ou par mer, la route de la France. Le roi restait toujours. « Je me suis engagé, écrivait-il à Suger, à ne sortir de la terre sainte qu'avec gloire, et après avoir fait quelque chose pour la cause de Dieu et le royaume de France. » Enfin, après plusieurs instances inutiles, Suger lui écrivit : « Cher roi et seigneur, je dois te faire entendre la voix de tout ton royaume. Pourquoi nous fuis-tu? Après avoir si rudement travaillé en Orient, après avoir supporté tant de maux presque insupportables, maintenant que les barons et les grands du royaume sont revenus, par quelle dureté ou plutôt par quelle cruauté persistes-tu à rester chez les Barbares? Les perturbateurs du royaume y sont rentrés ; et toi qui devrais le défendre, tu demeures en exil comme si tu étais prisonnier; tu livres la brebis au loup, ton État aux ravisseurs. Nous conjurons ta grandeur, nous invoquons ta piété, nous adjurons ta bonté, nous te sommons au nom de la foi que nous te devons; ne tarde pas, ou bien peu, au delà de Pâques; sans quoi tu paraîtrais, aux yeux de Dieu, coupable de manquer au serment que tu as fait en prenant la couronne. » Louis se décida enfin, et embarqué à Saint-Jean d'Acre au commencement de juillet 1149, il débarqua dans le mois d'octobre au port de Saint-Gilles, à l'embouchure du Rhône, d'où il écrivit à Suger : « Nous nous hâtons d'arriver à vous sains et bien portants, et nous vous ordonnons de ne pas différer à venir nous trouver à jour fixe et avant tous nos autres amis. Beaucoup de bruits nous arrivent au sujet de notre royaume, et ne sachant rien de certain, nous voulons apprendre de vous comment nous devons nous conduire ou nous taire envers chacun. Et que personne, sinon vous, ne sache ce que je vous dis dans le présent écrit. »

Louis VII devait à Suger cette préférence et cette confiance. Après s'être opposé à la croisade avec une liberté d'esprit et une prévoyance unique peut-être de son temps, l'abbé de Saint-Denis, en l'absence du roi, avait porté tout le poids du gouvernement avec un tact politique, une fermeté et un désintéressement rares de tout temps. Il avait maintenu l'autorité royale absente, réprimé les prétentions des vassaux, établi quelque ordre partout où son influence pouvait atteindre; il avait pourvu aux dépenses du roi en Palestine par la bonne administration des domaines et des revenus de la couronne; il avait acquis enfin en Europe un tel renom, qu'on venait d'Italie et d'Angleterre contempler les salutaires effets de son gouvernement, et que le nom de Salomon de son siècle lui était décerné par les étrangers ses contemporains. Sauf les grands souverains comme Charlemagne ou Guillaume le Conquérant, de grands évêques et de savants théologiens avaient seuls obtenu, par leur autorité dans l'Église ou par leurs écrits, cette considération européenne; Suger est, du neuvième au douzième siècle, le premier homme qui y soit parvenu par le seul mérite de sa conduite politique, et qui ait donné l'exemple d'un ministre justement admiré, comme habile et sage, au delà du cercle où se passait sa vie. Quand il vit approcher le retour du roi, il lui écrivit : « Vous aurez lieu, je pense, d'être satisfait de notre conduite; nous avons remis entre les mains des chevaliers du Temple l'argent que nous avions résolu de vous envoyer. Nous avons de plus remboursé au comte de Vermandois les trois mille livres qu'il nous avait prêtées pour votre service. Votre terre et vos hommes jouissent, quant à présent, d'une heureuse paix. Vous trouverez vos maisons et vos palais en bon état par le soin que nous avons pris d'en faire faire les réparations. Me voilà maintenant sur le déclin de l'âge; j'ose dire que les occupations où je me suis engagé pour l'amour de Dieu et par attachement pour votre personne ont beaucoup avancé ma vieillesse. A l'égard de la reine votre épouse, je suis d'avis que vous dissimuliez le mécontentement qu'elle vous cause, jusqu'à ce que, rendu dans vos États, vous puissiez tranquillement délibérer sur cela et sur d'autres objets. »

Rentré dans son royaume, Louis, qui, de loin, avait quelquefois crédulement accueilli les plaintes des mécontents ou les calomnies des ennemis de Suger, lui rendit une éclatante justice, et fut le premier à lui donner le nom de *Père de la patrie*. Le mauvais succès de la croisade, et tout ce que la France y avait jeté et perdu sans résultat, avait vivement ému le public ; on faisait honneur à Suger de sa prévoyance ; on s'en prenait à saint Bernard de l'entraînement qu'il avait fomenté et des désastres qui l'avaient suivi. Saint Bernard acceptait pieusement ces reproches : « S'il faut, disait-il, qu'on murmure contre Dieu ou contre moi, j'aime mieux voir les murmures des hommes tomber sur moi que sur le Seigneur. Ce m'est un bonheur que Dieu daigne se servir de moi comme d'un bouclier pour se couvrir. Je ne refuse pas d'être humilié, pourvu qu'on n'attaque pas sa gloire. » Mais en même temps saint Bernard lui-même était troublé, et se laissait aller à exprimer son trouble avec une piété singulièrement libre et hardie. « Nous sommes tombés dans un temps bien grave, écrivait-il au pape Eugène III ; le Seigneur, provoqué par nos péchés, semble en quelque sorte avoir voulu juger le monde avant le temps, et le juger selon son équité sans doute, mais en oubliant sa miséricorde. Il n'a épargné ni son peuple ni son nom. Les Gentils ne disent-ils pas : « Où est leur Dieu ? » Et comment s'en étonner ? Les enfants de l'Église, ceux qu'on appelle les chrétiens, sont étendus dans le désert, frappés du glaive ou morts de faim. Avons-nous entrepris cette œuvre témérairement ? Nous sommes-nous conduits avec légèreté ? Avec quelle patience Dieu entend les voix sacriléges et les blasphèmes de ces Égyptiens ! Certes, ses jugements sont légitimes, qui ne le sait ? Mais dans le jugement actuel il y a un si profond abîme, que je n'hésite pas à appeler bien heureux quiconque n'en est pas surpris et scandalisé. »

L'âme humaine est souvent un grand sujet de surprise aussi bien que la scène du monde. Le roi Louis, en revenant en France, s'était arrêté quelques jours à Rome, et là, s'entretenant avec le Pape, il lui avait presque promis une nouvelle croisade pour réparer les désastres de celle dont il avait eu tant de peine à sortir. Suger, quand il connut ce projet, le combattit comme il avait combattu le premier ; mais en même temps, regardant, avec tout son siècle, la délivrance de la terre sainte comme un devoir pour les chrétiens, il forma le dessein de consacrer la grande fortune et la grande influence qu'il avait acquises à entreprendre lui-même, à ses frais et sans y compromettre le roi ni l'État, une nouvelle croisade. Il entretint de cette idée une assemblée d'évêques réunis à Chartres ; il alla visiter à Tours le tombeau de saint

Martin pour invoquer sa protection. Déjà plus de 10,000 pèlerins s'étaient armés à sa voix, et il avait déjà choisi lui-même un guerrier capable et de renom pour les commander, lorsqu'il tomba malade et mourut au bout de quatre mois, en 1152, âgé de soixante-dix ans, et « remerciant le Tout-Puissant, dit son biographe, de l'avoir retiré à lui, non tout d'un coup, mais peu à peu, afin de le conduire pas à pas au repos nécessaire à l'homme fatigué. » On dit que, dans ses derniers jours et quand saint Bernard l'exhortait à ne plus penser qu'à la Jérusalem céleste, Suger lui exprima encore son regret de mourir sans avoir secouru la ville sainte qui leur était si chère à tous deux.

Presque au moment où mourait Suger, un concile français, réuni à Beaugency, annulait[1] pour cause de parenté prohibée et avec le consentement tacite des deux personnes, le mariage de Louis VII avec Éléonore d'Aquitaine. Quelques mois après, à la Pentecôte de la même année, Henri Plantagenet, duc de Normandie et comte d'Anjou, épousait Éléonore, ajoutant ainsi le Poitou et l'Aquitaine à ses possessions déjà si grandes, et devenant en France un vassal plus puissant que le roi son suzerain. Vingt mois plus tard, en 1154, à la mort du roi Étienne, Henri Plantagenet devenait roi d'Angleterre, et ainsi reparaissait, agrandie encore, cette situation de Guillaume le Conquérant, première source de la rivalité entre la France et l'Angleterre et des luttes bien plus que séculaires qu'elle a suscitées.

Un peu plus d'un an après Suger, le 20 avril 1153, saint Bernard mourut aussi. Les deux grands hommes qui avaient l'un provoqué, l'autre combattu la seconde croisade, disparurent ensemble de la scène du monde. La croisade avait complétement échoué. Quarante ans à peine écoulés, une troisième croisade commençait. Quand une grande idée s'est établie dans les âmes avec la double autorité du devoir et de la passion, bien des générations vivent et meurent à son service avant d'en avoir épuisé les épreuves et atteint ou abandonné le but.

Pendant ces quarante ans d'intervalle entre la fin de la seconde et le début de la troisième croisade, la situation relative de l'Occident et de l'Orient, de l'Europe chrétienne et de l'Asie musulmane, resta la même extérieurement et dans l'apparence générale des choses; la lutte continua, en Syrie et en Palestine, entre le christianisme et l'islamisme, avec des chances variables pour l'un et l'autre parti. Le royaume

---

[1] Le 18 mars 1152.

chrétien de Jérusalem demeura debout; huit rois s'y succédèrent après Godefroi de Bouillon, de l'an 1100 à l'an 1186, les uns actifs et hardis, aspirant à étendre leur jeune État; les autres indolents et faibles sur un trône chancelant. Les rivalités, souvent les défections et les trahisons des petits princes et des petits seigneurs chrétiens établis sur divers points de la Palestine et de la Syrie, compromettaient leur cause commune. Heureusement des rivalités, des dissensions, des trahisons semblables avaient lieu entre les émirs musulmans, les uns turcs, les autres persans ou arabes, et tantôt ennemis, tantôt serviteurs des khalifes de Bagdad ou de ceux d'Égypte. L'anarchie et la guerre civile travaillaient presque également les deux races et les deux religions. Mais sous cette surface à la fois agitée et monotone, de grands changements s'accomplissaient ou se préparaient en Occident; les principaux souverains de la génération précédente, le roi de France Louis VII, l'empereur d'Allemagne Conrad III, le roi d'Angleterre Henri II, mouraient, et des princes plus jeunes, plus entreprenants ou seulement moins fatigués, Philippe Auguste, Frédéric Barberousse, Richard Cœur de Lion, prenaient leur place. En Orient, le théâtre de la politique et des événements s'agrandissait : l'Égypte devenait le but de l'ambition des chefs de l'Asie orientale, chrétiens ou musulmans; c'était vers Damiette, cette clef de l'Égypte, que se portaient leurs entreprises, aussi bien celles d'Amauri Ier, le plus hardi des rois de Jérusalem, que celles des sultans de Damas ou d'Alep. Noradin et Saladin[1], Turcs de race, avaient commencé leur fortune en Syrie; mais ce fut en Égypte qu'elle atteignit son sommet, et quand Saladin devint le plus illustre comme le plus puissant des souverains musulmans, ce fut sous le titre de sultan d'Égypte et de Syrie qu'il prit place dans l'histoire.

Dans le cours de l'année 1187, l'Europe apprit coup sur coup les désastres répétés des chrétiens d'Asie. Le 1er mai, les deux ordres religieux et guerriers qui s'étaient formés en Orient pour la défense de la chrétienté, les Hospitaliers de Saint-Jean-de-Jérusalem et les Templiers, perdirent, dans une rencontre en Galilée, 500 de leurs plus vaillants chevaliers. Les 3 et 4 juillet, près de Tibériade, une armée chrétienne fut enveloppée par les Sarrasins, et bientôt aussi par le feu que Saladin fit mettre aux herbes sèches qui couvraient la plaine; la flamme pénétrait

---

[1] Nour-Eddyn et Sala-Eddyn.

et s'étendait sous les pieds des hommes et des chevaux. « Ce fut là, disent les chroniqueurs orientaux, que les fils du paradis et les enfants du feu vidèrent leur terrible querelle; les flèches retentirent dans l'air comme le vol bruyant des passereaux, et le sang des guerriers coulait sur la terre comme l'eau de la pluie. » «J'ai vu, ajoute l'un d'entre eux qui assistait à la bataille, les collines, les plaines et les vallées couvertes de leurs morts; j'ai vu leurs drapeaux souillés de poussière et de sang : j'ai vu leurs têtes abattues, leurs membres dispersés et leurs cadavres entassés pêle-mêle comme des pierres. » Quatre jours après la bataille de Tibériade, le 8 juillet 1187, Saladin s'empara de Saint-Jean-d'Acre, et le 4 septembre suivant d'Ascalon; le 18 septembre enfin, il mit le siége devant Jérusalem, où s'étaient réfugiées une multitude de familles chrétiennes chassées de leurs demeures par les ravages des infidèles dans toute la Palestine; la ville sainte contenait, dit-on, à cette époque, près de 100,000 chrétiens. En approchant de ses murs, Saladin fit venir dans son camp les principaux habitants : « Je sais comme vous, leur dit-il, que Jérusalem est la maison de Dieu; je ne la ferais pas assaillir si je la pouvais avoir par paix et par amour. Je vous donnerai 50,000 besans d'or si vous me promettez Jérusalem, et vous aurez liberté d'aller où vous voudrez et de labourer à cinq milles de la cité. Et je vous ferai venir telle abondance de vivres qu'en aucun lieu de la terre il n'y en aura à si bon marché. Vous aurez trêve d'ici à la Pentecôte, et quand ce temps viendra, si vous voyez que vous puissiez avoir secours, alors tenez bien. Si vous ne le pouvez, vous rendrez la cité, et je vous ferai conduire sûrement en terre de chrétiens, corps et avoir. — Nous ne pouvons vous céder une ville où notre Dieu est mort, lui répondirent les envoyés; nous pouvons encore moins vous la vendre. » Le siége dura quatorze jours. Après avoir repoussé plusieurs assauts, les habitants comprirent qu'une résistance efficace était impossible; le commandant de la place, le chevalier Balian d'Ibelin, vieux guerrier qui s'était trouvé à la bataille de Tibériade, retourna vers Saladin et lui redemanda les conditions qu'on avait d'abord repoussées; Saladin, lui montrant sa bannière déjà plantée sur plusieurs points du rempart, lui dit : « C'est trop tard; vous voyez bien que la cité est mienne. — Eh bien, seigneur, lui dit le chevalier, nous détruirons nous-mêmes notre ville, et la mosquée d'Omar et la pierre de Jacob; et quand elle ne sera plus qu'un amas de ruines, nous en sortirons le fer et la flamme à la main, et pas un de nous n'ira en paradis sans avoir envoyé en enfer dix musulmans. » Saladin comprenait et respectait l'enthousiasme ; la destruction de Jérusalem attachée à son nom lui eût été un profond déplaisir ; il consentit à la capitulation qu'on lui demandait. Les guerriers furent admis à se retirer à Tyr ou à Tripoli, les dernières villes importantes, avec Antioche, au pouvoir des chrétiens ; les simples habitants de Jérusalem eurent la vie sauve et la permission de racheter leur liberté à des conditions déterminées ; beaucoup d'entre eux étaient hors d'état d'y satisfaire ; Malek-Adhel, frère du sultan, et Saladin lui-même payèrent la rançon de plusieurs milliers de captifs. Mais tous les chrétiens, à l'exception des Grecs et des Syriens, eurent ordre de quitter Jérusalem dans un délai de quatre jours. Le jour venu, toutes les portes de la ville furent fermées, excepté celle de David par laquelle le peuple devait sortir ; Saladin, assis sur un trône, vit passer devant lui tous les chrétiens. Le patriarche, suivi du clergé, parut le premier, emportant les vases sacrés et les ornements de l'église du Saint-Sépulcre. Après lui venait la reine de Jérusalem, Sibylle, restée dans la ville pendant que son mari, Guy de Lusignan, était prisonnier à Naplouse depuis la bataille de Tibériade. Saladin la salua avec respect et lui parla avec bonté. Il avait l'âme trop grande pour se complaire à l'humiliation de la grandeur.

Répandues en Europe, ces nouvelles y portèrent dans toutes les classes, parmi les puissants et parmi les humbles, une vive impression de tristesse, de colère, d'inquiétude et de honte. Jérusalem était bien autre chose qu'Édesse. La chute du royaume de Jérusalem, c'était le sépulcre de Jésus-Christ retombé aux mains des infidèles, et aussi la destruction de l'œuvre de l'Europe chrétienne en Orient, la perte du seul gage éclatant et permanent de sa victoire. La fierté chrétienne en souffrait autant que la piété chrétienne. Un fait nouveau d'ailleurs apparaissait dans cette série de revers et dans les récits qui en arrivaient ; après toutes ses défaites et au milieu de toutes ses discordes, l'islamisme avait trouvé un chef et un héros. Saladin était un de ces hommes supérieurs et étranges qui, par leurs qualités et par leurs défauts, frappent fortement l'imagination des hommes, adhérents ou adversaires. Son fanatisme musulman était aussi passionné que le fanatisme chrétien des plus ardents croisés ; quand il apprit que Renaud de Châtillon, seigneur de Karac, sur les confins de la Palestine et de l'Arabie, avait failli réussir en tentant d'aller piller la Caaba et le tombeau de Mahomet, il écrivit à son frère Malek-Adhel, alors gouverneur de l'Égypte : « Les infidèles

LES CHRÉTIENS DE JÉRUSALEM DÉFILANT DEVANT SALADIN APRÈS LA PRISE DE LA CITÉ SAINTE

ont violé l'asile et le berceau de l'islamisme ; ils ont profané notre sanctuaire. Si nous ne prévenions pas une insulte semblable (ce dont Dieu nous préserve!), nous nous rendrions coupables aux yeux de Dieu et aux yeux des hommes. Purgeons donc notre terre de ces hommes qui la déshonorent; purgeons l'air de l'air qu'ils respirent. » Il ordonna que tous les chrétiens que l'on pourrait prendre à cette occasion fussent égorgés, et plusieurs furent conduits à la Mecque, où les pèlerins musulmans les immolèrent, à la place des brebis et des agneaux qu'ils avaient coutume d'y sacrifier. L'expulsion des chrétiens de la Palestine était l'idée et la passion fixe de Saladin ; il tançait sévèrement les musulmans de leur mollesse dans cette lutte. « Voyez les chrétiens, écrivait-il au khalife de Bagdad ; comme ils viennent en foule! comme ils se pressent à l'envi! Ils reçoivent sans cesse de nouveaux secours plus nombreux que les flots de la mer, plus amers pour nous que ses eaux saumâtres. Quand il en périt un sur terre, il en arrive mille par mer.... La semence se trouve plus abondante que la moisson ; l'arbre pousse plus de branches que le fer n'en peut couper. Ce n'est pas qu'il n'en ait déjà péri un grand nombre, à tel point que le fer de nos épées en est émoussé ; mais nos compagnons commencent à se lasser d'une guerre si longue. Hâtons-nous donc d'implorer le secours du Seigneur. » Il n'avait pas besoin de tant de passion pour être cruel et sanguinaire quand il le croyait utile à sa cause ; il avait pour la vie et la mort des hommes cette indifférence barbare que le christianisme seul a extirpée des sociétés humaines, et qui est restée familière aux musulmans ; quand il se trouvait, pendant ou après le combat, en présence d'ennemis qu'il redoutait sérieusement, comme les hospitaliers de Saint-Jean-de-Jérusalem et les templiers, il les faisait massacrer et quelquefois il les frappait lui-même avec une satisfaction froide. Mais en dehors de la guerre flagrante et de la haine passionnée ou calculée il était modéré et généreux, doux envers les vaincus et les faibles, juste et compatissant envers ses sujets, fidèle à ses engagements, et capable d'une admiration sympathique pour les hommes, même ses ennemis, en qui il reconnaissait des qualités supérieures, le courage, la loyauté, l'élévation des sentiments. Il portait à la chevalerie chrétienne, à ses préceptes et au noble caractère qu'elle imprimait à ses fidèles, tant de respect et presque de goût, qu'il eut à cœur, dit-on, de recevoir le titre de chevalier et qu'il le reçut en effet avec l'approbation de Richard Cœur de Lion. Par tous ces faits et à tous ces titres, il acquit, même parmi les chrétiens, ce renom populaire qui s'attache à la grandeur justifiée par les actions et les épreuves de la vie, en dépit de la crainte et même de la haine qu'elle inspire. L'Europe chrétienne voyait en lui l'habile et puissant chef de l'Asie musulmane, et elle l'admirait en le détestant.

Après la prise de Jérusalem par Saladin, les chrétiens d'Orient, dans leur détresse, envoyèrent en Occident leur plus éloquent prélat et leur plus grave historien, Guillaume, archevêque de Tyr, qui avait été, quinze ans auparavant, sous le règne de Baudouin IV, chancelier du royaume de Jérusalem. Accompagné d'un légat du pape Grégoire VIII, il parcourut l'Italie, la France, l'Allemagne, racontant partout les misères de la terre sainte, et implorant le secours de tous les chrétiens, princes et peuples, quelles que fussent leurs propres affaires et leurs querelles européennes. Dans un parlement réuni à Gisors le 21 janvier 1188 et dans une diète convoquée à Mayence le 27 mars suivant, il émut si fortement la chevalerie de France, d'Angleterre et d'Allemagne, que les trois souverains de ces trois États, Philippe Auguste, Richard Cœur de Lion et Frédéric Barberousse, s'engagèrent avec éclat dans une nouvelle croisade. C'étaient trois princes d'âges et de mérites très-divers, mais tous trois distingués par leurs qualités personnelles comme par leur puissance. Frédéric Barberousse, âgé de soixante-sept ans, menait depuis trente-six ans, en Allemagne et en Italie, une vie politique et militaire très-active et orageuse. Richard Cœur de Lion avait trente et un ans, et venait à peine de monter sur le trône où il devait briller comme le plus vaillant et le plus aventureux des chevaliers plutôt qu'en roi. Philippe Auguste, âgé seulement de vingt-trois ans, laissait déjà entrevoir, sous les vives allures de la jeunesse, l'habileté réfléchie et persévérante de l'âge mûr. De ces trois souverains, le vieillard, Frédéric Barberousse, fut le premier prêt à se lancer dans les périls de la croisade; parti de Ratisbonne vers Noël 1189, avec une armée de 150,000 hommes, il traversa l'empire grec, l'Asie Mineure, battit le sultan d'Iconium, passa les premiers défilés des monts Taurus, et semblait près du but de son voyage lorsque, le 10 juin 1190, arrivé sur les bords du Selef, petite rivière qui se jette dans la Méditerranée près de Séleucie, il voulut la traverser à gué, fut saisi par le froid et, selon les uns, se noya sous les yeux des siens, selon d'autres fut transporté mourant à Séleucie où il expira. Son jeune fils, Conrad, duc de Souabe, n'était pas capable de prendre le commandement d'une telle armée; elle se débanda; la plupart des princes allemands revinrent en Europe; « il ne resta sous la bannière du Christ qu'une faible troupe de guerriers fidèles à leur vœu, un chef adolescent et un cercueil. Lorsque les croisés des autres nations, réunis devant Saint-Jean-d'Acre, virent arriver les débris de cette grande armée allemande, l'espoir de l'Orient, personne ne put retenir ses larmes; 5,000 hommes presque nus, harassés, marchaient tristement, faisant porter dans un coffre les ossements desséchés de leur empereur. On ignorait, au douzième siècle, l'art d'embaumer les morts. Avant de quitter l'Europe, Barberousse avait demandé, s'il mourait à la croisade, d'être inhumé dans l'église de la Résurrection, à Jérusalem; ce vœu ne put être accompli, car les chrétiens ne reprirent pas la ville sainte; les restes mortels de l'empereur furent portés, les uns disent à Tyr, d'autres à Antioche, où son tombeau ne s'est pas retrouvé[1]. »

Frédéric Barberousse était déjà mort dans l'Asie Mineure et l'armée allemande était débandée lorsque, le 24 juin 1190, Philippe Auguste alla prendre l'oriflamme à Saint-Denis pour se rendre à Vézelai où il avait donné rendez-vous à Richard, et d'où les deux rois partirent en effet le 4 juillet pour aller s'embarquer avec leurs troupes, Philippe à Gênes et Richard à Marseille. Ils étaient convenus de relâcher d'abord en Sicile; Philippe y arriva le premier, le 16 septembre, et Richard huit jours après; mais, au lieu d'y faire une simple relâche, ils passèrent à Messine tout l'automne de 1190 et tout l'hiver de 1191, n'ayant plus l'air de songer à rien qu'à se quereller et à se divertir. Ni les sujets de querelle ni les occasions de divertissement ne leur manquaient. Richard, malgré sa promesse, ne voulait pas épouser la princesse Alix, sœur de Philippe, et Philippe, après de vifs débats, ne consentit à lui rendre sa parole que « moyennant une somme de 10,000 marcs d'argent, desquels il nous payera 5,000 à la fête de Tous les Saints, et successivement d'année en année, à cette même fête. » Quelquefois leurs divertissements n'étaient pas plus délicats que leurs arrangements de famille, et des luttes brutales, des inimitiés violentes naissaient au milieu des fêtes et des jeux auxquels rois et chevaliers se livraient presque tous les soirs, dans les plaines à l'entour de Messine. Un paysan vint un jour, parmi les croisés ainsi réunis, menant un âne chargé de ces longs et forts roseaux connus sous le nom de cannes; Anglais

---

[1] *Histoire de la lutte des Papes et des Empereurs de la maison de Souabe*, par M. de Cherrier, membre de l'Institut, t. I, p. 222.

et Français, Richard en tête, les lui achetèrent, et montant à cheval ils coururent les uns contre les autres, armés de ces roseaux en guise de lances. Le roi Richard se trouva en face d'un chevalier français, nommé Guillaume des Barres, dont il avait déjà, non sans déplaisir, dans une rencontre en Normandie, éprouvé la force et la valeur. Les deux champions se heurtèrent si rudement que leurs roseaux se brisèrent et que le manteau du roi fut déchiré. Richard piqué poussa violemment son cheval contre le chevalier français pour tâcher de lui faire perdre les étriers ; mais Guillaume resta ferme en selle, tandis que le roi tomba sous son cheval qui s'abattit dans son élan. De plus en plus irrité, Richard se fit amener un autre cheval et chargea une seconde fois, sans plus de succès, le chevalier inébranlable. Un des favoris de Richard, le comte de Leicester, voulait prendre sa place et venger son seigneur. « Laisse-nous, Robert, lui dit le roi ; l'affaire est entre lui et moi, » et il assaillit de nouveau Guillaume des Barres, toujours inutilement. La colère emporta Richard hors de toute convenance. « Fuis de devant mes yeux, cria-t-il au chevalier, et prends garde de n'y jamais reparaître, car je serai toujours ton ennemi mortel, à toi et aux tiens. » Guillaume des Barres, un peu inquiet, alla trouver le roi de France et se placer sous sa protection ; Philippe fit une visite à Richard, qui lui répondit : « Je ne veux entendre à rien. » Il ne fallut rien moins que les instances des évêques, et même, dit-on, une menace d'excommunication, pour décider Richard à accorder à Guillaume des Barres *la paix du roi* pendant tout le temps du pèlerinage.

Un tel compagnon était à coup sûr très-incommode, et pouvait dans une circonstance difficile être très-compromettant. Philippe, sans être susceptible ni querelleur, était d'un naturel très-indépendant et décidé à agir, en toute occasion, selon son propre sens. Il résolut, non pas de rompre avec Richard, mais de séparer leurs conduites et leurs destinées ; à l'approche du printemps de 1191, il lui déclara que le moment était venu de poursuivre leur pèlerinage dans la terre sainte, et que, pour lui, il était prêt à partir. « Je ne suis pas prêt, dit Richard ; je ne puis et ne veux partir qu'à la mi-août. » Philippe, après quelques pourparlers, partit seul de Messine avec son armée le 30 mars, et arriva le 14 avril devant Saint-Jean-d'Acre. Cette importante place, dont Saladin s'était emparé il y avait près de quatre ans, était assiégée par le dernier roi de Jérusalem, Guy de Lusignan, à la tête des chrétiens de Palestine, et par une multitude de croisés génois, danois, flamands, allemands, librement accourus à cette entreprise. Une forte et vaillante garnison musulmane défendait Saint-Jean-d'Acre. Saladin manœuvrait sans relâche pour la délivrer, et plusieurs batailles avaient déjà été livrées sous ses murs. Quand le roi de France arriva, « il fut reçu par les chrétiens assiégeants, disent les chroniques de Saint-Denis, en joie souveraine, comme si ce fût un ange qui fût descendu du ciel. » Philippe se mit vigoureusement à l'œuvre pour pousser le siège; mais il avait, en partant, promis à Richard de ne donner le grand assaut que lorsqu'ils seraient réunis devant la place avec toutes leurs forces. Parti de Messine au commencement de mai, quoiqu'il eût dit qu'il ne serait prêt qu'au mois d'août, Richard s'attarda encore en route pour faire la conquête de l'île de Chypre, et y célébrer son mariage avec Bérengère de Navarre au lieu d'Alix de France. Il arriva enfin le 7 juin devant Saint-Jean-d'Acre; plusieurs assauts successifs furent livrés à la place avec un égal acharnement des assiégeants et des assiégés. « Les flots tumultueux des Francs, dit un historien Arabe, roulaient vers les murs de la ville avec la rapidité d'un torrent; ils montaient sur les remparts à demi ruinés comme les chèvres sauvages montent sur les rochers escarpés, tandis que les Sarrasins se précipitaient sur les assiégeants comme les pierres détachées du sommet des montagnes. » Enfin le 13 juillet 1191, malgré l'énergique résistance de la garnison qui se défendit « comme le lion défend son antre ensanglanté », Saint-Jean-d'Acre se rendit; la capitulation porta que 200,000 pièces d'or seraient payées aux chefs de l'armée chrétienne, que 1,600 prisonniers chrétiens et le bois de la vraie croix leur seraient rendus, et que la garnison ainsi que tout le peuple de la ville resteraient au pouvoir des vainqueurs jusqu'à la pleine exécution du traité.

Pendant que le siège durait encore, la discorde entre le roi de France et le roi d'Angleterre s'était ranimée et envenimée; la conquête de l'île de Chypre était devenue entre eux un nouveau sujet de contestation; quand les Français étaient les plus ardents à l'assaut, le roi Richard restait dans sa tente, et les assiégés n'avaient presque jamais à repousser que l'un ou l'autre des rois et des armées. Saladin avait, dit-on, pour le roi Richard, des courtoisies particulières; il lui envoyait des raisins et des poires de Damas; Philippe conçut quelque méfiance de ces relations. On en parlait, dans son camp, avec une curiosité inquiète; Philippe était jaloux de la popularité guerrière de Richard, et Richard jaloux de la puissance et de la considération politique du roi de France.

Quand Saint-Jean-d'Acre fut pris, en présence de ce qu'il en avait coûté de temps et de sang aux chrétiens réunis d'Orient et d'Occident pour ressaisir cette seule ville, le judicieux Philippe pensa qu'une nouvelle et complète conquête de la Palestine et de la Syrie, nécessaire pour le rétablissement du royaume de Jérusalem, était impossible; il avait payé sa dette à la croisade; il lui était maintenant permis et prescrit de s'occuper de la France. Les nouvelles qu'il en recevait n'étaient pas rassurantes; son fils Louis, à peine âgé de quatre ans, avait été dangereusement malade; il tomba malade lui-même et resta quelques jours dans son lit, au milieu de la ville qu'il venait de conquérir. Ses ennemis révoquaient sa maladie en doute; le bruit courait déjà qu'il avait le projet de renoncer à la croisade et de retourner en France; les détails que donnent les chroniqueurs contemporains sur les effets de sa maladie ne permettent guère de la regarder comme une feinte. « De violentes sueurs, disent-ils, firent un si grand ravage dans ses os et dans tous ses membres que les ongles tombèrent de ses doigts et les cheveux de sa tête, en sorte que l'on crut, et ce bruit même n'est pas encore dissipé, qu'il avait goûté d'un poison mortel. » La maladie de Philippe, après ses fatigues, dans un tel pays et une telle saison, n'avait rien d'étrange; Saladin aussi fut malade à la même époque et plus d'une fois hors d'état de prendre part aux combats de son armée. Quoi qu'il en soit, un chroniqueur anglais contemporain, Benoît, abbé de Peterborough, raconte que, le 22 juillet 1191, pendant que le roi Richard jouait aux échecs avec le comte de Glocester, l'évêque de Beauvais, le duc de Bourgogne et deux chevaliers considérables se présentèrent à lui de la part du roi de France. « Ils fondaient en larmes, dit-il, tellement qu'ils ne pouvaient prononcer un mot, et en les voyant si vivement émus, les assistants pleuraient à leur tour de compassion. — Ne pleurez pas, leur dit le roi Richard, je sais ce que vous venez demander; votre seigneur, le roi de France, désire se rapatrier, et vous venez en son nom demander pour lui mon conseil et la permission de s'en aller. — Il est vrai, sire, vous savez tout, répondirent les messagers; notre roi dit que, s'il ne s'éloigne pas promptement de cette terre, il mourra. — Ce sera, pour lui et pour le royaume de France une honte éternelle, reprit le roi Richard, s'il s'en va sans avoir accompli l'œuvre pour laquelle il est venu, et il ne s'en ira pas de mon avis; mais s'il faut qu'il meure ou qu'il retourne dans sa patrie, qu'il fasse ce qu'il voudra et ce qui lui paraîtra opportun, à lui et aux siens. »

La source et le ton de ce récit suffisent pour lui enlever toute autorité ; c'est l'habitude des chroniqueurs monastiques de prêter aux personnages politiques ou militaires des émotions et des démonstrations étrangères aux mœurs de leur situation et de leur temps. Philippe Auguste a été d'ailleurs, dans notre histoire, l'un des rois les plus arrêtés dans ses résolutions, les plus étrangers à toute autre influence que celle de sa propre pensée et les plus insouciants en face des propos amers de ses ennemis. Il retourna en France après la prise de Saint-Jean-d'Acre, parce qu'il jugea le succès ultérieur de la croisade impossible, et son retour nécessaire à l'intérêt de la France et au sien propre. Il eut raison de penser et d'agir ainsi ; et en le lui reprochant avec injure, le roi Richard ne prévoyait pas qu'un an plus tard il en ferait lui-même autant, et qu'il abandonnerait la croisade sans avoir rien obtenu de plus pour la chrétienté, sinon de nouveaux revers.

Le 31 juillet 1191, laissant à l'armée des croisés 10,000 fantassins et 500 chevaliers sous le commandement du duc Hugues de Bourgogne, qui avait ordre d'obéir au roi Richard, Philippe fit voile pour la France, et quelques jours après Noël de la même année, il arriva dans son royaume et reprit aussitôt, à Fontainebleau selon les uns, à Paris selon d'autres, le cours régulier de son gouvernement. Nous verrons bientôt avec quelle activité intelligente et quel succès il développa et consolida la grandeur territoriale de la France et l'influence de la royauté pour sa sécurité en Europe et sa prospérité à l'intérieur.

Du 1er août 1191 au 9 octobre 1192, le roi Richard resta seul en Orient chef de la croisade et défenseur de la chrétienté. Il appartient, durant cette époque, à l'histoire d'Angleterre, non plus à celle de la France. Je n'en veux rappeler que quelques faits qui montreront combien fut vaine, pour la cause chrétienne en Orient, la prolongation de son séjour, et quels étranges actes tantôt de barbarie sauvage, tantôt de folle arrogance ou de rêverie chevaleresque, se mêlaient en lui à de nobles instincts et au plus héroïque courage. Le 20 août 1191, cinq semaines après la reddition de Saint-Jean-d'Acre, il trouva que Saladin ne remplissait pas assez vite les conditions de la capitulation, et pour l'y amener, il fit décapiter devant les murs de la place, selon les uns 2,500, selon d'autres 5,000 prisonniers musulmans restés entre ses mains. Le seul résultat de ce massacre fut que, dans la première campagne de Richard après le départ de Philippe pour la France, Saladin fit égorger tous les chrétiens qui furent pris dans les combats ou sur les routes, et ordonna que leurs cadavres restassent abandonnés sans sépulture, comme ceux de la garnison de Saint-Jean-d'Acre. Quelques mois après, l'idée vint à Richard de mettre fin, par un mariage, à cette lutte du christianisme et de l'islamisme qu'il ne réussissait pas à terminer par la guerre. Il avait une sœur, Jeanne d'Angleterre, veuve du roi de Sicile Guillaume II; Saladin avait un frère, Malek-Adhel, vaillant guerrier estimé des chrétiens. Richard fit proposer à Saladin de les unir et de les faire régner ensemble sur les chrétiens et les musulmans dans le royaume de Jérusalem. La négociation n'eut d'autre effet que de donner à Saladin le temps de rétablir les fortifications de Jérusalem, et d'attirer sur le roi Richard et sa sœur, de la part des évêques chrétiens, les plus ardentes menaces des foudres de l'Église. Sauf ce ridicule incident, la vie de Richard, dans tout le cours de cette année, ne fut qu'une série de grandes ou de petites batailles acharnées contre Saladin. Quand Richard avait eu un succès, il le poursuivait avec une passion hautaine; quand il éprouvait un échec, il offrait la paix à Saladin, toujours sous la condition qu'on rendrait Jérusalem aux chrétiens, et Saladin répondait toujours : « Jérusalem ne vous a jamais appartenu; nous ne pouvons sans crime vous l'abandonner; c'est là que se sont accomplis les mystères de notre religion; le dernier de mes soldats périra avant que les musulmans renoncent à des conquêtes faites au nom de Mahomet. » Deux fois Richard et son armée approchèrent de Jérusalem « sans oser la regarder, disait-il, puisqu'il n'était pas en état de la prendre. » Enfin, dans l'été de 1192, les deux armées et les deux chefs commencèrent à se lasser d'une guerre sans résultat. C'en était un grand pour Saladin et les musulmans que le départ de Richard et des croisés; ne pouvant s'entendre sur les conditions d'une paix définitive, on se contenta, des deux parts, d'une trêve de trois ans et huit mois qui laissait Jérusalem en la possession des musulmans, mais ouverte à la dévotion des chrétiens, à qui restèrent en même temps les villes qu'ils occupaient sur la côte maritime, depuis Jaffa jusqu'à Tyr. Signée par tous les princes chrétiens et musulmans de la Syrie, cette trêve, qu'on appela la paix, fut célébrée par des festins et des tournois où chrétiens et musulmans eurent un moment l'air d'oublier leurs haines, et le 9 octobre 1192, Richard s'embarqua à Saint-Jean-d'Acre pour aller courir d'autres aventures.

Ainsi finit la troisième croisade, entreprise par les trois plus grands

RICHARD CŒUR DE LION FAIT DÉCAPITER LES PRISONNIERS MUSULMANS RESTÉS ENTRE SES MAINS.

souverains et les trois plus grandes armées de l'Europe chrétienne, dans le but hautement proclamé de reprendre Jérusalem sur les infidèles et de rétablir un roi chrétien sur le tombeau de Jésus-Christ. L'empereur Frédéric Barberousse y périt avant d'avoir foulé le sol de la Palestine. Le roi Philippe Auguste y renonça volontairement dès que l'expérience lui eut fait pressentir l'impossibilité du succès. Le roi Richard l'abandonna forcément, après y avoir épuisé son héroïsme et son orgueil chevaleresque. Les trois armées, au moment du départ, s'élevaient, selon les historiens du temps, à 5 ou 600,000 hommes ; à peine en revint-il 100,000 en Europe ; et le seul résultat de la troisième croisade fut de laisser à la tête des plus belles provinces de l'Asie et de l'Afrique musulmanes Saladin, le plus illustre et le plus habile chef, dans la guerre et dans la politique, que l'islamisme eût produit depuis Mahomet.

De la fin du douzième au milieu du treizième siècle, entre la croisade de Philippe Auguste et celle de saint Louis, on compte en général trois autres croisades, auxquelles je ne veux pas m'arrêter. Deux de ces croisades, l'une, de l'an 1195 à l'an 1198, sous l'empereur d'Allemagne Henri VI, l'autre, de l'an 1216 à l'an 1240, sous l'empereur Frédéric II et le roi de Hongrie André II, sont étrangères à la France et presque exclusivement allemandes ou nées et renfermées dans l'Europe orientale. Elles ont amené en Syrie, en Palestine, en Égypte, des guerres, des négociations, des complications multipliées ; Jérusalem retomba un moment au pouvoir des chrétiens, et l'empereur Frédéric II, excommunié alors par le pape Grégoire IX, y posa lui-même, le 18 mars 1229, dans l'église de la Résurrection, la couronne royale sur sa tête. Mais ces événements confus, décousus et de très-courte durée, n'eurent en Occident, surtout en France, aucun retentissement grave, et n'exercèrent sur la situation relative de l'Europe et de l'Asie, du christianisme et de l'islamisme, aucune influence vraiment historique. Il y a dans la vie des peuples et les affaires du monde beaucoup de mouvements insignifiants et plus de bruit que d'effet ; les faits qui ont eu de la puissance et de la durée sont les seuls que j'aie à cœur de vous faire connaître et comprendre. L'événement qu'on a appelé la cinquième croisade n'a pas manqué, sous ce rapport, d'une réelle importance, et je devrais vous le retracer ici si c'était vraiment une croisade ; mais il ne mérite pas ce nom. Les croisades ont été tout autre chose que des guerres et des conquêtes ; leur vrai et propre caractère, c'était d'être la lutte du christianisme contre l'islamisme, de la féconde civilisation européenne contre la barbarie et l'immobilité asiatique. En cela résident leur originalité et leur grandeur. C'était bien en ce sens et dans ce but que le pape Innocent III, l'un des plus grands hommes du treizième siècle, seconda de tout son pouvoir le mouvement alors renaissant en faveur d'une nouvelle croisade, et qui amena, en 1202, l'alliance d'un grand nombre de puissants seigneurs français, flamands et italiens, avec la république de Venise, pour reprendre Jérusalem sur les infidèles. Mais, dès les premiers pas, l'ambition, l'occasion, les intérêts particuliers des Vénitiens, le souvenir des perfidies des empereurs grecs détournèrent les nouveaux croisés du dessein qu'ils avaient proclamé. Ce que Bohémond, dans la première croisade, avait proposé à Godefroi de Bouillon, ce que l'évêque de Langres, dans la seconde, avait conseillé à Louis le Jeune, la conquête de Constantinople pour assurer celle de Jérusalem, les premiers croisés du treizième siècle l'entreprirent et l'accomplirent par entraînement, par avidité, par colère, par rancune; ils conquirent Constantinople, et, Constantinople une fois conquise, ils ne s'inquiétèrent plus de Jérusalem. Fondé le 16 mai 1204, sur la tête de Baudouin IX, comte de Flandre, l'empire latin d'Orient subsista soixante-dix ans, à travers beaucoup d'orages, pour retomber, en 1273, au pouvoir des empereurs grecs, renversés en 1453 par les Turcs qui le possèdent encore.

Une circonstance, plus littéraire que politique, donne pour nous, à cette conquête de l'empire grec par les chrétiens latins, un intérêt particulier : c'est un Français, Geoffroi de Villehardouin, sénéchal de Thibaut III, comte de Champagne, qui, après en avoir été l'un des principaux acteurs, en a écrit l'histoire ; et son ouvrage, rigoureusement historique quant aux faits, admirablement épique par la peinture des caractères et la chaleur de la narration, est l'un des premiers et des plus beaux monuments de la littérature française

Je reviens aux vraies croisades.

Au commencement du treizième siècle, pendant que les entreprises qu'on appelait encore des croisades dégénéraient de plus en plus dans leur caractère et dans leur puissance, naissait en France, le 25 avril 1215, je ne dirai pas seulement le prince, mais l'homme qui devait être le plus digne représentant et le serviteur le plus dévoué de la passion religieuse et morale qui avait inspiré les croisades. Né sur le trône, roi puissant, vaillant guerrier, brillant chevalier, objet du respect de tous ceux qui assistaient de loin à sa vie et de l'affection de tous ceux qui approchaient de sa personne, Louis IX ne fut ni entraîné ni enivré par aucune de ces splendeurs et de ces joies humaines; ni dans sa pensée, ni dans sa conduite, elles ne tinrent jamais la première place; avant tout, par-dessus tout, il voulait être, il fut en effet un chrétien, un vrai chrétien, conduit et dominé par l'idée et la résolution de garder la foi chrétienne, d'accomplir la loi chrétienne. Fût-il né dans la condition la plus humble selon le monde ou la plus impérieuse selon la religion, eût-il été obscur, pauvre, prêtre, moine, ermite, il n'eût pas été plus constamment, plus ardemment préoccupé du désir de vivre en fidèle serviteur de Jésus-Christ, et d'assurer, par sa pieuse obéissance à Dieu sur la terre, le salut de son âme dans l'éternité. C'est là le propre et original caractère de saint Louis[1], et un fait rare, unique peut-être dans l'histoire des rois.

On dit que l'enthousiasme chrétien de saint Louis avait pris sa source dans l'éducation sévère qu'il avait reçue de la reine Blanche, sa mère. C'est dépasser la mesure de cette éducation et de son influence; quoique fermement croyante et pieuse, la reine Blanche était étrangère à l'enthousiasme, et trop prudente, trop politique pour en faire le principe dominant de la vie de son fils comme de la sienne propre. Ce qui est vrai, c'est que, par sa vigilance et son exigence morale, elle contribua à inculquer à son fils le grand précepte chrétien, l'aversion du péché et la préoccupation habituelle du salut éternel de son âme. « Madame disait de moi, répétait souvent Louis, que, si j'étais malade jusqu'à la mort et que je ne pusse guérir qu'en faisant telle chose que je péchasse mortellement, elle me laisserait mourir plutôt que de vouloir que je courrouçasse damnablement mon Créateur. »

Dans les premières années de son gouvernement, quand il fut devenu majeur, rien n'indiqua que l'idée de la croisade préoccupât Louis IX; ce ne fut qu'en 1239, lorsqu'il avait déjà vingt-quatre ans, qu'elle apparut vivement en lui. Quelques-uns de ses principaux vassaux, les comtes de Champagne, de Bretagne et de Mâcon, avaient levé une armée de croisés et se disposaient à partir pour la Palestine; le roi ne se contenta pas de les encourager : « il voulut qu'Amaury de Montfort, son connétable, servît Jésus-Christ en son nom dans cette

---

[1] Il fut canonisé le 11 août 1297, et pendant vingt-quatre ans neuf papes successifs avaient poursuivi les informations d'usage sur sa foi et sur sa vie.

guerre ; c'est pourquoi il lui donna des armes et lui assigna par jour une somme d'argent dont Amaury le remercia à genoux, c'est-à-dire qu'il lui en fit hommage, selon l'usage de ce temps-là. Les croisés furent fort aises d'avoir ce seigneur avec eux. »

Cinq ans après, à la fin de 1244, Louis tomba gravement malade à Pontoise ; l'alarme et la tristesse furent extrêmes dans le royaume ; le roi lui-même crut sa dernière heure venue ; il fit appeler tous ses familiers, les remercia de leurs bons services, leur recommanda de bien servir Dieu, « et fit tout ce qu'un bon chrétien doit faire. Sa mère, sa femme, ses frères et tous ceux qui étaient autour de lui priaient incessamment pour lui ; sa mère, sur tous les autres, joignant à ses prières de grandes austérités. » Un moment il parut sans mouvement et sans souffle ; on le crut mort. « L'une des dames qui le gardaient, dit Joinville, voulut lui tirer le drap sur le visage, disant qu'il était mort ; une autre dame, qui était de l'autre côté du lit, ne le souffrit pas, disant qu'il avait encore l'âme au corps. Comme le roi entendait le débat de ces deux dames, Notre-Seigneur opéra en lui ; il commença à soupirer, étendit les bras et les jambes, et dit d'une voix creuse, comme s'il fût sorti du sépulcre : « Il m'a visité, par la grâce de Dieu, « Celui qui vient d'en haut, et il m'a rappelé d'entre les morts. » A peine avait-il repris ses sens et la parole, qu'il fit appeler Guillaume d'Auvergne, évêque de Paris, avec Pierre de Cuisy, évêque de Meaux, dans le diocèse duquel il se trouvait, et leur demanda « de lui mettre sur l'épaule la croix du voyage d'outre-mer. » Les deux évêques essayèrent de le détourner de cette idée ; les deux reines, Blanche et Marguerite, le conjurèrent à genoux d'attendre qu'il fût guéri, et qu'après cela il ferait ce qu'il lui plairait. Il persista, déclarant qu'il ne prendrait aucune nourriture qu'il n'eût reçu la croix. L'évêque de Paris céda enfin et lui donna une croix ; le roi la reçut avec transport, « la baisant et la mettant sur sa poitrine bien doucement. » — « Quand la reine sa mère sut qu'il était croisé, dit Joinville, elle montra aussi grand deuil que si elle l'eût vu mort. »

Plus de trois ans s'écoulèrent encore avant que Louis accomplît l'engagement qu'il venait de contracter ainsi envers lui-même, on pourrait dire envers lui seul et contre le gré de presque tous ceux qui l'entouraient. Quoiqu'elles restassent encore un sujet d'aspirations religieuses et chevaleresques, les croisades étaient politiquement décriées, et sans oser le dire, beaucoup d'hommes considérables, laïques ou ecclésias-

tiques, n'avaient nulle envie d'y prendre part. Sous l'influence de ce sentiment public, timide mais sérieux, Louis continua, pendant trois ans, de s'occuper des affaires intérieures de son royaume et de ses relations avec les puissances européennes comme s'il n'avait pas eu d'autre pensée. Un moment, ses plus sages conseillers et la reine sa mère conçurent l'espoir de lui faire abandonner son dessein. « Mon seigneur roi, lui dit un jour le même évêque de Paris qui, dans la crise de sa maladie, s'était rendu à son désir, rappelez-vous que, lorsque vous avez reçu la croix, lorsque vous avez fait soudainement et sans réflexion ce vœu redoutable, vous étiez faible et, pour dire vrai, d'un esprit troublé, ce qui ôtait à vos paroles le poids de la vérité et de l'autorité. Le seigneur pape, qui connaît les nécessités de votre royaume et la faiblesse de votre corps, vous accordera volontiers une dispense. Voilà, nous avons à redouter la puissance du schismatique empereur Frédéric, les piéges du riche roi des Anglais, les trahisons naguère réprimées des Poitevins, les querelles subtiles des Albigeois ; l'Allemagne est agitée ; l'Italie n'a pas de repos ; l'accès de la terre sainte est difficile ; à peine y pourrez-vous pénétrer ; derrière vous resteront les haines implacables du Pape et de Frédéric. A qui nous laisserez-vous, nous tous, faibles et désolés ? — La reine Blanche invoquait d'autres considérations, les bons conseils qu'elle avait toujours donnés à son fils, le plaisir que prenait Dieu à voir un fils écouter et croire sa mère ; elle promettait au sien que, s'il restait, la terre sainte n'aurait pas à en souffrir, qu'on y enverrait plus de troupes qu'il ne pourrait y en conduire lui-même. Le roi écoutait, attentif et ému. « Vous dites, ré-
« pondit-il, que je n'étais pas en possession de mon esprit quand j'ai pris
« la croix. Eh bien, comme vous le désirez, je la dépose, je vous la rends, » et, portant la main à son épaule, il en détacha la croix, disant : « La « voilà, seigneur évêque ; je vous remets la croix que j'avais revêtue. » Tous les assistants se félicitaient ; mais le seigneur roi, changeant tout à coup de visage et d'avis, leur dit. « Mes amis, maintenant, à coup « sûr, je ne manque pas de sens et de raison ; je ne suis ni faible, ni « troublé dans mon esprit ; je demande qu'on me rende ma croix. Celui « qui sait toutes choses sait qu'aucun aliment n'entrera dans ma bouche « jusqu'à ce qu'elle soit replacée sur mon épaule. » A ces paroles, tous les assistants déclarèrent qu'il y avait là le doigt de Dieu, et personne n'osa plus élever, contre le dire du roi, aucune objection. »

En juin 1248, après avoir reçu à Saint-Denis, avec l'oriflamme, l'écharpe et le bâton de pèlerin, Louis prit congé, à Corbeil ou à Cluny, de la reine Blanche sa mère, qu'il laissa régente en son absence, avec les plus larges pouvoirs. « Beau très-doux fils, lui dit-elle en l'embrassant, beau tendre fils, jamais je ne vous verrai plus ; le cœur me le dit bien. » Il emmenait avec lui la reine Marguerite de Provence, sa femme, qui avait déclaré qu'elle ne se séparerait jamais de lui. Arrivé dans les premiers jours d'août à Aigues-Mortes, il y trouva réunie une flotte de trente-huit navires avec un certain nombre de bâtiments de transport qu'il avait loués à la république de Gênes ; elle devait porter en Orient les troupes et la suite personnelle du roi lui-même. Le chiffre de ces bâtiments prouve que Louis était loin d'emmener une de ces vastes armées qu'avaient vues les trois premières croisades ; il paraît même qu'il avait pris soin d'écarter ces foules, car, avant l'embarquement, il renvoya près de dix mille arbalétriers génois, vénitiens, pisans, français même, qu'il avait d'abord engagés et dont, après examen, il ne voulut plus. La sixième croisade fut l'œuvre personnelle de saint Louis, non le fruit d'un élan populaire, et il la fit avec une armée d'élite, fournie par la chevalerie féodale et par les ordres religieux et militaires voués au service de la terre sainte.

L'île de Chypre était le rendez-vous assigné à toutes les forces de l'expédition. Louis y arriva le 12 septembre 1248 et ne comptait y rester que peu de jours ; c'était en Égypte qu'il avait hâte de se trouver. Le monde chrétien pensait alors que, pour délivrer la terre sainte, il fallait d'abord frapper l'islamisme en Égypte, siége de sa principale force. Mais à peine les croisés étaient réunis en Chypre que les vices de l'expédition et les faiblesses de son chef commencèrent à se manifester : immuable dans sa passion religieuse, Louis manquait d'idées précises et de résolutions arrêtées dans la conduite de son dessein ; il inspirait à ses associés plus de sympathie qu'il n'exerçait sur eux d'autorité, et il se faisait admirer sans se faire obéir. Il ne parvint pas à faire prévaloir dans le conseil des chefs son opinion sur la nécessité d'un prompt départ pour l'Égypte ; on décida qu'on passerait l'hiver dans l'île de Chypre, et pendant ce séjour oisif de sept mois, l'imprévoyance des croisés, leur ignorance des lieux, des peuples, des faits au milieu desquels ils allaient se jeter, leur confiance étourdie, leurs rivalités tumultueuses, leurs désordres moraux et militaires aggravèrent de jour en jour les difficultés déjà si grandes de l'entreprise. Louis passait son temps à intervenir entre eux, à étouffer leurs querelles, à leur reprocher leur licence, à réconcilier les Templiers et les Hospitaliers. Sa bonté faisait tort à sa puissance ; il se prêtait trop aux désirs ou aux plaintes de ses compagnons, et les petites affaires tenaient, dans son esprit et dans son temps, presque autant de place que les grandes.

On partit enfin de Chypre en mai 1249, et malgré de violents coups de vent qui dispersèrent un grand nombre de vaisseaux, on arriva le 4 juin devant Damiette. Les chefs croisés se réunirent à bord du vaisseau du roi, *la Montjoie;* l'un des assistants, Guy, chevalier de la suite du comte de Melun, en écrivant à l'un de ses amis étudiant à Paris, lui rapporte en ces termes l'allocution du roi : « Mes amis et fidèles, nous serons invincibles si nous sommes inséparables dans la charité. Nous ne sommes pas arrivés si promptement ici sans l'assentiment de Dieu. Abordons sur cette terre et occupons-la puissamment. Je ne suis pas le roi de France. Je ne suis pas la sainte Église. C'est vous tous qui êtes le roi et la sainte Église. Je ne suis qu'un homme dont la vie s'évanouira comme celle de tout autre homme quand il plaira à Dieu. Toute issue de notre entreprise nous est bonne : si nous sommes vaincus, nous nous envolerons au ciel en martyrs ; si nous sommes vainqueurs, on célébrera la gloire du Seigneur, et celle de la France, bien plus, de toute la chrétienté, s'en accroîtra. Il serait insensé de croire que Dieu, qui pourvoit à tout, m'a suscité en vain ; il verra en nous sa propre cause, sa grande cause. Combattons pour Christ ; c'est Christ qui triomphera en nous, non pour nous, mais pour l'honneur et la bénédiction de son nom. » On décida qu'on débarquerait le lendemain. Une armée de Sarrasins couvrait le rivage. La galère qui portait l'oriflamme aborda l'une des premières. « Quand le roi ouït dire que l'enseigne de Saint-Denis était à terre, et malgré le légat du Pape qui était avec lui, il ne voulut la laisser ; il sauta dans la mer où il fut dans l'eau jusqu'aux aisselles, et il alla l'écu au cou, le heaume en tête et la lance en main jusqu'à ses gens qui étaient sur le rivage de la mer. Quand il vint à terre et qu'il aperçut les Sarrasins, il demanda quelles gens c'étaient, et on lui dit que c'était des Sarrasins ; il mit la lance sous son aisselle et l'écu devant lui, et il eût couru sus aux Sarrasins si ses prud'hommes, qui étaient avec lui, l'eussent souffert. »

Ainsi se révélait, dès ses premiers pas, Louis tout entier, le plus fervent des chrétiens et le plus brillant des chevaliers, bien plutôt qu'un général et un roi.

Tel il parut au moment du débarquement, tel il fut pendant toute la durée et dans tous les incidents de sa campagne en Égypte, du mois de juin 1249 au mois de mai 1250 : toujours admirable par la grandeur morale et la vaillance chevaleresque, mais sans prévoyance et sans suite dans la conduite, sans commandement efficace dans l'action, toujours décidé ou entraîné soit par sa propre impression du moment, soit par la fantaisie de ses compagnons. Il prit Damiette sans la moindre difficulté ; frappés de surprise autant que d'effroi, les musulmans abandonnèrent soudainement la place ; quand le commandant des Turcs Fakr-Eddin arriva devant le sultan d'Égypte, Malek-Saleh malade et presque mourant : « Ne pouvais-tu pas tenir au moins un instant ? lui dit le sultan. Quoi donc ! pas un seul d'entre vous ne s'est fait tuer ? » Maîtres de Damiette, saint Louis et les croisés y commirent la même faute que dans l'île de Chypre ; ils s'y arrêtèrent indéfiniment. On attendait de nouveaux croisés; en attendant on se querella pour le partage du butin pris dans la ville ; on le consomma, on le dilapida aveuglément. « Les barons, dit Joinville, se mirent à donner de grands repas avec excès de viandes ; les gens du commun se prirent aux mauvaises femmes. » Louis voyait et déplorait ces désordres sans être en état de les réprimer.

Le 20 novembre 1249 enfin, après plus de cinq mois de séjour immobile dans Damiette, les croisés se remirent en mouvement, décidés à marcher sur Babylone, ce faubourg du Caire appelé maintenant *le vieux Caire*, que dans leur ignorance la plupart d'entre eux prenaient pour la vraie Babylone, et où il se promettaient de trouver d'immenses richesses et de venger les anciennes souffrances des Hébreux captifs. Les musulmans avaient eu le temps de revenir de leur premier effroi et de préparer, sur tous les points, une vigoureuse résistance. Le 8 février 1250, la bataille s'engagea à vingt lieues de Damiette, à Mansourah (*la cité de la victoire*), sur la rive droite du Nil. Le frère du roi, Robert, comte d'Artois, marchait avec l'avant-garde, et avait obtenu un premier succès ; le grand maître des Templiers, Guillaume de Sonnac, et le chef des croisés anglais arrivés naguère à Damiette, Guillaume Longue-Épée, comte de Salisbury, l'engagèrent à attendre le roi pour pousser jusqu'au bout la victoire ; Robert les taxa ironiquement de prudence. « Comte Robert, lui dit Guillaume Longue-Épée, nous serons tout à l'heure en un point où tu n'oseras pas approcher de la queue de mon cheval. » Arriva un message du roi qui ordonnait à son frère de l'attendre. Robert n'en tint compte. « J'ai déjà mis les Sarrasins en fuite, dit-il, je n'attendrai personne pour achever leur défaite, » et il se jeta en avant dans Mansourah ; tous ceux qui l'en avaient dissuadé le suivirent ; ils trouvèrent les musulmans nombreux et bien ralliés ; en peu de moments le comte d'Artois tomba percé de coups, et plus de 300 chevaliers de sa suite, autant d'Anglais avec leur chef Guillaume Longue-Épée, et 280 Templiers payèrent de leur vie la fougue insensée du prince français.

Le roi accourait en toute hâte au secours de son frère ; mais à peine arrivé, et avant qu'il sût rien du sort de Robert, il s'engagea si vivement lui-même dans la bataille qu'il fut sur le point d'être pris par six Sarrasins qui avaient déjà saisi les rênes de son cheval ; il s'en défendait à grands coups d'épée, quand plusieurs de ses chevaliers arrivèrent à lui et le dégagèrent ; il demanda à l'un d'eux s'il savait quelque nouvelle de son frère : « Certainement, j'en sais, lui dit le chevalier, car je suis sûr qu'il est maintenant en paradis. — Que Dieu soit adoré ! » répondit le roi avec quelques larmes, et il continua de se battre. Le champ de bataille resta ce jour-là aux croisés ; mais ils ne l'occupaient pas en vainqueurs ; trois jours après, le 11 février 1250, le camp de saint Louis fut assailli par des nuées de Sarrasins, cavaliers et fantassins, Mameluks et Bédouins. Toute surprise avait disparu ; la population musulmane mesurait de l'œil le nombre des chrétiens, et les attaquait comme assurée du succès, quel que fût leur héroïsme ; les croisés eux-mêmes ne se faisaient plus d'illusion et ne songaient qu'à se défendre. Le défaut de vivres et les maladies leur rendirent bientôt la défense presque aussi impossible que l'attaque ; chaque jour encombrait le camp chrétien d'affamés, de mourants et de morts ; la nécessité de se retirer devint évidente. Louis fit offrir au sultan Malek-Moaddam d'évacuer l'Égypte et de rendre Damiette, pourvu que le royaume de Jérusalem fût restitué aux chrétiens, et que l'armée pût faire librement sa retraite. Sans accueillir ni repousser la proposition, le sultan demanda quelles garanties on lui donnerait pour la reddition de Damiette ; Louis offrit l'un de ses frères pour otage, le comte d'Anjou ou le comte de Poitiers. « C'est le roi lui-même qu'il nous faut, » dirent les musulmans. Un cri unanime d'indignation s'éleva parmi les croisés. « Nous aimerions mieux, dit Geoffroi de Sargines, que les Sarrasins nous eussent tous tués ou pris que de nous entendre reprocher de leur avoir laissé le roi en gage. » Toute négociation fut rompue, et le 5 avril 1250 les croisés se décidèrent à la retraite.

Ce fut la scène la plus déplorable de ce déplorable drame, et en même temps, pour le roi, l'occasion de déployer, avec leurs plus sublimes et leurs plus attrayants caractères, toutes les vertus du chrétien. Pendant que les maladies et la famine ravageaient le camp, Louis se fit visiteur, infirmier, consolateur ; sa présence et ses paroles exerçaient sur les plus malades une influence pénétrante ; il avait, un jour, envoyé son chapelain, Guillaume de Chartres, visiter un de ses serviteurs familiers, modeste homme de bien nommé Gaugelme, qui était près d'expirer ; comme le chapelain se retirait : « J'attends que mon seigneur notre saint roi vienne, lui dit le mourant ; je ne sortirai pas de ce monde que je ne l'aie vu et que je ne lui aie parlé, et alors je mourrai. » Le roi vint et adressa à son homme d'affectueuses consolations, et quand il l'eut quitté, avant qu'il fût rentré dans sa tente, on lui annonça que Gaugelme avait expiré. Quand le 5 avril, jour fixé pour la retraite, fut arrivé, Louis était lui-même malade et très-affaibli ; on le pressa de monter sur l'un des navires qui devaient descendre le Nil, emmenant les blessés et les plus souffrants ; il s'y refusa absolument : « Je ne me séparerai pas de mon peuple dans le danger. » Resté à terre, quand il fallut se mettre en mouvement, il se pâma deux fois ; revenu à lui, il sortit du camp l'un des derniers, se fit monter sur un petit cheval arabe couvert d'une housse de soie, et marcha à pas lents avec l'arrière-garde, ayant auprès de lui Geoffroi de Sargines qui veillait sur lui « et me défendait contre les Sarrasins, dit Louis lui-même à Joinville, comme le bon serviteur défend contre les mouches la coupe de son seigneur. »

Ni le courage du roi ni le dévouement de ses serviteurs ne purent suffire à assurer le succès, même de la retraite. A quatre lieues du camp qu'elle venait de quitter, l'arrière-garde des croisés, harcelée par des nuées de Sarrasins, fut contrainte de s'arrêter. Louis ne pouvait plus se tenir à cheval. « On le descendit dans une maison, dit Joinville, et on le coucha au giron d'une bourgeoise de Paris presque comme mort ; on croyait qu'il n'irait pas jusqu'au soir. » De son aveu, un de ses fidèles entra en pourparlers avec l'un des chefs musulmans ; une trêve allait être conclue ; le musulman ôtait son anneau de son doigt comme gage qu'il la tiendrait. « Mais pendant cela, dit Joinville, il advint un très-grand malheur ; un traître sergent, qui avait nom Marcel, commença à crier à nos gens : « Seigneurs chevaliers, rendez-

« vous, car le roi vous le mande ; ne faites pas occire le roi. » — Tous crurent que le roi le leur avait mandé, et ils rendirent leurs épées aux Sarrasins. » Déclarés aussitôt prisonniers, le roi et toute l'arrière-garde furent ramenés à Mansourah, le roi sur un bateau ; ses deux frères, les comtes d'Anjou et de Poitiers, et tous les autres croisés, réunis en troupe et garrottés, suivaient à pied sur le bord du fleuve. L'avant-garde et tout le reste de l'armée eurent bientôt le même sort.

Dix mille prisonniers, c'était tout ce qui restait de la croisade partie d'Aigues-Mortes dix-huit mois auparavant. Pourtant la fierté et la piété du roi imposaient toujours aux musulmans un grand respect. Une négociation s'ouvrit entre lui et le sultan Malek-Moaddham qui, après l'avoir délivré de ses chaînes, le faisait traiter avec une certaine magnificence. On demanda d'abord à Louis, pour prix d'une trêve et de sa liberté, la reddition immédiate de Damiette, une forte rançon et la restitution de plusieurs places que les chrétiens tenaient encore en Palestine. « Je ne puis disposer de ces places, dit Louis, elles ne m'appartiennent pas ; les princes et les religieux chrétiens qui en sont maîtres peuvent seuls les garder ou les rendre. » Le sultan irrité menaça le roi de le faire mettre à la torture ou de l'envoyer au grand khalife de Bagdad qui le retiendrait en prison pour le reste de ses jours. « Je suis votre prisonnier, dit Louis ; vous pouvez faire de moi ce que vous voudrez ; — Vous vous dites notre prisonnier, dirent les négociateurs musulmans, et nous croyons en effet que vous l'êtes ; mais vous nous traitez comme si vous nous teniez en prison. » Le sultan comprit qu'il avait affaire à une âme indomptable ; il n'insista plus que sur la reddition de Damiette et sur une rançon de 500,000 livres[1]. « Je payerai volontiers 500,000 livres pour la délivrance de mes gens, dit Louis, et je rendrai Damiette pour la délivrance de ma personne, car je ne suis pas homme qui se doive racheter à prix d'argent. — Par ma foi, dit le sultan, le Franc est large de n'avoir pas marchandé sur une si grande somme. Allez lui dire que je lui donne 100,000 livres pour l'aider à payer la rançon. » La négociation fut conclue sur ces bases ; vainqueurs et vaincus quittèrent Mansourah et arrivèrent, les uns par terre, les autres par le Nil, à quelques lieues de Damiette, dont la reddition fut fixée au 7 mai. Mais cinq jours aupara-

[1] Environ 10,132,000 francs de notre monnaie, selon M. de Wailly, en supposant, comme cela est probable, qu'il s'agit de livres tournois.

vant un tragique incident éclata ; plusieurs émirs des Mameluks entrèrent brusquement dans la tente de Louis ; ils venaient de tuer le sultan Malek-Moaddham contre lequel ils étaient depuis quelque temps en complot. « Ne craignez rien, seigneur, dirent-ils au roi ; il fallait que cela se fît ainsi ; faites ce qui vous regarde quant aux conventions réglées et vous serez libre. » L'un de ces émirs, qui avait tué le sultan de sa main, demanda brusquement au roi : « Que me donneras-tu ? J'ai tué ton ennemi qui t'eût fait mettre à mort s'il eût vécu, » et il lui demanda de le faire chevalier. Louis ne répondit rien. Quelques-uns des croisés présents le pressaient de satisfaire au désir de l'émir qui pouvait décider de leur sort. « Je ne conférerai jamais la chevalerie à un infidèle, dit Louis ; que l'émir devienne chrétien ; je l'emmènerai en France ; je l'enrichirai et je le ferai chevalier. » On dit que, dans leur admiration pour cette piété et cette fermeté indomptable, les émirs eurent un moment l'idée de prendre pour sultan Louis lui-même, à la place de celui qu'ils venaient de tuer ; et ce bruit n'était probablement pas dénué de tout fondement, car quelque temps après, dans l'intimité de leurs conversations, Louis demanda un jour à Joinville : « Croyez-vous que j'eusse pris le royaume de Babylone, au cas qu'ils me l'eussent offert ? » — « Sur quoi je lui dis, ajoute Joinville, qu'il eût agi bien en fou puisqu'ils avaient tué leur seigneur ; et il me dit que vraiment il ne l'eût pas refusé. » Quoi qu'il en soit, les conditions convenues avec feu le sultan Malek-Moaddham furent exécutées ; le 7 mai 1250, Geoffroi de Sargines remit aux émirs les clefs de Damiette ; les musulmans y entrèrent en grand tumulte. Le roi attendait sur son vaisseau le payement que faisaient ses gens pour la délivrance de son frère le comte de Poitiers ; il vit approcher une barque dans laquelle il reconnut son frère : « Allume, allume ! » cria-t-il soudain à ses matelots ; c'était le signal convenu pour se mettre en route, et quittant aussitôt la côte d'Égypte, la flotte qui portait les débris de l'armée chrétienne fit voile vers les côtes de la Palestine.

Arrivé à Saint-Jean-d'Acre le 14 mai 1250, le roi accepta sans hésiter l'épreuve que lui imposait sa mauvaise situation ; il voyait ses forces considérablement réduites, et la plupart des croisés qui lui restaient, même ses frères, ne dissimulaient pas leur ardent désir de retourner en France. Il avait cette vertu rare chez les rois de prendre en sérieuse considération le vœu de ses compagnons, et de vouloir leur libre assentiment au fardeau qu'il leur demandait de porter avec lui. Il réunit les

principaux et leur posa nettement la question : « La reine ma mère me mande et prie que je m'en aille en France, car mon royaume n'a ni paix ni trêve avec le roi d'Angleterre. Les gens d'ici me disent que, si je m'en vais, cette terre est perdue, car nul de ceux qui y sont n'osera y demeurer. Je vous prie que vous y pensiez, car c'est une grosse affaire, et je vous donne huit jours pour me répondre ce que bon vous semblera. » Ils revinrent huit jours après, et Guy de Mauvoisin, portant la parole en leur nom, dit au roi : « Sire, vos frères et les riches hommes qui sont ici ont regardé à votre état, et ils ont vu que vous ne pouviez demeurer en ce pays avec honneur pour vous et votre royaume, car de tous les chevaliers qui vinrent en votre compagnie et dont vous amenâtes en Chypre 2,800, il n'en reste pas 100 en cette ville. Aussi vous conseillent-ils, sire, que vous vous en alliez en France, et que vous vous procuriez des troupes et des deniers avec quoi vous puissiez promptement revenir en ce pays vous venger des ennemis de Dieu qui vous ont tenu en prison. » Louis, sans discuter, interrogea l'un après l'autre tous les assistants ; tous, même le légat du pape, s'accordèrent avec Guy de Mauvoisin. « J'étais bien le quatorzième assis en face du légat, dit Joinville, et quand il me demanda ce qu'il m'en semblait, je lui répondis que, si le roi pouvait tant faire que de tenir la campagne pendant un an, il se ferait grand honneur s'il demeurait. » Deux chevaliers seulement, Guillaume de Beaumont et le sire de Chatenay, eurent le courage d'appuyer l'opinion de Joinville, plus hardie pour le moment, mais aussi indécise que l'opinion contraire pour le prochain avenir. « Je vous ai bien ouïs, seigneurs, dit le roi ; je vous répondrai, d'aujourd'hui en huit jours, sur ce qu'il me plaira de faire. » — « A l'autre dimanche, dit Joinville, nous revînmes tous devant le roi. « Seigneurs, dit-il, je remercie beaucoup tous ceux
« qui m'ont conseillé de m'en aller en France, et aussi ceux qui m'ont
« conseillé de demeurer. Mais je me suis avisé que, si je demeure, je ne
« vois point de péril que mon royaume de France se perde, car madame
« la reine ma mère a bien des gens pour le défendre. J'ai regardé aussi
« que les barons de ce pays-ci disent que, si je m'en vais, le royaume de
« Jérusalem est perdu. A nul prix, je ne laisserai perdre le royaume de
« Jérusalem, lequel je suis venu pour garder et conquérir. Ma résolution
« est donc que je demeure, quant à présent. Aussi vous dis-je, à vous
« riches hommes qui êtes ici, et à tous autres chevaliers qui voudront
« demeurer avec moi, que vous veniez me parler hardiment, et je vous

« donnerai tant que la faute n'en sera pas à moi si vous ne voulez de-
« meurer. »

Ainsi personne, sauf Louis lui-même, n'osait toucher au fond de la question : les plus prudents ne lui conseillaient de partir que pour revenir et recommencer ce qui avait si mal réussi ; les plus hardis ne l'engageaient qu'à rester un an de plus; personne ne se hasardait à dire, après tant d'expériences puissantes et vaines, que l'entreprise était chimérique et qu'il y fallait renoncer. Louis seul parlait et agissait dans la pleine vérité de son unique pensée, reprendre le Saint-Sépulcre sur les musulmans et rétablir le royaume de Jérusalem. C'était une de ces pures et grandes âmes, presque étrangères au monde dans lequel elles vivent, et en qui la passion désintéressée est si forte qu'elle impose silence au jugement, étouffe toute crainte et maintient indéfiniment l'espérance. Les deux frères du roi s'embarquèrent avec une suite nombreuse. Rien n'indique combien de croisés, chevaliers ou hommes d'armes, restèrent autour de Louis; ils étaient, à coup sûr, bien insuffisants pour atteindre le double but qu'il se proposait, et même pour assurer de bien moins grands résultats, la délivrance des croisés encore prisonniers des musulmans, et une protection un peu efficace aux chrétiens établis en Palestine et en Syrie.

Deux fois Louis crut toucher à l'accomplissement de son vœu ; vers la fin de 1250 et en 1252, le sultan d'Alep et de Damas et les émirs d'Égypte, violemment en guerre, lui firent offrir tour à tour la restitution du royaume de Jérusalem s'il voulait s'allier activement à l'un ou à l'autre parti contre ses ennemis. Louis cherchait les moyens d'accepter l'une ou l'autre de ces offres sans manquer à ses engagements antérieurs et sans compromettre le sort des chrétiens encore prisonniers en Égypte ou habitant sur les territoires d'Alep et de Damas; mais, pendant les négociations engagées à cet effet, les musulmans de Syrie et d'Égypte suspendirent leurs discordes et se rallièrent contre les débris des croisés chrétiens ; tout espoir de rentrer par cette voie dans Jérusalem s'évanouit. Une autre fois, le sultan de Damas, touché de la pieuse persévérance de Louis, lui fit dire que, s'il le désirait, il pouvait venir en pèlerinage à Jérusalem et qu'il y serait en parfaite sûreté. « Le roi tint un grand conseil, dit Joinville, et personne ne l'engagea à y aller. On lui montra que si lui, qui était le plus grand roi des chrétiens, faisait son pèlerinage sans délivrer la cité sainte des ennemis de Dieu, tous les autres rois et les autres pèlerins qui viendraient après lui se tiendraient pour contents d'en faire autant, et ne s'inquiéteraient plus de la délivrance de Jérusalem. » On lui rappela l'exemple de Richard Cœur de Lion qui, soixante ans auparavant, s'était refusé à jeter même un regard sur Jérusalem, ne pouvant la délivrer de ses

LE SIRE DE JOINVILLE
D'après la statue de M. Bra (Musée de Versailles).

ennemis. Louis se refusa, comme Richard, à l'imparfaite satisfaction qui lui était offerte, et pendant près de quatre années qu'il passa sur les côtes de Palestine et de Syrie depuis son départ de Damiette, de 1250 à 1254, il dépensa, en petites œuvres de piété, de sympathie, de protection et de soins pour l'avenir des populations chrétiennes en Asie, son temps, ses forces, ses ressources pécuniaires et l'ardeur d'une âme qui ne pouvait rester oisivement adonnée à la tristesse de ses grands désirs non satisfaits.

Un événement inattendu vint tout à coup changer sa situation et ses projets ; au commencement de l'an 1253, il apprit à Sidon, dont il s'occupait à relever les remparts, que la reine Blanche sa mère était morte à Paris le 27 novembre 1252. « Il en mena si grand deuil, dit Joinville, que de deux jours on ne put lui parler. Après cela, il m'envoya chercher par un valet de chambre. Quand je vins devant lui, en sa chambre où il était seul et dès qu'il me vit, il étendit les bras et me dit : « Ah ! sénéchal, j'ai perdu ma mère ! » La perte était grande et pour le fils et pour le roi : impérieuse, exigeante, jalouse, souvent incommode dans la vie intime et au sein de la famille, Blanche n'en était pas moins, selon tous les contemporains, même les moins favorables, « la plus prudente femme de son temps, d'un esprit singulièrement adroit et pénétrant, mêlant un cœur d'homme à son sexe et à ses pensées de femme; personne magnanime, d'une énergie indomptable, souveraine maîtresse dans toutes les affaires du siècle, gardienne et tutrice de la France, justement comparable à Sémiramis, la plus éminente de son sexe. » Depuis le départ de Louis pour la croisade comme pendant sa minorité, elle lui avait donné les plus constantes marques d'un dévouement aussi habile que passionné et aussi utile que dominateur. Toutes les lettres de France réclamaient le prompt retour du roi. Les chrétiens de Syrie furent eux-mêmes de cet avis ; le roi, disaient-ils, a fait ici, pour nous, tout ce qu'il pouvait faire ; il nous sera bien plus utile en nous envoyant de France de grands secours. Louis s'embarqua à Saint-Jean-d'Acre, le 24 avril 1254, emmenant sur treize bâtiments, grands ou petits, la reine Marguerite, ses enfants, sa suite personnelle, ses plus intimes hommes d'armes, et laissant aux chrétiens de Syrie, pour les protéger en son nom, cent chevaliers sous les ordres de Geoffroi de Sargines, celui de ses compagnons dont la bravoure et la pieuse fidélité lui inspiraient la plus entière confiance. Après deux mois et demi de navigation, le roi et sa flotte arrivèrent, le 8 juillet 1254, devant le port d'Hyères qui appartenait alors à l'Empire, non à la France. Pendant deux jours, Louis refusa de débarquer sur ce point; il avait à cœur de ne remettre le pied que sur le sol de son royaume, à Aigues-Mortes, d'où il était parti six ans auparavant. Il céda enfin aux instances de la reine et de ceux qui l'entouraient, débarqua à Hyères, traversa lentement la France, et fit son entrée solennelle à Paris le 7 septembre 1254. « Les bourgeois et tous ceux qui étaient dans la ville furent au-devant de lui, vêtus et parés le mieux que chacun pouvait selon sa condition. Si les autres villes l'avaient reçu avec beaucoup de joie, Paris en témoigna encore plus qu'aucune autre. On fit, durant plusieurs jours, des feux, des danses et d'autres réjouissances publiques qui finirent plutôt que le peuple n'eût voulu, car le roi, voyant avec peine la grande dépense, les danses et les vanités qu'ils faisaient, s'en alla au bois de Vincennes pour les arrêter. »

Dès qu'il eut repris le gouvernement de son royaume après six ans d'absence et d'aventures héroïques mais vaines pour la cause chrétienne, ceux de ses conseillers et de ses serviteurs qui vivaient le plus près de lui et le connaissaient le mieux furent frappés à la fois de ce qu'il était resté et de ce qu'il était devenu dans cette longue et rude épreuve. « Combien le roi, quand il fut heureusement revenu en France, se conduisit pieusement envers Dieu, justement envers ses sujets, miséricordieusement envers les affligés, humblement pour son propre compte, et avec quel zèle il s'appliqua à avancer, selon ses forces, en toutes sortes de vertus, c'est ce que peuvent attester les personnes qui ont soigneusement observé sa façon de vivre, et qui ont connu la sincérité de sa conscience. C'est le jugement des plus clairvoyants et des plus sages qu'autant l'or est plus précieux que l'argent, autant la façon de vivre et d'agir que le roi rapporta de son voyage dans la terre sainte fut sainte et nouvelle, et supérieure à son ancienne conduite, quoique, dans sa jeunesse, il eût toujours été bon et innocent, et digne d'une grande estime. » Ainsi parle de saint Louis son confesseur Geoffroi de Beaulieu, chroniqueur bref et simple, presque jusqu'à la sécheresse, en même temps que bien informé. J'essayerai tout à l'heure de vous faire bien connaître le caractère du gouvernement de saint Louis pendant les quinze dernières années de son règne, et la place qui lui appartient dans l'histoire de la royauté et de la politique française; c'est uniquement de son rôle dans les croisades et de ce qu'elles devinrent entre ses mains que je m'occupe en ce moment. Pendant sept ans après son retour en France, de 1254 à 1261, Louis ne parut plus y penser; rien n'indique qu'il en parlât même à ses plus intimes confidents; mais malgré sa tranquillité apparente, il vivait, à cet égard, dans une fermentation d'imagination et une fièvre intérieure continue, se flattant toujours que quelque circonstance favorable le rappellerait à son œuvre interrompue. Il put croire que les circonstances répondaient à son vœu. Les chrétiens de Palestine et de Syrie étaient en proie à des périls et à des maux toujours plus pressants; la croix s'abaissait tantôt devant les Tartares de Tchingis-Khan, tantôt devant les Mameluks d'Égypte; le pape Urbain IV invoquait le roi de France; l'héroïque représentant que Louis avait laissé dans Saint-Jean-d'Acre, à la tête d'une petite garnison, Geoffroi de Sargines, lui écrivait que la ruine était imminente et de prompts secours indispensables pour la prévenir. En 1261, Louis tint à Paris un parlement où, sans parler d'une nouvelle croisade, on prit des mesures qui en révélaient la pensée, des jeûnes et des prières en faveur des chrétiens d'Orient, de fréquents et sérieux exercices militaires. En 1263, la croisade fut ouvertement prêchée; des taxes furent décrétées sur le clergé même, pour y contribuer; des princes et des barons s'y engagèrent. Louis approuvait, encourageait, sans déclarer son propre dessein. En 1267, un parlement fut convoqué à Paris; le roi s'entretint d'abord discrètement du nouveau plan de croisade avec quelques-uns de ses barons; puis, tout à coup, faisant mettre sous les yeux de l'assemblée les précieuses reliques déposées dans la Sainte-Chapelle, il ouvrit la séance en exhortant ardemment les assistants « à venger l'injure faite depuis si longtemps au Sauveur dans la terre sainte, et à recouvrer l'héritage de la chrétienté occupé, pour nos péchés, par les infidèles. » L'année suivante, le 9 février 1268, dans un nouveau parlement réuni à Paris, le roi fit serment de partir au mois de mai 1270.

La surprise fut grande et l'inquiétude plus grande encore que la surprise. Le royaume jouissait, au dehors d'une paix, au dedans d'une tranquillité et d'une prospérité depuis longtemps sans exemple; les querelles féodales devenaient plus rares et se terminaient plus promptement; le roi avait la confiance et le respect de toute la population. Pourquoi compromettre de tels biens dans une telle entreprise si lointaine, si coûteuse et d'un succès si douteux? Soit bon sens, soit déplaisir des charges qu'on leur imposait, beaucoup d'ecclésiastiques s'y montraient contraires; le pape Clément IV ne donnait au roi que des conseils incertains et très-réservés; quand il apprit que Louis emmenait avec lui à la croisade trois de ses fils, âgés l'aîné de vingt-deux ans, les deux autres de dix-huit et dix-sept ans, il ne put s'empêcher d'écrire au cardinal de Sainte-Cécile: « Il ne nous entre pas dans l'esprit que ce soit un acte de jugement bien réfléchi de faire prendre la croix à tant de fils du roi, surtout à l'aîné; et quoique nous ayons entendu des raisons en sens contraire, ou nous nous trompons fort, ou elles sont tout

MORT DE SAINT LOUIS

à fait dépourvues de raison. » La personne même du roi était un sujet de grave inquiétude ; sa santé était fort affaiblie ; plusieurs de ses plus intimes et plus clairvoyants conseillers firent à son dessein une opposition déclarée ; il pressa vivement Joinville de se croiser de nouveau avec lui ; mais Joinville s'y refusa absolument. « Je pensai, dit-il, que tous ceux-là firent un péché mortel qui lui conseillèrent le voyage, parce que tout le royaume était en bonne paix à l'intérieur et avec tous ses voisins, et depuis qu'il partit, l'état du royaume ne fit qu'empirer. Ils firent aussi un grand péché ceux qui lui conseillèrent le voyage dans la grande faiblesse où son corps était, car il ne pouvait supporter d'aller en char, ni de chevaucher ; il était si faible qu'il souffrit que je le portasse dans mes bras, depuis l'hôtel du comte d'Auxerre, là où je pris congé de lui, jusqu'aux Cordeliers. Et pourtant, faible comme il était, s'il fût demeuré en France, il eût pu encore vivre assez et faire beaucoup de bien. »

Toutes les objections, tous les avertissements, toutes les inquiétudes échouèrent devant l'idée fixe et la pieuse passion de Louis ; il partit de Paris le 16 mars 1270, presque déjà malade, mais l'âme contente et probablement seul sans trouble au milieu de ses compagnons. C'était de nouveau à Aigues-Mortes qu'il allait s'embarquer ; tout était encore obscur et indécis dans le plan de l'expédition ; irait-on d'abord en Égypte ou en Palestine, à Constantinople ou à Tunis ? On avait négocié, à ce sujet, avec les Vénitiens et avec les Génois sans que rien fût conclu ni assuré ; on allait au hasard, se confiant dans la Providence et oubliant qu'elle ne dispense pas l'homme de la prévoyance. Arrivé à Aigues-Mortes vers le milieu de mai, Louis n'y trouva rien de réuni ni de prêt, ni les croisés, ni les vaisseaux ; tout se faisait lentement, incomplètement, en grand désordre. Le 2 juillet 1270 enfin, on mit à la voile sans que personne sût, sans que le roi dît à personne où l'on allait. Ce fut seulement en Sardaigne, après quatre jours de relâche à Cagliari, que Louis annonça aux principaux de la croisade, réunis à bord de son vaisseau *la Montjoie*, qu'il se dirigeait sur Tunis, et que là commencerait leur œuvre chrétienne. Le roi de Tunis (comme on l'appelait alors), Mohammed Mostanser, avait parlé depuis quelque temps de son désir de se faire chrétien s'il pouvait être efficacement protégé contre les séditions de ses sujets. Louis accueillait avec transport la perspective des conversations musulmanes. « Ah ! s'écriait-il, si je pouvais voir que je fusse le compère et le parrain d'un si grand filleul ! »

Mais le 17 juillet, quand la flotte arriva devant Tunis, l'amiral Florent de Varennes, probablement sans ordres du roi et avec l'irréflexion qui éclatait à chaque pas dans l'entreprise, prit immédiatement possession du port et de quelques navires tunisiens comme d'une conquête, et fit dire au roi « qu'il n'y avait plus qu'à le soutenir, que le débarquement de l'armée pouvait s'opérer en toute sécurité. » Ainsi la guerre commença à l'instant même contre le prince musulman qu'on se promettait de voir bientôt chrétien.

Au bout de quinze jours, après quelques combats entre les croisés et les Tunisiens, tant d'aveuglement politique et militaire amena ses conséquences naturelles : les renforts promis à Louis par son frère Charles d'Anjou, roi de Sicile, n'étaient pas arrivés; les vivres manquaient; les ardeurs de l'été d'Afrique exerçaient leurs ravages dans l'armée avec tant de rapidité que bientôt on n'eut plus le temps d'ensevelir les morts; on les jetait pêle-mêle dans le fossé qui entourait le camp, et l'air en était infecté. Le 3 août, Louis fut atteint de la fièvre épidémique et obligé de garder le lit sous sa tente; il demanda des nouvelles de son fils Jean Tristan, comte de Nevers, tombé malade avant lui; on lui avait caché la mort du jeune prince, qui venait d'expirer sur le vaisseau où on l'avait transporté dans l'espoir que l'air de la mer lui serait salutaire. C'était, avec la princesse Isabelle, mariée à Thibaut le Jeune, roi de Navarre, l'enfant chéri de Louis; il joignit les mains en apprenant sa perte, et chercha en silence dans la prière quelque soulagement à sa douleur. Son mal empirait; il fit appeler son successeur, le prince Philippe (Philippe le Hardi), tira de son livre d'heures des instructions qu'il avait écrites pour lui, de sa main, en français, et les lui remit en l'exhortant à les observer scrupuleusement. Il donna également à sa fille Isabelle qui était en larmes au pied de son lit, et à son gendre le roi de Navarre, des écrits qui leur étaient destinés, et il chargea en outre Isabelle d'en remettre un autre à sa plus jeune sœur, la princesse Agnès, fiancée du duc de Bourgogne. « Très-chère fille, lui dit-il, pensez-y bien ; beaucoup de gens se sont endormis en folles pensées de péché, et le matin ne se sont trouvés en vie. » Comme il venait de satisfaire à ses préoccupations paternelles, on lui annonça, le 24 août, que des envoyés de l'empereur Michel Paléologue avaient débarqué au cap de Carthage, chargés par leur maître de lui demander son intervention auprès de son frère Charles, roi de Sicile, pour le détourner de faire la guerre à l'empire grec naguère rétabli. Louis recueillit ses forces pour les recevoir dans sa tente, en présence de quelques-uns de ses conseillers inquiets de la fatigue qu'il s'imposait. « Je vous promets, si je vis, dit-il aux envoyés, de concourir, autant que je le pourrai, à ce que votre maître réclame de moi; en attendant, je vous exhorte à avoir patience et bon courage. » Ce fut son dernier acte politique et son dernier souci des affaires du monde; il ne fut plus occupé que d'effusions pieuses qui se portaient tantôt sur les espérances de son âme, tantôt sur les intérêts chrétiens qui lui avaient été si chers toute sa vie; il répétait à voix basse ses oraisons accoutumées; on l'entendait murmurer ces paroles inquiètes : « Beau sire Dieu, aie merci de ce peuple qui demeure ici et le ramène en son pays! Qu'il ne tombe pas en la main de ses ennemis et qu'il ne soit pas contraint à renier ton nom! » Et en même temps qu'il exprimait ainsi un triste retour de sa pensée sur la situation où il laissait son armée et son peuple, il s'écriait de temps en temps en se soulevant sur son lit : « Jérusalem! Jérusalem! Nous irons à Jérusalem! » Dans la nuit du 24 au 25 août, il cessa de parler, tout en continuant de se montrer en pleine possession de son intelligence; il voulut recevoir l'extrême-onction à bas de son lit, étendu sur un sac grossier couvert de cendres, avec la croix devant lui; et le lundi 25 août 1270, à trois heures du soir, il s'éteignit paisiblement en prononçant ces dernières paroles : « Père, à l'exemple du divin Maître, je remets mon esprit en tes mains! »

LA PESTE AU CAMP DE SAINT LOUIS

CHAPITRE XVIII

LA ROYAUTÉ FRANÇAISE

Que la royauté ait tenu une grande place et joué un grand rôle dans l'histoire de France, c'est un fait évident et universellement reconnu. Quelles ont été les causes de ce fait et quels caractères particuliers ont donné, en France, à la royauté, l'influence prépondérante qu'elle a exercée, en bien et en mal, sur les destinées de notre patrie, ceci a été moins bien observé et reste encore vague et obscur. C'est ce que je voudrais déterminer avec quelque précision et mettre en lumière. On ne comprend bien et on n'apprécie justement une grande puissance historique que lorsqu'on l'a vue sortir de ses sources et qu'on l'a suivie dans ses développements divers.

Deux faits me frappent, au premier coup d'œil, dans l'histoire de la royauté en France. C'est en France qu'elle a adopté le plus tôt et maintenu le plus constamment son principe fondamental, l'hérédité. Dans les autres États monarchiques de l'Europe, en Angleterre, en Allemagne, en Espagne, en Italie, des principes divers, tantôt l'élection, tantôt le droit de conquête, se sont mêlés ou substitués à l'hérédité du trône ; des dynasties diverses ont régné ; l'Angleterre a eu des rois saxons, danois, normands, les Plantagenets, les Tudors, les Stuarts, les Nassau, les Brunswick. En Allemagne et jusqu'au dix-huitième siècle, l'Empire, seule dignité centrale, a été électif et mobile. L'Espagne a été longtemps partagée entre plusieurs royaumes distincts, et depuis qu'elle est arrivée à l'unité territoriale, la maison d'Autriche et la maison de Bourbon ont occupé son trône. La monarchie et la république se sont longtemps disputé et partagé l'Italie. Dans la France seule il n'y a eu, pendant huit siècles, qu'un seul roi et une seule race de rois. L'unité et l'hérédité, ces deux principes essentiels de la monarchie, ont été les caractères constants de la royauté française.

Un second fait, moins visible et moins considérable, important cependant et efficace dans l'histoire de la royauté française, c'est l'extrême variété des caractères, des facultés, des dispositions intellectuelles et morales, de la politique et de la conduite personnelle parmi nos rois. Dans la série des trente-trois rois qui ont régné en France de Hugues Capet à Louis XVI, il y a eu des rois sages et des rois fous, des rois habiles et des rois incapables, des rois téméraires et des rois indolents, des rois sérieux et des rois frivoles, des rois saints et des rois licencieux, des rois bons et sympathiques envers leur peuple, des rois égoïstes et uniquement préoccupés d'eux-mêmes, des rois aimables et aimés, des rois sombres et redoutés ou détestés. A mesure que nous avancerons et que nous les rencontrerons sur notre route, vous verrez tous ces caractères royaux apparaître et agir dans leur diversité et leur incohérence. Le pouvoir absolu monarchique a été en France, et presque de règne en règne, singulièrement modifié, tantôt aggravé, tantôt atténué par les idées, les sentiments, les mœurs, les instincts spontanés des monarques. Nulle part, dans les grandes monarchies européennes, la diversité des personnes royales n'a exercé autant d'influence dans leur gouvernement et sur l'état des nations. La libre action des individus a largement pris ici sa place et sa part dans le cours des événements.

J'ai dit combien les trois premiers successeurs de Hugues Capet avaient été des souverains insignifiants et inertes ; la bonté populaire du roi Robert est le seul trait royal qui ait mérité, à cette époque, de laisser sa trace dans l'histoire. La royauté reparut active et efficace à l'avénement de Louis VI, le fils de Philippe Ier. Élevé dans le monastère de Saint-Denis, qui avait alors pour supérieur un homme judicieux, l'abbé Adam, il y témoigna des dispositions et s'y forma sous des influences dignes de la situation qui l'attendait. Il était beau, de haute taille, fort et alerte, résolu et affable ; il avait plus de goût pour les exercices militaires que pour les amusements de l'enfance et les plaisirs de la jeunesse. On l'appelait alors Louis *l'Éveillé*. Il eut la bonne fortune de trouver dans le monastère de Saint-Denis un compagnon d'études capable de devenir un conseiller de roi. Un enfant né à Saint-Denis, de parents obscurs, et plus jeune de trois ou quatre ans que le prince Louis, Suger, avait été charitablement élevé dans l'abbaye, et l'abbé Adam, qui avait discerné ses facultés naturelles, avait pris soin de les développer. Des liens d'estime et d'amitié mutuelle se formèrent entre les deux jeunes gens, tous deux capables de penser et de vivre sérieusement, et lorsque en 1108 Louis *l'Éveillé* monta sur le trône, le moine Suger devint son ministre en restant son ami.

C'était alors un bien petit royaume que le domaine propre et direct du roi de France. l'Ile-de-France proprement dite et une partie de l'Orléanais, à peu près les cinq départements de la Seine, Seine-et-Oise, Seine-et-Marne, Oise et Loiret, plus, par des acquisitions récentes, le Vexin français[1], la moitié du comté de Sens et le comté de Bourges, telle était toute son étendue. Mais ce modeste État était aussi agité, souvent aussi troublé et aussi laborieux à gouverner que les plus grands États modernes ; il était plein de petits seigneurs, presque souverains dans leurs terres, et assez forts pour lutter contre leur royal suzerain, qui avait d'ailleurs, autour de ses domaines, plusieurs voisins plus puissants que lui par l'étendue et la population de leurs États. Mais seigneurs et paysans, laïques et ecclésiastiques, les châteaux, les campagnes et les Églises du pays de France ne tardèrent pas à s'apercevoir que, si le royaume était petit, il avait vraiment un roi. Louis ne porta pas au loin son ambition et ses efforts ; ce fut au dedans de son État, pour y réprimer les violences des forts contre les faibles, pour mettre fin aux querelles des forts entre eux, pour faire cesser, dans sa France, les iniquités et les dévastations, pour y établir un peu d'ordre et de justice, qu'il déploya son activité et sa persévérance. « Un énergique sentiment d'équité l'anima, dit Suger ; l'exercice de son courage lui sourit ; il rejeta toute inertie, ouvrit les yeux à la prudence, rompit le

---

[1] Le Vexin français tenait à l'Ile-de-France et avait pour chef-lieu Pontoise ; la petite rivière d'Epte le séparait du Vexin normand, dont Rouen était la capitale.

repos et se livra à une sollicitude infatigable. » Suger a raconté avec détail seize des nombreuses expéditions intérieures qu'entreprit Louis VI pour accomplir son œuvre de répression ou de châtiment exemplaire. Bouchard, seigneur de Montmorency, Matthieu de Beaumont, Dreux de Mouchy-le-Châtel, Ebble de Roussi, Léon de Meûn, Thomas de Marle, Hugues de Crécy, Guillaume de la Roche-Guyon, Hugues du Puiset, Amaury de Montfort apprirent, à leurs dépens, qu'on ne bravait pas impunément le roi. « En prenant un jour les armes contre lui, Bouchard refusa de recevoir son épée des mains de celui de ses gens qui la lui offrait, et il dit par jactance à la comtesse sa femme : « Noble comtesse, donne « joyeusement cette brillante épée au comte ton époux ; celui qui la « reçoit de toi comme comte te la rapportera comme roi. » Dans cette campagne même, Bouchard « rendit par sa mort, dit Suger, la paix au royaume, et alla porter lui et sa guerre dans les abîmes de l'enfer. » Hugues du Puiset avait plusieurs fois manqué à ses serments pacifiques et recommencé ses dévastations et ses révoltes ; Louis reprit contre lui ses poursuites, « ruina le château du Puiset, en abattit les murs, en creva les puits, et le rasa complétement, comme un lieu dévoué à la malédiction divine. » Thomas de Marle, seigneur de Couci, ravageait impitoyablement la ville et l'église de Laon, terres et habitants : « appelé par leurs plaintes, Louis se rendit à Laon, et là, d'après le conseil des évêques et des grands, surtout de l'illustre comte de Vermandois, Raoul, le plus puissant des seigneurs dans cette contrée après le roi, il résolut d'aller attaquer le château de Couci et se rendit à son camp. Les gens qu'il envoya pour explorer les lieux rapportèrent que l'accès du château était très-difficile et vraiment impossible. Plusieurs pressaient le roi de changer de dessein à ce sujet ; mais il s'écria : « Non, ce que nous avons résolu à Laon demeure ; je n'y renoncerai « pas, fût-ce pour sauver ma vie. La majesté royale serait avilie si, par « crainte, je fuyais devant ce scélérat. » Aussitôt, malgré sa corpulence et avec une ardeur admirable, il pénétra avec ses troupes à travers les ravins et les routes encombrées de forêts..... Thomas, fait prisonnier et mortellement blessé, fut conduit au roi Louis et par son ordre transporté à Laon, à la satisfaction presque universelle tant des siens que des nôtres. Le lendemain, ses terres furent vendues au profit du fisc, ses étangs furent rompus, et le roi Louis, ménageant le pays parce qu'il en tenait le seigneur à sa disposition, reprit la route de Laon, et revint ensuite triomphant à Paris. »

MALGRÉ SA CORPULENCE ET AVEC UNE ARDEUR ADMIRABLE, IL PÉNÉTRA AVEC SES TROUPES
A TRAVERS LES RAVINS ET LES ROUTES ENCOMBRÉES DE FORÊTS

Quelquefois, quand les populations et leurs protecteurs habituels, les évêques, invoquaient son secours, Louis portait ses armes hors de ses domaines, au seul droit de la justice et de la royauté. « On sait, dit Suger, que les rois ont les mains longues ; » en 1121, l'évêque de Clermont-Ferrand porta plainte au roi contre Guillaume VI, comte d'Auvergne, qui s'était emparé de la ville, même de l'église épiscopale, et y exerçait « une tyrannie effrénée. Le roi, qui jamais ne perdait un moment quand il s'agissait de secourir l'Église, prit en main avec plaisir et solennellement, dans cette circonstance, la cause de Dieu ; et n'ayant pu, ni par paroles ni par lettres scellées du sceau de la majesté royale, faire rentrer le tyran dans le devoir, il assembla des troupes et conduisit dans l'Auvergne révoltée une nombreuse armée de Français. Il était déjà devenu très-gros et avait peine à porter la masse épaisse de son corps ; tout autre, quelque pauvre qu'il eût été, n'aurait ni voulu ni pu, avec une telle incommodité physique, s'exposer au danger de monter à cheval ; mais lui, contre le conseil de tous ses amis, n'écoutait que son courage, bravait les feux de juin et d'août dont avaient horreur les plus jeunes chevaliers, et se moquait de ceux qui ne pouvaient supporter la chaleur, quoique souvent, dans des passages de marais étroits et difficiles, il fût contraint de se faire soutenir par les siens. » Après une lutte obstinée, et sur l'intervention du duc d'Aquitaine Guillaume VII, suzerain du comte d'Auvergne, « Louis fixa un jour précis pour régler et décider, en parlement à Orléans et en présence du duc, entre l'évêque et le comte, les points auxquels les Auvergnats avaient jusqu'alors refusé de souscrire. Puis ramenant glorieusement son armée, il retourna victorieusement en France. » Il avait fait acte de force et accru son ascendant sans prétendre à agrandir ses États.

Dans ses relations avec ses deux puissants voisins, le roi d'Angleterre duc de Normandie et l'empereur d'Allemagne, Louis le Gros porta la même vigilance, la même fermeté, et au besoin la même activité guerrière, en conservant la même modération, le même éloignement de toute ambition turbulente ou imprudente, mesurant ses prétentions à ses forces, et plus préoccupé de gouverner efficacement son royaume que d'y ajouter des conquêtes. Il eut deux fois, en 1109 et 1118, la guerre en Normandie avec Henri Ier, roi d'Angleterre, et il y commit quelques témérités qui lui attirèrent un échec qu'il s'empressa de réparer en continuant vivement la campagne ; mais son honneur une fois mis à couvert, il se prêta volontiers à la paix que, dans un concile à Reims, le pape Calixte II parvint à rétablir entre les deux rivaux. La guerre avec l'empereur d'Allemagne Henri V, en 1124, parut, au premier moment, plus sérieuse; l'Empereur avait levé une nombreuse armée de Lorrains, d'Allemands, de Bavarois, de Souabes, de Saxons, et menaçait la ville même de Reims d'une attaque prochaine. Louis se hâta de se mettre en mesure; il alla prendre solennellement sur l'autel de Saint-Denis la bannière de ce patron de royaume, et vola avec une petite poignée d'hommes au-devant des ennemis pour parer aux premiers besoins de ses affaires, en invitant toute la France à le suivre. La France rappela l'élite de ses chevaliers, et quand, de tous les points du royaume, l'armée se fut réunie à Reims, il s'y trouva, dit Suger, « une si grande quantité de chevaliers et de gens de pied, qu'on eût dit des nuées de sauterelles qui couvraient la surface de la terre, non-seulement sur les rives des fleuves, mais encore sur les montagnes et dans les plaines. » On forma trois corps de cette multitude; les Orléanais, les Parisiens, les gens d'Étampes et ceux de Saint-Denis composaient le troisième corps; le roi se mit, de sa personne, à la tête de cette dernière troupe : « C'est avec ceux-ci, dit-il, que je combattrai bravement et sûrement; outre que j'y serai protégé par le saint, mon seigneur, j'y trouve ceux de mes compatriotes qui m'ont élevé avec une amitié particulière, et qui certes me seconderont vivant ou me rapporteront mort, et sauveront mon corps. » A la nouvelle de ce grand rassemblement et de l'ardeur qui l'animait, l'empereur Henri V cessa d'avancer, et bientôt, « marchant vers d'autres lieux sous quelque prétexte, il préféra la honte de se retirer lâchement au risque d'exposer son empire et sa personne à une ruine certaine. Après cette victoire, autant et plus grande même que si l'on eût triomphé sur le champ de bataille, les Français retournèrent chacun chez eux. »

Les trois principes qui ont concouru à la formation et au caractère de la royauté française, le principe germanique, le principe romain et le principe chrétien, apparaissent ensemble dans le règne de Louis le Gros. C'était encore le chef guerrier de la société féodale fondée par la conquête qui, malgré sa modération et sa prudence, s'écriait quelquefois, dit Suger : « Quelle misérable condition est la nôtre de ne jamais savoir et pouvoir tout ensemble! Jeune, si j'avais su, et vieux, si je pouvais, j'aurais conquis bien des royaumes; » c'est peut-être de cette exclamation royale du douzième siècle qu'est venu notre proverbe familier : « Si jeunesse savait et si vieillesse pouvait ! » C'était au nom des maximes de l'empire romain et des souvenirs de Charlemagne que Louis VI regardait la justice comme émanant essentiellement du roi, et qu'il se croyait en droit de la porter partout. Et quelle fin de règne plus chrétienne que la sienne lorsque, « épuisé par le long affaiblissement de son corps amaigri, mais s'indignant de mourir d'une manière ignoble ou inopinée, il appela autour de lui des hommes pieux, des évêques, des abbés, beaucoup de prêtres de la sainte Église ; puis, rejetant toute mauvaise honte, il demanda à se confesser dévotement devant tous, et à se prémunir contre la mort par le secourable viatique du corps et du sang du Seigneur ! Pendant qu'on dispose tout, le roi se lève lui-même tout à coup, s'habille, sort tout vêtu de sa chambre, à l'admiration de tous, va au-devant du corps de Notre-Seigneur Jésus-Christ et se prosterne religieusement. Là, en présence de tous, tant clercs que laïques, il se dépouille de la royauté, se démet du gouvernement de l'État, se confesse du péché de l'avoir mal administré, remet à son fils Louis l'anneau royal et l'oblige à promettre, sous serment, de protéger l'Église de Dieu, les pauvres et les orphelins, de respecter les droits de chacun, et de ne retenir aucun individu prisonnier dans sa cour, à moins que celui-ci n'eût forfait actuellement et dans la cour même. »

Ce roi si bien préparé à la mort eut dans ses derniers jours une grande joie paternelle. Le duc d'Aquitaine, Guillaume VII, lui avait confié en mourant la tutelle de sa fille Éléonore, héritière de tous ses États, c'est-à-dire du Poitou, de la Saintonge, de la Gascogne et du pays Basque, les plus belles provinces du sud-ouest de la France depuis la basse Loire jusqu'aux Pyrénées. Le mariage entre Éléonore et Louis le Jeune, déjà associé au trône de son père, fut bientôt conclu ; une brillante ambassade, composée de plus de cinq cents seigneurs et nobles chevaliers, auxquels le roi avait adjoint son intime conseiller Suger, partit pour l'Aquitaine, où devait s'accomplir la cérémonie. Au moment du départ, le roi les réunit autour de lui, et s'adressant à son fils : « Que la forte main du Dieu tout-puissant, par qui règnent les rois, te protège toi et les tiens, mon cher fils ! Si, par quelque infortune, je venais à te perdre, toi et ceux que j'envoie avec toi, ni ma vie, ni mon royaume ne me seraient plus de rien. » Le mariage eut lieu à Bordeaux, à la fin de juillet 1137, et, le 8 août suivant, Louis le Jeune, revenant à Paris, fut couronné à Poitiers comme duc d'Aquitaine. Il apprit là que le roi son père venait de mourir le 1er août.

Louis le Gros était loin de prévoir les déplorables suites du mariage qu'il regardait comme l'une des fortunes de son règne.

Malgré sa longue durée de quarante-trois ans, le règne de Louis VII, dit *le Jeune*, fut une époque stérile en événements et en hommes dignes de garder une place dans l'histoire. Je vous ai déjà raconté la malheureuse croisade de ce roi de l'an 1147 à 1149, le commencement, à Antioche, de sa brouillerie avec sa femme Éléonore d'Aquitaine, et le fatal divorce qui, en 1152, en délivrant le roi d'une reine infidèle, amena la perte, pour la France, des belles provinces qu'elle lui avait apportées en dot, et les fit passer dans la possession du roi d'Angleterre Henri II. Ce fut là, sous Louis le Jeune, le seul événement vraiment important par ses longues et sanglantes conséquences pour notre patrie. Une petite guerre ou une lutte sourde presque continue entre les rois de France et d'Angleterre, de petites querelles de Louis avec quelques-uns des grands seigneurs de son royaume, quelques mesures de rigueur contre quelques communes en travail des libertés locales, les premiers mouvements de la fermentation religieuse qui aboutit bientôt, dans le midi de la France, à la croisade contre les albigeois, tels furent les faits qui remplirent assez froidement les annales de ce règne. Tant que Suger vécut, la royauté conserva au dedans la sagesse qu'elle avait déployée et au dehors la considération qu'elle avait acquise sous Louis le Gros; Suger mort, elle alla languissant et déclinant sans rencontrer de grands obstacles. Il était réservé au fils de Louis le Jeune, à Philippe Auguste, d'ouvrir à la France et à la royauté française une nouvelle ère de force et de progrès.

Philippe II, à qui l'histoire a conservé le nom de Philippe Auguste, que lui donnèrent ses contemporains, était depuis un an associé à la couronne, sacré et marié à Isabelle de Hainaut, quand la mort de Louis VII le mit en possession du royaume. Il n'avait encore que quinze ans, et par son testament le roi son père l'avait placé sous la direction de Philippe d'Alsace, comte de Flandre, comme régent, et de Robert-Clément, maréchal de France, comme son gouverneur. Mais quoique régnant d'abord sous ces deux influences, Philippe laissa bientôt entrevoir qu'il entendait régner par lui-même et régner avec puissance. « Quoi que fassent mes vassaux, disait-il pendant sa minorité, il me faut souffrir leurs forces et leurs grands outrages, et leurs vilains méfaits; mais, s'il plaît à Dieu, ils s'affaibliront et ils vieilliront, et moi je croîtrai en force et en pouvoir, et je serai, à mon tour, vengé selon mon désir. » Il avait à peine vingt ans lorsqu'un jour l'un de ses barons, le voyant ronger avec distraction et d'un air rêveur une petite branche verte, dit à ses voisins : « Si quelqu'un pouvait me dire ce que le roi pense, je lui donnerais mon meilleur cheval. » Un autre des assistants fit hardiment au roi la question. « Je pense à une chose, répondit Philippe; c'est à savoir si Dieu accordera, à moi ou à l'un de mes hoirs, la grâce d'élever la France à la hauteur où elle était du temps de Charlemagne. »

Il ne fut pas donné à Philippe Auguste de relever l'empire franc de Charlemagne, œuvre impossible, pour qui que ce fût, aux douzième et treizième siècles; mais il fit de l'extension et de la construction territoriale du royaume de France le but principal de sa vie, et il réussit dans cette œuvre-là. Sur les quarante-trois années de son règne, vingt-six au moins furent des années de guerre vouées au même dessein. Pendant les six premières, ce fut avec quelques-uns de ses grands vassaux français, le comte de Champagne, le duc de Bourgogne, même avec le comte de Flandre, d'abord son régent, que Philippe eut à guerroyer; ils cherchaient tous à profiter de sa minorité pour se rendre indépendants ou pour s'agrandir aux dépens de la couronne; mais une fois en possession personnelle du pouvoir comme du titre de roi, de 1187 à 1216, ce fut contre les trois rois successifs d'Angleterre, Henri II, Richard Cœur de Lion et Jean sans Terre, maîtres des plus belles provinces de France, que Philippe dirigea ses constants efforts. C'étaient, soit par la puissance, soit par la capacité politique ou la popularité guerrière, des adversaires redoutables. Henri II, d'un âge mûr, habile, énergique, persévérant sans mesquine jalousie ou puérile obstination, avait sur Philippe tous les avantages de la position et de l'expérience; il en usa avec prudence, se tenant habituellement dans son attitude féodale de grand vassal français en même temps que souverain étranger, cherchant la paix plutôt que la lutte avec son jeune suzerain, lui venant même quelquefois en aide, et il déjoua ainsi la plupart des tentatives sourdes ou des expéditions à main armée par lesquelles, de 1186 à 1189, Philippe essaya de l'entamer dans ses possessions françaises; il y eut, tant que Henri II vécut, peu de changements dans les relations territoriales des deux États. Mais, Henri mort, Philippe se trouva, envers ses deux fils, Richard Cœur de Lion et Jean sans Terre, dans une situation toute différente : ils étaient de sa génération; il avait eu avec eux, même contre le roi leur père, des rapports de complicité et de familiarité; ils n'avaient nulle autorité sur lui et il ne leur portait nulle considération. Richard était le prince féodal par excellence, le plus hardi, le plus inconsidéré, le plus passionné, le plus brutal, le plus héroïque aventurier du moyen âge, avide de mouvement et d'action, possédé du besoin de déployer sa force et de faire sa volonté toujours, partout, non-seulement au mépris des droits et du bien-être de ses sujets, mais au risque de sa propre sûreté, de son propre pouvoir, de sa couronne même. Philippe était d'un sens rassis, patient, persévérant, peu touché de l'esprit d'aventure, plus ambitieux qu'ardent, capable de longs desseins, et prudent en même temps qu'indifférent dans l'emploi des moyens. Il avait beau jeu contre Richard. J'ai déjà dit quelles furent leurs relations et leur rupture pendant leur croisade commune en Orient. Revenu en Occident, Philippe ne fit point, sur le roi Richard, ces grandes et définitives conquêtes qui devaient rendre à la France la meilleure partie de la dot d'Éléonore d'Aquitaine; mais il les prépara par une multitude de petites victoires, de petites acquisitions, et en s'assurant de plus en plus la supériorité sur son rival. Quand, après la mort de Richard, il eut affaire à Jean sans Terre, poltron et insolent, fourbe et étourdi, colère, débauché, paresseux, subalterne intrigant sur le trône avec la prétention d'être le plus despote des rois, Philippe eut sur lui, encore plus que sur son frère Richard, d'immenses avantages. Il s'en prévalut si bien qu'après six années de lutte, de 1199 à 1205, il enleva à Jean la plus grande partie de ses possessions françaises, l'Anjou, la Normandie, la Touraine, le Maine, le Poitou. Philippe se fût volontiers passé de procédure légale pour faire sanctionner ses conquêtes; mais Jean lui en fournit un excellent prétexte : le 3 avril 1203, il assassina de sa propre main, dans la tour de Rouen, son jeune neveu Arthur, duc de Bretagne, et à ce titre, vassal de Philippe Auguste, à qui il venait de prêter hommage. Philippe fit sommer Jean, son vassal aussi, devant la cour des barons de France, ses pairs, pour se justifier de cet acte odieux. « Le roi Jean, dit l'historien anglais contemporain Matthieu Paris, envoya Eustache, évêque d'Ély, dire au roi Philippe qu'il viendrait volontiers à sa cour pour répondre en justice et obéir entièrement sur cette affaire, mais qu'il lui fallait un sauf-conduit. Le roi Philippe répondit, mais non pas d'un cœur ni d'un visage serein : « Volontiers, « qu'il vienne en paix et en sûreté. — Et qu'il s'en retourne de « même, seigneur? dit l'évêque. — Oui, reprit le roi, si le jugement

« de ses pairs le lui permet. » Et comme les envoyés d'Angleterre le suppliaient qu'il accordât au roi d'Angleterre de venir et de s'en retourner en sûreté, le roi de France irrité répondit avec son jurement ordinaire : « Non, de par tous les saints de France, à moins que le ju« gement n'y consente. — Seigneur roi, reprit l'évêque, le duc de « Normandie ne peut venir sans que vienne en même temps le roi « d'Angleterre, puisque le duc et le roi sont une seule et même per« sonne. Le baronnage d'Angleterre ne le permettrait en aucune façon, « et si le roi le voulait, il courrait, comme vous le savez, péril de « prison ou de mort. » — Le roi Philippe lui répondit : « Qu'est ceci, « seigneur évêque ? On sait bien que le duc de Normandie, mon homme, « a acquis par violence l'Angleterre. Ainsi donc, si un vassal croît en « honneur et en puissance, son seigneur suzerain y perdra ses « droits ? Impossible. »

« Le roi Jean ne voulut pas se fier au hasard et au jugement des Français qui ne l'aimaient pas ; il craignait surtout qu'on ne lui reprochât le honteux meurtre d'Arthur. Les grands de France procédèrent néanmoins au jugement, ce qu'ils n'auraient pas dû faire légalement, puisque celui qu'ils avaient à juger était absent et serait venu s'il l'avait pu. »

La condamnation n'en reçut pas moins son plein effet, et Philippe Auguste rentra ainsi en possession de presque tous les territoires que son père Louis VII n'avait tenus qu'un moment. Il joignit successivement d'autres provinces à ses États ; de telle sorte que le royaume de France, borné, comme vous l'avez vu, sous Louis le Gros, à l'Ile-de-France et à quelques parties de la Picardie et de l'Orléanais, comprenait de plus, à la fin du règne de Philippe Auguste, le Vermandois, l'Artois, les deux Vexins français et normand, le Berri, la Normandie, le Maine, l'Anjou, le Poitou, la Touraine et l'Auvergne.

En 1206, l'œuvre territoriale de Philippe Auguste était à peu près accomplie ; mais ses guerres n'étaient pas à leur terme ; Jean sans Terre vaincu se débattait contre ses revers, et tentait sans cesse, contre le roi de France, des alliances hostiles ou des conspirations locales faciles à ourdir avec quelques seigneurs féodaux mécontents de leur suzerain. Jean était en relation intime avec son neveu Othon IV, empereur d'Allemagne et ennemi de Philippe Auguste, qui avait soutenu contre lui Frédéric II, son rival à l'Empire. Ils préparèrent de concert une grande attaque contre le roi de France, et ils avaient attiré dans leur coalition quelques-uns de ses plus importants vassaux, entre autres Renaud de Dampierre, comte de Boulogne. Philippe résolut de déjouer leur attaque en la devançant par une entreprise inattendue, une invasion en Angleterre même. Les circonstances semblaient favorables : par ses oppressions et ses perfidies, le roi Jean s'était attiré la haine et le mépris de son peuple ; les barons d'Angleterre, appuyés et dirigés par l'archevêque de Cantorbéry, Étienne Langton, avaient commencé contre lui la lutte qui devait finir, quelques années après, par la concession forcée de la Grande Charte, cette pierre fondamentale des libertés anglaises. Brouillé depuis cinq ans avec la cour de Rome, Jean affectait de braver l'excommunication dont le pape Innocent III l'avait frappé, et dont plusieurs prélats de l'Église d'Angleterre demandaient au roi de France d'assurer l'efficacité. Le 8 avril 1213, Philippe convoqua à Soissons ses principaux vassaux ou alliés, leur exposa les motifs de son dessein contre le roi d'Angleterre, et par une sorte de confédération spéciale, ils s'engagèrent tous à le soutenir. L'un des plus considérables pourtant, l'ancien régent de France pendant la minorité de Philippe, Ferrand, comte de Flandre, ne se rendit pas à cette assemblée où il avait été appelé, et se déclara résolu à ne point prendre part à la guerre contre l'Angleterre. « Par tous les saints de France, s'écria Philippe, ou la France deviendra Flandre, ou la Flandre deviendra France ! » Et tout en pressant l'équipement d'une grande flotte réunie à Calais pour l'invasion en Angleterre, il entra en Flandre, assiégea et prit plusieurs des riches cités du pays, Cassel, Ypres, Bruges, Courtrai, et planta son camp devant les murs de Gand, « pour abattre, disait-il, le faste des Gantois, et les forcer enfin à courber leurs têtes sous le joug des rois. » Mais il apprit que Jean sans Terre, après s'être réconcilié avec la cour de Rome en acceptant toutes les conditions, toutes les humiliations qu'elle avait voulu lui imposer, venait de débarquer à la Rochelle et soulevait, parmi les seigneurs de la Saintonge et du Poitou, une insurrection sérieuse. En même temps, la flotte de Philippe, attaquée dans la rade de Calais par celle du roi Jean, fut à moitié détruite ou enlevée, et l'autre moitié contrainte à se réfugier dans le port de Damm, où elle était étroitement bloquée. Prenant sur-le-champ une double et énergique résolution, Philippe chargea son fils Louis d'aller réprimer sur les bords de la Loire l'insurrection des Poitevins, et engagea lui-même la guerre de Flandre, la plus grave par la qualité des ennemis et par les desseins qu'ils annonçaient. Ils avaient à leur tête l'empereur Othon IV, qui s'était déjà acquis le renom de vaillant et habile guerrier; ils comptaient dans leurs rangs plusieurs des plus grands seigneurs allemands, flamands, hollandais et Hugues de Boves, le plus redouté de ces aventuriers à la solde des princes riches connus alors sous le nom de *routiers*. Ils se proposaient, disait-on, de démembrer la France; l'empereur Othon l'avait promis à ses principaux chefs réunis en conférence secrète. « C'est contre Philippe lui-même et lui seul, leur avait-il dit, que nous devons diriger tous nos efforts; c'est lui qu'il faut tuer le premier de tous, car c'est lui seul qui nous résiste et se fait notre ennemi en toutes choses. Quand il sera mort, vous pourrez soumettre et partager à notre gré le royaume; toi, Renaud, tu prendras Péronne, et tout le Vermandois, Hugues s'emparera de Beauvais, Salisbury de Dreux, Conrad de Mantes avec le Vexin, et toi, Ferrand, tu auras Paris. »

Les deux armées se promenèrent dans les Pays-Bas et la Flandre, cherchant toutes deux la situation la plus avantageuse pour prendre l'initiative de l'attaque. Le dimanche 27 août 1214, Philippe s'était arrêté près du pont de Bouvines, non loin de Lille, et se reposait sous un frêne, à côté d'une petite chapelle dédiée à saint Pierre. Un messager accourut, envoyé par Guérin, évêque de Senlis, son affidé dans la guerre comme dans le gouvernement, et il lui annonça que son arrière-garde, attaquée par l'empereur Othon, ne suffisait pas à lui résister. Philippe entra dans la chapelle, fit une courte prière, s'écria en sortant : « Allons vite porter secours à nos compagnons! » revêtit son armure, monta à cheval, et se porta rapidement vers le point de l'attaque, au milieu des cris de tous ceux qui l'entouraient : « Aux armes! aux armes! »

L'une et l'autre armée comptaient dans leurs rangs non-seulement toute la chevalerie féodale des deux partis, mais des milices bourgeoises, celles de la plupart des grandes cités de Flandre pour l'empereur Othon, et celles de seize villes ou communes de France pour Philippe Auguste. Ce n'était pas, on l'a vu, la première fois que les milices des campagnes françaises prenaient part aux guerres du roi; Louis le Gros avait eu souvent leur concours contre les seigneurs tyranniques et turbulents de son petit royaume; mais depuis le règne de Louis le Gros la formation et l'importance des communes avait fait en France de grands progrès, et ce ne furent pas seulement des communes rurales, mais des villes considérables, Amiens, Arras, Beauvais, Compiègne, Soissons qui envoyèrent à l'armée de Philippe Auguste des corps nombreux et déjà un peu faits aux armes. Les historiens contemporains portent l'armée d'Othon à 100,000 hommes et celle de Philippe Auguste à 50 ou 60,000 ; parmi les historiens modernes, l'un des plus éminents, M. de Sismondi, les réduit toutes deux à 15 ou 20,000 hommes. Je crois la réduction excessive comme l'évaluation primitive. Quoi qu'il en soit, les milices communales tenaient évidemment dans l'armée royale de Bouvines une place importante, et le prouvèrent avec éclat. Dès que Philippe fut arrivé en tête de la première ligne de ses troupes, « les gens de Soissons, dit Guillaume le Breton, qui assistait à la bataille, impatients et entraînés par les discours de l'évêque Guérin, lancent leurs chevaux de toute la rapidité de leurs jambes et attaquent les ennemis. Mais les chevaliers flamands ne se portent point à leur rencontre, indignés que la première charge contre eux ne soit pas faite par des chevaliers, comme il eût été convenable, et ils demeurent immobiles à leur poste. Les gens de Soissons cependant ne pensent pas qu'il faille agir mollement avec eux et les ménager ; ils les poussent rudement, les renversent de leurs chevaux, en tuent plusieurs et les forcent à abandonner leur position ou à se défendre, qu'ils le veuillent ou non. Enfin, dédaignant les bourgeois, le chevalier Eustache, fier de ses illustres aïeux, s'avance au milieu de la plaine et, d'une voix superbe, il s'écrie : « Mort aux Français ! » La bataille fut bientôt générale et acharnée ; c'était une multitude de combats corps à corps au sein d'une mêlée confuse. Dans cette mêlée, les chevaliers de l'empereur Othon n'oublièrent pas les instructions qu'il leur avait données avant la lutte ; ils cherchèrent le roi de France en personne pour diriger sur lui leurs coups ; ils le reconnurent bientôt à la vue de la bannière royale, et parvinrent presque jusqu'à lui. Les communes, principalement celles de Corbeil, d'Amiens, de Beauvais, de Compiègne et d'Arras, pénétrèrent alors à travers les bataillons des chevaliers et se placèrent devant le roi lui-même ; mais des hommes de pied teutons se glissèrent autour de Philippe, et avec des crocs et des lances minces, ils le jetèrent à bas de son cheval ; un petit nombre de chevaliers qui étaient restés avec lui renversèrent, dispersèrent et tuèrent ces hommes de pied, et le roi, se relevant plus vite qu'on ne l'espérait, sauta sur un autre cheval et se relança dans la mêlée. Ce fut alors sur l'empereur Othon à son tour que se porta le danger. Les Français repoussèrent son entourage et parvinrent jusqu'à lui ; un coup de couteau, poussé avec

LA BATAILLE DE BOUVINES

force, entra dans la cervelle du cheval d'Othon : le cheval blessé à mort se cabra et tourna la tête vers le côté d'où il était venu ; l'empereur, ainsi emporté, montra le dos aux Français et se mit à fuir. « Vous ne verrez plus sa figure d'aujourd'hui, » dit Philippe aux siens. Il disait vrai ; en vain Guillaume des Barres, le premier des chevaliers de son temps par la force, la vaillance et la renommée, se lança à la poursuite de l'empereur et fut deux fois sur le point de le saisir ; Othon lui échappa, grâce à la vitesse de son cheval et au grand nombre de ses chevaliers teutons qui, pendant que leur empereur fuyait, combattaient merveilleusement. Leur bravoure ne sauva que leur maître ; la bataille de Bouvines était perdue pour la coalition anglo-teuto-flamande. Elle se prolongea encore quelques heures ; mais le soir on amena à Philippe Auguste les prisonniers considérables ; il y avait cinq comtes, Ferrand de Flandre, Renaud de Boulogne, Guillaume de Salisbury, frère naturel du roi Jean, Othon de Tecklembourg, Conrad de Dartmund, et vingt-cinq barons « portant leur propre bannière au combat. » Philippe Auguste fit grâce à tous, renvoya le comte de Salisbury au roi son frère, confina le comte de Boulogne à Péronne, où il fut mis « dans une très-dure prison, avec des chaînes si courtes qu'à peine pouvait-il faire un pas ; » et quant au comte de Flandre, son ancien régent Philippe le traîna enchaîné à sa suite.

Il est difficile de discerner, dans les témoignages des contemporains, qui fut le plus heureux et le plus fier de cette victoire, le roi ou le peuple. « Le jour même, comme la nuit s'approchait, dit Guillaume le Breton, l'armée chargée de dépouilles rentra dans son camp, et le roi, le cœur plein de joie et de reconnaissance, rendit mille actions de grâces au roi suprême qui lui avait donné de triompher de tant d'ennemis. Et afin que la postérité conservât à jamais le souvenir d'un si grand succès, l'évêque de Senlis fonda, en dehors des murailles de cette ville, une chapelle qu'il nomma *la Victoire*, et qui, dotée de grands biens et se gouvernant selon les règles canoniques, jouit de l'honneur d'avoir un abbé et un saint couvent... Qui pourrait raconter, s'imaginer, tracer avec la plume, sur un parchemin ou sur des tablettes, les joyeux applaudissements, les hymnes de triomphe, les innombrables danses des peuples, les doux chants des clercs, les sons harmonieux des instruments guerriers, les solennels ornements des églises, en dedans et en dehors, les rues, les maisons, les chemins de tous les châteaux et des villes tendus de courtines et de tapisseries de soie, couverts de fleurs, d'herbes et de branches vertes, tous les habitants de tout genre, de tout sexe et de tout âge accourant de toutes parts pour voir un si grand triomphe, les paysans et les moissonneurs interrompant leurs travaux, suspendant à leur cou leurs faulx et leurs hoyaux (car c'était le temps de la moisson), et se précipitant en foule sur les chemins pour voir dans les fers ce comte de Flandre, ce Ferrand dont peu auparavant ils redoutaient les armes. »

Le peuple ne se trompait pas dans sa joie, et un instinct spontané lui faisait pressentir l'importance du triomphe auquel il applaudissait. La bataille de Bouvines ne fut pas seulement la victoire de Philippe Auguste sur une coalition de princes étrangers; cette victoire fut l'œuvre du roi et du peuple, barons, chevaliers, bourgeois, paysans de l'Ile-de-France, de l'Orléanais, de la Picardie, de la Normandie, de la Champagne, de la Bourgogne. Et cette union de classes et de populations diverses dans un sentiment, un combat et un succès communs, fut un pas décisif dans la formation et l'unité de la France. Ce fut à partir de la victoire de Bouvines qu'on put dire et qu'on dit en effet d'un seul nom, *les Français*. La nation française et la royauté française s'élevèrent ensemble ce jour-là en dehors et au-dessus du régime féodal.

Philippe Auguste apprit vers le même temps le succès de son fils Louis sur les bords de la Loire. L'incapacité et l'insolence fanfaronne du roi Jean avaient dégoûté de lui ses partisans poitevins; il avait été contraint d'abandonner son attaque provinciale contre le roi de France, et l'insurrection de jour en jour plus grave des barons et du clergé anglais pour obtenir la Grande Charte lui préparait de bien autres revers. Il avait cessé d'être pour Philippe un rival dangereux.

Nulle époque n'a mieux su que la nôtre à quel point les succès et les conquêtes enivrent les rois guerriers; mais Philippe, aussi vaillant dans l'occasion que nul autre, n'était pas guerrier par goût, ni conquérant pour le seul plaisir de l'extension de ses États. « Aimant mieux, selon sa coutume, dit Guillaume le Breton, vaincre par la paix que par la guerre, » il se hâta de mettre fin par des traités, des trêves ou des cautionnements, à ses querelles avec le roi Jean, le comte de Flandre et les principaux seigneurs faits prisonniers à Bouvines; la prudence l'emportait en lui sur les tentations des circonstances ou les entraînements de la passion, et il se gardait de compromettre ouvertement sa puissance, sa responsabilité et l'honneur de son nom dans des entreprises qui ne lui étaient pas naturellement imposées ou qu'il jugeait dépourvues de chances de succès. Jeune encore, il avait donné, en 1191, une marque certaine de cette retenue si rare chez les princes ambitieux, en se retirant de la croisade où il s'était engagé avec Richard Cœur de Lion ; elle apparut bien plus encore dans deux grands événements de la dernière partie de son règne, la croisade contre les albigeois et l'expédition de son fils Louis en Angleterre, dont, en 1215, les barons, en guerre avec le roi Jean pour la défense de la Grande Charte, lui avaient offert la couronne.

La formation du royaume, de la nation et de la royauté française aux onzième et douzième siècles, ne fut pas le seul grand événement et la seule grande œuvre de cette époque; en même temps que ce mouvement politique s'accomplissait dans l'État, une fermentation religieuse et intellectuelle s'élevait dans l'Église et dans les esprits. Après la conquête des Gaules par les Francs, le clergé chrétien, seul dépositaire des lumières du temps, seul capable d'opposer aux vainqueurs d'autres arguments que ceux de la force et d'employer auprès des vaincus d'autres moyens de soumission que la violence, devint le lien entre la nation conquérante et la nation conquise, et au nom d'une même loi divine, il commanda aux sujets l'obéissance et il modéra chez les maîtres l'emportement du pouvoir. Mais, dans cette participation si active et si salutaire aux affaires du monde, le clergé chrétien perdit quelque chose de son caractère primitif et propre; la religion fut entre ses mains un moyen de pouvoir comme de civilisation; ses principaux membres devinrent riches et substituèrent souvent des armes matérielles à l'autorité spirituelle qui avait été d'abord leur unique force ; quand ils furent en état de lutter contre les puissants laïques, ils prirent souvent leurs mœurs et partagèrent leur ignorance; aux septième et huitième siècles, la barbarie qui possédait le monde avait envahi l'Église. Charlemagne essaya de ranimer la civilisation mourante, et chercha dans le clergé son principal instrument de succès; il institua des écoles, les peupla d'étudiants auxquels les honneurs ecclésiastiques étaient promis en récompense de leurs mérites, s'appliqua enfin, avec toute sa puissance, à rendre à l'Église chrétienne sa dignité et son influence. Charlemagne mort, presque toutes ses grandes œuvres disparurent dans le chaos qui lui succéda ; ses écoles seules subsistèrent et entretinrent quelques foyers d'activité intellectuelle. Quand le régime féodal se fut établi et eut introduit une certaine règle dans les relations sociales, quand la destinée des hommes ne parut plus entièrement livrée aux hasards de la force, l'intelligence retrouva quelque emploi et reprit quelque empire. Des esprits actifs et élevés recommencèrent à observer avec quelque indépendance les faits sociaux qu'ils avaient sous les yeux, à en signaler les vices, à en chercher les remèdes. Le spectacle de leur temps ne pouvait manquer de les frapper ; après avoir fait quelques pas hors du désordre matériel, c'était au désordre moral que la société semblait près de succomber ; les mœurs étaient fort au-dessous des lois, et la religion en contraste déplorable avec les mœurs. Ce n'étaient pas les laïques seuls qui se livraient impunément à tous les excès de la violence et de la licence, les scandales étaient fréquents dans le clergé lui-même : les évêchés et autres bénéfices ecclésiastiques, publiquement vendus ou légués par testament, passaient, dans les familles, du père au fils, du mari à la femme, et les biens de l'Église servaient de dot aux filles des évêques. L'absolution était tombée à vil prix, et le rachat des plus énormes péchés coûtait à peine la fondation d'une église ou d'un monastère. Saisis d'effroi à la vue de cette corruption des seules choses qu'ils reconnussent alors pour saintes, les hommes ne savaient plus où trouver la règle de la vie et la sûreté de la conscience. Mais c'est le propre et glorieux caractère du christianisme de ne pouvoir supporter longtemps, sans faire effort pour y résister, les vices qu'il n'a pas pu prévenir, et de porter toujours dans son sein le germe puissant de la régénération humaine. Au milieu de leurs désordres, les onzième et douzième siècles virent éclater une grande fermentation religieuse, morale et intellectuelle, et ce fut l'Église elle-même qui eut l'honneur et la force de prendre l'initiative de la réforme ; sous l'influence de Grégoire VII, la sévérité des papes commença à se prononcer contre les scandales de l'épiscopat, le trafic des bénéfices ecclésiastiques, les mauvaises mœurs du clergé séculier. En même temps, des hommes austères s'efforçaient de ranimer la ferveur de la vie monastique, rétablissaient dans les cloîtres une règle rigide, les repeuplaient par leurs prédications et leurs exemples ; saint Robert de Molême fondait l'ordre de Cîteaux, saint Norbert celui de Prémontré, saint Bernard détachait Clairvaux de Cîteaux, qu'il trouvait trop mondain ; saint Bruno construisait la Chartreuse ; saint Hugue, saint Gérard, d'autres encore, donnaient à l'abbaye de Cluni son éclat ; la réforme ecclésiastique s'étendait partout. A ce spectacle, des laïques riches et puissants, saisis d'ardeur dans leur foi ou d'alarme pour leur salut, couraient chercher la solitude et se vouaient à la prière dans des couvents fondés par eux ou enrichis de leurs biens; des familles entières se dispersaient dans divers monastères; toutes les rigueurs de la pénitence suffisaient à peine à satisfaire des imaginations épouvantées des périls de la vie mondaine ou des vices de leur temps. Et à la même époque, à côté de cette pieuse effervescence, l'ignorance était décriée et signalée comme la source des maux du siècle; la fonction d'enseigner était mise au nombre des devoirs de l'état religieux; chaque monastère nouvellement fondé ou réformé devenait une école dans laquelle des élèves de toutes conditions étaient gratuitement instruits dans les sciences connues sous le nom d'arts libéraux. Des esprits hardis commençaient à user des droits de l'intelligence individuelle contre l'autorité des doctrines établies; d'autres, sans songer à combattre, travaillaient du moins à comprendre, ce qui conduit à discuter. L'activité et la liberté de l'intelligence se développaient en même temps que la ferveur de la foi et de la piété.

Ce grand mouvement moral de la nature humaine dans les onzième et douzième siècles se produisit par des événements très-divers dans les diverses parties du beau pays qui n'était pas encore mais qui tendait dès lors à devenir la France. Parmi ces événements que je ne saurais raconter ici avec détail, j'en prendrai deux, les plus éclatants et les plus féconds en conséquences importantes dans l'histoire de cette époque, la querelle d'Abélard avec saint Bernard et la croisade contre les albigeois. On verra là combien la France du Nord et la France du Midi différaient entre elles avant la crise sanglante qui devait les unir dans le même nom et les mêmes destinées.

Dans la France proprement dite alors, au nord du Rhône et de la Loire, l'Église avait accompli elle-même la plupart des réformes devenues nécessaires. C'était là que les plus actifs et les plus éloquents des moines réformateurs avaient paru, prêché, fondé ou régénéré un grand nombre de monastères. C'était là que, dans le clergé d'abord et aussi, à son exemple, parmi les laïques, la discipline et les mœurs chrétiennes avaient repris quelque empire. Aussi la foi et l'Église chrétiennes n'étaient-elles là, dans la masse de la population, que point ou peu attaquées; les hérétiques, quand il en paraissait, n'obtenaient l'appui ni des princes, ni du peuple; on les poursuivait, on les condamnait, on les brûlait sans que leur présence excitât la sympathie ou leur supplice la commisération publique. Ce fut au sein du clergé lui-même, parmi les lettrés et les docteurs, que se manifesta et se concentra, dans la France du Nord, le mouvement intellectuel et novateur de l'époque ; ce mouvement fut vif et sérieux ; c'était vraiment une foule studieuse qui se pressait aux leçons d'Abélard à Paris, sur la montagne Sainte-Geneviève, à Melun, à Corbeil, au Paraclet ; mais cette foule ne venait guère du peuple ; la plupart de ceux qui la formaient étaient déjà, ou devaient bientôt, à des titres divers, entrer dans l'Église. Et il en était des discussions élevées dans ces réunions comme des personnes qui s'y rendaient ; on y dissertait comme dans des écoles ; on n'y fondait pas des sectes ; les leçons d'Abélard, les questions qu'il traitait étaient des leçons et des questions religieusement scientifiques ; c'était pour exposer, pour propager ce qu'ils regardaient comme la philosophie du christianisme que maîtres et élèves usaient hardiment de la liberté de la pensée ; ils ne faisaient guère de polémique contre les abus présents et pratiques de l'Église ; ils différaient avec elle dans l'interprétation et le commentaire de quelques-uns de ses dogmes ; ils se croyaient en état d'expliquer et de confirmer la foi par la raison. Les chefs de l'Église, saint Bernard en tête, ne tardèrent pas à découvrir, dans ces interprétations et ces commentaires scientifiques, des dangers pour la simple et pure foi chrétienne ; le rationalisme naissant leur apparut en face de l'orthodoxie. Ils étaient, comme tous leurs contemporains, complétement étrangers à la seule idée de la liberté de la pensée et de la conscience ; ils engagèrent contre les nouveaux docteurs une lutte ardente ; mais ils ne la poussèrent pas toujours à ses dernières et cruelles extrémités ; ils avaient sur Abélard bien des prises : sa vie privée, l'éclat de ses relations avec Héloïse, la mobilité inquiète et hautaine de son caractère l'exposaient à de sévères censures ; ses rigides adversaires n'en abusèrent pas autant qu'ils l'auraient pu ; ils firent condamner ses doctrines dans les conciles de Soissons et de Sens ; ils lui interdirent la parole publique ; ils lui imposèrent la clôture monastique ; mais ils n'eurent pas même l'idée de le faire brûler comme hérétique ; la science et la gloire furent respectées dans sa personne au moment même où ses idées étaient proscrites. L'un des prélats les plus considérables et les plus honorés de l'Église, l'abbé de Cluni, Pierre le Vénérable, le reçut parmi ses moines, le traita avec une bonté paternelle, prenant soin de sa santé comme de son salut ; et l'adversaire de saint Bernard, le docteur condamné par les conciles de Soissons et de Sens, mourut tranquille le 21 avril 1142, dans l'abbaye de Saint-Marcel près Chalon-sur-Saône, après avoir reçu avec beaucoup de piété les sacrements en présence de tous les religieux du monastère. « Ainsi, écrivit Pierre le Vénérable à Héloïse, depuis onze ans abbesse du Paraclet, l'homme qui, par son autorité singulière dans la science, était connu presque de toute la terre et illustre partout où il était connu, a su, à l'école de celui qui a dit : *Apprenez que je suis doux et humble de cœur*, demeurer *doux et humble*, et, comme il est juste de le croire, il est ainsi retourné à lui. »

Entre la lutte d'Abélard avec l'Église dans la France du nord, et la croisade contre les albigeois dans la France méridionale, il y a bien plus que diversité et contraste : il y a un abîme. Dans leur état religieux et par la nature comme par le degré de leur civilisation, les populations de ces deux régions étaient radicalement différentes. Au nord-est, entre le Rhin, l'Escaut et la Loire, le christianisme n'avait guère eu affaire qu'à la barbarie et à l'ignorance des conquérants germains. Au midi, sur les deux rives du Rhône et de la Garonne, le long de la Méditerranée et des Pyrénées, il s'était trouvé en présence des mœurs, des institutions, des traditions, des religions et des incrédulités grecques, romaines, africaines, orientales, païennes, musulmanes ; les fréquentes invasions et les longs séjours des Sarrasins dans ces contrées avaient mêlé le sang arabe au sang gaulois, romain, asiatique, visigoth, et de ce mélange de tant de races, de langues, de croyances et d'idées diverses était résultée une civilisation plus développée, plus élégante, plus humaine, plus libérale, mais bien plus incohérente, moins simple et moins forte, moralement comme politiquement, que la civilisation guerrière et féodale de la France germanique. Dans l'ordre religieux surtout, la dissemblance était profonde : dans la France du nord, malgré ses désordres intérieurs et par l'influence de ses évêques, de ses missionnaires et de ses réformateurs monastiques, l'Église orthodoxe avait décidément prévalu et dominait pleinement ; dans la France méridionale au contraire, toutes les controverses, toutes les sectes, toutes les hérésies mystiques ou philosophiques qui avaient agité le christianisme du deuxième au neuvième siècle, avaient pénétré et s'étaient répandues. Il y avait là des ariens, des manichéens, des gnostiques, des pauliciens, des cathares (*les purs*) et d'autres sectes d'origine ou de dénomination plus locale et plus récente, les albigeois, les vaudois, les bonshommes, les pauvres de Lyon, les unes pieusement préoccupées du désir de revenir à la foi pure et à l'organisation fraternelle de l'Église évangélique primitive, les autres livrées aux égarements de l'imagination ou de l'ascétisme. Les princes et les grands seigneurs laïques du pays, les comtes de Toulouse, de Foix, de Comminges, le vicomte de Béziers et beaucoup d'autres n'étaient pas restés étrangers à cet état des populations : la plupart étaient accusés de tolérer, de protéger même les hérétiques; quelques-uns étaient soupçonnés d'en laisser pénétrer les idées dans l'intérieur même de leur famille. Les audaces de l'esprit critique et moqueur, l'abandon des croyances et des disciplines établies amènent bientôt le relâchement des mœurs, et il faut bien du temps et bien des épreuves à la liberté pour qu'elle apprenne à désavouer et à surmonter la licence; dans plusieurs des cours féodales et des châteaux du Languedoc, de la Provence, de l'Aquitaine, les imaginations, les paroles, les vies étaient licencieuses, et les charmantes poésies des troubadours, les galantes aventures des chevaliers faisaient trop oublier que la morale n'était guère plus respectée que la foi. Dès la fin du onzième siècle, non-seulement les papes mais toute l'Église orthodoxe de France et ses chefs spirituels s'inquiétèrent sérieusement de cet état des esprits dans la France méridionale et de ses dangers pour la chrétienté tout entière. En 1145, saint Bernard, dans tout l'éclat de son nom et de son influence, entreprit, de concert avec le cardinal Albéric, légat du pape Eugène III, d'aller prêcher, dans le comté de Toulouse, contre les hérétiques. « On voit ici, écrivait-il au comte de Toulouse Alphonse Jourdain, des Églises sans troupeaux, des troupeaux sans prêtres, des prêtres sans le respect qui leur est dû, des chrétiens sans Christ; les hommes meurent dans leurs péchés, sans être réconciliés par la pénitence ni admis à la sainte communion; les âmes sont envoyées pèle-mêle devant le redoutable tribunal de Dieu; la grâce du baptême est refusée aux petits enfants; ceux à qui le Sauveur a dit : « Laissez « venir à moi ces petits enfants, » n'obtiennent pas de s'approcher du salut. Est-ce qu'on croit que ces petits enfants n'ont pas besoin du Sauveur parce qu'ils sont petits? C'est donc pour rien que Notre-Seigneur de grand s'est fait petit; que dis-je? c'est donc pour rien qu'il a été flagellé, conspué, mis en croix, qu'enfin il est mort! » Saint Bernard prêcha avec grand succès dans Toulouse même; mais il ne se payait pas des succès faciles; il était venu pour combattre les hérétiques : il alla les chercher là où on lui dit qu'il les trouverait nombreux et puissants. « Il se rendit, dit un chroniqueur contemporain, au château de Vertfeuil[1], où verdissaient en ce temps les rejetons d'une nombreuse noblesse et d'une multitude populaire, pensant que, s'il pouvait éteindre l'hérétique perversité dans ce lieu où elle s'était fort répandue, il lui serait plus facile de prévaloir ailleurs contre elle. Quand il eut commencé à prêcher, dans l'église, contre ceux des hérétiques qui étaient en ce lieu les plus considérables, ils sortirent de l'église et le peuple les suivit; mais le saint homme, sortant après eux, se prit à débiter sur la place publique la parole de Dieu; les nobles alors se cachèrent de toutes parts dans leurs maisons, et lui continua à prêcher le menu peuple qui l'entourait. Sur quoi les autres, faisant tapage et frappant sur les portes, de façon que la foule ne pouvait entendre sa voix, lui pour lors, ayant secoué la poussière de ses pieds en témoignage contre eux, se départit du milieu d'eux, et regardant la ville, il la maudit en disant : « Vertfeuil, que Dieu te dessèche! » Il y avait, en ce temps, dans ce château, cent chevaliers à demeure, ayant armes, bannières et chevaux, et s'entretenant à leurs propres frais, non aux frais d'autrui. »

Après la mission peu efficace de saint Bernard qui mourut en 1153, et pendant un demi-siècle, l'Église orthodoxe s'occupa plusieurs fois des hérétiques de la France méridionale, qu'on appela bientôt les albigeois, soit parce qu'ils étaient nombreux dans le diocèse d'Albi, soit parce que le concile de Lombers, l'un des premiers où leur condamnation fut expressément prononcée[2], se tint dans ce diocèse. Mais les mesures adoptées alors contre eux furent d'abord mollement exécutées et de peu d'effet; les idées nouvelles se répandaient de plus en plus; en 1167, les novateurs tinrent eux-mêmes, à Saint-Félix-de-Caraman, un conciliabule où ils nommèrent des évêques pour des districts où ils avaient de nombreux partisans. Raymond VI qui, en 1195, succéda, comme comte de Toulouse, à son père Raymond V, passait pour leur être favorable; il les admettait dans sa familiarité et se permettait, dit-on, envers l'Église orthodoxe une extrême liberté d'esprit et de propos. Cependant les grands jours et les principaux acteurs de la lutte entamée par saint Bernard approchaient : en 1198, Lothaire Conti, disciple de l'Université de Paris, fut élu pape sous le titre d'Innocent III, et quatre ou cinq ans plus tard, Simon, comte de Montfort-l'Amaury, revint de la cinquième croisade d'Orient, déjà célèbre par

[1] *Vertfeuil* ou *Verfeil*, dans l'arrondissement de Toulouse.
[2] En 1165.

sa vaillance et son ardeur contre les infidèles. Digne émule de Grégoire VII, naguère son prédécesseur dans le saint-siége, Innocent III avait la même grandeur dans la pensée et la même fixité dans ses desseins, avec moins d'emportement dans le caractère, plus de science mondaine et d'esprit politique ; il regardait la chrétienté tout entière comme son royaume et lui-même comme le roi chargé de faire partout prévaloir la loi de Dieu. Comme comte de Montfort-l'Amaury, Simon n'était pas un puissant seigneur ; mais il descendait, disait-on, d'un fils naturel du roi Robert ; sa mère, une Anglaise, lui avait laissé en héritage le comté de Leicester, et il avait pour femme Alix de Montmorency. Plus grandes que sa fortune actuelle, sa situation sociale et sa renommée personnelle autorisaient en lui toutes les ambitions, et il avait appris en Orient à se croire tout permis pour le service de la foi chrétienne. En recevant la tiare, Innocent III se mit immédiatement à l'œuvre pour le gouvernement de la chrétienté. Simon de Montfort, en rentrant de la Palestine, ne se doutait pas de la nouvelle croisade à laquelle il devait bientôt être appelé et pour laquelle il était si bien préparé.

Innocent III n'employa d'abord, contre les hérétiques de la France méridionale, que des armes spirituelles et légitimes ; avant de les proscrire, il essaya de les convertir ; il leur envoya un grand nombre de missionnaires, presque tous pris dans l'ordre de Cîteaux et d'un zèle déjà prouvé ; plusieurs d'entre eux eurent successivement le titre et les pouvoirs de légats ; ils allaient prêchant dans tout le pays, s'entretenant avec les princes et les seigneurs laïques, à qui ils demandaient de chasser les hérétiques de leurs domaines, et tenant avec les hérétiques eux-mêmes des conférences suivies quelquefois par de nombreux assistants. Un chevalier « plein de sagacité », selon un chroniqueur contemporain, Pons d'Adhémar de Rodelle, dit un jour à Foulques, évêque de Toulouse, l'un des plus ardents délégués du pape : « Nous n'aurions pu croire que Rome eût tant d'efficaces raisons contre ces gens-ci. — Est-ce que vous ne voyez pas, dit l'évêque, combien leurs objections ont peu de force ? — Si fait, répondit le chevalier. — Pourquoi donc ne les expulsez-vous pas de vos terres ? — Nous ne le pouvons, reprit Pons ; nous avons été nourris avec eux ; nous avons parmi eux des gens de nos proches, et nous les voyons vivre honnêtement. » Lassés du peu d'efficacité de leurs prédications, quelques-uns des légats se montraient enclins à renoncer à leur mission. Pierre de Castelnau lui-même, le plus ardent de tous et qui devait bientôt payer de sa vie son ardeur, écrivit au pape pour le conjurer de permettre qu'il retournât dans son couvent. Deux prêtres espagnols, Diégo d'Azèbes, évêque d'Osma, et Dominique son sous-prieur, se rencontrant avec les légats romains à Montpellier, les entendirent manifester leur dégoût. « Renoncez à votre suite, leur dirent-ils, à vos chevaux, à vos voyages solennels; marchez en toute humilité, allant à pied, pieds nus, sans or ni argent, vivant et enseignant à l'exemple du divin Maître. — Nous n'osons prendre sur nous de telles choses, répondirent les agents du pape; elles sembleraient une sorte de nouveauté; si une personne d'autorité suffisante consentait à nous précéder de cette façon, nous la suivrions volontiers. » L'évêque d'Osma renvoya sa suite en Espagne, ne garda avec lui que son compagnon Dominique, et s'associant deux des moines de Cîteaux, Pierre de Castelnau et Raoul, les plus fervents délégués de Rome, ils commencèrent ces courses austères et ces prédications populaires qui devaient faire du sous-prieur Dominique un saint et le fondateur d'un grand ordre religieux auquel on a souvent attribué, à tort, l'origine mais qui devint en effet le principal acteur de l'Inquisition. En s'unissant à l'humble et pieuse activité des deux prêtres espagnols, les deux moines de Cîteaux, Pierre de Castelnau surtout, ne cessaient de poursuivre auprès des princes laïques l'extirpation des hérétiques; ils se rendirent en 1205 à Toulouse pour en demander au comte Raymond VI la promesse formelle, qu'ils en obtinrent en effet; mais Raymond était l'un de ces caractères indécis et faibles qui n'osent pas refuser de promettre ce qu'ils n'osent pas tenter d'accomplir; il voulait vivre en paix avec l'Église orthodoxe sans devenir cruel envers un grand nombre de ses sujets. Irrité de ses tergiversations, le fanatique légat Pierre de Castelnau l'excommunia soudain, et le pape adressa au comte une lettre menaçante, en lui donnant à entendre qu'au besoin il provoquerait contre lui des mesures plus efficaces. Raymond effrayé fit engager les deux légats à se rendre à Saint-Gilles et leur renouvela ses promesses, mais en cherchant et trouvant toujours le lendemain quelque prétexte pour en retarder l'exécution. Après lui avoir adressé de vifs reproches, les légats se décidèrent à quitter Saint-Gilles sans plus attendre, et le lendemain de leur départ[1], comme ils se disposaient à passer le Rhône, deux inconnus, qui avaient logé la veille dans la même

---

[1] Le 15 janvier 1208.

hôtellerie, s'approchèrent d'eux, et l'un des deux frappa Pierre de Castelnau d'un coup de lance si violent que le légat, après s'être écrié : « Que Dieu te pardonne comme je te pardonne! » n'eut que le temps de donner à ses compagnons ses dernières instructions et expira.

L'émotion fut grande en France et à Rome; il n'y avait pas encore trente ans qu'en Angleterre, sur un accès de colère du roi Henri II, quatre chevaliers de sa cour avaient assassiné, dans la cathédrale de Cantorbéry, l'archevêque Thomas Becket. Le comte de Toulouse était-il coupable aussi d'une provocation sanglante et du meurtre d'un prélat? Ce fut, au treizième siècle, le cri général dans l'Église catholique et le signal de la guerre contre Raymond VI : guerre entreprise à l'occasion d'un crime personnel, mais en réalité pour extirper l'hérésie dans la France méridionale, et pour déposséder de leurs États les princes nationaux qui n'obéiraient pas pleinement aux arrêts de la papauté en faveur des conquérants étrangers qui se chargeraient de les exécuter. La croisade contre les albigeois a été la plus éclatante application de deux principes également faux et funestes, qui ont fait autant et plus de mal aux catholiques qu'aux hérétiques et à la papauté qu'à la liberté : le droit du pouvoir spirituel à réclamer contre les âmes la force matérielle des pouvoirs temporels, et son droit à dépouiller, en cas de violation de ses injonctions, les souverains temporels de leur titre à l'obéissance de leurs peuples, c'est-à-dire la négation de la liberté religieuse des consciences et de l'indépendance politique des États. Ce fut en vertu de ces deux principes, alors dominants, non sans quelque contestation, dans la chrétienté, qu'en 1208 Innocent III somma le roi de France, les grands seigneurs et les chevaliers, le clergé séculier et régulier du royaume, de se croiser pour aller extirper de la France méridionale les albigeois « pires que les Sarrasins », et qu'il promit aux chefs des croisés la souveraineté des domaines qu'ils conquerraient sur les princes hérétiques ou protecteurs des hérétiques.

Dans toute la France, et même hors de France, les passions religieuses et ambitieuses se soulevèrent à cet appel : douze abbés et vingt moines de Cîteaux se dispersèrent de tous côtés prêchant la croisade; seigneurs et chevaliers, bourgeois et paysans, laïques et clercs accoururent. « De près, de loin ils sont venus, dit le chroniqueur poëte contemporain Guillaume de Tudela; il y a là de la gent d'Auvergne, de Bourgogne, de France et du Limousin; il y en a du monde entier; il y a des Allemands, des Poitevins, des Gascons, des Rouergats, des Saintongeois,

Dieu ne fit jamais clerc qui, quelque peine qu'il s'y donnât, les pût tous mettre par écrit en deux mois ni en trois. » Le poëte compte « vingt mille cavaliers armés de toutes pièces, et plus de deux cent mille, tant vilains que paysans, sans parler des bourgeois ni des clercs. » Plus modeste quoique plus fanatique, le principal chroniqueur contemporain de cette croisade, Pierre de Vaulx-Cernay, se contente de dire qu'au siége de Carcassonne, l'une des premières opérations des croisés, « on disait que leur armée comptait jusqu'à cinquante mille hommes. » Quoi qu'il en soit des chiffres, la passion des croisés fut ardente et persévérante; la guerre contre les albigeois dura quinze ans (de l'an 1208 à l'an 1223), et des deux chefs dont l'un l'ordonna et l'autre l'exécuta, le pape Innocent III et le comte Simon de Montfort, ni l'un ni l'autre n'en vit la fin. Durant ces quinze années, dans la région située entre le Rhône, les Pyrénées, la Garonne et même la Dordogne, presque toutes les villes, tous les châteaux forts, Béziers, Carcassonne, Castelnaudary, Lavaur, Gaillac, Moissac, Minerve, Termes, Toulouse, etc., furent pris, perdus, repris, pillés, saccagés, massacrés, brûlés par les croisés avec la cruauté du fanatisme et l'avidité de la conquête. Je n'ai garde de raconter ici avec détail cette tragique et monotone histoire; j'en rappellerai seulement quelques faits caractéristiques. On a révoqué en doute la réponse de l'abbé de Cîteaux, Arnauld-Amaury, aux vainqueurs de Béziers, en 1209, qui lui demandaient comment, dans l'assaut de la ville, ils distingueraient les hérétiques des fidèles : « Tuez-les tous, Dieu connaîtra bien les siens. » Ce doute est plus charitable que légitime, car c'est un contemporain, moine de Cîteaux lui-même, qui rapporte, sans la moindre remarque, cette odieuse parole. Le héros de la croisade, Simon de Montfort, tenait le même langage; on lui présenta un jour deux hérétiques pris à Castres; l'un était inébranlable dans sa croyance, l'autre se déclarait prêt à se convertir : « Brûlez-les tous deux, dit le comte; si celui-ci parle de bonne foi, le feu lui servira pour l'expiation de ses péchés; s'il ment, il portera la peine de son imposture. » Au siége du château de Lavaur, en 1211, Amaury, seigneur de Montréal, et quatre-vingts chevaliers avaient été faits prisonniers. « Le noble comte Simon arrêta de les pendre tous à un gibet, dit Pierre de Vaulx-Cernay; mais quand Amaury, le plus considérable d'entre eux, fut pendu, les fourches patibulaires qui, par la trop grande hâte, n'avaient pas été bien plantées en terre, étant venues à tomber, le comte, voyant le grand délai qui s'en suivait, ordonna qu'on tuât les autres.

Les pèlerins s'en saisirent donc très-avidement et les occirent bien sur la place. De plus, le comte fit accabler de pierres la dame du château, sœur d'Amaury, très-méchante hérétique, laquelle avait été jetée dans un puits. Finalement nos croisés, avec une allégresse extrême, brûlèrent hérétiques sans nombre. »

Au milieu de ces atroces déchaînements des passions qui se croyaient religieuses, d'autres passions ne tardèrent pas à paraître. Innocent III avait promis aux croisés la souveraineté des domaines qu'ils conquerraient sur les princes hérétiques ou protecteurs des hérétiques. Après la prise de Béziers et de Carcassonne en 1209, possessions de Raymond-Roger, vicomte d'Albi, et neveu du comte de Toulouse, l'abbé de Citeaux, légat du pape, réunit les principaux chefs des croisés pour qu'ils choisissent l'un d'entre eux comme seigneur et gouverneur de leurs conquêtes. L'offre en fut faite successivement à Eudes, duc de Bourgogne, à Pierre de Courtenay, comte de Nevers, et à Gauthier de Châtillon, comte de Saint-Paul, qui refusèrent tous les trois, disant qu'ils avaient assez de leurs propres domaines sans usurper ceux du vicomte de Béziers, à qui, selon eux, on avait déjà causé assez de dommage. Le légat, un peu embarrassé, dit-on, proposa de désigner deux évêques et quatre chevaliers qui, de concert avec lui, choisiraient le nouveau maître des territoires conquis. La proposition fut agréée, et après quelques moments d'hésitation, Simon de Montfort, élu par ce comité, accepta les domaines qui lui étaient offerts, et en prit immédiatement possession en publiant une charte ainsi conçue : « Simon, seigneur de Montfort, comte de Leicester, vicomte de Béziers et de Carcassonne. Le Seigneur ayant livré entre mes mains les terres des hérétiques, peuple incrédule, c'est-à-dire ce qu'il a jugé à propos de leur enlever par le ministère des croisés ses serviteurs, j'ai accepté humblement et dévotement cette charge et cette administration, dans la confiance de son secours. » Le pape lui écrivit aussitôt pour le confirmer dans la possession héréditaire de ses nouveaux États, en lui témoignant l'espérance que, de concert avec ses légats, il continuerait à poursuivre l'extirpation des hérétiques. Le vicomte dépossédé, Raymond-Roger, emprisonné par son vainqueur dans une tour de Carcassonne même, y mourut au bout de trois mois, de maladie selon les uns, de mort violente selon d'autres : soupçon qui ne paraît pas fondé ; ce n'était pas à des crimes lâches et secrets que Simon de Montfort était enclin.

A partir de cette époque, la guerre dans la France méridionale changea de caractère, ou plutôt elle prit un double caractère : à la guerre de religion se joignit ouvertement la guerre de conquête; ce ne fut plus seulement contre les albigeois et leurs hérésies, ce fut contre les princes nationaux de la France méridionale et leurs domaines que se poursuivit la croisade. Simon de Montfort était éminemment propre à la commander et à l'accomplir dans ce double dessein; sincèrement fanatique et passionnément ambitieux, d'une vaillance infatigable, beau, fort, adroit avec autorité, impitoyable envers ses ennemis comme chargé de faire justice au nom de la foi et de l'Église, chef fidèle aux siens et dévoué à leur cause commune en comptant sur eux pour sa propre cause, il avait les qualités naturelles qui donnent un empire spontané sur les hommes et les habiletés qui les séduisent en ouvrant la porte à leurs espérances intéressées. Et lui-même, par le progrès sourd de l'égoïsme si prompt à se développer quand des circonstances favorables le tentent, il faisait de jour en jour à sa fortune personnelle une plus grande place dans ses vues et sa conduite. Sa passion ambitieuse s'accrut par les difficultés mêmes qu'elle rencontra comme par les succès qu'elle obtint. Le comte de Toulouse, pourchassé et dépouillé, réclama vivement auprès du pape; il protesta contre l'accusation de favoriser les hérétiques et promit d'exécuter envers eux la décision de Rome; il offrit et fit effectivement les concessions que Rome lui commanda; comme garantie il livra sept de ses principales places fortes. Mais toujours trop irrésolu et trop faible pour tenir ses engagements contre ses sujets comme pour résister aux exigences de ses adversaires, il retombait sans cesse dans la même situation et repoussait des attaques de plus en plus pressantes par des promesses toujours inefficaces. Après avoir envoyé à Rome ambassadeur sur ambassadeur pour s'expliquer et se défendre, il y alla lui-même deux fois, en 1210 et en 1215, la première fois seul, la seconde avec son jeune fils âgé alors de treize ans et qui fut plus tard Raymond VII. Il invoqua la justice du pape, repoussa les récits et dépeignit les violences de ses ennemis, réclama enfin les droits de son fils innocent de tout ce qu'on lui imputait à lui-même, et attaqué et dépouillé comme lui. Innocent III n'avait ni l'esprit étroit, ni le cœur inaccessible; il écouta les plaintes du père, prit intérêt au jeune homme, et il écrivit, en avril 1212 et en janvier 1213, à ses légats en Languedoc et à Simon de Montfort : « Après avoir conduit l'armée des croisés dans les domaines du comte de Toulouse, vous ne vous êtes pas contentés d'envahir tous les lieux où il y avait des hérétiques, mais vous vous êtes encore emparés de ceux dans lesquels il n'y avait aucun soupçon d'hérésie... Les mêmes ambassadeurs nous ont remontré que vous avez usurpé le bien d'autrui avec tant d'avidité et si peu de ménagement qu'à peine de tous les domaines du comte de Toulouse lui reste-t-il la ville de ce nom, avec le château de Montauban... Quoique ledit comte ait été trouvé coupable de plusieurs choses contre Dieu et contre l'Église, et que nos légats, pour l'obliger à le reconnaître, aient excommunié sa personne et abandonné ses domaines au premier occupant, cependant il n'a pas encore été condamné comme hérétique, ni comme complice de la mort de Pierre de Castelnau de sainte mémoire, quoiqu'il en soit très-suspect. C'est pourquoi nous avons ordonné que, s'il se présentait contre lui un accusateur légitime, dans un certain temps, on lui assignât un jour pour se purger, suivant la forme marquée dans nos lettres, nous réservant de rendre là-dessus une sentence définitive; en quoi on n'a pas procédé suivant nos ordres. Nous ne comprenons donc pas pour quelle raison nous pourrions encore accorder à d'autres ses États qui ne lui ont pas été ôtés ni à ses héritiers; surtout nous ne voulons pas paraître lui avoir extorqué frauduleusement les châteaux qu'il nous a remis, l'Apôtre voulant qu'on s'abstienne de l'apparence même du mal. »

Mais Innocent III oubliait que, souverain temporel ou spirituel, quand on en a appelé à la force, on n'arrête pas comme on veut, et à la limite qu'on indique, le mouvement qu'on a imprimé et les agents qu'on a chargés de l'accomplir. Il avait ordonné la guerre contre les princes hérétiques ou protecteurs des hérétiques, et il avait promis leurs domaines à leurs vainqueurs. Il entendait se réserver le droit de statuer définitivement sur la condamnation des princes comme hérétiques et sur leur dépossession de leurs États; mais quand la force eut fait son œuvre sur les lieux mêmes, quand la condamnation des princes comme hérétiques eut été prononcée par les légats du pape, et la dépossession matérielle opérée par ses alliés laïques, les réserves et les regrets d'Innocent III furent vains; il avait proclamé deux principes, l'extirpation matérielle des hérétiques et le détrônement politique des princes, leurs complices ou leurs protecteurs; l'application de ces principes échappa de ses mains; trois conciles locaux, réunis en 1210, 1212 et 1213, à Saint-Gilles, à Arles et à Lavaur, et présidés par les légats du pape, prononcèrent l'excommunication de Raymond VI et l'abandon de ses États à Simon de Montfort, qui en prit possession pour lui-même et pour ses compagnons; les légats du pape eurent leur part dans la conquête: l'abbé de Cîteaux, Arnauld-Amaury, devint archevêque de Narbonne; l'abbé Foulques de Marseille, célèbre dans sa jeunesse comme galant troubadour, fut évêque de Toulouse et le plus ardent des croisés. Quand ces conquérants apprirent que le pape avait bien reçu Raymond VI avec son jeune fils et se montrait favorable à ses réclamations, ils firent parvenir à Innocent III des avertissements hautains, lui donnant à entendre que l'œuvre était accomplie et que, s'il y portait atteinte, Simon de Montfort et ses guerriers pourraient bien ne pas se soumettre à ses décisions. Le roi d'Aragon, don Pèdre II, avait fortement appuyé auprès d'Innocent III les réclamations du comte de Toulouse et des princes méridionaux ses alliés. « Il enjola le seigneur pape, dit le passionné chroniqueur de cette histoire, le moine Pierre de Vaulx-Cernay, au point de lui persuader que les affaires de la foi étaient consommées contre les hérétiques, eux étant au loin mis en fuite et entièrement chassés du pays albigeois, et qu'ainsi il était nécessaire qu'il révoquât pleinement l'indulgence qu'il avait octroyée aux croisés... Le souverain pontife, trop crédule aux perfides suggestions du dit roi, consentit facilement à ses demandes, et écrivit au comte de Montfort, lui mandant et ordonnant de rendre sans délai aux comtes de Comminges, de Foix et à Gaston de Béarn, gens très-scélérats et perdus, les terres que, par juste jugement de Dieu et par le secours des croisés, il avait enfin conquises. » Mais, malgré ses désirs d'équité, Innocent III, plus politique que modéré, n'eut garde d'entrer en lutte contre les agents, ecclésiastiques et laïques, qu'il avait lancés dans la France méridionale; en novembre 1215, le quatrième concile de Latran se réunit à Rome; le comte de Toulouse, son fils et le comte de Foix y portèrent leurs réclamations. « Il est bien vrai, dit Pierre de Vaulx-Cernay, qu'ils y trouvèrent quelques gens, et, qui pis est, parmi les prélats, qui s'opposaient aux affaires de la foi et travaillaient à la réintégration des dits comtes; mais le conseil d'Architophel ne prévalut point, car le seigneur pape, d'accord avec la majeure et plus saine partie du sacré concile, statua que la cité de Toulouse et autres terres conquises par les croisés seraient concédées au comte de Montfort qui s'était porté, plus que tout autre, de toute vaillance et loyauté, à la sainte entreprise; et quant aux domaines que le comte Raymond possédait en Provence, le souverain pontife décida qu'ils lui seraient gardés, afin d'en pourvoir, soit en partie, soit même pour le tout, le fils de ce comte; pourvu toutefois que, par indices certains de fidélité et de bonne conduite, il se montrât digne de miséricorde. »

Cette dernière velléité de miséricorde du pape en faveur du jeune comte Raymond, « pourvu qu'il s'en montrât digne, » demeura vaine comme ses remontrances à ses légats; le 17 juillet 1216, sept mois après le concile de Latran, Innocent III mourut, laissant Simon de Montfort et ses compagnons en possession de tout ce qu'ils avaient pris, et la guerre toujours flagrante entre les princes nationaux de la France méridionale et les conquérants étrangers. Le caractère primitif et religieux de la croisade s'effaça de plus en plus; l'ambition mondaine et l'esprit de conquête devinrent de plus en plus dominants; la question se posa bien moins entre les catholiques et les hérétiques qu'entre les anciens et les nouveaux maîtres du pays, entre l'indépendance des populations méridionales et le triomphe des guerriers venus du nord de la France, c'est-à-dire entre deux races, deux civilisations et deux langues différentes. Raymond VI et son fils retrouvèrent dès lors des forces et des chances que jusque-là l'accusation d'hérésie et les sentences de la cour de Rome leur avaient enlevées; leurs alliés voisins et leurs partisans secrets ou intimidés reprirent courage; la fortune des batailles devint variable; les succès et les revers se partagèrent; non-seulement beaucoup de petites places et de châteaux, mais les plus grandes villes, Toulouse entre autres, tombèrent alternativement aux mains de l'un et de l'autre parti. Le successeur d'Innocent III dans le saint-siége, le pape Honorius III, quoique très-prononcé d'abord contre les albigeois, était bien moins habile, moins persévérant et moins influent que son prédécesseur. Enfin, le 20 juin 1218, Simon de Montfort qui, depuis neuf mois, assiégeait sans succès Toulouse rentré dans la possession de Raymond VI, fut tué d'un jet de pierre sous les murs de la place, et laissa à son fils Amaury l'héritage de la guerre et de ses conquêtes, mais non de son vigoureux génie et de son renom guerrier. La lutte se prolongea encore pendant cinq ans avec des fortunes diverses entre les deux partis; Amaury de Montfort perdait chaque jour du terrain, et quand le comte Raymond VI mourut en août 1222, il avait recouvré la plus grande partie de ses États. Son fils Raymond VII guerroya encore pendant dix-huit mois, avec assez de faveur populaire et de succès pour que ses ennemis désespérassent de

SIMON DE MONTFORT TUÉ D'UN JET DE PIERRE SOUS LES MURS DE LA PLACE

reprendre leurs avantages ; et, le 14 janvier 1224, Amaury de Montfort, après avoir conclu, avec les comtes de Toulouse et de Foix, un traité qui semblait n'avoir qu'un caractère provisoire, « sortit de Carcassonne avec tous les Français, dit l'*Histoire de Languedoc*, et abandonna pour toujours le pays que sa maison avait possédé pendant près de quatorze ans. » A peine arrivé à la cour de Louis VIII, qui venait de succéder à son père Philippe Auguste, il céda au roi de France ses droits sur les domaines conquis par les croisés par un acte ainsi conçu : « Sachez que nous quittons à notre seigneur Louis, illustre roi des Français et à ses héritiers à perpétuité, pour en disposer à sa volonté, tous les priviléges et dons que l'Église romaine a accordés à Simon, notre père, de pieuse mémoire, au sujet du comté de Toulouse et des autres pays d'Albigeois ; supposé que le pape accomplisse toutes les demandes que le roi lui fait par l'archevêque de Bourges et les évêques de Langres et de Chartres : sinon, qu'on sache pour certain que nous ne cédons rien à personne de tous ces domaines. »

Tant que dura cette cruelle guerre, Philippe Auguste n'y voulut prendre aucune part. Non qu'il portât aux hérétiques albigeois quelque intérêt de foi ou de liberté religieuse ; mais son esprit de justice et de modération était choqué des violences exercées contre eux, et il lui répugnait à l'idée de s'associer à la dévastation des belles provinces méridionales. Il trouvait mauvais d'ailleurs que le pape s'arrogeât le droit de dépouiller de leurs États, pour cause d'hérésie, des princes vassaux du roi de France ; et sans s'y opposer formellement, il n'y voulait pas donner son assentiment. Quand Innocent III lui demanda de concourir à la croisade, Philippe lui répondit « qu'il avait à ses ses flancs deux grands et terribles lions, l'empereur Othon et le roi Jean d'Angleterre, lesquels travaillaient de toutes leurs forces à porter le trouble dans le royaume de France ; qu'ainsi il ne voulait sortir en aucune façon de France, ni même envoyer son fils ; mais qu'il lui semblait assez, pour le présent, s'il permettait à ses barons de marcher contre les perturbateurs de la paix et de la foi dans la province de Narbonne. » En 1213, quand Simon de Montfort eut gagné la bataille de Muret, Philippe permit au prince Louis d'aller assister à la prise de possession de Toulouse par les croisés ; mais quand Louis revint et raconta à son père, « devant les princes et barons lesquels étaient, pour la plupart, parents et alliés du comte Raymond, la grande destruction qu'avait faite le comte Simon dans la ville après cette reddition, le roi se retira en son logis sans faire semblant de rien, en disant aux assistants : « Seigneurs, j'ai encore espérance qu'avant qu'il ne tarde guère, le comte de Montfort et son frère Gui mourront à la peine; car Dieu est juste et il permettra que ces comtes y périssent, parce que leur querelle est injuste. » Un peu plus tard cependant, quand la croisade fut dans sa plus vive ferveur, Philippe, sur les instances répétées du pape, autorisa son fils à y prendre part avec les seigneurs qui voudraient l'y accompagner; mais il ordonna que l'expédition ne partirait qu'au printemps, et, sur un nouvel incident, il la fit retarder encore jusqu'à l'année suivante. Il reçut les visites du comte Raymond VI et lui témoigna ouvertement son bon vouloir. Quand Simon de Montfort fut décidément vainqueur et en possession de ses conquêtes sur Raymond, Philippe Auguste reconnut les faits accomplis et accepta le nouveau comte de Toulouse comme son vassal; mais lorsque, après la mort de Simon de Montfort et d'Innocent III, la question redevint indécise, et lorsque Raymond VI d'abord, puis son fils Raymond VII, eurent recouvré la plus grande partie de leurs États, Philippe refusa formellement de reconnaître Amaury de Montfort comme successeur aux conquêtes de son père; il fit plus, il refusa d'accepter la cession de ces conquêtes que lui offrit Amaury et que le pape Honorius III l'engageait à recevoir. Philippe Auguste n'était pas un souverain scrupuleux, ni disposé à se compromettre pour la seule défense de la justice et de l'humanité; mais il était trop judicieux pour ne pas respecter et protéger, dans une certaine mesure, les droits de ses vassaux comme les siens propres, et trop prudent pour s'engager sans nécessité dans une guerre barbare et douteuse. Il resta étranger à la croisade contre les albigeois avec la même sagesse et une sagesse plus digne que celle qu'il avait déployée, dix-sept ans auparavant, en se retirant de la croisade contre les Sarrasins.

Il eut, en 1216, une autre grande occasion de manifester sa prudence. Les barons anglais étaient en guerre contre leur roi Jean sans Terre pour la défense de la Grande Charte, qu'ils avaient obtenue l'année précédente; ils offrirent au roi de France, pour son fils, le prince Louis, la couronne d'Angleterre. Avant d'accepter, Philippe demanda vingt-quatre otages, pris parmi les hommes considérables du pays, comme garantie que l'offre serait sérieusement soutenue; les otages lui furent envoyés. Mais le pape Innocent III avait naguère relevé le roi Jean de son serment à la Grande Charte et excommunié les barons insurgés ; il ordonna à son légat de s'opposer, en menaçant le roi de France de l'excommunication, à l'entreprise projetée. Philippe Auguste, qui dans sa jeunesse avait rêvé la résurrection de l'empire de Charlemagne, était bien tenté de saisir l'occasion de refaire l'œuvre de Guillaume le Conquérant ; mais il hésita à compromettre, dans une telle guerre contre le roi Jean et le pape, sa puissance et son royaume. Le prince sollicitait ardemment son père : « Seigneur, lui dit-il, je suis votre homme pour le fief que vous m'avez donné de ce côté-ci de la mer ; mais il ne vous appartient pas de rien décider quant au royaume d'Angleterre ; je vous conjure de ne pas mettre obstacle à mon départ. » Le roi, « voyant la ferme résolution et l'anxiété de son fils, dit l'historien Matthieu Paris, s'unissait d'esprit et de volonté à son dessein ; mais, prévoyant les périls des événements futurs, il ne lui donna point son consentement public, et sans exprimer aucune volonté ni aucun conseil, il lui permit d'aller, en lui donnant sa bénédiction. » Ce fut la jeune et ambitieuse princesse Blanche de Castille, femme du prince Louis et destinée à être la mère de saint Louis, qui, après le départ de son mari pour l'Angleterre, s'occupa de recruter pour lui des troupes et de lui envoyer les moyens de soutenir la guerre. L'événement donna raison à la prudente réserve de Philippe Auguste ; après avoir essuyé un premier échec, Jean sans Terre mourut le 19 octobre 1216 ; sa mort désorganisa le parti des barons insurgés ; son fils Henri III fut couronné le 28 octobre dans la cathédrale de Glocester, et il confirma immédiatement la Grande Charte. Le grief national s'évanouit ainsi en Angleterre, et l'esprit national reprit son empire ; les Français devinrent partout impopulaires, et après quelques mois d'une lutte malhabile et malheureuse, le prince Louis renonça à son entreprise et retourna en France avec ses compagnons français, sans autres conditions que l'échange mutuel des prisonniers et une amnistie pour les Anglais qui avaient été ses adhérents.

Dans cette circonstance comme dans la croisade contre les albigeois, Philippe Auguste se conduisit envers le pape avec une sagesse et une habileté difficiles en tout temps et très-rares de son temps : il ménagea constamment la papauté sans s'y asservir et lui témoigna à la fois son respect et son indépendance. Il comprenait toute la gravité d'une brouillerie avec Rome et ne négligeait rien pour l'éviter ; mais il pensait aussi que Rome, prudente elle-même, se contenterait de la déférence du roi de France plutôt que de se brouiller avec lui en exigeant sa soumission. Dans sa vie politique, Philippe Auguste garda toujours cette juste mesure, et elle lui réussit : mais un jour, dans sa vie domestique, il se laissa entraîner envers le pape hors de la déférence, et, après avoir violemment essayé de lui résister, il se résigna à la soumission. Trois ans après la mort de sa première femme, Isabelle de Hainaut, qui lui avait laissé le prince Louis pour fils, il épousa la princesse Ingeburge de Danemark, sans la connaître nullement, ainsi qu'il arrive dans la plupart des mariages royaux ; dès qu'elle fut sa femme, et sans qu'on en puisse assigner la cause avec certitude, il la prit dans une telle antipathie que, vers la fin de la même année, il fit demander et parvint à obtenir d'un concile français, tenu à Compiègne, la cassation de son mariage sous prétexte de parenté prohibée. « Mauvaise France ! mauvaise France ! Rome ! Rome ! » s'écria la pauvre princesse danoise en apprenant cette décision ; et elle en appela en effet au pape Célestin III. Pendant qu'à Rome on examinait la question, Ingeburge, que Philippe avait en vain tenté de renvoyer en Danemark, était promenée et détenue en France de château en château et de couvent en couvent, traitée avec une inique et choquante rigueur. Après examen, le pape Célestin III annula la décision du concile de Compiègne sur la prétendue parenté, mais en laissant en suspens la question du divorce, et sans briser par conséquent le lien du mariage entre le roi et la princesse danoise. « J'ai vu, écrivit-il à l'archevêque de Sens, la généalogie que les évêques m'ont envoyée, et c'est d'après cette inspection et le bruit causé par ce scandale que j'ai cassé la sentence ; faites maintenant que Philippe ne se remarie point et qu'il ne brise pas ainsi le lien qui l'unit encore à l'Église. » Philippe ne tint aucun compte de cette recommandation canonique ; il avait à cœur de se remarier ; après avoir recherché sans succès la main de deux princesses allemandes des bords du Rhin que le sort d'Ingeburge alarma, il obtint celle d'une princesse tyrolienne d'origine, Agnès (d'autres disent *Marie*) de Méranie, c'est-à-dire de Moravie[1], fille de Berthold, marquis d'Istrie, que, vers 1180, l'empereur Frédéric Barberousse avait fait duc de Moravie. Au dire de toutes les chroniques contemporaines, Agnès était non-seulement belle, mais charmante ; elle eut un grand succès à la cour de France, et après l'avoir épousée en juin 1196, Philippe Auguste en devint éperdument épris. Mais un

---

[1] Province d'Autriche en allemand *Mæhren*, dont les chroniqueurs du temps ont fait *Méranie*, nom qui est resté dans l'histoire d'Agnès.

pape plus sévère et plus hardi que Célestin III, Innocent III, venait d'être élevé au saint-siége, et s'appliquait, dans les cours comme dans les monastères, à la sérieuse réforme des mœurs. Aussitôt après son avénement, il se préoccupa du désordre conjugal dans lequel vivait le roi de France. « Mon prédécesseur Célestin a voulu faire cesser ce scandale, écrivit-il à l'évêque de Paris; il n'a pu y réussir; quant à moi, je suis bien résolu à poursuivre son œuvre et à obtenir par tous les moyens l'accomplissement de la loi de Dieu. Parlez-en souvent au roi de ma part, et dites-lui que ses refus obstinés pourraient bien lui attirer et la colère de Dieu et les foudres de l'Église. » Les refus de Philippe furent en effet très-obstinés; l'orgueil du roi et le cœur de l'homme étaient également blessés. « J'aimerais mieux perdre la moitié de mes domaines que de me séparer d'Agnès, » disait-il. Le pape le menaça de l'interdit; c'était la suspension de toutes les cérémonies, de toutes les fêtes, de tous les actes religieux dans l'Église de France. Philippe résista, non-seulement à la menace, mais à la sentence de l'interdit, qui fut en effet prononcé d'abord dans les églises du domaine royal, puis dans celles de tout le royaume. « Tant fut le roi courroucé, dit la chronique de Saint-Denis, qu'il bouta hors de leurs siéges tous les prélats de son royaume parce qu'ils avaient consenti à l'interdit. » — « Je me ferai plutôt musulman, disait Philippe; Saladin était bien heureux; il n'avait point de pape. » Innocent III fut inflexible; il réclamait le respect de la loi divine et de la loi civile, du foyer domestique et de l'ordre public; la conscience nationale fut troublée; Agnès s'adressa elle-même au pape, invoquant sa jeunesse, son ignorance des choses du monde, la sincérité et la pureté de son amour pour son mari. Innocent III fut touché et en donna bientôt une incontestable preuve, mais sans être ébranlé dans son devoir et son droit de chrétien. La lutte dura quatre ans. Philippe céda enfin à l'injonction du pape et au sentiment de son peuple; il renvoya Agnès et rappela Ingeburge. Le pape vainqueur fit alors acte d'équité et d'appréciation morale : prenant en considération la bonne foi d'Agnès dans son mariage et l'erreur possible de Philippe quant à son droit de l'épouser, il déclara légitimes les deux enfants nés de leur union. Agnès se retira à Poissy, où elle mourut peu de mois après. Ingeburge reprit son titre et ses droits de reine, mais sans en jouir effectivement. Philippe, aussi irrité que vaincu, la relégua loin de lui et de sa cour, à Étampes, où elle vécut onze ans dans une retraite profonde. En 1212 seulement, pour donner pleine satisfaction au pape, Philippe, plus persévérant dans sa sagesse politique que dans ses passions domestiques, rendit, auprès de lui, à la princesse danoise toute la situation royale. Elle était destinée à lui survivre.

Je ne doute pas que la passion de Philippe Auguste pour Agnès de Méranie ne fût sincère : rien ne le prouve mieux que la longue lutte qu'il soutint pour ne pas s'en séparer ; mais, sans parler du scrupule religieux qui s'éveilla peut-être enfin dans la conscience du roi, une grande activité politique et le gouvernement d'un royaume sont un remède puissant contre les tristesses du cœur, et l'âme humaine est rarement assez riche et assez constante pour suffire à la fois et longtemps à des sentiments et à des intérêts si divers. J'ai dit avec quelle intelligente assiduité Philippe Auguste s'appliquait à étendre, je devrais dire à compléter le royaume de France, quel mélange de fermeté et de modération il apportait dans ses relations, soit avec ses vassaux, soit avec ses voisins, et quelle était sa bravoure à la guerre, quoiqu'il aimât mieux réussir par les armes de la paix. Il était aussi actif et aussi efficace dans l'administration intérieure du royaume que dans ses affaires extérieures ; l'un de nos plus savants académiciens et des plus exacts dans sa science, M. Léopold Delisle, a consacré un volume de plus de 700 pages in-8° à un simple catalogue des actes du gouvernement de Philippe Auguste, et ce catalogue contient l'énumération de 2,236 actes administratifs de tout genre dont M. Delisle se borne à indiquer le titre et l'objet. J'ai recherché dans cette longue liste quelle avait été la part de Philippe Auguste dans l'établissement et le régime intérieur des communes, ce grand fait qui a tenu tant de place dans l'histoire de notre civilisation, et dont je vous entretiendrai bientôt. Je trouve, dans le cours de ce règne, 41 actes confirmant des communes déjà établies ou des priviléges antérieurement accordés à certaines populations, 45 actes établissant des communes nouvelles ou accordant de nouveaux priviléges locaux, et 9 actes portant suppression de certaines communes ou une intervention répressive de l'autorité royale dans leur régime intérieur, à l'occasion de querelles ou de désordres dans leurs relations soit avec leur seigneur, soit surtout avec leur évêque. Ces simples chiffres démontrent le caractère libéral du gouvernement de Philippe Auguste dans cette œuvre capitale des onzième, douzième et treizième siècles. Je ne suis pas moins frappé de son efficace activité dans le soin des intérêts et de la civilisation matérielle des populations. En 1185, « se promenant un jour dans son palais, il se mit à une fenêtre d'où il se plaisait quelquefois, par passe-temps, à voir couler la Seine ; des charettes, qui passaient par là, firent sortir, des boues dont les rues étaient pleines, une odeur fétide vraiment insupportable ; le roi, choqué d'un fait aussi malsain que hideux, manda les bourgeois avec le prévôt de la ville, et ordonna que tous les quartiers et les rues de Paris fussent pavés de pierres dures et solides, car ce prince très-chrétien aspirait à faire perdre à Paris son ancien nom de *Lutèce*[1]. » On ajoute qu'en apprenant une si belle résolution, un financier du temps, nommé Gérard de Poissy, voulut contribuer à la construction du pavé pour une somme de onze mille marcs d'argent. Philippe Auguste se préoccupa de la sûreté extérieure de Paris aussi bien que de sa salubrité intérieure ; en 1190, près de partir pour la croisade, « il ordonna aux bourgeois de Paris d'entourer d'un bon mur flanqué de tours leur ville qu'il aimait tant, et d'y pratiquer des portes, » et ce grand travail fut achevé en vingt ans, sur les deux rives de la Seine. « Le roi donna les mêmes ordres, ajoute son historien Rigord, pour les villes et les châteaux de tout son royaume ; » et je trouve en effet, dans le catalogue de M. Léopold Delisle, à l'année 1195, « qu'à la demande de Philippe Auguste, Pierre de Courtenai, comte de Nevers, fit construire, avec l'aide des hommes des églises, les murs de la ville d'Auxerre. » La prévoyance de Philippe allait bien au delà de faits déjà si considérables. « Il fit aussi clore d'un bon mur le bois de Vincennes, auparavant ouvert au passage de toute sorte de gens. Le roi d'Angleterre, en ayant été informé, fit un grand amas de faons, de biches, de daines, de chevreuils qui furent pris dans ses forêts de Normandie et d'Aquitaine, et les ayant fait charger sur un grand vaisseau couvert, avec la nourriture convenable, il les envoya par la Seine au roi Philippe Auguste, son seigneur à Paris. Le roi Philippe reçut le présent avec plaisir, fit peupler son parc de ces bêtes et y mit des gardes. » Un sentiment bien différent des plaisirs de la chasse lui fit ordonner une clôture tout autre que celle du bois de Vincennes. « Le cimetière commun de Paris, auprès de l'église des Saints-Innocents, vis-à-vis la rue Saint-Denis, était resté jusque-là ouvert à tous passants, aux bêtes comme aux hommes, sans nulle distinction qui empêchât de le confondre avec le lieu le plus profane ; le roi, blessé d'une

---

[1] Ville de boue.

telle indécence, le fit enclore de hautes murailles de pierres, avec autant de portes qu'il fut jugé nécessaire, et qui se fermaient toutes les nuits. » Il fit construire en même temps, dans ce même quartier, les premières grandes halles municipales, entourées aussi d'un mur fermé la nuit par des portes et surmontées d'une espèce de galerie couverte. Il n'était pas étranger à un certain instinct, point systématique ni général, mais pratique et efficace dans l'occasion, en faveur de la liberté de l'industrie et du commerce; les fours à l'usage de la boulangerie dans Paris étaient, avant lui, un monopole au profit de quelques établissements religieux ou laïques; quand Philippe Auguste fit construire la nouvelle et bien plus grande enceinte de la ville, « il ne jugea pas à propos d'assujettir ses nouveaux habitants à ces anciennes servitudes, et il permit à tous les boulangers d'avoir des fours pour y cuire le pain, soit pour eux-mêmes, soit pour tous les particuliers qui voudraient s'en servir. » Les églises et les hôpitaux n'étaient pas moins que les intérêts matériels de la population l'objet de sa sollicitude : ce fut sous son règne que fut achevée, on pourrait dire construite, *Notre-Dame de Paris*, dont le portail en particulier fut l'œuvre de cette époque; et le roi faisait réparer et agrandir en même temps le palais du Louvre, auquel il ajoutait cette forte tour dans laquelle il retint captif pendant plus de douze ans le comte de Flandre Ferrand, pris à la bataille de Bouvines. Je manquerais à la justice comme à la vérité si, à ces preuves de l'activité variée et infatigable de Philippe Auguste, je n'ajoutais pas le constant intérêt qu'il témoigna pour les lettres, les sciences, les études, l'Université de Paris, ses maîtres et ses élèves; ce fut à lui qu'en 1200, à la suite d'une rixe violente dans laquelle ils croyaient avoir à se plaindre du prévôt de Paris, les étudiants durent une ordonnance qui, en les considérant comme des clercs, les affranchit de la juridiction criminelle ordinaire pour ne les soumettre qu'à l'autorité ecclésiastique. On ne savait guère alors protéger efficacement la liberté qu'en lui accordant un privilége.

Une mort qui semble prématurée pour un homme d'un tempérament aussi sain et aussi ferme que son jugement, frappa Philippe Auguste, âgé seulement de cinquante-huit ans, comme il se rendait de Pacy-sur-Eure à Paris pour assister au concile qui devait s'y réunir et s'occuper encore de l'affaire des albigeois. Il luttait depuis quelques mois contre une fièvre continue; il fut obligé de s'arrêter à Mantes, et il y mourut le 14 janvier 1223, laissant le royaume de France beaucoup plus étendu et plus compacte, et la royauté française beaucoup plus forte et plus respectée qu'il ne les avait trouvés. C'était le résultat naturel et mérité de sa vie. Dans un temps de violences et d'aventures désordonnées, il avait donné à l'Europe le spectacle d'un gouvernement sérieux, prévoyant, modéré, habile, et qui en définitive, à travers de difficiles épreuves, avait presque toujours réussi dans ses desseins, pendant un règne de quarante-trois ans.

Il disposa, par son testament, d'un trésor considérable amassé sans parcimonie, et même, disent ses historiens, malgré une magnificence royale. Je n'en relève que deux paragraphes, et ce sont les deux premiers :

« Nous voulons et prescrivons d'abord que, sans aucune contradiction, nos exécuteurs testamentaires perçoivent et retiennent, sur nos biens, cinquante mille livres parisis pour restituer, selon la sagesse que Dieu leur inspirera, ce qui pourra être dû à ceux à qui ils reconnaîtront que nous avons injustement pris, ou extorqué, ou retenu quelque chose ; et nous ordonnons ceci très-fermement.

« Nous donnons à notre chère épouse *Isamber* (évidemment *Ingeburge*), reine des Français, dix mille livres parisis. Nous pourrions donner plus à ladite reine, mais nous nous sommes réduit à ce taux afin de pouvoir restituer et réparer plus complétement ce que nous avons injustement perçu. »

Il y a, dans ces deux réparations testamentaires, l'une envers des inconnus, l'autre envers une femme longtemps maltraitée, un sentiment de probité et d'honnête regret de ses torts qui me donne, pour ce grand roi mourant, plus d'estime morale que je n'étais tenté de lui en porter.

Son fils Louis VIII héritait d'un grand royaume, d'une couronne incontestée et d'un pouvoir respecté. On remarqua de plus que, par sa mère Isabelle de Hainaut, il descendait en ligne directe d'Hermengarde, comtesse de Namur, fille de Charles de Lorraine, le dernier des Carlovingiens. Les titres des deux dynasties de Charlemagne et de Hugues Capet se trouvaient ainsi réunis dans sa personne, et quoique l'autorité des Capétiens ne fût plus en question, les contemporains se complurent à voir en Louis VIII cette double hérédité qui lui donnait le complet caractère de la légitimité monarchique. Il était en outre le premier Capétien que le roi son père n'eût pas jugé nécessaire de faire sacrer pendant sa propre vie pour lui imprimer de bonne heure le sceau religieux; Louis ne fut sacré à Reims que le 6 août 1223, trois semaines après la mort de Philippe Auguste, et son sacre fut célébré, à Paris comme à Reims, par des fêtes aussi populaires que magnifiques. Mais dans l'état de la France au treizième siècle, au milieu d'une civilisation encore si imparfaite et dans l'absence des fortes institutions d'un gouvernement libre, nulle bonne fortune de circonstance ne pouvait dispenser un roi des mérites personnels; Louis VIII était un homme très-médiocre, imprévoyant et léger dans ses résolutions, faible et mobile dans leur exécution. Il eut, comme Philippe Auguste, à faire la guerre au roi d'Angleterre et à traiter avec le pape de la question des albigeois; mais tantôt il continuait, sans la bien comprendre, la politique de son père; tantôt il s'en écartait pour céder à sa fantaisie ou à quelque influence du moment. Le succès ne manqua point à ses entreprises guerrières; dans sa campagne contre le roi d'Angleterre Henri III, il prit Niort, Saint-Jean-d'Angely, la Rochelle; il acheva de soumettre le Limousin, le Périgord, et s'il eût poussé ses victoires au delà de la Garonne, il eût peut-être enlevé aux Anglais l'Aquitaine, leur dernière possession en France; mais, à la sollicitation du pape Honorius III, il abandonna cette guerre pour reprendre la croisade contre les albigeois. Philippe Auguste avait prévu cette faute. « Après ma mort, avait-il dit, les clercs feront tous leurs efforts pour que mon fils Louis se mêle de l'affaire des albigeois; mais il est de faible et débile santé; il ne pourra supporter cette fatigue; il mourra bientôt, et alors le royaume restera aux mains d'une femme et d'enfants; si bien qu'il ne chômera pas de dangers. » La prédiction se réalisa; la campagne militaire de Louis VIII le long du Rhône fut heureuse; après un siége assez difficile, il prit Avignon; les principales villes voisines, entre autres Nîmes et Arles, se soumirent; Amaury de Montfort lui avait cédé tous ses droits sur les conquêtes de son père dans le Languedoc; les albigeois étaient détruits ou expulsés, ou comprimés à ce point que, lorsqu'on voulut faire encore sur eux un exemple des rigueurs de l'Église contre les hérétiques, on eut peine à trouver dans le diocèse de Narbonne un de leurs anciens prédicateurs, Pierre Isarn, vieillard caché dans une obscure retraite d'où on le tira pour le brûler solennellement. Ce fut le dernier exploit de Louis VIII dans la France méridionale; il était mécontent du pape, à qui il reprochait de ne pas lui tenir toutes ses promesses; les maladies décimaient ses troupes; le comte de Champagne, Thibaut IV, l'abandonna après avoir acquitté, selon la règle féodale, son service de quarante jours. Louis, irrité, dégoûté et malade, quitta lui-même son armée pour rentrer dans sa France du Nord, qu'il n'atteignit pas, car la fièvre le contraignit de s'arrêter à Montpensier en Auvergne, où il mourut le 8 novembre 1226, après un règne de trois ans, ne laissant dans l'histoire de France point d'autre gloire que d'avoir été le fils de Philippe Auguste, le mari de Blanche de Castille et le père de saint Louis.

Je vous ai déjà raconté, mes enfants, le plus brillant et le plus célèbre des événements du règne de saint Louis, ses deux croisades contre les musulmans, et je vous ai fait connaître l'homme en même temps que l'événement, car ce fut dans ces élans guerriers de sa foi chrétienne que le caractère du roi, je dirai plus, que toute son âme se manifesta avec le plus d'originalité et d'éclat. Il eut en outre la bonne fortune d'avoir alors pour compagnon et pour historien le sire de Joinville, l'un des plus spirituels et des plus charmants écrivains de la langue française naissante. C'est maintenant de saint Louis en France et de son gouvernement à l'intérieur du royaume que j'ai à vous parler, et ici il n'est pas la seule personne royale et vraiment régnante que je rencontre dans son histoire; sur les quarante-quatre années du règne de saint Louis, près de quinze années, séparées par un long intervalle, ont appartenu au gouvernement de la reine Blanche de Castille plutôt qu'à celui du roi son fils. A son avénement au trône, en 1226, Louis n'avait que onze ans, et il resta mineur jusqu'à l'âge de vingt et un ans, en 1236, car l'époque de la majorité royale n'était pas encore spécialement et rigoureusement déterminée. Pendant ces dix années, la reine Blanche gouverna la France; non pas, comme on le dit communément, avec le titre officiel de régente, mais simplement comme tutrice du roi son fils. Avec un bon sens admirable pour une personne fière et ambitieuse, elle comprit que le pouvoir officiel convenait mal à sa qualité de femme et l'affaiblirait au lieu de la fortifier; elle s'effaça derrière son fils. Ce fut lui qui écrivit, en 1226, aux grands vassaux pour les convoquer à son sacre; ce fut lui qui régna et qui ordonna; son nom seul parut dans les décrets royaux et dans les traités. Ce fut seulement vingt-deux ans plus tard, en 1248, que Louis, partant pour la croisade, délégua officiellement à sa mère l'autorité royale, et qu'en l'absence de son fils Blanche gouverna en effet avec le titre de régente, jusqu'au 1ᵉʳ décembre 1252, jour de sa mort.

Pendant la première époque de son gouvernement, et tant que dura la minorité de son fils, la reine Blanche fut aux prises avec les intrigues, les complots, les insurrections, les guerres déclarées, et ce qui peut-être était pour elle pis encore, aux prises avec les insultes et les calomnies des grands vassaux de la couronne, ardents à ressaisir, sous le gouvernement d'une femme, l'indépendance et la puissance que leur avait efficacement contestées Philippe Auguste. Blanche résista à leurs entreprises, tantôt ouvertement et avec une énergie persévérante, tantôt adroitement avec les ménagements, les finesses et les séductions d'une femme. Quoique déjà âgée de quarante ans, elle était belle, élégante, attrayante, pleine de ressources et de grâce dans la conversation comme dans la conduite, douée de tous les moyens de plaire et habile à s'en servir avec une coquetterie quelquefois plus active que prudente. Les mécontents répandaient contre elle les accusations les plus odieuses. L'un des plus considérables parmi les grands vassaux de France, Thibaut IV, comte de Champagne, chevalier brillant et léger, poëte ingénieux et fécond, s'était pris de passion pour elle; on affirma que non-seulement, pour l'enchaîner à son service, elle avait cédé à ses désirs, mais qu'elle avait jadis, de concert avec lui, assassiné le roi Louis VIII son mari. En 1230, quelques-uns des plus grands barons du royaume, le comte de Bretagne, le comte de Boulogne, le comte de Saint-Pol, se coalisèrent pour attaquer le comte Thibaut, et envahirent la Champagne. Blanche, prenant avec elle le jeune roi son fils, vint au secours du comte Thibaut, et, en arrivant près de Troyes, elle fit, au nom du roi, signifier aux barons l'ordre de se retirer : « Si vous avez à vous plaindre du comte de Champagne, disait-elle, présentez-moi votre requête et je vous rendrai justice. — Nous ne plaiderons pas devant vous, répondirent-ils, car la coutume des femmes est de fixer leur choix, de préférence à tout autre homme, sur celui qui a tué leur mari. » Malgré leur insultante bravade, les barons se retirèrent. Cinq ans plus tard, en 1235, le comte de Champagne était, à son tour, insurgé contre le roi, et obligé, pour échapper à une défaite imminente, d'accepter un traité sévère; une entrevue eut lieu entre la reine Blanche et lui : « Par Dieu, comte Thibaut, lui dit la reine, vous ne deviez pas nous être contraire; vous deviez bien vous ressouvenir de la bonté que vous fit le roi mon fils, qui vint à votre aide pour secourir votre terre contre tous les barons de France qui la voulaient toute brûler et mettre en charbon. » Le comte regarda la reine, qui était si sage et si belle que de sa grande beauté il fut tout ébahi, et il lui répondit : « Par ma foi, madame, mon cœur et mon corps et toute ma terre est en votre commandement, et ce n'est rien qui vous pût plaire que je ne fisse volontiers, ni jamais, s'il plaît à Dieu, contre vous ni contre les vôtres je n'irai. » De là, il partit tout pensif, et lui venait souvent en remembrance le doux regard de la reine et sa belle contenance. Lors son cœur entrait en une pensée douce et amoureuse. Mais quand il lui souvenait qu'elle était si haute dame, de si bonne vie et si nette qu'il n'en pourrait jamais jouir, sa douce pensée amoureuse se changeait en grande tristesse. Et parce que profondes pensées engendrent mélancolie, il lui fut conseillé par quelques sages hommes qu'il s'étudiât en chansons de vielle et en doux chants délectables. Si fist-il les plus belles chansons et les plus dé- -lectables et les plus mélodieuses qui oncques fussent ouïes [1]. »

Je ne trouve rien dans les événements ni dans les documents du temps qui autorise les accusations des ennemis de la reine Blanche. Je ne sais si son cœur fut jamais un peu touché des chansons du comte Thibaut ; ce qui est certain, c'est que ni les poésies, ni les démarches du comte ne changèrent rien aux résolutions et à la conduite de la reine ; elle continua de résister aux prétentions et aux menées des grands vassaux de la couronne, ennemis ou amoureux, et elle poursuivit envers et contre tous l'extension des domaines et de la puissance de la royauté. Je ne découvre en elle aucun mouvement d'enthousiasme, de charité sympathique ni de scrupule religieux, c'est-à-dire des grands élans moraux qui caractérisent la piété chrétienne, et qui dominèrent dans saint Louis. Blanche était essentiellement politique et préoccupée de ses intérêts et de ses succès temporels ; ce ne fut ni dans ses leçons ni dans ses exemples que son fils puisa ces instincts sublimes et désintéressés qui lui ont valu la plus originale et la plus rare des gloires royales. Ce que saint Louis dut réellement à sa mère, et c'était beaucoup, ce fut le triomphe soutenu que, soit par les armes, soit par les négociations, Blanche remporta sur les grands vassaux, et la prépondérance qu'au milieu des luttes du régime féodal elle assura à la royauté de son fils mineur. Elle avait un instinct profond des forces et des alliances qui pouvaient servir le pouvoir royal contre ses rivaux. Lorsque, le 29 novembre 1226, trois semaines seulement après la mort

---

[1] *Histoire des ducs et des comtes de Champagne*, par M. d'Arbois de Jubainville, t. IV, p. 249, 280 ; — *Chroniques de Saint-Denis*, dans le *Recueil des historiens des Gaules et de France*, t. XXI, p. 111-112.

de son mari Louis VIII, elle fit sacrer son fils à Reims, elle convoqua à cette cérémonie non-seulement les prélats et les grands du royaume, mais les habitants des communes environnantes; elle voulut montrer aux grands seigneurs le peuple autour de l'enfant royal. Deux ans plus tard, en 1228, au milieu de l'insurrection des barons réunis à Corbeil, et qui méditaient de se saisir de la personne du jeune roi arrêté à Montlhéry dans sa marche vers Paris, la reine Blanche appela auprès d'elle, avec les chevaliers fidèles du pays, les bourgeois de Paris et des environs, qui répondirent vivement à son appel. « Ils sortirent tous en armes et prirent le chemin de Montlhéry, où ayant trouvé le roi, ils l'amenèrent à Paris, tous serrés et rangés en bataille. Depuis Montlhéry jusqu'à Paris, le chemin était plein, des deux côtés, de gens d'armes et autres qui priaient à haute voix Notre-Seigneur de donner au jeune roi bonne vie et prospérité et de le vouloir garder contre tous ses ennemis. Dès qu'ils partirent de Paris, les seigneurs, en ayant appris la nouvelle et ne se trouvant pas en état de combattre un si grand peuple, se retirèrent chacun chez soi; et par l'ordre de Dieu, qui dispose comme il lui plaît des temps et des actions des hommes, ils n'osèrent rien entreprendre contre le roi durant tout le reste de cette année [1]. »

Huit ans plus tard, en 1226, Louis IX était majeur, et sa mère lui remettait un pouvoir respecté, redouté, entouré de vassaux toujours turbulents, souvent encore agressifs, mais désunis, affaiblis, intimidés ou décriés, et toujours déjoués, depuis dix ans, dans leurs complots.

Quand elle eut assuré la situation politique du roi son fils, et au moment où il approchait de sa majorité, la reine Blanche se préoccupa aussi de sa vie domestique. Elle était de ceux qui aspirent à jouer, pour les objets de leur affection, le rôle de la Providence et à tout régler dans leur destinée. Louis avait dix-neuf ans; il était beau, d'une beauté fine et douce qui révélait sa valeur morale sans annoncer une grande force physique; il avait des traits délicats et purs, un teint éclatant et les cheveux blonds, abondants et brillants, que, par sa grand'-mère Isabelle, il tenait de la race des comtes de Hainaut. Il montrait des goûts vifs et élégants; il aimait les divertissements, les jeux, la chasse, les chiens et les oiseaux de chasse, les beaux habits, les meubles magnifiques. Un religieux, dit-on, reprocha même à la reine sa

---

[1] *Vie de saint Louis*, par Lenain de Tillemont, t. I, p. 429, 478.

mère d'avoir toléré, de sa part, quelques velléités de relations irrégulières. Blanche résolut de le marier, et n'eut pas de peine à lui en inspirer l'honnête désir. Raymond-Béranger, comte de Provence, avait une fille aînée, Marguerite, « qu'on tenait, disent les chroniques, pour la princesse la plus noble, la plus belle et la mieux élevée qui fût alors en Europe... Par le conseil de sa mère et des plus sages de son royaume, » Louis la demanda en mariage. Le comte de Provence reçut cette ouverture avec une extrême joie; mais il s'inquiétait un peu de la grosse dot qu'il faudrait, lui disait-on, donner à sa fille. Il avait pour conseiller intime un gentilhomme provençal, Roméo de Villeneuve, qui lui dit : « Comte, laissez-moi faire, et que cette grande dépense ne vous cause point de peine. Si vous mariez hautement votre aînée, la seule considération de l'alliance fera mieux marier les autres, et à moins de frais. » Le comte Raymond se décida, et reconnut bientôt que son conseiller avait raison; il avait quatre filles, Marguerite, Éléonor, Sancie et Béatrix; quand Marguerite fut reine de France, Éléonor devint reine d'Angleterre, Sancie comtesse de Cornouailles, puis reine des Romains, et Béatrix comtesse d'Anjou et de Provence, et enfin reine de Sicile. La princesse Marguerite arriva en France, amenée par une brillante ambassade, et le mariage fut célébré à Sens, le 27 mai 1234, au milieu de grandes fêtes et d'abondantes charités populaires. Dès qu'il fut marié et en possession d'un bonheur intime, Louis renonça spontanément aux divertissements mondains qu'il avait d'abord paru goûter; les équipages de chasse, les jeux, les meubles et les habits magnifiques firent place à des plaisirs plus simples et à des œuvres plus chrétiennes. Les devoirs actifs de la royauté, les pratiques ferventes et minutieuses de la piété, les soins vigilants de la charité, les joies pures et passionnées de la vie conjugale, les glorieux projets du chevalier soldat de la croix, remplirent seuls l'âme et le temps de ce jeune roi, qui travaillait modestement à devenir un saint et un héros.

Un vif déplaisir dérangeait et troublait quelquefois les plus doux moments de sa vie. Quand elle eut marié son fils, la reine Blanche fut jalouse de la femme et du bonheur qu'elle lui avait donnés; jalouse comme mère et comme reine, par rivalité d'affection et d'empire. Ce triste et haineux sentiment la portait à des actes sans dignité comme sans justice et sans bonté. « Les duretés que la reine Blanche fit à la reine Marguerite furent telles, dit Joinville, que la reine Blanche ne voulait pas souffrir, autant qu'elle le pouvait, que son fils fût en compagnie de sa femme. Les logis où il plaisait le plus au roi et à la reine de demeurer, c'était à Pontoise, parce que la chambre du roi était au-dessus et la chambre de la reine au-dessous. Et ils avaient si bien accordé leurs affaires qu'ils tenaient leur parlement dans un escalier tournant qui descendait d'une chambre dans l'autre; quand les huissiers voyaient venir la reine mère dans la chambre du roi son fils, ils frappaient la porte de leur verge, et le roi s'en venait courant dans sa chambre pour que sa mère l'y trouvât; et ainsi faisaient à leur tour les huissiers de la chambre de la reine Marguerite quand la reine Blanche y venait, pour qu'elle y trouvât la reine Marguerite. Une fois le roi était auprès de la reine sa femme, et elle était en grand péril de mort parce qu'elle était blessée d'un enfant qu'elle avait eu. La reine Blanche vint là, et prit son fils par la main et lui dit : « Venez-vous-en; vous ne « faites rien ici. » Quand la reine Marguerite vit que la reine mère emmenait le roi, elle s'écria : « Hélas! vous ne me laisserez voir mon sei- « gneur ni morte, ni vive, » et alors elle se pâma, et l'on crut qu'elle était morte. Le roi, qui crut qu'elle se mourait, revint, et à grand'-peine on la remit en état. »

Louis consolait sa femme et supportait sa mère. Entre les plus nobles âmes et dans les plus heureuses vies, il y a des plaies qu'on ne saurait guérir et des tristesses qu'il faut accepter silencieusement.

L'entrée de Louis devenu majeur dans l'exercice personnel du pouvoir royal ne changea rien à la conduite des affaires publiques. Point d'innovation vaniteusement cherchée pour constater l'avénement d'un nouveau maître; point de réaction ni dans les actes et les paroles du souverain, ni dans le choix et le traitement de ses conseillers; la royauté du fils continua le gouvernement de la mère. Louis persista à lutter, pour la prépondérance de la couronne, contre la puissance des grands vassaux; il acheva de dompter le turbulent comte de Bretagne, Pierre Mauclerc; il acquit du comte de Champagne Thibaut IV les droits de suzeraineté dans les comtés de Chartres, de Blois, de Sancerre et la vicomté de Châteaudun; il acheta de son possesseur le fertile comté de Mâcon. Ce fut presque toujours par des procédés pacifiques, par des négociations habilement conduites et des conventions fidèlement exécutées, qu'il accomplit ces accroissements du domaine royal; et quand il fit la guerre à quelqu'un de ses grands vassaux, il ne s'y engagea que sur leur provocation, pour soutenir les droits ou l'honneur de sa couronne, et il usa de la victoire avec autant de modération qu'il en avait montré avant d'entrer dans la lutte. En 1241, il était à Poitiers, où son frère Alphonse, nouveau comte du Poitou, devait recevoir en sa présence l'hommage des seigneurs voisins dont il était le suzerain. Une lettre confidentielle arriva, adressée non pas à Louis lui-même, mais à la reine Blanche que beaucoup de fidèles sujets continuaient de regarder comme la vraie régente du royaume, et qui peut-être continuait aussi à avoir ses propres agents. Un habitant de la Rochelle informait la reine mère qu'un grand complot se tramait parmi de puissants seigneurs de la Marche, de la Saintonge, de l'Angoumois, et plus loin peut-être, pour refuser l'hommage au nouveau comte de Poitiers et entrer ainsi en rébellion contre le roi lui-même. La nouvelle était vraie et donnée avec des détails circonstanciés. Hugues de Lusignan, comte de la Marche et le plus considérable des vassaux du comte de Poitiers, était, sinon le premier auteur, du moins le principal acteur du complot. Sa femme, Jeanne d'Angoulême, veuve du feu roi d'Angleterre Jean sans Terre, et mère du roi régnant à Londres Henri III, s'indignait à l'idée de devenir vassale d'un prince vassal lui-même du roi de France et de se voir ainsi, elle jadis reine, maintenant veuve et mère de roi, placée, en France, dans un rang inférieur à celui de la comtesse de Poitiers. Quand son mari, le comte de la Marche, alla la rejoindre à Angoulême, il la trouva passant tour à tour de la colère aux larmes et des larmes à la colère : « N'avez-vous pas vu, lui dit-elle, à Poitiers, où j'avais attendu trois jours pour satisfaire à votre roi et à sa reine, que lorsque j'ai paru devant eux, dans leur chambre, le roi était assis d'un côté du lit et la reine avec la comtesse de Chartres et sa sœur l'abbesse de l'autre côté ; ils ne m'ont pas appelée ni fait asseoir avec eux, et cela à dessein, pour m'avilir devant tant de gens. Et ni à mon entrée, ni à ma sortie, ils ne se sont seulement levés un peu de leurs siéges, me vilipendant comme vous l'avez vu vous-même. Je ne puis parler, tant j'ai de douleur et de honte. Et j'en mourrai, bien plus encore que de la perte de notre terre qu'ils nous ont indignement ravie ; à moins que, par la grâce de Dieu, ils ne se repentent, et que je ne les voie désolés à leur tour et perdant quelque chose de leurs propres terres. Pour moi, ou j'y perdrai tout ce que j'ai, ou j'en mourrai à la peine. » — Le correspondant de la reine Blanche ajoutait : — Le comte de la Marche, qui est bon comme vous le savez, voyant la comtesse en larmes, lui dit : « Madame, ordonnez : je ferai tout ce que je pourrai ;

sachez cela. — Autrement, lui dit-elle, vous n'approcherez plus de ma personne, et je ne vous verrai plus. » Le comte a déclaré, avec force anathèmes, qu'il ferait ce que voulait sa femme. »

Il le fit comme il l'avait dit. Cette même année 1241, à la fin de l'automne, « le nouveau comte de Poitiers, qui tenait sa cour pour la première fois, ne manqua pas de convoquer à ses fêtes toute la noblesse de son apanage, et en première ligne le comte et la comtesse de la Marche. Ils se rendirent à Poitiers; mais quatre jours avant Noël, lorsque la cour du comte Alphonse avait reçu tous ses hôtes, on vit le comte de la Marche monté sur son cheval de combat, sa femme en croupe derrière lui, escorté de ses hommes d'armes également à cheval, l'arbalète au poing et comme prêts à la bataille, s'avancer en la présence du prince. Tout le monde était attentif à ce qui allait se passer. Alors le comte de la Marche s'adressant d'une voix forte au comte de Poitiers : « J'ai pu, dans un moment d'oubli et de faiblesse, lui dit-il, songer à te rendre hommage; mais je te jure maintenant, d'un cœur résolu, que jamais je ne serai ton homme lige; tu te dis injustement mon seigneur; tu as indécemment dérobé ce comté à mon beau-fils le comte Richard, tandis qu'il combattait fidèlement pour Dieu en terre sainte, et qu'il délivrait nos captifs par sa prudence et sa miséricorde. » Après cette insolente déclaration, le comte de la Marche fit violemment écarter, par ses hommes d'armes, ceux qui lui barraient le passage, courut, par une dernière insulte, mettre le feu au logis que le comte Alphonse lui avait assigné, et suivi de ses gens il sortit de Poitiers au galop[1]. »

C'était la guerre, et elle éclata dès les premiers jours du printemps suivant. Elle trouva Louis aussi bien préparé que fermement résolu à la soutenir; mais la prudence et la justice ne lui manquèrent pas plus que la résolution; il respectait le sentiment public, et voulait être approuvé de ceux qu'il appelait à se compromettre pour lui et avec lui. Il convoqua à un parlement les vassaux de la couronne : « Que pensez-vous, leur demanda-t-il, que l'on doive faire à un vassal qui veut tenir terre sans seigneur, et qui va contre la foi et l'hommage auquel il est tenu, lui et ses devanciers? » On lui répondit que le seigneur devait alors reprendre le fief comme son propre bien. « Par mon nom, dit le roi, le comte de la Marche prétend tenir terre de cette façon, une terre

---

[1] *Histoire de saint Louis*, par M. Félix Faure, t. I, p. 347.

IL COURUT, PAR UNE DERNIÈRE INSULTE, METTRE LE FEU AU LOGIS QUE LE COMTE ALPHONSE LUI AVAIT ASSIGNÉ

qui est fief de France depuis le temps du vaillant roi Clovis qui conquit toute l'Aquitaine sur le roi Alaric, païen sans foi ni croyance, et tout le pays jusqu'au mont de Pyrénée. » Les barons promirent au roi leur énergique concours.

La guerre fut poussée avec ardeur de part et d'autre : le roi d'Angleterre Henri III envoya à Louis des messagers chargés de lui déclarer qu'il rompait la trêve conclue entre eux, car il regardait comme son devoir, envers son beau-père le comte de la Marche, de le défendre par les armes. Louis répondit que, pour lui, il avait scrupuleusement respecté la trêve et ne songeait pas à la rompre, mais qu'il entendait pouvoir librement punir un vassal rebelle. Il y avait dans le jeune roi de France, dans ce docile fils de cette habile mère, un héros inconnu qui se déploya soudain. Près de deux villes de la Saintonge, Taillebourg et Saintes, sur un pont qui couvrait les approches de l'une et devant les murs de l'autre, Louis livra, les 21 et 22 juillet 1242, deux batailles où l'éclat de sa valeur personnelle et l'enthousiasme affectueux qu'il inspirait à ses troupes décidèrent la victoire et la reddition des deux places. « A la vue des nombreuses bannières que surmontait l'oriflamme auprès de Taillebourg et de cette multitude de tentes serrées les unes contre les autres, qui formait comme une grande et populeuse cité, le roi d'Angleterre se tourna vivement vers le comte de la Marche. « Mon père, lui dit-il, est-ce là ce que vous m'aviez promis ? Est-ce là cette nombreuse chevalerie que vous vous engagiez à lever pour moi quand vous me disiez que mon seul souci devait être d'amasser de l'argent ? — Je n'ai jamais dit cela, répondit le comte. — Si vraiment, reprit le comte de Cornouailles, Richard, frère de Henri III ; j'ai là dans mes bagages un écrit authentique de vous à ce sujet. » Et comme le comte de la Marche niait énergiquement qu'il eût jamais signé ni envoyé un semblable écrit, Henri III lui rappela avec aigreur ses messages en Angleterre et ses pressantes sollicitations pour la guerre. — Jamais cela n'a été fait de mon aveu, s'écria en jurant le comte de la Marche ; prenez-vous-en à votre mère qui est ma femme ; par la gorge de Dieu, tout cela a été machiné à mon insu. »

Henri III n'était pas seul dégoûté de la guerre où sa mère l'avait attiré ; la plupart des seigneurs anglais qui l'avaient accompagné le quittèrent et demandèrent au roi de France la permission de traverser son royaume pour retourner chez eux ; quelques personnes détournaient Louis de cette condescendance. « Qu'on les laisse passer, dit-il, je ne demanderais pas mieux que tous mes ennemis s'en allassent ainsi pour jamais loin de chez moi. » On se moquait autour de lui de Henri III réfugié à Bordeaux, délaissé par les Anglais et pillé par les Gascons. « Cessez, cessez, disait Louis ; ne le tournez pas en ridicule et ne me faites pas haïr de lui par vos railleries ; ses charités et sa piété l'affranchiront de tout opprobre. » Le comte de la Marche s'empressa de demander la paix ; Louis la lui accorda avec la fermeté d'un politique prévoyant et l'émotion sympathique d'un chrétien ; il exigea que les domaines qu'il venait de conquérir sur le comte demeurassent à la couronne de France et au comte de Poitiers sous la suzeraineté de la couronne. Pour le reste de ses terres, le comte de la Marche, sa femme et ses enfants furent tenus d'en demander l'octroi à la pure volonté du roi, à qui le comte dut remettre en outre, comme gage de sa fidélité à venir, trois châteaux dans lesquels une garnison royale serait entretenue à ses frais. Introduits devant le roi, le comte, sa femme et ses enfants, « à pleurs et soupirs et à larmes, se mirent à genoux devant lui et commencèrent à crier hautement : « Très-débonnaire sire, pardonne-nous ta colère et ton mécontentement, car nous avons méchamment et orgueilleusement agi envers toi. » Le roi, qui vit le comte de la Marche si humblement devant lui, ne put contenir en colère sa miséricorde, mais le fit lever et lui pardonna débonnairement tout ce qu'il avait fait de mal contre lui. »

Le prince qui savait si bien vaincre et si bien traiter les vaincus eût pu être tenté d'abuser tour à tour de la victoire et de la clémence, et de poursuivre sans mesure ses avantages ; mais Louis était sérieusement chrétien. Quand la guerre n'était pas pour lui une nécessité ou un devoir, ce vaillant et brillant chevalier, par équité et bonté d'âme, aimait mieux la paix que la guerre. Les succès qu'il avait obtenus dans sa campagne de 1242 ne furent pas pour lui un premier pas dans une carrière indéfinie de gloire et de conquêtes ; il ne s'inquiéta que de les consolider en assurant, dans l'Europe occidentale, aux États de ses adversaires comme aux siens propres, les bienfaits de la paix ; il négocia successivement avec le comte de la Marche, le roi d'Angleterre, le comte de Toulouse, le roi d'Aragon, les divers princes et grands seigneurs féodaux qui s'étaient plus ou moins engagés dans la guerre ; et en janvier 1243, dit le plus récent et le plus éclairé de ses historiens, « le traité de Lorris marqua la fin des troubles féodaux pour toute la durée du règne de saint Louis. Il ne tira plus l'épée que contre les ennemis de la foi et de la civilisation chrétienne, contre les musulmans [1]. »

Les occasions ne lui manquèrent cependant pas pour intervenir puissamment chez les souverains ses voisins et pour exploiter leurs discordes au profit de son ambition, si l'ambition avait réglé sa conduite. La grande lutte entre l'Empire et la Papauté, personnifiée dans l'empereur d'Allemagne Frédéric II et les deux papes Grégoire IX et Innocent IV, agitait violemment la chrétienté; les deux pouvoirs aspiraient sans mesure à se dominer l'un l'autre et à disposer du sort l'un de l'autre. Louis, à peine majeur, fit dès l'an 1237 une tentative auprès des deux souverains pour les presser de rendre la paix au monde chrétien. Elle échoua, et il garda entre eux une scrupuleuse neutralité. Les principes du droit public, spécialement quant à l'intervention d'un gouvernement dans les luttes de ses voisins, princes ou peuples, n'étaient pas, au treizième siècle, systématiquement débattus et définis comme ils le sont de nos jours; mais le bon sens et le sens moral de saint Louis le firent entrer, sur ce point, dans la bonne voie, et nulle tentation, pas même celle de sa fervente piété, ne l'entraîna à s'en écarter; tour à tour fier ou bienveillant envers les deux adversaires, selon qu'ils essayaient de l'intimider ou de l'attirer à eux, ce fut son soin permanent de ne point engager l'État ni l'Église de France dans la lutte entre le sacerdoce et l'empire, et de maintenir la dignité de sa couronne et les libertés de ses sujets en employant son influence à faire prévaloir, dans la chrétienté, une politique équitable et pacifique.

C'était là, au treizième siècle plus que jamais, l'intérêt pressant de la chrétienté tout entière. Elle était aux prises avec deux ennemis et deux périls très-redoutables. Par les croisades, elle avait, dès la fin du onzième siècle, engagé en Asie, contre les musulmans, une lutte acharnée; et, dans le fort de cette lutte, du fond de cette même Asie, vers le milieu du treizième siècle, un peuple barbare et à peu près païen, les Tartares Mongols, se répandirent, comme une inondation sanglante, dans l'Europe orientale, en Russie, en Pologne, en Hongrie, en Bohême, en Allemagne, ravageant et menaçant d'une complète destruction tous les États où leurs hordes pénétraient. Le nom et la description de ces barbares, le bruit et la terreur de leurs dévastations coururent rapidement dans toute l'Europe chrétienne. « Que faut-il faire dans ces tristes

---

Histoire de saint Louis, par M. Félix Faure, t. I, p. 388.

conjonctures?» dit la reine Blanche au roi son fils. —Il faut, ma mère, lui répondit Louis (d'une voix douloureuse, mais non sans une inspiration divine, ajoute le chroniqueur), il faut qu'une consolation céleste nous soutienne. Si ces Tartares, comme nous les appelons, arrivent ici, ou bien nous les renverrons dans le Tartare, leur patrie, d'où ils sont venus, ou bien ils nous feront monter au ciel. » Vers la même époque, une autre inquiétude et une autre séduction vinrent s'ajouter à toutes celles qui portaient vers l'Orient les pensées et la piété passionnée de Louis. » Les périls de l'empire latin de Constantinople, fondé, comme je viens de vous le dire, en 1204, sur la tête de Baudouin, comte de Flandre, devenaient de jour en jour plus graves. Les Grecs, les Musulmans et les Tartares le pressaient également. En 1236, l'empereur Baudouin II vint solliciter en personne l'appui des princes de l'Europe occidentale, surtout du jeune roi de France dont la piété et l'ardeur chevaleresque étaient déjà partout célébrées. Baudouin possédait un trésor bien puissant sur des imaginations et des convictions chrétiennes, la couronne d'épines de Jésus-Christ durant sa passion ; il l'avait déjà mise en gage à Venise pour un prêt considérable que lui avaient fait les Vénitiens. Il offrit à Louis de la lui céder en retour d'un secours efficace en hommes et en argent ; Louis accepta avec transport la proposition. Il avait craint, peu auparavant, de perdre une autre précieuse relique déposée à l'abbaye de Saint-Denis, un des clous qui avaient, disait-on, fixé sur la croix le corps de Notre-Seigneur, et qui avait été égaré un jour de cérémonie, pendant qu'on le montrait au peuple ; quand on le retrouva : « J'aurais mieux aimé, dit Louis, que la meilleure des villes de mon royaume se fût abymée sous terre. » Après avoir pris les précautions nécessaires pour éviter toute apparence d'un marché honteux, il acquit la couronne d'épines, tous frais compris, pour onze mille livres parisis, environ, dit-on, 1,350,000 francs de notre monnaie. Notre temps ne saurait s'associer à ces crédulités empressées que ne commande point la foi chrétienne et que ne permet pas la saine critique ; mais nous pouvons et nous devons comprendre de tels sentiments dans un siècle et chez des hommes qui portaient aux faits évangéliques une foi profonde, et qui ne pouvaient se croire en présence des moindres restes matériels de ces faits sans éprouver une émotion et un respect aussi profonds que leur foi. C'est à ces sentiments que nous devons l'un des plus parfaits et des plus charmants monuments du moyen âge, *la Sainte-Chapelle*, que saint Louis fit construire de 1245 à 1248 pour y déposer les précieuses reliques qu'il avait recueillies. La piété du roi fut admirablement comprise et glorifiée par le génie de l'artiste, Pierre de Montreuil, qui sans doute partageait aussi sa foi.

Ce fut après l'acquisition de la couronne d'épines et la construction de la Sainte-Chapelle que Louis, accomplissant enfin le vœu de son âme, partit pour sa première croisade. Je vous ai raconté les circonstances de sa détermination, de son départ, et sa vie en Orient pendant les six années pieusement aventureuses et tristement glorieuses qu'il y passa. Je vous ai dit quelle impression d'admiration et de respect s'établit dans son royaume quand on le vit revenir de la Terre-Sainte, rapportant « une façon de vivre et d'agir supérieure à son ancienne conduite, quoique dans sa jeunesse il eût toujours été bon et innocent, et digne d'une grande estime. » Les actions et les lois, l'administration intérieure et les relations extérieures, tout le gouvernement de saint Louis pendant les quinze dernières années de son règne, confirment pleinement ces paroles de son confesseur. La pensée qui se manifesta et se maintint constamment dans son règne ne fut point celle d'une politique préméditée et ambitieuse, toujours tendue vers un but intéressé qu'elle poursuit avec plus ou moins de raison et de succès, et toujours avec une large part de ruse et de violence dans le prince, d'iniquité dans ses actes et de souffrance dans le pays; Philippe Auguste, le grand-père de saint Louis, Philippe le Bel, son petit-fils, l'un avec une habile modération, l'autre avec emportement et sans souci du juste ou de l'injuste, travaillèrent sans relâche, l'un et l'autre, à étendre les domaines et le pouvoir de la couronne, à faire des conquêtes sur leurs voisins et sur leurs vassaux, à détruire la société de leur temps, la société féodale, ses droits comme ses iniquités et ses tyrannies, pour mettre à sa place la monarchie pure et pour élever l'autorité royale au-dessus de toutes les libertés, aristocratiques ou populaires. Saint Louis ne méditait et ne tenta rien de pareil; il ne fit point à la société féodale une guerre tantôt déclarée, tantôt dissimulée; il en acceptait loyalement les principes tels qu'il les trouvait établis dans les faits et les idées de son temps. Tout en réprimant avec fermeté les tentatives de ses vassaux pour s'affranchir de leurs devoirs envers lui et se rendre indépendants de la couronne, il respectait leurs droits, leur tenait scrupuleusement sa parole et n'exigeait d'eux que ce qu'ils lui devaient réellement. Il portait, dans ses relations avec les souverains étrangers ses voisins, la même loyauté. « Quelques-uns de son conseil lui disaient, rapporte Joinville, qu'il ne faisait pas bien de ne pas laisser ces étrangers guerroyer; car, s'il les laissait bien s'appauvrir, ils ne lui courraient pas sus aussi tôt que s'ils étaient riches. A cela le roi répondait qu'on ne parlait pas bien; car, disait-il, si les princes voisins s'apercevaient que je les laissasse guerroyer, ils se pourraient aviser entre eux et dire : « C'est par méchanceté que le roi nous laisse guerroyer; » alors il en adviendrait qu'à cause de la haine qu'ils auraient contre moi, ils me viendraient courir sus, et j'y pourrais bien perdre. Sans compter que j'y gagnerais la haine de Dieu, qui dit : « Bénis soient les pacifiques ! »

Sa renommée d'ami sincère de la paix et d'arbitre équitable dans les grandes contestations entre princes et peuples était si bien établie, que son intervention et ses décisions étaient invoquées partout où s'élevaient des questions obscures et périlleuses. Malgré les éclatantes victoires qu'en 1242 il avait remportées à Taillebourg et à Saintes sur le roi d'Angleterre Henri III, il sentait lui-même, depuis son retour d'Orient, que la paix entre la France et l'Angleterre n'était pas solide, et que les conquêtes que ses victoires lui avaient values pouvaient, à chaque instant, redevenir la cause de nouvelles guerres douloureuses, désastreuses peut-être pour l'un ou l'autre des deux peuples. Il conçut le dessein de donner à une paix si désirable une base plus sûre en la fondant sur une transaction acceptée des deux parts comme équitable. Il y réussit en rendant au roi d'Angleterre quelques-unes des possessions que la guerre de 1242 lui avait fait perdre, et en recevant de lui en retour, « tant en son nom qu'au nom de ses fils et de leurs héritiers, une renonciation formelle à tous les droits qu'il pouvait prétendre sur le duché de Normandie, sur les comtés d'Anjou, du Maine, de Touraine, de Poitou, et généralement à tout ce que ses auteurs avaient pu posséder sur le continent, n'étant exceptées que les terres que le roi de France lui rendait par le traité et celles qui lui restaient en Gascogne. Pour toutes ces dernières, le roi d'Angleterre prenait l'engagement d'en faire hommage-lige au roi de France, en qualité de pair de France et de duc d'Aquitaine et de remplir fidèlement les devoirs attachés à un fief. Quand Louis communiqua cette transaction à ses conseillers, « ils y furent très-contraires, dit Joinville. « Il nous semble, sire, dirent-ils au roi, que, si vous croyez que vous n'avez pas droit à la conquête que vous et vos devanciers avez faite sur le roi d'Angleterre, vous ne faites pas bonne restitution audit roi en ne la lui rendant pas tout entière; et si vous croyez que vous y avez droit, il nous semble que vous perdez tout ce que vous lui rendez. — Seigneurs, leur répondit Louis, je suis certain que les devanciers du roi d'Angleterre ont perdu tout à fait justement la conquête que je tiens; et la terre que je lui donne, je ne la lui donne pas comme chose dont je sois tenu à lui ou à ses héritiers, mais pour mettre amour entre mes enfants et les siens, qui sont cousins germains. Et il me semble que ce que je lui donne, je l'emploie bien, parce qu'il n'était pas mon homme et qu'il entre par là en mon hommage. » Henri III vint en effet à Paris, apportant le traité ratifié et venant accomplir la cérémonie de l'hommage. « Louis le reçut comme un frère, mais sans lui rien épargner de cette cérémonie qui, dans les idées du temps, n'avait rien d'humiliant, pas plus que le nom de vassal, que portaient fièrement les plus grands seigneurs. Elle eut lieu le jeudi 4 décembre 1259, dans le verger royal qui s'étendait devant le palais, à l'endroit où se trouve aujourd'hui la place Dauphine. Il y avait grande affluence de prélats, de barons et d'autres personnes appartenant aux deux cours et aux deux nations. Le roi d'Angleterre, à genoux, nu tête, sans manteau, ceinture, épée ni éperons, mit ses mains jointes dans celles du roi de France son suzerain, et lui dit : « Sire, je deviens votre homme de bouche et de mains, et vous jure et promets foi et loyauté, et de garder votre droit selon mon pouvoir, et de faire bonne justice à votre semonce [1], ou à la semonce de votre bailli, à mon sens. » Le roi le baisa sur la bouche et le releva. »

Trois ans plus tard, Louis donna, non pas au seul roi d'Angleterre, mais à toute la nation anglaise, une éclatante preuve de sa judicieuse et loyale équité. Une guerre civile acharnée régnait entre le roi Henri III et ses barons. Ni l'un ni l'autre parti ne savait, en défendant ses droits, respecter les droits de ses adversaires, et l'Angleterre passait tour à tour de la tyrannie royale à la tyrannie aristocratique. Choisi pour arbitre par les deux partis, Louis rendit solennellement, le 23 janvier 1264, un arrêt favorable à la royauté anglaise, mais qui maintenait expressément la grande charte et les libertés traditionnelles de l'Angleterre. Il terminait sa décision par ces paroles d'am-

---

[1] À votre sommation, à votre requête.

nistie : « Nous voulons aussi que le roi d'Angleterre et ses barons se pardonnent réciproquement, qu'ils oublient tous les ressentiments qui pourraient exister entre eux par suite des faits soumis à notre arbitrage, et que désormais ils s'abstiennent respectivement de toute offense et injure à l'occasion des mêmes faits. » Mais, quand les idées, les passions et les intérêts des hommes ont été profondément soulevés et mis aux prises, les plus sages arrêts et les plus honnêtes conseils humains ne suffisent pas pour rétablir la paix; il y faut les complètes leçons de l'expérience, et les partis ne s'y résignent que lorsque l'un ou l'autre, ou tous les deux, se sont épuisés dans la lutte et sentent l'absolue nécessité d'accepter, soit la défaite, soit la transaction. Malgré le pacifique arbitrage du roi de France, la guerre civile continua en Angleterre; mais Louis ne chercha nullement à en profiter pour étendre, aux dépens de ses voisins, ses possessions ou son pouvoir; il se tint en dehors de leurs querelles et fit succéder une neutralité sincère à un arbitrage inefficace. Cinq siècles plus tard, un grand historien anglais, Hume, lui a rendu hommage en ces termes : « Toutes les fois que ce vertueux prince intervint dans les affaires de l'Angleterre, ce fut toujours dans l'intention d'accommoder les différends entre le roi et sa noblesse. Par une conduite admirable et probablement aussi politique que juste, il n'interposa ses bons offices que pour mettre fin aux discordes des Anglais; il seconda toutes les mesures qui pouvaient rendre la sécurité aux deux partis, et il s'efforça constamment, quoique sans succès, de tempérer l'ardente ambition du comte de Leicester[1]. »

Il faut encore plus que la sagesse politique, plus même que la vertu, pour qu'un roi, un homme chargé du gouvernement des hommes, accomplisse toute sa mission et mérite vraiment le titre de *très-chrétien*; il faut qu'un sentiment affectueux l'anime, et que, par le cœur comme par la pensée, il soit en sympathie avec ces multitudes de créatures sur le sort desquelles il exerce tant d'influence. Plus qu'aucun autre roi peut-être saint Louis a possédé ce généreux et humain mérite; spontanément et par le libre élan de sa nature, il aimait son peuple, il aimait les hommes et prenait à leurs destinées, à leur bonheur ou à leurs misères, un tendre et expansif intérêt. Gravement malade en 1259 et voulant donner à son fils aîné, le prince

---

[1] Hume, *History of England*, t. II, p. 465.

Louis, qu'il perdit l'année suivante, sa dernière et plus intime recommandation : « Beau fils, lui dit-il, je te prie que tu te fasses aimer du peuple de ton royaume, car vraiment j'aimerais mieux qu'un Écossais vînt d'Écosse et gouvernât notre peuple bien et loyalement que si tu le gouvernais mal. » Veiller à la situation et aux intérêts de toutes les parties de son État, assurer à tous ses sujets une exacte et prompte justice, c'était là pour Louis IX une continuelle préoccupation. Je trouve dans son histoire deux preuves bien diverses et également frappantes de sa sollicitude à cet égard; M. Félix Faure a dressé le tableau de tous les voyages que Louis fit en France, de 1254 à 1270, pour bien connaître les faits auxquels il avait à pourvoir, et celui des Parlements qu'il tint, durant la même époque, pour les affaires générales du royaume et l'administration de la justice; pas une de ces seize années ne se passa sans qu'il ne visitât plusieurs de ses provinces, et l'année 1270 fut la seule dans laquelle il ne tint pas de Parlement[1]. A côté de cette preuve arithmétique de son activité bienveillante, je placerai une preuve morale, le récit, souvent cité, de Joinville sur l'intervention familière de saint Louis dans les débats d'intérêt privé entre ses sujets. « Maintes fois, dit-il, il advint qu'en été le roi allait s'asseoir au bois de Vincennes après sa messe, et s'accotait à un chêne, et nous faisait asseoir autour de lui. Et tous ceux qui avaient affaire venaient lui parler, sans empêchement d'huissier ni d'autres gens; et alors il leur demandait de sa propre bouche : « Y a-t-il ici quelqu'un qui ait sa partie? » Et ceux qui avaient leur partie se levaient, et alors il disait : « Taisez-vous tous, et on vous expédiera l'un après l'autre. » Et alors il appelait Mgr Pierre de Fontaines et Mgr Geoffroi de Villette[2], et disait à l'un d'eux : « Expédiez-moi cette partie. » Et quand il voyait quelque chose à amender dans les paroles de ceux qui parlaient pour autrui, lui-même l'amendait de sa bouche. Je vis quelquefois en été que, pour expédier ses gens, il venait dans le jardin de Paris, vêtu d'une cotte de camelot, d'un surcot de tiretaine sans manches[3], un manteau de taffetas noir autour de son cou, très-bien peigné et sans coiffe, et un chapeau de paon[4] sur la tête. Et il faisait étendre des tapis pour nous asseoir autour de lui. Et tout le peuple

---

[1] *Histoire de saint Louis*, par M. Félix Faure, t. II, p. 120, 339.

[2] Deux savants jurisconsultes du temps et conseillers de saint Louis.

[3] Le *camelot* et la *tiretaine* désignent encore aujourd'hui des étoffes de laine. La *cotte* était le principal vêtement ; le *surcot* se mettait par-dessus la cotte.

[4] En plumes de paon blanc.

qui avait affaire par-devant lui se tenait autour de lui debout; et alors il les faisait expédier de la manière que je vous ai dite avant pour le bois de Vincennes[1]. »

L'activité bienfaisante de saint Louis ne se bornait pas à ce soin paternel des intérêts privés de ceux de ses sujets qui l'approchaient; il était également attentif et empressé aux mesures qu'appelaient l'état social du temps et les intérêts généraux du royaume. Parmi les vingt-six ordonnances, édits ou lettres de gouvernement que contient sur son règne le tome I*er* du *Recueil des ordonnances des rois de France*, sept au moins sont de grands actes de législation et d'administration publique, et ces actes ont tous ce caractère que leur principal objet n'est point d'étendre le pouvoir de la couronne ou de servir l'intérêt spécial de la royauté en lutte avec d'autres forces sociales; ce sont de vraies réformes d'intérêt public et moral, dirigées contre les violences, les désordres et les abus de la société féodale. Beaucoup d'autres actes législatifs et administratifs de saint Louis ont été publiés, soit dans les volumes suivants du *Recueil des ordonnances des rois*, soit dans des collections analogues, et les savants en ont indiqué un grand nombre qui restent encore inédits dans diverses archives. Quant au grand recueil de dispositions législatives connu sous le nom d'*Établissements de saint Louis*, c'est probablement une œuvre de jurisconsultes, postérieure, en grande partie du moins, à son règne, pleine de dispositions incohérentes ou même contradictoires, et qui ne saurait être considérée comme un code général des lois du temps de saint Louis recueillies par son ordre, quoique le paragraphe qui sert de préface à ce travail soit donné sous son nom et comme dicté par lui-même.

Un autre acte, connu sous le nom de la *Pragmatique sanction*, a pris place aussi, à la date de mars 1268, dans le *Recueil des ordonnances des rois de France*[2], comme émané de saint Louis. Il a pour objet d'abord d'assurer les droits, les libertés et les règles canoniques intérieures de l'Église de France; puis d'interdire « les exactions et les très-pesantes charges d'argent imposées ou qui pourraient être à l'avenir imposées à la dite Église par la cour de Rome, et par lesquelles notre royaume a été misérablement appauvri; à moins qu'elles n'aient lieu pour une cause raisonnable, pieuse et très-urgente, par une nécessité inévitable, et avec notre spontané et exprès consentement et celui de l'Église de

---

[1] Joinville, chap. XII.
[2] T. I, p. 97.

notre royaume. » L'authenticité de cet acte, vivement soutenue au dix-septième siècle par Bossuet[1] et de nos jours par M. Daunou[2], a été et est encore contestée par des raisons sérieuses que M. Félix Faure, dans son *Histoire de saint Louis*[3], a très-clairement résumées. Je n'ai nul dessein d'entrer ici dans l'examen de ce petit problème historique; mais je tiens à faire remarquer que, si l'authenticité de la *Pragmatique sanction* de saint Louis est contestable, cet acte n'a, au fond, rien que de très-vraisemblable et de conforme à la conduite générale de ce prince. Il était envers la papauté profondément respectueux, affectueux et fidèle, mais très-attentif à maintenir soit l'indépendance de sa couronne dans l'ordre temporel, soit son droit de surveillance dans l'ordre spirituel. J'ai rappelé son attitude réservée dans la grande querelle du sacerdoce avec l'empire et sa fermeté à repousser les mesures violentes de Grégoire IX et d'Innocent IV contre l'empereur Frédéric II. Louis portait ses idées, quant à l'indépendance de son jugement et de son autorité, fort au delà des cas où la politique était intéressée, et jusque dans des questions purement religieuses. L'évêque d'Auxerre lui dit un jour, au nom de plusieurs prélats : « Sire, ces seigneurs qui sont ici, archevêques et évêques, m'ont dit que je vous dise que la chrétienté périt entre vos mains. » Le roi se signa et dit : « Or dites-moi comment cela se fait. — Sire, dit l'évêque, c'est parce qu'on fait aujourd'hui si peu de cas des excommunications, que les gens se laissent mourir excommuniés sans se faire absoudre, et ne veulent pas faire satisfaction à l'Église. Ces seigneurs vous requièrent donc, sire, pour l'amour de Dieu et parce que vous le devez faire, que vous commandiez à vos prévôts et à vos baillis que tous ceux qui resteront excommuniés un an et un jour, on les contraigne, par la saisie de leurs biens, à ce qu'ils se fassent absoudre. » A cela le roi répondit qu'il le leur commanderait volontiers pour les excommuniés dont on lui donnerait la certitude qu'ils eussent tort. L'évêque dit que les prélats ne le feraient à aucun prix, et qu'ils contestaient au roi la juridiction de leurs causes. Et le roi dit qu'il ne le ferait pas autrement, car ce serait contre Dieu et contre raison s'il contraignait les gens à se faire absoudre quand le clergé leur ferait tort. « Sur cela, dit le

---

[1] Dans sa *Défense de la déclaration du clergé de France de 1682*; chap. ix, t. XLIII, p. 20.
[2] Dans l'*Histoire littéraire de la France*, continuée par des membres de l'Institut; t. XVI, p. 75, et t. XIX, p. 169.
[3] T. II, p. 271.

roi, je vous donne l'exemple du comte de Bretagne, qui a plaidé sept ans avec les prélats de Bretagne tout excommunié; et il a tant fait que le pape les a condamnés tous. Donc, si j'eusse contraint le comte de Bretagne, la première année, de se faire absoudre, j'eusse péché contre Dieu et contre lui. » Alors les prélats se résignèrent, et jamais depuis je n'ai ouï dire qu'une demande fût faite sur les choses ci-dessus dites[1]. »

Un fait particulier de l'administration civile et municipale de saint Louis mérite de prendre place dans l'histoire. Après Philippe Auguste, la police de Paris fut mal faite. La prévôté de Paris, qui comprenait des fonctions analogues à celles de préfet, de maire et de receveur des finances, devint une charge vénale, exercée quelquefois par deux prévôts à la fois. Les bourgeois ne trouvaient plus justice ni sûreté dans la ville où résidait le roi. A son retour de sa première croisade, Louis reconnut la nécessité de porter remède à ce mal; la prévôté cessa d'être une charge vénale; il la sépara de la recette du domaine royal. En 1258, il choisit pour prévôt Étienne Boileau, bourgeois notable et estimé de Paris; et, pour donner à ce magistrat l'autorité dont il avait besoin, le roi venait quelquefois s'asseoir à côté de lui, quand il rendait la justice au Châtelet. Étienne Boileau justifia la confiance du roi et maintint une police si sévère qu'il fit pendre son propre filleul coupable de vol. Sa prévoyance administrative égala sa sévérité judiciaire. Il établit des registres pour y inscrire les règles habituellement pratiquées pour l'organisation et le travail des diverses corporations d'artisans, les tarifs des droits prélevés, au nom du roi, sur l'entrée des denrées et marchandises, et les titres sur lesquels les abbés et autres seigneurs fondaient les priviléges dont ils jouissaient dans l'intérieur de Paris. Les corporations d'artisans, représentées par leurs maîtres jurés ou prud'hommes, comparurent l'une après l'autre devant le prévôt pour déclarer les usages pratiqués dans leurs communautés et pour les faire enregistrer dans le livre préparé à cet effet. Ce recueil des règlements sur les arts et métiers de Paris au treizième siècle, connu sous le nom de *Livre des métiers d'Étienne Boileau*, est le premier monument de statistique industrielle dressé par l'administration française, et il a été inséré, pour la première fois en entier, en 1837, dans la *Collection des documents relatifs à l'histoire de France*, publiée pendant mon ministère de l'instruction publique.

[1] Joinville, chap. XIII, p. 43.

On ne connaîtrait saint Louis que très-incomplétement si on ne le considérait que dans sa vie politique et royale; il faut pénétrer dans sa vie privée, dans ses mœurs personnelles avec sa famille, sa maison, son peuple, pour bien comprendre et apprécier toute l'originalité et la valeur morale de son caractère et de sa vie. J'ai déjà parlé de ses rapports avec les deux reines, sa mère et sa femme; ils étaient quelquefois difficiles et n'en furent pas moins toujours exemplaires. Louis fut un modèle de fidélité conjugale comme de piété filiale. Il eut de la reine Marguerite onze enfants, six garçons et cinq filles; il l'aimait tendrement, ne se séparait jamais d'elle, et le vertueux courage qu'elle déploya dans la première croisade la lui rendit plus chère encore. Mais il ne se méprenait pas sur ses dispositions ambitieuses et sur l'insuffisance de ses qualités pour le gouvernement. Quand il se prépara pour sa seconde croisade, non-seulement il ne confia pas à la reine Marguerite la régence du royaume, il prit soin de régler ses dépenses et de contenir ses goûts d'autorité; il lui interdit de recevoir aucun présent pour elle ou pour ses enfants, de rien commander aux officiers de justice et de choisir personne pour son service ou celui de ses enfants sans le consentement du conseil de régence. Il avait raison d'agir ainsi, car, vers cette même époque, la reine Marguerite, jalouse de tenir dans l'État la même place qu'y avait occupée la reine Blanche, se préoccupait de sa situation après la mort de son mari, et engageait son fils aîné, Philippe, alors âgé de seize ans, à lui promettre avec serment de demeurer sous sa tutelle jusqu'à l'âge de trente ans, de ne prendre aucun conseiller qu'elle n'approuvât, de lui révéler tous les desseins qui se formeraient contre elle, de ne faire aucun traité avec Charles d'Anjou, son oncle, roi de Sicile, et de tenir secret le serment qu'elle lui faisait ainsi prêter. Louis fut probablement instruit de cette étrange promesse par son jeune fils Philippe lui-même, qui s'en fit relever par le pape Urbain IV. Le roi pressentait les penchants de la reine Marguerite et prenait des précautions pour en défendre la couronne et l'État.

Quant à ses enfants, Louis se préoccupait et s'occupait de leur éducation et de leur avenir moral et social aussi affectueusement, aussi activement qu'eût pu le faire le père de famille le plus dévoué à cette seule tâche. « Après le souper, ils le suivaient dans sa chambre, où il les faisait asseoir autour de lui; il les instruisait de leurs devoirs et puis les envoyait coucher. Il leur faisait particulièrement remarquer les bonnes et les mauvaises actions des princes. Il allait même les voir dans leur appartement lorsqu'il avait quelque loisir, s'informait s'ils avançaient, et leur donnait, comme un autre Tobie, d'excellentes instructions.... Le jeudi saint, ses fils lavaient, comme lui, les pieds à treize pauvres, leur donnaient une aumône considérable et ensuite les servaient à table. Le roi ayant voulu porter le premier pauvre à l'Hôtel-Dieu de Compiègne avec le roi Thibaut de Navarre, son gendre, qu'il aimait comme son fils, ses deux fils aînés, Louis et Philippe, y portèrent le second. Ils étaient accoutumés à agir avec lui d'une manière fort respectueuse. Il voulait qu'eux tous, Thibaut même, lui obéissent exactement dans ce qu'il leur ordonnait. Il désirait vivement que les trois enfants qu'il avait eus en Orient, pendant sa première croisade, Jean-Tristan, Pierre et Blanche, et même Isabelle, sa fille aînée, entrassent dans la vie religieuse, qu'il regardait comme la plus sûre pour leur salut. Il les y exhorta à plusieurs reprises, surtout sa fille Isabelle, par des lettres aussi tendres que pieuses ; mais comme ils n'en témoignèrent nul goût, il ne fit aucune tentative pour les gêner dans leur inclination, et ne s'inquiéta plus que de les bien marier en leur donnant de bons apanages et, pour la vie du monde, les plus judicieux conseils. Les instructions qu'il remit, écrites de sa main en français, à son fils aîné Philippe, dès qu'il se sentit gravement malade devant Tunis, sont un modèle de vertu, de sagesse et de tendresse paternelle, royale et chrétienne.

Je passe de la famille royale à la maison royale et des enfants de saint Louis à ses serviteurs. Il n'y a plus ici la puissance des liens du sang et de ce sentiment à la fois personnel et désintéressé qu'éprouvent les parents en se voyant revivre dans leurs enfants. La bonté seule et l'habitude, mobiles bien plus faibles, unissent les maîtres à leurs serviteurs et donnent à leurs relations un caractère moral ; mais chez saint Louis la bonté était si grande, qu'elle ressemblait à l'affection et la faisait naître dans le cœur de ceux qui en étaient l'objet. En même temps qu'il exigeait de ses serviteurs une moralité presque sévère, il passait volontiers sous silence leurs petites fautes, et les traitait, dans ce cas, non-seulement avec douceur, mais avec ces égards qui, dans la condition la plus humble, satisfont l'amour-propre des hommes et les relèvent à leurs propres yeux. « Louis visitait ses domestiques quand ils étaient malades ; il ne manquait jamais, quand ils étaient morts, de prier pour eux et de les recommander aux prières des fidèles. Il faisait chanter pour eux la messe des morts, qu'il avait coutume d'entendre tous les jours. » Il avait repris un vieux serviteur de son grand-père Philippe Auguste, que ce roi avait renvoyé parce que son feu pétillait et que Jean, chargé de l'entretenir, n'avait pas su empêcher ce petit bruit. Louis était, de temps en temps, atteint d'une maladie dans laquelle sa jambe droite, entre le mollet et la cheville, devenait enflée, rouge comme du sang et douloureuse. Un jour qu'il avait un accès de ce mal, le roi, en se couchant, voulut voir de près la rougeur de sa jambe; Jean tenant maladroitement une chandelle allumée auprès du roi, une goutte brûlante tomba sur la jambe malade, et le roi, qui était assis sur son lit, se rejeta en arrière en s'écriant : « Ah, Jean, Jean, mon grand-père vous donna pour moindre chose congé de son hôtel! » et la maladresse de Jean ne lui attira point d'autre châtiment que cette exclamation [1].

Bien loin de la maison et du service du roi, sans aucun lien personnel avec lui, tout un peuple, le peuple des pauvres, des infirmes, des malades, des misérables et des délaissés de toute sorte tenait, dans la pensée et dans l'activité de Louis, une grande place. Tous les chroniqueurs du temps, tous les historiens de son règne ont célébré sa charité autant que sa piété, et les philosophes du dix-huitième siècle lui ont presque pardonné son goût pour les reliques en faveur de sa bienfaisance. Ce n'était pas seulement une bienfaisance législative et administrative; saint Louis ne se bornait pas à fonder et à doter des hôpitaux, des hospices, des asiles, l'Hôtel-Dieu de Pontoise, celui de Vernon, celui de Compiègne, la maison des Quinze-Vingts pour les aveugles; il payait de sa personne dans sa bienfaisance, et ne regardait aucun acte de charité comme au-dessous de la dignité royale. « Tous les jours, partout où le roi se trouvait, cent vingt-deux pauvres recevaient chacun deux pains, un quart de vin, de la viande ou du poisson pour un bon repas, et un denier parisis. Les mères de famille avaient un pain de plus par tête d'enfant. Outre ces cent vingt-deux pauvres nourris à l'extérieur, treize autres étaient chaque jour introduits dans l'hôtel et y vivaient comme les officiers royaux; trois d'entre eux se mettaient à table en même temps que le roi, dans la même salle que lui et tout proche.... « Maintes fois, dit Joinville, je vis qu'il leur taillait leur pain et leur donnait à boire. Il me demanda un jour si je

---

[1] *Vie de saint Louis*, par le confesseur de la reine Marguerite; *Recueil des historiens de France*, t. XX, p. 105; *Vie de saint Louis*, par Lenain de Tillemont, t. V, p. 388.

lavais les pieds aux pauvres le jour du jeudi saint : « Sire, dis-je, quel malheur! Les pieds de ces vilains! Je ne les laverai pas. — Vraiment, dit-il, c'est mal dit, car vous ne devez pas avoir en dédain ce que Dieu fit pour notre enseignement. Je vous prie donc, pour l'amour de moi, que vous vous accoutumiez à les laver. » Quelquefois, quand le roi avait du loisir, il disait : « Allons visiter les pauvres de tel endroit et repaissons-les à leur gré. » Comme il vint une fois à Châteauneuf-sur-Loire, une pauvre vieille femme, qui était devant la porte de sa maison et tenait un pain à sa main, lui dit : « Bon roi, c'est de ce pain venu de ton aumône qu'est soutenu mon mari qui est là dedans malade. » Le roi prit le pain, disant : « C'est d'assez dur pain. » Et il entra dans la maison pour voir lui-même le malade. Un vendredi saint, à Compiègne, comme il visitait les églises, allant ce jour-là pieds nus selon sa coutume, et distribuant des secours aux pauvres qu'il rencontrait, il aperçut, de l'autre côté d'une mare bourbeuse qui occupait une partie de la rue, un lépreux qui, n'osant s'approcher, essayait pourtant d'attirer l'attention du roi. Louis traversa la mare, alla au lépreux, lui donna de l'argent, lui prit la main et la lui baisa. « Tous les assistants, dit le chroniqueur, se signèrent d'admiration en voyant cette sainte témérité du roi, qui n'avait pas craint d'appliquer ses lèvres sur une main que personne n'aurait osé toucher. » Il y avait, dans de tels actes, infiniment plus que de la bonté et de la grandeur d'âme royale; il y avait cette profonde sympathie chrétienne qui s'émeut à la vue de toute créature humaine gravement souffrante du corps ou de l'âme, et qui n'écoute alors aucune crainte, ne se refuse à aucun soin, ne se rebute d'aucun dégoût, et n'a plus d'autre pensée que d'apporter, au corps ou à l'âme qui souffre, quelque soulagement fraternel.

Celui qui sentait et agissait ainsi n'était pas un moine, ni un prince envahi par la dévotion seule et tout adonné aux œuvres et aux pratiques pieuses; c'était un chevalier, un guerrier, un politique, un vrai roi appliqué aux devoirs de l'autorité comme à ceux de la charité, et qui se faisait respecter de ses plus proches amis comme des étrangers, en les étonnant tantôt par ses élans de piété mystique et d'austérité monacale, tantôt par son esprit de gouvernement et par sa judicieuse indépendance, même envers les représentants de la foi et de l'Église qui avaient sa sympathie. « Il passait pour le plus sage de tout son conseil. Dans les affaires difficiles et les occasions graves, personne

LE ROI PRIT LE PAIN, DISANT : « C'EST D'ASSEZ DUR PAIN. »

n'en jugeait avec plus de sagacité, et ce que son intelligence saisissait si bien, il l'exprimait avec beaucoup de mesure et de grâce. C'était, en parlant, le plus fin et le plus agréable des hommes : « Il était gai, dit Joinville; quand nous étions privément à la cour, il s'asseyait au pied de son lit; et quand les prêcheurs et les cordeliers qui étaient là lui parlaient d'un livre qu'il entendrait volontiers, il leur disait : « Non, vous ne me lirez pas, car il n'est si bon livre, après manger, que propos *ad libitum*, c'est-à-dire que chacun dise ce qu'il veut. » Ce n'est pas qu'il n'aimât beaucoup les livres et les lettrés; « il assistait quelquefois aux sermons et aux disputes de l'Université; mais il avait soin de chercher lui-même la vérité dans la parole de Dieu et dans la tradition de l'Église... » Ayant su, dans son voyage d'Orient, qu'un sultan sarrasin avait amassé quantité de livres pour servir aux philosophes de sa secte, il eut honte de voir que les chrétiens eussent moins de zèle pour s'instruire dans la vérité que ces infidèles n'en avaient pour se rendre habiles dans le mensonge; de sorte qu'après son retour en France, il fit chercher dans les abbayes tous les ouvrages assurés de saint Augustin, saint Ambroise, saint Jérôme, saint Grégoire et des autres docteurs orthodoxes, et les ayant fait copier, il les fit mettre dans le trésor de la Sainte-Chapelle. Il les lisait quand il avait quelque loisir, et il les prêtait volontiers à ceux qui pouvaient en profiter pour eux-mêmes et pour les autres. Quelquefois, sur la fin de l'après-dîner, il faisait appeler des personnes de piété avec qui il s'entretenait de Dieu, des histoires de la Bible ou des saints, ou des vies des Pères. » Il avait en amitié particulière le savant Robert de Sorbon, le fondateur de la Sorbonne, qui imagina une société d'ecclésiastiques séculiers, lesquels, vivant en commun et ayant les choses nécessaires à la vie, ne fussent plus occupés que de l'étude et enseignassent gratuitement. » Non-seulement saint Louis lui donna toutes les facilités et tous les secours nécessaires pour l'établissement de son docte collége; il le prit pour l'un de ses chapelains, et l'appelait souvent auprès de lui et à sa table pour jouir de sa conversation. « Un jour il advint, dit Joinville, que maître Robert mangeait à côté de moi, et que nous causions bas l'un avec l'autre; le roi nous reprit et dit : « Parlez haut, car vos compagnons croient que vous pouvez médire d'eux. Si vous parlez, en mangeant, de choses qui doivent nous plaire, parlez haut; sinon, taisez-vous. » Un autre jour, dans l'une de leurs réunions autour du roi, Robert de Sorbon reprocha à Joinville d'être « plus noblement vêtu que le roi, car, lui dit-il, vous vous vêtez de fourrures et de drap vert, ce que le roi ne fait pas. » Joinville se défendit vivement, attaquant à son tour Robert sur l'élégance de son costume. Le roi prit le parti du docteur, et quand celui-ci fut parti, « monseigneur le roi, dit Joinville, appela monseigneur Philippe son fils et le roi Thibaut, s'assit à l'entrée de son oratoire, mit la main à terre et dit : « Asseyez-vous ici bien près de moi pour qu'on ne nous entende pas ; » et alors il me dit qu'il nous avait appelés pour se confesser à moi de ce qu'il avait, à tort, défendu maître Robert ; car, ainsi que le sénéchal[1] le dit, vous devez vous bien vêtir et proprement, parce que vos femmes vous en aimeront mieux et vos gens vous en priseront plus ; car, dit le Sage, on se doit parer en vêtements et en armures de telle sorte que les prud'hommes de ce siècle ne disent pas qu'on en fasse trop, ni les jeunes gens qu'on en fasse trop peu[2]. »

À coup sûr, il y avait dans un tel et si libre mouvement d'esprit, dans une telle richesse de pensées et de sentiments, dans une telle vie religieuse, politique, domestique, de quoi occuper et satisfaire une âme active et puissante. Mais, je vous l'ai déjà dit, une idée chérie avec passion, permanente, souveraine, la croisade, possédait saint Louis tout entier. Pendant sept ans, après son retour d'Orient, de 1254 à 1261, il ne parut plus y penser ; rien n'indique qu'il en parlât même à ses plus intimes confidents. Mais, malgré sa tranquillité apparente, il vivait, à cet égard, dans une fermentation d'imagination et une fièvre continue ; semblable en cela, quoique dans un but bien différent, à ces grands hommes, guerriers ou politiques ambitieux, d'une nature incessamment bouillonnante, à qui rien ne suffit et qui nourrissent toujours, en dehors du cours ordinaire des événements, quelque vaste et étrange désir dont l'accomplissement devient, pour eux, une idée fixe et une passion insatiable. Comme Alexandre et Napoléon formaient sans cesse quelque nouveau dessein, ou pour mieux dire quelque nouveau rêve de conquête et de domination, de même saint Louis, dans sa pieuse ardeur, ne cessait d'aspirer à la rentrée dans Jérusalem, à la délivrance du saint sépulcre et à la victoire du christianisme sur le mahométisme, en Orient, se flattant toujours que quelque circonstance favorable le rappellerait à son œuvre interrompue. Je vous ai déjà raconté, en terminant, dans le chapitre précédent, l'histoire des

---

[1] Joinville.
[2] Joinville, chap. cxxxv, p. 301 ; chap. v et vi, p. 12-16 ; t. V, p. 326, 364 et 368.

croisades, comment il put croire, en 1261, que les circonstances répondaient à son vœu ; comment il prépara d'abord, sans bruit et avec patience, sa seconde croisade ; comment, après sept ans d'un travail de jour en jour moins réservé, il proclama son dessein avec serment de l'accomplir l'année suivante ; comment enfin, au mois de mars 1270, contre le gré de la France, du pape et même de la plupart de ses compagnons, il partit en effet pour aller mourir, le 25 août suivant, devant Tunis, sans avoir porté aux musulmans d'Orient l'ombre même d'un coup efficace, ne pouvant plus que pousser de temps en temps, en se soulevant sur son lit, le cri : *Jérusalem ! Jérusalem !* et ne prononçant plus au dernier moment, couché sur un sac de cendres, que ces dernières paroles : « Père, à l'exemple du divin maître, je remets mon esprit entre tes mains ! » Le croisé même s'était éteint dans saint Louis ; le chrétien seul restait.

Le monde a vu sur le trône de plus grands capitaines que saint Louis, de plus profonds politiques, de plus vastes et plus brillants esprits, des princes qui ont exercé, au delà de leur vie, une plus puissante et plus longue influence ; il n'a point vu de roi plus rare, point d'homme qui ait ainsi possédé le pouvoir souverain sans en contracter les passions et les vices naturels, et qui ait, à ce point, déployé dans le gouvernement les vertus humaines élevées au rang des vertus chrétiennes. Moralement sympathique, mais très-supérieur à son temps, Louis en a cependant partagé, il en a même prolongé les deux plus grandes erreurs : chrétien, il a méconnu les droits de la conscience en fait de religion ; roi, il a imposé à ses peuples des maux et des périls déplorables pour une entreprise vaine. La guerre à la liberté religieuse a été, pendant de longs siècles, le crime de la société chrétienne et la source des maux les plus cruels comme des plus redoutables réactions irréligieuses qu'elle ait eu à subir. Le treizième siècle fut le point culminant de cette fatale idée et de sa consécration par la législation civile comme par la discipline ecclésiastique. Saint Louis s'associa, en cela, avec une conviction sincère, à la pensée générale et impérieuse de son temps ; le code confus qui porte le nom d'*Établissements de saint Louis*, et où sont recueillies beaucoup d'ordonnances antérieures ou postérieures de son règne, condamne formellement les hérétiques à mort, et ordonne aux juges civils de faire exécuter, à cet égard, les sentences des évêques. Saint Louis demanda lui-même, en 1255, au pape Alexandre IV, l'exercice dans tout le royaume, par les dominicains et les franciscains, de l'inquisition déjà établie, à l'occasion des albigeois, dans les anciens domaines des comtes de Toulouse. Les évêques devaient, à la vérité, être consultés avant qu'une condamnation pût être prononcée par les inquisiteurs contre un hérétique; mais c'était là un acte de respect pour l'épiscopat et pour les droits de l'Église gallicane plutôt qu'une garantie pour la liberté de conscience; et la passion de saint Louis était telle en cette matière que la liberté, ou pour mieux dire la plus modeste équité, avait peut-être encore moins à attendre de la royauté que de l'épiscopat. L'extrême rigueur de saint Louis contre ce qu'il appelait le *vilain serment*, le blasphème, délit d'ailleurs indéfini si ce n'est par son seul nom, est peut-être l'indice le plus frappant de l'état des esprits, surtout de celui du roi à cet égard. Tout blasphémateur recevait sur les lèvres l'empreinte d'un fer chaud. « Un jour, le roi fit marquer de la sorte un bourgeois de Paris; de violents murmures s'élevèrent dans la capitale et vinrent aux oreilles du roi. Il y répondit en déclarant qu'il souhaitait qu'une pareille brûlure marquât ses lèvres, qu'il en gardât la honte toute sa vie, et que le vice du blasphème disparût de son royaume. Quelque temps après, ayant fait exécuter un travail d'une grande utilité publique, il reçut à cette occasion, des propriétaires de Paris, de nombreux témoignages de reconnaissance. « J'attends une plus grande récompense du Seigneur, dit-il, pour les malédictions que m'a values cette marque infligée aux blasphémateurs que pour les bénédictions que je reçois à cause de cet acte d'utilité générale[1]. »

De toutes les erreurs humaines, les plus populaires sont les plus dangereuses, car ce sont celles dont les meilleurs esprits ont le plus de peine à se préserver. Il est impossible de voir sans effroi à quelles aberrations de la raison et du sens moral ont pu être entraînés, par les idées dominantes de leur temps, les hommes d'ailleurs les plus éclairés et les plus vertueux. Et l'effroi devient encore bien plus grand quand on découvre quelles iniquités, quelles souffrances, quelles calamités publiques et privées ont été la conséquence des aberrations acceptées par les âmes d'élite de l'époque. Saint Louis est, en matière de liberté religieuse, un exemple frappant de l'égarement où peuvent tomber, sous l'empire du sentiment public, l'esprit le plus équitable et la conscience la plus scrupuleuse. Solennel avertissement, dans les

---

[1] Joinville, chap. cxxxviii; — *Histoire de saint Louis*, par M. Félix Faure, t. II, p. 500.

temps de grande fermentation intellectuelle et populaire, pour les hommes qui ont à cœur l'indépendance de leur pensée comme de leur conduite, et qui n'estiment en définitive que la justice et la vérité.

Quant aux croisades, la situation de saint Louis fut tout autre et sa responsabilité bien plus personnelle. Les croisades avaient été certainement, à leur origine, l'élan spontané et universel de l'Europe chrétienne vers un but élevé, désintéressé, digne de l'enthousiasme et du dévouement des hommes, et saint Louis fut, sans nul doute, le représentant le plus élevé, le plus désintéressé, le plus héroïque de ce grand mouvement chrétien. Mais vers le milieu du treizième siècle, le caractère moral des croisades était déjà fort altéré ; l'impression salutaire qu'elles devaient exercer au profit de la civilisation européenne restait encore obscure et lointaine, tandis que leurs mauvais résultats se manifestaient déjà clairement, et elles n'avaient plus cette beauté d'un sentiment spontané et général qui avait fait leur force et leur excuse. La fatigue, le doute et le bon sens avaient pénétré, à cet égard, dans toutes les classes de la société féodale. Comme le sire de Joinville, beaucoup de braves chevaliers, d'honnêtes bourgeois et de simple peuple des campagnes avaient reconnu les vices de l'entreprise et ne croyaient plus à son succès. C'est la gloire de saint Louis d'avoir été, au treizième siècle, le fidèle et vertueux représentant de la croisade telle qu'elle était née du sein de la chrétienté tout entière et que Godefroi de Bouillon l'avait conduite à la fin du onzième. Ce fut le tort de saint Louis et une grande erreur de son jugement de prolonger, par son obstination aveuglément passionnée, un mouvement de plus en plus inopportun et illégitime, car il devenait de jour en jour plus factice et plus vain.

Dans la longue série des rois de France, dits *rois très-chrétiens*, deux seulement, Charlemagne et Louis IX, ont reçu un titre plus auguste encore, celui de *saint*. Quant à Charlemagne, il ne faut pas être trop exigeant en fait de preuves pour le reconnaître en possession légale de ce titre dans l'Église catholique ; il ne fut canonisé, en 1165 ou 1166, que par l'antipape Pascal III, sous l'influence de l'empereur Frédéric Barberousse ; et, depuis cette époque, la canonisation de Charlemagne n'a été officiellement admise et proclamée par aucun des papes reconnus comme légitimes. Ils l'ont tolérée et tacitement acceptée, sans doute à cause des services que Charlemagne avait rendus à la papauté. Mais Charlemagne avait d'ardents et puissants admirateurs en dehors des empereurs et des papes; il était le grand homme et le héros populaire de la race germanique dans l'Europe occidentale. Sa sainteté fut accueillie avec empressement dans une grande partie de l'Allemagne, où elle a toujours été religieusement célébrée. Dès les temps anciens de l'Université de Paris, il y fut le patron des étudiants de la nation allemande. En France pourtant sa situation comme saint restait obscure et incertaine, lorsque, vers la fin du quinzième siècle, par quelque motif maintenant difficile à démêler, peut-être pour enlever à son ennemi le duc de Bourgogne, Charles le Téméraire, qui possédait les plus belles provinces allemandes de l'empire de Charlemagne, le privilége exclusif de cette grande mémoire, Louis XI ordonna de rendre à l'illustre empereur les honneurs dus aux saints, et il indiqua le 28 janvier pour le jour de sa fête, en menaçant de la peine de mort ceux qui refuseraient de se conformer à cette injonction. Ni l'ordre, ni la menace de Louis XI n'eurent grand effet; il ne paraît pas que, dans l'Église de France, la sainteté de Charlemagne en ait été plus généralement admise et célébrée; mais l'Université de Paris maintint fidèlement ses traditions, et deux siècles environ après Louis XI, en 1661, sans donner expressément à Charlemagne le titre de saint, elle le proclama hautement son patron, et fit de sa fête une institution annuelle et solennelle qui, malgré quelques hésitations du Parlement de Paris et les révolutions de notre siècle, subsiste encore avec éclat comme le grand jour de fête de nos études classiques. L'Université de France a rendu à Charlemagne le service qu'elle avait reçu de lui; elle a protégé sa sainteté comme il avait protégé ses études et ses étudiants.

La sainteté de Louis IX n'a pas éprouvé de telles incertitudes, ni un tel besoin d'une protection savante et obstinée. Réclamée dès le lendemain de sa mort, non-seulement par son fils Philippe III, dit *le Hardi*, et par les barons et les prélats du royaume, mais par la voix publique de la France et de l'Europe, elle devint aussitôt l'objet des enquêtes et des délibérations du saint-siége. Pendant vingt-quatre ans, neuf papes, passagers successifs et rapides dans la chaire de saint Pierre[1], poursuivirent les informations d'usage sur la foi et la vie, les vertus et les miracles du feu roi; et ce fut Boniface VIII, le pape destiné à soutenir contre le petit-fils de saint Louis, Philippe le Bel, la lutte la plus violente, qui décréta, le 11 août 1297, la canonisation du

[1] Grégoire X, Innocent V, Jean XXI, Nicolas III, Martin IV, Honoré IV, Nicolas IV, saint Célestin V et Boniface VIII.

plus chrétien des rois de France, de l'un des plus vrais chrétiens de France et d'Europe, rois ou simples citoyens.

A saint Louis succéda son fils Philippe III, vaillant sans doute de sa personne puisqu'il est resté dans l'histoire avec le surnom de Philippe le Hardi, mais prince très-médiocre et dont le règne s'ouvrit par un début malheureux. Après avoir passé plusieurs mois devant Tunis, continuant mollement et sans succès la croisade de son père, il y renonça et se rembarqua en novembre 1270 avec les restes de son armée pressée de quitter « cette terre maudite où nous languissons, écrit l'un des croisés, plutôt que nous ne vivons, exposés aux tourments de la poussière, à la rage des vents, à la corruption de l'air et à la puanteur des cadavres. » Une tempête surprit la flotte sur les côtes de Sicile. Philippe y perdit plusieurs vaisseaux, quatre ou cinq mille hommes et tout l'argent qu'il avait reçu des musulmans de Tunis pour prix de son départ. En traversant l'Italie, à Cosenza, sa femme Isabelle d'Aragon, grosse de six mois, tomba de cheval, accoucha d'un enfant qui vécut à peine quelques heures, et mourut elle-même quelques jours après, laissant le roi son mari presque aussi malade que triste. Il arriva enfin à Paris le 21 mai 1271, ramenant avec lui cinq cercueils royaux, de son père, de son frère Jean-Tristan, comte de Nevers, de son beau-frère Thibaut, roi de Navarre, de sa femme et de son fils. Dès le lendemain de son arrivée, il les conduisit solennellement à l'abbaye de Saint-Denis, et ne se fit sacrer à Reims que le 30 août suivant. Son règne, qui dura quinze ans, ne fut un temps ni de repos ni de gloire : il guerroya à plusieurs reprises dans la France méridionale et dans le nord de l'Espagne, en 1272 contre Roger-Bernard, comte de Foix, en 1285 contre don Pèdre III, roi d'Aragon, tentant des conquêtes, remportant des victoires, mais aisément dégoûté de ses entreprises et n'obtenant aucun résultat important ni durable. Sans qu'il y prît lui-même une part officielle et active, le nom et le crédit de la France furent plus d'une fois compromis dans les affaires d'Italie par les guerres et les intrigues continuelles de son oncle Charles d'Anjou, roi de Sicile, aussi ambitieux, aussi turbulent et aussi tyrannique que son frère saint Louis était scrupuleux, modéré et équitable. Ce fut sous le règne de Philippe le Hardi qu'eut lieu en Sicile, le 30 mars 1282, le célèbre massacre des Français connu sous le nom de *Vêpres siciliennes*, provoqué par les excès désordonnés des compagnons de Charles d'Anjou, et dont beaucoup de nobles familles françaises eurent cruellement à souffrir. Le célèbre amiral italien Roger de Loria infligeait en même temps sur mer, au parti français en Italie, à la navigation provençale et à l'armée de Philippe le Hardi engagé dans ses incursions en Espagne, des revers et des pertes considérables. A la même époque commençait en Allemagne et au nord de l'Italie, dans la personne de Rodolphe de Habsbourg, élu empereur, la grandeur de la maison d'Autriche, destinée à devenir pour la France une si redoutable rivale. Le gouvernement de Philippe III n'était guère plus habile à l'intérieur de la France qu'en Europe; non que le roi lui-même fût violent, tyrannique, avide de pouvoir ou d'argent et impopulaire; il était au contraire honnête, modeste dans ses prétentions personnelles, simple dans ses mœurs, sincèrement pieux et doux envers les petits; mais il était en même temps faible, crédule, trop illettré, disent les chroniqueurs, sans pénétration ni prévoyance, ni volonté intelligente et persévérante. Il tomba sous l'influence d'un serviteur subalterne de sa maison, Pierre de la Brosse, d'abord chirurgien et barbier de saint Louis, puis de Philippe III, qui en fit bientôt son chambellan et son conseiller familier. Intrigant adroit et actif, mais uniquement préoccupé de sa fortune personnelle et de celle de sa famille, le barbier parvenu fut bientôt en butte à la jalousie et aux attaques des grands seigneurs de la cour. Il entra en lutte avec eux, même avec la jeune reine Marie de Brabant, seconde femme de Philippe III. Les accusations de trahison, d'empoisonnement, de péculat s'élevèrent contre lui, et, en 1276, il fut pendu à Paris, sur le gibet des voleurs, en présence des ducs de Bourgogne et de Brabant, du comte d'Artois et de beaucoup d'autres personnages considérables, qui prirent plaisir à assister à son exécution. Cette condamnation, « dont la cause resta inconnue au peuple, dit le chroniqueur Guillaume de Nangis, fut un grand sujet d'étonnement et de murmures. » Pierre de la Brosse a été, dans notre histoire, l'un des premiers exemples de ces favoris qui n'ont pas su que, pour que le scandale de leur fortune n'amenât par leur ruine, ils étaient condamnés à être de grands hommes.

Malgré l'inhabileté et la faiblesse du gouvernement de Philippe le Hardi, la royauté française eut, sous son règne, des bonnes fortunes inattendues. La mort, sans enfants, de son oncle Alphonse, frère de saint Louis, comte de Poitiers, et aussi comte de Toulouse par sa femme Jeanne, fille de Raymond VII, mit Philippe en possession de ces belles provinces. Il ne posséda d'abord le comté de Toulouse qu'à titre de comte et comme un domaine particulier qui ne fut définitivement incorporé à la couronne de France qu'un siècle plus tard. Quelques débats s'élevèrent entre la France et l'Angleterre à l'occasion de ce grand héritage. Philippe les termina en cédant l'Agénois au roi d'Angleterre Édouard Ier, et en conservant le Quercy. Il céda aussi au pape Urbain IV le comtat Venaissin, avec sa capitale Avignon que la cour de Rome réclamait en vertu d'une donation du comte de Toulouse Raymond VII, et qui, à travers beaucoup de contestations et de vicissitudes, est restée la possession du saint-siége jusqu'à sa réunion à la France par le traité de Tolentino, le 19 février 1797. Mais, en dépit de ces concessions, quand Philippe le Hardi mourut à Perpignan le 5 octobre 1285, en revenant de son expédition en Aragon, la souveraineté dans la France méridionale, jusqu'aux frontières de l'Espagne, était acquise à la royauté française.

Un chroniqueur flamand, moine à Egmont, caractérise en ces mots le successeur de Philippe le Hardi : « Un certain roi de France, nommé aussi Philippe, rongé par la fièvre de l'avarice et de la cupidité. » Ce n'était pas là la seule fièvre de Philippe IV, dit *le Bel ;* il avait aussi celle de l'ambition et surtout celle du pouvoir. Monté sur le trône à dix-sept ans, il était beau, comme le dit son surnom, froid, taciturne, dur, brave au besoin sans ardeur ni éclat, habile à ourdir ses desseins et acharné à les poursuivre par la ruse ou par la violence, par la corruption ou par la cruauté, sachant choisir et soutenir ses serviteurs, passionnément vindicatif avec ses ennemis, sans foi et sans sympathie envers ses sujets, mais de temps en temps attentif à se les concilier, soit en les appelant à son aide dans ses embarras ou ses périls, soit en les protégeant contre d'autres oppresseurs. Nul roi peut-être n'a été mieux servi par les circonstances et n'a mieux réussi dans ses entreprises ; mais il est le premier des Capétiens qui ait scandaleusement méprisé les droits, abusé du succès et poussé la royauté française dans les voies de cet égoïsme arrogant et imprévoyant, quelquefois habile et glorieux, mais qui porte en germe et tôt ou tard fait éclater les vices naturels et les résultats funestes du pouvoir arbitraire et absolu.

Au dehors de son royaume, dans ses affaires étrangères, Philippe le Bel eut une bonne fortune qui avait manqué à ses prédécesseurs et qui manqua plus encore à ses successeurs. Par l'établissement de Guillaume le Conquérant en Angleterre, et le mariage de Henri II avec Éléonore d'Aquitaine, les rois d'Angleterre étaient devenus, à raison de leurs possessions et de leurs prétentions en France, les ennemis naturels des rois de France, et la guerre était presque continuelle entre les deux États. Mais depuis son avénement au trône, en 1272, le roi d'Angleterre, Édouard Ier, eut pour pensée dominante et pour but constant de ses efforts la conquête du pays de Galles et de l'Écosse, c'est-à-dire la réunion sous son pouvoir de l'île entière de la Grande-Bretagne. Les Gallois et les Écossais, princes et peuples, défendirent énergiquement leur indépendance : ce ne fut qu'après sept ans de guerre, de 1277 à 1284, que la conquête du pays de Galles par les Anglais fut définitive, et que la qualité de prince de Galles devint le titre de l'héritier du trône d'Angleterre. Malgré ses dissensions intérieures, l'Écosse résista bien plus longtemps et plus efficacement; elle fut soumise, mais non conquise par Édouard Ier; deux héros nationaux, William Wallace et Robert Bruce, soulevèrent contre lui des insurrections souvent victorieuses, toujours renaissantes, et après avoir, pendant dix-huit ans de lutte, dominé péniblement en Écosse, Édouard Ier mourut en 1307 sans en avoir acquis la souveraineté. Mais sa persévérante ardeur dans cette double entreprise le détourna de la guerre avec la France; il s'appliqua à l'éviter, et lorsque des circonstances pressantes l'y engagèrent momentanément, il s'empressa d'en sortir. Appelé à Paris par Philippe le Bel en 1286 pour lui prêter foi et hommage comme son vassal à raison de ses domaines en France, il s'y rendit de bonne grâce, et à genoux devant son suzerain, il lui répéta les mots consacrés : « Je deviens votre homme des terres que je tiens de vous deçà la mer, selon la forme de la paix qui fut faite entre nos ancêtres. » Les conditions de cette paix furent confirmées, et par un nouveau traité entre les deux princes, le payement annuel de 10,000 livres sterling au roi d'Angleterre, en échange de ses titres sur la Normandie, lui fut garanti, et Édouard renonça à ses prétentions sur le Quercy moyennant une rente de 3,000 livres tournois. En 1292, une querelle et des hostilités sur mer entre des navires de commerce anglais et normands devinrent une guerre entre les deux rois; elle dura languissamment pendant quatre ans dans le sud-ouest de la France. Édouard s'allia, dans le nord, avec les Flamands engagés dans une lutte acharnée contre Philippe le Bel, et il y perdit momentanément l'Aquitaine; mais en 1296 une trêve fut conclue entre les belligérants; et quoique l'importance des relations commerciales de l'Angleterre avec la Flandre déterminât Édouard à reprendre son alliance avec les Flamands, lorsque, en 1300, la guerre recommença entre eux et la France, il s'en détacha trois ans après et fit séparément la paix avec Philippe le Bel qui lui rendit l'Aquitaine. En 1306, de nouveaux différends s'élevèrent entre les deux rois ; mais avant qu'ils eussent rallumé la guerre, Édouard Ier mourut au début d'une nouvelle expédition en Écosse, et son successeur Édouard II se rendit à Boulogne, où il fit, à son tour, pour le duché d'Aquitaine, hommage à Philippe le Bel, dont il épousa la fille Isabelle, qui passait pour la plus belle femme de l'Europe. Malgré de fréquentes interruptions, le règne d'Édouard Ier fut donc, entre la France et l'Angleterre, une époque de paix, exempte du moins d'une hostilité préméditée et obstinée.

Dans la France méridionale, au pied des Pyrénées, Philippe le Bel, comme son père Philippe le Hardi, guerroya, pendant les premières années de son règne, avec les rois d'Aragon Alphonse III et Jayme II ; mais ces campagnes, suscitées par des querelles purement locales ou par les liens des descendants de saint Louis avec ceux de son frère Charles d'Anjou, roi des Deux-Siciles, plutôt que par les intérêts généraux de la France, furent terminées en 1291 par un traité conclu à Tarascon entre les belligérants, et elles n'ont conservé aucune importance historique.

Ce fut contre les Flamands que Philippe le Bel engagea et soutint, pendant tout son règne, avec de fréquentes alternatives de succès et de revers, une guerre sérieuse. La Flandre était, au treizième siècle, le pays le plus peuplé et le plus riche de l'Europe. Elle le devait à l'activité de ses manufactures et de son commerce, non-seulement avec ses voisins, mais dans l'Europe méridionale et orientale, en Italie, en Espagne, en Suède, en Norwége, en Hongrie, en Russie et jusqu'à Constantinople où, comme vous l'avez vu, le comte de Flandre Baudouin Ier était devenu, en 1204, empereur latin d'Orient. Les draps et toutes les étoffes de laine étaient le principal objet de la fabrication flamande, et c'était surtout en Angleterre qu'elle puisait les laines, matière première de son industrie. De là entre les deux pays des relations commerciales qui ne pouvaient manquer d'acquérir une importance politique. Dès le milieu du douzième siècle, plusieurs villes flamandes s'associèrent pour fonder en Angleterre un comptoir commercial qui obtint de grands privilèges et prit, sous le nom de *hanse* flamande de

Londres, un rapide développement. Les négociants de Bruges en avaient eu l'initiative ; mais bientôt toutes les villes de Flandre, — et la Flandre était couverte de villes, — Gand, Lille, Ypres, Courtrai, Furnes, Alost, Saint-Omer, Douai entrèrent dans la confédération, et firent, de l'unité comme de l'extension des libertés du commerce flamand, l'objet de leurs communs efforts. Leur prospérité devint célèbre et s'accrut par sa célébrité. C'était un bourgeois de Bruges qui gouvernait la hanse de Londres, et on le nommait le comte de la hanse. La foire de Bruges, tenue au mois de mai, attirait des marchands du monde entier. « Là venaient s'échanger, dit l'historien le plus moderne et le plus éclairé de la Flandre[1], les produits du nord et ceux du midi, les richesses recueillies dans les pèlerinages de Novogorod et celles que transportaient les caravanes de Samarcande et de Bagdad, la poix de la Norwége et les huiles de l'Andalousie, les fourrures de la Russie et les dattes de l'Atlas, les métaux de la Hongrie et de la Bohême, les figues de Grenade, le miel du Portugal, la cire du Maroc, les épices de l'Égypte ; par quoi, dit un ancien manuscrit, nulle terre n'est comparée de marchandise encontre la terre de Flandre. » A Ypres, principal centre de la fabrication des draps, la population s'accrut si rapidement, qu'en 1247 les échevins prièrent le pape Innocent IV d'augmenter le nombre des paroisses de leur ville, qui contenait, d'après leur déclaration, environ 200,000 hommes. Tant de prospérité faisait des comtes de Flandre de très-puissants seigneurs : « Marguerite II, dite *la Noire*, comtesse de Flandre et de Hainaut, de l'an 1244 à l'an 1280, était extrêmement riche, dit un chroniqueur, non-seulement en domaines, mais en meubles, en joyaux, en argent ; et, ce qui n'est pas ordinaire aux femmes, elle était très-libérale et très-somptueuse, tant dans ses largesses que dans ses repas et dans toute sa manière de vivre ; de sorte qu'elle tenait l'état d'une reine plutôt que d'une comtesse. » Presque toutes les villes flamandes étaient des communes fortement organisées, où la prospérité avait conquis la liberté, et qui devinrent bientôt de petites républiques assez puissantes, non-seulement pour défendre leurs droits municipaux contre les comtes de Flandre leurs seigneurs, mais pour résister par les armes aux souverains leurs voisins qui tentaient, soit de les conquérir, soit de les entraver dans leurs relations commerciales, soit d'exploiter leur richesse par des contributions

---

[1] Le baron Kervyn de Lettenhove, *Histoire de Flandre*, t. II, p. 300.

ou par le pillage. Philippe Auguste avait commencé à ressentir leur force dans ses querelles avec le comte Fernand de Portugal, qu'il avait fait comte de Flandre en le mariant à la comtesse Jeanne, héritière du comté, et qu'après la bataille de Bouvines il retint pendant treize ans dans la tour du Louvre. Philippe le Bel s'exposa et fut mis par les Flamands à des épreuves encore plus rudes.

Lors de son avénement au trône, Gui de Dampierre, de noble race champenoise, était depuis cinq ans comte de Flandre, comme héritier de Marguerite II, sa mère. C'était un prince qui ne manquait point de courage ni, dans les grandes circonstances, d'élévation et d'honnêteté ; mais il était ambitieux, avide, aussi parcimonieux que la comtesse sa mère avait été magnifique, et préoccupé surtout de faire faire à ses enfants des mariages utiles à son importance politique. Il eut de ses deux femmes, Mathilde de Béthune et Isabelle de Luxembourg, neuf fils et huit filles, ample sujet de combinaisons et de relations dans lesquelles Gui de Dampierre n'était guère scrupuleux quant aux moyens de réussir. Il eut querelle avec son gendre Florent V, comte de Hollande, à qui il avait donné sa fille Béatrix. Un autre de ses gendres, Jean Ier, duc de Brabant, mari d'une autre de ses filles, la princesse Marguerite, se porta médiateur dans le différend. Les deux beaux-frères allèrent ensemble trouver leur beau-père ; mais dès leur arrivée Gui de Dampierre se saisit de la personne du comte de Hollande et ne consentit à le relâcher que lorsque le duc de Brabant offrit de se constituer prisonnier à sa place, et se vit contraint, pour obtenir à son tour sa liberté, de payer à son beau-père une forte rançon. Gui ne tarda pas à subir lui-même l'inique surprise qu'il avait infligée à ses gendres. En 1293, il négociait en secret le mariage de Philippa, l'une de ses filles, avec le prince Édouard, fils aîné du roi d'Angleterre. Philippe le Bel, averti à temps, fit inviter le comte de Flandre à se rendre à Paris « pour avoir conseil avec lui et les autres barons sur l'état du royaume. » Gui hésita d'abord ; il n'osa pourtant refuser et se rendit à Paris avec ses fils Jean et Gui ; dès son arrivée, il annonça timidement au roi l'union prochaine de sa fille avec le prince anglais, protestant « qu'il ne cesserait, pour cela, de le servir loyalement, comme tout prudhomme doit à son seigneur. — Au nom de Dieu, sire comte, lui dit le roi irrité, ainsi n'ira mie la chose ; vous avez fait alliance avec mon ennemi, sans mon su ; pourquoi vous demeurerez devers moi ; » et il le fit aussitôt conduire avec ses fils à la tour du Louvre, dont Gui ne sortit qu'au bout de six mois et en livrant pour otage au roi de France sa fille Philippa elle-même qui devait passer dans cette prison sa jeune et triste vie. Rentré en Flandre, le comte Gui flotta pendant deux ans entre le roi de France et le roi d'Angleterre, subissant les exigences du premier en même temps qu'il recherchait sous main une intime alliance avec le second. Poussé à bout par la dureté hautaine de Philippe, il se décida enfin, conclut avec Édouard Ier un traité formel, fiança au prince d'Angleterre sa plus jeune fille, Isabelle de Flandre, dernière sœur de Philippa prisonnière dans la tour du Louvre, et il chargea deux ambassadeurs de porter à Paris une déclaration en ces termes : « Chacun sait de combien de manières le roi de France a méfait vis-à-vis de Dieu et de la justice. Telle est sa puissance et son orgueil qu'il ne reconnaît rien au-dessus de lui, et il nous a réduit à la nécessité de chercher des alliés qui puissent nous défendre et nous protéger... A raison de quoi nous chargeons nos ambassadeurs de déclarer et de dire, pour nous et de par nous, au roi dessus nommé, qu'à cause de ses méfaits et défauts de droit, nous nous tenons pour délié, absous et délivré de tous liens, de toutes alliances, obligations, conventions, sujétions, services et redevances auxquels nous avons pu être obligés envers lui. »

C'était la guerre. Elle fut prompte et vive de la part du roi de France, lente et molle de la part du roi d'Angleterre toujours plus préoccupé de conquérir l'Écosse que de défendre, sur le continent, son allié le comte de Flandre. En juin 1297, Philippe le Bel en personne assiégea Lille, et le 13 août, Robert, comte d'Artois, à la tête de la chevalerie française, remporta à Furnes, sur l'armée flamande, une victoire qui décida de la campagne. Lille capitula. Les secours anglais arrivèrent trop tard et ne servirent qu'à faire accorder par Philippe aux Flamands une trêve de deux ans. On essaya vainement, avec l'aide du pape Boniface VIII, de transformer la trêve en une paix durable. Le jour même où elle expirait, Charles, comte de Valois et frère de Philippe le Bel, entra en Flandre avec une forte armée, surprit Douai, traversa Bruges, et, arrivé près de Gand, il en reçut les magistrats qui venaient lui en offrir les clefs. « Les bourgeois des villes de Flandre, dit un chroniqueur du temps, étaient tous corrompus par les dons ou par les promesses du roi de France, qui n'eût jamais osé envahir leurs frontières s'ils avaient été fidèles à leur comte. » Gui de Dampierre, vaincu jusqu'au désespoir, se rendit, avec deux de ses fils et cinquante et un de ses chevaliers fidèles, au camp du comte de Valois, qui

le reçut bien et l'engagea à s'en remettre à la générosité du roi de France, auprès duquel il lui promit son appui. Gui partit pour Paris avec toute sa suite; en approchant du palais de la Cité, qui était encore alors la résidence habituelle des rois, il aperçut à l'une des fenêtres la reine Jeanne de Navarre, qui prenait un orgueilleux plaisir à contempler l'humiliation du vaincu. Gui baissa la tête et ne salua point. Arrivé près de l'escalier du palais, il descendit de cheval et se mit, avec tous les siens, à la merci du roi. Le comte de Valois dit quelques mots en sa faveur, mais Philippe, interrompant son frère : « Je ne veux point de paix avec vous, dit-il à Gui, et si mon frère a pris quelques engagements avec vous, il n'en avait pas le droit. » Il fit aussitôt conduire le comte de Flandre à Compiègne « en une tour forte, telle que chacun le pouvait voir, » et ses compagnons furent distribués dans plusieurs villes, où ils étaient étroitement gardés. La Flandre entière se soumit; ses principales villes, Ypres, Audenarde, Termonde, Cassel, tombèrent successivement au pouvoir des Français; trois des fils du comte de Gui se retirèrent à Namur. Le connétable Raoul de Nesle « tenait le lieu du roi de France dans sa terre de Flandre nouvellement acquise. » L'année suivante, en 1301 au mois de mai, Philippe voulut visiter sa conquête; la reine sa femme l'accompagna. Les fêtes ne manquent jamais aux vainqueurs. Après avoir traversé en pompe Tournai, Courtrai, Audenarde et Gand, le roi et la reine de France firent leur entrée à Bruges. Toutes les maisons étaient magnifiquement décorées; sur des estrades couvertes des tapisseries les plus riches se pressaient les dames de Bruges; ce n'était qu'étoffes et pierreries. Tant de beaux costumes, de joyaux, de richesses excitèrent la jalousie féminine de la reine de France : « On n'aperçoit, dit-elle, que des reines à Bruges; je croyais qu'il n'y avait que moi qui dût représenter l'état royal. » Mais le peuple de Bruges restait muet; son silence effraya Philippe le Bel, qui essaya en vain d'attirer autour de lui un concours populaire en faisant proclamer des joutes brillantes. « Ces fêtes, dit l'historien Villani, qui parcourait la Flandre à cette époque même, furent les dernières que les Français connurent de notre temps, car la fortune, qui s'était montrée jusqu'alors si favorable au roi de France, tourna tout à coup sa roue, et la cause en était dans l'injuste captivité de l'innocente damoiselle de Flandre et dans la trahison dont le comte de Flandre et ses fils avaient été les victimes. »
Il y eut, à ce nouveau tour des événements, des causes plus générales

et plus profondes que les malheurs personnels des princes flamands. Le gouverneur que Philippe le Bel donna à la Flandre, Jacques de Châtillon, en fut l'avide oppresseur ; les magistrats municipaux, que les victoires ou l'or de Philippe avaient corrompus, devinrent l'objet de la haine populaire ; à Bruges, à Gand, à Damme, de violentes séditions éclatèrent. Un simple tisserand obscur, pauvre, petit et borgne, mais vaillant et éloquent dans sa langue flamande, Pierre Deconing, devint le chef des révoltés de Bruges ; des complices lui vinrent de presque toutes les villes de Flandre ; il trouva des alliés parmi leurs voisins. En 1302, la guerre recommença ; mais ce n'était plus la guerre entre Philippe le Bel et Gui de Dampierre : c'était la guerre des communes flamandes contre leurs oppresseurs étrangers. Partout retentit le cri de l'insurrection : « Nos boucliers et nos amis pour la Flandre au lion ! Que tous les Wallons périssent ! » Philippe le Bel leva précipitamment une armée de soixante mille hommes, dit Villani, et il en donna le commandement au comte Robert d'Artois, le vainqueur de Furnes. Les forces des Flamands ne s'élevaient pas à plus de vingt mille combattants. Les deux armées se rencontrèrent près de Courtrai ; la chevalerie française était pleine d'ardeur et de confiance ; des archers italiens, qu'elle avait à son service, avaient commencé l'attaque avec quelque succès : « Seigneur, dit au comte d'Artois l'un de ses chevaliers, ces vilains feront tant qu'ils auront l'honneur de la journée, et s'ils terminent seuls la guerre, que restera-t-il à faire à la noblesse ? — Eh bien, qu'on attaque ! » répondit le prince. Deux grandes attaques françaises se succédèrent : la première, sous les ordres du connétable Raoul de Nesle, la seconde conduite par le comte d'Artois lui-même. Après deux heures de combat, elles échouèrent l'une et l'autre contre la passion nationale des communes flamandes ; et les deux chefs français, le connétable et le comte d'Artois, restèrent couchés tous deux sur le champ de bataille au milieu de douze ou quinze mille de leurs morts : « Je me rends ! je me rends ! » s'écria le comte d'Artois. — Nous ne te comprenons pas, » lui répondirent ironiquement dans leur langue les Flamands qui l'entouraient ; et il fut aussitôt massacré. Un noble allié de l'insurrection, Gui de Namur, accourut trop tard pour le sauver. « Du haut des tours de notre monastère, raconte l'abbé de Saint-Martin de Tournai, nous pouvions voir les Français fuir sur les routes, à travers les champs et les haies, en si grand nombre qu'il faut avoir assisté à ce spectacle pour pouvoir le croire. Il y avait,

BATAILLE DE COURTRAY

dans les faubourgs de notre ville et dans les villages voisins, une si grande multitude de chevaliers et d'hommes d'armes tourmentés par la faim, que c'était chose horrible à voir. Ils donnèrent leurs armes pour avoir du pain. »

Un chevalier français couvert de blessures, et dont le nom est resté inconnu, traça à la hâte quelques mots sur un lambeau de parchemin teint de sang. Ce fut le premier avis que reçut Philippe le Bel de la bataille de Courtrai, livrée et perdue le 11 juillet 1302.

La nouvelle de cette grande défaite des Français se répandit rapidement en Europe et remplit de joie les ennemis et les jaloux de Philippe le Bel. Les Flamands célébrèrent avec éclat leur victoire et récompensèrent par de larges dons leurs héros bourgeois, entre autres Pierre Deconing et ceux de leurs voisins qui leur avaient porté secours. Fortement ému et un peu alarmé, Philippe manda son prisonnier, le vieux Gui de Dampierre, l'accabla de reproches, comme s'il eût pu s'en prendre à lui de son revers, et levant aussitôt une nouvelle armée, « aussi nombreuse, disent les chroniqueurs contemporains, que les grains de sable du rivage de la mer de la Propontide à l'Océan, » il s'établit à Arras et s'avança même jusque près de Douai; mais il était de ceux en qui l'obstination n'éteint pas la prudence et qui, tout en persévérant dans leurs desseins, savent en reconnaître les difficultés et les périls; au lieu de se rengager immédiatement dans la guerre, il entra en négociation avec les Flamands; leurs envoyés se réunirent aux siens dans une église ruinée sous les murs de Douai. L'un des envoyés de Philippe, Jean de Châlons, demanda, en son nom, que le roi fût reconnu seigneur de toute la Flandre et autorisé à punir l'insurrection de Bruges, promettant toutefois la vie sauve à tous ceux qui y avaient pris part. « Quoi donc! dit le Flamand Baudouin de Paperode, on nous laisserait la vie, mais ce ne serait qu'après avoir pillé nos biens et livré nos membres à toutes les tortures? — Seigneur châtelain, répliqua Jean de Châlons, pourquoi parlez-vous ainsi? Il faut choisir, car le roi est résolu à perdre sa couronne plutôt qu'à ne se point venger. » Un autre Flamand, Jean de Renesse, qui, en s'appuyant sur l'autel brisé, avait jusque-là gardé le silence, s'écria : « Puisqu'il en est ainsi, qu'on réponde au roi que nous sommes venus ici pour le combattre, non pour lui livrer nos concitoyens; » et les envoyés flamands se retirèrent. Philippe ne renonça point à négocier pour gagner du temps et laisser tomber la confiance des Flamands. Il retourna à Paris, fit sortir Gui de

Dampierre de la tour du Louvre, et le chargea d'aller négocier la paix, sous sa promesse de rentrer dans sa prison s'il n'y réussissait pas. Quoique respecté de toute la Flandre à raison de son âge et de son long malheur, Gui échoua dans sa tentative, et, fidèle à sa parole, il revint se remettre au pouvoir de Philippe. « Je suis si vieux, disait-il à ses amis, que je suis prêt à mourir quand il plaira à Dieu. » Il mourut en effet, le 7 mars 1304, dans la prison de Compiègne, où il avait été transféré. Tout en poussant ses préparatifs de guerre, Philippe continua à protester de ses intentions pacifiques. Les communes flamandes désiraient la paix nécessaire à la prospérité de leur commerce; mais les inquiétudes patriotiques luttaient contre les intérêts matériels. Un bourgeois de Gand pêchait tranquillement sur la rive de l'Escaut; un vieillard l'interpella vivement : « Ne sais-tu donc pas que le roi réunit toutes ses armées? Il est temps que les Gantois renoncent à leur inertie; le lion de Flandre ne doit plus sommeiller. » Au printemps de 1304, le cri de guerre retentit partout. Philippe avait mis un impôt extraordinaire sur tous les revenus en immeubles dans son royaume; le ban et l'arrière-ban étaient convoqués à Arras pour attaquer les Flamands par mer en même temps que par terre. Il avait pris à sa solde une flotte génoise commandée par Regnier de Grimaldi, célèbre amiral italien; elle arriva dans la mer du Nord et mit le siége devant Zierikzée, ville maritime de la Zélande. Le 10 août 1304, la flotte flamande qui défendait la place fut battue et dispersée. Philippe espéra un moment que ce revers découragerait les Flamands; mais il n'en fut rien; une grande bataille s'engagea le 17 août, entre les deux armées de terre, à Mons-en-Puelle[1], près de Lille; l'action fut quelque temps indécise, et même après son issue les deux partis hésitaient à se dire vaincus ou vainqueurs; mais quand les Flamands virent leur camp enlevé et ravagé, quand ils n'y retrouvèrent plus, disent les chroniqueurs, « leurs belles étoffes de Bruges et d'Ypres, leurs vins de la Rochelle, leurs bières de Cambrai et leurs fromages de Béthune, » ils déclarèrent qu'ils voulaient retourner dans leurs foyers, et leurs chefs, ne pouvant plus les retenir, furent obligés de s'enfermer dans Lille, où Philippe, qui s'était d'abord retiré lui-même à Arras, revint les assiéger. Passé les premiers jours d'abattement, à l'aspect du danger qui menaçait Lille et les débris de l'armée flamande réunis dans ses murs, toute la Flandre courut

[1] *Mont-en-Pévèle*, selon la véritable orthographe locale.

aux armes. « Les travaux des ateliers comme ceux des champs étaient partout suspendus, disent les historiens contemporains; les femmes gardaient les villes; on traversait les campagnes sans rencontrer un seul homme; ils étaient tous au camp de Courtrai, au nombre de douze cent mille, selon l'exagération populaire, se jurant les uns aux autres qu'ils aimaient mieux mourir en combattant que vivre dans la servitude. » Philippe fut surpris. « Je croyais les Flamands détruits, dit-il, mais il semble qu'il en pleut du ciel. » Il reprit ses protestations et ses ouvertures pacifiques. Les circonstances lui étaient favorables; le vieux Gui de Dampierre était mort; Robert de Béthune, son fils aîné et son successeur, était encore le prisonnier de Philippe le Bel, qui le mit en liberté après lui avoir imposé ses conditions. Robert, d'un esprit timide et d'un cœur faible, les accepta, malgré les murmures des populations flamandes, toujours ardentes à recommencer la guerre après s'être un peu reposées de leurs épreuves. Les bourgeois de Bruges se firent faire un nouveau sceau où l'antique symbole du pont de leur ville sur la Reye était remplacé par le lion de Flandre portant la couronne et armé de la croix, avec cette inscription : « Le lion a rugi et il a brisé ses fers[1]. » Pendant dix ans, de 1305 à 1314, il y eut, entre la France et la Flandre, une continuelle alternative de concessions et de rétractations alternatives, de traités conclus et d'insurrections renaissantes sans résultats décisifs et assurés : ce n'était ni la paix ni la guerre; et après la mort de Philippe le Bel, ses successeurs devaient longtemps encore retrouver dans les communes flamandes des inimitiés acharnées et de graves périls.

En même temps qu'il poursuivait contre les Flamands cette interminable guerre, Philippe était engagé, en dehors aussi de son royaume, dans une lutte encore plus grave par la nature des questions qui la suscitaient et par la qualité de son adversaire. En 1294, un nouveau pape, le cardinal Benoît Gaetani, avait été élu sous le nom de Boniface VIII. Il était lié depuis longtemps avec le parti français en Italie, et il devait surtout son élévation à l'influence de Charles II, roi de Naples et de Sicile, petit-fils de saint Louis et cousin germain de Philippe le Bel. Peu avant son élection, Boniface Gaetani disait à ce prince : « Ton pape (Célestin V) a voulu et pu te servir; seulement il ne l'a pas su; pour moi, si tu me fais pape, je voudrai, je pourrai et je

---

[1] *Rugiit leo, vincula fregit.*

saurai t'être utile. » La longue querelle des papes avec les empereurs d'Allemagne, qui aspiraient, comme rois des Romains, à envahir ou à dominer l'Italie, avait fait des rois de France les alliés naturels de la papauté, et l'on disait dès lors, par un instinct populaire qui avait déjà passé dans la poésie :

> Mariage est de bon devis[1]
> De l'Église et des fleurs de lis ;
> Quand l'un de l'autre partira,
> Chacun d'eux si s'en sentira.

Boniface VIII ne semblait pas destiné à s'écarter de cette politique ; il était vieux[2] ; ses engagements de parti étaient anciens ; sa fortune personnelle était faite ; trois ans avant son élection, il possédait douze bénéfices ecclésiastiques, dont sept en France ; par son avénement au saint-siége, son ambition était satisfaite ; légat en France en 1290, il y avait connu le jeune roi Philippe le Bel et s'était pris d'amitié pour lui. Le roi Philippe devait se croire autorisé à voir en lui un fidèle et utile allié.

Ni l'un ni l'autre des deux souverains ne se rendait compte des changements survenus, depuis deux siècles, dans le caractère de leur pouvoir et de l'influence que ces changements devaient exercer sur leur attitude et leurs relations mutuelles. Louis le Gros d'abord, puis et surtout Philippe Auguste et saint Louis, chacun avec des sentiments et par des procédés très-différents, avaient dégagé la royauté française de la société féodale et lui avaient acquis une souveraineté propre, supérieure aux droits du suzerain sur ses vassaux. Les papes de leur côté, entre autres Grégoire VII et Innocent III, avaient élevé la papauté dans une région de suprématie intellectuelle et morale d'où elle planait sur tous les pouvoirs terrestres. Grégoire VII, le plus désintéressé des grands ambitieux, avait consacré son orageuse vie à établir la domination de l'Église sur le monde, rois et peuples, et aussi à réformer intérieurement l'Église elle-même, ses mœurs et sa discipline. « J'ai aimé la justice et haï l'iniquité ; c'est pourquoi je meurs dans l'exil, » avait-il dit en mourant ; mais son œuvre lui survécut ; cent ans après lui, malgré les troubles qui avaient agité l'Église sous dix-huit papes

---

[1] *Propos, dessein exprimé :* Amyot, dans sa traduction de Plutarque, dit, à propos des banquets publics institués à Sparte par Lycurgue : « Là les enfants mêmes entendaient *de bons et graves devis* touchant le gouvernement de la chose publique. »

[2] Soixante-six ans.

médiocres et passagers, Innocent III, en soutenant avec plus de mesure et de prudence les mêmes principes que Grégoire VII, exerça tranquillement, pendant dix-huit ans, le pouvoir du droit divin, pendant que Philippe Auguste étendait et affermissait en France le pouvoir royal. Ce progrès parallèle de la royauté et de la papauté eut ses commentateurs et ses serviteurs. De savants jurisconsultes, au nom des maximes et des exemples de l'empire romain, proclamèrent la souveraineté royale dans l'État; de profonds théologiens, au nom de la divine origine du christianisme, posèrent en principe le droit divin de la papauté dans l'Église et dans les rapports de l'Église avec l'État. Ainsi se trouvèrent en présence, à la fin du treizième siècle, deux systèmes de pouvoir absolu, l'un laïque, l'autre ecclésiastique. Mais les docteurs de droit divin ne suppriment pas, dans les affaires humaines, les passions, les erreurs et les vices des hommes qui mettent leurs systèmes en pratique; et le pouvoir absolu, qui est le plus grand des corrupteurs, amène bientôt, dans les sociétés, civiles ou religieuses, les désordres, les abus, les fautes et les maux que les gouvernements sont précisément chargés de prévenir ou de réprimer. La royauté française et la papauté, qui avaient eu naguère pour représentants de grands et glorieux princes, Philippe Auguste et saint Louis, Grégoire VII et Innocent III, se personnifièrent, à la fin du treizième siècle, dans des hommes de bien moindre valeur morale et de moindre sagesse politique, Philippe le Bel et Boniface VIII. Vous avez déjà entrevu le caractère avide, durement obstiné, hautain et tyrannique de Philippe le Bel; Boniface VIII avait les mêmes défauts, avec plus d'emportement et moins d'habileté. Les deux grands poëtes de l'Italie et de ce siècle, tous deux très-contraires à Philippe le Bel, Dante et Pétrarque, peignent Boniface VIII sous des traits semblables. « C'était, dit Pétrarque, un souverain inexorable, très-difficile à dompter par les armes, impossible à fléchir par l'humilité et les caresses [1], » et Dante fait dire, dans *l'Enfer*, au pape Nicolas III : « Es-tu déjà ici fièrement debout, Boniface? As-tu été sitôt rassasié de ces richesses pour lesquelles tu n'as pas craint de tromper cette belle dame (l'Église) que tu as ensuite si désastreusement gouvernée [2]? » Deux hommes à ce point imbus de leurs mauvaises passions personnelles ne pouvaient se rencontrer sans se heurter; les faits ne tardèrent pas à faire éclater entre eux une haine et une lutte

---

[1] Pétrarque, dans ses *Lettres familières*, liv. II, lettre 5.
[2] Dante dans *l'Enfer*, chap. xix, v. 45-57.

qui mirent en lumière les vices et les funestes résultats des deux systèmes de pouvoir absolu dont ils étaient les représentants.

Philippe le Bel était roi depuis neuf ans, quand Boniface VIII devint pape. Dès son avénement au trône, il avait témoigné le dessein de restreindre les priviléges et le pouvoir de l'Église. Il avait écarté les clercs des fonctions judiciaires, dans les domaines des seigneurs comme dans le domaine royal, et il s'était appliqué à mettre partout les laïques en possession de l'administration de la justice civile. Il avait élevé notablement la quotepart de leur revenu qu'avaient à payer les biens immeubles acquis par l'Église et dits *biens de mainmorte*, en compensation des droits de mutation que leur immobilité faisait perdre à l'État. A l'époque des croisades, les biens du clergé avaient été soumis à une taxe particulière du dixième des revenus, et cette taxe avait été plusieurs fois renouvelée pour d'autres causes que les croisades. L'Église reconnaissait qu'elle devait contribuer à la défense du royaume, et le chapitre général de l'ordre de Cîteaux écrivait à Philippe le Bel lui-même : « Selon des raisons d'équité naturelle et des règles légitimes, nous devons porter notre part d'un tel fardeau sur les biens que Dieu nous a conférés. » Dans chaque occasion, la question portait sur la nécessité et sur la quotité du subside ecclésiastique, qui était tantôt accordé par les évêques et le clergé local, tantôt expressément autorisé par la papauté. Rien n'indique que Boniface VIII se soit opposé, dès son élévation au saint-siége, à ces extensions et à ces exigences de la royauté française; il était alors trop occupé de sa lutte contre ses propres ennemis à Rome, la famille des Colonna, et il sentait le besoin de rester en bons rapports avec la France; mais en 1296 Philippe le Bel, en guerre avec le roi d'Angleterre et les Flamands, imposa au clergé deux décimes nouveaux. Les évêques seuls furent appelés à les voter; l'ordre de Cîteaux refusa de les payer et adressa une protestation au pape, en comparant Philippe à Pharaon. Boniface, non-seulement accueillit la protestation, mais il adressa au roi une bulle [1] dans laquelle, entraîné par son ardeur à déployer son pouvoir général et absolu, il posait en principe que les Églises et les ecclésiastiques ne pouvaient être taxés qu'avec l'autorisation du souverain pontife, que « tous les empereurs, rois, ducs, comtes, barons, ou gouverneurs quelconques qui violeraient ce principe, et tous les prélats ou autres ecclésiastiques

---

[1] Dite *Clericis laicos*, qui en sont les premiers mots.

qui, par faiblesse, se prêteraient à une telle violation, encourraient, par ce seul fait, l'excommunication, et ne pourraient en être relevés, sauf à l'article de la mort, que par une décision spéciale du saint-siége. » C'était dépasser de beaucoup les traditions de l'Église française et, tout en la protégeant, porter atteinte à son autonomie dans ses rapports avec l'État français. Philippe fut très-irrité, mais n'éclata point; il se borna à faire sentir au pape son mécontentement par diverses mesures administratives, entre autres par l'interdiction d'exporter du royaume l'or, l'argent et les objets précieux qui allaient surtout à Rome. Boniface, de son côté, ne tarda pas à s'apercevoir qu'il était allé trop loin et que ses intérêts ne lui permettaient pas d'offenser à ce point le roi de France. Un an après sa bulle *Clericis laicos*, il la modifia par une bulle nouvelle qui non-seulement autorisait la perception des deux décimes votés par les évêques français, mais qui reconnaissait au roi de France le droit d'imposer le clergé français, avec son consentement et sans l'autorisation du saint-siége, quand il y aurait nécessité pressante. Philippe à son tour témoigna au pape sa satisfaction de cette concession en lui en faisant une lui-même aux dépens de la liberté religieuse de ses sujets : en 1291, il avait ordonné au sénéchal de Carcassonne de mettre des limites au pouvoir des inquisiteurs en Languedoc, en leur enlevant le droit de faire exécuter sans appel leurs sentences contre les hérétiques ; en 1298, il rendit une ordonnance portant que « pour faire prospérer les affaires de l'Inquisition contre les hérétiques, pour la gloire de Dieu et l'augmentation de la foi, il enjoignait à tous les ducs, comtes, barons, sénéchaux, baillis et prévôts de son royaume, d'obéir aux évêques diocésains et aux inquisiteurs députés par le siége apostolique, pour traduire devant eux, toutes les fois qu'ils en seraient requis, tous les hérétiques, leurs croyants, fauteurs et recéleurs, et d'exécuter immédiatement les sentences des juges de l'Église, nonobstant tout appel et toute réclamation des hérétiques et de leurs fauteurs. »

Les deux souverains absolus changeaient ainsi de politique et se sacrifiaient momentanément leurs prétentions mutuelles, selon qu'il leur convenait de se combattre ou de s'accorder. Mais une question s'éleva dans laquelle cette continuelle alternative de prétentions et de transactions, de querelles et d'accommodements, ne fut plus possible ; pour rester debout en face l'un de l'autre, les deux pouvoirs absolus furent obligés de se heurter à mort; et dans cette lutte périlleuse pour tous deux, Boniface VIII fut l'agresseur et Philippe le Bel resta le vainqueur.

Le 2 février 1300, Boniface VIII, qui avait fort à cœur l'éclat et la popularité du saint-siége, publia une bulle qui accordait des indulgences aux pèlerins qui visiteraient cette année, et tous les cent ans à l'avenir, l'église des apôtres saint Pierre et saint Paul à Rome. A cette première célébration du jubilé séculaire chrétien, l'affluence fut immense ; les plus modérés historiens disent qu'il n'y eut jamais moins de cent mille pèlerins à Rome ; d'autres élèvent ce nombre à deux cent mille, et la poésie contemporaine a célébré, comme l'histoire, ce pieux concours des chrétiens de toute nation, de toute langue et de tout âge autour du tombeau de leurs pères dans la foi. « Le vieillard aux cheveux blancs s'éloigne, dit Pétrarque, des doux lieux où s'est passée sa vie et de sa petite famille étonnée, qui voit son père chéri lui manquer. Lui, aux derniers jours de son âge, brisé par les ans et fatigué de la route, il traîne comme il peut, à force de bonne volonté, son vieux corps chancelant, et il arrive à Rome pour satisfaire son désir de voir l'image de celui qu'il espère voir bientôt là-haut, dans le ciel[1]. » Le succès de la mesure et les solennels hommages de la chrétienté remplirent d'une joie et d'une confiance superbes le pontife septuagénaire. Il venait, trois ans auparavant, de décerner au plus chrétien des rois de France, à Louis IX, les honneurs de la canonisation et le titre de saint. Choisi comme médiateur en 1298, par les rois de France et d'Angleterre, dans une guerre qui leur pesait à tous les deux, la sentence arbitrale qu'il rendit, plutôt favorable à Philippe le Bel qu'à Édouard Ier, avait été acceptée par l'un et l'autre, et le pape avait fait, en la leur imposant, avec quelque sévérité de langage, acte d'une autorité salutaire aux deux États. Tout semblait sourire alors à Boniface et l'inviter à se croire le vrai souverain de la chrétienté.

L'occasion d'affirmer avec éclat sa suprématie universelle dans le monde chrétien vint le tenter. Une querelle s'était élevée entre Philippe et l'archevêque de Narbonne au sujet de certains droits qu'ils réclamaient l'un et l'autre dans ce grand diocèse. Boniface prit hautement parti pour l'archevêque contre les officiers du roi : « Si tu tolères, mon fils, de telles entreprises contre les Églises de ton royaume, écrivit-il à Philippe[2], tu pourras craindre ensuite avec raison que Dieu, le maître

---

[1] Pétrarque, sonnet xive.
[2] Le 18 juillet 1300.

des jugements et le roi des rois, n'en tire vengeance; et certainement son vicaire, à la longue, ne se taira pas. S'il attend quelque temps avec patience, pour ne pas fermer la porte à la miséricorde, il faudra bien enfin qu'il se lève pour la punition des méchants et la gloire des bons. » Boniface ne se contenta pas d'écrire; il envoya à Paris, pour soutenir son dire, Bernard de Saisset qu'il venait de nommer lui-même évêque de Pamiers. Le choix des évêques n'était encore alors l'objet d'aucune règle fixe et généralement reconnue: le plus souvent c'était le chapitre du diocèse qui élisait son évêque, en demandant ensuite l'approbation du roi et du pape; quelquefois le roi et aussi le pape lui-même faisaient directement et isolément ces nominations. Boniface VIII avait tout récemment institué à Pamiers un nouvel évêché pour y appeler aussitôt Bernard de Saisset jusque-là simple abbé de Saint-Antonin dans cette ville. Dévoué à son patron, Bernard était de plus passionnément Languedocien et ennemi de la domination des rois français du Nord sur la France méridionale; il se disait lui-même descendant en personne des derniers vicomtes de Toulouse. Arrivé à Paris comme légat du pape, il y tint des propos violents et inconsidérés; il affirmait, disait-on, que saint Louis avait prédit que sa race disparaîtrait à la troisième génération, et que le roi Philippe n'était qu'un descendant illégitime de Charlemagne. On l'accusait d'avoir sans cesse travaillé à exciter dans le Midi des révoltes contre le roi, tantôt au profit des seigneurs locaux, tantôt en faveur des ennemis étrangers du royaume. Appelé devant le roi et son conseil à Senlis[1], il nia ce dont on l'accusait, mais avec une attitude arrogante et agressive. Philippe avait alors pour principaux conseillers des jurisconsultes laïques, serviteurs passionnés de la royauté, Pierre Flotte, son chancelier, Guillaume de Nogaret, juge mage à Beaucaire, Guillaume de Plasian, seigneur de Vézenobre, ces deux derniers habitants de la France méridionale comme Bernard de Saisset, et décidés à combattre, dans le midi comme dans le nord, la domination des ecclésiastiques. Ils s'élevèrent à leur tour contre les maximes et le langage de l'évêque de Pamiers. Il fut arrêté, remis à la garde de l'archevêque de Narbonne, et Philippe envoya à Rome son chancelier Pierre Flotte lui-même et Guillaume de Nogaret, chargés de demander au pape « qu'il vengeât les injures de Dieu, du roi et de tout le royaume, en privant de ses

---

[1] Le 14 octobre 1301.

ordres et de tout privilége clérical cet homme dont la plus longue vie infecterait les lieux qu'il habite; et cela afin que le roi puisse en faire un sacrifice à Dieu par la voie de justice, car on ne saurait espérer son amendement en le laissant vivre, attendu que, dès sa jeunesse, il a toujours mal vécu, et que la turpitude et la perdition n'ont fait que s'affermir en lui par une habitude invétérée. »

A ce langage violent et menaçant, Boniface répondit en évoquant pour lui-même le jugement de l'évêque de Pamiers : « Nous mandons à Ta Grandeur, écrivit-il au roi, de laisser partir librement et venir à nous cet évêque, dont nous voulons avoir la présence. Nous t'avertissons de lui faire restituer tous ses biens, de ne pas étendre à l'avenir les mains ravissantes sur des choses semblables, et de ne pas offenser la majesté divine ou la dignité du siége apostolique, pour ne pas nous réduire à employer quelque autre remède; car il faut que tu saches qu'à moins que tu ne puisses alléguer quelque excuse raisonnable et fondée en vérité, nous ne voyons pas comment tu éviterais la sentence des saints canons pour avoir porté des mains téméraires sur cet évêque. »

« Mon pouvoir, dit le pape au chancelier de France, le pouvoir spirituel embrasse le temporel et le renferme. — Soit, répondit Pierre Flotte; mais votre pouvoir est verbal; celui du roi est réel. »

C'était là un défi brutal jeté par la couronne à la tiare. Boniface VIII l'accepta sans hésiter; mais au lieu de garder l'avantage d'une position défensive en réclamant, au nom du droit, les libertés et les immunités de l'Église, il prit l'offensive contre la royauté, en proclamant la suprématie du saint-siége dans l'ordre temporel comme dans l'ordre spirituel, et en sommant Philippe le Bel de la reconnaître. Le 5 décembre 1301, il lui adressa, sous ces premiers mots : « *Écoute, très-cher fils*[1], » une longue bulle dans laquelle, à travers des circonlocutions et des explications subtiles et obscures, il posait et affirmait, au fond, le principe de la souveraineté définitive du pouvoir spirituel, d'origine divine, sur tout pouvoir temporel et de nature humaine. « Malgré l'insuffisance de nos mérites, Dieu nous a établis, disait-il, au-dessus des rois et des royaumes en nous imposant, en vertu de la servitude apostolique, le devoir d'arracher, de détruire, de disperser, de dissiper, d'édifier et de planter en son nom et selon sa doctrine;

---

[1] *Ausculta, carissime fili.*

afin que, paissant le troupeau du Seigneur, nous affermissions les faibles, nous guérissions les malades, nous pansions les membres brisés, nous relevions les abattus, et nous versions le vin et l'huile dans toutes les blessures. Que personne donc, très-cher fils, ne te persuade que tu n'as point de supérieur, et que tu n'es pas soumis au souverain chef de la hiérarchie ecclésiastique; car celui qui pense ainsi déraisonne; et s'il affirme obstinément une telle chose, il est un infidèle et n'a plus de place dans le bercail du bon pasteur. » Boniface en même temps convoqua les évêques de France en concile à Rome : « afin de travailler à la conservation des libertés de l'Église catholique, à la réformation du royaume, à la correction du roi et au bon gouvernement de la France. »

Philippe le Bel et ses conseillers ne se méprirent point sur la portée d'un tel langage, quelque enveloppé et plein de réserves spécieuses qu'il pût être. La suprématie définitive du pape dans l'ordre politique et sur les souverains temporels, c'était la société laïque absorbée dans la société religieuse, et l'indépendance de l'État abolie, non pas en faveur de l'Église nationale, mais au profit du chef étranger de l'Église universelle. Les défenseurs de la royauté française apprécièrent beaucoup mieux qu'on ne le faisait à Rome l'effet d'une telle doctrine en France et dans l'état des esprits français; ils ne s'engagèrent dans aucune polémique théologique et abstraite; ils s'appliquèrent uniquement à mettre en vive lumière les prétentions du pape et leurs conséquences, bien sûrs qu'en se bornant à cette question ils rallieraient à leur résistance, non-seulement tous les laïques, nobles et bourgeois, mais la plupart des ecclésiastiques français eux-mêmes, qui n'étaient point étrangers au patriotisme national, et à qui le pouvoir absolu du pape dans l'ordre politique ne convenait guère mieux que celui du roi. Pour frapper fortement l'esprit public, on publia à Paris, comme bulle textuelle du pape, un très-bref résumé de sa longue bulle : « Écoute, très-cher fils, » conçu en ces termes : « Boniface, évêque, serviteur des serviteurs de Dieu, à Philippe, roi des Français. Crains Dieu et observe ses commandements. Nous voulons que tu saches que tu nous es soumis dans les choses spirituelles et les temporelles. La collation des bénéfices et des prébendes ne t'appartient nullement. Si tu as la garde de quelques vacances, tu dois en réserver les fruits pour leurs successeurs. Si tu as fait quelques collations, nous les déclarons vaines et nous les révoquons. Nous considérons comme hérétiques tous ceux qui croient autrement. » Avec ce document, on fit circuler une réponse du roi au pape, en ces termes : « Philippe, par la grâce de Dieu, roi des Français, à Boniface qui se donne pour souverain pontife, peu ou point de salut. Que ton extrême fatuité sache que nous ne sommes soumis à personne dans les choses temporelles, que la collation des églises et des prébendes vacantes nous appartient de droit royal, que les fruits en sont à nous, que les collations déjà faites ou à faire sont valides dans le présent et dans l'avenir, que nous maintiendrons fermement leurs possesseurs envers et contre tous, et que nous tenons pour des insensés et des insolents ceux qui pensent autrement. » Le pape désavoua formellement, comme une falsification, le résumé de sa grande bulle, et rien ne prouve que l'inconvenante et injurieuse lettre de Philippe le Bel ait été envoyée à Rome. Mais au fond des choses la situation restait la même et continua de se développer. Le 11 février 1302, la bulle *Ausculta, carissime fili*, fut brûlée solennellement à Paris, en présence du roi et d'une nombreuse multitude. Philippe convoqua pour le 8 avril suivant une assemblée des barons, des évêques et principaux ecclésiastiques et des députés des communes au nombre de deux ou trois pour chaque cité, tous appelés « à délibérer sur certaines affaires qui intéressent au plus haut degré le roi, le royaume, les églises, tous et chacun. » Cette assemblée, qui se rassembla en effet le 10 avril, à Paris, dans l'église de Notre-Dame, a pris place dans notre histoire comme les premiers états généraux de France. Les trois ordres écrivirent séparément à Rome, le clergé au pape lui-même, la noblesse et les députés des communes aux cardinaux, tous protestant contre les prétentions du pape dans l'ordre temporel, les deux ordres laïques avec une rudesse menaçante, le clergé en faisant appel « à la sagesse et à la clémence paternelle du saint-père avec des paroles pleines de larmes et des sanglots mêlés de pleurs. » Le roi avait évidemment pour lui le sentiment général de la nation. Les nouvelles de Rome n'étaient pas propres à l'apaiser. Malgré la défense formelle du roi, quarante-cinq évêques français s'étaient rendus au concile convoqué par le pape pour le jour de la Toussaint 1302, et, après cette réunion, un décret papal du 18 novembre avait déclaré : « Il y a deux glaives, le spirituel et le temporel; tous deux sont dans la main de l'Église; mais l'un est tenu par l'Église elle-même, l'autre par les rois, mais selon l'assentiment et la patience du souverain pontife. Toute créature humaine est soumise au pontife romain, et cette croyance est nécessaire au salut. » Philippe fit saisir le temporel des évêques qui avaient assisté à ce concile et leur renouvela sa défense de sortir du royaume. Boniface ordonna à ceux qui n'étaient pas venus à Rome de s'y rendre dans un délai de trois mois. Le cardinal de Saint-Marcellin, légat du saint-siége, convoqua un nouveau concile en France même, à l'insu du roi. De part et d'autre, tantôt on s'adressait des paroles de conciliation, on s'efforçait de conserver les apparences du respect; tantôt on se livrait à de nouvelles explosions de griefs et de menaces; mais à travers ces vicissitudes de langage, la lutte devenait de jour en jour plus violente, et on se préparait, de part et d'autre, à tout autre chose qu'à des menaces.

Les 12 mars et 13 juin 1303, dans deux assemblées de barons, de prélats et de légistes tenues au Louvre en présence du roi, et que plusieurs historiens ont considérées comme des états généraux, l'un des plus intimes conseillers de la couronne, Guillaume de Plasian, proposa contre Boniface VIII un acte d'accusation qui lui imputait, outre son ambition et ses prétentions absolues, des crimes aussi invraisemblables qu'odieux. On demandait que l'Église fût gouvernée par un pape légitime et on engageait le roi, comme défenseur de la foi, à provoquer la convocation d'un concile général. Le 24 juin, dans le jardin du palais, une grande foule de peuple se réunit; et, après un sermon prêché en français, l'acte d'accusation contre Boniface VIII et l'appel au futur concile furent solennellement publiés. Le pape cependant ne demeurait pas oisif; il protestait contre les imputations dont il était l'objet : « Il y a quarante ans, disait-il, que nous avons été reçu docteur en droit, et que nous savons que l'une et l'autre puissance, la temporelle et la spirituelle, sont ordonnées de Dieu. Qui peut croire qu'une telle *fatuité* soit entrée dans notre esprit? Mais aussi qui peut nier que le roi nous soit soumis sous le rapport du péché?... Nous sommes disposés à lui accorder toutes les grâces.... Tant que j'ai été cardinal, j'ai été Français de cœur; depuis, nous avons assez témoigné combien nous aimons le roi.... Sans nous, il ne tiendrait pas d'un pied sur son trône. Nous connaissons tous les secrets du royaume. Nous savons comment les Allemands, les Bourguignons et les gens de la langue d'Oc aiment le roi. S'il ne s'amende, nous saurons bien le châtier et le traiter comme un petit garçon[1], bien qu'avec grand

---

[1] *Sicut unum garcionem*

déplaisir. » Le 15 avril, Boniface déclara Philippe excommunié s'il persistait à empêcher les prélats de se rendre à Rome. Philippe averti fit arrêter à Troyes le prêtre qui portait le bref du pape à son légat en France. Le légat s'enfuit. Boniface, averti de son côté que le roi en appelait contre lui à un prochain concile, déclara par une bulle, le 15 août, qu'à lui seul il appartenait de convoquer un concile. On s'attendait, après cette bulle, à en voir lancer une autre qui prononcerait la déposition du roi. Une bulle nouvelle fut préparée en effet à Rome, le 5 septembre, qui devait être publiée le 8; elle ne déposait pas expressément le roi; elle annonçait seulement des mesures plus graves encore que l'excommunication. Philippe avait pris ses précautions. Il avait demandé et obtenu des grandes villes, des églises, des universités, plus de sept cents actes d'adhésion à son appel au futur concile, et l'engagement de ne tenir aucun compte de l'arrêt que pourrait rendre le pape pour délier ses sujets de leur serment de fidélité. Quelques-uns seulement, entre autres l'abbé de Cîteaux, lui répondirent par un refus. L'ordre des Templiers ne donna son adhésion qu'avec des réserves. A l'approche de la nouvelle bulle qu'on annonçait, le roi se décida à agir plus rudement encore et plus vite. Il fallait signifier au pape l'appel royal au futur concile. Philippe ne pouvait confier cette scabreuse démarche à son chancelier Pierre Flotte; il avait péri à la bataille de Courtrai contre les Flamands. Guillaume de Nogaret s'en chargea, en se faisant donner par le roi une sorte de blanc-seing qui autorisait et ratifiait d'avance tout ce que, dans cette circonstance, il jugerait à propos de faire. Il fallait signifier cet appel au pape dans Anagni, sa ville natale, où il s'était réfugié, et dont le peuple, ardent en sa faveur, avait déjà traîné dans la boue les lis et le drapeau de France. Nogaret était hardi, brutal et adroit. Il se rendit en hâte à Florence, auprès du banquier du roi, se pourvut largement d'argent, se ménagea des intelligences dans Anagni, et s'assura spécialement le concours de Sciarra Colonna, ennemi passionné du pape, proscrit jadis par lui, et qui, tombé entre les mains des corsaires, avait ramé pour eux pendant plusieurs années plutôt que de dire son nom et d'être vendu à Boniface Gaetani. Le 7 septembre 1203, Colonna et les conjurés qu'il s'était associés introduisirent Nogaret et sa suite dans Anagni, aux cris de : « Meure le pape Boniface et vive le roi de France! » La population stupéfaite demeura immobile. Le pape abandonné de tous, même de son neveu, essaya de toucher Colonna lui-même, qui ne lui répondit qu'en le sommant d'abdiquer et de se rendre à discrétion. « C'est là une dure parole, » dit Boniface, et il se prit à pleurer. Mais ce vieillard de soixante-quinze ans avait l'âme fière et la dignité de son rang. « Trahi comme Jésus, dit-il, je mourrai, mais je mourrai pape. » Il revêtit le manteau de saint Pierre, mit la couronne de Constantin sur sa tête, prit en main les clefs et la crosse, et à l'approche de ses ennemis : « Voilà mon cou, voilà ma tête! » leur dit-il. C'est une tradition assez accréditée que Sciarra Colonna voulait le tuer et le frappa au visage de son gantelet de fer. Nogaret empêcha ce meurtre, se bornant à dire : « Toi, chétif pape, confesse et regarde la bonté de monseigneur le roi de France, qui tant loin de toi a son royaume, et te garde et défend par moi. — Tu es de famille hérétique, lui répondit le pape ; c'est de toi que j'attends le martyre. » La captivité de Boniface VIII ne dura que trois jours. Le peuple d'Anagni, rendu à ses sentiments naturels et voyant le petit nombre des étrangers, se souleva et délivra son pape. On apporta le vieillard sur la place publique ; il pleurait comme un enfant. « Bonnes gens, dit-il à la foule qui l'entourait, vous avez vu que mes ennemis ont enlevé tous mes biens et ceux de l'Église. Me voilà pauvre comme Job. Je n'ai rien à manger ni à boire. S'il y a quelque bonne femme qui me veuille faire aumône de pain et de vin, je lui donnerai la bénédiction de Dieu et la mienne. » Tout le peuple se mit à crier : « Vive le saint-père! » On le rentra dans son palais : « les femmes accouraient en foule pour lui porter du pain, du vin ou de l'eau. Ne trouvant point de vases, elles les versaient dans un coffre.... Chacun pouvait entrer et parlait avec le pape, comme avec tout autre pauvre. » Dès que le trouble se fut un peu calmé, Boniface partit pour Rome, suivi d'une grande foule; mais il avait l'âme et le corps brisés. A peine arrivé, il tomba dans une fièvre ardente que des traditions, probablement inventées et propagées par ses ennemis, ont représentée comme une rage furieuse. Il mourut le 11 octobre 1203, sans avoir recouvré la raison. On rapporte que son prédécesseur Célestin V avait dit de lui : « Tu montes comme un renard ; tu régneras comme un lion ; tu mourras comme un chien. » La dernière parole est injuste. Boniface VIII était un fanatique ambitieux, orgueilleux, violent et rusé, mais sincèrement passionné dans ses idées, obstiné et aveugle dans ses emportements : sa mort fut celle d'un vieux lion aux abois.

J'ai tenu, mes enfants, à vous faire bien connaître et comprendre cette lutte violente entre les deux souverains de la France et de Rome; non-seulement parce qu'elle est d'un intérêt dramatique, mais parce qu'elle marque une époque importante dans l'histoire de la papauté et de ses rapports avec les gouvernements étrangers. Depuis le dixième siècle et l'avénement des Capétiens, la politique du saint-siége avait été entreprenante, hardie, pleine d'initiative, souvent même agressive et le plus souvent heureuse dans la poursuite de ses desseins. Elle avait atteint sous Innocent III l'apogée de sa force et de sa fortune. Là s'arrêta son mouvement progressif et ascendant. Boniface VIII ne sut pas reconnaître les changements qui s'étaient accomplis dans les sociétés européennes et le progrès décisif qu'y avaient faits les influences laïques et les pouvoirs civils. Il professa avec obstination des maximes qu'il n'était plus en état de pratiquer. Il fut vaincu dans son entreprise, et la papauté, même en se relevant de sa défaite, ne se retrouva plus telle qu'elle avait été avant lui. A partir du quatorzième siècle, il n'y eut plus de Grégoire VII ni d'Innocent III. Sans abandonner expressément leurs principes, la politique du saint-siége devint essentiellement défensive et conservatrice, plus occupée de se maintenir que de grandir, quelquefois même plus stationnaire et plus immobile que n'exigeait la nécessité ou que ne conseillait la prévoyance. L'attitude que subirent et la conduite que tinrent les premiers successeurs de Boniface VIII révélèrent à quel point la situation de la papauté était changée, et combien était profonde l'atteinte du coup que, dans ce conflit entre les deux prétendants au pouvoir absolu, Philippe le Bel avait porté à son rival.

Le 22 octobre 1303, onze jours après la mort de Boniface VIII, Benoît XI, fils d'un simple berger, fut élu à Rome pour lui succéder. Philippe le Bel le fit aussitôt féliciter, mais par Guillaume de Plasian, naguère l'accusateur de Boniface, et qui fut chargé de remettre au nouveau pape, de la part du roi, un mémoire très-amer contre son prédécesseur. Philippe se faisait en même temps adresser, dans son royaume et en langue vulgaire, une *supplique du pueuble de France au roy contre Boniface*. Benoît XI s'efforça de donner satisfaction au vainqueur; il déclara les Colonna absous; il releva les barons et les prélats de France des excommunications prononcées contre eux; il écrivit lui-même au roi qu'il voulait se conduire envers lui comme le bon berger de la parabole qui laisse quatre-vingt-dix-neuf de ses brebis pour courir après une seule qui s'est égarée. Nogaret et les auteurs

SCIARRA COLONNA LE FRAPPE AU VISAGE DE SON GANTELET DE FER

directs de l'attentat d'Anagni furent seuls exceptés de ce pardon. Le pape se réserva de prononcer plus tard leur absolution, quand il le jugerait convenable; mais le 7 juin 1304, au lieu de les absoudre, il lança une bulle d'excommunication contre « quelques hommes scélérats qui ont osé commettre un crime odieux sur une personne de bonne mémoire, le pape Boniface. » Un mois après cette bulle, Benoît XI était mort. On raconta qu'une jeune femme lui avait présenté à table une corbeille de figues nouvelles dont il avait mangé et qui l'avaient empoisonné. Les chroniqueurs du temps imputent ce crime à Guillaume de Nogaret, aux Colonna et à leurs complices d'Anagni; un seul nomme le roi Philippe. La crédulité populaire est grande en fait d'empoisonnements; ce qui est certain, c'est que nulle poursuite ne fut ordonnée. Rien ne prouve la complicité de Philippe; mais, haineux et sournois, il était de ceux qui s'empressent de profiter des crimes qu'ils n'ont pas ordonnés. Évidemment, un pape comme Benoît XI ne suffisait ni à ses passions, ni à ses desseins.

Il en trouva un dont il se promit, non sans raison, un concours plus complet et plus efficace. Réunis en conclave à Pérouse depuis six mois, les cardinaux ne parvenaient pas à s'entendre sur le choix d'un pape. Pour sortir d'embarras, ils firent entre eux une convention secrète d'après laquelle l'un d'eux, confident de Philippe le Bel, lui fit savoir que l'archevêque de Bordeaux, Bertrand de Goth, était le candidat sur lequel ils pourraient s'accorder. C'était un sujet du roi d'Angleterre, et naguère un protégé de Boniface VIII, qui l'avait élevé de l'évêché de Comminges à l'archevêché de Bordeaux. Il était regardé comme un ennemi de la France. Mais Philippe savait ce qu'on peut obtenir d'un ambitieux dont la fortune n'est faite qu'à demi, en lui offrant de la porter à son plus haut terme. Il fit donner un rendez-vous à l'archevêque. « Écoute, lui dit-il, j'ai en main de quoi te faire pape si je veux; pourvu que tu me promettes de faire six choses que je te demanderai, je te ferai cet honneur; et pour te prouver que j'en ai le pouvoir, voici les lettres et les informations que j'ai reçues de Rome. » Après avoir entendu et lu, « le Gascon, saisi de joie, dit l'historien contemporain Villani, se jeta aux pieds du roi en lui disant : « Mon seigneur, je sais maintenant que tu es mon meilleur ami et que tu veux me rendre le bien pour le mal. Tu n'as qu'à commander et moi à obéir; telle sera toujours ma disposition. » Philippe lui exprima alors ses six demandes, entre lesquelles deux seulement pouvaient paraître difficiles à l'archevêque. La quatrième portait qu'il condamnerait la mémoire du pape Boniface. « La sixième, qui est grande et secrète, je me réserve, dit Philippe, de te la faire connaître en temps et lieu. » L'archevêque s'engagea, par serment prêté sur la sainte hostie, à accomplir les désirs du roi, à qui il donna, en outre, pour otages son frère et ses deux neveux. Six semaines après cet entretien, le 5 juin 1305, Bertrand de Goth était élu pape sous le nom de Clément V.

Il donna bientôt au roi le gage le plus assuré de sa docilité : après avoir tenu sa cour pontificale à Bordeaux et à Poitiers, il déclara qu'il fixait sa résidence en France, dans le comtat Venaissin, à Avignon, territoire que Philippe le Hardi avait remis au pape Grégoire X, en exécution d'une donation du comte de Toulouse Raymond VII. C'était renoncer, en fait sinon en droit, à l'indépendance pratique de la papauté que la placer ainsi au milieu des États et sous la main du roi de France. « Je connais les Gascons, dit, en apprenant cette résolution, le vieux cardinal italien Matthieu Rosso, doyen du sacré collège ; l'Église ne reviendra de longtemps en Italie. » Ce ne fut en effet que soixante-huit ans après, sous le pape Grégoire XI, que l'Italie rentra en possession du saint-siége, et les historiens ont donné à cette longue absence le nom de captivité de Babylone. Philippe le Bel ne tarda pas à profiter du voisinage pour faire sentir à Clément V le poids de son pouvoir. Il réclama de lui l'accomplissement de la quatrième promesse que lui avait faite Bertrand de Goth pour devenir pape, la condamnation de Boniface VIII, et il lui déclara la sixième demande « grande et secrète qu'il s'était réservé de lui faire connaître en temps et lieu ; » c'était la poursuite et l'abolition de l'ordre des Templiers. Le pontificat de Clément V, à Avignon, fut, de sa part, pendant neuf ans, un pénible effort, tantôt pour éluder, tantôt pour accomplir, à contre-cœur, les pesants engagements qu'il avait pris envers le roi.

La condamnation de Boniface VIII était pour lui un embarras plus qu'un péril. Il lui répugnait, devenu pape, de condamner le pape son prédécesseur, qui l'avait nommé archevêque et cardinal. Au lieu d'une condamnation officielle, il offrit au roi diverses satisfactions. Philippe ne tenait que par un orgueilleux entêtement, et pour se couvrir aux yeux de ses sujets, à faire condamner la mémoire de Boniface. Après de longues tergiversations mutuelles, on finit par convenir que ce passé serait mis en oubli. Le principal agent de l'attentat d'Anagni, Guillaume de Nogaret, fut seul excepté de l'amnistie, et le pape ne lui imposa pour pénitence que l'obligation d'un pèlerinage en Terre-Sainte, qu'il n'accomplit jamais. Il resta au contraire en grande faveur auprès de Philippe, qui le fit son chancelier et lui donna en Languedoc de riches terres, entre autres celles de Calvisson, de Massillargues et de Manduel. Philippe savait récompenser largement et soutenir fidèlement ses serviteurs.

Il savait encore mieux poursuivre et perdre ses ennemis. Il n'avait aucune raison publique de considérer les Templiers comme ses ennemis. Ils n'avaient, il est vrai, adhéré qu'avec des réserves à son appel au concile contre Boniface VIII; mais avant et après cette circonstance Philippe leur avait donné des marques de sa plus bienveillante estime. Il avait demandé à être affilié à leur ordre. Il leur avait emprunté de l'argent. Dans une violente émeute populaire à Paris, en 1306, à l'occasion d'un nouvel impôt, il avait cherché et trouvé un asile dans le palais même du Temple, où se tenaient les chapitres généraux de l'ordre et où étaient gardés ses trésors. On dit que la vue de ces trésors alluma l'avidité de Philippe et son ardent désir de s'en emparer. Lors de la fondation de l'ordre, en 1119, après la première croisade, les Templiers étaient fort loin d'être riches. Neuf chevaliers s'étaient unis pour protéger l'arrivée et le séjour des pèlerins en Palestine. Le troisième roi chrétien de Jérusalem, Baudouin II, leur avait donné un logement dans son palais, à l'orient du temple de Salomon, d'où ils avaient pris le nom de « pauvres champions unis du Christ et du Temple ». Leur vaillance et leur pieux dévouement les avaient bientôt rendus célèbres en Occident comme en Orient. Saint Bernard les avait recommandés au monde chrétien. Au concile de Troyes, en 1128, le pape Honorius II avait reconnu leur ordre et réglé leur costume, un manteau blanc, sur lequel le pape Eugène III plaça une croix rouge. En 1172, les règlements de l'ordre furent rédigés en soixante-douze articles, et les Templiers commencèrent à s'affranchir de la juridiction du patriarche de Jérusalem pour ne reconnaître que celle du pape. Leur nombre et leur importance s'accrurent rapidement, surtout en France et en Allemagne. En 1130, l'empereur Lothaire II leur donna des terres dans le duché de Brunswick. Ils reçurent d'autres dons dans les Pays-Bas, en Espagne, en Portugal. A la suite d'un voyage en Occident, le chef des neuf premiers Templiers de Jérusalem, Hugues de Païns, retourna en Orient avec trois cents chevaliers engagés dans sa règle; et cent cinquante ans après sa fondation, l'ordre du Temple, divisé en quatorze ou quinze provinces, quatre en Orient, dix ou onze en Occident, comptait, dit-on, dix-huit ou vingt mille chevaliers, la plupart Français, et neuf mille commanderies ou bénéfices territoriaux dont on évalue le revenu à cinquante-quatre millions de francs. C'était une armée de moines, naguère pauvres et guerriers actifs, maintenant riches et oisifs, livrés à toutes les tentations de la richesse et de l'oisiveté. On parlait bien encore de Jérusalem, de pèlerins et de croisades. Les papes mettaient encore ces noms en avant, soit pour détourner les chrétiens occidentaux de leurs querelles intestines, soit pour tenter en effet quelque nouvel effort chrétien en Orient ; l'île de Chypre était encore un petit royaume chrétien, et les moines guerriers voués à la défense du christianisme oriental, les Templiers et les Hospitaliers, avaient encore en Palestine, en Syrie, en Arménie et dans les îles voisines, quelques combats à livrer, quelques services à rendre à la cause chrétienne. Mais c'était là des événements trop petits et trop passagers pour employer sérieusement les deux grands ordres religieux et militaires ; leur richesse et leur célébrité surpassaient beaucoup leur utilité publique et leur force réelle : situation pleine de périls pour eux, car elle inspirait, envers eux, aux pouvoirs souverains de l'État plus de jalousie que de crainte.

En 1305, le roi et le pape mandèrent simultanément de Chypre en France le grand maître des Templiers, Jacques de Molay, gentilhomme bourguignon, qui était entré dans l'ordre presque enfant, avait vaillamment combattu en Orient les infidèles, et avait été élu grand maître à l'unanimité quatorze ans auparavant. Pendant plusieurs mois, il fut bien traité en apparence par les deux souverains ; Philippe voulait, disait-il, l'entretenir d'un nouveau projet de croisade ; il lui demanda d'être parrain de l'un de ses enfants, et Molay tint le cordon du poêle aux obsèques de la belle-sœur du roi. Cependant les bruits les plus sinistres, les imputations les plus graves, étaient répandus contre les Templiers ; on les accusait « de choses amères, déplorables, horribles à penser, horribles à entendre, de trahir la chrétienté au profit des infidèles, de renier en secret la foi, de cracher sur la croix, de se livrer à des pratiques idolâtres et à la vie la plus licencieuse. » En 1307, au mois d'octobre, Philippe le Bel et Clément V étaient réunis à Poitiers ; le roi demanda au pape d'autoriser une enquête sur les Templiers et les accusations dont ils étaient l'objet ; Jacques de Molay fut aussitôt arrêté à Paris avec cent quarante de ses chevaliers ; soixante le furent pareillement à Beaucaire, beaucoup d'autres dans toute la France, et leurs biens furent remis à la garde du roi pour le service de la Terre-Sainte. Le 12 août 1308, une bulle du pape institua une grande commission d'enquête chargée d'instruire à Paris l'affaire « selon que le droit l'exige ». L'archevêque de Cantorbéry, en Angleterre, ceux de Mayence, de Cologne et de Trèves, en Allemagne, furent nommés aussi commissaires, et le pape annonça qu'il prononcerait son jugement dans deux ans, dans un concile général tenu à Vienne, en Dauphiné, territoire de l'Empire. Vingt-six princes et seigneurs laïques, les ducs de Bourgogne et de Bretagne, les comtes de Flandre, de Nevers et d'Auvergne, le comte de Talleyrand de Périgord, se portèrent accusateurs contre les Templiers et donnèrent procuration pour agir en leur nom. Le 22 novembre 1309, le grand maître Molay fut appelé devant la commission ; il nia d'abord fermement tout ce dont son ordre était accusé ; puis, il se troubla, s'embarrassa, dit qu'il ne pouvait se charger de défendre l'ordre, qu'il n'était qu'un pauvre chevalier illettré, que le pape s'était réservé le jugement, que, pour lui, il demandait seulement que le pape le fît venir au plus tôt devant lui. Le 28 mars 1310, cinq cent quarante-six chevaliers, qui s'étaient déclarés prêts à défendre l'ordre, comparurent devant la commission ; on les engagea à choisir des procureurs pour parler en leur nom. « Nous aurions bien dû aussi, dirent-ils, n'être torturés que par procureurs. » Les prisonniers étaient traités avec une rigueur extrême et réduits à la condition la plus misérable : « Sur leur pauvre paye de douze deniers par jour, ils étaient obligés de payer le passage de l'eau pour aller subir leurs interrogatoires dans la cité, et de donner encore de l'argent à l'homme qui ouvrait ou rivait leurs chaînes. » En octobre 1310, dans un concile tenu à Paris, un grand nombre de Templiers furent examinés, plusieurs absous, quelques-uns soumis à des pénitences spéciales, cinquante-quatre condamnés au feu comme hérétiques relaps et brûlés le jour même dans un champ près de l'abbaye de Saint-Antoine ; neuf autres eurent le même sort devant un concile tenu à Senlis la même année ; « ils avouèrent dans les tortures, dit Bossuet, mais ils nièrent dans les supplices. » L'affaire traînait en longueur ; des décisions différentes étaient rendues selon les lieux ; les Templiers furent déclarés innocents, le 17 juin 1310 à Ravenne, le 1er juillet à Mayence, le 21 octobre à Salamanque ; en Aragon, ils résistèrent avec succès. L'Europe se lassait de l'incertitude de ces jugements et de l'horreur de ces spectacles ; Clément V avait quelque honte de poursuivre ainsi des moines qui, dans plus d'une occasion, s'étaient montrés dévoués au saint-siége.

Philippe le Bel avait atteint son but ; il était en possession des richesses des Templiers. Le 11 juin 1311, la commission d'enquête termina ses séances, et le registre de ses travaux fut clos en ces termes : « Pour surcroît de précaution, nous avons déposé ladite procédure, rédigée par les notaires en acte authentique, dans le trésor de Notre-Dame de Paris, pour n'être exhibée à personne que sur lettres spéciales de Votre Sainteté. » Le concile général, annoncé en 1308 par le pape pour statuer définitivement sur ce grand procès, s'ouvrit en effet à Vienne, en octobre 1311 ; plus de trois cents évêques étaient réunis ; neuf Templiers se présentèrent pour défendre leur ordre, disant que 1,500 ou 2,000 de leurs frères étaient à Lyon ou dans le voisinage, prêts à les soutenir. Le pape fit arrêter les neuf défenseurs, ajourna encore la décision, et le 22 mars de l'année suivante, dans un simple consistoire secret formé des évêques les plus dociles et de quelques cardinaux, il prononça, de sa seule autorité pontificale, l'abolition de l'ordre du Temple ; elle fut proclamée ensuite officiellement le 3 avril 1312, en présence du roi et du concile. Personne ne réclama.

Détenu à Gisors, le grand maître, Jacques de Molay, survivait à son ordre. Le pape s'était réservé de le juger lui-même ; mais, dégoûté de cette œuvre, il renvoya le jugement à des commissaires ecclésiastiques réunis à Paris, devant qui Molay fut amené avec trois des principaux chefs du Temple, survivants comme lui. On fit relire devant eux, du haut d'un échafaud dressé sur le parvis de Notre-Dame, les aveux qu'ils avaient faits naguère dans les tortures, et on leur annonça qu'ils étaient condamnés à la détention perpétuelle. Le repentir avait rendu au grand maître tout son courage ; il interrompit la lecture, et désavoua ses aveux, protestant que les tourments seuls l'avaient fait parler ainsi faussement, et soutenant que

> De son ordre rien ne savait
> Qui ne fût de bonne foi
> Et de la chrétienne loi.

Un de ses trois compagnons d'infortune, le commandeur de Normandie, fit hautement le même désaveu. Les juges embarrassés renvoyèrent les deux templiers au prévôt de Paris et remirent leur décision au lendemain; mais Philippe le Bel, sans attendre le lendemain et sans consulter les juges, ordonna que les deux templiers seraient brûlés le soir même, le 11 mars 1314, à l'heure de vêpres, dans l'île de la Cité, sur le sol de la place Dauphine actuelle. Un chroniqueur poëte, Godefroi de Paris, qui fut témoin de la scène, la raconte ainsi : « Le grand maître, qui vit le feu préparé, se dépouilla sans hésitation; je le rapporte comme je l'ai vu; il se mit tout nu en chemise, lestement et de bonne mine, sans trembler nullement, quoiqu'on le tirât et le secouât fort. On le prit pour l'attacher au poteau et on lui liait les mains avec une corde; mais il leur dit : « Seigneurs, au moins laissez-moi joindre « un peu mes mains et faire à Dieu ma prière, car c'en est bien le « moment. J'ai maintenant à mourir; Dieu sait que c'est à tort. Il en « arrivera bientôt malheur à ceux qui nous condamnent sans justice. « Dieu vengera notre mort. »

Ce fut probablement de ces dernières paroles que provint le bruit populaire bientôt répandu que Jacques de Molay, en mourant, avait cité le pape et le roi à comparaître avec lui, le premier au bout de quarante jours, le second dans l'année, devant le tribunal de Dieu. L'événement consacra la légende : Clément V mourut en effet le 20 avril 1314, et Philippe le Bel le 29 novembre 1314, le pape troublé sans doute de sa complaisance servile envers le roi, et le roi exprimant quelque regret de son avidité et des impôts (la *maltôte*, *maletolta*) dont il avait chargé son peuple.

Des impôts excessifs et arbitraires, c'était là en effet le principal grief de la France du quatorzième siècle contre Philippe le Bel, et peut-être le seul tort qu'il se reprochât lui-même; grièvement blessé à la chasse par un sanglier, et se sentant très-mal, il se fit transporter à Fontainebleau, et là, dit Godefroi de Paris, le poëte chroniqueur que je viens de citer à propos du supplice des Templiers, « il dit et commanda que ses enfants fussent mandés, ses frères, ses autres amis. Eux ne mirent pas grand temps à venir; ils entrèrent à Fontainebleau, en la chambre où le roi était et où il y avait très-peu de lumière. Sitôt qu'ils y furent, ils lui demandèrent comment il était, et il répondit : « Mal de corps et d'âme; si notre Dame la Vierge ne me sauve « par sa prière, je vois que la mort me saisira ici; j'ai mis tant de tailles « et tant pris de richesses que jamais n'en serai absous. Seigneurs, « je me sais en tel état que je mourrai, je crois, cette nuit, car trop

« me nuisent les malédictions dont je suis poursuivi : nuls beaux ré-
« cits ne pourront être faits de moi. » La sollicitude de Philippe le Bel
pour sa mémoire était fondée ; son avidité est le vice qui est resté attaché à son nom ; non-seulement il accabla ses sujets de tailles et d'autres taxes que n'autorisaient pas le droit et les traditions du régime
féodal ; non-seulement il fut inique et cruel envers les Templiers
pour s'approprier leurs richesses ; mais il commit, à plusieurs reprises,
le genre de spoliation qui porte le plus de trouble dans la vie commune des peuples : il falsifia les monnaies si souvent et à tel point qu'on
l'appelait partout « le faux monnoyeur ». C'était là un procédé financier dont ses prédécesseurs, ni saint Louis, ni Philippe Auguste, ne lui
avaient pas donné l'exemple, quoiqu'ils eussent eu bien autant de
guerres et d'expéditions coûteuses à soutenir que lui. Quelques chroniqueurs du quatorzième siècle disent que Philippe le Bel était particulièrement magnifique et prodigue envers sa famille et ses serviteurs ;
je ne rencontre point de preuves précises de cette allégation, et j'im-
pute les vexations financières de Philippe le Bel à son avidité naturelle
et aux dépenses secrètes que devait entraîner sa politique sournoise et
haineuse plutôt qu'à ses prodigalités généreuses. Comme il n'était point
étranger à l'esprit d'ordre dans ses propres affaires, il essaya, vers la
fin de son règne, de se rendre un compte exact de ses finances ; son
principal conseiller, Enguerrand de Marigny, en devint surintendant
général, et le 19 janvier 1311, à la suite d'un grand conseil tenu à
Poissy, Philippe rendit une ordonnance qui établissait, sous les titres
de *dépenses et recettes*, deux tableaux et deux trésors distincts, l'un pour
les dépenses ordinaires, la liste civile et le payement des grands corps
de l'État, des rentes, des pensions, etc., l'autre pour les dépenses ex-
traordinaires. Les dépenses ordinaires étaient évaluées à 177,500 livres
tournois, soit, d'après M. Boutaric, qui a publié cette ordonnance,
15,900,000 francs. De nombreux articles réglaient l'exécution de la
mesure, et les trésoriers royaux juraient de ne pas révéler, avant deux
ans, l'état de leurs recettes, sauf à Enguerrand de Marigny ou par l'ordre du roi lui-même. Ce premier budget de la monarchie française
disparut, après la mort de Philippe le Bel, dans la réaction qui s'éleva
contre son gouvernement. « Dieu lui pardonne ses péchés, dit Godefroi
de Paris, car au temps qu'il régnait, grand dommage vint à la France,
et il est resté de lui peu de regrets. » L'histoire générale de la France
a été plus indulgente pour Philippe le Bel que ses contemporains ; elle

lui a su gré des progrès que firent, sous son règne, les caractères particuliers et permanents de la civilisation française. Le domaine royal reçut, dans les Pyrénées, dans l'Aquitaine, en Franche-Comté, en Flandre, des accroissements territoriaux qui étendirent l'unité nationale. Le pouvoir législatif du roi pénétra et prit pied dans les terres de ses vassaux. Les demi-souverains épars de la société féodale s'inclinèrent devant l'incontestable prééminence de la royauté. Elle remporta la victoire dans sa lutte contre la papauté. Je suis loin de n'attacher aucun prix à l'intervention des députés des communes dans les états généraux de 1302 à l'occasion de cette lutte ; ce fut un hommage rendu à l'existence naissante du tiers état ; mais il est puéril de considérer cet hommage comme un pas efficace vers les libertés publiques et le régime constitutionnel : les bourgeois de 1302 ne songeaient à faire rien de semblable ; Philippe, sachant que leurs passions dans ce cas étaient d'accord avec les siennes, les appela pour se faire de leur concours une utile décoration, et la royauté absolue gagna, à ce concours, bien plus de force que le tiers état n'y acquit d'influence. La constitution générale du pouvoir judiciaire, comme délégué de la royauté, la création de plusieurs classes de magistrats voués à cette grande fonction sociale, et en particulier la forte organisation et la permanence du parlement de Paris, furent de bien plus considérables progrès dans le développement de l'ordre civil et de la société française. Mais ce fut au profit du pouvoir royal absolu que tournèrent surtout ces faits, et la perverse habileté de Philippe le Bel consista à les exploiter uniquement dans ce sens. Profondément égoïste et impérieux avec ruse et patience, il était étranger aux deux principes qui font la moralité des gouvernements, le respect des droits et la sympathie patriotique pour les sentiments publics ; il ne se préoccupait que de sa situation, de ses passions, de ses volontés ou de ses fantaisies personnelles. C'est le vice radical du pouvoir absolu. Philippe le Bel est l'un des rois de France qui ont le plus contribué à imprimer à la royauté française ce caractère déplorable dont la France a tant souffert, au milieu même de ses gloires, et que, de nos jours, la royauté française a si douloureusement expié elle-même quand elle n'en méritait plus le reproche.

Philippe le Bel laissa trois fils, Louis X, dit *le Hutin*[1], Philippe V, dit

---

[1] C'est-à-dire le querelleur

le Long et Charles IV, dit le Bel, qui, entre eux trois, n'occupèrent le trône que treize ans et dix mois. Aucun d'eux ne se distingua par ses mérites personnels, et les événements des trois règnes ne tiennent guère plus de place dans l'histoire que les actions des trois rois. Peu avant la mort de Philippe le Bel, son despotisme avide avait déjà excité dans les populations un si vif mécontentement, que plusieurs *ligues* se formèrent en Champagne, en Bourgogne, en Artois, dans le Beauvaisis, pour lui résister; et les associés dans ces ligues, « nobles et communs, » disent les documents, s'engageaient à se soutenir mutuellement dans leur résistance, « à leurs propres coûts et dépens. » Après la mort de Philippe le Bel, la réaction éclata avec bien plus d'étendue et d'efficacité; elle eut deux résultats : l'un, dix ordonnances de Louis le Hutin pour redresser les griefs de l'aristocratie féodale; l'autre, le procès et la condamnation d'Enguerrand de Marigny, « coadjuteur et recteur du royaume » sous Philippe le Bel. A la mort du roi son maître, Marigny eut contre lui, à tort ou à raison, la clameur populaire et l'inimitié féodale, notamment celle de Charles de Valois, frère de Philippe le Bel, qui se portait pour le chef des barons. « Que sont devenus tant de subsides et toutes les sommes produites par tant d'altérations des monnaies? » demanda un jour dans son conseil le nouveau roi. — Sire, dit le prince Charles, Marigny a eu l'administration de tout; c'est à lui à en rendre compte. — Je suis tout prêt, dit Marigny. — Que ce soit à l'instant même, dit le prince. — Bien volontiers, monseigneur; je vous en ai donné une grande partie. — Vous en avez menti! s'écria Charles. — C'est vous même, par Dieu! » répliqua Marigny. Le prince mit l'épée à la main; Marigny était sur le point d'en faire autant. La querelle du moment fut étouffée; mais peu après Marigny fut accusé, condamné par une commission réunie à Vincennes, et pendu au gibet de Montfaucon, qu'il avait lui-même, dit-on, fait construire. Il marcha au supplice la tête haute, disant à la foule: « Bonnes gens, priez pour moi. » Quelques mois après, le jeune roi, qui n'avait consenti qu'avec peine à sa condamnation, ne sachant pas bien lequel du frère ou du ministre de son père était le coupable, fit par son testament un legs considérable à la veuve de Marigny, « en considération de la grande infortune qui leur était advenue; » et Charles de Valois lui-même, atteint d'une maladie de langueur et se reconnaissant frappé de la main de Dieu, « en punition du procès fait à Mgr Enguerrand de Marigny, » fit distribuer aux pauvres de grandes aumônes avec cette recommandation : « Priez Dieu pour

MARIGNY, CONDAMNÉ PAR UNE COMMISSION RÉUNIE A VINCENNES, FUT PENDU AU GIBET DE MONTFAUCON

Mgr Enguerrand de Marigny et pour M. le comte de Valois. » Nul ne saurait dire aujourd'hui si ce repentir provenait d'un esprit faible ou d'un cœur sincère, et lequel des deux personnages était vraiment coupable; mais tel est, après des siècles, l'effet des aveugles clameurs populaires et des procédés judiciaires iniques que le condamné reste, dans l'histoire, une victime et presque un innocent.

Pendant que l'aristocratie féodale se vengeait ainsi de la tyrannie royale, l'esprit chrétien poursuivait sans bruit son œuvre, l'affranchissement général des hommes. Louis le Hutin avait à soutenir la guerre de Flandre sans cesse renaissante; pour trouver, sans vexations odieuses, l'argent nécessaire, on lui conseilla d'offrir la liberté aux serfs de ses domaines, et il rendit le 3 juillet 1315 un édit ainsi conçu : « Comme, selon le droit de nature, chacun doit naître franc, et que, par certaines coutumes qui, de grande ancienneté, ont été introduites et gardées jusqu'ici en notre royaume..... moult (beaucoup) de personnes de notre commun peuple sont chues (tombées) en lien de servitude, qui moult nous déplaît : nous, considérant que notre royaume est dit et nommé le royaume des Francs, et voulant que la chose en vérité soit accordante au nom... par notre grand conseil nous avons ordonné et ordonnons que généralement par tout notre royaume... telles servitudes soient ramenées à franchise, à bonnes et convenables conditions... et voulons aussi que les autres seigneurs qui ont hommes de corps (serfs) prennent exemple à nous pour les amener à franchise. » On a fait, avec raison, grand honneur à Louis le Hutin de cet édit, on n'a pas assez remarqué que Philippe le Bel lui-même en avait donné à ses fils l'exemple, car en confirmant l'affranchissement accordé par son frère Charles aux serfs du comté de Valois, il avait fondé son ordonnance sur ce motif : « Attendu que toute créature humaine, qui est formée à l'image de Notre-Seigneur, doit généralement être franche par droit naturel. » L'histoire des sociétés chrétiennes est pleine de ces heureuses inconséquences; quand un principe moral et juste s'est implanté dans les âmes, le pouvoir absolu lui-même n'échappe pas complétement à sa salutaire influence, et le bien pénètre à travers le mal, comme une source d'eau vive et pure ne cesse pas de couler et de se répandre sur une terre ravagée par les crimes ou les folies des hommes.

Je veux, mes enfants, vous donner une idée et un exemple de la conduite que commençait à tenir et de l'autorité qu'exerçait déjà en France, au milieu de la réaction féodale contre Philippe le Bel et du faible gouvernement de ses fils, cette magistrature, de si nouvelle et si petite origine, qui était appelée à défendre, au nom du roi, l'ordre et la justice contre les nombreuses tyrannies anarchiques éparses sur le territoire national. Dans les premières années du quinzième siècle, un seigneur de Gascogne, Jordan de Lisle, seigneur de Casaubon, « très-noble par son origine, mais très-ignoble par ses actions, » dit un chroniqueur contemporain, se livrait à toutes sortes de désordres et de crimes ; confiant dans sa force et dans ses alliances, car le pape Jean XXII lui avait donné sa nièce en mariage, « il commettait des homicides, entretenait des méchants et des meurtriers, favorisait les brigands et se soulevait contre le roi. Il tua de son propre bâton un serviteur du roi qui portait la livrée royale, selon la coutume des serviteurs royaux. Quand on fut informé de ses méfaits, il fut appelé en jugement à Paris ; il y vint entouré d'une pompeuse suite de comtes, de nobles et barons d'Aquitaine. Renfermé d'abord dans la prison du Châtelet, quand on eut entendu ses réponses et ce qu'il alléguait pour sa défense sur les crimes dont on l'accusait, il fut enfin jugé digne de mort par les docteurs du parlement, et la veille de la Trinité, traîné à la queue des chevaux, il fut pendu, comme il le méritait, à Paris, sur le gibet public. » C'était, à coup sûr, une difficile et périlleuse tâche, pour les membres obscurs de ce parlement à peine organisé et tout récemmemt établi en permanence à Paris, que de réprimer de tels désordres et de tels hommes. Dans le cours de ses longues destinées, la magistrature française a commis bien des fautes ; elle a plus d'une fois, tantôt aspiré à dépasser les limites de sa mission, tantôt failli à en remplir tous les devoirs ; mais l'histoire serait ingrate et fausse si elle ne mettait pas en lumière les vertus qu'a déployées, dès son modeste berceau, ce peuple de magistrats, et les services qu'il a rendus à la France, à sa sûreté intérieure, à sa dignité morale, à sa gloire intellectuelle, et aux progrès de sa civilisation si brillante et si féconde, bien qu'encore si incomplète et si combattue.

Un autre fait, qui a tenu dans l'histoire de la France une grande place et exercé sur ses destinées une grande influence, date aussi de cette époque ; c'est l'exclusion des femmes de la succession au trône, en vertu d'un article mal compris de la loi salique. L'ancienne loi des Francs Saliens, rédigée probablement au septième siècle, n'avait nullement statué sur cette grave question ; l'article invoqué était simplement une disposition d'ordre civil qui prescrivait « qu'aucune portion de la terre vraiment salique (c'est-à-dire de la pleine propriété territoriale du chef de famille) ne passerait aux femmes, et qu'elle appartiendrait tout entière au sexe viril. » Depuis Hugues Capet, les héritiers mâles n'avaient jamais manqué à la couronne, et la succession masculine était un fait constant, mais point écrit ni légal. Louis le Hutin, mort le 5 juin 1316, ne laissa qu'une fille; mais sa seconde femme, la reine Clémence, était grosse; dès que Philippe le Long, alors comte de Poitiers, apprit la mort de son frère, il accourut à Paris, réunit un certain nombre de barons, et leur fit décider que, si la reine accouchait d'un fils, il serait, lui Philippe, régent du royaume pendant dix-huit ans; mais que, si elle accouchait d'une fille, il entrerait immédiatement en possession de la couronne. La reine accoucha, le 15 novembre 1316, d'un fils qui fut nommé Jean et qui figure, sous le titre de Jean Ier, dans la série des rois de France; mais l'enfant mourut au bout de cinq jours, et le 6 janvier 1317, Philippe le Long fut couronné roi à Reims; il convoqua aussitôt, on ne sait pas exactement en quel lieu et dans quel nombre, le clergé, les barons et le tiers état, qui déclarèrent, le 2 février, que « les lois et la coutume, inviolablement observées parmi les Français, excluaient les filles de la couronne. » Le fait était certain; le droit n'était point établi, ni même conforme à tout le régime féodal et à l'opinion générale. « Ainsi alla le royaume, dit Froissart, ce semble à moult de gens, hors de la droite ligne. » Mais la mesure était évidemment sage et salutaire pour la France comme pour la royauté; elle fut renouvelée après Philippe le Long, mort le 3 janvier 1322, ne laissant que des filles, au profit de son frère Charles le Bel, qui mourut à son tour le 1er janvier 1328, ne laissant aussi que des filles. La question de la succession au trône fut alors posée entre la ligne masculine représentée par Philippe, comte de Valois, petit-fils de Philippe le Hardi par Charles de Valois, son père, et le roi d'Angleterre Édouard III, représentant de la ligne féminine comme petit-fils de Philippe le Bel par sa mère Isabelle, sœur du dernier roi Charles le Bel. Une guerre de plus d'un siècle entre la France et l'Angleterre fut le résultat de cette déplorable rivalité, qui faillit faire passer le royaume français sous un roi anglais; mais l'opiniâtre résistance de l'esprit national et Jeanne d'Arc, inspirée de Dieu, sauvèrent la France. Cent vingt-huit ans après le triomphe de la cause nationale, quatre ans après l'avénement de Henri IV, encore contesté par la Ligue, un arrêt du parlement de Paris, en date du 28 juin 1593, maintint, contre les prétentions de l'Espagne, l'empire de la loi salique, et, le 1er octobre 1789, un décret de l'Assemblée nationale, conforme au vœu formel et unanime des cahiers rédigés par les états généraux, consacra de nouveau ce principe de l'hérédité de la couronne dans la ligne masculine qui avait sauvé l'unité et la nationalité de la monarchie française.

TABLE DES GRAVURES

Charlemagne présidant l'académie du palais.	Frontispice.
Tête du chapitre premier.	1
Gyptis s'arrêta en face d'Euxène et lui tendit la coupe.	7
Cul-de-lampe du chapitre premier.	14
Tête du chapitre II.	15
Ils n'y trouvèrent que quelques vieillards assis sur leurs sièges d'ivoire.	27
Cul-de-lampe du chapitre II.	34
Tête du chapitre III.	35
Les femmes défendirent avec un acharnement indomptable les chariots où elles étaient restées.	45
Cul-de-lampe du chapitre III.	47
Tête du chapitre IV.	49
Cavalier gaulois.	55
Vercingétorix se livre en personne à César.	69
Cul-de-lampe du chapitre IV. — Vercingétorix.	71
Tête du chapitre V.	73
Éponine et Sabinus.	85
Cul-de-lampe du chapitre V.	97
Tête du chapitre VI.	99
Les derniers druides.	101
Cul-de-lampe du chapitre VI.	115
Tête du chapitre VII.	117
Les Huns.	121
Le vase de Soissons.	129
Cul-de-lampe du chapitre VII.	142
Tête du chapitre VIII.	143
Meurtre des enfants de Clodomir.	149
Supplice de Brunehaut.	163
Cul-de-lampe du chapitre VIII.	166
Tête du chapitre IX.	167
Les éclaireurs de Charles Martel.	179
Cul-de-lampe du chapitre IX.	192
Tête du chapitre X.	193
Charlemagne impose le baptême aux Saxons.	199
Mort de Roland à Roncevaux.	209
Cul-de-lampe du chapitre X.	215
Tête du chapitre XI.	217

Cul-de-lampe du chapitre XI.	233
Tête du chapitre XII.	235
Il y demeura longtemps, les yeux pleins de larmes.	237
Les barques normandes.	243
Le comte Eudes rentrant dans Paris à la tête des assiégeants	249
Le moine Dictar retrouve la tête du roi Morvan.	257
Cul-de-lampe du chapitre XII.	268
Tête du chapitre XIII.	269
Qui t'a fait roi?.	283
Portrait de Gerbert.	286
Cul-de-lampe du chapitre XIII.	287
Tête du chapitre XIV.	289
Robert aimait les faibles et les pauvres.	297
Le seigneur allait à lui et lui donnait trois coups du plat de son épée sur la nuque.	309
Cul-de-lampe du chapitre XIV.	314
Tête du chapitre XV.	315
Débarquement de Guillaume le Conquérant sur la côte d'Angleterre.	333
Édith au cou de cygne parvint à retrouver parmi tous ces cadavres le corps mutilé d'Harold.	341
Cul-de-lampe du chapitre XV.	351
Tête du chapitre XVI.	353
Les premiers croisés.	363
Les quatre chefs de la première croisade.	371
Cul-de-lampe du chapitre XVI.	394
Tête du chapitre XVII.	395
« Très-sainte terre, je te recommande aux soins du Tout-Puissant. »	397
Les chrétiens de Jérusalem défilant devant Saladin, après la prise de la cité sainte.	413
Richard Cœur de lion fait décapiter les prisonniers musulmans restés entre ses mains.	423
Le sire de Joinville.	439
Mort de saint Louis.	443
Cul-de-lampe du chapitre XVII. — La peste au camp de saint Louis.	447
Tête du chapitre XVIII.	449
Malgré sa corpulence, et avec une ardeur admirable, il pénétra avec ses troupes à travers les ravins et les routes encombrées de forêts.	453
La bataille de Bouvines.	465
Simon de Montfort tué d'un jet de pierre sous les murs de la place.	485
Il court, par une dernière insulte, mettre le feu au logis que le comte Alphonse lui avait assigné.	505
Le roi prit le pain, disant : « C'est d'assez dur pain. »	523
Bataille de Courtrai.	541
Sciarra Colonna le frappa au visage de son gantelet de fer.	559
Marigny, condamné par une commission réunie à Vincennes, fut pendu au gibet de Montfaucon.	571
Cul-de-lampe du chapitre XVIII.	576

TABLE DES MATIÈRES

Chapitre I.	— La Gaule.	1
— II.	— Les Gaulois hors de la Gaule.	15
— III.	— Les Romains dans la Gaule.	35
— IV.	— La Gaule conquise par Jules César.	49
— V.	— La Gaule sous la domination romaine.	73
— VI.	— Établissement du christianisme dans la Gaule.	99
— VII.	— Les Germains dans la Gaule. — Les Francs et Clovis.	117
— VIII.	— Les Mérovingiens.	143
— IX.	— Les maires du palais. — Les Pepin et le changement de dynastie.	167
— X.	— Charlemagne et ses guerres.	195
— XI.	— Charlemagne et son gouvernement.	217
— XII.	— Décadence et chute des Carlovingiens.	235
— XIII.	— La France féodale et Hugues Capet.	269
— XIV.	— Les Capétiens jusqu'aux croisades.	289
— XV.	— La conquête de l'Angleterre par les Normands.	315
— XVI.	— Les croisades, leur origine et leur succès.	355
— XVII.	— Les croisades, leur déclin et leur fin.	395
— XVIII.	— La royauté française.	449

www.ingramcontent.com/pod-product-compliance
Lightning Source LLC
Chambersburg PA
CBHW070405230426
43665CB00012B/1254